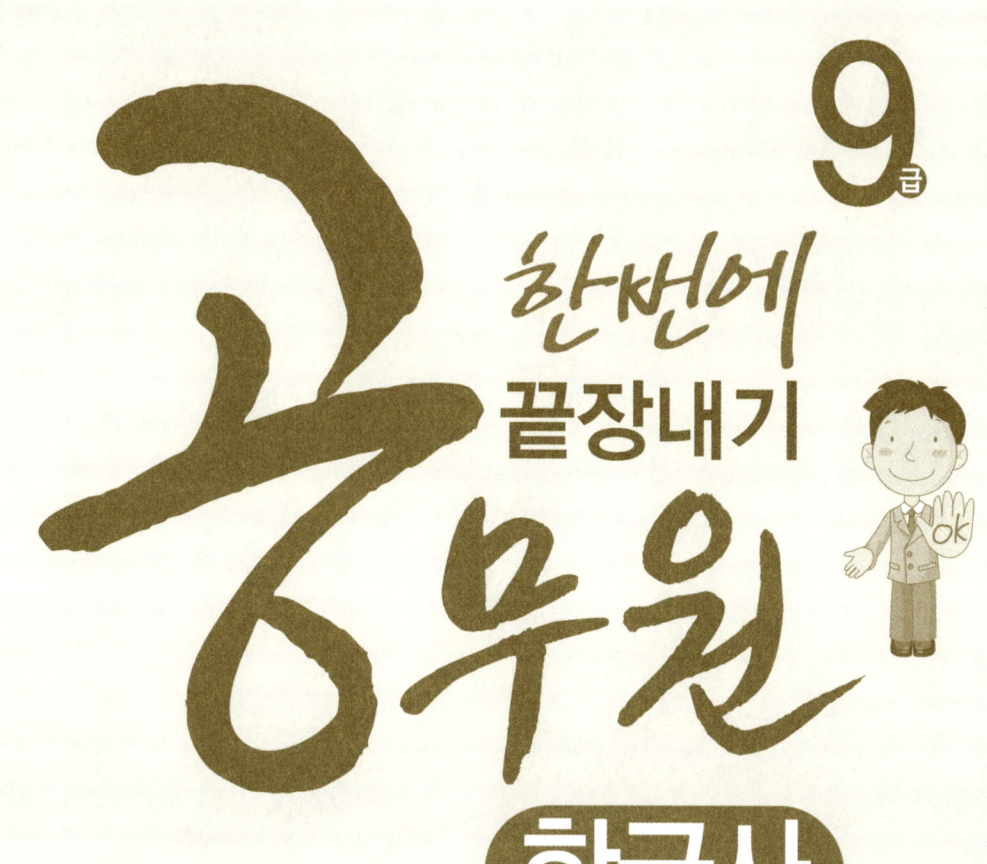

9급

한번에
끝장내기

공무원

한국사

머리말

21세기!

지금은 무한한 생존경쟁의 시대이다. 또한 한치 앞을 가늠하기 어려운 격동의 시기이다.

이러한 때 공무원은 직업의 안정성과 비전으로 보면 당연 돋보이는 직업이다.

이에 공무원이 되고자 시험을 준비하는 수험생에게 조금이나마 경제적이고 효과적으로 공부하는 방법을 고민한 끝에 본서를 집필하게 되었다.

대학에서 한국사를 전공하고 현장에서 학생들과 접하면서 생생하게 느낀 바를 상기하면서 비교적 쉽고 간결하면서도 내용을 충실하게 반영하려고 노력했다는 말씀을 드리면서 본서의 특징을 살펴보면 다음과 같다.

첫째 방대한 내용을 압축하고 정리하여 분량을 적정하게 줄이면서도 내용은 빠짐이 없도록 심혈을 기울였다.

둘째 각종 사진과 도표 등을 적극적으로 활용하여 시각적으로 입체감을 갖도록 하였다.

셋째 최신 기출문제를 각 단원에 반영하였고 부록에 기출문제만을 모아 실전감각을 기르도록 하였다.

아무쪼록 본서를 가지고 공부하는 수험생 여러분의 분발과 건투를 빌면서 부족한 부분은 차차 수정과 보완을 약속드린다.

본서가 출간되기까지 물심양면으로 배려해 주신 임순재 사장님과 고생 많이 하신 편집부 최혜숙 실장님과 직원 여러분들께 심심한 감사의 말씀을 전한다.

다시 한 번 수험생 여러분께 행운이 함께 하기를 기원한다.

편저자 이 소 연 배상

🦉 이 책의 구성과 특징

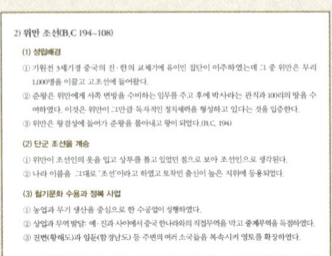

• **한국사 핵심 정리**

한국사의 이론을 시대별, 주제별로 정리하여 한 눈에
사건의 흐름을 파악할 수 있도록 구성하였다.
한국사의 주요 핵심들을 위주로 구성하였고, 방대한
양을 최대한 이해하기 쉽고 체계적으로 학습할 수 있
도록 최적의 내용들을 수록하였다.

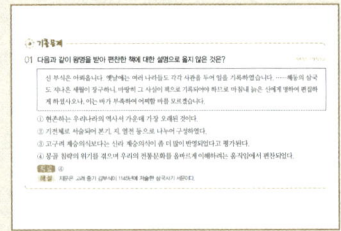

• **도표와 사진 자료 수록**

출제 빈도가 높고 관련 내용을 보다 쉽게 이해하는데
필요한 사진 자료와 관련 사료들을 제시하였다.
그리고 주요 핵심 부분들은 도표화시켜 기본 개념을
정확하게 정리할 수 있도록 하였다.

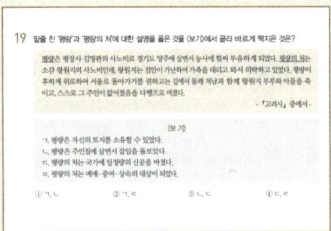

• **기출 문제와 해설**

각 단원이 끝날 때 마다 단원의 내용을 통합하는 문
제를 제시하여 하였다. 또 자세한 해설을 통해 문제의
완벽한 이해와 관련된 내용을 숙지할 수 있는 기회가
될 것이다.

• **부 록**

부록은 최신 기출 문제로 구성되어 있다. 가장 최근
에 출제된 기출 문제를 수록함으로써 수험생들의 문
제유형에 대한 적응과 분석을 동시에 해결할 수 있도
록 하였다.

🏺 7·9급 한국사 최근 출제 경향 분석

- **통합적 사고력 문제**

  시대적 상황과 연결시켜서 분석하는 문제, 역사적 상황에 대한 정확한 이해를 바탕으로 한 통합적인 문제가 점차 증가하는 추세이다.

- **전체적인 흐름을 파악한 기본 개념**

  단순 암기형 문제가 아니라 전체적인 흐름을 배경으로 꼭 알고 있어야 하는 기본적인 시대별 핵심 내용들이 꾸준히 출제되고 있다.

- **지문, 사료 분석 문제**

  최근 들어 한 시대의 특징을 유추할 수 있는 지문이나 사료 분석 문제가 증가하면서 다양한 자료를 정확하게 해석하는 능력이 요구되고 있는 추세이다.

- **근현대사의 비중 증가**

  최근 근현대사에서 출제 비중이 높아지고 있는데 정작 수험생들은 이 부분을 소홀히 학습하고 있는 경우가 많다. 워낙 복잡하고 방대한 분량을 차지해서 힘들겠지만 완벽한 이해와 정리는 합격과 직결됨을 잊지 않으시길 부탁드린다.

- **사건의 배경과 영향**

  전에는 역사적인 사건의 내용을 묻는 문제들이 출제되었으나 최근에는 단순한 사건 자체보다는 왜 일어나게 되었는지, 어떤 영향을 미쳤는지를 묻는 문제들이 출제되고 있다.

- **사회·경제·문화사 문제 증가**

  기존의 왕조사와 정치제도 위주의 단순 암기식 문제보다 문화의 새로운 경향이나 각 시대의 대립 세력 등 사회·경제 분야의 사고력을 필요로 하는 문제 유형들이 출제되고 있다.

차 례

제5장 **근세 사회의 발전**

제8장 민족의 독립운동 전개

제9장 현대사회의 발전

기출문제

한번에 끝장내기

9급

공무원

한국사

제 **1** 장

한국사의 바른 이해

9급 공무원 한국사
한 번에 끝장내기

고대의 정치

1 역사의 의미

1) 역사학의 의의

역사라는 말은 학자에 따라서 매우 다양하게 쓰이고 있으나, 일반적으로 과거에 일어난 사실, 과거 사실의 기록을 의미하며, 한편으로는 다양한 개성과 이성을 지닌 인간의 삶을 대상으로 하는 학문이다. 역사는 특정한 사람들만이 탐구하는 것이 아니라, 우리들 모두가 언제, 어디서나 일상적으로 행하고 있는 활동이라고 할 수 있다.

2) 실증주의 사관(사실로서의 역사)

(1) **어 원** geschichte(독어): geschichte 는 '어떤 일이 일어났다(geschechen).' 즉 과거에 있었던 사실을 뜻한다.

> **사관(史觀)**
>
> 역사가가 과거의 사실을 볼 때 역사가 자신의 입장, 과거의 사실 가운데서 어떤 사실을 선택할 때의 기준, 그것을 해석할 때의 해석 원리, 그 사실에 어떤 가치를 부여하는 가치관 등, 이 모든 것을 포함하는 것이 역사관이다.

(2) **의 미** 역사란 바닷가의 모래알과 같이 수많은 과거 사건의 집합체이다. 역사는 고정 불변하기 때문에 과거 관점에서 과거 사실을 있는 그대로 서술해야 한다. 따라서 역사가의 가치 판단은 배격되어야 한다.

(3) **대표적 역사가** 19세기 랑케(L. Ranke)는 역사학자는 역사적 사실을 자신의 주관적인 판단이나 가치를 개입시키지 않고 실제로 일어난 대로 묘사해야 한다고 강조했다.

3) 상대주의 사관(기록으로서의 역사)

(1) **어 원** '찾아서 안다'라는 그리스 어의 historia에서 유래한 history(영어): historia는 이야기, 지식의 탐구, 탐구를 통해서 획득한 지식이란 의미를 지닌다.

(2) **의 미** 역사가는 주관적 가치관을 통해 현재적 관점에서 과거를 재해석한다. 과거의 사실을 토대로 역사가가 이를 재구성한 것으로 역사가의 가치관과 주관적 요소가 개입하게 된다.

(3) **대표적 역사가** 크로체(B. Croce), 칼버거(C. Becker), 콜링우드(R. G. collingwood), 카(E. H. Carr) 등이 있다.

특히 카(E. H. Carr)는 '역사란 과거와 현재의 끊임없는 대화이다.' 라고 주장하였고, 객관적 사실을 중시하면서 실증주의와 상대주의를 절충하였다.

☑ **역사의 두 가지 의미**

구 분	사실(事實)로서의 역사(歷史)	기록으로서의 역사 → 사실(史實)
의 미	객관적 의미의 역사 역사적 사실들의 집합	주관적 의미의 역사 조사, 연구되어 기록된 역사
대표적 역사가	랑케-근대 역사학의 아버지 '역사가는 자기 자신을 죽이고 과거에 있었던 사실 그대로를 밝혀야 한다.'	크로체: 모든 역사는 현재의 역사다.
사 관	실증주의적 사관 → 사료(史料) 비판	상대주의적 사관 → 역사가 중시

4) 역사 인식의 유형

(1) **실증주의** 19세기 말에서 20세기 초에 시작되었고, 모든 지식은 '실증적' 경험 자료를 바탕으로 역사를 움직이는 인간보다는 그 역사적 사실을 확실한 근거에 의하여 실증하는데 목적을 두었다.

(2) **이상주의** '역사는 살아 있던 현실이다'라는 명제 하에 스스로 확인하고 역사가 스스로의 자주성을 소실함이 없이 이를 마음속에 소생시켜야 하는 것이 역사 인식의 기본 태도라고 주장한다. 역사를 살아 있던 현실로 받아들일 때 역사 본래의 의미를 찾을 수 있다는 것이다.

(3) **상대주의** 과거와 역사를 엄격히 구분하며 역사를 객관적인 사실 기록으로 바라보는 랑케의 관점에 정면으로 맞서고 있다. 특정 가치를 담은 역사를 절대적인 관점으로 보지 않는다.

(4) **신실증주의** '사실에 대한 설명은 역사와 자연 과학이 똑같다'는 명제를 다시 세운 것이다. 지진이 일어나는 원인이나 카이사르의 평가에 대한 설명 양식은 같은 것이라고 하였다.

> **사관의 종류**
>
> ① 감계주의(鑑戒主義): 역사 속에서 규범을 찾아 그것을 거울로 삼아서 인간의 행동을 비추어 보려는 경향이다. 특히 통치에 참고하려고 역사를 서술하였다.
> ② 유물사관: 마르크스와 엥겔스에 의해 정립된 이론으로 경제현상이 다른 모든 역사 사실을 결정하는 것으로 보았으며 사회이론으로까지 발전하였다.
> ③ 상고주의(尙古主義): 옛 것을 가치 있는 것으로, 새 것은 무가치한 것으로 보아 고대를 존중하여 후대의 퇴폐적인 것을 고대의 이상 사회로 돌려야 한다는 관점을 보인다. '서경'과 '시경'에 나타나 있다.
> ④ 순환사관(循環史觀): 역사는 반복 된다는 관점에서 탄생 → 성장 → 쇠퇴 → 소멸의 과정과 동일한 것으로 보는 역사의 규칙성의 관념을 가진다.
> ⑤ 변증법적 사관: 헤겔에 의하면 역사는 세계정신의 자기 구현과정이며 정-반-합이 연속되는 변증법적 과정을 겪으면서 진보한다고 보았다.
> ⑥ 문화사관: 역사의 주체를 정치 분야가 아닌 사상, 예술, 문화 분야에서 찾아야 한다는 생각으로, 부르크하르트가 주장하였다.

❷ 역사 학습의 목적

1)「역사를 배운다」는 두 가지 의미

(1) 역사 그 자체를 학습 과거 사실에 대한 지식을 늘리고 이를 통해서 학습한다.

(2) 역사를 통한 학습 역사를 통하여 현재 자신이 살아가는 데 필요한 능력과 교훈을 얻는다는 것을 의미한다.

2) 역사 학습의 목적

(1) 역사를 통하여 과거 사실을 토대로 현재를 바르게 이해한다.

(2) 역사를 통하여 개인과 미래의 정체성을 확립한다.

(3) 역사를 통하여 삶의 지혜를 획득하고 나아가 미래에 대한 전망을 할 수 있다.

(4) 역사적 사건의 원인과 의도, 목적을 추론하는 역사적 사고력과 비판력을 기를 수 있다.

> **역사의 내면과 외면**
>
> 역사의 외면이란 역사적 현장에 있었다면 관찰할 수 있는 객관적 사실을 말하고, 역사의 내면이란 사건의 현장에서 관찰할 수 없는 사건의 배경이나 사건을 주도한 사람의 의도 등을 말한다.

 **한국사와 세계사**

❶ 한국사의 보편성과 특수성

1) 한국사의 보편성과 특수성

(1) 어느 민족이건 민족으로서의 기본적인 공통성을 지니고 있다(보편성).

① 민족이란 일정한 특성을 지닌 하나의 집합체이다.

② 모든 민족은 비슷한 역사적 경험을 쌓아 오늘에 이른 것이다.

③ 이러한 공통점을 지니고 있는 것은 민족에 작용하는 힘이나 압력, 이를 극복하기 위하여 요구되는 노력이 공통성을 지니고 있기 때문이다.

(2) 실제의 역사는 각 민족에 따라서 다양하게 전개되었다(특수성).

① 모든 민족이나 국가의 역사에 하나의 일관된 법칙이 적용되는 것은 아니라는 것이다.

② 한국사 연구는 우리 민족의 역사적 사실에 대한 깊은 연구를 바탕으로 각 민족과 공통적으로 지니고 있는 일반화할 수 있는 법칙을 추론할 수 있어야 한다.

❷ 민족 문화의 이해

1) 민족 문화의 이해

(1) 우리문화의 형성과정

① 선사 시대: 아시아의 북방 문화와 연계되는 문화를 이룩하였다.

② 고대 시대: 중국 문화와 깊은 연관 속에 독자적인 고대 문화를 발전 시켰다.

③ 고려 시대: 불교를 정신적 이념으로 채택하였다.

④ 조선 시대: 유교적 가치를 중요시하는 문화 활동을 하였다.

(2) 특 징 민족적 특수성과 보편적 가치를 추구하였다.

(3) 민족 문화의 발전 방향 전통 문화의 기반 위에서 선진적 외래문화를 주체적으로 수용하였다.

3 세계화 시대의 역사 인식

1) 개방적 민족주의

(1) 안으로는 민족의 주체성을 견지하고, 밖으로는 외부 세력의 변화에 적극적으로 대응하는 개방적 민족주의를 바탕으로 해야 한다.

(2) 무조건적인 외래문화만 추종하는 것과 배타적 민족주의는 지양해야할 사고이다.

2) 세계화 시대의 요청

인류 사회의 평화와 복리 증진 등 인류 공동의 가치를 추구하려는 역사정신이 요청된다.

제 2 장

선사시대와 국가의 형성

01 선사시대의 전개

1 우리나라의 선사시대

1) 우리 민족의 기원

(1) 우리 민족의 특징

인종상으로는 황인종, 언어학상으로는 알타이 어족에 속하고, 주변의 여러 문화와 교류하면서 독자적인 문화를 이룩하였다.

(2) 우리 민족의 기틀 형성

① 구석기 시대부터 거주하기 시작했고 신석기 시대에서 청동기 시대를 거치면서 민족의 기틀을 형성하였다.
② 구석기인은 우리 민족의 직접적인 조상은 아니다.

(3) 우리 민족의 활동 무대

중국 요령(랴오닝)성, 길림(지린)성을 포함하는 만주, 한반도를 중심으로 동북아시아에 넓게 분포하였다.

한반도의 자연 환경

① 한반도에는 4차례에 걸친 빙하기, 간빙기가 있었다. 빙하기에는 중국, 한반도, 일본이 육지로 연결되어 있어 북방계 동·식물이 남하였다. 간빙기에는 해면이 상승하여 남방계 동·식물이 북상하였다.
② 빙하기에는 바닷물이 지금 현재보다 낮았고, 추위로 식물이 자라기 척박한 환경이라 인간은 식량을 구하기 위해 돌아다녀야만 했다. 이 시기가 구석기 시대이다.
③ 우리나라의 구석기 유적에 나오는 동물의 뼈는 코뿔소, 코끼리 등 큰 짐승부터 작은 갈밭쥐 뼈까지 크기가 매우 다양하다. 현재 우리나라에 살지 않는 따뜻한 기후에 서식하는 짐승들의 뼈가 간빙기 유적인 금굴, 점말, 두루봉 등에서 발견되었다. 한편 털코끼리나 털코뿔소 등은 제4빙기 유적인 동관진에서 발견되었다.
④ 빙하기가 끝나고 기온이 상승하면서 해수면이 상승하고, 육지에서는 식물이 자라고 빙하를 따라 내려와 살던 순록은 북쪽으로 이동하는 한편, 한반도에는 토끼, 노루와 같은 초식동물이 나타난다. 이러한 과도기를 중석기 시대라 한다.
⑤ 기원전 8,000천년 경은 간빙기이다. 기후가 따뜻해지면서 식량은 풍부해졌고, 인간은 점차 정착생활을 하게 되었다. 이 시기가 신석기 시대이다.
⑥ 기원전 1만년 전후부터는 다시 해면이 낮아져 대체로 현재와 같은 해안선이 형성되었다.

(4) 우리 민족에 대한 호칭(중국고전)

① "예맥, 맥족": 「시경」, 「논어」, 「맹자」, 「중용」, 「사기」
② "동이족": 「논어」, 「산해경」, 「예기」, 「사기」

2) 구석기 시대의 유물과 유적

(1) 시 기 약 70만 년 전(단양 금굴 유적)

(2) 시기 구분

① 석기를 다듬는 정도에 따라 구분한다.
② 전기 구석기(70만~10만 년 전): 주먹도끼와 주먹 찌르개 같은 큰 석기 한 개를 가지고 여러 가지 용도로 사용하였다.
③ 중기 구석기(10만~4만 년 전): 큰 몸돌에서 떼어 낸 돌조각인 격지를 잔손질을 하여 석기를 만들었고 한 개의 석기가 하나의 쓰임새를 가지게 되었으나 크기는 작아졌다.
④ 후기 구석기(4만~1만 년 전): 쐐기 같은 것을 대고 형태가 같은 여러 개의 규칙적인 격지를 만드는 데까지 발달하였다.

(3) 도 구 뗀석기, 골각기

① 뗀석기
　　(ㄱ) 사냥 도구: 주먹도끼, 찍개, 찌르개, 팔매돌
　　(ㄴ) 조리 도구: 긁개, 밀개, 자르개
② 골각기
　　(ㄱ) 구석기 후기에 이르러 석회암이나 동물의 뼈 또는 뿔 등을 이용하여 조각품을 만들었다.
　　(ㄴ) 공주 석장리, 단양 수양개에서 고래와 물고기 등을 새긴 조각품이 출토되었다.

(4) 유적지 평남 상원 검은 모루 동굴, 경기도 연천 전곡리, 충남 공주 석장리 등이 있다.

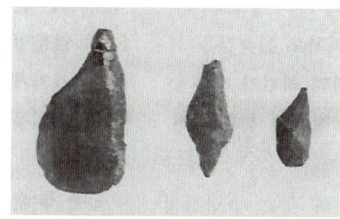

▶ **슴베찌르개**(경기 광주 실촌면 곤지암)

슴베찌르개와 주먹도끼

슴베찌르개는 주로 구석기 시대 후기에 사용된 것으로 슴베(자루)가 달린 찌르개로서 창 같은 무기로 사용하였다. 주먹도끼는 짐승을 사냥하고 가죽을 벗기며, 풀이나 나무뿌리를 캐는 등 여러 용도에 사용하는 석기였다.

3) 구석기 시대의 생활

(1) 주 거

① 동굴이나 바위 그늘에서 주로 살았고 후기에는 강가에 막집을 만들어 살았다.
② 구석기 후기 집자리에는 기둥자리, 불을 땐 자리가 남아 있다.

③ 집터 규모는 작은 것은 3~4명, 큰 것은 10명이 살 수 있는 정도의 크기였다.

(2) 사회 · 경제

① 모계중심의 가족 단위로 여러 가족의 집합인 무리사회였다.

② 권력과 지배계급이 없는 평등한 공동체 생활을 하였다.

③ 식량 부족으로 이동생활을 하였다.

④ 사냥과 어로, 채집생활을 하였다.

(3) 예술 활동
공주 석장리와 단양 수양개: 고래, 멧돼지, 새, 개 모양의 석상 → 동물의 번성을 비는 주술적 의미가 담겨있다.

구석기 시대의 유적

우리나라 구석기 시대의 대표적인 유적으로는 평남 상원 검은모루 동굴, 경기도 연천 전곡리, 충남 공주 석장리, 충북 청원 만수리 등이 있다. 이들 유적에서는 석기와 함께 사람과 동물의 뼈 화석, 동물 뼈로 만든 도구 등이 출토되어 구석기 시대의 생활상이 밝혀지게 되었다. 지금까지 발견된 구석기 유적들에서 나온 출토품을 보면 북방계 동물과 남방계 동물의 화석이 함께 발견되며, 큰 동물, 작은 동물, 멸종된 동물 등 다양하다.

선사시대와 역사시대의 구분 기준

선사 시대와 역사 시대를 구분하는 기준은 문자의 사용 여부이다. 선사 시대는 문자를 사용하지 못했던 구석기 시대와 신석기 시대를 말하고, 역사 시대는 문자를 만들어 쓰기 시작한 청동기 시대 이후를 말한다. 우리나라가 문자를 사용하기 시작한 것은 철기시대로 추정된다.

기출문제

2009. 서울시 9급

01 구석기 시대에 대한 설명 중 옳지 않은 것은?

① 구석기 시대에 사람이 살기 시작한 것은 약 70만 년 전부터이다.

② 석기를 다듬는 수법에 따라 전기, 중기, 후기의 세 시기로 나누어진다.

③ 전기에는 큰 석기 한 개를 가지고 여러 용도로 썼다.

④ 중기에는 쐐기 같은 것을 대고 때려 형태가 같은 여러 개의 돌날 격지를 만드는 데까지 발달하였다.

⑤ 대표적인 유적으로 평남 상원 검은모루, 경기도 연천 전곡리, 충남 공주 석장리 등이 있다.

정답 ④

해설 ④는 후기 구석기시대에 대한 설명이다.

---

4) 중석기 시대

(1) 의미

① 구석기 시대에서 신석기 시대로 넘어가는 전환기이다(잔석기 시대).

② 빙하기가 끝나고 기후가 따뜻해지기 시작하였다.

(2) 유물

① 몸집이 작고 빠른 동물을 잡기 위해 **활, 창, 작살** 등이 고안되었다.

② 잔석기: 1~3㎝ 크기의 세모꼴, 네모꼴, 사다리꼴 모양으로 떼어내 사용한 석기이다.

(3) 잔석기, 이음도구 사용

여러 개의 석기를 나무나 뼈에 꽂아서 제작한 톱, 활, 창, 작살이 등장하였다.

(4) 유적

① 북한: 웅기 부포리, 평양 만달리

② 남한: 홍천 하화계리, 통영 상노대도 조개더미, 거창 임불리, 공주 석장리 맨 위 문화층

▶ **잔석기와 덧무늬 토기**(제주도 한경면 고산리)
중석기 시대와 신석기 시대에 사용된 세모꼴 형태의 잔석기로 주로 작살·살촉 등에 썼다.

5) 신석기 시대

(1) 시기

① 기원전 8,000년경(북제주군 한경면 고산리 유적)

② 간석기와 토기를 만들어 사용하였고, 농경생활(후기), 원시 신앙, 가축사육 등이 이루어졌다.

(2) 도구

① 간석기: 돌을 갈아서 여러 가지 형태와 용도로 만들어 사용하였다.

   (ㄱ) **농경용**: 돌괭이, 돌삽, 돌보습, 돌낫

   (ㄴ) **어로용**: 돌칼, 돌추

   (ㄷ) **사냥용**

   (ㄹ) 가락바퀴 → 직조생활(옷, 그물)

② 토기: 토기의 특징에 따라 신석기 시대의 시기를 구분하는 기준이며, 저장과 요리 수단으로서 농경생활의 시작을 의미한다.

   (ㄱ) 이른 민무늬 토기: 무늬가 없다.

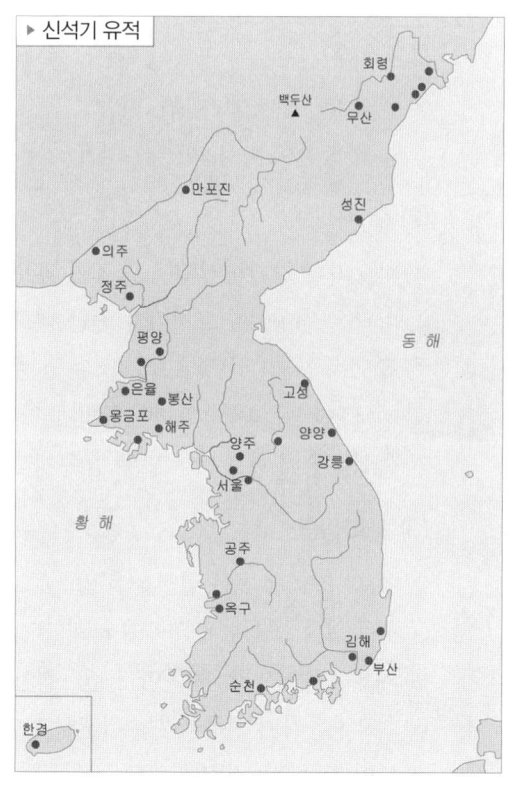

▶ 신석기 유적

회령, 백두산, 무산, 만포진, 성진, 의주, 정주, 평양, 은율, 봉산, 몽금포, 해주, 고성, 양주, 양양, 강릉, 서울, 황해, 동해, 공주, 옥구, 김해, 부산, 순천, 한경

ㄴ **눌러찍기무늬 토기**: 눌러 찍은 무늬가 있는 토기
   (압인문 토기)

ㄷ **덧무늬 토기**: 표면에 덧살을 덧붙인 것이다.

ㄹ 제주도 한경 고산리, 강원 고성 문암리, 강원 양양 오산리, 부산 동삼동 조개더미 등에서 출토되었다.

③ 빗살무늬 토기

ㄱ 전국 각지에서 출토되는 **신석기 시대 대표적인 토기**로 주로 **식량을** 저장하는데 사용하였다.

ㄴ 대표적인 유적은 서울 암사동, 평양 남경, 김해 수가리, 황해 봉산 지탑리 등으로 대부분 바닷가나 강가에 위치해 있다.

6) 신석기 시대의 생활

(1) 경 제

① 본격적인 농경 생활이 시작되었고, 집근처의 텃밭과 강가의 퇴적지를 소규모로 경작하였다.

② 주요 재배 작물: **조와 피**(평양 남경 유적의 탄화된 조, 황해도 봉산 지탑리 유적의 탄화된 피)

③ 농기구: **돌보습, 골괭이, 돌삽, 돌낫을** 사용하였다.

④ 원시 수공업: **가락바퀴, 뼈바늘** 등으로 의복 및 그물 등을 만들어 사용하였다.

(2) 주 거

① 바닷가나 강가에서 움집을 지어 생활하였다.

② 바닥은 원형이나 모서리가 둥근 네모꼴이다.

③ 규모는 4~5명 정도가 거주할 수 있는 크기이다.

④ 취사·난방을 위한 화덕이 중앙에 위치하였고, 저장 구덩이를 설치하였다.

⑤ 출입문은 햇볕을 많이 받는 남쪽에 있으며, 출입문 옆에는 식량이나 도구를 두었다.

(3) 사회생활

① **부족사회**: 부족은 **혈연을 바탕**으로 한 **씨족**이 기본 구성단위이다.

② 공동생산, 공동분배의 평등사회였다.

③ 폐쇄적 경제생활: 씨족마다 배타적인 경제 활동 구역이 정해져 있었다.

④ 족외혼: 자기 씨족끼리는 결혼하지 않는 풍습이다. 족외혼을 통하여 혈연관계가 더욱 확산되어 부족으로 발전하였다.

(4) 예 술

① 주술적 신앙과 밀접한 관계가 있는 **조개껍데기 가면**

② 흙으로 빚어 구운 얼굴 모습(토우), 동물을 새긴 조각품

③ 조가비 또는 짐승의 뼈나 이빨로 만든 치레걸이 (장신구)

④ 여성을 표현하는 것은 풍요와 다산 기원

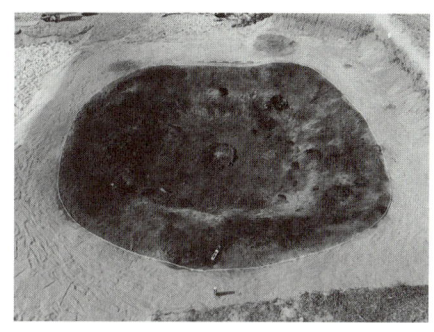

▶ **신석기 시대의 집터**(강원 양양 지경리)
신석기 시대 사람들이 살았던 움집 자리로 동그란 모양의 바닥 중앙에 화덕 자리가 있다.

(5) 신 앙

① 애니미즘(Animism, 자연숭배): 농경에 큰 영향을 주는 해, 구름, 비, 천둥과 같은 자연현상과 산, 하천 등의 자연물에 영혼이 있다고 믿음. 태양과 물에 대한 숭배가 으뜸이다.

② 샤머니즘(Shamanism, 주술신앙): 인간과 영혼, 하늘을 이어주는 존재인 무당과 그 주술을 믿는 것을 말한다.

③ 토테미즘(Totemism, 동물숭배): 자기부족의 기원을 특정 동식물과 연결시켜 숭배하는 것이다. 박혁거세의 말, 단군 신화의 곰과 호랑이, 석탈해의 까치, 김알지의 닭 등에서 엿볼 수 있다.

④ 조상 숭배, 영혼 숭배: 자기들의 조상신을 모시고 숭배하고 사람이 죽어도 영혼은 없어지지 않는다고 믿는다.

🌀 기출문제

01 밑줄 친 '이 시기'에 있었던 사실로 가장 적절한 것은?

2013년, 지방직 9급

> 이 시기에는 도구가 발달하고 농경이 시작되면서 주거생활도 개선되어 갔다. 집터는 대개 움집 자리로, 바닥은 원형이거나 모서리가 둥근 사각형이었다. 움집의 중앙에는 불씨를 보관하거나 취사와 난방을 하기 위한 화덕이 위치하였다. 집터의 규모는 4~5명 정도의 한 가족이 살기에 알맞은 크기였다.

① 소를 이용한 밭갈이 농사를 하였다.

② 고인돌과 돌널무덤이 많이 만들어졌다.

③ 빗살무늬토기와 가락바퀴가 제작되었다.

④ 한국식 동검이라 일컫는 세형동검을 사용하였다.

정답 ③

해설 신석기 시대에 대한 설명으로 신석기 시대 움집은 타원형 형태가 주류를 이루었다. 조, 피, 수수 같은 밭농사가 본격적으로 시작되었고, 빗살무늬토기, 가락바퀴 등이 제작되었다. ②는 고인돌, 돌널무덤, 세형동검은 청동기 시대에 해당된다.

02 국가의 형성

① 청동기와 철기시대

1) 청동기 시대

(1) 시 기

① 기원전 2,000년경에서 1,500년경
② 한반도의 청동기 문화는 북방계통으로 구리에 아연이 함유되어 있고, 장식으로 동물문양을 즐겨 사용하였다.
③ 알타이 계통의 예맥족이 한반도에 들어오면서 토착민인 빗살무늬 토기인을 흡수·통합하였다.

(2) 사회생활

① 생산 경제 발달, 청동기 제작과 관련된 전문 장인이 출현하였다.
② 전문적인 분업: 무사, 노비, 전문 장인 등이 있다.
③ 사유 재산
　㉠ 간석기 농기구(반달 돌칼)의 발달로 생산력이 증가하였다.
　㉡ 수확물이 늘어나면서 빈부의 차이가 발생하였다.
④ 계급 발생: 족장(군장) 출현, 선민사상, 고인돌
　㉠ 지배와 피지배의 계급 발생과 지배자를 의미하는 족장이 출현하였다.
　㉡ 가부장 중심 사회로 전쟁과 더불어 남자의 역할이 커지고 남녀의 역할분담이 이루어졌다.
　㉢ 정복전쟁이 발생하여 정치적 권력과 경제력을 바탕으로 군장이 대두하였고, 사회규모가 발달하여 고조선과 같은 군장국가가 나타나게 되었다.
　㉣ 군장은 하늘의 아들로 하늘의 명을 받아 주술로 인간을 다스리는 제사장의 역할을 겸한 제정일치의 지도자였다.

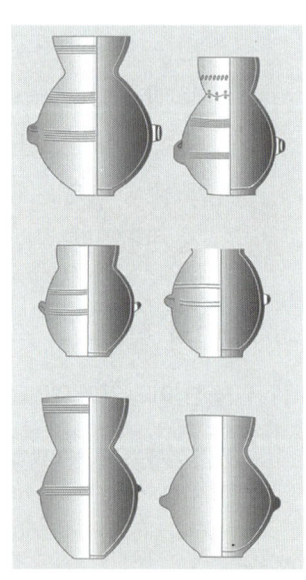

▶ **미송리식 토기**

평북 의주 미송리 동굴에서 처음 출토된 토기이다. 밑이 납작한 항아리 양쪽 옆으로 손잡이가 하나씩 달리고 목이 넓게 올라가서 다시 안으로 오므라들고, 표면에 집선(集線)무늬가 있는 것이 특징이다. 주로 청천강 이북, 요령성과 길림성 일대에 분포한다. 이 토기는 고인돌, 거친무늬 거울, 비파형 동검과 함께 고조선의 특징적인 유물로 간주된다.

(3) 청동기 유물

① 청동기는 제기(祭器), 무기, 장신구 등 지배자들의 권위를 상징하는 도구이다.

② 비파형 동검은 (요령식 동검) 청동기가 전래되면서 한반도만의 고유 양식으로 발전(세형동검)하였고, 거친무늬 거울 (다뉴조문경) 등이 대표적인 유물이다.

③ **농경과 관련된 청동기는 출토되지 않았다.**

④ 토우: 흙으로 빚은 짐승이나 사람 모양의 토우들은 장식용이나 풍요를 기원하는 주술적 의미가 있다.

⑤ 바위그림

    (ㄱ) **울주 반구대 바위그림:** 사람, 사슴, 호랑이, 새 등의 동물이 그려져 있는데 이것은 사냥과 고기잡이의 성공과 풍요를 비는 염원의 표현으로 보인다.

    (ㄴ) **고령 양전동 알터 바위그림:** 동심원, 십자형, 삼각형 등의 기하학적 무늬가 새겨져 있는데 이 유적은 농업사회에서의 태양 숭배와 같이 풍요를 비는 제사터와 같은 의미이다.

    (ㄷ) **울주 천전리 바위그림:** 다양한 기하학적 무늬와 동물 문양이 새겨져 있다.

▶ **울주 반구대 바위 그림**

200점이 넘는 사람과 짐승, 각종 생활 장면 등이 그려져 있다. 거북, 사슴, 호랑이, 새 등의 동물과 작살이 꽂힌 고래를 비롯한 여러 종류의 고래, 그물에 걸린 동물, 우리 안의 동물 등이 새겨져 있다.

(4) 경 제

① **본격적 농경이 시작되었다.**

    (ㄱ) 조, 피, 벼, 보리, 기장, 콩 등 밭농사 중심의 농경이 이루어졌고, 저습지에서는 벼농사도 행해졌다.

    (ㄴ) 돌도끼나 홈자귀, 괭이로 땅을 개간하고 반달 돌칼로 추수를 하였다.

    (ㄷ) 관련 유적지: 평양 남경, 나주 다시면, 여주 흔암리 집자리 등지에서 탄화미가 발견되었다.

② 수렵·채집·어로 활동은 농경 발달로 그 비중이 낮아지고 소, 돼지, 말 등 가축사육이 증대되었다.

(5) 주 거

① 움집: 장방형의 움집형태로 지상 가옥에 가깝다.

② 주로 산간이나 구릉 지역에서 발견된다.

③ 우리나라 전형적인 배산임수의 집단적인 취락 형태를 지니고 있다.

④ 농경의 발달과 인구의 증가로 정착생활의 규모가 확대되었다.

(6) 토 기

① **민무늬 토기**: 밑이 좁은 팽이 모양과 밑이 평평한 화분 모양 이 기본형이고 적갈색이며 **청동기 시대 대표적인 토기이다.**

② **미송리식 토기**: 주로 청천강 이북에서 출토된다. 고인돌, 거 친무늬 거울, 비파형 동검과 함께 고조선의 특징적인 유물 로 간주된다.

③ **붉은 간토기(홍도)**: 후기 청동기시대의 토기로 고인돌과 집 자리에서 출토된다.

▶ **민무늬 토기**(충남 아산 명암리)

(7) 무 덤

① 청동기 시대 유적은 중국 요령성, 길림성 지방을 포함 만주 지역과 한반도에 걸쳐 널리 분포한다.

② 무덤 양식

　㉠ **고인돌(지석묘)**: 청동기 시대의 사유재산과 계급발생을 알려 주는 대표적 유적으로 탁자식(북부)과 바둑판식(남 부), 변형 개석식으로 구분한다. 2000년 유네스코 세계 문 화유산으로 지정되었다(고창·강화·화순).

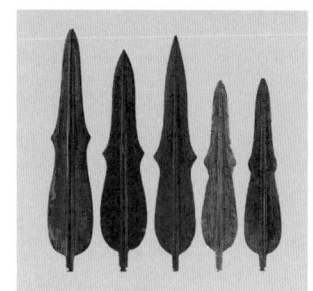
▶ **비파형 동검**
(경북 상주, 충남 부여)

　㉡ **돌널무덤(석관묘)**: 깬 돌이나 판돌을 잇대어 널을 만들어서 쓴 무덤 형태이다.

　㉢ **돌무지무덤(적석총)**: 시신 위나 시신을 넣은 석곽위에 흙을 덮지 않고 돌을 쌓아 올린 무 덤으로 지배계층의 무덤 형태이다.

③ **선돌(선민사상)**: 지배자는 스스로 하늘의 자손이라 믿는 선민사상을 반영하고 거석 숭배사 상을 엿볼 수 있다.

2) 철기의 사용

(1) 시 기

① **기원전 5세기경**

② 중국 전국시대의 혼란을 피해 한반도로 이주해 온 유이민에 의해서 유입되었다.

③ 기원전 1세기경부터는 철기가 본격적으로 사용되었다.

(2) 철기 보급의 영향

① **중국과의 활발한 교류**: 명도전(연나라의 화폐), 오수전, 반

▶ **명도전**
중국 춘추 전국 시대에 연나라와 제 나라에서 사용한 청동 화폐

량전이 한반도에서 발견되었다.

② 한자의 전래

    (ㄱ) **진과:** 진시황 25년(B.C 222)의 명문이 새겨진 창을 대동강유역에서 발견하였는데 이는 한자의 전래 사실을 알려 준다.

▶ **반량전**(경남 사천 늑도)
진에서 사용한 청동화폐로 '半兩(반량)'이라는 글자가 새겨져 있다.

    (ㄴ) 경남 창원 다호리 유적에서 **붓이 최초로 발견**되었으며 이것은 기원전 2세기경에 한반도 남단에서 한자를 사용했음을 알려 주고 있다.

(3) 유 물

① **세형동검(한국식 동검):** 주로 청천강 이남의 한반도에서 출토 되는데 이는 독자적인 청동기 문화가 발달하였음을 알 수 있다.

② **거푸집:** 청동제품을 제작하던 틀로 우리나라의 여러 유적지에서 발견되어 청동기 문화가 토착되었음을 알 수 있다.

▶ **청동 도끼 거푸집**(전남 영암)
거푸집의 발견으로 우리나라에서 청동기를 직접 제작하였다는 것이 확인되었다.

③ **철제 농기구의 출현:** 철제 괭이, 보습, 낫, 호미 등의 **철제 농기구**를 사용하여 농업이 발달하였고, 철제 무기와 철제 연모의 사용으로 **청동기는 의기화** 되었다.

④ **토기:** 민무늬 토기, 덧띠 토기, 검은 간토기, 붉은 간토기 등 다양한 토기가 사용되었다.

(4) 유적과 무덤

① **조개무지(패총):** 양산, 웅천, 김해에서 탄화된 벼와 함께 중국의 왕망전이 출토되어 벼농사의 흔적과 함께 중국과의 교류를 확인해 준다.

② **널무덤(토광묘):** 철기시대 대표적 무덤양식으로 구덩이를 파고 나무 널을 안치하여 널의 안팎에 껴묻거리를 넣은 양식이다. 고조선의 후기 무덤 양식으로 **청동기와 철기가 복합된 부장품**이 발견되고 있다.

③ **독무덤(옹관묘):** 우리나라에서는 남부지방에서 유행하였고, 유아가 죽거나 질병으로 죽었을 때 주로 사용한 양식이다.

④ **성산 패총 야철지:** 철기를 만들었던 흔적이 있다.

(5) 주 거

① **취락의 형성:** 농경 발달과 인구의 증가로 규모가 확대되었다.

    (ㄱ) 산간, 구릉 지대의 넓은 지역에 많은 수가 밀집된 **취락**생활이 전개되었다.

    (ㄴ) 배산임수 지형으로 겨울에 북서계절풍을 막고 외적 방어에 유리하였다.

② 집터: 움집의 변화

   (ㄱ) 직사각형 움집에서 점차 지상 가옥으로 변화하였고 초가집의 전신인 **귀틀집**이 출현하였다.

   (ㄴ) 생산량의 증가로 인한 저장 구덩·창고를 따로 설치하였다.

   (ㄷ) 규모 또한 커져 대체로 7~8명이 거주하였다.

   (ㄹ) 중앙에서 벽으로 화덕의 위치가 변경되었다.

   (ㅁ) 움집을 세우는 데에 **주춧돌**을 이용하였다.

   (ㅂ) 주거용 이외에 창고, 공동 작업장, 집회소, 공공 의식 장소 등도 구축되었다.

▶ **청동기 시대의 집터**(대구 수성 상동)

(6) 사회·경제

① 남녀 간의 역할 분담: 여성은 집안일, 남자는 농경, 전쟁

② 잉여 생산물의 발생: 생산력 증가 → 사유 재산 발생 → 계급 분화 심화와 빈부의 격차가 발생하였다.

③ **계급 사회** 발생: 선민사상을 가지고 정복 활동을 전개하여 권력과 경제력을 가진 군장(족장)이 출현하였다.

☑ 선사문화정리

시대	유물	유적	사회·경제
구석기 시대 (70만년전)	뗀석기: 주먹도끼, 찍개, 긁개 등	단양 금굴, 공주 석장리, 연천 전곡리	·가족 단위 무리 생활 ·수렵, 채집 경제
중석기 시대 (B.C.1만년전)	잔석기·활, 창: 이음도구	통영 상노대도 조개더미, 거창 임불리	작은 짐승 사냥: 활이나 작은 석기들을 연결하여 사용
신석기 시대 (B.C 8000)	가락바퀴, 뼈바늘 토기(이른 민무늬 토기· 덧무늬 토기 → 빗살무늬 토기)	·조개더미: 웅기·부산 동 삼동 ·움집: 서울 암사동	·씨족 바탕의 부족 사회, 족외혼 풍습, 평등사회, 원시 신앙이 발생 ·농경 시작(조, 피) 원시수공업 생산(옷, 그물)
청동기시대 (B.C 2000~1,500)	반달돌칼, 비파형 동검, 거친무늬 거울, 미송리식 토기, 민무늬 토기	고인돌 돌무지 무덤 돌널무덤	벼농사 시작 가축 사육 증가 사유 재산과 계급 발생, 군장사회
초기철기시대 (B.C 5C)	세형 동검, 거푸집, 덧띠토기, 붉은간토기 등. 철제 농기구, 명도전, 붓 (다호리 유적)	널무덤, 독무덤	·연맹 국가의 성립 ·철제 농기구, 무기 사용 ·청동기의 독자적 생산 ·중국과의 교역 확대

④ 철제 농기구의 사용으로 농업생산량이 증가하였고, 한반도 남부에서는 저수지가 축조되면서 벼농사가 발달하였다.

⑤ 사회 내부의 계급 분화가 심화되었고, 여러 부족국가들이 연맹하여 왕을 선출하는 **연맹왕국**이 출현하였다.

고인돌

우리나라에는 세계에서 가장 많은 고인돌이 분포되어 있는데, 형태에 따라 북방식(탁자식), 남방식(바둑판식), 개석식으로 구분한다. 유네스코 세계 유산 위원회는 2000년 12월에 고창, 화순, 강화의 고인돌 유적지를 세계 문화 유산으로 지정하였다.

① 북방식(탁자식): 4장의 받침돌로 직사각형 돌방을 만들고 그 위에 뚜껑돌을 얹어 놓는 형식의 고인돌. 유해가 매장되는 돌방을 지상에 노출시키고 있는 것이 특징. 뚜껑돌 크기는 대개의 경우 2~4m 정도가 보통. 황해도 은율의 경우처럼 8m 이상에 전체 높이가 2m 이상인 경우도 있음. 주로 평안남도와 황해도 지방의 대동강·재령강·황주천 일대 등 한강 이북에 분포.

② 남방식(바둑판식): 판석, 깬돌(割石), 냇돌 등을 사용하여 지하에 돌방을 만들고, 뚜껑돌과 돌방 사이에 3~4개 또는 그 이상의 받침돌(支石)을 괸 고인돌. 주로 전라도·경상도 등 한강 이남지역에 분포.

③ 개석식: 뚜껑돌과 지하 돌방 사이에 받침돌 없이 뚜껑돌이 직접 돌방을 덮고 있는 형식. <무지석식(無支石式)> 또는 <놓인 형 고인돌>이라고도 하는데, 남방식 고인돌에 포함시키기도 함. 개석식 고인돌의 또 다른 특징은 돌방 주위 사면에 얇고 납작한 돌을 평탄하게 깔아 놓은 적석시설(積石施設)임. 국토 전역에 걸쳐 분포하고 있으며 숫자상으로도 가장 많음.

기출문제

01 한국 철기 시대의 주거 양상에 대한 설명으로 옳지 않은 것은? 2011. 지방직 9급

① 부뚜막이 등장하였다.

② 지상식 주거가 등장하였다.

③ 원형의 송국리형 주거가 등장하였다

④ 출입구 시설이 붙은 '여(呂)'자형 주거가 등장하였다.

정답 ③

해설 ③ 송국리형 주거는 크기가 다양한 장방형 움집이다.

❷ 고조선

1) 고조선의 성립과 발전

(1) 건국시기

① 청동기 문화의 발전과 함께 세력이 강한 군장은 주변 여러 사회를 통합하면서 점차 권력을 강화하였다.

② 군장 사회에서 가장 먼저 국가로 발전한 것이 고조선이다.

④ 단군왕검이 최초의 국가인 고조선을 건국(B.C. 2333)하였다.

(2) 중심지

① 초기에는 요령 지방을 중심으로 성장하였다.

② 후기에는 대동강 유역의 왕검성을 중심으로 발전하였다.

③ 세력범위는 비파형 동검·탁자식고인돌, 미송리식 토기 분포로 알 수 있다.

(3) 고조선의 발전

① 처음에는 요령지방에 중심으로 두고 있었으나 점차 한반도의 대동강 유역 왕검성을 중심으로 이동하였다.

② 기원전 4세기경

   (ㄱ) 요서를 경계로 중국 전국 7웅의 하나인 연과 대립할 정도로 강성하였다.

   (ㄴ) 연(燕)의 장수 진개의 침입으로 수도가 함락되기도 하였다.

③ **왕권강화**: 기원전 3세기경 철기 문화단계로 들어가면서 **부왕, 준왕** 같은 강력한 왕이 등장하여 부자 상속 체계가 이루어졌다.

④ 상·대부·장군 등의 관직을 마련하였다.

▶ **고조선의 세력 범위**

비파형 동검과 고인돌(북방식)은 만주와 북한 지역에서 집중적으로 발굴되어 고조선의 세력 범위를 짐작하게 해 준다.

고조선의 위치설

① 대동강중심설: 삼국유사, 정약용, 한치윤

② 요동중심설: 15세기 권람의 응제시주, 17·8세기 남인학자들이 계승, 민족주의 사학자들의 연구대상(신채호·정인보)

③ 이동설: 초기 요령에서 후기 대동강 유역으로 바뀌었다는 주장. 일반적으로 채택하고 있는 주장

---

2) 위만 조선(B.C 194~108)

(1) 성립배경

① 기원전 3세기경 중국의 진·한의 교체기에 유이민 집단이 이주하였는데 그 중 위만은 무리 1,000명을 이끌고 고조선에 들어왔다.

② 준왕은 위만에게 서쪽 변방을 수비하는 임무를 주고 후에 박사라는 관직과 100리의 땅을 수여하였다. 이것은 위만이 그만큼 독자적인 정치세력을 형성하고 있다는 것을 입증한다.

③ 위만은 왕검성에 들어가 준왕을 몰아내고 왕이 되었다.(B.C. 194)

(2) 단군 조선을 계승

① 위만이 조선인의 옷을 입고 상투를 틀고 있었던 점으로 보아 조선인으로 생각된다.

② 나라 이름을 그대로 '조선'이라고 하였고 토착민 출신이 높은 지위에 등용되었다.

(3) 철기문화 수용과 정복 사업

① 농업과 무기 생산을 중심으로 한 수공업이 성행하였다.

② 상업과 무역 발달: 예·진과 사이에서 중국 한나라와의 직접무역을 막고 중계무역을 독점하였다.

③ 진번(황해도)과 임둔(함경남도) 등 주변의 여러 소국들을 복속시켜 영토를 확장하였다.

(4) 한(漢)과의 대립과 고조선 멸망

① 위만 조선이 경제적, 군사적으로 발전하여 한나라와 대립하였다.

② 한 무제의 대규모 침략으로 약 1년에 걸쳐 대항하였으나 고조선 지배층의 내분으로 왕검성이 함락되면서 멸망(B.C. 108)하였다.

③ 한 군현의 설치: 토착민의 반발로 세력이 약화되었다.

3) 고조선의 사회

(1) 8조 금법 3조항만 전해짐

① 사람을 죽인 자는 즉시 죽인다. → 개인 생명 존중 사회

② 남에게 상처를 입힌 자는 곡식으로 갚는다. → 농경 사회, 노동력 중시 사회, 사유 재산 중시

③ 도둑질을 한 자는 노비로 삼는다. 용서를 받고자 하는 자는 50만 전을 내야 한다. → 계급사회, 화폐 사용(일부 지배층)

④ '여자들은 정숙하고 음란하지 않았다.' → 남성 중심의 가부장적 사회

⑤ 성격: 관습법, 만민법, 복수법, 엄벌주의

⑥ 출전: 후한의 반고(班固)가 저술한 「한서지리지」

고조선에서는 백성들에게 금하는 법 8조를 만들었다. 그것은 대개 사람을 죽인 자는 즉시 죽이고, 남에게 상처를 입힌 자는 곡식으로 갚는다. 도둑질을 한 자는 노비로 삼는다. 용서받고자 하는 자는 한 사람마다 50만 전을 내야 한다. 비록 용서를 받아 보통 백성이 되어도 풍속에 역시 그들은 부끄러움을 씻지 못하여 결혼을 하고자 하여도 짝을 구할 수 없었다. 이러해서 백성들은 도둑질을 하지 않아 대문을 닫고 사는 일이 없었다. 여자들은 모두 정조를 지키고 신용이 있어 음란하고 편벽된 짓을 하지 않았다. 농민들은 대나무 그릇에 음식을 먹고, 도시에서는 관리나 장사꾼들을 본받아서 술잔 같은 그릇에 음식을 먹는다. 〈한서지리지〉

(2) 단군 이야기 청동기 문화를 배경으로 한 고조선 건국의 역사적 사실을 입증하며, 우리 민족의 전통과 문화의 정신적 지주가 되었다.

옛날 (1) _환인의 아들_ 환웅이 천부인 3개와 3천의 무리를 이끌고 태백산 신단수 밑에 내려왔는데 이곳을 신시라 하였다. 그는 (2) _풍백, 우사, 운사_ 로 하여금 (3) _인간의 360여 가지 일_ 을 주관하게 하였는데 그 중에서 곡식, 생명, 질병, 형벌, 선악 등 다섯 가지 일이 가장 중요한 것이었다. 이로써 인간 세상을 교화시키고 (4) _인간을 널리 이롭게 하였다._
이 때 곰과 호랑이가 사람이 되기를 원하므로 환웅은 쑥과 마늘을 주고 이것을 먹으면서 100일간 햇빛을 보지 않는다면 사람이 될 것이라고 하였다. (5) _곰은 금기를 지켜 21일만에 여자로 태어났고 환웅과 혼인하여 아들을 낳았다._ 이가 곧 (6) _단군 왕검_ 이었다.

① 선민사상: 하늘이 자손임을 내세워 자기 부족의 우월성을 과시하였다.
② 농경 사회, 애니미즘: 풍백, 운사, 우사를 거느리고 내려왔다.
③ 사유 재산의 성립과 계급 분화: 지배층이 등장하였다.
④ 홍익인간: 지배층의 인본주의 통치 이념이다.
⑤ 토테미즘, 모계사회의 유풍, 호랑이 숭배 부족은 배제하고 곰 숭배 부족과 연합했음을 의미한다.
⑥ 제정일치 사회: 단군은 제사장, 왕검은 정치적 지배자(군장)를 뜻한다.

☑ 단군신화 수록 문헌

연 대	문 헌	저 자
고려 충렬왕	삼국유사	일연
고려 충렬왕	제왕운기	이승휴
조선 단종	세종실록지리지	실록청(춘추관)
조선 세조	응제시주	권람
조선 성종	동국여지승람	노사신

기출문제

01 고조선에 대한 설명으로 옳은 것은? 2012. 서울시 9급

① 「삼국사기」의 기록에 의하면 기원전 2,333년에 건국되었다.

② 청동기 시대에서 철기 시대로 이행하는 시기에 출현한 우리나라 최초의 국가이다.

③ 세력 범위는 미송리식 토기, 비파형 동검의 분포 지역과 대체로 일치한다.

④ 처음에 대동강 유역에서 성장하여 요령 지방으로 세력이 확대되었다.

⑤ 주된 무덤 양식은 굴식 돌방무덤이었다.

정답 ③

해설 ① 삼국사기에는 단군 이야기가 기록되지 않았다. ② 청동기 문화를 바탕으로 건국되었다. ④ 초기에는 요령 지방, 후기에는 대동강 중심으로 발전하였다. ⑤ 굴식 돌방무덤은 고대 국가에서 나오는 무덤이고, 고조선의 대표적인 무덤은 탁자식 고인돌이다.

❸ 여러 나라의 성장

1) 부여 (B.C. 4세기~A.D. 494)

(1) 위 치

① 만주 송화강 유역 평야지대

② 기원전 4세기 군장국가 → 기원전 2세기 철기가 보급되면서 연맹국가로 발전하였다.

③ 북쪽 선비족, 남쪽 고구려와 경계를 하고 있었다.

④ 고구려나 백제 건국 세력은 부여의 한 계통으로 건국신화가 이를 반증한다.

(2) 정 치

① 5부족 연맹왕국

　(ㄱ) 1세기 초에 왕호를 사용하고, 중국과 외교 관계를 수립하면서 발전하였다.

　(ㄴ) **왕권**은 미약하였고, 왕이 통치하는 중앙과 사출도를 합쳐 **5부족 연맹체**를 결성하였다.

　(ㄷ) 3세기 말 선비족의 침략으로 쇠퇴한 이후 5세기말 고구려 문자명왕 때 고구려에 편입(494)되었다.

② 사출도

　(ㄱ) 왕 아래 가축 이름의 마가, 우가, 저가, 구가

　(ㄴ) 가는 대사자, 사자를 두어 직접 통치하였다.

③ 제가회의: 마가·우가·저가·구가의 부족장들이 모여 국가의 중대사나 왕을 선출, 폐위하였다.

> **사출도**
>
> 부여의 행정구역을 의미하는데, 중앙에는 왕이 있고, 지방 4곳(4출도)에는 4가(加)가 있어 그곳의 주민들을 다스렸다. 부여는 부족 연맹 사회였으며 왕은 부족장들의 합의에 의해 선출되는 매우 미약한 권력의 소유자였을 뿐이고 실제 사회의 중심적 존재는 加라는 부족장들이었다. 이들 가들은 가축의 이름을 본떠 마가, 우가, 저가, 구가로 불렸고 이들이 4출도를 각각 다스려 중앙과 합쳐 5부를 이루었다.

(3) 사회와 경제

① 가(加)의 권한 또한 강하여 왕에게 수해나 흉년의 책임을 묻기도 하였다.

② 지배층은 왕, 제가, 호민, 피지배층은 평민인 **하호**가 생산 담당, 그 아래 노비로 구성되었다.

③ 반농반목. 특산품인 말, 주옥, 모피 등은 중국에 수출하였다.

(4) 풍속

① 순장(殉葬): 왕이 죽으면 100여명의 산사람들을 껴묻거리와 함께 묻는 풍습이다.

② 4조목의 법 → 고조선의 8조의 법과 유사하다.

   (ㄱ) 살인자는 사형에 처하고, 가족은 노비로 삼는다. → 생명 중시

   (ㄴ) 남의 물건을 훔쳤을 때에는 물건 값의 12배를 배상하게 한다. → 1책 12법

   (ㄷ) 간음한 자는 사형에 처한다. → 사형제도

   (ㄹ) 투기가 심한 부인은 사형에 처하고 그 시체를 남쪽 산 위에 버려서 썩게 한다. 단, 여자 집에서 시체를 찾아가려면 소와 말을 바쳐야 한다. → 가부장제

③ 우제점법(牛蹄占法), 형사취수제(일부다처제), 은력(은나라 달력)사용, 흰 옷 입기를 즐기고 예의가 바르다.

(5) 제천행사 영고(12월)는 수렵사회의 전통을 보여 주는 것으로 하늘에 제사 지내고 가무를 즐기며 죄수를 풀어 주기도 하였다.

(6) 역사적 의의

① 고구려, 백제가 부여 계통이었다는 점이다.

② 건국신화도 같은 원형을 바탕으로 한다는 것이다.

여러 나라의 변천

위만 조선이 있었던 기원전 2세기경에 남쪽에는 진(辰)이 있었으며, 여기에서 마한, 변한, 진한의 삼한이 형성된 것으로 보인다. 이후 기원전 1세기경에는 고구려, 백제, 신라의 삼국과 더불어 부여, 동예, 옥저 등이 공존하고 있었다. 부여 및 마한의 목지국은 왕을 칭할 정도로 연맹 왕국 단계에 이르렀다. 이후 동예, 옥저, 삼한의 소국들은 연맹 왕국 단계에 이르지 못하고 고구려, 백제, 신라, 가야로 통합되었다.

---

2) 고구려(B.C. 37~ A.D. 668)

(1) 위치

① 압록강 중류 동가강 유역 졸본(환인) 지방에 자리 잡았으나, 1세기경 통구 (국내성)로 이주하였다.

② 기원전 37년 부여에서 남하한 주몽 건국: 실제 기원전 75년 현도군이 만주지역으로 옮겨간 사실로 보아 이때 **현도군을 내쫓고 연맹국가를 건설**하였다.

(2) 정 치

① 5부족 연맹체

　㉠ 소노, 계루, 절로, 순노, 관노부의 5부족 중심

　㉡ **제가회의**를 통해 소노부에서 왕을 선출하였다.

　㉢ 기원전 1세기 경 주몽을 대표로 하는 계루부가 새로이 연맹왕국을 주도하면서 급속히 발전하였다.

　㉣ **태조왕** 때부터 **계루부** 고씨에서 왕위를 세습하였다.

　㉤ 왕비는 절노부에서 나왔으며 왕비족인 절노부의 부족장에게 고추가의 호칭을 부여하였다.

　㉥ 왕 아래에 **상가·대로·고추가·패자** 등의 대가들이 있고 각기 사자·조의·선인 등의 관리를 거느리며 독립 세력을 구축하였다.

(3) 발 전

① 국내성(통구) 천도

　㉠ 평야지역으로 진출과 대륙을 한반도와 연결하는 교통의 요충지인 국내성으로 천도하였다.

　㉡ 중국의 선진문화를 수용하기가 용이했다.

② 정복전쟁

　㉠ 한의 군현을 공략하여 요동지방으로 진출하였다.

　㉡ 태조왕 때는 옥저를 정복하여 공물을 받았다.

(4) 사회, 경제

① 산악지대로 토지가 척박하여 식량이 부족 하였다.

② 농토의 부족으로 자급자족이 어려워 주변지역을 정복하여 생활을 유지하는 **약탈경제**였고 **부경**이라는 창고를 두었다.

③ 부여와 마찬가지로 지배층은 왕, 제가, 호민, 피지배층은 평민인 **하호**가 생산 담당, 그 아래 노비로 구성되었다.

> **삼국지 위서 동이전 고구려조**
>
> 고구려에는 큰 산과 골짜기가 많고 평원과 연못이 없어서 계곡을 따라 살며 골짜기 물을 식수로 마셨다. 좋은 밭이 없어서 힘들여 일구어도 배를 채우기는 부족하였다. 사람들의 성품은 흉악하고 급해서 노략질하기를 좋아하였다.

(5) 풍 속

① 서옥제(데릴사위제): 혼인을 정한 뒤 신부 집의 뒤꼍에 조그만 집을 짓고 거기서 자식을 낳고 장성하면 아내를 데리고 신랑 집으로 돌아가는 제도이다. 예서제라고도 했으며 이는 신석기 **모계사회의 유풍으로 노동력 확보를 위한 것이었다.**

② 법 률: 중대한 범죄자가 있으면 제가회의를 통해 사형에 처하고 그 가족을 노비로 삼았다.

③ 제천행사: 동맹(10월) - 추수감사제로 왕과 신하들이 극동대혈에 모여 함께 제사를 지냈다.

④ 조상신 숭배: 주몽과 유화부인

3) 옥저와 동예

(1) 위 치
함경도 및 강원도 북부의 동해안 지방에 위치하여 선진문화의 수용이 늦었으며, 고구려의 압력과 수탈로 인해 크게 성장하지 못하고 군장사회 단계에 머물렀다.

(2) 옥저(함흥평야)

① 정 치: 왕은 없고 각 읍락은 군장인 읍군·삼로·거수가 통치하였다.

② 경 제: 해안지대에 위치해 어물, 소금 등의 해산물이 풍부하였으나 고구려에 공물로 바쳐야 했다. 그리고 토지가 비옥하여 농경이 발달하였다.

③ 풍 속

　　(ㄱ) 민며느리제: 장래에 혼인할 것을 약속하면 어린 여자를 맞이하여 살다가 성인이 되면 본가에 다시 돌아와 신랑이 돈을 지불한 후에 혼인하는 일종의 **매매혼**이다.

　　(ㄴ) 가족 공동 무덤(골장제): 가족이 죽으면 시체를 가매장하였다가 나중에 **뼈를 추려서** 가족 공동 무덤인 목곽에 안치하는 풍습이다.

(3) 동예(강원도 북부 동해안)

① 정 치: 왕이 없는 군장국가로 읍군·삼로·후가 통치, 연맹왕국 전 단계에서 고구려에 흡수되었다.

② 경 제: 토지가 비옥하여 농업과 방직기술(명주, 삼베)이 발달하였고 해산물도 풍부하였다. 특산물로 단궁(활), 과하마, 반어피 등이 있다.

③ 풍 속

　　(ㄱ) 제천행사: 무천(10월) 추수감사제

　　(ㄴ) **책화**: 각 씨족마다 강이나 산을 경계로 정하여 다른 부족의 영역을 함부로 침범하지 못하였다. 만약 일정한 경계를 침범하게 되면 소나 말, 노비로 변상하게 하였다.

　　(ㄷ) 결혼풍습: 족외혼

　　(ㄹ) 주거: 부엌과 난방 시설을 갖춘 철(凸)자형, 여(呂)자형 집터에서 살았다.

▶ **철자형과 여자형 집터**(강원 강릉 병산동, 강원 횡성 둔내)
최근 강원도 동해시와 강릉시를 중심으로 철(凸)자 모양과 여(呂)자 모양의 집터가 계속 발굴되어 동예의 문화가 고고학적으로 밝혀지고 있다.

4) 삼 한

(1) 위 치

① 한강이남 지역으로 진(辰)의 발전으로 마한, 변한, 진한의 연맹체가 등장하였다.

② 마 한: 54개 소국. 천안, 익산, 나주 지역 일대를 중심으로 발전하였다. 총 십만여 호. 목지국 진왕이 맹주, 후에 백제국이 성장하면서 마한지역을 통합하였다.

③ 진 한: 낙동강 동쪽 대구, 경주 지역 등 12국, 사로국이 성장하면서 통합하였다.

④ 변 한: 낙동강 서쪽 김해, 마산 지역 12국, 진한과 통틀어 4~5만 호로서 가야국으로 성장하였다.

(2) 정 치

① 지배세력

    (ㄱ) 신지, 견지(대족장), 읍차, 부례(소족장): 토지와 물 관리권을 가지고 있었다.

    (ㄴ) 삼한 중 마한이 가장 컸으며 마한의 목지국의 지배자가 마한왕 또는 진왕으로 추대되어 삼한 전체의 통치세력이 되었다.

    (ㄷ) 마한(백제국) → 백제, 변한(구야국) → 가야연맹왕국, 진한(사로국) → 신라로 발전

② 제정분리

    (ㄱ) 정치적 군장세력이 강화되자 상대적으로 제사장인 천군의 지배력이 약화되면서 제정이 분리 되었다.

> **삼국지 위서 동이전 삼한조**
>
> 삼한은 토지에 정착하여 벼를 심어 곡식으로 먹고 누에를 쳐서 비단을 짜 입는다. 나라에 각각 장수가 있는데 큰 자를 신지라 부르고 그 다음 가는 자를 읍차라고 한다. 5월에 파종하고 난 후 귀신에게 제사를 올린다. 이 때 많은 사람들이 모여 노래하고 춤추고 술을 마시며 밤낮 쉬지 않고 놀았다. 10월에 농사일이 끝나면 다시 그와 같이 제사를 지내고 즐긴다. 귀신을 믿으며 한 사람을 뽑아 천신에게 제사지내는 일을 맡아 보게 하였는데 그를 천군이라 하였다. 또, 이들 여러 고을에는 각각 특정한 별읍(別邑)이 있었으며 이곳을 소도라 이름하였다. 거기에는 큰 나무를 세우고 방울과 북을 매달아 놓고 귀신을 섬겼다. 죄인으로 그 곳으로 도망가면 그를 붙잡지 않았다.

(ㄴ) 천군이 머무는 신성지역인 소도를 설치하였다(농경과 종교에 대한 의례 담당). 소도는 군
장의 세력이 미치지 못하는 곳으로 죄인이 도망하여 이곳에 숨으면 잡아가지 못하였다.
또한 고대 신앙의 변화와 제정의 분리를 엿볼 수 있고, 신·구문화의 충돌과 사회적 갈등
을 완화시키는 역할을 하였다.

(3) 경 제

① 철기문화 바탕으로 **농경이 발전**되었고, 농사
에 가축을 이용하면서 농업생산성이 크게 향
상되었다.

② **벼농사**가 널리 행해져 농경을 위한 저수지를
축조하였다(김제 벽골제, 상주 공검지, 밀양
수산제, 제천 의림지, 의성 대제지).

② **변한**에서는 철이 많이 생산되어 낙랑, 일본 등
지에 수출, 화폐로 사용되기도 하였다.

▶ **마한의 무덤**(전남 나주 용호리)
중앙에 널무덤이 있고 주변에는 해자 모양의 고랑이
있어 주구묘라고 불린다.

(4) 풍 습

① **제천행사**: 씨를 뿌리고 난 뒤인 5월 수릿날과 가을 곡식을 거두어들이는 10월 계절제가 있었다.

② 장례: 소와 말을 함께 묻는 후장(厚葬)의 풍습과 진한에서는 새의 깃을 합장하였다.

③ 공동체적 전통인 두레를 통해 공동 작업을 하였다.

④ 문신(마한, 변한), 어린아이의 머리를 돌로 눌러 납작하게 만든 편두(변한)의 풍속이 있었다.

(5) 분묘와 주거지

① 분묘: 철기 시대의 무덤 형태인 독무덤(옹관묘)과 널무덤(토광묘)이 유행하였다.

소 도

제사와 정치가 완전히 분리되지 않았던 삼한 사회에서는 제사를 매우 중요하게 여겨 소도라는 별읍을 두었다. 각
별읍에는 매년 1~2차에 걸쳐 제주(祭主)인 천군을 선발하여 일정한 장소에서 제사를 지내며, 질병과 재앙이 없기
를 빌었다. 이 제사를 지내는 장소를 소도라 하였는데, 이곳은 정치적 군장의 세력이 미치지 못하였다.

소도의 명칭은, 거기에 세우는 솟대의 음역이라는 설과 높은 터의 음역인 솟터에서 유래하였다는 설이 있다. 소도
는 매우 신성한 곳이어서 죄인이 도망하여 숨더라도 잡아 가지 못하였다. 솟대는 제단 앞에서는 신의 모습으로,
촌락에서는 수호신 및 경계의 상징으로 세웠던 것이다. 그러나 지역에 따라 다소 명칭이 달라 전라도에서는 '소주'
또는 '소줏대'라 칭하고, 함경도 지방에서는 '솔대', 황해도와 평안도에서는 '솟대', 강원도 지방에서는 '솔대' 경상도
의 해안 지방에서는 '별신대'라고도 한다.

현재 그 유습에 해당하는 유물로는 대전광역시의 근방에 위치한 동광교에 솟대가 남아 있다. 제사는 정월과 10월
상달에 행한다. 이러한 풍속은 만주의 '소모', 일본 고대의 '히모로기'와 유사한 면이 있으며, 서양의 그리스 등지에
서 행하던 아실리 혹은 아실럼과도 비교된다.

② 주거지: 초기에는 귀틀집이나 반움집에서 살았으나 점차 기둥을 세우고 초가집으로 바뀌었고, 온돌도 보편화되었다.

🌀 기출문제

01 (가)와 (나)의 나라에 대한 설명으로 옳은 것은? 2013년 지방직 9급

> (가) 고구려 개마대산 동쪽에 있는데 개마대산은 큰 바닷가에 맞닿아 있다.‥‥(중략)‥‥그 나라 풍속에 여자 나이 10살이 되기 전에 혼인을 약속한다. 신랑 집에서는 여자를 맞이하여 다 클 때까지 길러 아내를 삼는다.
>
> (나) 남쪽으로는 진한과 북쪽으로는 고구려·옥저와 맞닿아있고 동쪽으로는 큰 바다에 닿았다.‥‥(중략)‥‥해마다 10월이면 하늘에 제사를 지내는데 밤낮으로 술 마시며 노래 부르고 춤추니, 이를 무천이라고 한다.

① (가): 서옥제라는 혼인 풍속이 있었다.

② (가): 중대한 범죄자가 있으면 제가 회의를 통하여 사형에 처하였다

③ (나): 족장들은 저마다 따로 행정 구획인 사출도를 다스렸다.

④ (나): 다른 부족의 영역을 침범하면 책화라고 하여 노비, 소, 말로 변상하였다.

정답 ④

해설 (가)는 옥저의 민며느리제 (나)는 동예에 대한 설명이다. 서옥제와 제가회의는 고구려, 사출도는 부여의 풍속이고 동예에 책화 제도가 있었다.

고대 사회의 발전

고대의 정치

1 고대 국가의 성립

1) 고대국가의 성격

(1) 고대 국가의 발전과정은 연맹왕국 단계를 거쳐 부족장적 전통이 약화되고 국왕의 권위가 강화되는 중앙 집권 국가로서의 체계를 갖추게 되었다.

(2) 왕위 세습

① 왕의 선출이 아닌 왕족으로 고정 세습되면서 형제세습에서 부자세습으로 발전하였다.
② 지방 족장들은 중앙에 점차 통합·편제되어 왕권에 복속되었다.

(3) 신분제도

① 지방의 부족장들이 중앙귀족으로 변화하면서 관료체제가 정비되었다.
② 지배계급의 신분유지를 위하여 신분제도를 마련하였다.

(4) 통치체제의 정비

① 중앙의 관리나 군대가 지방에 파견되었다.
② 군장세력의 관할하에 있던 지방에 중앙 관리가 파견되었다.

(5) 율령 반포 왕권확대를 위한 통치체제의 정비를 의미한다.

(6) 불교의 수용

① 사상적 통합을 위해 원시신앙 단계를 넘어선 고등 종교인 불교를 수용하여 **중앙 집권화**를 뒷받침하였다.
② 왕실이 적극적이었고, 귀족은 반대하다가 수용하게 되었다.

(7) 영역 국가

① 강력한 왕권을 바탕으로 대외적으로 활발한 정복전쟁을 전개했다.
② 피정복지의 백성은 노비가 되었다가 다시 양인으로 삼되 차등을 두었다.

☑ 삼국의 성립과 중앙 집권화 과정

	연맹왕국	중앙집권화 시작	중앙집권체제 정비		전성기
			율령반포	불교수용	정복활동시기
고구려	졸본시대(B.C. 37 ~)	2C후반(태조왕)	4C후반(소수림왕)	372(소수림왕)	4C 말엽(광개토왕)
백 제	위례시대(B.C. 18 ~)	3C중엽(고이왕)	3C중엽(고이왕)	384(침류왕)	4C중엽(근초고왕)
신 라	사로시대(B.C. 57 ~)	4C말엽(내물왕)	6C초반(법흥왕)	527(법흥왕) 공인	6C중엽(진흥왕)

2) 삼국의 성립

(1) 고구려의 성립(B.C. 37)

① 성립: 부여 유이민 주몽과 압록강 토착인 세력이 결합하여 성립하였다.

② 발전: 졸본 지방 소국들을 통합하면서 성장하였고, 기원 전후 졸본성에서 국내성으로 이동하면서 발전하기 시작하였다.

▶ 국내성 터(중국 길림성 집안)
국내성은 초기 고구려의 수도이다.

③ 중앙집권국가로서 체제 정비: 2세기 태조왕(6대, 53~146)

　(ㄱ) 본격적인 영토 확장으로 옥저와 동예를 복속

　(ㄴ) 왕위 세습권 확립(계루부 고씨에서 세습)

　(ㄷ) 중앙집권적 관료체제 마련

　(ㄹ) 여러 부족 집단이 통합되어 5부 체제 확립

④ 고국천왕(9대, 179~197)

　(ㄱ) 부족적인 전통을 가졌던 5부가 방위를 표시하는 행정적인 성격의 5부로 개편되었다.

　(ㄴ) 왕위 계승이 형제상속에서 부자상속으로 바뀌고 족장들이 중앙 귀족으로 편입되었다.

　(ㄷ) 절노부 출신이 왕비로 간택(왕족의 한정)되었다.

　(ㄹ) 농민들의 생활 안정을 위하여 진대법을 실시하였다.

(2) 백제의 성립(B.C. 18)

① 성립

　(ㄱ) 북방 유이민과 한강 유역의 토착민 집단이 결합하였다.

　(ㄴ) 고구려 주몽의 아들 온조가 남하하여 하남 위례성에 도읍을 정하고 백제를 건국하였다. 유이민은 우수한 철기문화를 바탕으로 지배층을 형성하면서 권력을 행사하였다.

② 고이왕(8대, 234~286)

    (ㄱ) 중앙집권국가로서의 기틀 마련

    (ㄴ) 왕권강화: 왕위의 형제세습

    (ㄷ) 영토확장: 한강유역 확보, 중국의 선진문물 수용

    (ㄹ) 관제정비: 16관등 6좌평제도 등 새로운 관제 마련, 관리의 복색제정(공복제)

(3) 신라의 성립(B.C. 57)

① 성립: 지형적 요인으로 토착 세력이 강하여 유이민들이 오히려 흡수되었다.

② 발전

    (ㄱ) 경주 중심의 신라는 박혁거세에 의해서 건국되었다.

    (ㄴ) 지리적 특성의 폐쇄성과 씨족적 배타성으로 가장 늦게 체제를 정비하였다.

    (ㄷ) 군장사회인 사로국이 기원후 1세기 후엽에 국가형태를 갖추었다.

    (ㄹ) 박·석·김이 교대로 왕위를 계승하다가 4세기경 중앙집권국가로서 체제를 정비하였다.

③ 내물왕(17대, 356~402)

    (ㄱ) 김씨의 왕위 독점적 세습 체제 확립: 형제세습 → 중앙 집권 국가의 기반을 마련하였다.

    (ㄴ) 왕호를 이사금(연맹장)대신 마립간(대수장)을 사용하였다.

    (ㄷ) 광개토대왕의 도움으로 왜군을 격퇴하였으나, 고구려의 정치적 간섭을 받게 되었다.

    (ㄹ) 고구려를 통해 전진과 수교를 맺고 진한 지역 대부분을 차지하였다.

(4) 가야의 성립

① 성립

    (ㄱ) 낙동강 하류의 변한 지역에서 철기 문화를 토대로 농업 생산력이 증대되어 점진적인 사회 통합을 거쳐 2세기 이후 여러 정치 집단들이 등장하였다.

    (ㄴ) 전기 가야 연맹의 성립: 3세기경 통합이 발전되어 김해의 금관가야 중심의 연맹 왕국이 형성되었다.

② 경제적 기반

    (ㄱ) 가야의 소국들은 일찍부터 벼농사를 짓는 등 농경문화가 발달하였다.

    (ㄴ) 풍부한 철의 생산과 해상 교통을 이용하여 낙랑과 왜의 규슈 지방을 연결하는 중계 무역이 발달하였다.

③ 쇠퇴 과정

    (ㄱ) 4세기 초부터 백제와 신라의 팽창에 밀려 약화되기 시작하였다.

    (ㄴ) 4세기 말~5세기 초에는 신라를 후원하는 고구려군의 공격을 받고 거의 몰락하여 가야의 중심 세력이 해체되고, 가야 지역은 낙동강 서쪽 연안으로 축소되었다.

(5) 가야의 문화

① 문화

　(ㄱ) 고령 지산동고분, 김해 대성동 고분, 함안 말이산 고분, 부산 복천동 고분 등이 유명하다.

　(ㄴ) 수공업이 번성하였다.

　(ㄷ) 가야의 토기는 일본에 전해져 스에키 토기에 직접적인 영향을 주었고 신라의 문화발전에 많은 영향을 주었다.

(6) 가야의 멸망

① 5세기 초

　(ㄱ) 전기 가야 연맹이 해체되면서 김해, 창원을 중심으로 하는 남동부 지역의 세력이 약화되었다.

　(ㄴ) 그동안 후진 지역이었던 북부 지역의 고령, 합천, 거창, 함양 등지의 세력은 자신의 영역을 유지하고 있었다.

② 5세기 후반

　(ㄱ) 고령 지방의 대가야를 중심으로 후기 가야 연맹이 성립하였다.

③ 6세기

　(ㄱ) 금관가야 멸망: 6세기 전반에 백제, 신라 등의 침략으로 세력 축소되었고 **법흥왕에 의해 병합되었다**(532).

　(ㄴ) 대가야는 6세기 초에는 신라와 **결혼 동맹**을 맺어 국제적 고립에서 벗어나려 하였다. 그러나 신라의 침략을 받아 관산성 전투에서 대패하여 진흥왕에 의해 멸망하였다(562).

▶ 금관가야의 덧널무덤
(경남 김해 대성동)

기출문제

01 가야의 여러 나라에 대한 설명으로 옳지 않은 것은?　　　2011년, 지방직 7급

① 가야의 여러 나라들은 주로 낙동강 하류 및 그 지류인 남강 주변에 위치하여 수상 교통을 활발히 이용하였다.

② 풍부한 철 생산과 해상교통을 이용하여 낙랑과 왜의 규수 지방을 연결하는 중계 무역이 발달하였다.

③ 전기 가야 연맹 시대에는 신라와 거의 비슷한 돌무지덧널무덤이 유행하였다.

④ 6세기 초에 고령의 대가야는 백제, 신라와 대등하게 세력을 다투게 되었고, 신라와 결혼 동맹을 맺기도 하였다.

정답 ③

해 설 전기 가야 연맹에서는 구덩식 덧널무덤과 덧널무덤이 유행하였다.

② 삼국의 발전과 통치 체제

1) 삼국의 정치적 발전

(1) 고구려의 정치적 발전

① 동천왕(11대, 227~248)

  (ㄱ) 위·촉·오 삼국 중 오나라와 교류하면서 위(魏)나라를 견제하였다.

  (ㄴ) 서안평을 공격하다 위나라 장수 관구검의 침략으로 수도가 함락되기도 하였으나 위기를 극복하였다.

② 미천왕(15대, 300~331)

  (ㄱ) 5호 16국의 혼란을 틈타 서안평을 점령(311)하고 낙랑·대방을 만주지역으로 축출하였다.

  (ㄴ) 고구려는 압록강 중류 지역을 벗어나 남쪽으로 진출하는 토대를 마련하였고, 고조선의 옛 영토를 회복하였다.

③ 고국원왕(16대, 331~371)

  (ㄱ) 342년 요동을 놓고 경쟁을 벌이던 선비족 전연(모용왕)의 침입으로 수도가 함락되었다.

  (ㄴ) 백제 근초고왕에게 공격받아 평양성에서 전사하였다.

④ 소수림왕(17대, 371~384)

  (ㄱ) 불교 수용(372): 중국 전진과 국교 수립

  (ㄴ) 태학설립(372): 중앙 교육기관, 귀족 자제에게 경서와 역사서 교육

  (ㄷ) 율령반포(373)

  (ㄹ) 중앙 집권 국가로의 체제 완성

(2) 백제의 정치적 발전

① 근초고왕(13대, 346~375): 고대 국가 완성과 왕권강화

  (ㄱ) 부자 세습에 의한 왕위 계승이 확정(부여씨 왕위 세습)되었고 진씨를 왕비족으로 삼았다.

  (ㄴ) 남해안에 남아있던 마한 세력을 정복하여 남해안에 진출하고 가야에 영향력을 행사하였다.

  (ㄷ) 북으로 대방 지역을 공격하고 평양성 전투에서 고구려 고국원왕 전사시켰다.

  (ㄹ) 남조의 동진과 국교를 수립(372)하여 중국의 요서와 산동지방에 진출하였고, 일본 규수에 진출하여 고대 무역권을 형성하였다.

> **백제에 대한 문헌 기록**
>
> • 백제국은 본래 고려(고구려)와 함께 요동의 동쪽 1,000여리에 있었다. 그 후 고려가 요동을 차지하니 백제는 요서를 차지하였다. 백제가 통치한 곳을 진평군(진평현)이라 한다. (송서)
> • 그 나라(백제)는 본래 고구려와 함께 요동의 동쪽에 있었다. 진(晉)대에 고구려가 이미 요동을 차지하니 백제 역시 요서·진평의 두 군의 땅을 차지하여 스스로 백제군을 두었다. (양서)

ㅁ 왜에 왕인과 아직기를 파견하여 논어, 천자문을 전하였고, 왜왕에게 칠지도를 하사하였다.

ㅂ 박사 고흥으로 하여금 역사책 「서기」를 편찬하게 하였다.

② **침류왕**(15대, 384~385): 동진의 마라난타로부터 불교를 수용하였다.

(3) 신라의 정치적 발전

① 눌지왕(19대, 417~458)

ㄱ 중앙집권화: 부자 왕위 세습을 확립하여 왕권을 강화하였다.

ㄴ 백제의 비유왕과 나·제 동맹 체결하였고 고구려 묵호자가 불교를 전래하였다.

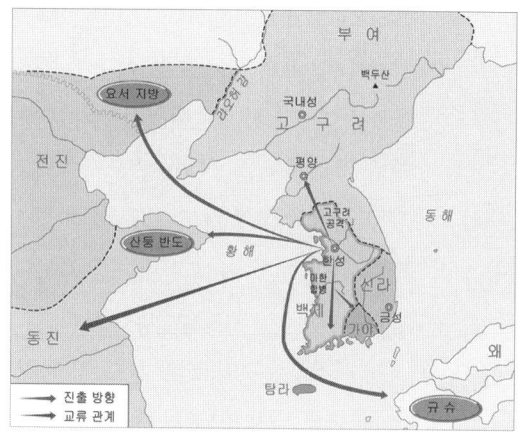

② 소지왕(21대, 479~500)

ㄱ 우역제 실시: 경주 중심으로 사방에 역로를 개설하여 지방 통제를 강화하였다.

ㄴ 경주에 시사라는 시장을 설치하였다.

ㄷ 백제의 동성왕과 결혼동맹(485)을 맺었다.

ㄹ 부족적 성격의 6부 체제를 행정 체제로 개편하였다.

③ 지증왕(22대, 500~514)

ㄱ 우경의 시작과 수리사업 진행: 농업생산력 상승과 동시전을 설치하였다.

ㄴ 신라사회 발전의 토대를 마련하고, 국호를 '신라'로 정하고 '王'의 호칭을 사용(503)하였다. 신라의 한화정책은 중국문화와 정치제도 수입을 의미한다.

ㄷ 지방제도의 정비: 지방에 주(州)·군(郡) 제도를 실시하고, 각 주에는 군주를 파견하여 군사제도와 병행하였다.

ㄹ 순장 금지: 노동력을 확보하기 위해서이다.

④ 법흥왕(23대, 514~540)

ㄱ 병부 설치, 율령반포(울진 봉평 신라비)로 중앙 집권화 추진

ㄴ 17관등 및 백관의 공복을 제정하고 화백회의의 의장으로서 상대등제도 마련(531)

ㄷ 불교 공인(527)과 불교식 왕명사용(법흥왕~진덕여왕), 건원이란 연호 사용(536)

ㄹ 영토확장: 김해의 금관가야 병합(532)

ㅁ 백제를 통해 중국 남조의 양과 수교

2) 삼국 간의 항쟁

(1) 고구려의 전성기

① 광개토왕(19대, 391~413)

(ㄱ) 백제의 하남 위례성을 공격하여 한강 이북 지방을 차지했다.

(ㄴ) 여진족(숙신)을 정복하여 만주 일대를 차지하고 선비족을 공격하여 만주 대부분과 요동 지역을 확보했다.

(ㄷ) 신라 내물왕의 요청으로 왜구를 격퇴시키고 신라로부터 조공을 받았다.→ 광개토대왕릉비와 경주의 호우총에서 발견된 호우명 그릇으로 그 사실을 알 수 있다.

(ㄹ) '영락'이라는 연호를 최초로 사용하여 강력한 왕권과 자주성을 드러냈다.

▶ **호우명 그릇**
경주의 호우총에서 발굴된 것으로, 이 그릇 밑바닥에 "을묘년 국강상 광개토지호태왕(乙卯年 國岡上 廣開土地好太王)"이라는 글씨가 새겨져있다.

② 장수왕(20대, 413~491)

(ㄱ) 남진정책: 평양으로 천도(427)하여 왕권강화의 계기마련과 중국 남북조와 교류→ 나·제 동맹(433~553)을 체결하였다.

(ㄴ) 백제의 한성을 점령(475)하여 한강유역을 완전히 정복하고 신라를 공격하여 죽령 이북의 땅을 점령(중원 고구려비 건립)하였다.

(ㄷ) 지방에 사설 교육 기관인 경당을 설립하여 한학과 무술을 가르쳤다.

(ㄹ) 중국 남조(송)와 북조(북위)와 각각 교류하였고, 거란족을 견제하기 위해 유연(柔然)과 연결하여 흥안령 일대를 장악하였다.

③ 문자명왕(21대, 491~519)

(ㄱ) 부여 복속(494)

(ㄴ) 고구려 최대 영토 확보

④ 영양왕(26대, 592~618)

(ㄱ) 요서 지방 선제 공격(598)

(ㄴ) 을지문덕의 살수 대첩(612)

⑤ 보장왕(28대, 642~668)

(ㄱ) 천리장성 축조

(ㄴ) 안시성 싸움의 승리(645)

(2) 백제의 정치적 변천

① **비유왕(20대, 427~455)**: 신라 눌지왕과 나·제 동맹(433)을 체결하여 장수왕의 남하 정책에 대항했다.

② **개로왕(21대, 455~475)**
  (ㄱ) 고구려 장수왕에 대항하여 북위에 국서를 보내 도움을 요청했으나 실패했다.
  (ㄴ) 한강 유역을 빼앗기고 아차산성에서 전사하였다.

③ **문주왕(22대, 475~477)**: 한성(위례성)이 함락된 이후 웅진(공주)으로 천도(475)하였다.

④ **동성왕(24대, 479~501)**
  (ㄱ) 결혼동맹 체결: 신라 소지왕과 체결하여 고구려의 남진정책에 대항하였다.
  (ㄴ) 웅진지역의 사씨·연씨·백씨등 신진세력을 등용하였다.

⑤ **무령왕(25대, 501~523)**
  (ㄱ) 왕권을 강화하여 백제 중흥의 기틀을 마련하였다.
  (ㄴ) 지방에 22담로 설치: **특별 행정 구역**을 설치하고 **왕족을 파견**하여 지방 세력을 견제했다.
  (ㄷ) 중국 남조인 양에 사신을 파견하여 외교 관계를 강화하였다.

⑥ **성왕(26대, 523~554)**
  (ㄱ) 국가 중흥의 기반 마련: 538년에 사비(부여)로 천도하고 '남부여'로 국호 변경
  (ㄴ) 겸익을 등용하여 불교를 장려하고 일본에 불교 전래(노리사치계)
  (ㄷ) 중국 남조(南朝, 양)와 왜와의 교류
  (ㄹ) 중앙관제 정비: 22부의 중앙관서 확대정비
  (ㅁ) 행정제도 개편: 수도를 5부, 지방을 5방의 행정 구역으로 정비
  (ㅂ) 신라와 협력하여 하강하류지역을 회복하였으나(551) 신라 진흥왕의 배신으로 다시 빼앗기게 되었다(553). 이에 신라를 공격하다가 성왕이 관산성 전투(충북 옥천)에서 전사하였다(554).

⑦ **무왕(30대, 600~641)**
  (ㄱ) 위덕왕이 창건한 왕흥사 완성
  (ㄴ) 익산 미륵사를 건립하고 왕권 강화를 위해 익산 천도를 시도하였으나 실패하였다.

⑧ **의자왕(30대, 641~660)**
  (ㄱ) '해동의 증자'라 불렸고 적극적인 정복 활동을 하였다.

(3) 6세기: 신라 전성기

① 진흥왕(24대, 540~576)

(ㄱ) 정복사업

(㉮) 소백산맥을 넘어 적성을 점령하여 **한강 상류지역 차지(단양적성비)**

(㉯) **한강 하류 지역 차지(북한산비)**하고 신주설치: 나·제 동맹이 결렬 되고 당항성을 통해 직접 중국과 통교할 수 있었으며, 한강 유역의 인적·물적 자원을 획득하였다.

(㉰) **고령의 대가야 정복(562)** 낙동강 유역 확보(창녕비)

(㉱) **함흥평야에 진출하여 신라 최대의 영역 확보(황초령비, 마운령비)**

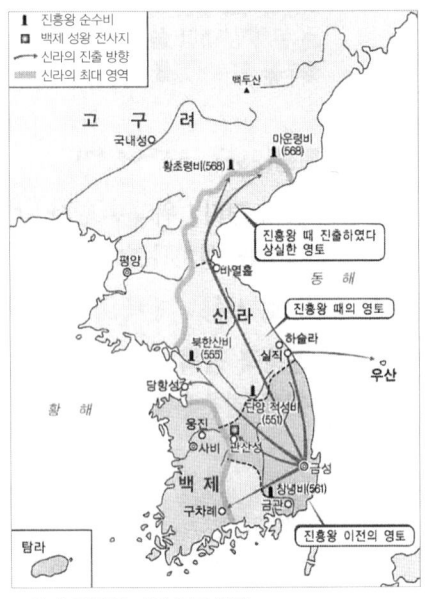

▶ 신라 진흥왕 때의 영토확장

(ㄴ) 체제 정비

(㉮) **화랑도 공인:** 씨족사회의 청소년 집단이던 화랑도를 국가 단체로 공인하였다.

(㉯) 거칠부의 '국사' 편찬(545)

(㉰) **연호 사용:** 개국, 대창, 홍제

(㉱) **불교 장려:** 고구려의 승려 혜량을 맞아 불교 교단을 조직하고 황룡사, 흥륜사 등의 사찰을 건립하였다.

② 진평왕(26대, 579~632)

(ㄱ) **관제정비:** 중앙관서로 위화부, 예부, 조부, 승부, 영객부 설치하였다.

(ㄴ) **연호사용:** 건복

(ㄷ) **외교정책: 원광법사를 수에 보내 군사를 요청하는 걸사표(乞師表)를 바치고,** 김춘추를 당에 보내 외교관계를 수립하였다.

③ 선덕 여왕(27대, 632~647)

(ㄱ) 국가의 위기 극복을 위해 **황룡사 9층 목탑, 분황사, 첨성대**를 건립하였다.

(ㄴ) **대당 외교:** 신라는 당에 사신을 파견하여 구원을 요청하였다.

(ㄷ) **비담의 난(647):** 신라 최고의 상대등이 선덕 여왕이 실정한다는 명분으로 일으킨 반란이다. 반란 중에 선덕 여왕이 죽고 진덕 여왕이 즉위하였다.

④ 진덕 여왕(28대, 647~654)

    ㉠ 집사부의 설치: 왕권강화의 일환으로 상대등을 약화시키고 품주를 집사부와 창부로 개편하였다.

    ㉡ 친당 정책: 김춘추를 파견하여 나·당 동맹을 체결하였다.

3) 삼국의 통치 제도

구 분	고구려	백 제	신 라
관등	10여 관등(4세기경)	16관등(고이왕)	17관등(법흥왕)
합의기구	제가회의	정사암회의	화백회의
수상(국정 총괄)	대대로(막리지)	상좌평	상대등(귀족세력 대표)
중앙 관서		6좌평제→22부	병부, 집사부 등
지방행정조직	□ 부·방·주(지방 장관)-성·군(지방관)-촌(토착 세력인 촌주) □ 성, 촌 단위로 개편, 지방관 파견 □ 지방 행정 조직을 군사 조직으로 운영 → (지방관이 군대 지휘)		

☑ 삼국의 관등 명칭과 복색

고구려		백제			신라			
관등	명칭	관등	복색	명칭	관등	명칭	복색	외위
1	대대로	1	자색 (紫色)	좌평	1	이벌찬	자색	
2	태대형	2		달솔	2	이척찬		
3	울절(주부)	3		은솔	3	잡찬		
4	태대사자	4		덕솔	4	파진찬		
5	조의두대형	5		한솔	5	대아찬		
6	대사자	6	비색 (緋色)	나솔	6	아찬	비색	
7	대형	7		장덕	7	일길찬		1 / 악간
8	발위사자	8		시덕	8	사찬		2 / 술간
9	사위사자	9		고덕	9	급벌찬		3 / 고간
10	소사자	10		계덕	10	대나마	청색	4 / 귀간
11	소형	11		대덕	11	나마		5 / 선간
12	제형	12	청색 (靑色)	문독	12	대사	황색	6 / 상간
13	선인	13		무독	13	사지		7 / 간
14	자위	14		좌군	14	길사		8 / 일벌
		15		진무	15	대오		9 / 일척
		16		극우	16	소오		10 / 피일
					17	조위		11 / 아척

☑ 삼국의 지방 행정 조직

구분	고구려	백제	신라
지방(장관)	5부(욕살)	5방(방령)	5주(군주)
수도	5부	5부	6부
특수 행정 구역	3경(평양성, 국내성, 한성)	22담로(왕족 파견)	2소경(충주, 강릉)

01 (가)와 (나) 사이의 시기에 있었던 사실로 옳은 것은? 2013년 지방직 9급

> (가) 동성왕은 신라에 사신을 보내 혼인을 청하였는데, 신라의 왕이 이벌찬(伊伐湌) 비지(比智)의 딸을 시집 보냈다.
> (나) 왕은 신라를 습격하기 위하여 친히 보병과 기병 50명을 거느리고 밤에 구천(拘川)에 이르렀는데, 신라의 복병이 나타나 그들과 싸우다가 살해되었다.

① 도읍을 금강 유역의 웅진으로 옮겼다.
② 장수왕의 공격을 받아 한성이 함락되었다.
③ 국호를 남부여로 고치고 중흥을 꾀하였다.
④ 동진으로부터 불교를 수용하여 공인하였다.

정답 ③

해설 (가)는 5세기 말 신라와 혼인동맹을 구축한 동성왕(479–501) 시기이고 (나)는 6세기 중엽 성왕(523–554) 때 발생한 관산성 전투에 대한 설명이다. 이 전투는 진흥왕의 나제동맹 파기에 대한 성왕의 관산성 공격 사건이다. ① 문주왕 ② 개로왕 ④ 침류왕 때의 일이다.

---

③ 대외항쟁과 신라의 삼국 통일

1) 고구려의 수·당과의 전쟁

(1) 6세기 후반 삼국의 정세 변화

① 신라의 한강유역 진출(진흥왕 12년, 551).
② 남북조를 수가 통일(589)하고 북방에서는 돌궐족이 일어나 수를 위협하였다.
③ 고구려는 돌궐과, 고구려와 동맹관계인 백제는 왜와 통교: 돌궐, 고구려, 백제, 왜로 연결된 **남북 세력**
④ 이에 대항하여 수와 신라가 연결: **동서세력**

(2) 고구려·수 전쟁 영양왕 9년(598)

① 1차: 수 문제가 침략했으나 실패하였다.
② 2차: 수 양제가 113만대군을 이끌고 침략: 을지문덕의 유도작전으로 살수(청천강)에서 크게 패하였다(살수대첩, 612).
③ 3·4차: 수양제의 3·4차 침입도 격퇴하였다.
④ 무리한 전쟁으로 수가 멸망하고 당이 건국되었다(618).

(3) 여·당전쟁

① 당의 건국 초에는 고구려와 친선관계
→ 도교전래

② 대비: 부여성에서 비사성에 이르는 천
리장성이 구축되었다.

③ 당 태종은 요동성을 점령하고 안시성
을 포위하였으나 양만춘이 이끄는 고
려군이 이를 물리쳤다(안시성 싸움,
645).

④ 수·당 전쟁의 의미: 중국의 한반도에
대한 침략을 저지시키면서 백제·신라
까지 보호하는 민족 수호의 의의를 지
닌다.

천리장성

천리장성은 고구려가 당의 침략에 대비하여 631년(영류왕
14) 12월부터 647년(보장왕 6)까지 16년의 공사 끝에 완성
한 성이다. 북단은 부여성(농안)이며, 남단은 비사성(대련)이
다. 연개소문은 이 성곽 축조를 감독하면서 요동 지방의 군
사력을 장악함으로써 영류왕을 죽이고 보장왕을 세우는
정변에 성공하여 독재권을 행사할 수 있었다.

이 천리장성은 기존의 성곽을 연결시켜 각개의 기존 성곽을
독립적인 방어 체제로 구축하였다. 천리장성의 핵심부는 요
동성이고, 그 북방의 백암성과 남방의 안시성은 배후 산성
으로서 고구려 수비를 책임지는 요충지였다. 특히, 요동성
은 주몽의 사당이 있을 정도로 고구려의 중요한 정치적 거
점이 되었다.

백암성은 현재 요양시 등탑현 서대요향 관둔촌에 위치한
석성으로 거의 완벽하게 남아 있다. 비사성은 대련시 금주
구 대흑산성에 있는데, 그 위치로 보아 고구려의 해상 기지
에 해당한다. 특히 성 남쪽의 오호도는 당군이 군량미를 비
축하던 군사 기지로서 서해 제패의 관문이 되었던 곳이다.

2) 백제와 고구려의 멸망(7세기 중엽)

(1) 나·당 연합(648)

① 6세기 진흥왕에 의해 일방적으로 결렬된 나·제 동맹
에 의해 백제는 고구려와 연합, 신라에 압력을 행사하
였다.

② 이에 신라는 김유신으로 하여금 여·제의 공격을 방어
하게 하였다.

③ 진덕여왕 2년(648) 김춘추를 당에 보내 나·당 동맹을
체결하였다.

▶ **백암성**(중국 요령성 등탑)
랴오허 강 유역에 있는 성으로, 고구려와 당의
전쟁 때 주요한 싸움터였다.

(2) 백제멸망(660)

① 당의 소정방이 13만 대군을 이끌고 금강 하류인 백강을 침공하였다.

② 신라 김유신이 5만의 군사를 이끌고 탄현(대전)을 넘어 황산벌(논산)에서 계백이 이끄는 백
제군을 격퇴하였고, 수도인 사비는 나·당 연합군에게 함락되었다(660).

(3) 고구려멸망(668)

① 연개소문이 죽자 장남인 남생이 집권하면서 지배층이 분열되었다.

② 고구려의 내분을 계기로 당의 50만 대군과 신라의 김인문이 이끄는 27만의 나·당 연합군이 평양성을 함락하였다(668).

(4) 부흥운동

① 백제 부흥 운동

(ㄱ) 왕족인 복신과 승려 도침은 일본에 있던 왕자 풍을 맞아 주류성(한산)을 근거로 부흥운동을 전개하였다.

(ㄴ) 흑지상지를 비롯한 의용군 3만 여명은 임존성(예산)을 중심으로 당에 대항하였으나 지도층의 내분으로 실패하였다.

② 고구려 부흥 운동

(ㄱ) 평양에 안동도호부, 9도독부 설치하고, 설인귀로 하여금 다스리게 하였다.

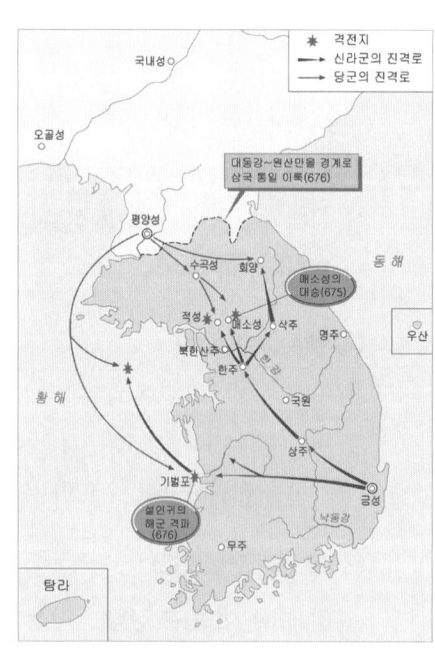

▶ 백제와 고구려의 부흥 운동 세력

(ㄴ) 검모잠은 보장왕의 아들 안승을 받들고 한성(황해도 재령)에서 부흥운동을 전개하였다.

(ㄷ) 안승이 검모잠을 제거한 후 금마저(익산)에 보덕국을 세우고 왕으로 삼았다.

(ㄹ) 당의 회유와 이주정책으로 성공하지 못하였다.

3) 나·당 전쟁과 신라의 삼국 통일

(1) 당나라의 한반도 지배야욕

① 신라 경주에 계림도독부, 고구려 평양에는 안동도호부, 백제 공주에 웅진 도독부를 설치하였다.

(2) 나·당 전쟁(668~676)

① 신라는 백제·고구려 유민과 합세하여 당과 대결하였다.

② 매소성(경기도 양주)싸움과 금강 하구의 기벌포 싸움(675)에서 당군을 격퇴하였다.

③ 평양의 안동 도호부를 요동성으로 몰아내고 삼국통일을 이룩하였다(676).

▶ 나·당 전쟁의 전개

(3) 삼국 통일의 역사적 의의

① 우리 민족 최초의 통일이다.

② 자주성: 나·당 전쟁을 통해 당군을 축출하였다.

③ 한계성: 외세에 의존하였고, 영토상 대동강에서 원산만까지의 불완전한 통일이라는 한계점이 있다.

> **나·당전쟁**
>
> 백제와 고구려가 멸망한 뒤, 당은 한반도 전역에 대한 지배권 행사를 꾀하였다. 이에 신라는 당군을 몰아내기 위한 전쟁을 벌이게 되었다.
>
> 신라는 고구려가 멸망한 뒤 고구려 부흥 운동 세력을 후원하였다. 669년 2월 4,000호를 거느리고 신라로 귀부한 고구려 왕족 안승을 고구려왕에 봉하였고(뒤에 보덕국왕으로 고쳐 봉하였다.), 고염무와 검모잠이 이끌고 있던 고구려 부흥 운동 세력을 적극적으로 지지하고 후원하였다. 한편 신라는 백제 지방에 군대를 출동시켜 부여융의 백제군과 당군을 각처에서 격파하고 사비성을 함락한 다음 이곳에 소부리주를 설치함으로써 백제의 옛 땅에 대한 지배권을 장악하였다.
>
> 당은 김인문을 일방적으로 신라왕에 임명하고 군대를 동원하여 신라를 침략하였다. 이에 신라는 황해의 방비를 강화하면서 북쪽으로 침입해 오는 당군과 9회나 싸워 2천여 명을 죽이고, 임진강과 한강 하류 등지에서도 당군을 대파하였다. 특히 675년(문무왕) 9월 당나라 장군 이근행이 20만 대군을 이끌고 매소성으로 쳐들어오자, 신라군이 이를 크게 격파하여 말 3만 380필과 많은 무기를 노획하는 전과를 올렸다.
>
> 당은 매소성 전투의 참패를 해전에서 만회하고자 설인귀를 시켜 황해의 신라 해군을 공략하게 하였다. 676년 11월 설인귀가 이끄는 병선이 기벌포를 침범하자, 사찬 시득이 이끄는 신라 함선이 이를 맞아 싸웠다. 처음에는 신라 해군이 패하였으나, 이어 크고 작은 22번에 걸친 싸움 끝에 신라군은 당나라 해군 약 4,000명을 죽이고 승리하였다. 이 싸움은 670~676년의 7년간에 걸쳐 벌인 전쟁을 승리로 장식한 마지막 대회전이었다.
>
> 당의 한반도 지배 야욕을 분쇄하기 위한 신라와 고구려·백제 유민의 끈질긴 저항으로 신라는 당군을 몰아내고 대동강~원산만 이남에 대한 지배권을 확립할 수 있게 되었다. 만주 지방을 상실한 불완전한 통일이기는 하지만, 삼국 분열을 극복하고 단일 민족 문화 성립의 기반을 확보했다는 점에서 신라에 의한 통일의 의미를 찾을 수 있을 것이다. 아울러 처음에는 비록 당과 연합하여 백제와 고구려를 멸망시키기는 했지만, 당의 한반도 지배 야욕에 맞서 고구려·백제의 유민과 합심하여 저항했다는 사실은 자주적인 통일의 의미도 부여할 수 있을 것이다.

4 남북국 시대의 정치 변화

1) 통일신라의 발전

(1) 태종 무열왕(29대, 654~661)

① 진골출신 최초로 왕위 계승

② 갈문왕제 폐지하고 직계 자손이 8세기 후반까지 왕위를 계승하여 왕권강화

③ 집사부 시중의 기능 강화, 상대등 세력 약화

④ 나·당 연합군 결성하여 백제 멸망

⑤ 중국식 시호 사용, 김씨 왕비족 출현

(2) 문무왕(30대, 661~681)

① 고구려를 멸망시키고 당을 축출하여 **삼국통일 완성**(676)

② 의상의 부석사 창건(676)

(3) 신문왕(31대, 681~692)

① 전제왕권 확립: 김흠돌의 모역 사건을 계기로 귀족 세력 숙청 단행

② 관료전 지급과 녹읍 폐지(귀족의 경제 기반)

③ 전국 9주 5소경 체제 완비, 9서당 10정의 군사조직 정비

④ 국학 설립, 5묘제 수용, 달구벌(대구) 천도 계획

⑤ 유학사상을 강조하여 유교 정치 이념 확립

(4) 성덕왕(33대, 702~737)

① 일반 백성들에게 정전(丁田) 지급(722): 국가의 토지 지배력 강화

② 유학 교육 기관인 국학 정비

(5) 경덕왕(35대, 742~765)

① 귀족들의 반발로 **관료전 폐지, 녹읍 부활**

② 국학을 태학감으로 개칭하고 박사와 조교를 두어 유학 교육 강화

③ 김대성의 발원으로 불국사와 석굴암 축조, 성덕대왕신종을 주조하여 혜공왕 때 완성

④ 관청과 행정 구역의 이름을 중국식으로 고치는 개혁을 시도하였으나 실패

2) 발해의 건국과 발전

(1) 성립

① 건국(698)

    ㉠ 당은 보장왕을 요동도독으로 임명하고, 소고구려국을 세웠으나 오히려 고구려 유민들의 동족의식을 강화시키는 결과를 초래하였다.

    ㉡ 고구려 장수 대조영은 요동지방의 고구려 유민들을 이끌고 동부 지역으로 이동하여 길림성 돈화현 동모산 기슭에 발해를 건국하였다.

② 국호는 진, 연호는 천통이라 하였다. 당은 세력이 커진 대조영(고왕)을 713년 발해 군왕에 책봉하였고 이후 발해라는 명칭을 사용하였다.

③ 주민 구성: 지배계층을 형성한 고구려인과 피지배층인 말갈족으로 구성되었다.

④ 고구려 계승의식

(ㄱ) 고구려인이 주축이 되어 성립된 나라로 고구려 문화와 유사성이 있다.

(ㄴ) 발해는 일본에 보낸 외교문서에서 스스로 '고려'라는 명칭을 사용한 것으로 보아 고구려의 계승의식이 분명하였다.

(2) 발해의 발전

① 무왕(대무예 2대, 719~737)

    (ㄱ) 말갈족 통합하고 만주 대부분과 연해주 차지

    (ㄴ) 장문휴로 하여금 당의 산둥 반도 덩저우 공격(대당 강경책)

    (ㄷ) 돌궐, 일본 등과 연결하여 당과 신라 견제(동북아시아의 세력 균형 유지)

② 문왕(대흠무 3대, 737~793)

    (ㄱ) 당과 국교 수립(대당 화친책)하여 중국 문화 수용

    (ㄴ) 제도정비: 당의 3성 6부 제도 도입(독자적인 운영체제), 국립대학인 주자감 설치

    (ㄷ) 신라도: 신라와의 상설 교통로 개설

    (ㄹ) 발해국왕으로 격상, 고려국 표방, 대흥이라는 독자적인 연호 사용

③ 성왕(대화여 5대, 794~795): 연호는 중흥, 수도는 다시 상경 용천부로 환도

④ 선왕(대인수 10대, 818~830)

    (ㄱ) 영토 확장: 말갈족을 복속시키고 요동 지역 진출, 동으로는 연해주, 남으로는 대동강에서 원산만에 이르는 영토 확장

    (ㄴ) 지방 제도 정비: 5경 15부 62주

    (ㄷ) 해동성국(海東盛國)

(3) 발해의 대외관계

① 당과의 관계

    (ㄱ) 8세기 초(무왕): 요서 지방에서 당군과 격돌, 산둥 지방 공격(장문휴)

    (ㄷ) 8세기 후반(문왕): 당에 사신과 유학생을 파견하여 당의 빈공과에 합격하는 등 친선 관계로 전환

② 일본과의 관계

    (ㄱ) 우호 관계를 유지하였다.

    (ㄴ) 당·신라의 협공으로 인한 고립 탈피가 목적이다.

③ 신라와의 관계

    (ㄱ) 대체로 원만한 관계를 유지하지 못하였지만 사신이 파견되고 경제적, 문화적으로 교류가 있었다.

(ㄴ) 신라와 발해간의 교통로인 신라도를 개설하였다.

(ㄷ) 사신간의 윗자리 다툼인 쟁장 사건(효공왕)으로 대립했다.

(ㄹ) 발해가 당을 공격하자 신라가 발해를 공격하였다.

(4) 발해 멸망(926)

① 10세기 초 부족을 통일한 거란이 동쪽으로 세력을 확장하였다.

② 귀족들의 권력 투쟁 격화로 국력이 약화되었다.

③ 거란족에게 멸망하였으나 고구려 계통 유민들은 대부분 고려에 흡수되었다.

발해를 우리 민족사로 볼 수 있는 이유

발해 말갈의 대조영은 본래 고(구)려의 별종이다. 고(구)려가 멸망하자 조영은 가족을 이끌고 영주로 이사하였다. 696년에 거란의 이진충이 반란을 일으키니 조영은 말갈(추장) 걸사비우와 함께 각기 망명자를 이끌고 동쪽으로 달아나서 견고하게 지켰다. 진충이 죽자 측천은 우옥령위대장군 이해고에게 명하여 병사를 이끌고 그 잔당을 토벌토록 하였다. 먼저 걸사비우를 격파하여 목벤 다음 천문령을 넘어 조영을 추격하였다. 조영은 고(구)려와 말갈의 무리를 합하여 해고에게 대항하였는데, 왕이 보낸 군대가 크게 패하였다. 해고는 몸을 빼어 달아나 돌아왔다. 거란과 계가 모두 돌궐에 항복하자 도로가 막혀 측천무후가 토벌할 수 없게 됨에 조영은 드디어 그 무리를 이끌고 동쪽 계루의 옛 땅으로 들어가 동모산을 거점으로 하여 성을 쌓고 거주하였다. 조영은 용맹하고 용병하기를 잘하였으므로 말갈의 무리와 고(구)려의 남은 무리가 점차 구에게 귀복하였다. 성력중에 스스로 진국왕이 되어 사신을 보내 돌궐과 통하였다. 〈『구당서』권 199下 열전 북전 149 발해〉

3) 남북국의 통치 체제

(1) 통일 신라의 통치 체제

① 무열왕계 진골출신이 왕위에 올랐다(김유신계 왕비족).

② 신문왕대의 과감한 귀족세력의 숙청과 성덕왕, 경덕왕의 왕권 강화노력으로 전제왕권이 안정되면서 전제왕권을 중심으로 한 통일신라의 정치기구가 정비되었다.

③ 신라 내의 신구 귀족세력의 대립을 정리하여 왕권의 기반을 다졌다. 밖으로 구고구려, 백제 지역에 대한 지배력의 안정과 강화를 위하여 중앙관제와 지방행정조직이 정비되었다.

④ 갈문왕 제도가 폐지되었다(무열왕대).

⑤ **신문왕**(681~692)에서 **완성**: 과감하게 귀족세력을 숙청하였다(왕의 외척 김흠돌의 반란).

　(ㄱ) 정치: 집사부·육전체제 완성하고 지방을 9주 5소경으로 편제

　(ㄴ) 군사: 9서당(중앙군) 10정(지방군)

　(ㄷ) 경제적으로 녹읍을 폐지하고 관료전을 지급했으며 **국학 설립, 독서삼품과** 실시(유교 정치 이념)

　(ㄹ) 골품제가 유지되면서 진골이 지배적 신분층을 구성하고 왕족인 김씨가 정치적 특권 독점

　(ㅁ) 6두품 세력 신장

(2) 통일 신라의 중앙관제

① 강력한 중앙 집권 체제로 재편(율령 중시)

② 상대등 세력 약화, 집사부 시중의 지위 강화

③ 집사부는 왕권의 지배를 받는 행정부의 성격으로 국가 기밀 사무 관장

④ 집사부 아래 위화부, 창부 등 14개 관청으로 정비

⑤ 신라의 17 관등 유지

⑥ 국학설립과 독서삼품과(원성왕) 실시

(3) 통일 신라의 지방관제

① 지방행정 조직

　(ㄱ) 전국에 9주를 설치: 주의 장관은 **군주 → 총관 → 도독**으로 **개칭**하였다.

　(ㄴ) 9주 밑에 군과 현을 설치하고 각각 **태수와 현령을 파견**하였다.

　(ㄷ) 촌: 몇 개의 자연촌이 합쳐진 **행정촌으로 촌주**가 다스렸다.

　(ㄹ) **향·부곡: 특수 행정 구역**으로 농업이나 목축에 종사하였다.

② 주·군에 감찰 임무를 가진 외사정을 파견하였다.

③ **상수리 제도**: 지방 토착 세력을 통제하기 위해서 이들의 자제를 일정 기간 중앙에 거주하게 하는 제도이다.

④ 5소경

　(ㄱ) 금관경(김해)·서원경(청주)·남원경(남원)·북원경(원주)·중원경(충주)을 설치하였다.

　(ㄴ) 수도의 편재성을 보완하고 지방 세력을 감시 견제하는 역할로 중앙에서 사신을 파견하였다.

　(ㄷ) 귀족들을 강제로 이주시켜 살게 하는 사민 정책 실시하였다.

(4) 통일 신라의 군사조직

① 중앙군: 9서당

   (ㄱ) 왕의 직속으로 모병에 의해서 편성되었다.

   (ㄴ) 신라인, 백제인, 고구려인, 말갈인, 보덕국인으로 구성되었다.

   (ㄷ) 민족 융합의 성격을 가지고 있었다.

② 지방군: 10정

   (ㄱ) 9주에 설치하고 국방의 요지인 한주에 2정을 설치했다.

   (ㄴ) 국방과 지방의 치안의 임무를 담당하였다.

☑ 9서당

녹금(綠衿)서당	신라인
자금(紫衿)서당	
비금(緋衿)서당	
백금(白衿)서당	백제인
청금(靑衿)서당	
황금(黃衿)서당	고구려인
흑금(黑衿)서당	말갈인
적금(赤衿)서당	보덕국인
벽금(碧衿)서당	

(5) 발해의 중앙 조직

① 3성 6부제도: 당의 제도 수용

   (ㄱ) 3성: 정당성, 선조성, 중대성

   (ㄴ) 6부: 충부, 인부, 의부, 지부, 예부, 신부

   (ㄷ) 수상: 정당성의 장관인 대내상

   (ㄹ) 중정대(감찰기관), 주자감(국립대학)

② 명칭과 운영방식은 발해의 독자성 유지

발해의 중앙 관제 ※( )안은 당의 관제임.

(6) 발해의 지방 조직

① 5경, 15부, 62주, 현

② 5경(상경·중경 동경·남경·서경)

   (ㄱ) 전략적 요충지에 설치

   (ㄴ) 부여의 사출도와 고구려의 5부를 계승

   (ㄷ) 신라의 5소경 제도와 유사

③ 15부(장: 도독)

   (ㄱ) 지방 행정의 중심지

   (ㄴ) 아래에 주와 현을 두고 지방관 파견

   (ㄷ) 지방관은 고구려인, 촌락의 촌장은 고구려인이나 말갈인

(7) 군사조직

① 중앙군: 10위를 두어 왕궁과 수도의 경비를 담당

② 지방군: 지방 행정 조직에 따라 편성하여 지방관이 지휘

③ 국경의 요충지: 독립된 부대 두어 방어

4) 신라 말기의 정치 변동과 호족 세력의 성장

(1) 하대의 정치 변동

① 신라 하대: 37대 선덕왕(780)에서 56대 경순왕때 까지, 155년 동안 20왕이 교체되는 정치적 혼란기이다.

② 진골귀족의 왕위 쟁탈전

   (ㄱ) 혜공왕 때 귀족들의 반란(96각간의 난, 대공의 난)으로 전제왕권이 붕괴되었다.

   (ㄴ) 선덕왕 때부터 내물계와 무열계의 왕위 쟁탈전이 격화되었다.

③ 귀족 연합 정치

   (ㄱ) 집사부 시중의 세력은 약화되고, 화백회의의 의장이었던 상대등 세력이 강화되었다.

   (ㄴ) 지방 통제력은 약화되었다.

④ 지방 반란 발생: 김헌창의 난(822), 김범문의 난(825), 장보고의 난(838)

(2) 하대의 정치변동

① 37대 선덕왕(김양상)의 즉위(780): 내물왕의 10대손

② 38대 원성왕(785~798): 독서삼품과 설치했으나 귀족들의 반발로 실패

③ 41대 헌덕왕(809~822): 무열계의 반란인 김헌창의 난(822)과 김범문의 난(825)으로 인해 무열계 직계는 6두품으로 강등

④ 42대 흥덕왕(826~836): 장보고의 청해진 설치

⑤ 46대 문성왕(836~838): 장보고의 난 실패

⑥ 51대 진성여왕(887~897): 원종과 애노의 난을 시작으로 전국적으로 확산

> **신라 하대 사회의 정치 혼란**
>
> • 헌덕왕 14년 웅천주 도독 헌창은 아버지 주원이 왕이 되지 못하였다는 핑계로 반역을 하였다. 나라 이름을 장안, 연호를 경운 원년이라 하였다. 무진, 완산, 청, 사벌 등 네 주 도독과 국원, 서원, 금관의 지방관들과 여러 군현 수령들을 위협하여 자기 편으로 삼았다.
>
> • 진성왕 10년 도적이 서남쪽에서 일어났다. 붉은 바지를 입고 특이하게 굴어 사람들이 붉은 바지 도적이라 불렀다. 그들은 주, 현을 무찌르고 서울(경주) 서부 모량리까지 쳐들어와 민가를 약탈하였다.
>
> • 진성왕 3년 국내 여러 주, 군이 세금을 바치지 않아 국고가 비고 나라 살림이 어려웠다. 왕이 사자를 보내어 독촉하자 도적이 벌떼처럼 일어났다. 이 때 원종, 애노 등이 사벌주(경북 상주군)에서 반란을 일으켰다.
>
> 〈삼국사기〉

(3) 호족 세력의 성장

① 호족세력

    (ㄱ) 왕권이 약화되고 상대등 세력이 강화되었고, 지방 토착 세력도 중앙 정부의 간섭을 배제하고 호족으로 성장하였다.

    (ㄴ) 지방의 막대한 **농장과 사병을 소유**하고 경제적 지배력을 행사하였다.

    (ㄷ) **성주, 장군**이라 칭하고 **지방 행정·군사력을 장악**하였다.

② 해상 세력

    (ㄱ) 9세기 문성왕 이후 당·일본과의 사무역이 성행하면서 부각되었다.

    (ㄴ) **청해진(완도)의 장보고**, 강주(진주)의 왕봉규, 송악의 작제건 등이 대표적인 해상 세력이다.

③ 군진 세력

    (ㄱ) 국경의 수비와 해적을 물리치기 위해 설치되었다.

    (ㄴ) 중앙 정부에 예속된 군대였으나 중앙 통제력이 약화되면서 지방 세력으로 변질되었다.

    (ㄷ) 완도 **청해진**, 남양 **당성진**, 강화 혈구진, 평산의 **패강진** 등이 대표적이다.

④ **초적 세력**: 사벌주(상주)의 원종·애노, 북원(원주)의 양길, 죽주(죽산)의 기훤, 전주의 견훤 등이 있다.

⑤ **사원 세력**: 선종 9산은 지방 호족과 연결하여 반신라적 세력으로 성장하였다.

(4) 새로운 정치이념 제시

① 최치원 등 6두품 지식인

    (ㄱ) 신라 사회의 폐단을 시정하고 새로운 정치 질서 수립을 시도했으나 배척당했다.

    (ㄴ) **능력 중심의 과거 제도와 유교 정치 이념**을 제시하였다.

    (ㄷ) 지방 호족 세력과 연결하여 사회 개혁을 추구하였다.

지방호족

신라 하대에는 중앙진골귀족들의 자기항쟁으로 지방에 대한 통제력이 약화되어 지방세력이 성장할 수 있게 되었다. 수리사업과 예성강 이북지역 등 지방개발사업에 따른 경제력의 상승은 지방세력의 성장에 커다란 밑받침이 되었다. 호족에는 두 가지 유형이 있는데 하나는 토착적인 지방세력이 성장한 것이고 또 하나는 진골·6두품의 중앙귀족이 지방관으로 내려가 호족이 되거나 외관으로 부임한 귀족이 중앙정치의 혼란을 틈타 지방에 눌러 앉는 경우이다. 이외에 군진세력들이 있다.

6두품 출신 도당 유학생의 활약

❖ 김운경이 빈공과에 처음으로 합격한 뒤에 소위 빈공자는 매월 특별 시험을 보아 그 이름을 발표하는데, 김운경 이후 당나라 말기까지 과거에 합격한 사람은 58명 이었고 5대에는 32명이나 되었다. 그 중 대표적인 사람은⋯ 최치원, 최신지, 작인범, 최승우 등이다. 〈삼국사기〉

❖ 최치원은 당의 학문을 많이 깨닭아 얻으바 많았으며, 귀국하여 이를 널리 펴보려는 뜻을 가졌으나 그를 의심하고 꺼리는 사람이 많아 그의 뜻을 용납할 수 없어, 대산군(전북 태인)태수로 나가게 되었다. 그가 귀국했을 때는 난세가 되어 모든 일이 뜻대로 되지 않으므로 스스로 불우한 처지를 한탄하여 다시 벼슬에 뜻을 두지 않고 ⋯ 풍월을 읊으며 세월을 보냈다. 〈삼국사기〉

5) 후삼국의 성립

(1) 후백제(990~936)

① 건국: 진성여왕의 혼란기에 신라 농민 출신인 **견훤**이 완산주(전주)에서 건국하였다(900).

② 영역: 전라도와 충청도 대부분을 지배하였다.

③ 외교활동: 남중국의 오월, 후당이나 거란과 외교

④ 금성(경주)에 쳐들어가 경애왕을 죽이고(927), 경순왕을 즉위 시키고 약탈을 자행하였다. 신라를 구원하려는 고려와 **공산(대구 팔공산)**에서 전투를 벌였다.

⑤ 신라에 적대적, 가혹한 조세 수취, 호족 포섭 실패

(2) 후고구려(901~918)

① 건국: 신라 왕족 출신인 **궁예**가 송악(개성)에서 건국하였다(901).

② 영역: 국호를 **마진**으로 고친 후 **철원**으로 천도하고 다시 국호를 **태봉**으로 변경하였다.

③ 관제정비: 국정최고 기구인 **광평성**을 중심으로 병부, 대룡부 등 중앙관제를 마련하고 9관등제를 실시하였다.

④ 가혹한 조세 수취, 미륵 신앙을 이용한 전제 정치 도모로 신하들에게 축출되었다.

(3) 신 라 후백제와 후고구려의 세력이 커지자 경주 일대를 중심으로 명맥만 유지하였다.

기출문제

01 후삼국 시대의 정치 상황에 대한 설명으로 옳지 않은 것은?   2012. 지방직 9급

① 견훤은 900년에 무진주에서 후백제를 건국하였다.

② 궁예는 901년에 송악에서 후고구려를 건국하였다.

③ 궁예는 국호를 마진으로 바꾸고, 도읍을 철원으로 옮겼다.

④ 견훤은 후당, 오월과도 통교하는 등 대중국 외교에 적극적이였다.

정답 ①

해설 견훤은 900년에 무진주(광주)가 아닌 완산주(전주)에서 후백제를 건국하였다.

02 고대의 경제

❶ 삼국의 경제 체제

1) 귀족 중심의 경제

(1) 귀족 중심 경제생활이 귀족 중심으로 편제되면서 농민에 대한 과도한 수취로 이어졌다.

(2) 농민 경제의 발전을 저해, 농민을 토지로부터 이탈시키는 결과를 초래하였다.

2) 농민의 경제 생활

(1) 열악한 농업 환경

① 농민들은 자기 소유의 토지를 경작하거나 (자영농) 부유한 자의 토지를 빌려서 경작하였다(소작농).

② 농기구의 발달

　㉠ 초기: 돌이나 나무로 만든 것과 일부분을 철로 보완한 것을 사용하였다.

　㉡ 4세기~5세기: 철제 농기구가 점차 보급되었다.

　㉢ 6세기: 철제 농기구가 널리 사용되었으며, 우경도 점차 확대되었다.

(2) 농민의 생활

① 지나친 수취로 인한 농민의 생활이 궁핍하였다.

② 자연재해나 귀족들의 고리대를 갚지 못하여 노비나 유랑민, 도적으로 전락하였다.

③ 고국천왕의 진대법: 춘궁기에 곡식을 빌려주었다가 추수기에 갚도록 한 제도이다.

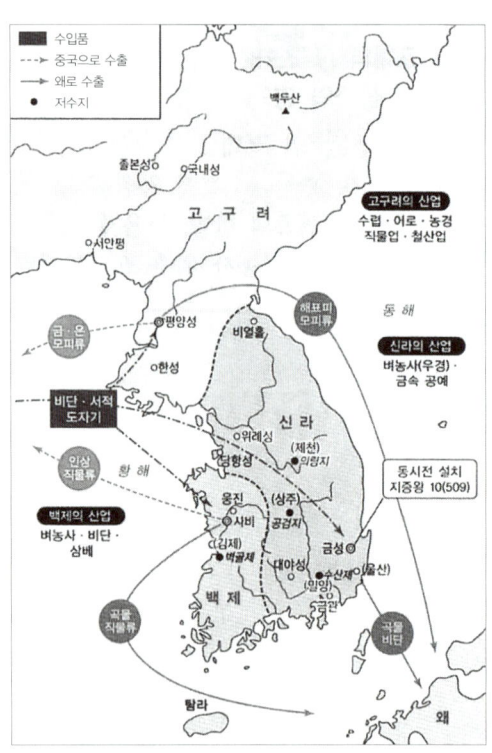

▶ 삼국의 경제 활동

④ 재산의 정도에 따라 호를 나누어 곡물과 포를 징수하였고 특산물도 거두었다.

⑤ 국가에서 노동력이 필요하면 15세 이상의 남자를 동원하였다.

(3) **생활 향상 노력** 농업 기술 개발·개간을 통해 농업 생산력을 향상하였다.

3) 상 업

(1) **시장 설치** 신라 소지왕 12년(490) 경주(서라벌)에 시장을 설치하였다.

(2) **동시전 설치** 지증왕 10년(509)에 기존의 시장을 개편하여 동시와 시장을 감독하는 기관인 동시전을 설치하였다.

4) 수공업

(1) **초 기** 무기·장신구를 생산하였다.

(2) **체제 정비 이후** 수공업 담당 관청이 설치되어 수공업자를 배정해 생산하였다.

(3) **일반 농민**은 필요한 농기구나 생활용품을 직접 제작하여 사용하였다.

5) 삼국의 토지 제도

(1) **왕토사상**

① 왕권을 중심으로 한 중앙 집권적인 귀족 정치가 성립됨에 따라 모든 국토는 왕토라는 사상이다.

② 농민 다수가 자기 소유의 토지를 소유하였다.

(2) **식읍과 녹읍**

① 전쟁에 공을 세운 장군이나 관직을 가진 귀족들에게 국가에서 지급하였던 토지이다.

② 조세뿐만 아니라 노동력 징발권도 부여하였다.

(3) **조세 제도** 조(租, 토지세), 용(庸, 인두세), 조(調, 토산물)가 기본

① 토지보다 노동력을 중시하여 인두세가 중심이 되었다.

② 사람의 수와 호를 기준으로 포와 곡식을 징수하였고, 축성, 제방 등의 부역에 동원되었다.

(4) **고구려의 토지 제도**

① 조(租): 호를 기준으로 노동력의 크기를 고려하여 3등급으로 나누었고 명주, 베, 곡식을 징수하였다.

② 세(稅): 인두세로 1년에 베 5필과 곡식 5석, 유인의 경우 3년에 한 번씩 열 사람이 합하여 베 1필을 부담하였다.

(5) 백제의 조세 제도

① 조세: 조는 쌀로 세는 명주나 쌀, 베 등으로 징수하였고 풍흉에 따라 차등이 있었다.
② 부역: 토산물과 부역은 고구려와 같았다.

(6) 신라의 조세제도

① 조세: 부역, 공납을 징수하였다.
② 부역: 영천 청제비(536), 남산 신성비(591)에 농민을 부역에 동원한 내용이 있다.

(7) 토지 측량 단위

① 고구려: 밭이랑을 기준으로 하는 경무법
② 백제: 파종량을 기준으로 하는 두락제(현재 마지기)
③ 신라: 수확량을 기준으로 하는 결부법, 우리나라의 독특한 토지 측량 제도

2 남북국 시대의 경제 체제

1) 통일신라의 경제

■ 귀족 중심의 경제생활

(1) 경제적 기반

① 녹읍을 소유하였으며 백성들에게서 조세와 공물을 징수하고, 노동력을 징발하였다.
② 섬이나 산간에 목장을 소유하여 가축을 사육하는 한편 고리대업을 하였다.

(2) 풍족하고 화려한 생활

① 당이나 서역에서 수입된 비단, 귀금속, 유리그릇 등 사치품을 사용하였다.
② 호화주택(금입택)과 별장을 짓고 살았고, 당의 유행을 따라 옷을 입었다.

(3) 신라의 토지제도 변천

① 관료전 지급(신무왕9년, 689)
  ㄱ) 녹읍을 폐지하고, 수조권만 인정하는 관료전을 지급하였다.

(ㄴ) 국가의 토지 지배력이 강화되고 귀족세력은 약화되는 계기가 되었다.

② 정전(丁田)의 지급(성덕왕 21년, 722)

    (ㄱ) 일반백성에게 지급된 토지로 국가에 조를 상납하였다.

    (ㄴ) 국가의 농민에 대한 지배력이 강화되었다.

③ 녹읍의 부활(경덕왕 16년, 757)

    (ㄱ) 귀족들의 반발로 부활되었고, 사원의 면세 토지 증가로 경제가 위태로워졌다.

    (ㄴ) 귀족들의 대토지 사유화 현상이 촉진되었고 신라 하대에는 더욱 확대되었다.

(4) 일반 농민의 경제생활

① 촌(村) 단위의 생활: 지방의 농민들은 혈연 집단이 거주하는 10호 정도가 자연촌락인 촌에 편입되었다. 촌주를 통해 국가의 지배를 받았으며, 촌주(촌장)는 토착민이 임명되었다.

② 장적(민정문서)작성: 통일 후 노동력과 생산 자원을 철저하게 관리하기 위해 촌 단위로 작성

    (ㄱ) 촌락의 토지 크기·인구수·소와 말의 수·특산물 등을 파악 → 촌주가 3년마다 작성

    (ㄴ) 향·부곡민 및 노비의 노동력도 관리되었고 농민보다 많은 공물을 부담하였다.

③ 역: 16~60세까지의 남자 대상으로 군역과 요역에 동원되었다.

④ 조세: 생산량의 10분의 1 정도로 수취하였고, 공물은 촌단위로 특산물을 거두었다.

(5) 민정문서

① 1933년 일본 동대사 정창원에서 발견되었으며, 8세기 중엽 경덕왕 때 작성된 것으로 추정된다.

② 서원경(청주) 부근의 1개 촌락과 그 부근의 3개 촌락의 문서이다.

③ 3년마다 촌주가 작성하였고, 부역과 조세 부과의 기준을 마련하여 노동력을 파악하였다.

④ 내용: 마을 면적, 호구 수, 인구수, 토지 결수, 가축, 유실수 등의 수를 기록하였다.

⑤ 남녀를 구별하고 연령에 따라 6등급으로 구분하였으며 인정의 다과에 따라 9등급으로 구분하였다.

(6) 농 업

① 농업과 목축이 발달

② 흥덕왕 3년(김대렴)이 당나라로부터 차 종자를 가져와 재배하기 시작하면서 성행하였다.

(7) 수공업과 상업

① 수공업: 방직 기술과 금·은 세공, 나전 칠기 등의 공예 기술이 발달하였다.

② 상업: 통일 이전의 동시와 서시, 남시가 설치되었다.

2) 발해의 경제

(1) 산업 발달(9세기 이후)

① 농업
  ㉠ 기후 조건의 한계로 인하여 밭농사가 중심(콩, 조)이 되었다.
  ㉡ 철제 농기구 확대와 수리시설 확충으로 곡물의 수 증가, 벼농사 등 논농사가 이루어졌다.
  ㉢ 목축·수렵 발달 → 솔빈부의 말, 돼지나 소도 사육하였다.
② 수공업 발달: 금속 가공업, 방직업, 목재나 피혁의 가공업, 자기는 당에 수출되었다.
③ 상업: 도시와 교통 요충지를 중심으로 상품 매매가 활발하여 현물 화폐와 외국 화폐가 같이 통용되었다.
④ 어업: 고기잡이 도구 개량, 그물사용, 고래잡이

3 대외 무역의 발달

1) 삼국의 무역

(1) 국제 무역

① 고구려: 남·북중국 및 유목민인 북방 민족
② 백제: 남중국 및 일본과 무역
③ 신라: 한강 유역 확보 후 중국과 자유로이 무역

(2) 교역품

① 수출품: 금·은 세공품, 마직물, 주옥, 인삼, 모피류
② 수입품: 귀족 생활과 관련 있는 비단과 장식품, 약재, 책
③ 일본에 선진 문물 전래

2) 통일 신라의 무역

(1) 당과의 무역

① 수출품은 견직물과 베, 금·은 세공품, 해표피, 인삼 등이었고, 수입품은 비단과 책, 귀족의 사치품 등이었다.
② 신라방(산둥반도, 양쯔강 하류의 신라인 거주지), 신라소(자치기관), 신라관(사신유숙소), 신라원(사원)

③ 무역로: 지금의 전남 영암에서 상하이 방면으로 가는 길과 경기도 남양만에서 산둥 반도로 가는 길이 있었다.

④ 국제 무역항인 울산에는 이슬람 상인까지 왕래하여 당의 물품 뿐만 아니라 서역의 상품들도 수입되었다.

(2) **일본과의 무역** 초기에는 교류를 제한하고 경계하여 자유롭지 못하였으나, 8세기에는 정치가 안정되어 다시 교류가 활발해졌다.

(3) **서역과의 교류** 울산항에 이슬람 상인이 들어오면서 동남아시아와 서역의 물품이 수입되었다.

(4) **장보고의 활약** 청해진 설치(완도)하고 해적을 소탕한 뒤 남해·황해의 해상 무역권을 장악하였다.

3) 발해의 무역

(1) **당과의 무역** 해로와 육로를 이용하여 공무역과 민간 무역이 이루어졌다.

(2) **발해관 설치** 외교 사절의 왕래와 무역이 빈번해지면서 산둥반도의 덩저우에 설치하였다.

(3) **교역품**

① 수출품: 금·은 등의 토산물과 불상, 산삼, 유리잔 등의 공예품, 모피·사향, 솔빈부의 말

② 수입품: 비단, 책 등 귀족들의 수요에 충당되는 물품들이 주류를 이루었다.

(4) **일본과의 무역**

① 수백 명이 넘는 발해인이 일본으로 가서 교역활동을 벌일 정도로 규모가 컸다.

② 신라에 대한 견제의 의미도 지니고 있다.

(5) **수도**인 상경 용천부 등 대도시와 교통 요충지에 상업이 발달하였고, 외국화폐와 현물 화폐를 함께 사용하였다.

기출문제

01 한국 고대 사회에서 해상을 통한 원거리 교역이 빈번하게 전개되었는데, 이에 대한 설명으로 옳지 않은 것은?

2009. 지방직 7급

① 원거리 교역을 본격적으로 시작한 것은 고조선이었다.

② 5세기 초엽 낙랑·대방의 축출로 인해 중국 – 삼한 – 일본으로 이어지는 해상교역이 활발하게 되었다.

③ 4세기 중엽 근초고왕은 전남 해안 지역을 정복하고 동진-백제-임나가라-왜로 이어지는 교역로를 장악하였다.

④ 9세기 초엽 일본 정부는 북부 큐슈에 온 신라 상인의 무역 활동을 관리하기 위해 규정과 대응책을 마련하였다.

정답 ②

해설 4세기 초엽 낙랑·대방의 축출로 인해 중국과의 직접 교류가 이루어지면서 고구려와 백제는 직접 중국과 무역을 하게 되었다. 특히 중국–백제–일본으로 이어지는 해상 교역이 활발하게 되었다.

03 고대의 사회

① 신분제 사회의 성립

1) 사회계층과 신분제도

(1) 신분제도의 발생

① 청동기시대 정복전쟁으로 지배와 피지배 관계가 발생하였다.

② 지배층간의 서열이 신분제도로 재편되어 발전하였다.

(2) 부여, 초기 고구려, 삼한

① 지배층: 가(加), 대가, 호민

② 피지배층: 하호(평민), 노비

(3) 귀족의 등장 가, 대가 등 권력자(족장)가 고대 국가로 성장하면서 귀족으로 성립되었다.

> **신분제 사회의 성립**
>
> ❖ 감옥이 없으므로 죄 있는 사람은 제가들이 의논하여 죽이고 처자는 모두 종으로 삼는다. 『삼국지』
> ❖ 도둑질한 자는 도둑질한 물건의 10여 배를 징수하였다. 만일 집이 가난해서 이를 갚을 수 없거나 공적·사적으로 빚을 진 자는 모두 그 자녀를 노비로 보내어 보상한다. 『주서』 이역열전 고구려

2) 고대사회의 성격

(1) 엄격한 신분제 사회로 귀족은 정치·경제·사회 등에서 지배적인 지위를 독점하였다. 가장 광범위하게 차지한 농민층은 조세·공납·역의 의무가 있었으며 천민층에는 노비가 가장 많았다.

(2) 개인의 능력보다 그가 속한 친족 공동체의 사회적 위치에 따라 모든 것이 결정되는 계급사회였고 이들 지배층은 성(姓)을 사용하였다.

(3) 지배층은 자신들의 특권을 유지하기 위하여 율령을 제정하고 신분제도를 마련하였다.

2) 귀족 평민 천민

(1) 지배층

① 귀족(특권층)

㉠ 옛 부족장 세력이 중앙 귀족으로 재편성되어 정치권력과 사회 경제적 특권을 장악하였다.

　　ⓛ 특권 유지를 위한 율령 제정, 친족의 사회적 지위를 중시하였다.

② 지배층만을 대상으로 골품제도가 성립되었다.

(2) 피지배층

① 평 민

　　ⓛ 생산, 수취의 대상. 자영농민, 법적 자유민이었으나 귀족층에 비해 정치, 사회적 제약을 받
　　　 았다.

　　ⓛ 과도한 수취로 빈곤에 빠진 경우도 많았고 이에 고구려에서는 진대법이 시행되었다.

② 천 민

　　ⓛ 전쟁포로, 피정복민이나 몰락한 평민으로 매매, 양도, 세습의 대상이었다.

　　ⓛ 국왕이 직접 소유하여 궁내부의 수공업에 종사하게 했으며, 고관 귀족이나 장군에게 포
　　　 로를 주어 노비로 삼기도 하였다.

② 삼국의 사회 체제

1) 고구려의 사회

(1) 지배계층

① 왕족인 고씨를 비롯하여 5부 출신의 귀족들
　　로 구성되었다.

② 지위를 세습하면서 높은 관직을 맡아 국정 운
　　영에 참여하였다.

③ 족장이나 성주들은 자기들의 병력을 소유하
　　였고, 국가에서 동원할 때에는 대모달, 말객
　　등의 군관이 지휘하였다.

④ 고분 벽화에서 신분의 귀천에 따라 인물의 크
　　기에 차등을 두어 묘사하였다.

▶ **사마르칸트 지역 아프라시압 궁전 벽화의 고구려
사신도 복원**
머리에 깃털을 꽂고 있는 오른쪽 두 사람이 고구려 사
신이다.

(2) 일반 백성

① 대부분 자영 농민으로서 국가에 조세를 바치고 병역의 의무가 있으며 토목 공사에도 동원되
　　었다.

② 생활이 불안정하여 흉년이 들거나 빚을 갚지 못하면 노비로 전락하였다.

③ 진대법

   (ㄱ) 고국천왕 때 시행한 빈민 구제책이다.

   (ㄴ) 식량이 부족한 봄에 곡식을 빌려 주었다가 가을에 추수한 뒤에 갚게 한 제도이다. 이 제도는 평민이 노비로 전락하는 것을 막아 국가의 생산계층을 확보함과 동시에 귀족 세력의 확대를 방지하기 위한 정책이었다.

④ **전사법**: 신라 단양 적성비에 적성 전사법이 기록되어 있다. 고구려 농민들이 집단적인 공동 경작을 하던 모습이 보여 신라 민정 문서의 마전(麻田)과 유사한 것으로 추측하고 있다.

(3) 천민 · 노비

① 피정복민이나 몰락한 평민이었다.

② 남의 소나 말을 죽인 자는 노비로 삼거나 , 빚을 갚지 못한 자는 그 자식들을 노비로 만들어 변상하는 경우도 있었다.

(4) 혼인 풍습

① 지배층: 형사취수제 , 서옥제

② 평민: 남녀 간의 자유로운 교제를 통해 결혼하였고, 남자 집에서 돼지고기와 술을 보낼 뿐 다른 예물은 주지 않았다.

(5) 형 법 엄격한 형법을 제정하여 사회 기강과 통치 질서를 확립하고자 하였다.

① 반역자는 화형에 처한 후에 다시 목을 베고, 그 가족은 노비로 삼았다.

② 전쟁에 패한 자나 항복한 자도 사형에 처하였다.

③ 남의 물건을 훔친 자는 12배 배상하였고 소, 말을 죽인 자는 노비로 삼았다.

> **평민의 생활상과 구휼제도**
>
> 고국천왕 겨울 10월에 왕이 질산 남쪽에서 사냥하였다. 길가에 앉아 우는 자를 보고 우는 이유를 물으니 그가 대답하였다. "가난하여 항상 품팔이로 어머님을 봉양하였습니다. 금년에는 흉년이 들어 품팔이 할 곳이 없어 곡식 한 되나 한 말도 얻을 수 없기에 우는 것입니다." 왕이 "아아, 내가 백성의 부모가 되어, 백성들을 이러한 지경에 이르게 하였구나. 내 죄이다"라 하며 옷과 음식을 주어 위로하였다. 이어서 서울과 지방의 해당 관청에 명령하여 홀아비 · 과부 · 고아 · 자식없는 늙은이 · 늙고 병들고 가난하여 혼자 힘으로 살 수 없는 자들을 널리 찾아내어 구제하게 하였다. 봄 3월부터 가을 7월까지 관의 곡식을 풀었다. 백성들의 식구가 많고 적음에 따라 차등 있게 구제 곡식을 빌려주었다가 겨울 10월에 상환하게 하는 것을 법규로 정하였다. 모든 백성들이 크게 기뻐하였다. 〈삼국사기〉

> **서옥제**
>
> 혼인하는 풍속을 보면, 구두로 약속이 정해지면 신부 집에서 큰 본채 뒤에 작은 별채를 짓는데, 이를 서옥이라 한다. 해가 저물 무렵, 신랑이 신부 집 문 밖에 와서 이름을 밝히고 꿇어앉아 절하며 안에 들어가서 신부와 잘 수 있도록 요청한다. 이렇게 두세 번 청하면 신부의 부모가 별채에 들어가 자도록 허락한다. …… 자식을 낳아 장성하면 신부를 데리고 자기 집으로 간다. 〈삼국지〉

2) 백제의 사회

(1) 사회 기풍

① 언어, 풍속, 의복은 고구려와 비슷하였다.

② 일찍부터 중국과 교류하며 선진 문화를 수용하였고, 백제 사람은 키가 크고 의복이 깔끔하다는 중국의 기록을 통해 그 세련된 모습을 알 수 있다.

③ 상무적 기풍을 간직하고 말타기와 활쏘기를 좋아하였다.

④ 형법

　(ㄱ) 반역자, 전쟁에서 패한 군사, 살인자는 참형에 처하였다.

　(ㄴ) 도둑질한 자는 귀향 보냄과 동시에 2배를 배상하였다.

　(ㄷ) 관리가 뇌물을 받거나 횡령을 했을 때는 3배를 배상하고 종신토록 금고형에 처하였다.

(2) 지배층

① 왕족인 부여씨와 8성의 귀족(사, 연, 해 ,협, 국, 진, 목, 백)이 중심 세력을 이루었다.

② 왕족인 부여씨, 왕비족은 진씨와 해씨가 독점하였고, 중앙의 주요 관직과 지방의 담로까지 독점하였다.

③ 고구려와 마찬가지로 지배층은 투호, 바둑, 장기 등을 즐겼다.

(3) 일반 백성

① 대부분이 농민이고 천민과 노비도 다수 존재하였다.

② 상무적인 기풍이 있어 말타기와 활쏘기를 좋아하였다.

3) 신라의 사회

(1) 신라 사회의 특징

① 고구려, 백제에 비해 중앙 집권 국가로 발전한 시기가 늦었다.

② 여러 부족의 대표들이 함께 모여 정치를 운영하고 사회를 이끌어 가던 신라 초기의 전통을 오랫동안 유지하였는데 화백 회의가 대표적인 경우이다.

(2) 화백 회의

① 만장일치제: 진골 이상의 귀족이 국가의 중대사를 의논하였고, 의장은 상대등이었다.

② 왕권과 귀족 사이의 권력을 조절하고, 집단의 단결 강화와 부정 방지의 역할을 하였다.

(3) 골품 제도

① 김씨 왕족의 왕위 세습: **폐쇄적 신분 제도인 골품제도를 마련하여 통치 기반을 구축하였다.**

② 중앙 집권 국가로 발전하는 과정에서 **왕 밑에 통합·편제되어 성립하였고**, 성골, 진골, 6두품에서 1두품에 이르는 6개의 두품으로 편제되었다.

- (ㄱ) 성골(聖骨): 부부가 모두 왕족으로 왕이 될 수 있는 최고의 신분으로, 진덕 여왕이 마지막 성골이었다.
- (ㄴ) 진골(眞骨): 5관등 이상의 요직을 독점하였고 정치·군사권을 장악하였다. 무열왕 이후 진골이 왕위를 계승하였다.
- (ㄷ) 6두품(득난): 대체로 **학문과 종교** 분야에서 활동하였고 신라 중대에는 왕권과 결탁하는가 하면 신라 하대에는 반 신라적인 태도를 보였다.
- (ㄹ) 5두품과 4두품: 지배 신분의 말단으로 중·소족장이 골품으로 편입되면서 주어진 신분이다.

③ 개인의 신분뿐만 아니라 친족의 등급도 표시하여 정치·사회 활동 범위가 결정되었다.

④ 골품제도에 의해서 정치·경제·사회적 특권이 독점되었다.

⑤ 신라 관등 조직은 골품 제도와 관련되어 편성되었고, 관등 승진의 상한선이 골품에 따라 정해져 있어 일찍부터 이에 불만을 가진 이들도 있었다(6두품)

(4) 화랑도

① 기 원: 씨족 사회의 청소년 집단에서 유래하였고, 진흥왕 때 여성 중심의 원화를 남성 중심의 국가 조직으로 확대하여 공인하였다.

② 구 성: 총 책임자를 국선(풍월주)이라 하고 **화랑(진골 귀족 자제)** 1명과 많은 낭도(6두품 이하 평민층)들로 구성되었다.

③ 역 할: 인재 양성과 신라 삼국통일의 중추적인 역할을 하였다. 여러 계층이 같은 조직 속에서 일체감을 갖고 활동하여 계층 간의 대립과 갈등을 조절하는 역할을 하였다.

④ 교육 내용: 전통적 사회 규범을 배우고, 협동과 단결 정신을 기르며 심신을 연마하였다. 또 「시경」, 「상서」, 「춘추전」, 「예기」를 습득할 것을 맹세한 내용이 임신서기석 비문에 새겨져 있어 유교 경전을 공부했음을 알 수 있다.

⑤ 화랑도 정신: 세속 5계
- (ㄱ) 유·불·도교의 영향 받은 화랑의 행동 규범으로 **원광법사가 제정하였다.**
- (ㄴ) 사군이충(事君以忠), 사친이효(事親以孝), 교우이신(交友以信), 임전무퇴(臨戰無退), 살생유택(殺生有擇)

3 남북국 시대의 사회 체제

1) 통일 신라 사회의 변화

(1) 통일 신라 사회 특성

① 우리 민족의 통일된 정부를 수립하여 새로운 사회의 발전을 가져왔다.
② 확장된 영토와 인구의 증가로 국가의 경쟁력이 증대되었다.
③ 삼국 사회가 문화적 공통성과 혈연적 동질성을 가지고 있어 단일 민족 문화와 사회를 건설하였다.

(2) 진골 세력

① 신라 중대에 왕권이 전제화되었고, 성골이 왕위를 차지하였으나 진덕 여왕을 끝으로 진골이 왕위를 계승하였다.
② 진골은 지배층의 핵심이었지만 진골 중에서도 김씨가 정치권력을 대부분 독점하였다.

(3) 6두품 세력

① 신라 중대: 학문적 식견과 실무 능력을 바탕으로 왕권과 결탁하면서 진골 귀족에 대항하였다.
② 집사부 시랑 등의 관직을 맡아 정치적 진출이 활발했으나 하대에는 점차 배제되어 호족과 연결되었다.
③ 합리적인 유교 이념을 내세워 국가 체제 개혁 시도의 실패로 반신라적 태도를 취하였다.
④ 선종과 결부되어 고려 왕조 건설에 사상적 기반을 제공하였다.

(4) 호족의 등장

① 선종과 풍수지리설 수용에 적극적이었으며 농장과 백성을 지배하였다.
② 광대한 농장과 지방의 징세권, 군사권을 장악하여 지방 분권화 현상을 초래하였다.
③ 지방에 학교를 설치하여 학문을 확산시켰으며, 고려 왕조 건설에 주동적인 역할을 하였다.

2) 발해의 사회구조

(1) **지배층** 왕족인 대씨와 귀족인 고씨 등의 고구려계 사람들로 구성되었다.
(2) **피지배층** 대부분 말갈인들이 피지배계층을 이루었고 촌락에 거주하는 농민들이 대부분이었으며 일부는 노비로 전락하였다.
(3) **사회 모습** 상층 사회를 중심으로 당의 제도와 문화를 수용하였고, 한편으로는 고구려의 전통적인 생활 모습과 전통적인 말갈 사회의 모습을 오랫동안 유지하였다.

01 삼국 시대 사회 모습에 대한 설명으로 옳은 것은?　　　　　　　　　　　　　　　　2013. 지방직 7급

　① 신분은 혈연 집단의 사회적 위상과 개인의 능력을 중요하게 평가하여 결정되었다.

　② 천민은 대개 전쟁 포로, 범법 행위, 채무 등의 이유로 인하여 발생하였다.

　③ 고구려의 혼인 풍습으로는 민며느리제와 형사취수제가 있었다.

　④ 신라 골품제는 신분별로 관등 승진의 상한을 규제하였으나 일상생활에서는 그렇지 않았다.

정답 ②

해설　① 삼국은 개인의 능력을 발휘할 수 없는 폐쇄적 신분제 사회였다.
　　　　③ 고구려의 풍습은 데릴사위제와 형사취수제이다.
　　　　④ 골품제는 정치·사회·일상생활에 이르기까지 많은 영향을 주었다. 또 개인의 신분뿐만 아니라 친족의 등급도 표시하여 정
　　　　　치·사회 활동의 범위가 결정되었다.

 **고대의 문화**

① 학문과 종교의 발달

1) 학문의 보급과 교육

(1) 한자의 전래

① 철기의 전래와 함께 한자도 전래되어 삼국 시대 지배층이 수용하였다.

② 이두와 향찰을 사용함으로써 한문의 토착화가 이루어지고 널리 보급되었다.

> **향찰**
>
> 한자의 뜻과 소리를 빌려 우리말을 적는 방식을 말하며 삼국유사와 균여전에 실린 향가는 모두 향찰로 쓰여진 것이다.

(2) 교육 기관과 학문의 발달

① **고구려**: 태학(수도, 유교 경전과 역사서 교육), 경당(지방, 한학과 무술 교육)에서 한한 교육을 실시하였고, 지식층에서는 5경과 역사서를 읽었다.

② **백제**: 5경 박사·의박사·역박사(유교 경전과 기술학 교육)의 교육과 북위로 보낸 국서, 사택 지적비, 무령왕릉의 지석 등으로 한학이 발전하였음을 알 수 있다.

③ **신라**: 내물왕 때 전진에 보낸 국서와 임신서기석(청소년들의 유교 경전 학습 기록) 등으로 한학의 발전을 알 수 있고 화랑도를 통해 교육하였다.

④ **통일신라**

　㉠ 국학(國學, 신문왕): 9년제로서 3분과로 나누어 박사, 조교가 교육하고, 논어와 효경은 필수 과목으로, 오경과 문선은 선택과목이었다. 입학생들은 15~30세의 대사(12관등) 이하 조위(17관등)까지의 귀족 자제만 입학이 가능하였다.

　㉡ 독서삼품과: 원성왕(788) 때 설치된 것으로 종래 골품 위주의 관리 등용을 지양하고 유학의 교육에 따른 능력 위주의 관리 선발 제도이며 왕권 강화 목적으로 실시되었다. 그러나 진골 귀족들의 반발로 관리의 등용보다 학문 보급에만 기여하였다.

3품	상품: 좌전(左傳)·문선(文選)·예기(禮記)에 능하고 논어·효경을 읽은 자 중품: 곡례(曲禮)·논어·효경을 읽은 자 하품: 곡례·효경을 읽은 자
특품(特品)	5경(五經)·3사(사기, 한서, 후한서)·제자백가서(諸子百家書)에 능통한 자

(ㄷ) 대표적인 학자

강수	외교문서 작성('답설인귀서')에 능한 통일 초의 문장가
설총	6두품출신으로 유교경전의 조예가 깊고 이두를 정리, 저서로는 '화왕계'
김대문	계림잡전, 화랑세기, 한산기, 고승전을 저술하고 주체적 자기 문화 인식
최치원	도당 유학생으로 빈공과에 합격, 개혁안 10여 조를 건의, 계원필경 저술

⑤ 발해

(ㄱ) 주자감을 설치하여 귀족 자제들에게 유교 경전을 교육하였고, 당과의 교역으로 많은 서
    적을 수입하였다. 또 당의 빈공과에 합격하는 유학생들이 출현하였다.

(ㄴ) 외교문서와 국내외 공식 기록에 한문을 사용하였다.

(ㄷ) 발해문자 사용: 동경성에 발견된 압자와(기와) 중에 한자와 다른 독특한 발해 문자가 있다.

(ㄹ) 유학의 발달: 정혜·정효 공주 묘지가 세련된 4·6변려체 문장으로 기록되어 있어 한문을
    능숙하게 사용하였음을 알 수 있다. 또한 한시로는 왕효렴이나 양태사의 한시가 유명하다.

2) 역사서의 편찬

(1) 역사서 편찬

① 왕실의 존엄성과 국가의 권위를 유지할 목적에서 역사서를 편찬하였다.

② 국력이 강하던 시기에 편찬되었으나 현존하지 않는다.

국 명	역사책	시기	저자	내용(추정)
고구려	유기 100권 신집 5권	미상 영양왕(600)	미상 이문진	시조의 가계 신화, 전설, 국력에 대한 자부심
백 제	서기	근초고왕(375)	고흥	왕실가계 미화
신 라	국사	진흥왕(545)	거칠부	왕실의 전통, 왕위계승설화

3) 불교의 수용

(1) 역할과 성격

① 중앙 집권 국가 체제가 정비될 무렵에 불교가 전래되었다.

(ㄱ) 대승불교와 소승불교가 섞여 들어왔고 토착신앙과 융합하였다.

(ㄴ) 왕실이 수용에 주도하고 뒤이어 귀족도 수용(진종설, 윤회설)하여 왕실과 귀족을 중심으
    로 발전하였다.

(ㄷ) 현세 구복적 성격: 전통 토착신앙의 영향으로 내세적 성격보다 현세적 색채가 강하였다.

(ㄹ) 토착 신앙과 융합되어 샤머니즘적인 성격을 띠게 되었다.

② 호국불교

　(ㄱ) 정신적 통일에 이바지하면서 호국 불교의 성격을 가졌다.

　(ㄴ) 「인왕경」을 중시하였고, 백제의 왕흥사와 미륵사, 신라의 황룡사 9층 목탑을 건립하였다.
　　화랑도, 불교교단 조직(혜량), 불교식 왕명, 왕즉불(王卽佛) 사상

③ 하나의 불법에 귀의하는 같은 신도라는 믿음이 국왕을 받드는 같은 신민이라는 생각으로
　중앙 집권화에 큰 역할을 하였다.

④ 서역·중국문화를 전달하여 고대문화 발전에 공헌하였다.

(2) 고구려

① 소수림왕 2년 전진의 순도에 의해 전래(372)되었다.

② 순도에 의해 전파된 대승불교인 삼론종(三論宗)이 크게 발전하였다.

③ 열반종

　(ㄱ) 보덕은 보장왕 때 연개소문이 도교를 장려하자 도교에 대항하기 위해 열반종을 개창하였다.

　(ㄴ) 연개소문의 불교 탄압을 피해 백제에 열반종을 전래하였다.

(3) 백 제

① 침류왕 때 동진의 마라난타에 의해 전래(384)되었다.

② 성왕: 겸익이 인도에서 계율을 중시하는 율종(계율종)을 확립하였고, 노리사치계가 일본에
　불교를 전해주었다.

(4) 신 라

① 눌지왕 때 고구려 승려 묵호자가 들어와 포
　교하였고, 법흥왕 때 이차돈의 순교로 공인
　되었다(527).

② 불교 교단의 정비(진흥왕): 고구려 승려 혜량
　을 국통으로 삼고 전륜성왕을 자처하였다.

③ 주요 교리

　(ㄱ) 업설(業說)은 왕이 곧 부처라는 사상으로
　　　왕의 권위를 높여 주는 한편, 귀족들의 특
　　　권을 인정해 주었다.

　(ㄴ) 미륵불 신앙: 미래불인 미륵불이 나타나
　　　이상적인 불국토를 건설한다는 미륵불
　　　신앙은 진흥왕 때 화랑 제도와 밀접한 관
　　　련을 가지면서 신라 사회에 정착되었다.

대표적인 승려

□ 고구려
　(ㄱ) 혜량: 신라에 가서 최초의 국통, 불교교단 조직
　(ㄴ) 혜관: 일본에 삼론종 전파하고 그 시조가 됨
　(ㄷ) 담징: 일본에 건너가 호류사 금당벽화를 그리
　　　고 종이, 먹, 맷돌 제조방법 전수
　(ㄹ) 혜자: 일본 쇼토쿠 태자의 스승

□ 백제
　(ㄱ) 겸익: 인도에서 불법 연구, 율종 확립
　(ㄴ) 관륵: 일본에 천문·역법 전함
　(ㄷ) 노리사치계: 일본에 불상·불경 전함(522)
　(ㄹ) 혜총: 일본에 계율종 전파

□ 신라
　(ㄱ) 원광: 진·수·오에 유학, 성실종 도입, 세속 5
　　　계, 걸사표, 점찰보 설치
　(ㄴ) 자장: 당에 유학, 통도사에서 계율종 개창
　(ㄷ) 혜량: 고구려에서 망명한 후 교단(국통, 주통,
　　　군통)을 조직, 초대 국통

4) 도교의 발달

(1) 전 래 전래 시기가 불확실하나 6세기경 고구려 영류왕 때 당에서 '도덕경'을 보내오면서 도입된 것으로 추정된다. 우리 고유의 신선사상과 산천 숭배와 결합하여 귀족들 사이에서 널리 보급되었다.

(2) 특 징

① 고구려: 영류왕·보장왕 때 연개소문은 불교세력을 누르고자 **도교를 장려**하였다. 강서 대묘의 사신도

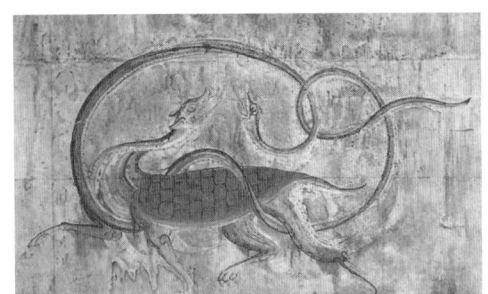

▶ **현무도**(평남 강서 강서대묘)
사신도의 하나로, 북쪽 방위신이다.

② 백제: 산수문전, 사택지적비, 무령왕릉의 지석(매지권), 금동대향로

③ 신라: 화랑도의 별칭인 국선·풍월도

④ 통일신라: 하대에 귀족생활이 향락, 퇴폐한데 대한 반발로 은둔적인 도교, 노장사상이 확산되었다. 김유신묘의 12지 신상, 최치원의 쌍계사 진감선사비문

⑤ 발해: 문왕의 딸 **정효공주 비문**에 도교의 불로장생 사상이 반영되었다.

(3) 도교와 노장사상 지배층의 **퇴폐적인 것에 반발**하는 은둔적인 사상 경향이 생겨 도교와 노장사상이 널리 보급되었다.

5) 불교 사상의 발달

(1) 통일신라 불교

① 원효의 정토종 보급으로 불교의 대중화가 이루어졌다. 통일기에 불교 사상 전반에 대한 이해 체계가 확립되었다.

② 교종의 발달

　(ㄱ) 지배층은 기성 권위를 긍정하는 교종을 환영하였다.

　(ㄴ) 불교의식 중시로 조형미술이 발달하였고, 사후 세계를 위한 고분을 중심으로 발달하였다.

③ **원효(元曉)**

　(ㄱ) 법성종(法性宗)을 개창하고 불교의 사상적 이해 기준을 확립하였다.

　(ㄴ) 「대승기신론소」와 「금강삼매경론」 등을 저술하였다.

ⓒ 모든 것이 한마음에서 나온다는 일심 사상을 바탕으로, 다른 종파들과 사상적 대립을 융화시키려는 **화쟁 사상**을 「십문화쟁론」에서 주장하였다.

ⓓ **불교의 대중화**에 기여하였고, **정토종(아미타 신앙)**을 보급하였다.

ⓔ **무애(無碍) 사상**: "일체에 걸림돌이 없는 사람은 단번에 생사를 벗어난다"라고 하며 무애의 자유정신을 강조하였다.

④ **의상(義湘)**

ⓐ **화엄종(華嚴宗) 개창**: 「화엄일승법계도」(華嚴一乘法系圖)를 저술하여 모든 존재는 상호 의존적인 관계에 있으면서 서로 조화를 이루고 있다는 화엄 사상을 정립하였다.

ⓑ **부석사**를 건립하였고 통일 신라 직후 모든 주민의 일체감을 높여 신라 사회의 **통합**과 **전제왕권**에 기여하였다.

ⓒ 현세에서 고난을 구제받고자 하는 **관음 신앙**을 전파하였다.

⑤ **원 측**: 문무왕 때 당나라에 유학하여 **유식불교(불교 철학)**를 당의 서명사에서 강연하였다.

⑥ **혜 초**: 「**왕오천축국전**」은 인도와 중앙아시아 여러 나라의 연구에 중요한 자료이다.

(2) 발해의 불교

① **발 달**: 승려의 도당 유학, 명승 정소는 당과 일본에 왕래하면서 불법을 선양하였다.

② **성 격**: 고구려 계승, 왕실과 귀족 중심, 문왕 스스로 불교적 성왕으로 일컫기도 하였다.

③ **유 물**: 수도 상경의 절터가 발견되었는데 이곳에서 불상, 석등, 연화무늬 와당 등이 출토되었다.

6) 선 종

(1) 선종의 등장

① **도 입**: 7세기 선덕여왕 때 법랑이 전개하였으나 교종 때문에 성행하지 못했다.

② **선종의 융성**

ⓐ 신라말기 중국에 유학한 승려들이 선종을 공부하여 유행 시켰다.

ⓑ 이론보다 실천과 **수심(修心)**을 중시하고 개인적인 정신세계를 지향하는 경향이다.

ⓒ **9산 성립**: 주로 6두품 출신으로 도의가 가지산문을 개창한 이후 각 지방에 본거지를 두고 여러 종파를 이루어 **9산(山)**이 성립되었다.

(2) 지방호족세력과 선종

① 호족들이 선종을 지원하여 9산의 위치는 유력한 호족의 근거지와 가까운 지방에 위치하였다.

② 선종은 중앙집권체제에 반항하여 일어난 호족들에게 독립할 수 있는 사상적 근거를 제공하였다.

③ 선종과 교종의 대립: 진골귀족과 6두품이하 하급귀족의 대립, 나아가 중앙과 지방의 대결이라는 성격을 가지고 있었다.

(3) 선종의 영향

① 선종은 원래 중국에서 새로운 문화 운동의 하나로 성립된 종파였기 때문에 중국문화에 대한 이해의 폭을 확대하였다.

② 도당 유학생들의 반신라적 움직임과 결부되어 고려 왕조 개창의 사상적 기반을 제공하였다.

③ 조형 예술의 침체와 부도의 등장: 철감 선사 부도, 진전사지 부도

▶ 9산 선문

7) 풍수지리설

(1) 전래 신라 말기 승려 도선(道詵)에 의해 중국으로부터 도입되었다.

(2) 내용

① 자연환경을 유기적으로 파악하는 인문지리적인 지식에다가 안정된 사회를 바라는 일반백성들의 염원 등 당시 사회상에 대한 인식을 종합하여 풍수지리설로서 체계화되었다.

② 경주 중심의 행정 조직을 지방 중심으로 재편성할 것을 주장하여 신라 정부의 권위를 약화시키는 구실을 하였다.

③ 예언적 도참 신앙과 결부되었고, 송악의 왕건에게 후삼국 통일의 유리한 사상적 기반을 제공하였다.

2 과학 기술의 발달

1) 천문학과 수학

(1) 천문학 농경과 밀접한 관련이 있고, 왕의 권위를 하늘과 연결시키려고 하였기 때문에 천체와 천문 현상에 대한 관측을 중시하였다.

① 고구려

    (ㄱ) 별자리를 그린 천문도가 제작되었고, 고분 벽화에도 별자리 그림이 사실적으로 남아 있다.

    (ㄴ) 장천리 고분, 덕화리 고분과 각저총을 통해 사실적이고 정확한 관측을 토대로 제작되었
       다는 것을 알 수 있다.

② 백 제: 역박사. 외관 10부 중 천문을 관장하는 일관부가 설치되었다.

③ 신 라: 7세기 선덕 여왕 때 현존하는 세계 최고의 천문대인 첨성대를 설립하여 천체를 관측
   하였다.

④ 통일신라

    (ㄱ) 김유신 후손 김암은 병학과 천문학에 조예가 깊었고, 성덕왕 대에는 누각전을 설치하였다.

    (ㄴ) 해시계와 물시계가 제작되었고, 특히 물시계가 중요시되었다.

(2) 수 학

① 통일신라의 산학박사. 국학에서 수학을 가르침

② 왕릉, 성곽, 제언 축조 등에 역학과 수학 이용

③ 유 물: 석굴암, 백제의 정림사지 5층탑, 신라 황룡사 9층 목탑, 석가탑, 다보탑

(3) 건축과 의학, 기타 기술

① 건축에는 기하학의 원리를 응용하였고, 역학에는 수학을 응용하여 발전하였다.

② 통일 신라 시대에는 삼국 시대에 도입된 중국 의학이 더욱 발달하였고, 통일 후에는 당의 의
   학과 불교 의학이 발달하였다.

③ 유리구슬과 그릇이 출토되어 유리가 제작되었다는 사실을 알 수 있다.

2) 목판 인쇄술

(1) 무구 정광 대다라니경(無垢淨光大陀羅尼經)

① 불국사 3층 석탑에서 발견된 두루마리 불경이다.

② 8세기 초에 인쇄된 것으로 세계에서 가장 오래된 목판
   인쇄물이다.

3) 금속 기술의 발달

(1) 금·은·동의 세공 및 도금 기술은 신라의 금관이나 성덕
   대왕신종에서 높은 수준이었음을 알 수 있다.

(2) 백제의 칠지도와 금동 대향로(백제)를 통해 공예 기술의
   우수성을 알 수 있다.

▶ 백제 금동 대향로
높이64cm, 무게 11.8kg의 금도금 향로
인데, 사진은 말을 타고 있는 인물상 부
분이다.

❸ 예술의 발달

1) 고구려

(1) 고 분 초기는 석총이 주류를 이루었으나 후기에는 토총이 주로 만들어졌다.

① 초 기: 돌무지무덤(석총): 중국 집안의 태왕릉과 **장군총**(돌을 쌓아 만든 무덤)이 유명하다.

② 후 기: 굴식 돌방무덤(토총)

  ㈀ 흙으로 덮은 무덤 안에 돌로 방과 통로를 만든 무덤 양식으로 **벽화**가 그려져 있어 당시 사회 문화를 이해하는데 중요한 자료가 된다. 그리고 벽화는 주로 무덤 주인의 **생활**을 **표현**한 그림이 많고, **불교**의 내세관을 표현하는 그림이 많았다. 후기에는 **도교**의 **영향**으로 사신도 같은 상징적 그림이 많이 그려졌다.

  ㈁ **쌍영총**: 서역 계통의 영향을 받았고, 무사, 우차, 여인이 그려진 벽화를 통해 당시 생활 모습을 짐작할 수 있다. 특히 팔각 쌍기둥과 모줄임 천장은 건축 예술의 우수성을 보여 주는 작품이다.

  ㈂ **황해도 안악 3호분**: 고구려 지배층의 대행렬, 귀족의 모습과 부엌, 고깃간 및 우물가 그림 등이 있다.

  ㈃ **수산리 고분**: 여인도는 일본 다카마쓰 고분의 여인도에 영향을 주었다.

  ㈄ **강서고분**(사신도), **무용총**, **각저총**(씨름), **쌍영총**, 안악 3호분 등이 대표적인 고분이다.

(2) 불 상 중국 북조의 영향을 받았으나, 고구려의 개성을 지니고 있다. 연가 7년명 금동 여래 입상

2) 백 제

(1) 고 분

① 한성시기: 서울 석촌동 고분은 고구려 초기의 고분과 유사한 계단식 돌무지무덤이다.

② 웅진(공주)시기: 굴식 돌방무덤

  ㈀ **공주 송산리 고분군**: 굴식 돌방무덤(횡혈식 석실분)

  ㈁ **송산리 6호분, 무령왕릉**: 중국 남조의 영향을 받은 굴식 벽돌무덤으로 벽과 천장에 사신도와 일월도 벽화가 있다. 고구려의 영향을 받았으나 부드럽고 온화한 기풍이 잘 나타나 있다.

▶ 계단식 돌무지무덤(서울 송파 석촌동)

ㄷ) 무령왕릉은 연화무늬의 벽돌로 만들어진 벽돌무덤으로 지석, 토지 매지권, 양나라 동전 발견되었다.

③ 사비시대(부여 능산리 고분군): 돌방무덤으로서 규모는 작지만 축조기술과 벽화(연꽃무늬, 구름무늬)가 세련되었다.

(2) 불 상 백제의 미소라 불리는 서산 마애 삼존 불상(7세기)이 대표적이다.

▶ 서산 마애 삼존 불상

(3) 석 탑

① 익사 미륵사지 석탑: 목조탑의 건축 양식을 모방한 현존 최고(最古)의 석탑이다.

② 정림사지 5층 석탑: 배흘림 기법을 반영한 목탑 양식의 석탑으로 세련되고 균형 잡힌 백제 탑의 아름다움을 표현하고 있다.

(4) 사 찰

① 부여 능산리지는 위덕왕이 성왕을 위해 건립한 백제의 전형적인 1탑 1 금당 구조이다. 1993년 이 절터에서 **백제 금동 대향로**와 **백제 창왕명 사리감**이 발견되었는데 사리를 봉안한 연대와 사리 공양자가 분명하여 창건 연대가 명확하게 밝혀졌다.

② 부여 왕흥사지: 무왕이 창건한 왕흥사지는 백제의 전형적인 1탑 1 금당 구조이다. 2007년 목탑 심초석에서 사리함이 발견되었다.

3) 신 라

(1) 고 분

① 돌무지 덧널무덤

ㄱ) 덧널위에 댓돌을 쌓아 올린 후 흙을 덮은 무덤으로 **벽화는 없고 추가장이 불가능한 단장묘**이며 도굴이 어려워 **많은 껴묻거리**가 남아 있다.

ㄴ) **호우총**: 고구려 광개토왕의 호우명(제사지내는 제기)이 발견되어 4세기경 고구려와 신라의 교류를 확인할 수 있다.

ㄷ) **천마총**(155호분): 천마도, 금동관, 금 귀걸이 등이 발견되었다.

ㄹ) 황남 대총: 경주 시내 고분 중 가장 규모가 큰 두 개의 무덤으로 금관, 가락바퀴 등 20,000여 점의 유물이 발견되었다.

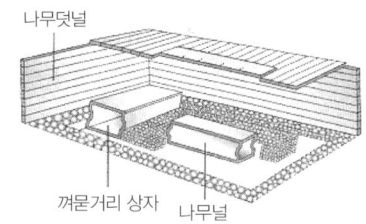

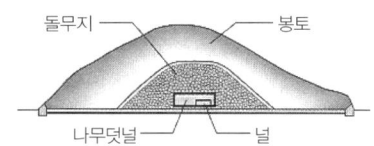
▶ 돌무지 덧널무덤의 구조와 부분명칭(천마총)

② 굴식 돌방무덤: 삼국 통일 직전에 주로 만들어진 무덤 형태이다.

(2) 건 축

① **황룡사 9층 목탑:** 선덕 여왕 때 자장의 건의로 백제인 아비지가 건립하였으나 몽고 침입 때 소실되었다.

② **분황사 석탑:** 현존 최고의 전탑으로 석재를 벽돌 모양으로 만들어 쌓은 탑(모전탑)으로 3층만 현존한다.

③ **첨성대:** 현존하는 최고(最古)의 천문대로 선덕 여왕 때 건립되었다.

(3) 불 상 금동 미륵보살 반가상, 경주 배리 석불 입상

▶ **금동 미륵보살 반가상**(국보 제83호)
미륵보살은 미래에 부처로 태어나 중생을 구제하기로 정해져 있는 보살이다. 지금은 도솔천에서 중생을 구제하기 위하여 정진과 사색에 매진하고 있다고 한다. 미륵보살 반가상은 이런 모습을 형상화한 것이다.

4) 통일신라

(1) 고 분

① 굴식 돌방무덤이 유행하였다. 무덤 주위에 호석인 둘레돌을 놓고 12지 신상을 조각하는 새로운 양식으로 우리나라만의 독특한 묘제로서 뒤에 고려와 조선 시대 왕릉에 계승되었다.

② **김유신 묘:** 굴식 돌방무덤으로 봉분을 두른 호석에 12지 신상을 조각하였다.

③ **대왕암:** 수중릉

④ **괘릉:** 12지 신상뿐 아니라 문무인상과 돌사자상을 무덤 앞에 배치하였다.

⑤ 불교의 영향으로 화장 방법이 유행하였다.

(2) 석 탑 높은 기단 위에 3층 석탑을 세우는 독특한 입체미를 나타내는 양식이 유행하였다.

① **3층 석탑:** 불국사 3층 석탑, 화엄사 4사자 3층 석탑, 감은사지 3층 석탑, 부석사 석탑

② **양양 진전사지 3층 석탑(말기):** 기단과 탑신에 부조로 불상을 새긴 것으로 유명하다.

③ **부도(사리탑):** 선종의 영향으로 출현하였고, 양양의 진전사지 부도, 화순의 철감 선사 부도가 대표적이다.

(3) 건 축

① **석굴암:** 김대성의 발원으로 혜공왕 때 완성 된 석굴 사원으로 당시 신라의 건축 기술, 과학 기술, 조각의 높은 수준을 보여 주고 있다.

② **불국사:** 목조 건물은 임진왜란 때 불타 버렸으나, 석조물과 기단이 남아 있어 신라 불교 예술의 높은 수준을 보여 주고 있다. 불국사는 법화경에 근거한 석가모니불의 사바세계와 무량수경에 근거한 아미타불의 극락세계 및 화엄경에 근거한 비로자나불의 연화장세계를 형

상화한 사찰이다. 특히 대웅전 앞의 석가탑(3층석탑)과 다보탑이 세련된 아름다움을 표현한 작품으로 유명하다.

③ 안압지: 경주에 있는 궁전 안의 인공 연못, 정원 조경술의 높은 수준을 보여주고 있다.

(4) 공예 조각

① 무열왕릉비의 귀부와 이수의 조각, 성덕 대왕릉 둘레돌의 조각은 사실적인 미를 나타내고 있다.

② 법주사 쌍사자 석등과 불국사 석등은 균형미 있는 조각으로 뛰어난 작품이다.

(5) 서 화

① 서예: 요극일(구양순체), 김생(집자비문), 김인문(화엄사의 화엄경 석경)

② 그림: 황룡사 벽화로 유명한 솔거와 당에서 활약한 김충의는 귀족이나 승려들의 초상화를 그렸다.

5) 발 해

(1) 고 분

① 정혜 공주 묘와 정효 공주 묘가 대표적인 고분이다.

② 정혜 공주 묘: 굴식 돌방무덤으로 모줄임천장 구조로 이루어졌고 고구려 고분 양식과 유사하다.

③ **정효 공주 묘**: 벽돌무덤은 당나라의 영향을 받았고 벽화는 고구려 화풍을 계승하였다.

(2) 불 상 동경에서 발견된 **이불병좌상**은 얼굴이나 광배, 의상 등에 이르기까지 고구려 양식을 계승하고 있다.

(3) 건 축 상경 용천부의 주작대로와 동경성 사원지의 금당은 웅장하고 조화로운 건축물이다.

(4) 조각과 기타 유물

① 정혜 공주 묘 앞의 돌사자상은 생동감 있고 힘찬 모습을 표현하였다.

② 석등: 발해의 석조 미술을 대표하는 석등이 상경에 남아 있다.

③ 연꽃무늬 기와: 강건한 고구려 와당의 영향으로 기와의 무늬는 소박하고 직선적이다.

④ 궁성: 상경 용천부는 당의 장안성 처럼 외곽에 외성, 외성 안쪽에 내성을 두르고, 외성 남문에서 내성 남문까지 주작대로라는 길을 냈다.

⑤ 자기: 무게가 가볍고 광택이 있고 종류나 크기, 색깔, 형태 등도 매우 다양하였으며 당에 수출하였다.

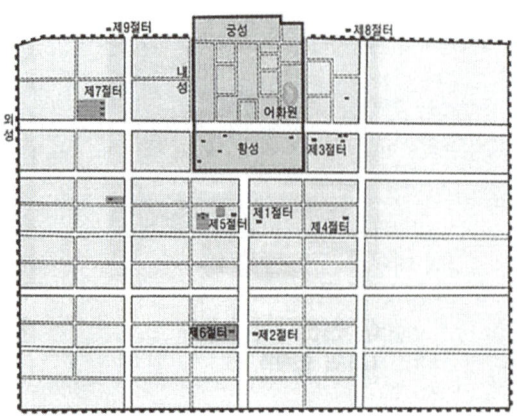

▶ 발해 상경 용천부 평면도
상경 용천부는 평탄한 분지의 한가운데에 위치하고 있는데 궁궐과 사원이 정연하게 배치되어 있다.

▶ 발해의 석등

6) 음악과 향가

(1) 삼국의 음악

① 향 가
  - (ㄱ) 신라의 향가가 대표적이며 불교의 영향을 받아 크게 발달하였다.
  - (ㄴ) 향가의 작가로 월명사와 충담사가 유명하였고, 진성 여왕 때 각간 위홍과 대구화상이 향가를 수집하여 「삼대목」이란 향가집을 편찬하였다.
  - (ㄷ) 현존하는 향가는 삼국유사에 수록된 14수와 고려 초의 균여가 지은 11수를 합한 25수가 전부이다.
  - (ㄹ) 내용은 부처 찬양, 국가의 평안, 죽은 사람을 사모하는 마음을 노래하였다.
② 고구려 음악: 영양왕 때 왕산악이 진나라 7현금을 개량하여 거문고를 만들고 작곡하였다.
③ 백제 음악: 고각, 공후, 쟁 등의 악기가 있었고 백제의 음악가가 일본에서 활약한 사실이 있다.
④ 신라 음악: 방아타령의 백결 선생이 유명했고, 가야금, 거문고, 비파 등의 악기가 있었다.
⑤ 가 야: 우륵이 가야금과 12악곡을 만들었는데, 신라에 전해져 음악 발전에 기여하였다.
⑥ 노 래: 신라의 향가가 대표적으로 진평왕 때의 혜성가, 서동요가 전해지고 있다. 그 외 시가로는 영고석(정법사), 고구려의 황조가(유리왕), 5언시(을지문덕), 정읍사 등이 전해진다.

④ 고대 문화의 일본 전파

1) 삼국 문화의 일본 전파

(1) 고구려 문화의 전파

① 불교의 전파: 혜관은 삼론종을 전파하고, 혜자는 일본 쇼토쿠 태자의 스승이 되었으며, 도

현은「일본 세기」를 저술하였다.

② 유교의 전파: 담징(7세기초)은 유교 5경과 그림을 가르쳤고, 종이와 먹, 맷돌 제작법을 전해 주었다. 호류사의 금당 벽화를 그린 것으로도 유명하다.

(2) 백제 문화의 전파

① 한자 전파: 왕인은 천자문과 논어를 아직기는 한자를 전파하였고 유교의 충효 사상도 보급 하였다.

② 기술 문화 전파: 불상, 불경, 5경 박사, 의박사, 역박사, 화가, 공예 기술자가 일본으로 건너가 그 영향으로 5층탑과 백제 가람 양식이 생겼다.

③ 불교의 전파: 노리사치계가 552년 백제의 불경을 일본에 전해 주었다.

(3) 신라 문화의 전파

① 배를 만드는 기술인 조선술과 제방을 쌓는 기술인 축제술이 전해졌다.

② 축제술의 전파로 인해 '한인의 연못'이라는 이름까지 생기게 되었다.

(4) 영 향 삼국의 문화는 야마토 정권의 탄생과 일본 고대 아스카 문화 형성에 큰 영향을 주었다.

2) 통일신라 문화의 일본 전파

(1) 일본에 전해진 신라의 정치제도는 다이카 개신(645) 이후 전제 왕권의 확립에 기여하였다.

(2) 일본에서 견당사, 견신라사 및 유학생을 파견하여 통일신라 문화의 일본 전파가 이루어졌다.

(3) 강수, 설총, 원효 등의 불교, 유교 문화는 일본 하쿠호 문화 성립에 기여하였다.

기출문제

01 고대의 과학 기술 발달에 대한 서술로 옳은 것은?   2008. 국가직 7급

① 고구려에서는 천문도를 제작하지 않았으나, 고분 벽화의 별자리 그림을 통해서 정확한 천문 관측술을 엿 볼 수 있다.

② 부여 능산리에서 출토된 백체 금동 대향로는 백제의 금속 공예 기술의 우수성을 잘 보여주는 작품이다.

③ 불국사 석가탑에서 출토된 무구 정광 대다라니경은 8세기 초에 제작된 세계 최초의 금속 활자 인쇄물 이다.

④ 삼국 시대에는 척도를 사용하지 않아 수학이 발달하지 못하였다.

정답 ②

해설 ① 천문도는 고구려에서 제작되었고, 고분벽화에도 천문도가 사실적으로 그려져 있다.
　　　 ③ 무구 정광 대다라니경은 8세기 초에 제작된 현존하는 세계 최고의 목판 인쇄물이다.
　　　 ④ 석굴암 천장의 돔 및 불국사 3층 석탑 등은 당시의 수학적 지식이 발달하였음을 보여주고 있다.

제 4 장

중세 사회의 발전

9급 공무원 한국사
한 번에 끝장내기

01 중세 고려의 정치

1 중세 사회의 성립과 전개

1) 고려의 성립과 민족 재통일

(1) 왕건의 등장

① 송악 지방의 호족 출신으로 예성강 하구를 중심으로 한 중국과의 해상 무역을 통해 성장한 호족들과 연합하여 세력을 강화하였다.

② 궁예의 부하가 된후 금성(나주), 진도 등을 차례로 점령하여 후백제를 견제하였고 광평성의 시중의 지위에 올랐다.

③ 궁예의 실정을 계기로 홍유, 신숭겸, 배현경 등이 궁예를 축출한 뒤 신하들의 추대 형식을 빌려 왕위에 올랐다.

(2) 고려의 건국(918)

① 궁예의 실정을 계기로 홍유, 신숭겸, 배현경 등이 궁예를 축출하고 즉위하였다.

② 고구려의 후계자란 뜻에서 국호를 고려, 연호는 천수라 하고 철원에서 송악으로 천도하였다(919).

(3) 왕건의 정책

① **호족 연합 정치**: 세력 기반의 강화를 위해 호족들을 회유·포섭하였다.

② **민심 수습**: 조세경감과 양민으로서 억울하게 노비가 된 자를 해방하였다.

③ **대외적 정책**: 중국 5대의 여러 나라와 외교관계를 수립하여 고려의 국제적 지위를 높였다.

④ **민족 융합 정책**: 고구려계 발해 유민을 우대하였다.

> **고려의 발해 유민 포용**
>
> 당시 고려에 온 발해 유민 가운데는 관리, 장군, 학자, 승려 등 상류층 지식 계급이 상당수 있었는데, 태조는 이들을 적재적소에 임명하여 후삼국 통일에 활용하였다. 특히, 발해의 왕자 대광현을 우대하여 동족 의식을 분명히 하였다.

(4) 후삼국 통일(936)

① 발해 멸망(926) 후 발해 유민을 흡수하였다.

② 후백제 견훤의 귀순, 신라 항복

   (ㄱ) 신라는 935년에 경순왕이 왕위를 양위하였다.

   (ㄴ) 후백제에서는 신검에 의해 김제 금산사로 유폐된 견훤이 왕건에 투항하였고, 왕권은 후백제군을 일리천에서 대파하여 후삼국을 통일하였다(936).

(5) 통일의 의의

① 자주적 통일: 중국의 영향을 받지 않았다.

② 발해 유민 흡수: 신라 보다 넓은 의미의 통일을 이루었다.

③ 새로운 사회 건설의 방향을 제시하였다.

2) 태조의 정책

(1) 민생 안정책

① 취민유도: 호족들의 지나친 세금 수취를 금지하였다.

② 조세 제도 합리화: 세율을 1/10로 경감하였다.

③ 흑창(黑倉) 설치: 빈민 구제 제도이다.

④ 노비 해방: 전란 중에 억울하게 노비가 된 자를 해방하였다.

> **흑창**
>
> 고구려의 진대법을 계승하여 춘궁기에 곡식을 나눠 주고 추수 후에 갚게 했던 빈민 구제 기구이다. 986년(성종 5)에 의창으로 바뀌었다.

(2) 호족 세력 회유책

① 결혼 정책: 유력한 호족 내지는 호족 출신 관료의 딸들과 혼인(정략 결혼)을 하였다.

② 사성 정책(賜姓政策): 개국 공신이나 큰 공이 있는 자들에게 왕씨 성을 부여하여 의제 가족적인 관계를 맺어 왕권 안정을 도모하였다.

③ 역분전 지급: 개국 공신이나 귀순한 호족들에게 공로·인품·충성도에 따라 경기 땅을 지급하는 공신전의 일종이다.

④ 지방자치 허용: 지방 호족에게 호장, 부호장의 향직을 주어 자치를 허용하였다.

⑤ 관제의 정비로 호족을 중앙 관리로 수용하였다.

(3) 호족 세력 견제책

① 사심관(事審官)제도

   (ㄱ) 최초의 사심관은 신라왕 김부(경순왕)로 그가 항복을 해오자 신라의 옛 서울인 경주의 사심으로 삼아 부호장 이하의 관직 등에 관한 사무를 관장하게 하였다.

   (ㄴ) 중앙 고관을 자기 출신지에 임명하고 호장의 추천권, 부호장 이하의 향리 임명권을 주는 제도이다.

(ㄷ) 풍속 교정, 공무 조달의 임무, 지방 치안의 연대 책임의 임무를 수행하였다.

② 기인(其人)제도

   (ㄱ) 지방 호족의 자제를 개경에 인질로 머무르게 하는 제도이다.

   (ㄴ) 통일 신라의 상수리 제도를 계승하였다.

(4) 왕권 안정책

① 정계(政戒)·계백료서(誡百僚書)를 통해 규범을 제시하
였다.

② 훈요 10조

   (ㄱ) 후대 왕들이 지켜야 할 정책 방향을 제시하였다.

   (ㄴ) 백성들이 믿는 불교와 풍수지리설을 존중: '훈요 10조'에서 불교를 숭상하여 **연등** 행사
를 성대히 하고, 민족의 전통 제전인 **팔관회**를 매년 열 것을 훈계하였는데 이는 불교와 재
래의 관습을 중시함으로써 민심을 수습하여 왕실의 안전을 도모하기 위한 것이었다.

> **정계(政誡)와 계백료서(誡百寮書)**
>
> 태조가 신하들의 임금에 대한 도리를
> 강조하기 위하여 지은 책이나 현재
> 전하지 않는다.

(5) 북진 정책

① 서경(평양) 중시 정책

   (ㄱ) 서경을 북진 정책의 전진 기지로 삼았다.

   (ㄴ) 왕식렴과 유금필을 서북면과 동북면에 각각 보내 여진을 **축출**하였다.

   (ㄷ) 태조 말의 국경선: 서쪽으로는 **청천강**, 동쪽으로는 영흥만까지 확장하였다.

② **고구려 계승** 이념: 국호를 '고려'라 칭하고 '천수'라는 자주적 연호 사용하였다.

③ 거란에 대한 강경책: 고구려계 발해 유민을 포섭하였다.

 훈요10조

  ❖ 1조: 우리나라의 대업은 부처님의 덕분이니 교·선의 사원을 창건하도록 하라(숭불정책)

  ❖ 2조: 모든 사원은 다 도선이 산수의 순역을 가려서 개창한 것이니, 함부로 사원을 지어 지덕을 손상시키지 말
라(풍수지리설)

  ❖ 3조: 왕위 계승은 적자, 적손을 원칙으로 하라. 마땅치 않을 경우 형제 상속도 가함.

  ❖ 4조: 거란의 제도를 본받지 말라.(북진정책)

  ❖ 5조: 서경은 수덕이 순조로워 우리 나라 지맥의 근본이니 100일간 그곳에 머물라.(서경중시)

  ❖ 6조: 연등회와 팔관회는 주신(主神)을 함부로 가감치 말라.(반드시 행하라, 숭불정책)

  ❖ 7조: 간언을 받아들이고 참언을 물리칠 것이며, 백성의 요역과 부세를 가볍게 하라.(민생안정책)

  ❖ 8조: 차현(차령) 이남의 인물은 조정에 등용치 말것

  ❖ 9조: 관리의 녹은 그 직무에 따라 제정하되 함부로 증감치 말 것.

  ❖ 10조: 경사(經史)를 널리 읽어 옛 일을 거울로 삼을 것.

(6) 숭불 정책과 풍수지리 사상 중시

① 숭불 정책

　㉠ 훈요 10조에 불교를 숭상하고 연등회와 팔관회를 장려하는 내용이 포함되어있다.

　㉡ 민심을 수습하고 왕실의 안전을 도모하기 위해 후대 왕들의 정책 방향을 제시하였다.

② 풍수지리 사상 강조: 송악(개경) 길지설, 서경(평양) 길지설 등 풍수지리 사상을 중시하였다.

3) 혜종·정종의 시련

(1) 혜 종

① 호족 세력들이 왕권을 견제하였고, 정략결혼으로 외척 세력이 증대하였으며, 개국 공신의 세력이 강력해졌다.

② 왕규의 난

　㉠ 광주의 대호족 출신 왕규가 자신의 외손인 광주원군을 옹립하려고 일으킨 반란이다.

　㉡ 왕권이 미약해서 발생한 사건이다.

> **왕규의 난**
>
> 광주의 호족인 왕규가 혜종 때 자신의 외손인 광주원군으로 왕위를 계승하게 하려고 일으킨 반란

(2) 정종의 시련

① 서경 천도 계획: 개경 중심의 외척 세력과 공신 세력으로부터 벗어나기 위해서 계획되었다.

② 왕규의 난을 진압하였다.

③ 광군 편성

　㉠ 최초의 전국적인 군사 조직이다.

　㉡ 서경의 입지를 강화하고 거란의 침입에 대비하기 위해 광군 30만을 청천강에 배치하였다.

　㉢ 지휘부: 광군사

4) 광종의 개혁정치

(1) 배 경 왕권의 불안정(혜종·정종)과 왕자와 외척들과의 왕위 계승 다툼(왕규의 난)이다.

(2) 광종의 왕권 강화

① 노비안검법 시행(광종 7년 956년)

　㉠ 노비 중에서 본래 양인이었던 자를 다시 양인으로 환원시키는 제도이다.

　㉡ 호족의 경제적, 군사적인 세력기반을 약화시키면서 국가 재정과 왕권이 강화되었다.

② 과거제 실시(광종 9년, 958년)

　㉠ 후주의 귀화인 쌍기가 건의하였다.

ㄴ 유학을 공부한 신진 세력을 등용으로 신·구세력
을 교체하고 왕권을 안정시키려는 목적으로 실
시되었다.

③ 공복 제정(광종 11년 960년)
ㄱ 관등에 따라 관리의 공복을 자(紫), 단(丹), 비
(緋), 녹(綠)으로 구분하였다.
ㄴ 광종을 중심으로 하는 새로운 관료체제의 탄생
하여 중앙 집권화의 확립을 가져왔다.

④ 칭제 건원
ㄱ 왕실의 권위를 높이기 위해 스스로 황제라 칭하
고, 광덕·준풍 이라는 독자적인 연호를 사용하였다.
ㄴ 개경을 황도, 서경을 서도라 칭하였다.

⑤ 승과제도 정비, 국사 및 왕사제도, 천태종 수용, 제위보(빈민 구제 기금)를 설치하였다.

5) 경종

(1) 반동 정치 전개

① 광종 대의 개혁 세력들이 제거되고 종래의 훈구 계열이 다시 등장하였다.

(2) 시정 전시과 실시

① 관등과 인품에 따라 전시과를 차등 지급하였다.
② 중앙 관료의 경제적 기반을 마련하는 계기가 되었다.

6) 성종의 체제 정비

(1) 성종 때의 정치 상황

① 6두품 출신의 유학자들 중심(최승로, 김심언) → 유교 정치 실현을 추구하였다.
② 국정 쇄신책: 중앙의 5품 이상 관리들에게 정책 건의서 제출을 요구하였다.

(2) 유교 정치 이념 도입

① 신라 6두품 계통의 유학자 중용하였다.
② 최승로의 시무 28조
ㄱ 시무 28조: 현재 22조만 현존하고, 왕권의 전제화 견제, 유교 진흥, 불교 행사 억제를 요
구하였다. 유교 정치 이념의 확립 등 유교 정치의 실현을 위한 방향을 제시하였다.

(ㄴ) 5조 정적평: 태조부터 경종에 이르는 5대 왕의 업적을 평가 → 특히 광종에 대한 비판을 통해 문벌 귀족 중심의 유교 정치 이념을 제시하였다.

(3) 성종의 통치 체제 정비

① 중앙 정치제도 정비(2성 6부제)

    (ㄱ) 당의 3성 6부제를 기반으로 정비 → 중추원과 삼사 설치(송), 독자적인 기구인 도병마사와 식목도감을 설치하였다.

    (ㄴ) 당의 문산계와 무산계 도입 → 중앙의 관계(官階)와 향직(鄕職) 정비 → 관직의 2원화와 무관의 차별대우

② 지방 제도 정비

    (ㄱ) 최승로의 건의로 12목 설치하고 지방관(목사) 파견 → 지방 통치가 가능해졌다.

    (ㄴ) 지방 호족의 재편: 기존의 독자적인 세력이었던 호족들을 호장, 부호장 등의 향리로 격하시켰다.

③ 유학 교육 진흥: 국자감 설치, 전국 12목에 경학·의학 박사 파견, 과거 제도 정비, 연등회·팔관회 폐지, 문신 월과법 실시(달마다 시 13편, 부 1편)

④ 사회·경제 개혁

    (ㄱ) 분사 제도 정비: 서경을 중시하여 개경과 동일한 정무 조직인 분사(分司)를 정비하였다.

    (ㄴ) 노비 환천법 실시: 양인 중 선별하여 다시 노비로 환천시키는 제도이다.

    (ㄷ) 상평창 설치: 물가조절 기구로 개경과 서경, 전국 12목에 설치하였다.

    (ㄹ) 건원중보 주조: 최초의 화폐로 유통은 실패하였다.

> **최승로의 시무 28조**
>
> ❖ 제6조 여러 절의 중들이 불보(佛寶: 사원에서 일정한 불사를 위해서 쓰이는 경비를 마련하기 위해서 만들어 놓은 기금)의 돈과 곡식으로 고리대를 주어 백성을 괴롭게 하니, 이를 모두 금지하게 하십시오.
>
> ❖ 제13조 우리 나라에서는 봄에는 연등을 설치하고 겨울에는 팔관을 베풀어 사람을 많이 동원하고 노역이 심히 번다하오니, 원컨대 이를 감하여 백성이 힘을 펴게 하십시오.
>
> ❖ 제19조 광종께서 말년에 조정의 신하를 죽이고 내쫓아 공신의 자손이 가계를 계승하지 못하였으니, 은혜를 베풀어 공신의 등급에 따라 그 자손을 등용하기를 바랍니다.
>
> ❖ 제20조 불교는 수신(修身)의 본(本)이요, 유교는 치국(治國)의 근원입니다. 수신은 먼 내생의 밑천이며, 치국은 가까운 오늘의 일로 가까운 것을 버리고 먼 것을 구함은 잘못입니다.
>
> ❖ 제22조 원컨대 임금께서는 천한 자가 귀한 이를 업신여기지 못하게 하고, 노비와 주인의 구분에 중도를 취하게 하십시오.

7) 목 종

(1) 개정 전시과(998) 전시과를 개정하여 18품 전시과 체제를 정비 → 관품만 고려하여 수조지를 지급하였다.

(2) 강조의 정변(1009) 목종의 모후 천추 태후와 김치양 일파를 강조가 제거한 사건 → 목종이 살해되고 현종이 즉위(거란 2차 침입 구실)하였다.

지배체제 정비에서 가장 활약한 사람들

① 유학자들: 최지몽, 최승로, 최량(崔亮), 이양, 김심언(金審言). 이들의 출신은 경주출신의 6두품 계통이 주류. 여기에 영암, 나주 등의 후백제 사람들도 조금 섞임. 이들은 정치이념을 제공하고 또 정책을 결정하는데 중요한 몫을 담당. 신라는 평화적으로 고려에 병합되었고 그 출신은 줄곧 우대를 받아와서 정치적·사회적 진출에 있어 매우 유리한 입장. 고려사회에서 구신라의 귀족계가 한 줄기를 이루는 것도 이러한 사실들과 밀접한 관련을 갖고 있다.

② 지방호족들: 중앙관료화의 길을 걸은 계열에 한정되지만 박양유(朴良柔), 서희, 한언공(韓彦恭) 등 대략 수도 개경에서 그리 멀지 않은 근기지방 출신을 중심으로 활발히 진출. 이들은 주로 행정직을 맡아 중요한 역할을 함.

③ 개국공신계: 구신라 귀족계와 호족계의 인물도 포함되어 중복되는 감이 있으나, 그들 가운데 유력한 지위를 차지하고 있던 사람들은 정종, 광종 등의 왕권 확립과정에서 대부분이 제거되었던 만큼 성종대에 들어와 그리 중요한 역할을 담당하지는 못함. 이들은 체제의 안정과 더불어 다시 정당한 대우를 받음. 이같이 내외관제의 성립과 함께 지배체제가 정비되고 그것을 운영해 갈 신분층도 대략 자리를 잡아간 시기. 이들이 지향했던 바는 왕권과 지배신분층으로서의 귀족이 원만한 협조를 이루는 가운데 국가를 다스려 가는 귀족사회체제. 이것은 목종과 현종 등을 거쳐 문종대에 들어서기까지의 상당한 기간을 통하여 비로소 난숙한 모습을 드러냄. 그러나 성종대는 이러한 귀족사회체제의 기반이 잡힌 시기

8) 현 종

① 지방 제도 정비: 지방을 경기와 5도 양계, 4도호부 8목으로 개편하였다.

② **주현공거법**: 지방의 향리 자제에게 과거 응시 자격을 부여해 주었던 제도이다.

③ **주창수렴법**: 흉년에 빈민을 구제하는 제도로 각 주에 주창을 설치하였다.

④ **면군급고법**: 70세 이상의 노부모가 있는 장남의 군역을 면제해 주거나 외직을 피하게 해주는 제도이다.

⑤ 개경에 나성을 축조하고, 「7대 실록」을 편찬하였으며 팔관회와 연등회를 부활시켰다.

9) 문 종

① 중앙 정치 제도를 완성하여 고려의 최전성기를 이루었던 시기이다.

② 현직 관료에게만 수조권을 지급하는 경정 전시과를 실시하고 5품 이상의 관리에게는 공음 전시과를 지급하였다.

③ 죄수 신문이나 재판 시에 3인 이상 입회하에 재판을 받도록 하는 삼원신수법과 사형죄의 경우 3번 재판을 받게 하는 삼심제를 실시하였다.

④ 기인선상법: 기인의 호장을 없애고 인질적 성격도 사라지게 되었다.

⑤ 남경(한양)을 설치하고, 환자치료와 빈민 구휼 기구인 동서대비원을 설치하였다.

2 통치 체제의 정비

1) 중앙 정치 조직

(1) 중서문하성(최고 관서)

① 문하시중(수상)이 국정을 총괄하였다.

② 재신과 낭사의 2원적 구성이다.

　(ㄱ) 재신(宰臣): 2품 이상의 고관으로 구성되었고 국가 정책을 심의하였다.

　(ㄴ) 낭사(郎舍): 3품 이하의 관리로 구성되었고 6부의 판사(장관)를 겸임하였다.

(2) 상서성　실질적인 행정 업무를 담당하는 6부를 통해 정책을 집행하였다.

(3) 중추원

① 추밀(樞密): 2품 이상의 고관으로 구성되었고, 군사 기밀에 관한 업무 관장하였다.

② 승선(承宣): 3품 이하의 관리로 구성되었고, 왕명 출납을 담당하였다.

(4) 삼 사　화폐와 곡식의 출납에 대한 회계를 담당하였다.

(5) 도병마사

① 고려 전기: 중서문하성의 재신과 중추원의 추밀로 구성되었고, 국방 문제 등 국가의 중요 정책을 협의하는 기구이다.

② 원 간섭기: 도평의사사로 개편되었다.

(6) 식목도감(입법기구)　법의 제정이나 각종 시행 규정을 다루던 회의 기구이다.

(7) 어사대　정치의 잘잘못을 논하고 관리들의 비리를 감찰(풍기 단속)하였다.

(8) 대 간

① 어사대와 중서문하성의 낭사로 구성되었다.

② 간쟁·봉박의 업무를 담당하면서 서경권을 행사하여 정치 운영에 견제와 권력 균형을 유지하였다.

> **서경권(署經權)**
>
> 서경권이란 관리의 임명이나 법제의 개폐가 있을 때 대성의 언관이 이를 인준하는 권한으로, 국왕의 독재를 견제하는 구실을 하였으며 조선까지 이어진 제도이다.

2) 지방 행정 조직의 정비

(1) 일반 행정 지역　5도

① 안찰사를 파견, 경기를 제외한 양광·전라·서해·경상·교주도를 두었다.

② 그 아래에 주·군·현을 설치하였다.

(2) 군사 행정 지역: 양계

① 북방 군사 행정 구역(병마사): 북계와 동계

② 진(鎭)을 군사적 요충지, 군사 특수 지역에 설치하였다.

(3) 3경·5도호부·8목

① 3경: 풍수지리설과 관련, 태조 때 서경(평양), 성종 때 동경(경주), 문종 때 남경(평양)이 각각 설치되었다.

② 5도호부·8목: 5도호부는 군사의 중추적 기능을, 8목은 행정적 기능을 담당하였다.

(4) 주·군·현

① 속군·속현: 현까지는 지방관이 파견되는 것이 원칙이나 지방관이 파견된 주현보다 지방관이 파견 되지 않은 속현이 더 많았다. 실제 행정은 그 지역의 향리가 담당하였다.

② 읍사 조직(향리 조직): 운영 경비를 위해 공해전이 지급되었고, 최고직은 호장이다.

③ 특수 행정 구역(향·소·부곡)

　(ㄱ) 향·부곡: 삼국 시대부터 존속하였고 농업에 종사하였다.

　(ㄴ) 소: 고려 시대에 처음 나타났고 수공업에 종사 → 공납을 위한 물품을 제작하였다.

(5) 지방 행정 조직의 특징

① 일반 행정 구역과 특수 행정 구역으로 구분하였다.

② 속현과 특수 행정 구역은 향리가 실제 행정을 담당하여 조세·공물 징수, 노역 징발을 담당하였다.

③ 주현을 통해 간접적으로 향리를 통제하였다.

3) 군사 제도

(1) 중앙군 2군 6위

① 2군(목종)

　(ㄱ) 왕의 친위군(응양군·용호군)으로 상장군, 대장군이 지휘하였다.

　(ㄴ) 응양군의 상장군은 병부 상서를 겸직한 최고 지휘관이다.

② 6위(성종): 수도 경비와 국방 경비를 담당하였다.

③ 군역을 세습하는 대신 군인전을 지급 받았고 경작은 2인의 양인이 담당하였다.

④ 중앙군은 처음에는 전문적인 직업군인이었는데 이후 일반 농민이 번상 복역하였다.

	부대단위		회의기관
상장군·대장군	군·위		중방(重房)
장군	영(1000명)		장군방
중랑장	장군의 보좌관		
낭장	중랑장 밑에 5인씩 배치, 부대단위(200명)		낭장방
별장	낭장밑에 5인씩 배치된 부지휘관		
산원(散員)	낭장과 별장의 보좌관		산원방
교위	부대단위 伍(50명)를 지휘		교위방
대정(隊正)	최하부대단위(25명)		

(2) 지방군

① **주현군(5도)**: 보승군·정용군·일품군으로 편성, 5도의 일반 군현에 주둔하였다.

② **주진군(양계)**: 초군·좌군·우군으로 구별, 국경 수비를 전담하는 양계의 상비군으로 군인전을 지급 받지 못했다.

③ **대상**: 군적에 오르지 못한 일반 백성 중 16세 이상의 남자가 대상자이다.

(3) 특수부대

① **광군**: 정종 때 거란족의 침입에 대비하기 위해 호족의 사병을 규합하여 약30만 명으로 구성된 특수부대. 서경에 **광군사**를 설치하였다.

② **별무반**: 숙종 때 윤관의 건의에 따라 **여진** 정벌을 위해 신보군(보병), 신기군(기병), 항마군(승병)으로 구성되었다.

③ **삼별초**: 최씨 무신정권 때 최우가 좌별초·우별초·신의군으로 구성되었다.

④ **중방**: 2군 6위의 상장군·대장군으로 구성된 **최고 군사 회의 기관**이다.

⑤ **연호군**: 고려 말기 왜구의 침입에 대비하여 설치된 지방군 **농민, 노예**로 구성하였다.

(4) 고려 군제의 특징

① 고려 병역 제도는 당의 부병제를 모방한 병농 일치를 원칙으로 하였다.

② 중앙군은 대부분 군호 출신의 세습하는 전문적인 군인으로 군인전을 지급 받았다

③ 지방군은 부병제의 원칙에 따라 번상 교대하는 농민군으로 조직되었다.

④ 별무반은 농민 백정을 주력으로 하는 전투부대로 편성되었다.

01 고려 시대의 정치 기구에 대한 설명으로 옳지 않은 것은?

2011. 지방직 9급

관부	장관	특징
㉠	문하시중(종1)	정치의 최고 관부로서 재부라고 불리움
㉡	판원사(종2)	왕명 출납, 숙위, 군기
㉢	판사(재신 겸)	국방, 군사 문제의 회의 기관
㉣	판사(재신 겸)	법제, 격식 문제의 회의 기관

① ㉠의 관직은 2품 이상의 재신과 3품 이하의 낭사로 구분되었다.

② ㉠과 ㉡의 고관인 재추들이 모여 국가의 중대사를 협의·결정하는 기구가 ㉢과 ㉣ 이였다.

③ ㉢은 고려 후기에 이르러 국가의 모든 정무를 관장하는 최고 기구로 발전하였다.

④ ㉢은 당의 관제를, ㉣은 송의 관제를 본뜬 것이었다.

정답 ④

해설 ㉠은 중서문하성, ㉡은 중추원, ㉢은 도병마사, ㉣식목도감에 대한 설명으로 도병마사와 식목도감은 중국의 영향을 받지 않은 고려의 독자적인 제도이다.

3 문벌 귀족사회의 성립과 동요

1) 문벌 귀족 사회의 성립

(1) 문벌 귀족 사회의 형성

① 성종 이후 중앙 집권적 국가 체제가 확립: 새로운 지배 세력이 형성되었다.

　(ㄱ) 지방 호족 출신으로 과거를 통해 중앙 관료화되었다.

　(ㄴ) 특정 가문과 혼인을 통해 문벌 귀족화되었다.

(2) 문벌 귀족

① 형 성: 새로운 지배층 중 여러 대에 걸쳐 중앙 고위 관직자를 배출한 가문을 일컫는다.

② 성 격

　(ㄱ) **능력 본위의 개방적 존재**

　(ㄴ) **과거와 음서를 통해 관직 독점**

　(ㄷ) 자손에게 세습이 허용되는 공음전 혜택

(3) 정치 세력 간의 갈등

① 문벌 귀족의 성장에 따라 사회적 모순과 갈등이 나타나기 시작하였다.

② 과거를 통하여 진출한 지방 출신의 관리들 중 일부는 왕에게 밀착하여 왕권을 강화하고 보좌하는 측근 세력(한안인 세력)이 되어 문벌 귀족과 대립하였다.

③ 이자겸의 난과 묘청의 서경 천도 운동은 이들 정치 세력 간의 대립과 갈등이 표면으로 드러난 사건이었다.

2) 이자겸의 난(인종 4년, 1126)

(1) 배 경

① 문벌 귀족 사회의 모순: 경원 이씨 가문이 예종과 인종 때 거듭 외척이 되면서 권력을 독점하였다.

② 문벌 귀족 중심의 질서 유지와 금에 타협적인 이자겸 세력과 이자겸의 권력 독점에 반발하는 왕의 측근 세력이 대립하였다.

(2) 경 과

① 이자겸이 도참설을 유포하면서 왕위 찬탈을 시도하였다.

② 인종이 측근세력들과 이자겸을 제거하려 하자 이자겸이 척준경과 함께 난을 일으켰다.

③ 이자겸이 척준경에게 제거 되어 실패하였고, 척준경은 정지상에 의해 축출되었다.

(3) 결 과

① 중앙 지배층의 분열 → 문벌 귀족 사회의 모순을 촉진하는 계기가 되었다.

② 경원 이씨 몰락과 함께 도참사상이 유행하여 서경 천도 운동이 제기되었다.

3) 묘청의 서경천도운동(인종 13년, 1135)

(1) 배 경

① 김부식(안동 김씨) 일파와, 이수(李壽, 경원이씨) 등의 개경 세력과 서경출신 신진관료로 척준경을 탄핵하는데 공을 세운 정지상이 대립하였다.

② 문벌 귀족 중시로 인하여 족벌과 지역 대립이 심화되었다.

③ 금과의 사대관계 주장에 대한 불만이 고조되었다.

(2) 경 과

① 서경파(묘청)가 칭제건원, 금국 정벌론 주장, 대화궁을 신설하고 서경천도를 추진하였으나 개경파(김부식)는 민생 안정을 내세워 반대하였다.

② 서경에서 묘청을 중심으로 난을 일으켰다.

③ 나라이름을 대위(大爲), 연호를 천개(天開), 군대를 천견충의군(天遣忠義軍)이라 하였다.

④ 김부식과 관군에 의해 약 1년 만에 진압되었다.

(3) 결 과

① 분사 제도가 폐지되었고 문벌 귀족에 의하여 보수적 한학이 발달하였다.

② 관료 정치를 안정시키려는 의도가 반영되어 김부식이 「삼국사기」를 편찬하였다.

(4) 묘청의 서경 천도 운동의 의의

① 문벌 귀족 세력 내부의 분열과 지역 세력 간의 대립

② 풍수지리설의 결부된 자주적 전통사상과 사대적 유교 정치사상의 충돌

③ 고구려 계승 이념과 신라 계승 이념에 대한 이견과 갈등이 결합되어 발생

④ 북진정책의 폐기와 개경 귀족의 전횡으로 왕권이 크게 위축

☑ **역서경파와 개경파 귀족의 비교**

파 별	인 물	대외 정책	사 상	주 장
서경파(지방세력)	묘청, 정지상	북진 정책	고구려 계승 의식 풍수지리설, 불교	서경 천도, 금국 정벌론, 칭제 건원
개경파(중앙귀족)	김부식, 김인존	사대 정책	신라 계승 의식 유교사상	민생 안정을 내세워 금과 사대 관계

4) 무신정권의 성립

(1) 무신 정변(1170)의 배경

① 문벌 귀족 지배 체제의 모순: 묘청의 난 이후 개경 귀족에 의한 권력 독점으로 견제 세력이 부재하였다.

② 의종의 실정: 측근 세력을 키우면서 이들에 의존하고 향락에 빠지는 등 실정을 거듭하였다

③ 문신 우대와 무신 차별 대우

　(ㄱ) 전통적인 우문정책(무관의 고위직을 문관이 독점, 강감찬, 윤관, 김부식 등)에 따른 문무 양반에 대한 차별대우와 군인전의 몰수(현종), 무학재(인종)를 폐지하였다.

　(ㄴ) 그로인한 문관과 무관의 반목·대립 및 무신들의 불만이 고조되었다.

(2) 과 정

① 경인의 난(정중부의 난)

　(ㄱ) 원인: 보현원에서 오병수박 놀이중 대장군 이소응의 물러섬을 본 젊은 문신 한뢰(韓賴)

가 연장자인 이소응의 뺨을 때린 것이 발단이 되었다.

    (ㄴ) 대장군 정중부·이의방 등이 반란을 일으켜 의종을 폐하고 명종을 즉위시켰다.

    (ㄷ) 무신들이 문신들의 고관직을 차지하고 사전과 노비를 늘려 권력 다툼을 하였다.

② **정중부의 중방 정치(1170~1179)**

    (ㄱ) **중방**은 2군 6위의 상장군, 대장군으로 구성된 군사최고 협의 기관이다.

③ **경대승의 도방 정치(1179~1183):** 도방 설치(경대승 사병 집단)

④ **이의민의 집권(1183~1196)**

    (ㄱ) 이의민은 최충헌 형제에게 피살(명종 26년, 1196)되었다.

(3) 최씨 무신 정권

① **최충헌의 집권(1196~1219):** 봉사 10조 건의

② **교정도감(敎定都監) 설치**

    (ㄱ) 설치계기: 반대파를 제거하기 위해 설치되었으나, 점차 관리의 인사 행정 및 재정권까지 담당하는 최고 정치 기구가 되었다.

    (ㄴ) 장관인 교정별감의 자리는 최씨 일가가 대대로 세습하였고 이를 통해 무단정치를 단행하였다.

③ **도방(都房)**

    (ㄱ) **사병을 조직화하여** 하나의 기구로 만든 것이다.

    (ㄴ) 경대승이 신변보호를 위해 설립했다가 폐지된 후 최충헌이 도방을 부활하였다.

    (ㄷ) **삼별초와 함께 최씨 정권을 유지하는** 군사적 기반이었다.

④ **삼별초: 최우가 조직**

    (ㄱ) 경찰, 전투의 임무를 맡아 공적인 성격이 강한 군대 역할을 맡았다.

    (ㄴ) **진도를 본거지로 몽골과의 항전을** 전개하였다.

⑤ **정방(政房)**

    (ㄱ) **문무백관의 인사 행정**을 담당하던 정치기구로 **최우가 자신의 사저에** 설치하였다.

최충헌

상장군 최원호의 아들로 음서에 의해 관직에 진출한 후 유능하고 영향력 있는 문무고위관료들과의 유대에 깊은 관심을 가졌다. 정권을 장악한 후 자기의 정적들을 철저하게 숙청하였는데 동생 충수마저 제거하였다. 희종 원년에는 문하시중에 오른후 정치의 요직인 재추의 기본관직, 문무관리의 전주권을 가진 이부와 병부, 관리에 대한 감찰권을 지닌 어사대, 그리고 무인으로서 원직인 상장군 등 5개의 권력직을 겸하였다. 희종 2년에는 진강후(晋康候)라는 봉함을 받고 흥녕부(興寧府)(뒤에 晋康府로 개칭)를 세워 무인정치를 펼 수 있는 형식도 갖추었다. 이러한 과정을 통해 정치적 안정을 꾀하여 이후 최씨 무신정권(1196~1258)의 기반을 확보하였다.

시무 10조(봉사 10조)

1. 새 궁궐로 옮길 것
2. 관원의 수를 줄일 것
3. 빼앗은 농민의 토지를 돌려줄 것
4. 선량한 관리를 임명할 것
5. 지방관의 공물 진상을 금할 것
6. 승려의 고리대업을 금할 것
7. 탐관오리를 징벌할 것
8. 관리의 사치를 금할 것
9. 함부로 사찰을 건립하는 것을 금할 것
10. 신하의 간언을 용납할 것

(ㄴ) 책임자는 '정색승선(政色承宣)'이라 칭하고 문신을 등용하였다.

⑥ 서방 설치 (1227)

    (ㄱ) 최우가 설치한 문사들의 기구이다.

    (ㄴ) 문인들을 우대하여 문신과 유학자들에게 고문 역할을 맡겨 최씨 무신 정권을 강화하기 위하여 설치하였다.

    (ㄷ) 이인로, 이규보, 최자 등이 대표적 문인으로 패관 문학이 발달하였다.

⑦ 최씨 무신정권의 성격

    (ㄱ) 서방·정방을 통해 문·무 연합을 도모하였다.

    (ㄴ) 재조대장경(팔만대장경)을 조판하여 민족 문화를 발전시켰다.

    (ㄷ) 몽골 침입 때 강한 주체성의 기반위에 몽골과의 항쟁을 전개하였다.

(4) 무신정변의 영향

① 문신 중심의 정치 기구는 기능을 상실하고 무신의 회의 기구(중방)는 기능이 강화되었으며 왕권은 약화되었다.

② 전시과가 붕괴되고 사전과 농장이 확대됨으로써 국가 경제의 피폐와 농촌의 몰락이 가속화되어 민란의 배경이 되었다.

③ 엄격하게 세습되던 신분제도가 동요되기 시작하였으며, 귀족 사회가 붕괴되어 관료제 사회로의 전환을 촉진하였다.

④ 유학이 침체하고 패관 문학과 시조 문학이 발생하였다.

⑤ 사병이 확대되어 권력 다툼이 격화되었고 하극상 풍조가 만연되었다.

(5) 무신 정권에 대한 반발

① 김보당의 봉기(계사의 난: 1173): 무신 정권에 대한 반발로 일어난 최초의 난으로 의종 복위 운동을 일으켰으나 실패하였다.

② 조위총의 난(1174): 무신 정권에서 소외되자 서북면 지방민의 불만을 이용하여 난을 일으켰으나 실패하였다. 농민과 천민을 규합하여 묘향산을 근거지로 3년간 항거한 최대의 난이었다.

③ 승려들의 봉기(1174): 교종 계통의 승려들이 봉기하였으나 실패하였다.

> **무신난에 반대해 일어난 난**
>
> ① 김보당의 난(명종 3년 1173, 癸巳): 반무신란으로 정중부, 이의방의 토주(討誅)와 의종의 복위를 외치며 기병. 난은 토벌되고 이 사건을 계기로 문신들은 대대적인 학살을 당하였다(癸巳亂).
>
> ② 조위총의 난(명종 4년, 1174): 정중부, 이의방 등의 토벌을 목표. 무신 정부에 대한 반항이라는 점에서 김보당의 난과 공통점이 있다.

(6) 농민·천민의 난

① **배경**: 전시과 제도의 붕괴로 농민의 유민화가 이루어지고, 하극상의 풍조로 신분 질서가 붕괴되자, 농민과 천민들이 신분해방을 내세워 반란을 일으켰다.

② **망이·망소이의 난**(1176, 명종6년): 특수 집단인 **공주 명학소**의 망이·망소이가 주축이 되어 일으켰다. 명학소를 충순현으로 승격시켜 난을 무마하였다.

③ **전주 관노의 난**(1182, 명종12년): 관노비인 죽동이 주도하여 전주를 점령하기도 했다.

④ **김사미와 효심의 난**(1193, 명종 23년): 경북 운문(청도)에서 김사미가 초전(울산)에서 효심이 신라 부흥을 내세워 봉기하였다.

⑤ **만적의 난**(1198, 신종 원년): 최충헌의 사노비인 만적이 신분 **해방**과 정권 **탈취**를 내세워 일으킨 **최대의 천민** 난이다.

⑥ 고구려 부흥을 표방한 최광수의 난(1217)과 백제 부흥을 표방하여 이연년이 1237년에 난을 일으켰다.

４ 대외 관계의 전개

1) 거란의 침입과 격퇴

(1) 침략 원인

① **북진 정책**: 서경(평양)을 개척하였고, 만부교 사건(942)으로 거란을 배격하였다. 또한 광군(정종)을 청천강 유역에 배치하여 거란과의 충돌이 발생하였다.

② **친송 정책**: 광종 때 송과 국교 수립으로 거란을 견제하였다.

③ **정안국**(定安國): 압록강 중류 발해 유민들이 건국하여 송과 자주 왕래하였다.

> **정안국**
>
> 발해가 멸망한 뒤 발해의 유민들이 부흥 운동의 일환으로 압록강 일대를 중심으로 세운 나라

(2) 거란의 침입

① **제1차 침입**(성종 12년, 993)

　(ㄱ) 거란의 장수 소손녕이 침입하였다.

　(ㄴ) **서희의 담판**: 서희가 송과의 단절을 조건으로 **강동 6주** 획득하여 **압록강**까지 영토를 확장하였다.

② 제2차 침입(현종 1년, 1010)

　㉠ 강조(康兆)의 정변을 구실로 거란의 성종이 침입하자 강조가 이에 대항하였으나, 패전하여 개경이 함락되었다.

　㉡ 양규의 선전: 귀주에서 퇴각하는 요 군대를 격파하였다.

③ 제3차 침입(현종 9년, 1018)

　㉠ 거란은 강동 6주의 반환을 요구하였으나 이를 거절하자 다시 침입하였다.

　㉡ 소배압이 10만 대군을 이끌고 쳐들어왔으나, 강감찬이 이끄는 고려군에게 귀주에서 섬멸되었다.(귀주대첩, 1019)

> **강조 정변**
>
> 목종의 모후인 천추 태후와 김치양이 불륜관계를 맺고 왕위를 빼앗으려 하자 강조가 군사를 일으켜 김치양 일파를 제거한 후 목종을 폐위하고 현종을 옹립한 사건.

(3) 영 향

① 고려, 요, 송 삼국의 세력이 균형을 유지하고 평화 관계가 이루어졌다.

② 국방력 강화

　㉠ 강감찬의 주장으로 개경에 나성을 축조(1029)하였다.

　㉡ 천리장성 축조(1033~1044): 거란과 여진의 침략에 대비하여 압록강 어귀에서 도련포까지 천리장성을 축조하였다.

　㉢ 감목양마법(현종): 군마를 확보하기 위해 시행하였다.

③ 문화적 교류

　㉠ 부처의 힘으로 외적을 물리치고자 초조대장경(현종~문종)을 조판하였다.

　㉡ 7대 실록을 편찬하였으나 현존하지 않는다.

　㉢ 원효의 「대승기신론소」가 요에 전해지는 등 불교문화의 교류가 이루어졌다.

2) 여진정벌과 동북9성

(1) 11세기 후반에 이르러 여진이 통일 세력을 형성하면서 고려와 충돌하였다.

(2) 윤관의 여진정벌

① 별무반(특수부대)의 조직: 신기군·신보군·항마군(승병)으로 편성되었다.

② 윤관이 함경도 지방의 여진족을 토벌하고 9성을 축조하였다(예종 2년, 1107).

☑ **여진족의 명칭변화**

중 국	春秋·戰國	漢代	南·北朝代	隋·唐代	宋·明代	淸代
명 칭	肅愼	읍루	勿吉	靺鞨	女眞	滿洲
시 대	部族國家時代		三國·新羅時代		高麗	朝鮮

(3) 9성의 반환(예종 4년)

① 여진족의 계속된 침입으로 9성 수비에 많은 어려움이 있었다.

② 고려는 해마다 조공을 바치겠다는 여진족의 조건을 수락하고 9성을 반환하였다.

(4) 금(金)의 건국(1115)

① 여진족의 아구타는 만주 일대를 장악하고 국호를 금이라 칭하고, 송과 연합하여 요를 공격하였다.

② 고려에 군신관계(사대외교)를 요구하였다.

③ 김부식, 이자겸 등은 금과의 충돌을 피하고 정권 유지를 위하여 굴욕적인 사대 관계를 맺었다(인종 4년, 1125).

④ 북진정책이 좌절되고 문벌 귀족 사회의 모순을 더욱 심화시키는 계기가 되었다.

3) 몽고(元)와의 전쟁

(1) 몽골의 침입

① 제 1차 침입(1231)

　　㉠ 원인: 몽골 사신 저고여가 접경지대에서 피살된 것을 구실로 살리타가 침입하였다.

　　㉡ 귀주성의 박서, 충주 관노비, 초적들이 저항하였다.

　　㉢ 몽골군은 강화를 맺고 다루가치(지방 감독 군관)를 두고 철수하였다.

② 제 2차 침입(1232)

　　㉠ 몽골의 무리한 조공요구와 간섭으로 최우가 수도를 강화도로 옮겨 몽골과의 전쟁을 대비하였다.

　　㉡ 고려의 강화도 천도에 자극을 받아 살리타가 다시 침입하였다.

　　㉢ 살리타가 처인성(용인)에서 김윤후에게 사살되자 몽골군은 철수하였다.

　　㉣ 처인 부곡은 현으로 승격되었고 2차 침입으로 대구 부인사의 대장경이 소실되었다.

③ 제 3차 침입(1235~1239)

　　㉠ 안성의 죽주산성에서 승리했으나, 긴 전쟁으로 국토가 황폐화되었다.

　　㉡ 팔만대장경이 조판되기 시작하였으나 황룡사 9층 목탑이 소실되었다.

④ 5차, 6차 침입

　　㉠ 5차 침입: 충주성의 김윤후가 지휘하는 민병과 관노비가 승리하였다.

　　㉡ 6차 침입: 6년에 걸친 전쟁이며 충주 다인철소 백성들이 활약하였다.

(2) 최씨 정권의 몰락과 개경환도

① 최우에 이어 최항, 최의가 집권하였으나, 유경과 김준에게 피살되면서 **최씨 정권**이 몰락하였다.

② 주화파의 득세로 개경으로 환도하고 몽골과 강화가 이루어졌다.

(3) 삼별초의 대몽항쟁(1270~1273)

① 원종 11년(1270)에 무인들의 몽골 투항 요구에 반발하고, 개경환도에 반대하여 대몽항쟁을 계속하였다.

② 강화도에서 **배중손**(裵仲孫)의 지휘하에 승화후 온(溫)을 왕으로 하는 **반몽 정권**을 수립하였다.

③ 진도로 근거지를 옮겨 용장성을 쌓고 항전하였으나 붕괴되었다.

④ 제주도에서 **김통정**의 지휘로 항전하였으나 여·몽 연합군에 의해 진압되었다.

⑤ 몽골은 제주도에 **탐라총관부**를 설치하였다.

⑥ 의의
   (ㄱ) 고려인의 자주정신과 대몽항쟁 의식의 표현이었다.
   (ㄴ) 몽골군이 접근하기 어려운 지리적인 이점과 민중들의 적극적인 후원으로 장기적으로 항쟁할 수 있었다.

5 고려 후기 정치 변동

1) 원의 내정 간섭

(1) 일본 원정
고려는 원의 강요로 일본원정에 나섰으나 두 차례나 실패하여 원의 직속령이 설치되었다.

(2) 영토 상실

① **쌍성총관부** 설치(1258): 고종 때 원은 화주(영흥)에 쌍성총관부를 설치하여 철령 이북의 땅을 직속령으로 편입하였는데 공민왕 5년(1356)에 유인우가 공략하여 **탈환**하였다.

② **동녕부** 설치(1270): 원종 때에는 자비령 이북 땅을 차지하여 서경에 동녕부를 두었는데, **충렬왕** 16년(1290)에 고려의 간청으로 돌려받았다.

③ **탐라 총관부** 설치(1272): 삼별초의 항쟁을 진압한 후 원종 14년(1273)에 일본 정벌 준비를 위해 제주도에 탐라 총관부를 설치하고 목마장을 설치하였으나 **충렬왕** 27년(1301)에 반환하였다.

(3) 원 간섭 이후의 변화

① 부마국이 된 고려 세자는 원의 수도에 인질로 갔다가 돌아와 왕이 되었다.

② 왕실 용어의 격하: 원에 대한 충성의 표시로 시호에 '충' 자를 붙였고, 폐하는 전하로, 태자를 세자로 격하시켰다.

③ 관제 변경: 중서문하성과 상서성을 첨의부로, 6부를 4사로 통합하였다.

(4) 원의 내정 간섭과 인적·물적 수탈

① **정동행성 설치**: 본래 일본 원정을 위해 설치한 기구였으나 원과의 연락 기구로 변하였다.

② **만호부 설치**: 고려 군사 조직에 영향력을 행사하였고, 감찰기관인 순마소와 군관인 **다루가치**를 배치하여 내정을 간섭하였다.

③ 인적·물적 수탈

  (ㄱ) **결혼도감**을 설치하여 고려의 처녀들을 공녀로 차출하였다.

  (ㄴ) 금, 은, 베, 인삼, 약재 등의 특산물을 징발하여 백성들의 고충이 심했다.

  (ㄷ) 매를 징발하기 위해 '응방'을 설치하였다.

(5) 고려 사회에 미친 영향

① 자주성 손상: 원의 내정 간섭으로 왕권이 실추되었고, 고려 왕비가 된 몽골 공주와 심양왕의 압력으로 자주성에 큰 손상을 입었다.

② 풍속의 변화: 몽고풍이 유행(몽고어, 몽고식 의복, 몽골식 이름, 체두 변발)하였고, 조혼의 풍속이 성행하였다.

2) 고려 후기의 정치 변화

(1) 충렬왕의 개혁 정치(1274~1308)

① **전민변정도감 설치(1288)**: 토지와 노비에 대한 **개혁** 정치를 위하여 설치하였다.

② 홍자번의 편민 18사: 개혁 정치의 효시로, 토지 문란의 문제점과 수취체제를 바로 잡기 위해 제시하였다.

(2) 충선왕의 반원 정책

① 인사행정에 많은 폐단을 낳고 있는 **정방을 폐지**하고 사림원을 두어 신진 사대부와 결속하였다.

② 국가 재정 확보를 위해 의염창을 설치하여 **소금**과 **철의 전매 사업**을 실시하였다.

③ 원의 수도 북경에 만권당(학술 연구 기구)을 설치하고, **성리학**과 **조맹부체**를 수용하였다.

④ 실패의 결과: 원의 내정 간섭이 더욱 심화되었다.

3) 공민왕의 개혁정치

(1) 배 경

① 14세기 후반 한족의 반란으로 원의 세력이 쇠퇴하였다.

② 원·명 교체기의 정세를 이용하였다.

(2) 공민왕의 개혁

① 반원 자주 정책

   (ㄱ) 기철 등 친원 세력을 숙청하고 정동행성 이문소를 폐지하였다.

   (ㄴ) 원의 연호 대신 명의 연호 사용, 2성 6부 체제로 관제를 복구하고 몽골풍을 금지하는 등 정치적 자주성을 회복하였다.

   (ㄷ) 쌍성총관부 공격하여 철령 이북 땅을 수복하였고, 요동 지방을 공략하였다.

② 왕권 강화 정책

   (ㄱ) **정방 폐지**: 문·무관의 인사권을 이부와 병부로 이관하고 정방을 폐지하였다.

   (ㄴ) **전민변정도감 설치(1366)**: 흥왕사의 변을 계기로 신돈을 등용하여 본격적인 개혁 정치를 단행하였다.

③ 유학 교육 강화(성균관)와 과거 제도 정비(인재 배출)

④ 결과: 권문세족의 반발로 신돈이 제거되고 공민왕이 시해되면서 개혁이 중단되었다.

☑ **공민왕의 주요개혁 내용**

반원 자주 정책	권문세족 억압 정책
·기철 등 친원 세력의 숙청 ·원이 설치했던 내정 간섭 기관인 정동행성 이문소 폐지 ·평리 인당으로 하여금 요동 지방 공략 ·유인우로 하여금 쌍성 총관부를 철폐하게 하고 철령 이북의 땅 수복 ·몽고풍의 폐지 ·2성 6부제 복구	·무신정권 이후 인사권을 장악하여 왕권을 견제하였으며 신진의 등장을 억제하던 정방을 폐지하고 문관의 인사권을 이부로 환원함 ·권문세족과 인연이 먼 신돈을 국사로 임명, 전민변정도감(1366)의 판사로 삼아 토지, 노비제 개혁 ·유학교육 강화(성균관) ·과거제 정비하여 인재 배출

4) 신진사대부의 성장

(1) 신진사대부의 출신 배경

① 무신집권기부터 과거를 통해 중앙의 관리로 진출한 지방의 향리 출신이다.
② 학문적 교양을 갖추고 행정 실무에 능한 학자적 관료였다.
③ 소규모 농장을 소유한 중소 지주로 막대한 농장을 소유한 권문세족의 비리와 부패한 사원 세력을 비판하였다.

(2) 신진사대부의 성장

① 성리학을 수용하여 경륜을 넓히면서 성장하였다.
② 공민왕 때 과거제도를 통해 중앙에 진출하여 세력을 확대하였다.
③ 고려 말 신흥 무인 세력(이성계)과 정치적으로 결합하여 권문세족을 누르고 조선을 건국하게 되었다.

(3) 개혁의 추구

① 과거를 통해 정계로 진출한 후 농장을 확대하는 권문세족의 횡포를 정면으로 비판하였다.
② 권문세족의 비리와 불법을 견제하고 자신들의 기반을 유지하려고 노력하였다.

5) 홍건적과 왜구의 침입

(1) 홍건적의 침입(공민왕)

① 홍건적의 1차 침입(1359): 홍건적은 백련교도로 구성되었고 원이 쇠약해지자 고려에 침입하였다.
② 제2차 침입(1361): 개경이 함락 되는 등 국가의 위기를 맞았으나 정세운, 최영, 이방실, 안우, 이성계등이 격퇴하였다.

(2) 왜구의 침입과 무인 세력의 대두

① 정몽주, 김일 등을 일본에 파견하여 외교적 교섭을 통해 왜구의 창궐을 막아 보고자 노력하였으나 실패하였다.
② 최영과 이성계는 대표적인 무장으로서 국민의 신망을 얻었다.
③ 최무선은 화통도감(1377)을 설치하고 화약 무기를 제조하였다.

6) 고려의 멸망

(1) 고려 말 상황

① 공민왕 때의 개혁 노력이 실패하자 고려 사회의 모순은 더욱 심화되었다.

② 권문세족들이 정치권력을 독점하고 대토지 소유를 확대해 나가면서 정치 기강이 문란해지고 백성들의 생활이 극도로 어려워졌다.

③ 홍건적과 왜구의 침입을 격퇴하는 과정에서 무인세력이 등장하였다.

(2) 이성계의 위화도 회군과 조선 건국 과정

① 개혁 방향에 따른 갈등

　(ㄱ) 우왕 때에 권문 세족이 토지 겸병을 확대하자 최영이 이성계와 연합하여 이인임 일파를 제거하였다.

　(ㄴ) 탈점한 토지와 노비를 돌려주는 과정에서 개혁의 방향을 둘러싸고 갈등을 빚었다.

② 철령위 설치

　(ㄱ) 공민왕에 이어 즉위한 우왕은 친원 정책을 표방했기 때문에 명의 감정을 자극하였다.

　(ㄴ) 명은 원이 직속령으로 했던 철령 이북의 땅에 철령위를 설치하겠다고 통보해 고려와 대립하게 되었다.

③ 요동 정벌 계획: 최영 측은 출병을 주장하여 요동 지방을 회복하려 하였고 이성계는 4불가론을 내세워 출병에 반대하였다.

(3) 위화도회군(1388)

① 최영의 요동 정벌이 추진되자 이성계는 위화도에서 회군을 단행하였다.

② 최영을 제거한 이성계 일파가 정치적·군사적 실권을 장악하고 새 왕조 개창의 기틀을 마련하였다.

③ 과전법 실시(1391): 조준, 정도전이 전제 개혁안을 제시하여 사전 혁파를 주장하자 과전법을 반포하고 급전도감을 설치하였다.

(4) 과전법의 시행(1391)

① 신진관료의 경제기반 마련

② 국가의 재정 확보

③ 백성의 경제생활 개선

④ 국방에 필요한 재원 확보

권문세족	신진사대부
친원세력, 보수세력	친명세력, 혁신 세력
대농장 소유(부재지주)	중소 지주(재향 지주)
불교와 결탁, 훈고학 중시	불교 비판, 성리학 수용
음서로 진출, 도평의사사 장악	과거로 진출, 행정 실무 중시

(5) 조선 건국(1392) 정몽주 등 온건 신진사대부들을 제거하고 이성계를 왕으로 추대하여 조선이 건국되었다.

🌀 기출문제

01 다음 밑줄 친 왕의 시기에 대한 설명으로 옳은 것은?

2013. 서울시 9급

> 왕이 변발을 하고 호복을 입고 전상에 앉아 있었다. 이연종이 간하려고 문밖에서 기다리고 있었더니, 왕이 사람을 시켜 물었다. 이연종이 말하기를 …… "변발과 호복은 선왕의 제도가 아니오니, 원컨대 전하는 본받지 마소서."

① 성균관을 순수 유교 교육기관으로 개편하였다.

② 최충의 문헌공도를 비롯한 사학 12도가 융성하였다.

③ 독창적 기법인 상감법이 개발되어 상감청자가 유행하였다.

④ 민중의 미적 감각과 소박한 정서를 반영한 그림이 유행하였다.

⑤ 우리나라 최초의 금속활자본인 상정고금예문이 인쇄되었다.

정답 ①

해설 이 문제에서 왕은 공민왕에 대한 설명이다. 공민왕은 유교 교육을 강화하기 위해서 성균관과 과거제도를 개편하였다. ② 최충의 사학 12도는 문종 때 문헌공도를 설립한 것에서 비롯되었다. ③ 상감청자는 12세기 중엽~13세기 중엽에 유행하였다. ④는 조선후기 민화에 대한 설명이다. ⑤는 고종 12년(1234)에 인쇄되었다.

02 중세 고려의 경제

1 경제 정책과 구조

1) 농업 중심의 경제

(1) 중농 정책

① 국가 재정의 토대가 농업이었기 때문에 농업 생산력 증대에 관심을 기울였다.

② 귀족사회의 안정적 운영을 위한 **토지 분급**을 중요시했고, 재정의 확보를 위해 조세 제도 운영에 힘을 기울였다.

(2) 농업 위주의 경제 구조 농업에 비해 수공업과 상업은 침체되었다.

2) 국가 재정의 운영

(1) 조세 징수의 기준

① 양안과 호적 작성 → 조세의 안정적 운영이 목적이다.

② 양안(量案): 경작지의 소유자와 크기를 적은 토지 대장으로 20년마다 작성하였다.

③ 호적(戶籍): 부부를 중심으로 이루어진 가족을 등재하되, 때에 따라서는 여러 세대의 가족이 한 호적에 기록되기도 하였다(3년마다 작성된 호구 장부).

(2) 재정 운영 관청 설치

① 호부(戶部): 호적과 양안을 작성하여 인구와 토지를 조사·관리하는 경제를 총괄하는 부서이다.

② 삼사(三司): 재정의 수입과 관련된 사무만 담당하였다.

③ 각 관청: 실제의 조세 수취와 집행을 담당하였다.

(3) 재정 지출 관리의 녹봉, 일반 비용과 왕실 경비, 국방비 등에 지출되었다.

(4) 관청의 운영 경비 국가가 토지 지급 → 부족할 경우에 각 관청이 스스로 마련하였다.

3) 수취 체제의 확립

(1) 조세(토지 소유세)

① 토지(논·밭)를 비옥도에 따라 3등급으로 나누어 부과하였다.

ㄱ) 조세율: 민전에서는 생산량의 1/10을 징수하고 전세와 별도로 소작농은 공전을 경작하면 생산량의 4/1, 사전을 경작하면 생산량의 2/1을 지대로 바쳤다.

ㄴ) 토지등급: 1결당 생산량을 최고 18석을 기준으로 비옥도에 따라 상중하의 3등급으로 전세를 부과하였다.

② 조운(배로 조세 운송): 각 군현 → 조창(강이나 바닷가의 중간 집결지) → 개경의 좌·우창으로 운송되어 보관하였다.

(2) 공 납

① 포(布)나 토산물을 현물로 납부하는 제도이다.

② 호구를 9등급으로 나누어 부담시켜 농민에게는 조세보다 큰 부담이 되었다.

③ 징수 방법: 중앙 관청이 주현에 부과 → 주현의 지방관이 각 고을에 할당 → 향리가 징수 → 관청에 납부하였다.

④ 생산량에 따라 세액을 결정하는 것이 아니라 국가의 연간 수요량을 예상해 세액을 결정하였다.

⑤ 매년 일정하게 내야하는 상공과 필요에 따라 수시로 거두는 별공이 있었다.

(3) 역(役)

① 백성의 노동력을 무상으로 동원하는 제도이다.

② 정남(16~60세 이하의 평민 남자)에게 부과하였다.

③ 종류: 군역과 요역(노동력 동원)이 있다.

(4) 잡 세 어·염세, 상세 등은 특수 분야의 종사자에게 부과하였다.

4) 토지 제도의 정비

(1) 역분전(役分田, 태조23, 940) 지급

① 역분전은 후삼국 통일 과정에 공을 세운 개국 공신들에게 지급하였다.

② 충성도와 인품에 따라 경기도에 한하여 지급하였다.

② 전시과 시행: 경종 때 처음으로 관리에게 준 최초의 국가적 규모의 토지제도였다.

(2) 전시과 제도의 성립과 변천

① 시정(始定) 전시과(경종 1년, 976)

ㄱ) 현직·전직 관리에게 전지(토지)와 시지(임야)를 지급한 국가적 규모의 토지 제도이다.

ㄴ) 광종 때의 4색 공복제도에 따른 관품(官品)과 인품(人品)을 반영하였다.

ⓒ 한계점: 역분전을 모체로 하여 관품 보다는 인품과 관리의 세력이 반영되었다.

② 개정(改定) 전시과(목종 1년, 998)

  ㉠ 성종 때 중국식 문·무산계 제도의 개편으로 토지 지급 대상과 규모에 대한 개정이 필요하였다.

  ㉡ 현직·전직 관리에게 인품은 배제하고 18등급 관등에 따라서만 지급하였다.

  ㉢ 지급 기준은 관등으로 일원화되었고, 군인전이 명시되었다.

  ㉣ 무신은 문신보다 전시를 적게 지급 받았고, 18품 이하의 한외과에 대해서는 시지가 지급되지 않았다.

③ 경정(更定) 전시과(문종 30년, 1076)

  ㉠ 토지의 세습이 심화되면서 수조지가 부족하여 현직 관료에게 지급되었다.

  ㉡ 무관에 대한 차별이 개선되었고 지방 향직과 이속도 토지 지급 대상에 포함되었다(외역전).

  ㉢ 한외과(限外科)가 사라져 수급대상이 모두 전시과로 일원화되었다.

  ㉣ 토지 지급량이 감소하여 15과 이하는 시지가 지급되지 않았다.

  ㉤ 무산계 전시과와 별사과(지리업과 승려들을 6등급)가 병설되었다.

(3) 토지의 종류

① 과전(전시과): 관등의 고하에 따라 18등급으로 나누어 전지와 시지를 주었으며 토지 자체를 준 것이 아니라 수조권만을 준 것이다.

② 공음전: 5품 이상 관리에게 지급, 세습 가능 → 음서제와 함께 귀족 신분 유지 기반

③ 한인전: 6품 이하 관리 자제로 관직에 오르지 못한 자(동정직)에게 지급 → 관직에 오르면 한인전을 반납하고 전시과를 지급받았다.

④ 군인전: 중앙군에게 군역의 대가로 지급 → 군역 세습으로 토지도 세습

⑤ 구분전: 6품 이하의 하급 관리·군인의 유가족에게 지급

⑥ 기타: 공해전(관청의 경비 충당), 내장전(왕실 경비 충당), 사원전(사원에 지급), 외역전(향리에 지급), 별사전(승려, 지리업 종사자)

⑦ 민전(民田)

  ㉠ 귀족·농민이 상속·개간·매매를 통해 형성: 소유권 보장(매매·상속·임대 가능)

  ㉡ 일반 백성들의 사유지(공전): 매매와 상속이 자유로웠고 고려 토지제도의 근간을 이루었다. 국가에 수확량의 1/10의 조세를 부담하였다.

☑ 전시과의 토지 지급 액수(단위:결)

시기		등급	1	2	3	4	5	6	7	8	9	10	11	12	13	14	15	16	17	18
경종 (976)	시정 전시과	전지	110	105	100	95	90	85	80	75	70	65	60	55	50	45	42	39	36	33
		시지	110	105	100	95	90	85	80	75	70	65	60	55	50	45	40	35	30	25
목종 (998)	개정 전시과	전지	100	95	90	85	80	75	70	65	60	55	50	45	40	35	30	27	23	20
		시지	70	65	60	55	50	45	40	35	33	30	25	22	20	15	10			
문종 (1076)	경정 전시과	전지	100	90	85	80	75	70	65	60	55	50	45	40	35	30	25	22	20	17
		시지	50	45	40	35	30	27	24	21	18	15	12	10	8	5				

(4) 토지 소유의 변화

① 전시과 제도의 붕괴

　㉠ 무신정변 후 권문세족의 농장 확대 현상이 심해져 국가 재정이 어려워졌다.

　㉡ 신진관료에게 지급할 토지가 부족해지면서 전시과 제도가 붕괴되었다.

② 녹과전(祿科田, 원종): 전시과 제도의 붕괴 이후 관리들의 생계를 위해 일시적으로 지급한 토지이다(경기 8현).

③ 사패전(賜牌田): 사패는 개간 허가서를 말하는데 이는 전쟁으로 황폐해진 토지복구와 지배층의 토지소유를 인정하는 방안으로 발행한 것이다. 이 제도는 국가 재정 수입의 감소 원인이 되었다.

④ 영업전(營業田): 직, 역의 세습에 의해 수조권을 그 자손에게 상속할 수 있는 토지. 영업전에 해당하는 토지로 공음전, 공신전, 외역전, 군인전 등이 있었다.

2 경제 활동

1) 귀족의 경제생활

(1) **경제적 기반** 상속 받은 토지와 노비, 관료가 되어 받은 과전과 녹봉 등이 기반이 되었다.

① 과 전

　㉠ 생산량의 1/10을 조세로 징수

　㉡ 공음전·공신전: 수조권을 세습, 생산량의 1/2을 조세로 징수

② 녹 봉

　㉠ 모든 관료들을 47등급으로 나누어 지급하였다.

녹과 수급자

① 내외의 문무백관과 종실 등 녹봉 해당자
② 이와는 구별되는 별사를 받는 잡직 종사자, 서리, 공장(工匠) 등으로 크게 양분.
③ 별사도 넓은 의미의 녹봉에 포함되는 것이지만 그 체계가 신분제의 편성과 상응.
④ 녹봉은 현직, 실직주의에 입각.
⑤ 치사관록제, 종실록은 귀족 신분에 대한 우대라는 측면과 깊이 연결되어 있었다.

(ㄴ) 현직 관리에게 쌀·보리·베·비단 등을 지급하였는데, 1년에 두 번씩 녹패를 제시하고 수령하였다.

③ 기 타

(ㄱ) 자신의 소유지(민전)를 경작하는 농민들에게 지대로 생산량의 1/2를 거두고 외거 노비에게는 신공으로 매년 베나 곡식을 받았다.

(2) 토지 확대

① 귀족들은 권력과 고리대를 이용하여 농민의 토지를 약탈, 매입, 개간 → 점차 농장을 확대하고 화려한 생활을 하였다.

재원과 담당관청

① 경관들에 대한 녹봉은 전국의 민전에 들어오는 조세수입(이를 좌창(左倉)이 담당)으로 충당하였다.
② 여기에는 10만결의 토지가 필요로 되었다.
③ 숙종 6년 이후에는 모두 공수전의 조로 충당하고 관리들은 녹봉을 받을 수 있는 녹패를 먼저 받고 그것에 의거해 정월과 7월에 두 차례에 걸쳐 해당 액수를 지급받았다.
④ 녹봉과 전시과에 따라 분급 받은 전시에서 얻어지는 수입은 대략 비슷하였다.
⑤ 고려시대의 관리들은 전시과와 녹봉제에 의하여 이중적인 대우를 받아 여유있는 생활을 영위할 수 있었다.

2) 농민의 경제생활

(1) 권농 정책 실시

① 경작지의 확대 노력

(ㄱ) 황무지·진전(토지대장에는 파악이 되어있으나 실재로는 경작되지 않은 토지) 개간

(ㄴ) 12세기 이후 연해안의 저습지·간척지 개발

(2) 농업 기술의 발달 농업 생산력 증대

① 고려 전기 농업 기술의 발달

(ㄱ) 재배 품종: 주로 5곡(벼, 보리, 콩, 기장, 피)과 채소류(파, 마늘) 재배

(ㄴ) 휴경지 감소, 경작지 증가, 수리 시설의 발달, 농기구(호미, 보습)와 종자 개량

(ㄷ) 우경(牛耕)의 일반화: 소를 이용한 깊이갈이로 제초작업에 효과

(ㄹ) 시비법 발달: 녹비가 나오다가 가축의 분뇨 이용하는 퇴비를 사용 → 휴경지 감소

(ㅁ) 밭농사는 2년 3작 윤작법(돌려짓기)이 보급 되었으나 휴경 방식이 장기간 존속

(ㅂ) 매년 경작하는 불역전(연작)은 드물었고 일역전(1년 휴한), 재역전(2년 휴한)이 다수

② 고려 후기 농업 기술의 발달

(ㄱ) 고려 중기까지는 황무지나 산지 등의 개간이 이루어졌고, 후기에는 해안 지방의 저습지 간척 사업이 추진되었다.

(ㄴ) 논농사에서는 남부지방 일부에서 모내기(이앙법)가 보급되었다.

(ㄷ) 고려 말 이암이 원의 농상집요(農桑輯要)를 소개 보급하여 조선 초기 밭농사에 큰 영향을 주었다.

(ㄹ) **목화의 전래(1363):** 공민왕 때 문익점이 원에서 목화씨를 가져와 재배에 성공하여 씨아
와 물레까지 발명되었다.

(3) 농민의 몰락 권문 세족의 토지 약탈과 지나친 수취 → 농민의 소작농화·노비화 초래

3) 상업의 활동

(1) 도시 중심의 상업 활동

① 농업 중심의 자급자족의 경제를 기본으로 하는 사회였으므로 상업은 크게 발달하지 못했다.

② 관영 상점 설치

(ㄱ) 개경에 시전(市廛)을 설치하여 **관허 상인**들이 귀족과 관청을 대상으로 물품을 판매하는
대신 국가에 상세를 납부 하였다.

(ㄴ) 개경, 서경, 동경 등에 관청 수공업을 통해 생산된 물품을 일반인에게 판매하는 관영 상점
이 설치되었다.

(ㄷ) 도시민의 일용품을 매매할 수 있는 비정기적인 시장이 열렸다.

(ㄹ) 지방에서는 관아 근처에서 쌀이나 베를 교환할 수 있는 시장이 열렸고 행상들은 소금, 일
용품 등을 판매하였다.

③ **경시서(京市署):** 매점매석과 같은 상행위를 감독하고 물가를 조절하는 역할을 하였다.

(2) 고려 후기의 상업 발달

① 개경 상업

(ㄱ) 민간의 상품 수요 증가, 시전 규모의 확대와
업종별 전문화가 이루어졌다.

(ㄴ) 개경 상업 활동이 도성 밖으로 확대되어 벽란
도가 교통로와 산업의 중심지로 발달하였다.

② **지방 상업:** 행상의 활동, 조운로를 이용한 교역
활동이 활발, 상업의 중심지인 원(여관)이 발달

(3) 소금 전매제 실시

① 국가 재정 증대 목적

② **상인·수공업자의 성장:** 물품강매와 조세 대납
과정에서 부 축적 → 관리로 진출

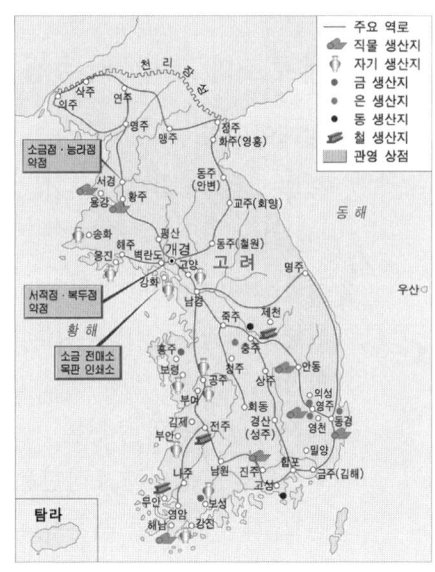

4) 수공업자의 활동

(1) 관청 수공업

① 고려 중심 수공업으로 수공업자들이 공장안(국가의 수공업자 명단)에 등록되어 관리되었다.

② 공예를 중시하여 기술이 뛰어난 사람을 관청 수공업에 종사하게 하였다.

(2) 소 수공업

① 소는 특수 행정 구역의 수공업 집단으로 공물을 납부하기 위해 물품을 제조하였다.

② 각종 금속(금, 은, 철, 구리)을 주로 생산하였고, 실, 종이, 먹, 차, 생강, 각종 옷감 등을 생산하였다.

(3) 사원 수공업 기술 좋은 승려와 노비에 의해 베, 모시, 기와 , 술, 소금 등을 생산하였다.

(4) 민간 수공업

① 농촌의 가내수공업을 중심으로 포목류(모시, 삼베, 명주) 생산이 주를 이루었다.

② 후기에 이르러서는 관청 수공업에서 제조하던 물품을 생산하였다.

(6) 수공업의 변화

① 전기: 관청·소 수공업 중심

② 후기: 유통 경제의 발전 → 사원·민간 수공업 발달

5) 화폐 주조와 고리대의 유행

(1) 화폐의 주조

① 유통의 도구: 곡물과 포가 교환 수단이었다.

② 성종(996): 우리나라 최초의 철전 '건원중보'를 만들었으나 널리 유통되지 않았다.

③ 대각국사 의천의 주전론 채택(숙종): 주전도감을 설치하고 삼한통보, 해동통보, 해동중보, 활구(은병)를 주조했으나 널리 유통되지 않았다.

☑ **고려시대의 화폐 주조**

성 종	건원중보(최초의 화폐)	철
숙 종	대각국사 의천의 건의 (주전도감 설치)	
	은병(활구): 고려지형 본따서 만듦	은
	해동통보, 해동중보	철·동
	삼한통보, 삼한중보, 동국통보, 동국중보	철·동
충렬왕	쇄은	은
충혜왕	소은병	은
공양왕	저화(최초의 지폐)	종이

④ 공양왕 때는 **최초의 지폐인 저화(楮貨)**가 발행되었다.

⑤ 한계: 농업 중심의 자급자족적인 경제 구조로 화폐유통이 부진하였고 여전히 곡식이나 삼베가 일반적으로 사용되었다.

(2) 고리대의 성행과 보(寶)의 출현

① **고리대업(借貸法) 성행**: 곡식이나 베를 꿔 주고 이자를 받는 고리대업은 왕실, 귀족, 사원의 재산 증식의 수단이 되었다. 반면 생활이 빈곤했던 농민들은 토지를 빼앗기거나 노비가 되기도 하였다.

② **장생고(長生庫)**: 사원과 귀족들이 경영한 서민 금융 기관으로 폭리를 취하여 부를 축적.

③ **보의 출현**: 고리대 성행으로 일정한 기금을 만들어 그 이자로 사업 경비를 충당하는 공공재단이다. 보에는 학보(학교 재단), 경보(불경 간행), 제위보(빈민 구제), 팔관보(팔관회 경비)등이 있었으며 이자 취득에만 급급하여 농민의 생활에 막대한 피해를 끼쳤다.

6) 대외 무역

(1) 대외무역의 특징(공무역 중심)

① 고려시대의 사무역은 국가의 통제를 받아 쇠퇴하였고, 가장 큰 비중을 차지한 것은 **대송 무역**이다.

② **무역항**: 벽란도(예성강 입구)가 국제 무역항으로 번성하였다.

(2) 대송무역(개방적 대외 정책)

① 광종 때 수교이후 친송 정책으로 활발하게 교류하였다.

② 고려는 문화적, 경제적 목적으로 송은 정치적, 군사적 목적으로 친선관계를 유지하였다.

③ **수출품**: 금·은·나전칠기·인삼·종이·부채·화문석 등이 수출되었다.

④ **수입품**: 서적·약재·비단·자기·향료·악기·문방구 등이 수입되었다.

⑤ **벽란도**: 예성강 입구에 있는 국제무역항으로 송·왜·아라비아의 상인이 출입하였다.

(3) 거란(요), 여진 무역

① **거란**: 수입품은 모피, 말 등이고, 수출품은 식량, 문방구, 구리, 철 등 생활필수품이다.

② **여진**: 수입품은 은, 모피, 말 등이고 수출품은 식량, 철제 농기구 등이다.

(4) 일본과의 무역

① **수입품**: 수은, 유황, **수출품**: 식량, 인삼, 서적

(5) **아라비아 무역** 아라비아 상인들은 송을 거쳐 수은, 향료, 산호 등을 가지고 들어와 무역을 하였고, 이 시기에 고려라는 이름이 서방 세계에 알려졌다.

(6) **원 간섭기의 무역 활동** 상인들이 독자적으로 교역하면서 금, 은, 소, 말, 등이 지나치게 유출되어 사회적으로 물의를 일으킬 정도였다.

기출문제

01 고려 시대의 경제 활동에 대한 설명으로 옳지 않은 것은? 2008, 국가직 9급

① 귀족들이 화폐 사용을 지지하여 화폐가 전국적으로 유통되었다.

② 고려 전기에 수공업의 중심을 이룬 것은 관청 수공업과 소(所) 수공업이었다.

③ 고려 후기에는 국가가 재정 수입을 늘리기 위하여 소금 전매제를 시행하기도 하였다.

④ 농민이 진전(陳田)이나 황무지를 개간하면 국가에서 일정 기간 소작료나 조세를 감면해 주었다.

[정답] ①

[해설] ① 농업 중심의 **자급자족적인 경제 구조**로 화폐유통이 **부진**하였고, 대부분 곡물과 포가 교환 수단으로 사용되었다.

03 중세 고려의 사회

① 신분 제도

1) 귀족

(1) 고려의 사회 신분 구성 귀족, 중류층, 양민, 천민

(2) 귀족의 특징

① 지배층의 핵심으로 왕족을 비롯하여 5품 이상의 문무 관료들이 주류를 형성하였다.

② 귀족은 지방 호족으로 중앙 관리가 되는 경우, 개국 공신 계열, 신라 6두품 계열 등이 있다.

③ 공신전, 공음전, 과전을 바탕으로 막대한 토지를 소유하여 경제적 부를 축적 하였다.

(3) 신분 변동

① 정치 상황의 변동에 따라 지방 향리들이 과거를 통해 신진 관료로 진출하는 경우

② 군인이 전쟁에서 군공을 쌓아 무반으로 출세하는 경우

③ 향·소·부곡의 특수 행정 구역이 일반 군현으로 승격하는 경우

④ 외거 노비가 양인이 되는 경우

(4) 문벌 귀족

① 음서나 과거를 통해 관직에 진출하여 정치 주도 세력이 되었다.

② 유력한 귀족 가문과 서로 중첩된 혼인과 권력을 장악할 수 있는 왕실과 혼인 관계로 세력을 강화하였다.

③ 공음전과 과전 등 많은 토지를 소유하여 경제력을 확보하였다.

④ 문반은 우대되고 무반은 천시되었으며 귀족들은 공음전, 음서와 같은 특권이 부여되었다.

(5) 무신의 집권

① 무신정변(1170)으로 종래의 문벌 귀족들이 약화되고 무신들이 권력을 장악하였다.

② 실력을 바탕으로 진출한 문신들이 사대부로 성장하였고, 농민·천민의 신분 해방 운동이 증가하였다.

(6) 권문세족

① 무신 정권이 붕괴되고 원 간섭기 때 등장하였고 출신 성분은 다양하다.

② **첨의부나 밀직사** 등의 고위 관직에 올랐고, **도평의사사의 구성원**으로서 인사권을 장악하였다.

③ 음서를 통해 신분을 세습하였으며 **대농장**을 소유하고 농민의 사유지인 **민전을 겸병**하였다.

④ 권문세족의 토지 겸병이 성행하자 **전호들의 노비화**가 발생하였다.

(7) 신진 사대부

① 무신 집권기부터 등장하였고, 13세기 말 **충선왕** 때 개혁 정치를 통해 중앙에 진출하기 시작하였다.

② 신분적으로는 **향리** 출신이고, 경제적으로는 **중소지주층**이며, 학문적 교양을 갖춘 정치적 실무에 능한 학자적 관료들이다.

③ 대농장을 소유한 권문세족이나 부패한 사원 세력을 정면으로 비판하고, **성리학을 수용**하여 성장하였다.

④ 공민왕 때 재정비된 과거를 통해 중앙정계에 대거 진출하였고, 세력을 확대하여 개혁을 시도하였으나 실패하였다.

⑤ 몇 대에 걸쳐서 관직을 계승하면서 권문세족이 되기도 하였다.

⑥ 고려 말 이성계를 중심으로 한 **신흥 무인 세력과 결합**하여 권문세족을 누르고 조선 왕조를 개창하는 주체 세력으로 성장하였다.

2) 중류층

(1) 개념

① 중류층은 하급 관리, 지방의 향리, 남반, 군반, 서리(이속 잡류층) 등이다.

② 지배층과 피지배층 사이에서 지배 기구의 말단 행정직으로 존재하였다.

(2) 유형

① 잡류: 중앙 관청의 말단 서리

② 남반: 궁중 실무 관리

③ 향리: 지방 행정의 실무 담당(조세징수, 노역징발)

④ 군반: 직업 군인인 하급 장교(중앙군)

(3) 특징

① 고려의 지배 체제가 정비되는 과정에서 하부 구조를 맡아 **중간 역할**을 담당하는 집단으로 자리를 잡아 나갔다.

② 직역은 세습이 되어 물려받았고 직무 수행에 상응하는 토지를 국가로부터 받았다.

(4) 호족 출신의 향리

① 각 지방의 호족 출신은 향리로 편제되었다.

② 호장, 부호장을 배출한 지방의 실질적 지배층으로 혼인 관계나 과거 응시에 있어서도 하위의 향리와 구별되었다.

3) 양 인

(1) 농민, 상인, 수공업자들로서 양인의 대부분은 농민(백정)들이었다.

(2) 백정(白丁) 농민층

① 조상으로부터 전래해 오는 자기 소유의 민전을 경작하였고, 토지가 없으면 소작을 하였다.

② 과거에 응시할 수는 자격과 군인으로서 선발이 가능하였고, 조세, 역, 공납의 의무를 가지고 있었다.

> **수공업자와 상인**
>
> 공장, 상인의 자손에게는 과거 응시자격도 주지 않았고, 국학에의 입학도 금하고, 부모의 신분과 업을 세습하였다. 국가에서는 공장안을 작성하여 인력을 파악하였고, 관속공장은 군기사나 선공사 등 관청의 수공업에 전속된 기술자들에게는 300일 이상 출역하는 조건으로 녹봉에 해당하는 별사의 대우나, 기술이 뛰어난 자에게는 하위의 향리나, 무산계(전) 지급하여 불만을 해소시켰다. 비관속공장(非官屬工匠)은 일정한 기간 동원되는 것 외에는 자유로이 물품을 판매하거나 보수를 받고 기술을 팔아 생계를 마련할 수 있었다.

(3) 특수 집단

① 신분은 양민이면서도 일반 양민에 비하여 심한 규제와 양민보다 더 많은 세금을 부담하였다.

② 특수 행정 구역인 향·소·부곡에 거주하였고, 다른 지역으로 거주 이전이 금지되었다.

③ 향·부곡은 농업에 소는 수공업이나 광업품의 생산에 종사하였다.

4) 천 민

(1) 천민은 화척(도살업자), 진척(뱃사공), 재인(광대), 공노비, 사노비 등으로 **매매, 상속, 증여**의 대상이 되었다.

① **공노비**: 공공 기관에 속하는 노비

　(ㄱ) **입역 노비**: 궁중, 중앙 관청, 지방 관아에서 잡역에 종사하면서 **급료**를 받고 생활하는 노비

　(ㄴ) **외거 노비**: 지방에 거주하면서 농업에 종사하고 수입 중 **규정된 액수**를 소속 관청에 납부하는 노비

> **노비 관련법의 변화**
>
> ❖ 천자수모법: 정종(1039), 양인과 천민의 결혼 금지
> ❖ 일천즉천: 고려 충렬왕(13C말) – 부모 중 한쪽이 노비면 무조건 노비
> ❖ 노비종부법: 조선태종(15c 초) – 노비의 양인화 확대
> ❖ 일천즉천: 세조(15c 후반) – 경국대전 형전에 실음
> ❖ 노비종모법: 1744년 속대전에 확정 실시
> ❖ 노비세습제 철폐: 1866년
> ❖ 공사노비의 해방: 1894년 갑오개혁 때

② 사노비: 개인이나 사원에 예속된 노비

　(ㄱ) 솔거 노비: 귀족이나 사원에서 직접 부리는 노비로 주인의 집에서 거주

　(ㄴ) 외거 노비: 주인과 따로 사는 노비로서 주로 농업 등의 일에 종사하고 일정량의 신공을 바치는 노비이다.

③ 외거 노비의 특수성

　(ㄱ) 주인의 토지뿐만 아니라 다른 사람의 토지도 소작 가능하여 노력에 따라 경제적 여유를 얻을 수 있었으며 자신의 **토지**, 가족, 집도 소유가 가능하였다.

　(ㄴ) 신분적으로는 주인에게 예속되어 있었으나 경제적으로는 양민 백정과 비슷하게 **독립된 생활**을 누릴 수 있어 지위 상승이나 재산 증식이 가능하였다.

(2) 노비의 특징

① 혼인에 있어 원칙상 같은 노비 사이에서 결혼하는 동색혼(同色婚)만이 인정되었다.

② 부모 중에 어느 한쪽이 노비이면 그 자식도 노비가 되었다.

③ **천자수모법(賤子隨母法)**: 노비 사이에서 태어난 자식은 어머니의 소유주에 귀속되었다.

④ 화척, 재인, 양수척, 기생 등은 국가에서 역의 부과도 없었고, 호적에도 등록하지 않았다.

🎯 기출문제

01 고려 시대의 신분 제동에 대한 설명으로 옳지 않은 것은? 2012. 국가직 7급

① 화척, 재인, 양수척을 호적에 올려 그들에게 역을 부담시켰다.

② 죄를 지어 관직에 나갈 수 없는 자들을 귀향시키는 형벌이 있었다.

③ 본관제가 사회적 의미를 가지게 되는 시기이다.

④ 군반, 남반과 같이 일정한 정치적 기능을 나타내는 몇 개의 반(班)이 설정되었다.

[정답] ①

[해설] 화척, 재인, 양수척, 기생 등은 국가에서 역의 부과도 없었고, 호적에도 등록하지 않았다.

---

2 사회 시책과 법속

1) 사회시책

(1) **사회 시책의 필요성** 조세, 잡역 등의 과중한 부담으로 어려운 농민들의 생활을 안정시키는 것이 국가 안정에 필수적이었기 때문에 여러 가지 사회 시책이 마련되었다.

(2) **농민 생활 안정책** 백성의 생활을 안정시켜 체제 유지를 도모할 목적으로 시행되었다.

① 농번기에 잡역 면제: 농민들이 농업에 전념할 수 있도록 배려하였다.

② 자연 재해를 입은 농민 보호책: 피해 정도에 따라 **조세와 부역을 면제**해 주었다(면재법).

③ **고리대로 인한 농민 피해 방지**: 법으로 이자율을 정하여 이자가 빌린 곡식과 같은 액수가 되면 그 이상의 이자를 받지 못하도록 하였다(자모정식법).

④ **권농 정책**

    (ㄱ) 성종 때 천자가 하늘에 제사 지내는 곳(원구단)에서 사직(社稷)을 세워 땅의 신과 오곡신에게 제사를 지냈다.

    (ㄴ) 왕이 직접 농사를 짓는 적전을 두고 농사의 모범을 보였고, 황무지 개간을 장려했다.

    (ㄷ) 진전(황무지)을 경작하는 경우에는 일정 기간 동안 조세를 면제해 주었다.

2) 사회 시설

(1) 의창(義倉)

① 태조 때 설치했던 흑창을 성종 때 개칭하여 전국 각 주에 설치하였다.

② 봄에 곡식을 빌려 주었다가 추수 후에 갚도록 한 제도이다(고구려의 진대법, 조선의 환곡).

(2) 상평창(常平倉)

① 물가 조절 기관으로 성종 때 개경과 서경 및 12목에 설치하였다.

② 평상시에 쌀을 비축하였다가 흉년에 매매하여 물가를 안정시켰다.

(3) 제위보(광종) 일정 기금을 마련하여 그 이자로 빈민을 구제하는 제도이며, 고려 전 시대에 걸쳐 활용되었다.

(4) 동·서 대비원(문종) 개경에 환자 진료와 빈민 구휼을 담당하는 대비원(정종)을 두었고, 문종 때 동과 서로 나누어 설치하였다.

(5) 구제도감·구급도감 각종 재해 발생시 백성을 구제하기 위해 설치한 임시 기관이다.

(6) 혜민국(예종) 빈민 환자에게 약을 무료로 제공하였고, 일반 백성들이 약을 구할 수 있도록 편의를 제공하였다.

3) 법 률

(1) 법 률

① 관습법 중시: 일상생활과 관련이 있는 것은 대부분 전통적인 관습법을 적용하였다.

② 형법은 당률을 참작한 71개 조와 보조 법률이 있었다.

(2) **재판권** 지방관이 재판권을 행사하여 중요 사건만 중앙의 상부에 보고하고 대개 스스로 처결하였다.

(3) **형벌** 태·장·도·유·사형의 5종

① 반역죄, 불효죄 등 사람의 기본 도리를 어길 경우 중죄로 다스렸다.

② 귀양형을 받은 사람이 부모상을 당하였을 때는 유형지에 도착하기 전에 7일간의 휴가를 주어 부모상을 치를 수 있도록 하였다.

③ 70세 이상의 노부모를 두고 봉양할 가족이 없는 경우는 형벌의 집행을 보류하기도 하였다.

④ 사형죄는 문종 때 세 번 재판하는 삼심제가 시행되었고, 죄수 심문이나 재판시 3인 이상이 입회하는 삼원신수법을 실시하였다.

4) 생활풍속

(1) **불교 행사 성행**

① 연등회, 팔관회를 국가 제전으로 중시하였다.

② 팔관회(불교+토속신앙)는 왕이 직접 참여하였고, 국태민안과 왕실의 안녕을 기원하였다.

(2) **명절** 정월 초하루(설날), 삼짇날(3.3) 단오(5.5), 유두,(6.15), 추석(8.15) 등이 있었다. 단오(수릿날)에는 격구, 씨름, 그네뛰기 등을 즐겼다.

(3) **장례와 제례**

① 국가: 유교적 규범에 따라 시행하려 하였다.

② 민간: 토착 신앙과 융합된 불교 전통 의식, 도교의 풍속을 따랐다.

(4) **근친혼, 동성혼**

① 고려 초 왕실에서 친족 간의 근친혼이 성행하였다.

② 중기 이후 금지령을 내렸으나 사라지지 않아 사회 문제가 되었다.

5) 농민의 공동 조직

(1) **공동 조직의 기능** 농민들은 일상 의례와 공동 노동을 통하여 공동체 의식을 다졌다.

(2) **향도(香徒)** 불교 신앙 조직으로 대표적인 공동체 조직이다.

① 매향(埋香)

(ㄱ) 성격: 불교 신앙의 하나

ㄴ 의 미: 향나무를 땅에 묻는 활동으로 위기가 닥쳤을 때를 대비하여 향나무를 바닷가에 묻었다가, 이를 통하여 미륵을 만나 구원받고자 하는 염원에서 시작되었다.

② 향도의 역할

ㄱ 매향 활동을 하는 무리들을 향도라 하였다.

ㄴ 불교 행사에 참여: 대규모 인력이 동원되는 불상, 석탑, 사원 건립 때 주도적인 역할 담당

ㄷ 농민 공동체 생활을 주도: 고려 후기에는 신앙적인 향도에서 자신들의 이익을 위하여 조직되는 향도로 변모 → 마을 노역, 혼례와 상장례, 민속 신앙과 관련된 마을 제사 등 공동체 생활을 주관하는 농민 조직으로 발전하였다.

6) 혼 인

(1) 혼 인

① 혼인 연령: 여자는 18세 전후, 남자는 20세 전후에 혼인을 하였다.

② 혼인 형태

ㄱ 고려 초 왕실과 귀족층에서는 근친혼(近親婚), 동성혼(同姓婚)도 널리 행해졌다.

ㄴ 중기 이후 금령에도 불구하고 존속되어 사회 문제로 대두되기도 하였다.

ㄷ 일부일처(一夫一妻)제, 남자가 여자집에서 사는 남귀여가혼(데릴사위제)이 일반적이다.

ㄹ 왕실, 일부의 양반, 귀족 층에서 일부다처제와 축첩(蓄妾)을 하였다.

7) 가족제도

(1) 가족제도

① 사위와 외손 또는 장인과 장모를 포함한 양측적 방계가족의 형태이다.

② 사위가 처가의 호적에 입적하여 처가생활을 하는 경우도 적지 않았고, 가족 간의 촌수도 남녀 차별이 거의 없었다.

③ 공을 세운 사람의 부모는 물론 장인과 장모도 함께 상을 받았다.

④ 사위와 외손자에까지 음서의 혜택이 허용되었다.

(2) 여성의 지위

① 여성의 사회적 진출은 제한이 있었으나 가정생활이나 경제 운영에서 여성의 지위가 남성과 거의 대등한 위치에 있었다.

② 여자가 호주가 될 수 있었고 연령순으로 호적에 기재하여 남녀 차별을 하지 않았다.

③ 여성의 재가가 자유롭게 이루어졌고, 그 자식의 사회적 진출에도 차별을 두지 않았다.

④ 상복 제도 역시 친가와 외가의 차이가 크지 않았다.

⑤ 제사는 자녀가 돌아가며 맡는 윤행이 관행이었고, 아들이 없을 경우 양자를 들이지 않고 딸이 제사를 지냈다.

(3) 재산 상속

① 상속의 대상: 토지, 노비, 곡물 등이 있는데 토지와 노비를 가장 중시했다.

② 자녀 균분 상속이 일반적이었으나 부모의 뜻에 따라 차이가 있기도 하였다.

③ 남편과 아내 쪽 노비를 구분하여 호적에 기재하였다.

④ 남편이 죽으면 재산 분배권을 아내가 가지기도 하였다.

기출문제

01 고려의 가족 제도에 대한 설명으로 옳은 것은?

2008. 지방직 7급

① 모계 원리에 따라 거주와 재산의 상속이 이루어졌다.

② 문벌 귀족은 근친혼을 선호하여 사촌혼이 성행하였다.

③ 친조부모와 외조부모에 대한 상복의 규정이 같았다.

④ 여러 명의 처를 두는 민간의 풍습을 법률로 금지하였다.

정답 ③

해설 ① 자녀 균분 상속이 일반적이었기 때문에 모계 원리와는 관련이 없다.
② 일반적으로 근친혼을 선호한 것이 아니라 고려 왕실과 일부 귀족들 사이에서 근친혼이 이루어졌다.
④ 고려는 일부일처제의 사회였다.

중세 고려의 문화

1 유학의 발달과 역사서의 편찬

1) 유학의 발달

(1) 유 교

① 초기 유학

ㄱ 신라 6두품 계열의 유학자들의 활약(태조), 과거 제도의 실시(광종)

ㄴ **최승로(성종)**: 시무 28조 개혁안 상소→ 유교적 정치사상을 확립, 국자감(국립대학)설치, 수서원(서경)과 비서성(개경)을 두고 서적을 출판·수집

ㄷ 현종: 신라의 설총(홍유후), 최치원(문창후)을 문묘에서 제사 →신라 유교의 전통을 계승, 발전

ㄹ 서적 간행(숙종): 국자감에 서적포를 두어 서적 간행 장려, 기자 사당(평양)을 세우고 기자를 '교화의 임금'으로 숭상

ㅁ 7재(예종): 국자감을 재정비하여 전문 강좌인 7재를 두어 유교사상을 심층적으로 연구, 궁중에 청연각, 보문각 설치(학문 연구소)

ㅂ 대표적 유학자: **최승로, 김심언**(자주적, 주체적인 특성)

② 중기 유학

ㄱ 경원이씨 일파 집권 후 집권세력의 안전을 추구하는 보수적 성격

ㄴ **최충(문종, 984~1068)**: '해동공자'로 칭송, 9재 학당(문헌공도) 설립, 훈고학적 경향에 철학적 경향 반영

ㄷ 김부식(인종, 1075~1151): 보수적·현실적 성격, 유교 경전에 대한 전문적 이해 심화

ㄹ 무신정변 후 문신 귀족세력의 몰락으로 위축

> **문헌공도(文憲公徒)**
>
> 문종 때 최충이 세운 9재 학당으로, 12도 중에서 가장 번성하여 명성이 높았다. 최충이 사망한 후 그의 시호인 문헌을 이름으로 붙였다.

(2) 중세 문화의 성격

① 유교(정치이념)문화와 불교(생활이념)문화가 융합되었다.

② 호족 중 일부가 중앙 관리가 되어 **세련된 중앙 귀족 문화**와 자유분방한 지방 호족 문화가 함께 발달하였다.

③ 불교 미술의 발달로 청자, 나전칠기, 불교용품(귀족들의 생활도구) 등이 발달하였다.

④ 기록에 의한 **출판문화**가 발달하였다.

2) 성리학의 전래

(1) 특 성

① 훈고학을 반대하고 인간의 심성과 우주의 근원 문제를 철학적으로 탐구하는 새로운 학문이다.

② 효와 충의 실천 윤리를 강조하였고, 훈고학이 중시하는 5경보다 4서(논어, 대학, 중용, 맹자)를 중시하였다.

③ 남송의 주희가 완성하여 주자학이라고도 한다.

④ 선종의 철학적인 사변을 유교에 접목하였다.

(2) 전래 과정

① 무신집권기(13세기 초)이래로 정신세계를 강조하는 조계종이 발달하여 성리학을 받아들일 수 있는 사상적 토대가 마련되었다.

② 고려 말 정몽주, 이색, 권근, 정도전 등의 신진사대부들이 새로운 사상적 이념으로 성리학이 확산되었다.

③ **충렬왕(1289) 때 안향**이 처음으로 소개하였고 백이정, 이제현, 박충좌 등에게 전수하였다.

(3) 발 전

① 이제현의 학통을 이어 정몽주, 이색 → 권근, 정도전이 발전시켰다.

② **정몽주**는 우리나라 성리학의 철학 체계를 잡아 '동방이학의 조(祖)'라고 불릴 만큼 성리학을 발전시켰다.

③ 초기 성리학은 형이상학적인 면보다 일상생활과에 관계되는 **실천적 기능**이 강조되었다. 그리하여 주희의 「소학」이 중시되고 「주자가례」를 권장하였다.

(4) 영 향

① 「주자가례」의 도입을 권장하고 가묘(家廟)를 설치하였다.

② 불교가 인륜에 어긋난다고 하여 불교자체를 공박하고 **불교를 배척**하였다.

③ 종래의 훈고학적 유학이 **철학적인 유학**으로 변화하였으며, 고려 문화 전반을 비판하고 개혁을 주장하였다.

4) 역사서의 편찬

(1) 전 기 유교적 역사서술체의 확립(편년체~기전체)

① 편년체의 사서

　㉠ 7대실록(황주량, 현종): 태조~목종까지의 왕조실록을 만들었다(36권)

　㉡ 고금록(박인량, 문종), 가락국기(김양감, 문종), 속편년통(홍관, 예종) 등이 있다.

(2) 중 기 보수적인 유교 사관

① 삼국사기(三國史記)

　㉠ 김부식이 편찬한 기전체의 정사로 현존하는 가장 오래된 사서이다.

　㉡ 유교의 도덕적 합리주의 사관에 입각하여 서술한 사서로 본기28권, 연표3권, 지9권, 열전 10권으로 되어 있다.

② 상정고금예문(최윤의, 인종): 유교 정치 이념의 구현을 위하여 저술하였으나 현존하지 않는다.

③ 편년통록(김관의 , 의종): 고려 왕실의 중흥을 기원하는 유교적 사관을 제시하였으나 현존하지 않는다.

(3) 후 기 자주적 사관의 대두(대몽항쟁 이후에 나옴)

① 무신정변 이후 민족적 자주의식을 바탕으로 전통문화를 올바르게 이해하려는 경향이 대두되면서 고대사를 자주적으로 이해하려는 움직임이 생겨났다.

② 삼국유사, 제왕운기: 우리나라 역사의 시작을 단군조선으로 설정하여 자주성을 나타내어 서술하였다.

③ 동명왕편(이규보, 명종): 동명왕의 업적을 칭송한 민족 서사시(고구려 계승의식)

④ 해동고승전(각훈, 고종): 현재 2권이 전래, 순도·마라난타·원광 등의 전기가 수록되었다.

⑤ 삼국유사(일연, 충렬왕): 불교사를 중심으로 설화나 야사, 단군신화 수록(고조선 계승의식)

⑥ 제왕운기(이승휴, 충렬왕): 상권은 중국역사, 하권에는 단군~충렬왕의 역사를 칠언시로 서술, 단군신화 수록(고조선 계승)하여 자주성을 나타낸 대표적인 역사서이다(불교, 도교 문화 포괄).

(4) 유교 사관

① 경사교수도감(충렬왕) 설치: 안향의 건의로 성균관 안에 설치하면서 유교 사관이 부흥되었다.

② 정가신의 천추금경록(충렬왕), 민지의 세대편년절요와 본조편년강목(충선왕), 이제현의 세대편년(공민왕)이 편찬되었다.

③ 성리학적 사관: 신진 사대부의 성장과 함께 정통의식과 대의명분을 중시하는 성리학적 유교사관이 등장하였다.

☑ 역사 서술의 체제

구 분	서술방법	대표적인 사서	기원(중국사서)
기전체	본기, 세가, 지, 열전으로 구분	삼국사기, 고려사, 해동역사	사마천의 사기, 반고의 한서
편년체	연, 월, 일별로 사실을 서술	조선왕조실록, 고려사절요, 삼국사절요, 동국통감	사마광의 자치통감
기사본말체	사건을 실증적으로 서술	이긍익의 연려실기술	원추의 통감기사본말
강목체	강, 목으로 나누어 서술	안정복의 동사강목	주희의 자치통감강목

☑ 고려의 역사서

구분	초기	중기	무신 집권기	원 간섭기	말기
성격	자주적·주체적	보수적, 현실적, 사대적	학문 쇠퇴	성리학 전래	성리학의 실천 기능 강조
학자	최승로, 김심언	최충, 김부식	이인로, 이규보	안향, 이제현	정몽주, 정도전
특징	사회개혁과 새문화 창조를 위한 치국이념	사회적 모순을 해결할 수 있는 능력상실		일상생활에 관계되는 실천적 기능 강조, 주자가례 중시	
역사서	7대 실록(황주량) 고금록(박인량) 편년체	삼국사기(김부식) - 유교사관, 기전체	동명왕편 - 동명왕 업적 칭송 - 자주적 사관 해동고승전(각훈) - 승려들의 전기	- 삼국유사(일연) - 제왕운기(이승휴) 불교사중심, 단군신화기록 - 자주적 사관	사략(이제현) - 정통과 대의명분 중시
역사관	자주적 사관	유교 사관	자주적 사관	자주적 사관	성리학적 사관
대장경	초조대장경(거란 침입) → 몽고침입 으로 소실	속장경 간행(의천) → 몽고 침입으로 소실	·팔만대장경 (몽고침입) → 합천 해인사 보관		

🔹 기출문제

01 다음과 같이 왕명을 받아 편찬한 책에 대한 설명으로 옳지 않은 것은? 2012년 국가직 9급

> 신 부식은 아뢰옵니다. 옛날에는 여러 나라들도 각각 사관을 두어 일을 기록하였습니다. ……해동의 삼국도 지나온 세월이 장구하니, 마땅히 그 사실이 책으로 기록되어야 하므로 마침내 늙은 신에게 명하여 편집하게 하셨사오나, 이는 바가 부족하여 어찌할 바를 모르겠습니다.

① 현존하는 우리나라의 역사서 가운데 가장 오래된 것이다.
② 기전체로 서술되어 본기, 지, 열전 등으로 나누어 구성하였다.
③ 고구려 계승의식보다는 신라 계승의식이 좀 더 많이 반영되었다고 평가된다.
④ 몽골 침략의 위기를 겪으며 우리의 전통문화를 올바르게 이해하려는 움직임에서 편찬되었다.

정답 ④

해설 지문은 고려 중기 김부식이 1145년에 저술한 삼국사기 서문이다.

2 교육과 과거제도

1) 교육 시책과 교육 기관

(1) 초기 교육

① 태 조: 서경과 개경에 학교를 설치하였고 신라 계통의 학자를 등용하였다.

② 성 종

 ㉠ 성종은 교육조서를 통해 교육의 중요성을 강조하였고 고려사 성종세가에 수록되어 있다.

 ㉡ 중앙에 국자감을 설치하여 유학부(국자학, 태학, 사문학)와 기술학부(율학, 산학, 서학) 를 두었다.

 ㉢ 지방 각 주현에 향교를 설치하여 서민 자제와 지방 관리를 교육하였다. 또한 지방 12목에 는 의 박사와 경학박사를 보내 교육하게 하였다.

 ㉣ 관리의 질적 향상을 위해 중앙의 문신에게 매달 시3편, 부 1편을 지방 관리는 1년에 한 번 씩 글을 지어 바치게 하는 문신 월과법을 실시하였다.

(2) 사 학

① 최충의 9재 학당(문헌공도) 등 사학 12도가 융성하여 문벌 귀족 세력을 강화시켰다.

② 사학이 융성하면서 관학 교육의 위축을 가져왔다.

(3) 관학 교육 진흥 정책

① 서적포 설치(숙종): 국자감을 강화하고 서적 간행을 활성화하였다.

② 예종 :전문 강좌 7재(9재 학당 모방)와 양현고 설치(장학재단), 청연각, 보문각 설치(도서관 겸 학문연구소)

③ 경사 6학 정비(인종) 섬학전 설치(장학재단), 문묘 건립과 경사교수도감 설치, 국학을 성균관 으로 개칭(충렬왕)

④ 성균관 부흥 시도(공민왕): 순수한 유교 교육 기관으로 개편(장학교육강조), 경학 중심으 로 과거제도 개편

2) 과거 제도와 음서 제도

(1) 과거 제도의 정비

① 설치: 후주에서 귀화한 쌍기의 건의로 광종 때 설치하였다(958).

② 설치 목적: 호족 세력의 견제와 왕권 강화를 목적으로 실시하였다.

(2) 과거의 종류

① **문과**: 명경과(생원과)과 제술과(진사과)

  (ㄱ) **명경과**: 유교 경전 5경(시경, 서경, 역경, 예기, 춘추)으로 시험하였다.

  (ㄴ) **제술과**: 한문학(시, 부, 송, 책)인 시와 문장 시험으로 합격자를 중용하고 가장 우대하였다.

② **무과**: 거의 실시되지 못했는데, 이를 통해 고려 시대의 **숭문경무(崇文 輕武)** 사상을 알 수 있다.

  (ㄱ) **무학재**: 예종 때 국자감에 7재를 설치하면서 강예제를 두어 무학을 가르치고 인재들을 선발하였으나 인종 때 문신들의 반대로 없어졌다.

  (ㄴ) 공양왕 때 설치되었으나, 무과의 실질적인 실시는 조선시대에 이루어졌다.

③ 잡과(기술관): 의학, 천문, 음양지리 등을 시험하였고, 광종 때는 의업과 복업만 있었다.

④ 승과: 선종시와 교종시

  (ㄱ) 선종시는 광명사에서 전등록으로 응시하였고, 교종시는 왕륜사에서 화엄경으로 응시하였다.

  (ㄴ) 승려들에게 **승계(僧階)**를 주고 승려의 수준을 높이기 위해서 실시하였다.

(3) 시험 방법

① **시험시기**: 3년에 한 번 씩 보는 식년시가 원칙이었고, 격년시(2년)가 있었다. 시험은 예부에서 담당하였고 시험관은 지공거라 하였다.

② **응시 대상**: 양인 이상의 자제는 누구나 과거에 응시할 수 있었지만 천민과 승려의 자제는 응시하지 못했다. 양인들이 현실적으로는 문과에 급제하기는 거의 불가능했고 주로 잡과에 응시하였다.

③ 합격자: 합격증(홍패)과 토지(등과전)를 지급 받았고 성적에 따라 갑과, 을과, 병과, 동진사로 나뉘었다.

(4) 시험 절차

① **향시**: 1차 시험으로 개경(상공), 지방(향공), 외국인(빈공)으로 구분하여 선발하였다.

② **국자감시(진사시)**: 2차 예비시험으로 국자감생, 향시 합격자, 사학 12도생, 현직 관리들이 국자감에서 시험을 보았다.

③ **예부시(동당시)**: 국자감시에 합격한 진사와 현직 관리(7~9품)들이 응시하였던 본시험이다.

④ **복시**: 예부시 급제자를 대상으로 왕이 별도로 시험을 봐서 순위를 결정하는 시험이다.

(5) 음서 제도

① 왕족이나 공신의 후손 및 5품 이상의 관리의 친속(아들, 동생, 손자, 외손자, 사위, 조카)에게는 1인에 한하여 과거를 치르지 않고 관리가 될 수 있도록 해 준 제도이다.

② 특 징: 음서 출신자들은 대부분 5품 이상의 고위직에 올랐으며, 음서가 과거 보다 중시되어 공음전과 함께 문벌 귀족의 세력을 강화시키는 역할을 하였다.

③ 기 타

㉠ 고급 관리의 추천(천거): 학식과 재능, 덕행이 뛰어나나 가세가 빈약하여 벼슬길에 오르지 못한 인물을 천거하여 중용하는 제도이다.

㉡ 성중애마: 성중관과 애마(숙위임무)가 합쳐진 말로 성중관은 국왕의 측근에서 모시는 근시직(近侍職)으로 귀족자제에서 발탁하였다.

기출문제

01 고려 중기에 시행된 관학 진흥책과 거리가 먼 것은?

2009 지방직 9급

① 5경, 3사, 제자백가에 모두 능통한 자는 3등급으로 나누어 등용하였다.

② 양현고를 두어 국학의 재정 기반을 강화하였다.

③ 국학에 7재를 두어 교육을 전문화하였다.

④ 경사 6학의 제도를 정비하여 관학 교육을 강화하였다.

정답 ①

해설 ①은 통일 신라의 독서삼품과 중에서 특품에 대한 설명이다.

3 불교의 발달

1) 불교의 성격

(1) 불교의 성격

① 호국불교: 국가의 지원하에 비보사찰이 개경에 많이 건립되었고, 외적의 침입을 부처의 힘으로 물리치려는 염원을 담아 대장경이 간행되었다.

② 현세 구복적 성격: 현세적인 구복 신앙으로 일반인들도 신봉하였다.

③ 불교와 유교의 융합: 향도(신앙 공동체)에는 불교와 풍수지리설과 토속신앙이 융합되었다.

(2) 불교의 특징 교종과 선종의 통합, 유교와 불교의 융합

2) 불교 정책

(1) 태 조

① 불교의 적극 지원 및 유교 이념과 전통 문화도 함께 존중하였다.

② 불교 장려: 개경에 여러 사원을 건립하여 불교 숭상 및 연등회·팔관회의 성대한 개최를 당부하였다(훈요십조).

③ 승록사 설치: 불교에 관한 사무를 담당하는 관청으로 불교 국가로서의 방향을 제시하였다.

(2) 광 종

① 승과 제도 실시: 급제자는 법계를 주고 승려의 지위를 보장하였다.

② 국사·왕사 제도 실시: 왕실의 고문 역할

③ 교종(균여)은 화엄종을 중심으로 선종(혜거)은 법안종을 중심으로 정비하고 **의통과 제관을 오월에 파견하여 천태종의 발달에 기여하였다.**

④ **귀법사(화엄종)를 창건하여 분열된 종파를 통합하려 하였다.**

(3) 현 종 성종 때 폐지된 연등회·팔관회 부활, 현화사, 중광사 건립

(4) 문 종 의천을 출가 시키고 흥왕사 건립

2) 불교 통합 운동과 천태종

(1) 천태종의 성립

① 불교 의식을 중시하는 법상종이 귀족들의 지원으로 발달하였다.

② 화엄종은 왕실과 연결되었고 대각국사 의천이 흥왕사를 본찰로 삼아 교세를 확대시켰다.

(2) 의천의 교단 통합 운동(원효 화쟁사상)

① 의천의 천태종

ㄱ) 의천은 문종의 아들로, 송에 유학하여 천태종을 연구하였고, 선종을 통합하기 위해 국청사를 창건하고 **해동 천태종**을 창시하였다.

ㄴ) 흥왕사에 교장도감을 두어 속장경 간행(신편제종교장총록)

ㄷ) 원종문류, 석원사림, 천태사교의주 등을 저술하였다.

② 선종 통합 노력

ㄱ) 화엄종(교종) 중심으로 선종을 통합(교·선 일치)하고자 하였다.

ㄴ) 교관겸수(이론과 실천의 양면을 모두 중시)와 지관(지혜로써 사물을 관조하는 수행법)을 주장하였다.

> **화엄종과 법상종**
>
> 화엄종은 화엄 사상을 바탕으로 하는 종파이고, 법상종은 유식 사상을 중심으로 하는 종파이다. 교종인 이 두 종파가 선종과 함께 고려 불교의 주축을 이루었다.

> **교관겸수(敎觀兼修)**
>
> 교학과 선을 함께 수행하되 교학의 수련을 중심으로 선을 포용하려는 통합 이론

③ 의천 사후 교단 분열(귀족 중심의 불교 지속)

3) 신앙 결사 운동

(1) 결사 운동의 발생 무신정변이후 최씨 정권은 왕실과 귀족들의 지원을 받아온 교종을 탄압하여 선종의 부흥과 신앙 결사 운동이 일어났다.

(2) 지눌(知訥)

① 수선사 결사(1204)
  (ㄱ) 명리에 집착하는 당시 불교계의 타락상을 비판하면서 독경·선 수행·노동 중시 개혁 운동인 수선 결사를 조직하였다.
  (ㄴ) 순천 송광사 중심의 수선사 결사 운동이 확대되었다 (개혁적 승려와 지방민 지지).
② 선교일치 사상의 완성

(3) 요 세

① 백련사 결사(1208)
  (ㄱ) 정토신앙을 수용하고 자신의 행동을 참회하는 법화 신앙에 바탕을 둔 백련결사 제창
  (ㄴ) 강진 만덕사에서 백련결사를 제창하여 지방민의 적극적인 지지를 받았다.

▶ **영통사 대각국사비**(경기 개풍)
대각국사 의천의 업적을 새긴 비로, 비문은 김부식이 지었고, 글씨는 구양순체의 해서로 오인후가 썼다.

(4) 조계종의 창시

① 창시: 보조국사 지눌(명종)이 수선사 결사 운동을 위해 송광사에서 조계종을 창시하였다.
② 정·혜를 함께 닦자는 운동을 전개하였고, 돈오 점수와, 정혜쌍수를 제창하였다.
  (ㄱ) 정혜쌍수(定慧雙修): 선과 교학이 근본에 있어서 둘이 아니라는 사상 체계로 선을 중심으로 교학을 포용하자는 이론이다.
  (ㄴ) 돈오점수(頓悟漸修): 꾸준한 수행으로 깨달음의 실천이 필요하다고 주장하였다.
③ 불즉시심(佛卽是心): 인간의 마음은 곧 부처의 마음이라는 뜻이다.

☑ 천태종과 조계종의 비교

종 파	천 태 종	조 계 종
융성시기	문벌 귀족사회의 전성기	무신 집권기
중심사찰	국청사	송광사
주 장	교관겸수·지관 중시	돈오점수, 정혜쌍수
특 징 성 격	화엄 교종을 중심으로 선종을 포섭 절충적 성격(정책적인 교단의 통합)	선종을 중심으로 교종을 포용 교리적 통합(교선 통합의 사상체계 마련)

4) 대장경 간행

(1) **대장경** 대장경이란 경장·율장·논장 등 3장의 불교 경전을 집대성한 것을 말하고, 이를 목판에 새겨 승려들이 쉽게 경전에 접근할 수 있게 만든 것을 대장경판이라고 한다.

> **경(經)·율(律)·논(論)**
>
> 경은 부처가 설한 것으로 근본 교리이고, 율은 교단에서 지켜야 할 윤리 조항과 생활 규범이며, 논은 경과 율에 대한 승려나 학자들의 이론과 해석을 일컫는다.

(2) 초조대장경(初彫大藏經)

① 현종 때 거란군을 격퇴하고 불교의 교리를 정리하려는 목적으로 조판을 시작하였다.

② 현종(1011)부터 시작하여 선종(1087)까지 70여 년간 6,000여권 조판하여 대구 팔공산 부인사에 보관하였다.

③ 고종(1232)때 몽골의 2차 침입으로 소실되었고 인쇄본 일부가 남아있다.

(3) 속장경(교장)

① 대각국사 의천이 중심이 되어 만든 속장경은 주석서인 장소(章疏)를 모아 간행한 것이다.

② 동아시아 각국의 불교 학설을 정리한 것으로 선종 관련 서적은 포함되지 않아 교종 중심의 교리 정리에 목적이 있었다는 것을 알 수 있다.

③ 선종(1091) 때 시작하여 숙종(1101)에 완성하였고 의천은 송·요·일본 등에서 불경을 수집하여 불서목록인 '신편제종교장총록'을 작성하였다.

④ 교장도감(흥왕사)을 설치하고 10여 년에 걸쳐 4,700여 권을 간행하였으나 몽골의 침입 시 소실되었다.

⑤ 조선 초에 간행된 불서 목록 일부가 송광사에 남아있다.

(4) 재조대장경(再彫大藏經, 팔만대장경)

① 몽골 침략으로 소실된 초조대장경을 대신하여 부처의 힘으로 몽골을 물리치고자 조판하였다.

② 강화도에 대장도감, 진주(남해)에 분사도감을 설치하고 고종23년(1236)에 시작하여 16년 만인 고종 38년(1251)에 8만 여장을 조판하였다.

③ 현재 합천 해인사 장경판전에 보관되어 있으며, 유네스코 세계 기록 문화유산에 등재되었다.

5) 도교와 풍수지리설

(1) 도교(삼국시대에 전래)

① 목적: 불로장생, 현세구복 추구

② 초제 거행: 서낭신, 토지신 등 많은 신을 모시면서 재앙을 물리치고 복을 기원하는 의례로 도사가 주관하여 국가의 안녕과 왕실 번영을 기원하였다.

③ 예종: 복원궁이라는 도교 사원(도관)의 건립

④ 팔관회 개최(도교 + 민간 신앙 + 불교)

⑤ 교단이 성립되지 못하여 민간 신앙화(비조직적 신앙)

(2) 풍수지리설(도선)

① 산세, 수세를 살펴 도읍, 주택, 능묘 등을 선정하는 상지학(相地學)으로 명당에 터를 잡으면 길하고 복을 받는 다는 것이다.

② 지기쇠왕설, 음양비보설에 예언적 성격의 도참사상이 가미됨으로써 고려시대에 성행하였다.

③ 서경길지설: 북진정책의 이론적 근거가 되었다.

④ 남경길지설: 고려 중기 이후 대두되어 조선의 한양 도읍에 영향. 숙종 때 김위제의 건의에 따라 남경에 궁궐을 건립하였다.

⑤ 국가 차원에서 중요시: 서적(도선비기, 송악명당기), 김인존의 해동비록(예종, 풍수지리설 집대성)은 현존 하지 않는다.

4 과학 기술의 발달

1) 천문학과 지리학

(1) 과학 기술의 발달

① 국자감에서 잡학(율학·서학·산학)을 교육하였고, 과거에서도 기술관 등용을 위한 잡과가 실시되었다.

② 통문관(사역원)이 설치되어 중국어, 일본어, 거란어, 여진어 등을 교육하였다.

③ 농사를 위한 천체 운행과 기후 관측에 천문학과 역법이 활용되었다.

④ 과학과 기술학: 중간 계층에서 담당하였고, 유학과 한문학에 비하여 천시되었다.

> **관측 기록**
>
> 고려사 천문지에 실린 일식 기록은 130여 회나 되고, 혜성 관측 기록도 87회에 이른다.

(2) 천문과 역법의 발달

① 사천대(후기-서운관) 설치

　㉠ 천문과 역법 담당 관청으로 첨성대에서 관측(일식·혜성·태양 흑점 기록 풍부)하였다.

　㉡ 이슬람 문명과 비교할 정도로 훌륭하다.

② 천문학: 천체의 움직임과 천재지변을 인간행동의 훈계로 삼기 위해 천문관측에 주력하였다.

③ 역법: 신라 때부터 사용한 당의 선명력(초기) → 원의 수시력(충선왕) → 명의 대통력(공민왕)을 사용하였다.

> **수시력(授時曆)**
>
> 수시력에서는 1년을 365.2425일로 계산하는 것을 말한다. 이것은 300년 후인 16세기 말 서양에서 개정한 그레고리우스력과 같다.

(3) 지리학

① 원에서 제작된 주사본의 '여지도', 청준의 '혼일강리도' 등의 세계 지도가 도입되었다.

② 나흥유(공민왕)가 '세계 지도'를 제작하였는데 이 지도는 조선 태종 때 제작된 '혼일강리역대국도지도'의 토대가 되었다.

2) 의학

(1) 의학 교육

① 지방에는 의학박사, 중앙에는 태의감에서 의학을 교육하였고, 과거에서도 의과를 실시하였다.

② 고위 관료는 태의감에서, 서민은 동서대비원과 혜민국에서 치료하였고 개경에는 약국이 개설되었다.

(2) 고려중기 당·송 의학 수준을 탈피하여 우리나라 실정에 맞는 자주적 의학으로 발달 → 향약방(고려의 독자적 처방)

(3) 의 서

① 제중입효방(김영석): 고려 최초의 의서

② 신집어의촬요방(新集御醫撮要方): 최종준의 저술

③ 향약구급방(鄕藥救急方): 13세기(1236)에 편찬되었고, 현존하는 가장 오래된 의학서이다. 각종 질병에 대한 처방과 약재 180여 종을 소개하여 우리나라 의약의 독자적인 연구 계기가 된 저서이다.

④ 삼화자향약방: 고려 후기에 실용되던 의학서로서 본초학과 임상의서로 유명하고, 약재에 대한 지식의 발달로 만들어진 의약서이다.

3) 인쇄술의 발달

(1) 목판 인쇄술(고정식) 전기부터 발달하여 대장경을 간행하였다.

(2) 금속 활자와 인쇄술(이동식)

① 소량 다종 서적 출판 필요

② 상정고금예문(고종, 1234): 12세기(인종) 최윤이 지은 의례서로 최우(강화도 천도)가 금속 활자 28부를 인쇄하였다. 서양의 금속 활자보다 200여 년 앞선 것으로 이규보의 '동국이상국집'에 기사가 수록되어 있으나 현존하지는 않는다.

③ 직지심체요절(우왕, 1377): 역대 스님들의 법어·어록 등에서 발췌하여 청주 흥덕사에서 백운화상이 간행하였다. 현존하는 세계 최고 금속 활자본으로 인정받았고 현재는 파리 국립 도서관에 소장되어 있다(유네스코 세계 기록 유산 등재).

④ 출판기관

　㉠ 서적포: 숙종 때 국자감에 설치하여 서적을 간행했던 기구이다.

　㉡ 서적원: 공양왕 때 설치하여 인쇄와 주자를 담당하였다.

(3) 제지술의 발달

① 닥나무 재배를 장려하고 종이 제조의 전담 관서를 설치하였다.

② 중국에 수출되어 호평을 받을 정도로 우수하였다.

4) 화약 무기 제조와 조선 기술

(1) 화약 무기

① 최무선의 화약·화포 제작: 화통도감 설치(우왕 3년, 1377)

② 진포(금강어귀)싸움에서 왜구 격퇴

(2) 조선술

① 길이 96척의 대형 범선과 1,000석의 곡물을 실을 수 있는 조운선 제작 → 조창에 배치

② 전함에 화포 설치: 왜구 격퇴에 사용

5 문화의 발달

1) 한문학의 발달

(1) 전기의 문학

① 향가: 균여의 보현십원가 11수(광종) → 불교의 대중화에 공헌하였다.

② 한문학: 과거제도에서 제술과 중시 → 한문학이 발달되어 귀족사회의 필수적 교양이 되었다.

③ 중국 문학을 모방하는 수준에서 벗어나 독자적인 성격을 지니게 되었다.

(2) 중기의 문학

① 향가: 예종의 '도이장가', 정서의 '정과정' 같은 단가, 향가는 한시에 밀려나 사라지고 말았다.

② 귀족사회의 사치, 향락적인 풍조가 심화되었다.

② 당·송의 한문학 숭상 → 귀족 문화의 보수성과 사대성이 강하여 전통 문화와의 괴리를 가져왔다.

(3) 후기문학의 새경향(신진사대부, 민중)

① 경기체가의 발달

ㄱ) 신진사대부의 생활상을 반영한 향가 형식을 계승한 문학이다.

ㄴ) 작품으로는 한림별곡, 관동별곡, 죽계별곡 등이 있다.

② 시가 문학: 전원생활의 한가로운 모습을 그린 처사문학으로, '어부가'가 대표적이다.

③ 장가(속요): 민중의 노래로 동동, 청산별곡, 쌍화점, 가시리 등이 대표적이고 후기에 유행하였다.

④ 패관 문학: 민간에 구전되는 이야기를 한문으로 기록한 수필 문학으로 이규보의 '백운소설', 이제현의 '역옹패설' 등이 있다.

⑤ 가전체 문학: 사물을 의인화하고 형식에 구애받지 않는 문학 형식으로 이규보의 '국선생전', 임춘의 '국순전', 이곡의 '죽부인전' 등이 있다.

(4) 한 시

① 이인로: 파한집(자주의식 강조), 한시에 능하였고 두보의 영향을 받았다.

② 이규보의 동명왕편: 자유로운 문체를 구사하여 새로운 문학 세계를 추구하였다.

③ 최자: 보한집(이인로의 파한집 보충한 것)

④ 진화: 금나라의 사신으로 가면서 쓴 한시가 유명하고 문화적 자신감을 표현하였다.

⑤ 윤여형: '도토리 노래'를 통해 권문세족과 불교의 폐단으로 몰락한 백성들의 삶을 표현하였다.

2) 건축과 조각

(1) 건 축

① 전 기: 만월대 궁궐터(개경)와 흥왕사, 현화사 등의 사찰이 건립되었다.

② 후 기: 주심포 양식
　㉠ 봉정사 극락전(공민왕, 1363): 현존 최고(最古)의 목조건물로 맞배지붕 양식과 주심포 양식이다.
　㉡ 부석사 무량수전(우왕, 1376): 고려시대 대표적인 목조 건물로 배흘림기둥과 팔작지붕 양식, 주심포 양식이다.
　㉢ 강릉 객사문: 우리나라에서 가장 오래된 문으로 배흘림기둥과 맞배지붕 양식이다.
　㉣ 수덕사 대웅전: 맞배지붕, 주심포 양식으로 내부에 모란과 들국화 벽화가 있다.
③ 다포양식
　㉠ 석왕사 응진전·심원사 보광전·성불사 응진전: 원의 영향으로 받은 다포양식이다.
　㉡ 조선시대 건축 양식에 큰 영향을 주었다.

(2) 석 탑

① 특 징
　㉠ 안정감, 조형 감각 면에서 신라시대의 탑보다 떨어지지만 형식에 구애받지 않고 자연스럽다.
　㉡ 독자적인 조형 감각을 가미하여 다양한 형태의 탑을 제작하였다.
　㉢ 송의 영향으로 다각 다층탑이 세워졌다.
② 전기의 석탑(삼국 양식 계승한 석탑)
　㉠ 5층 석탑: 부여 무량사, 개성 불일사, 익산 왕궁리
　㉡ 개성 현화사지 7층 석탑: 신라양식을 계승하면서도 고려의 독특한 양식 가미
　㉢ 오대산 월정사 8각 9층석탑, 묘향산 보현사 8각 13층 석탑: 고려의 독자성
③ 후기의 석탑(원의 영향, 이색적 건축 양식의 석탑)
　㉠ 경천사10층석탑: 원의 라마 예술의 영향을 받았고, 원각사지 10층 석탑(조선 세조)의 원형이 되었다.

(3) 승탑(부도) 승려들의 묘탑으로 선종과 관련하여 많이 만들어졌다.

① 8각 원당형의 기본양식
　㉠ 구례의 연곡사지 동부도와 북부도
　㉡ 공주의 갑사부도
　㉢ 여주 고달사지 원종대사 혜진탑(고달사지 승탑)
② 특수한 형태
　㉠ 정토사 홍법국사 실상탑: 8각원당형에 탑신이 구형
　㉡ 법천사 지광국사 현묘탑: 평면이 사각형

③ 후기 석종형: 인도 불탑의 영향을 받은 여주 신륵사 보제존자 승탑, 조선 시대에 영향

(4) 불 상

① 석불·금동불이 주류를 이루었고, 9세기 말 경부터 철불이 유행하였다.

② 인체구성이 불균형을 이루어 형식에 구애받지 않고 **자유분방한** 면이 특징이다.

③ 대표적인 불상

   (ㄱ) 논산 관촉사 석조 미륵보살(광종, 968) 입상: 우리나라에서 제일 큰 불상으로 미적 감각은 뒤떨어지나 지방 문화의 자유로운 특색이 나타나있다.

   (ㄴ) **부석사 소조아미타여래좌상(대표적 불상):** 신라양식 계승

   (ㄷ) 안동 이천동 석불: 통행이 잦은 길목에 건립

궁궐 사원	전 기	초기(독자적) → 중기(보수적 성향) → 후기(원 건축양식의 영향)
	후 기	봉정사 극락전(현존 최고)
		부석사 무량수전, 수덕사 대웅전: 주심포 양식(안정감, 주변 자연과 조화)
		성불사 응진전(다포 양식 → 조선 건축에 영향)
석 탑	특 징	신라 양식 계승 + 독자적인 조형 감각 가미 → 다양한 형태(다각 다층탑)
	전 기	현화사 7층 석탑(신라탑 양식 계승), 불일사 5층탑, 월정사 8각 9층탑(오대산)
	후 기	경천사 10층탑(원 석탑 모방 → 조선 시대 원각사지 10층 석탑의 원형)
승탑(부도)		고달사지 승탑(신라 후기 8각원당형 승탑), 법천사 지광국사 현묘탑
불 상	특 징	시기와 지역에 따라 독특한 모양
	전 기	부석사 소조 아미타여래 좌상(신라 양식인 정제미)
	후 기	관촉사 석조 미륵보살 입상(논산), 이천동 석불(안동)

3) 청자와 공예

(1) 도자기 공예

① 귀족의 생활 도구와 불교 의식에 사용되는 불구 등을 중심으로 발전하였다.

② 고려자기의 발달과정

   (ㄱ) 신라 토기의 전통계승 → 송의 자기기술영향 → 11세기 고려자기의 독특한 미(美) 완성

   (ㄴ) **순수 청자:** 예종과 인종 때 아무런 장식도 없는 비색의 순수 청자가 만들어졌다.

   (ㄷ) **상감청자(象嵌靑磁):** 무신 정변을 전후로 고려의 독특한 기법인 **상감법**이 개발되어 13세기 중엽까지 주류를 이룬 자기이다.

   (ㄹ) **분청사기:** 원 간섭기 이후 상감 청자는 퇴조되어 소박한 분청사기가 등장하였다.

③ 대표적 도요지: 전남 강진(관요지), 전북 부안, 강화도 등이다.

(2) 청동은입사공예

① 청동기 바탕에 은으로 장식 무늬를 넣는 기술이다.

② 청동제 은입사 포류수금문 정병(靑銅銀入絲蒲柳水禽文淨瓶)과 향로

(3) 범 종

① 신라 양식을 계승

② 화성의 용주사 종, 천흥사의 종, 해남의 대흥사에 있는 탑산사 종

(4) 나전칠기공예

① 불경을 넣는 경함, 화장품 갑, 문방구 등에 자개를 붙여 만든 것이다.

② 원래 당나라에서 수입되었으나 고려시대에 발달하여 **대중국 수출품**이 되었고 조선시대, 오늘날까지 전해진다.

4) 글씨·그림과 음악

(1) 서 예

① 전 기

　㉠ 왕희지체와 귀족들의 환영한 간결한 **구양순체**가 유행하였다.

　㉡ 신품 4현: 유신(柳伸)·탄연(坦然)·최우(崔瑀)·김생(金生, 통일신라시대)

② 후 기: 조맹부의 송설체가 유행하였는데 충선왕 때의 이암이 유명하다.

③ 이규보·이제현의 시주일치론(회화의 문학화 및 낭만화)

(2) 회 화

① 전 기

　㉠ 도화원과 화국을 설치하고 화원을 두었다.

　㉡ 인종 때 이령(예성강도), 그의 아들 이광필 대표적 작가이나 그림은 현존하지 않는다.

② 후 기

　㉠ 문인화가 유행하였으나 현재 전하는 것은 없다.

　㉡ 공민왕(천산대렵도): 원대 북화의 영향, 비단에 채색하여 그린 두 폭의 작품으로 필치가 뚜렷하고 세밀하다.

③ 불 화

　㉠ 왕실과 권문세족의 구복적 요구로 많은 불화가 만들어졌다(고려 후기).

ㄴ. **혜허의 양류관음도**가 일본에 전해져오는 대표적인 걸작이다.

ㄷ. **사경화 유행:** 불경을 필사하거나 인쇄할 때 맨 앞장에 그 경전의 내용을 알기 쉽게 그린 것이다.

ㄹ. 부석사 조사당의 벽화인 사천왕상과 보살상이 유명하다.

④ 둔마리고분의 주악천녀도(거창): 고려시대 불교와 도교의 영향을 받았다.

(3) 음 악

① **향악·당악:** 향악은 신라시대 이래 우리 고유음악(속악)이 당악의 영향을 받아 발달한 것으로 동동, 대동강, 한림별곡, 정과정 등이 있다. 주로 **궁중 연회** 때 연주되었고 **창사**(노래부르는 가사)는 우리말로 되어 있다.

② **아악:** 송에서 수입된 중국 고전음악인 **대성악**이 아악으로 발전한 것으로 **궁중 제례** 때 연주되었고 현재까지 전해지고 있다(고려, 조선의 문묘제례악).

③ **가면극:** 처용무와 산대놀이

🌀 기출문제

01 고려 시대 건축과 조형 예술에 대한 설명으로 옳지 않은 것은? <small>2012 지방직 9급</small>

① 초기에는 광주 춘궁리 철불 같은 대형 철불이 많이 조성되었다.

② 지역에 따라서 고대 삼국의 전통을 계승한 석탑이 조성되기도 하였다.

③ 팔각 원당형의 승탑이 많이 만들어졌는데, 그 대표적인 예로 법천사 지광 국사 현묘탑을 들 수 있다.

④ 후기에는 사리원의 성불사 응진전과 같은 다포식 건물이 출현하여 조선 시대 건축에 큰 영향을 끼쳤다.

정답 ③

해설 여주 고달사지 원종대사 혜진탑이 고려 전기 팔각 원당형의 승탑이고, 법천사 지광 국사 현묘탑은 평면이 사각형으로 특수한 형태의 승탑에 속한다.

제 **5** 장

근세 사회의 발전

01 근세의 정치

1 집권 체제의 정비

1) 조선의 건국

(1) 이성계의 위화도 회군(1388)

① 이성계는 위화도 회군으로 정치적·군사적 실권을 장악하고, 본격적인 개혁의 계기를 마련하였다.

② **개혁 방향에 따른 대립:** 신진사대부들 사이에는 사원 경제의 폐단과 토지소유 등 사회모순에 대한 개혁의 방향을 둘러싸고 다른 의견이 존재하였다.

(2) 온건 개혁파와 급진 개혁파로 분열

① **온건 개혁파:** 이색, 정몽주 등 대다수의 온건 개혁파들은 고려 왕조의 체제 안에서 점진적인 개혁을 추진하려 하였다.

② **급진 개혁파:** 정도전 등 급진 개혁파는 고려 왕조를 부정하는 **역성 혁명**을 주장하였다.

☑ 온건 개혁파와 급진 개혁파

온건 개혁파(온건파)	급진 개혁파(혁명파)
정몽주, 이색, 길재	정도전, 조준, 권근
고려 왕조 내에서 점진적 개혁 추진(역성 혁명 반대)	고려 왕조 자체의 개혁 추진(역성 혁명 주장)
대토지 사유는 정리, 전면적 토지 개혁 반대	공전제(모든 토지는 국유)에 입각한 전면적인 토지 개혁 주장
정치 경륜, 경제력, 수적 면에서 우세 (군사적 기반 취약)	정치 경륜, 경제력, 수적 면에서 열세 (신흥무인세력, 농민과 결탁)
'춘추'를 중시하여 성리학의 왕도에 충실	'주례'를 중시하여 왕도와 패도의 조화 추구
사학파(사림파)로 계승	관학파(훈구파)로 계승

(3) 실권의 장악과 조선 건국

① **정치적 실권 장악:** 급진 개혁파는 이성계 세력과 연결하여 혁명파를 이루었다. 혁명파는 창왕을 몰아내고 공양왕을 세우면서 정치적 실권마저 잡았다.

② 전제 개혁 단행: 과전법을 단행함으로써 권문세족의 경제 기반을 무너뜨리고 자신들의 경제적 기반을 마련하였다.

③ 도평의사사 장악: 역성혁명을 반대하던 정몽주를 비롯한 온건 개혁파와 권문세족을 제거하고 도평의사사를 장악하였다.

④ 조선 건국: 이성계를 왕으로 추대하여 조선을 건국하였다(1392).

(4) 근세 사회의 성격

① 정 치

　(ㄱ) **왕권 중심으로 권력구조를 바꾸고, 중앙 집권적으로 제도를 개편**하여 관료 체제의 기틀을 마련하였다.

　(ㄴ) 정비된 중앙 집권 체제를 원활하게 운영하기 위하여 왕권과 신권의 조화에 노력하면서 모범적인 유교 정치를 추구하였다.

② 사회 · 경제

　(ㄱ) 양인의 수가 증가하였고 양인의 권익이 신장되었다.

　(ㄴ) 자영농의 수가 전보다 증가하였고, 농민의 경작권이 보장되었다.

　(ㄷ) 과거 제도가 정비되면서 능력이 존중되었다.

③ 문 화

　(ㄱ) 서당 등의 교육기관 정비로 교육의 기회가 확대되었다.

　(ㄴ) 민족적 자각을 일깨우는 정신문화와 국민 생활에 기여하는 기술문화를 고취시켜 민족문화의 확고한 기반을 마련하였다.

2) 집권 체제의 정비

(1) 태조(1392~1398)

① 재상 중심의 정치

　(ㄱ) 정도전의 의견을 수렴하여 문물제도를 정비하였다

　(ㄴ) 재상이 **도평의사사**의 판사를 겸하여 정치의 실권을 잡고 국정을 주도하였다.

　(ㄷ) 재정과 인사, 군사에 대해서도 총괄하는 재상 중심의 정치체제로 정비하였다.

② 국호의 제정(1393): 고구려의 후손임을 자처하여 **국호를 '조선'으로 고치고 한양으로 천도**(1394)하였다.

③ 지방의 속현과 향 · 소 · 부곡을 폐지하고 주현에 통합시켰다.

④ 숭유 억불, 사대교린, 농본 억상 정책을 제시하고 성리학을 통치이념으로 확립하였다.

⑤ 의흥삼군부를 설치하여 중추원과 도평의사사의 군사 기능을 소멸시키고, 중방을 폐지하였다.

⑥ 「조선경국전」, 「경제육전」을 편찬하여 법제를 정비하였다.

(2) 정종(1398~1400)

① 개경 천도(1399): 1차 왕자의 난(1398) 이후 개경으로 천도하였다.

② 2차 왕자의 난(1400)

  ㈀ 태조의 넷째 아들 방간이 박포와 연합하여 태조의 다섯째 아들인 방원을 제거하고자 하였으나, 실패하여 축출되었다.

  ㈁ 그 결과 세자로 책봉된 방원(태종)은 권력을 장악하고 왕권을 강화시키기 위해 군제와 관제 개편하였다.

 정도전의 재상중심의 정치 추구

  □ 정도전은 재추 중심의 정치체제를 지향하였고, 이를 위해 방석을 세자로 만들어 실질적으로 정치적 주도권을 잡겠다는 의도가 있었다.

  □ 조선경국전 「치전(治典)」에 '재상이 모든 정치에 총책임을 져야 한다'라고 하면서 최고 정책결정, 집행권자로서의 권한을 재상이 보유할 것을 주장하였다.

  □ 이러한 정치적 이념을 실현하기 위하여 종실의 세력을 제어하고 재상을 중심으로 분산된 권력을 통합하려고 하였는데 이것이 이방원에 의해 좌절된 것이다.

(3) 태종(1400~1418)

① 왕권 강화 정책

  ㈀ 개국 공신들을 축출하고, 도평의사사를 폐지하여 특정 기관에 권력이 집중되는 것을 막았다.

  ㈁ 승정원(왕명출납)과 국가에 큰 죄를 지은 자를 처벌하는 의금부를 설치하여 왕권을 강화시켰다.

  ㈂ 6조 직계제: 6조를 정2품 아문으로 승격시켜 의정부를 거치지 않고 곧바로 사안을 국왕에게 올려 재가를 받아 시행하는 제도이다.

  ㈃ 신문고 제도: 사헌부에서 해결을 못 본 백성의 억울한 사정을 왕에게 호소하는 제도이다. 내면적으로는 반(反)왕 세력을 색출하기 위한 제도로 연산군 때 폐지되었다가 영조 때 부활되었다.

  ㈄ 중서문하성의 낭사를 사간원으로 독립시켜 대신들을 견제하였고, 종친과 왕실 외척 세력을 약화시켰다.

② 경제 안정과 국방 강화

  ㈀ 호패법 실시: 호패(16세 이상의 모든 남자)를 소지하게 하는 제도로 군역과 노동력 부과 대상을 파악하기 위하여 실시하였다.

ⓛ 호적 제도 정비: 노동력을 확보하기 위하여 3년마다 호적(戶籍)을 작성하였다.

ⓒ 양전 사업 실시: 20년 마다 실시하는 토지조사사업으로 양안을 작성하였다.

ⓔ 재가 금지법·서얼 차대법: 과부의 재가를 금지하고 재가하여 낳은 자식들은 과거 응시 금지와 관직 진출에 차별을 받았다. 서얼 차대법은 서얼에게 문과 응시의 기회를 박탈한 제도로 양반의 수적 증가를 억제하기 위해 실시하였다.

ⓜ 사원의 토지를 몰수하고 노비의 수를 제한하였고 도첩제를 강화하여 불교을 억압하였다.

ⓗ 노비변정사업: 노비변정도감(임시관청)을 두고 노비를 조사하여 노비가 해방되고, 사원에 소속되었던 노비도 양인이나 공노비가 되었다.

③ 주자소 설치(1403)

ⓖ 주자소를 두고 계미자를 만들었다.

ⓝ 서양의 구텐베르크가 발행한 활자보다 50여 년이나 앞서있다.

ⓒ 「십칠사찬고금통요」가 인쇄 되었고 태종 13년에는 「태조실록」을 편찬하였다.

④ 기타: 창덕궁 창건, 한양 재천도(1405), '혼일강리역대국도지도' 제작, 「속육전」·「원육전」 간행, 아악서, 동서 활인서, 사섬서 설치(저화)

(4) 세종(1418~1450)

① 유교 정치의 실현: 황희, 맹사성 등 훌륭한 재상에게 정치를 위임하는 의정부 서사제를 실시하여 왕권과 신권의 조화를 이루었다.

② 집현전 설치

ⓖ 왕실 학문 연구 기관으로 학문 연구, 왕실 교육(서연, 경연)기능과 더불어 국왕의 자문 기관이었다.

ⓝ 정책 연구 기관을 두고 집현전 학사를 우대하여 문치주의를 실현하였다.

③ 민생 안정책

ⓖ 조세 제도 개혁: 공법을 실시하여 전세를 낮추고 세금을 공평하게 부과하였다. 전분6등법(1436)은 토지의 비옥도에 따라서 6등급으로 나누었고 연분 9등법(1443)은 그해의 풍흉에 따라 최고 20두에서 최하 4두까지 납부하는 제도이다.

ⓝ 형벌 제도: 금부 삼복법(사형3심)을 실시하고 노비에 대한 주인의 사형을 금지하였으며 태형을 폐지하였다.

ⓒ 장영실과 같은 천인 과학자를 우대하였고, 노비나 장인, 상인도 잡직(하급 전문직)으로 진출 할 수 있었다. 또한 화척이나 재인 등을 '신백정'이라 하여 양인으로 신분을 올려 주었다.

ⓔ 역법 정리: 「칠정산」 내·외편

(ㅁ) 과학 기구 제작: 측우기, 혼천의 등

④ 민족 문화 정책

(ㄱ) 훈민정음 창제

(ㄴ) 음악 정리: 아악·당악·향악 등 정리(박연), 정간보(악보) 창안

(ㄷ) 편찬 사업: 「농사직설」, 「의방유취」, 「고려사」, 「삼강행실도」, 「치평요람」, 「팔도지리지」

⑤ 대외정책

(ㄱ) 여진: 4군6진을 개척하여 압록강에서 두만강에 이르는 현재의 국경선을 개척하였다.

(ㄴ) 일본: 이종무로 하여금 쓰시마 섬을 정벌하게 하였고, 3포(제포, 염포, 부산포)를 개항하고 계해약조를 맺었다(제한된 범위의 교류).

(5) 세조(1455~1468)

① 계유정난(1453): 문종이 죽고 12세의 어린 단종(1452~1455)이 왕위에 오르면서 김종서·황보인 등에 의한 재상정치가 이루어지자 수양대군이 정변을 일으켰다. 김종서·황보인 등을 축출하고 정권을 장악하였다.

② 6조 직계제 부활: 의정부 서사제를 폐지하고 6조 직계제를 부활하였다.

③ 경연제도와 집현전을 폐지하고 정치 참여가 제한되었던 종친을 등용하였다.

④ 직전법 실시: 현직관리에게만 토지를 분급하는 제도로 과전법 체제하의 휼양전·수신전도 폐지함으로써 국가의 재정을 확대하였다.

(6) 성종(1469~1494)

① 홍문관 설치: 세조 때 폐지된 집현전을 계승하여 궁중의 경서·문한의 처리, 경연 관장, 왕의 학문적 자문 역할을 담당하였다. 또한 경연에 정승을 비롯하여 주요 관리들도 참여할 수 있게 함으로써 왕과 신하들이 정책을 토론하고 심의하는 역할도 함께 수행하였다.

② 경국대전 완성: 이, 호, 예, 병, 형, 공전의 6전으로 구성되어 있으며 조선사회의 기본 통치 방향과 이념을 제시하여 조선의 통치체제를 확립하였다.

③ 관수 관급제 실시: 국가가 농민에게서 직접 조세를 거두어들이고 이를 관리에게 녹봉을 현물로 지급하는 제도로 국가의 토지 지배력을 강화하였다.

④ 사림파 등용: 훈구파를 견제하고 왕권을 보좌해 줄 김종직 등 사림 세력을 정계에 진출시켰다.

⑤ 편찬 사업: 「경국대전」, 「동국여지승람」, 「동국통감」, 「국조오례의」, 「삼국사절요」, 「악학궤범」, 「금양잡록」)

01 조선 전기 왕의 정책과 관련된 설명이다. 다음 중 옳지 않은 것은? 2012. 서울시 9급

① 태조 때에는 정도전 등 공신들의 주도로 재상 중심의 정치 체제가 갖추어졌다.

② 태종은 6조 직계제를 실시하여 왕을 중심으로 국정을 운영하였다.

③ 세종은 의정부 서사제를 실시하여 왕의 권한을 더욱 강화하였다.

④ 세조는 즉위 후 단종 이후 재상에게 넘어간 정치 실권을 되찾기 위해 다시 6조 직계제를 실시하였다.

⑤ 성종은 통치 제제를 정비하고 기본 법전인 「경국대전」을 반포하였다.

정답 ③

해설 훌륭한 재상에게 정치를 위임하는 재상 중심의 **의정부 서사제**를 실시하였다.

② 통치 체제의 정비

1) 중앙정치체제

(1) 양반 관료 체제의 확립

조선의 기본 정치 체제는 경국대전의 완성과 함께 정립되었고, 조선의 정치기구는 왕권과 관료 사이의 권력이 조화할 수 있는 구조였다.

① 관직: 문관(동반직)과 무관(서반직)으로 구성되었고 다시 중앙직(경직)과 지방직(외직)으로 나뉘었다.

② 관계(官階) 구분: 품계는 정1품에서 종9품까지 18등급, 6품 이상은 상하의 총 30단계로 구분되었다. 각 계층에는 기본적인 구분선이 존재했다. 품계 중 종2품 이상은 재상이라 하여 춘추관·홍문관·예문관 등 주요 관청의 최고 책임자를 겸임하고 경연과 서연까지 맡아 권한이 강하였다. 정 3품 이상은 당상관, 그 이하는 당하관이라고 하였다.

㉠ 당상관: 정 3품 이상으로 왕과 함께 정책을 논의하고 주요 관청의 책임자가 될 수 있었다. 재상과 상관은 요직을 겸직하고, 관찰사는 육·수군절도사를 겸직하였다.

㉡ 당하관: 정 3품 이하로 실무를 담당하는 이들은 종 6품을 기준으로 참상관과 참하관으로 구분되었다. 근무 일수에 관계없이 승진되었던 당상관과 달리 승진에 필요한 근무 일수가 정해져 있었다.

㈎ 참상관(참내)은 종 6품 이상으로 조참(월 4회)에 참가할 수 있었으며, 수령에 임명되었다.

㈏ 참하관은 정 7품 이하로 참외(參外)라고도 하였다.

③ 행정 제도
　㈀ **겸임제**: 모든 판서의 책임자는 당상관으로, 기타 관청의 책임도 제조(提調)로 겸임하였다. 녹봉과 과전은 따로 지급되지 않았는데 이는 경비의 절약과 권력의 집중을 위해서였다.
　㈁ **원상제도**: 왕이 병이 났거나 어릴 때 원임(퇴임관리)과 시임(현직관리)을 임명하여 승정원에서 국가의 중대사를 담당하는 제도이다.
　㈂ **상피제와 임기제**: 상피제는 권력의 부정을 막기 위해 실시하여 중앙직에서 가까운 인척끼리는 한 부서에 근무하지 못하도록 하였으며, 지방직에서는 자기 출신지에 파견하지 않았다. 또한 친족이 과거에 응시할 경우에도 고시관이 되지 못하도록 하였다. 해당 직위에 따른 임기제인 사만제(仕滿制)를 실시하였다.
　㈃ **분경(分境) 금지**: 이조·병조 당상관은 청탁을 막기 위해 사적으로 만나는 것을 금지하였다.

④ **인사 제도**
　㈀ **행수법**: 품계가 높은 사람이 낮은 관직을 갖게 되면 관직 앞에 '行'자를 붙였고, 그 반대일 경우에는 '守'자를 붙였다.
　㈁ **순자법**: 근무 기간에 의해 관리를 승진시키는 법으로 당하관에게만 적용되었다.
　㈂ **고신(告身)**: 관원에게 품계와 관직을 임명할 때 주는 임명장으로 관고, 사령장, 사첩 등으로 불린다.
　　㈎ 교지: 4품 이상의 관리에게 부여한 것으로 대간의 서경이 면제되었다.
　　㈏ 교첩: 5품 이하의 관리에게 부여한 것으로 문관은 이조, 무관은 병조에서 왕명을 받아 발행하였으며 대간의 서경을 거쳤다.
　㈃ **청요직**: 과거에서 우수한 성적으로 급제한 자들이 임명된 이조와 병조의 전랑, 예문관·홍문관·사간원·사헌부의 관직, 무관 도총부·선전관·5위의 부장 등의 관직을 말한다. 승진에 있어서 순자법의 적용을 받지 않아 승진이 빨랐다.
　㈄ **고과(考課)와 포폄**: 고과제란 당상관이 6개월마다 당하관의 근무 성적을 평가하는 제도이고, 포폄은 근무 성적에 따라 승진이나 좌천을 하는 제도이다.

(2) 의정부와 6조 체제
① **중앙 통치 체제의 특징**
　㈀ 조선 시대의 관직은 경관직과 외관직으로 구분하였다.
　㈁ 경관직은 국정을 총괄하는 의정부와 그 아래 명령을 집행하는 행정 기관인 6조를 중심으로 편성되었다.
　㈂ 6조 아래에는 각각 속아문의 여러 관청들이 소속되어 업무를 나누어 맡음으로써 행정의 전문성과 효율성을 높일 수 있었다.

② 의정부와 6조의 기능

   (ㄱ) 의정부는 최고 관부로서 재상들의 합의를 통하여 국정을 총괄하였으며, 국가의 중대사를 논하고 합의된 내용을 국왕에게 품달했다.

   (ㄴ) 재상권 합의제는 최고 결정권은 국왕에게 있지만 재상의 합의를 거치는 것을 원칙으로 하였다.

   (ㄷ) 6조 → 19개 소속부서 → 속아문이 있어 행정의 전문성과 효율성을 높일 수 있었다. 판서가 책임자로 태종과 세조 때는 담당 정무를 직접 왕에게 직계했다.

     (가) 이조: 문관의 인사, 공훈, 상벌

     (나) 호조: 호구, 조세, 광산, 조운, 어염

     (다) 예조: 과거, 외교, 제사, 의식, 학교

     (라) 병조: 무관의 인사, 국방, 우역, 봉수

     (마) 형조: 노비, 법률, 소송

     (바) 공조: 토목, 영선, 도량형, 파발

> **대간(양사: 사헌부, 사간원)**
>
> 대간은 마땅히 위엄과 명망이 우선되어야 하고 탄핵은 뒤에 하여야 한다. 왜냐하면 위엄과 명망이 있는 자는 비록 종일토록 말하지 않더라도 사람들이 스스로 두려워 복종할 것이요, 이것이 없는 자는 날마다 수많은 글을 올린다 하더라도 사람들은 더욱 두려워하지 않기 때문이다. 대개 강의한 뜻과 정직한 지조가 본래 사람들에게 알려지지 못한 채 한갓 탄핵만으로 여러 신하들을 두렵게 하고 안과 밖을 깨끗이 하려 한다면 기강은 떨쳐지지 못하고 원망과 비방이 먼저 일어날까 두렵다. …… 천하의 득실과 백성들을 이해하고 사직의 모든 일을 간섭하고 일정한 직책에 매이지 않는 것은 홀로 재상만이 행할 수 있으며 간관만이 말할 수 있을 뿐이니, 간관의 지위는 비록 낮지만 직무는 재상과 대등하다. 〈삼봉집〉

> **서경제도**
>
> ❖ 고려: 대간(어사대와 중서문하성의 낭사로 구성)이 관리 임용과 법률 개폐에 대한 동의권을 행사
> ❖ 조선: 사헌부·사간원(이들이 대간이다)에서 관리(당하관 이하) 임용의 승인을 맡았다.

(3) 3사

① 홍문관(= 玉堂, 대제학): 집현전의 후신으로 경연관장, 궁중의 경서·사적관리, 왕의 정책 자문 기관이었으며 국가의 중대사를 심의·결정하기도 하였다.

② 사헌부(대사헌): 풍속 교정, 관리 감찰, 정치 비판을 맡은 감찰 기관으로 서경의 권한을 가지고 있다.

③ 사간원(대사간): 정책의 결정과 집행과정에서 부정을 방지하기 위해 언간으로서 왕에 대한 간쟁을 담당하였다(서경권).

④ 삼사의 언론은 권력 독점과 부정 방지를 위하여 고관들은 물론 왕이라도 함부로 막을 수 없었다.

(4) 왕권 강화 기관

① 승정원(도승지): 왕명 출납을 맡은 국왕의 비서기관(고려의 중추원)으로, 고관들이 승정원에서 국사를 처리하는 원상 제도를 맡기도 하였다.

② 의금부: 왕명에 의한 특별 재판 기관, 왕족의 범죄, 반역죄와 같은 중죄를 다스리는 곳으로 사법기관의 역할을 담당하였다.

(5) 사법기관

① 특징: 행정권과 미분화(수령은 민사·경범·태형에 제한)
② 삼법사: 사헌부·형조·한성부
③ 포도청(포도대장): 상민·평민의 범죄를 다스림.

(6) 사관(四官)

① 교서관(校書館)(인쇄소)
② 성균관(成均館)(최고교육기관)
③ 예문관(왕의 교서작성, 史官-史草기록)
④ 승문원(외교문서작성)
⑤ 규장각을 내각(內閣), 교서관을 외각(外閣)이라 하였다.

(7) 기타 관서

① 한성부(漢城府)(판윤, 判尹): 수도행정·치안담당, 일반 범죄사건을 다루었다.
② 유수경(유수): 직할시에 해당, 유수는 경관직, 비변사에 참여
③ 춘추관(지사): 국사편찬
④ 상서원: 옥새·마패 담당, 이조의 속아문
⑤ 장례원: 노비장부와 소송, 형조의 속아문

☑ 고려와 조선의 관제 비교

고 려	조 선
도평의사사	의정부
중서문하성의 낭사	사간원
중추원	승정원
어사대	사헌부
순마소	의금부
사심관	향청 또는 유향소
문하시중	영의정
안찰사	관찰사

2) 지방 행정 제도

(1) 지방 행정 제도의 특징

① 인구와 토지를 기준으로 재정비하여 면·리·제도를 정착시켰다.
② 속현·향·소·부곡을 주군(主郡)에 편입하여 소멸시켰다.
③ 모든 군현에 지방관을 파견하였다.
④ 지방관의 임기 제한(임기제): 관찰사(360일), 수령(1800일)
⑤ 상피제(相避制): 수령이 자기 출신지에 부임하지 못하게 하는 제도로 부자지간·형제가 같은 관청에 임명될 수 없었고, 친족이 과거에 응시할 때 고시관이 되지 못했다.

⑥ 향리의 지위 격하 → 수령 밑의 6방에 예속되어 실질적인 행정을 담당하였다.

⑦ 겸직제: 각 도의 관찰사는 병마절도사와 수군절도사를 겸직하였다.

(2) 지방행정 조직의 정비

① 8도(관찰사)

  (ㄱ) 감영: 경기도(광주), 충청도(청주), 경상도(상주), 전라도(전주), 강원도(원주), 황해도(해주), 평안도(평양), 함길도(함흥).

  (ㄴ) 관찰사(감사, 방백, 도백): **행정·군사·사법권을 행사**하고 수령을 지휘·감독하였다. 또한 수령의 근무성적을 평가하여 중앙에 보고하였고 감영(監營)에서 근무하였다.

② **부·목·군·현**: 수령(목민관, 원님, 사또)이 파견되고 동헌에서 근무했다(1,800일). 주요 임무는 백성들로부터 조세와 공물 징수, 향리 감독이었다.

  (ㄱ) 6방: 수령의 직무를 수행하기 위해서 아래에 6방 조직이 있었고 **토착향리들이 향역으로 세습**하였다. 군현 행정의 기본으로 삼고, 수령과 향청의 교량 역할을 하였다.

  (ㄴ) **부민 고소금지법**: 지방의 백성이나 향리가 관찰사나 수령을 고소하거나, 하급 관리가 상급 관원을 고소하는 것을 금지하는 법으로 수령의 권위를 강화시켰다.

  (ㄷ) **원악향리 처벌법**: 백성을 괴롭히는 향리를 처벌하는 법을 제정하여 향리를 통제하였다.

③ **향리**: 6방에 소속되었고 지방의 실질적 행정을 담당하였다. 무보수였고, 과거 응시자격이 있었으나 현실적으로는 제약을 받아 세습적인 아전으로 지위가 격하되었다.

④ **면·리 제도**: 군·현 아래에 면·리 제도를 두고 다시 다섯 집을 하나의 통으로 편성하여(5가 작통법) 향촌 주민 중에서 그 책임자를 선임하여 수령의 지시를 수행하였다. 그리하여 국가의 통치권이 지방 향촌의 말단에까지 미치게 되었다.

☑ **고려시대와 조선시대의 향리**

고 려 시 대	조 선 시 대
조세·공물·노동력 징발	수령보좌(지위 격하)
신분상승 가능	신분상승 제한
문과응시 허용	주로 잡과 응시
외역전 받음(세습)	무보수 → 폐단발생

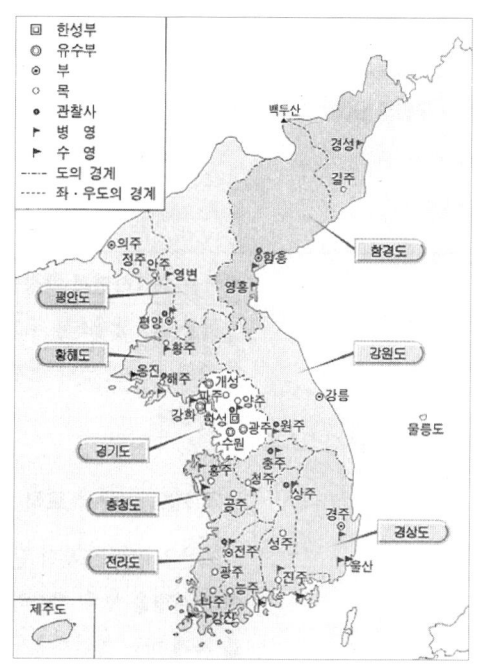

(3) 특수 지방 제도

신진사대부들은 이제까지 군현의 지배권을 가지고 있던 향리를 배제하고 양반 중심의 향촌 사회를 확립하였다. 이 과정에서 고려의 사심관 제도는 경재소와 유향소로 분화·발전하게 되었다.

① 유향소(향청)

    ㉠ 고려 말의 자치조직인 유향소(향소)의 계승

    ㉡ 수령을 보좌하는 자문기관으로 향리 규찰, 풍속교정, 정령시달, 민정대표 등을 수행하는 지방 자치 기구이다.

    ㉢ 향안에 기록된 향촌의 덕망 있는 인사들을 뽑아 장(長)인 좌수와 2명의 별감으로 구성되었다.

    ㉣ 좌수와 별감의 임기는 2년이고, 초기에는 선거로 추대했으나 후기에는 지방수령이 임명하였다.

    ㉤ 수령을 감시·보좌, 향리 규찰, 풍속교정, 정령시달, 민정대표 등을 수행하는 지방 자치 기구이다.

② 경재소(京在所)

    ㉠ 유향소의 통제를 위해 그 지방 출신 중앙관리로 구성된 중앙기구이다. 지방 관청의 출장소로 정부와 향촌을 직접 연결시켜 유향소를 중앙에서 직접 통제할 수 있게 하였다. 그리하여 향촌 자치를 허용하면서도 중앙 집권을 효율적으로 강화시킬 수 있었다.

③ 영저리: 감영에서 각 군·현의 연락 사무를 담당하는 지방의 향리이다.

④ 경저리(경주인): 서울과 지방간의 연락을 담당하기 위해 향리 중 1인을 서울에 파견하여 고을의 공물 수납을 담당하게 하였다. 고려의 기인제도와 비슷한 성격을 지녔다.

3) 교통과 통신 체제의 정비

(1) 교통 통신 체계의 필요성
중앙 집권적 행정 운영과 국방력 강화를 위해서 효율적인 운영이 요구되었다.

(2) 역원제(육로)

① 역(驛): 전국의 주요 도로에 관청의 공문 전달, 공납물 수송, 국방상의 위기에 대처하기 위하여 설치하였고 병조에서 담당하였다. 전국 287개의 역참(驛站)이 설치되었고, 찰방·역승의 감독 아래 역장·역리·역졸 등이 배치되었다. 역마와 역로를 관리하고 공무로 지방을 다니는 관리에게 숙식과 역마를 제공하였다. 역전이 지급되어 운영하였다.

② 원(院): 역이나 지방 관아 주변 및 각 역과의 중간 지역 등에 공무 수행 중인 관민이 이용할 수 있도록 설치한 숙박시설이다. 원은 일종의 국립 여관으로 원주전(사리원, 조치원, 장호원 소재)을 지급하고 공무 수행 중인 관민이 이용할 수 있게 하였다.

③ 마패: 상서원에서 공무 여행자들에게 역마를 이용할 수 있도록 마패를 발급하였다.

(3) **조운로(수로)** 지방에서 징수한 조세를 내륙의 수로와 바다의 해로를 이용하여 서울로 운반하는 제도 이다. 현물로 징수한 세미의 수송은 수로를 이용하였는데 하천과 해안 요지의 조창에서 이를 모아 중앙의 경창으로 운송하였다.

(4) **봉수제(통신)** 국방상 위기에 신속하게 대처하기 위하여 높은 산 정상에 봉화대를 설치하고 낮에는 연기로, 밤에는 햇불로 변경의 정세를 중앙에 긴급하게 전달하는 군사·통신 조직이다.

(5) **파발제** 군사 기밀문서를 신속하게 전달하기 위해 설치한 직접 통신 제도이다. 조선 중기 이후에 봉수제를 대신하여 중국의 파발제를 도입하였다.

4) 군역 제도와 군사 조직

(1) 군역 제도

① **양인개병제 실시**: 태종 이후 사병을 모두 폐지하고, 16세 이상 60세 이하 모든 양인 남자는 군역을 의무를 지게 하는 양인개병제(良人皆兵制), 농병일치제(農兵一致制)를 시행했다.

② **보법(세조)**: 정군과 보인으로 편성
  (ㄱ) 모든 양인은 정군(정병)과 정군의 비용을 부담하는 보인(2명을 1보)으로 편성하였다. 정군은 현역 군인(정병)을 뜻하고 보인(봉족)은 정군의 군인이 군역을 지는 동안 필요한 비용으로 매년 포 1필을 공식적으로 부담하게 하였다.
  (ㄴ) 정군은 서울에서 근무하거나 국경 요충지인 진(鎭)에 배속되었다. 이들은 일정 기간 동안 교대로 복무했으며 복무 기간에 따라 품계와 녹봉을 받기도 하였다.

③ **면제 대상**: 현직 관료와 학생만 군역을 면제받았다. 종친, 외척, 공신, 고급 관료 자제들도 고급 특수군에 편입되어 군역을 부담하였다. 노비는 원칙적으로 군역의 의무가 없었지만 필요에 따라서 특수군에 편입되기도 하였다.

(2) 군사 조직

① **중앙군(5위)**: 5위 도총부는 조선 초기에 군대를 통솔하는 기관으로 궁궐 방어와 수도 경비를 맡았다. 여기에서 5위를 통솔하였고, 책임자는 문반 관료였다. 지방군의 일부가 서울에 번상하면서 복무하였다.

(ㄱ) 5위와 내삼청으로 구성되었다.

(ㄴ) 조직: 5위 → 5부 → 통 → 여 → 대 → 오 로 편성되었고, 5위는 의흥위, 용양위, 호분위, 충좌위, 충무위 등이다.

(ㄷ) 병종: 시험을 통해 선발한 5위의 중심 병력인 갑사(직업군인), 의무군역자인 정군, 왕족과 공신·고급 관료의 자제로 구성된 고급 특수병으로 구성되었다. 복무연한에 따라서 품계와 녹봉을 지급 받았다.

(ㄹ) 내삼청: 내금위(궁성수비), 우림위(국왕경호), 겸사복(마필사육)으로 구성된 국왕의 친위부대로 체아록(遞兒祿)을 받았다.

(ㅁ) 훈련원: 군인의 훈련과 과거를 담당하는 곳이다.

② 지방군

(ㄱ) 진관(鎭管) 체제 (세조): 지역 단위의 방위 체제로 큰 진을 중심으로 주변의 여러 진들을 이에 속하게 하여 하나의 진관으로 편성한 것이다. 병마절도사가 지휘권을 가지고 병영 밑에 몇 개의 거진(巨鎭)을 설치하여 거진의 수령이 군대를 통제한다. 명종 때 제승방략 체제로, 왜란 중에는 다시 진관 체제가 복구되었다.

> **제승방략체제**
>
> 각 지역의 군사를 한곳에 모아 놓고 경군·병사·수사 등이 지휘하여 방어하는 체제. 국방력 약화 → 임진왜란 때 관군의 패전 원인

(ㄴ) 영진군: 병영(육군)과 수영(수군)으로 구성되고, 이 밑에는 진(鎭)을 두고 영진군을 배치하였다. 병영은 병마절도사, 수영은 수군절도사가 지휘하였고, 지방군 의무 병역으로 징발된 정병으로 복무연한에 따라 품계만 받았다.

③ 잡색군: 전직 관료, 향리, 서리, 교생, 노비(농민 제외) 등 각계각층의 장정들로 구성된 오늘날의 예비군과 유사하다. 평상시에는 본업에 종사하였고, 일정 기간 훈련을 받아 유사시에는 향토방위의 임무를 맡았다.

(3) 호적·호패 제도와 조선 초기의 군사력

① 호적·호패 제도: 호적 제도는 16세 이상 60세의 양인 남자를 대상으로 호적에 따라 호패를 지급하였다. 호적 제도는 군역대상자를 조사·등록 시키는 제도이다. 두 제도는 국방력 강화를 위한 군역 대상자 확보를 목적으로 실시되었지만, 출생 연도, 신분, 거주지 등이 기록되어 농민의 토지이탈을 막는 역할도 하였다.

② 초기의 군사력: 개병제의 원칙이 잘 지켜져서 세종과 세조 때에는 정규군이 약 15만 명에서 30만 명 정도였고, 잡색군과 보인을 합치면 80만 명에서 100만 명 정도의 군사력을 보유했다.

4) 과거제도와 교육제도

(1) 문 과 소과(생진과)를 거쳐 성균관에 입학한 후 대과인 문과에 합격해야 요직에 진출할 수 있었다.(예조)

① 소과(생진과, 사마시): 문과 예비 시험

    (ㄱ) 생원과: 유교경전에 뛰어난 학자 선발 → 백패 수여(합격자) → 생원

    (ㄴ) 진사과: 한문학에 뛰어난 학자 선발 → 백패 수여(합격자) → 진사

    (ㄷ) 합격자들은 문과를 볼 수 있는 자격을 얻거나 성균관에 입학할 수 있는 자격을 부여 받았다.

② 대과(문과)

    (ㄱ) 생원 진사나 성균관 학생들이 응시할 수 있었다.

    (ㄴ) 정기적으로는 3년마다 열리는 식년시가 있었다.

    (ㄷ) 수시로 행해지는 부정기 시험으로는 증광시, 알성시, 별시 등이 있다.

    (ㄹ) 식년시의 경우 초시에서는 각 도의 인구 비례로 뽑고, 2차 시험인 복시 33명의 합격자들은 왕 앞에서 실시하는 전시로 등위를 결정하였다.

    (ㅁ) 합격자들에게는 홍패가 지급되었고 1등을 장원이라고 하였다.

(2) 무과(병조)

① 초시(初試), 복시(覆試), 전시(殿試)의 무예시험을 거쳐 무과에 합격하였다.

② 장원은 없고 합격자에게 홍패가 지급되었다.

③ 고려시대에 비하여 과거를 통한 문무 양반 제도가 확립되었음을 의미한다.

(3) 잡과(雜科)

① 특수 기술관을 선발하는 시험이며 관아에서 필요한 자들을 선발하는 시험으로 서얼과 중간 계층이 많았다.

② 종류: 역과(사역원), 의과(전의감), 율과(형조), 음양과(관상감) 4과로 나누었다.

③ 합격자에게는 백패가 지급되었고, 해당 관청에서 벼슬하여 최고 3품까지 승진할 수 있었다.

(4) 과거 응시 대상

양인이면 누구나 응시가 가능했지만, 문과의 겨우 반역죄인, 탐관오리의 아들, 서얼, 재가한 여자의 아들과 손자 등은 응시가 불가능했다. 그러나 무과와 잡과는 자격 제한이 전혀 없었다.

(5) 기타 관리 선발 방법

① 취재와 이과(吏科)

   (ㄱ) 취재: 과거와 달리 하급 관직에 임용, 승진시키기 위한 특별 시험으로 하급 기술관과 하급 군인 등을 선발하였다.

   (ㄴ) 이과: 하급 관리 중 서리, 향리, 아전 등을 선발하는 시험이다.

② 천거와 음서

   (ㄱ) 천거는 대개 기존 관리를 대상으로 하였고 벼슬하지 않은 사람이 천거되는 경우는 드물었다.

   (ㄴ) 음서는 고려 시대의 것과 같은 성격이었으나 고려 시대의 경우 5품 이상의 고관 자제에게만 혜택이 주어졌으나 조선 시대의 경우 2품 이상의 고관 자제에만 해당되었다.

(6) 특 징

① 교육 제도의 특징

   (ㄱ) 교육 제도는 관리의 양성 및 과거 준비를 위한 것이기 때문에 양반 중심의 학제가 마련되었다.

   (ㄴ) 조선은 교육의 질을 높이기 위하여 교육제도와 과거제도를 연관시켰다.

   (ㄷ) 교육 기관의 증설과 사농일치(士農一致)의 교육제도를 마련하여 교육의 기회가 확대되었다.

   (ㄹ) 유교 이념에 기초한 조선 왕조는 문관을 위한 유교 교육만 중시 되었고, 무관을 위한 교육 시설은 없었으며, 기술학(잡학)은 천시되었다.

② 과거 제도의 특징

   (ㄱ) 국가의 요직에 나가려면 문음보다 과거를 거쳐야만 하였고, 개인의 능력을 중시하여 문음의 범위는 축소되었다.

   (ㄴ) 사농일치: 유학 교육과 문과 응시의 기회 부여로 농민들이 합법적으로 신분을 상승하는 데 법적 제한이 없었다. 그러나 현실적으로는 경제적 여유와 과거 응시할 때 호적과 보단자(신원증명서)에 가문과 족파가 명시되어 거의 불가능하였다.

   (ㄷ) 무과를 실시하여 과거를 통한 문무 양반제도를 확립하였다.

❸ 사림의 대두와 붕당 정치

1) 사림의 대두

(1) 사림의 등장

① 등장시기: 15세기 말 성종 때를 전후하여 새로운 정치 세력으로 등장하기 시작하였다.

② 연원: 사림의 연원은 고려 왕실에 절의를 지켰던 **정몽주, 길재** 등으로 거슬러 올라간다. 길재는 고향인 선산에서 많은 제자를 양성하였다. 그 후 **김종직**에 이르러 영남 일대에 큰 세력을 형성하였고, 기호지방까지 확대되었다.

③ 출신: 고려 말기 향리 출신으로서 과거나 군공으로 신분이 상승된 지방의 중소 지주 계층이었다.

(2) 사림의 특징

① 성리학을 중시하여 성리학 이외의 학문과 사상을 이단으로 배격하였다.

② 사장 중시한 훈구 세력과는 달리, 사림 세력은 **경학**을 중시하고 인간의 심성을 연구하는 성리학이 학문의 주류를 이루었다.

③ 향사례(鄕射禮), 향음주례(鄕飮酒禮) 보급과 유향소 복립 운동을 통해 **향촌 자치와 향촌 안정**을 추구 하였다.

④ 도덕과 의리를 중시하고, 학술과 언론을 바탕으로 하는 **왕도 정치**를 주장하였다.

☑ **훈구파와 사림파의 비교**

	훈구파(관학파)	사림파
학통	조선을 개창한 정도전, 권근 계열(혁명파)	역성혁명을 거부한 정몽주, 길재 계열(온건파)
출신지역	주로 기호 지방 출생(경기도, 충청도)	영남일대에서 세력 형성. 후일 기호지방까지 확대
학풍	사장 중시(3경), 경세적 기능 중시, 실용적 유학	경학 중시(4서), 관념적인 이기론 중심, 이론적 유학
사상	성리학 이외의 사상에 관대	성리학 이외의 학문과 사상을 이단으로 배격
정치	부국강병과 중앙집권, 민생안정, 패도정치 인정	왕도정치와 향촌자치제 실시
사관	자주적 사관(단군 숭배)	존화주의(기자 숭배)
업적	성균관 집현전 통해 양성 15세기 근세문화 창조(관학파)	사학을 통해 양성 16세기 후 사상계 주도(사학파)
기타	한문학, 과학기술 발달	한문학, 과학기술 쇠퇴
경제	대농장을 소유한 대지주	지방 중소 지주 출신

2) 사림의 정치적 성장

(1) 사림의 등용

① 배경: 향촌 사회에서 사회적·경제적 지위를 굳히던 사림은 과거를 통하여 중앙 정계에 진출하였다.

② 김종직과 그 문인들이 성종 때 중앙에 진출하면서 사림은 정치적으로 성장하기 시작하였다.

③ 등용: 성종이 훈구 세력 견제를 위해 사림 세력을 중용하여 정치운영에서 나타나는 모순과 부작용을 극복하려 하였다.

④ **훈구 세력과의 대립**: 사림은 국가 재정의 확보와 자신들의 정치적·사회적 입지를 강화하기 위하여 훈구세력의 대토지 소유를 비판하였다.

(2) 사화의 발생 사화란 연산군(1494~1506)에서 명종(1545~1567)에 이르는 정치적 갈등을 말한다.

① 무오사화(1498, 연산군 4년)

   (ㄱ) 무오사화는 「성종실록」 편찬을 담당했던 김일손(사림파)이 스승인 **김종직**이 사초(史草)에 쓴 **조의제문**을 실었는데 이것이 무오사화의 발단이 되었다.

   (ㄴ) 조의제문은 세조의 왕위 찬탈을 비판하는 것 일 뿐만 아니라, 세조로부터 왕위를 물려받은 왕권의 정통성을 인정할 수 없다는 것으로 해석될 수 있으며, 세조의 왕위찬탈에 참가한 훈구대신들도 비난을 면하기 어려웠다.

   (ㄷ) 이극돈, 유자광 등의 훈구파가 연산군을 충동하여 **사림파**를 제거하였는데 김종직이 부관참시를 당하였고, 많은 제자들은 처형되었다.

② 갑자사화(1504, 연산군10년)

   (ㄱ) 직접적인 원인은 **연산군의 생모 윤씨가 폐비**가 되어 사약을 받아 죽게 된 사건을 연산군이 알게 된 것이 발단이 되었다.

   (ㄴ) 연산군과 그의 측근 세력들이 훈구세력의 재산을 탈취하기 위해서 일으킨 사건이다.

   (ㄷ) 연산군은 사약공론에 참여했거나 이를 힘써 간하지 못한 신하들을 대거 제거하였다.

   (ㄹ) 한명회, 정창손 등은 부관참시 하였으며 생존했던 훈구파들은 죽임을 당하였고 두 사화로 영남 사림세력이 몰락하였다.

③ 중종반정(1506)

   (ㄱ) 갑자사화 후 연산군은 문신의 직간을 피하고 경연을 폐지하였으며, 언문 도서 폐기, 원각사를 폐하고 연방원으로 고치는 등 폭정을 하였다.

   (ㄴ) 연산군 12년(1506)에 성희안, 박원종, 유순정 등이 연산군을 축출하고 그 이복동생인 진성대군을 추대하여 **중종(中宗)**으로 삼은 사건이다.

④ **조광조의 개혁 정치**

   (ㄱ) 중종은 개혁을 추진하기 위해 사림파의 거두였던 조광조를 파격적으로 중용하였다.

   (ㄴ) 조광조는 왕도정치의 실현을 목적으로 **현량과**를 설치하고 인물중심으로 사람을 등용하였다.

   (ㄷ) **불교·도교와 관련된 종교행사를 폐지**하고, 유교 의례를 장려하였다. 또한 「주자가례」, 「삼강행실도」, 「소학」 등 유교 윤리를 보급하였다.

> **조광조의 현량과 설치 주장**
>
> 과거의 격식은 조종조(朝宗朝)에서도 각각 제도가 달랐으니, 경서를 강독하기도 하고 강독하지 않기도 하였습니다. 지금 거론되는 천거로 뽑는 일은 놀랄 일이 아닙니다. 처음에 천거로 하면 덕행(德行)이 있는 자가 빠지지 않을 것이요, 또 책(策)으로 시험하면 그 재행(再行)을 볼 수 있을 것이니 이는 지극히 좋은 방법입니다. 〈중종실록〉

(ㄹ) 그 내용은 대체로 경연의 강화, 위훈(僞勳)의 삭제, 낭관권(전랑권) 형성, 소격서(昭格署: 도교 의식을 주관하던 기구)의 폐지, 소학의 보급, 방납의 폐단 시정, 균전제, 한전론 실시를 통한 토지개혁 등이 있다.

⑤ 기묘사화(1519, 중종 14년)

(ㄱ) 남곤, 심정 등의 훈구 세력이 조광조의 위훈 삭제(중종반정 때 반정 공신 중 실제 공이 없는데도 공신으로 책봉된 76명의 훈을 깎은 사실) 등에 불만을 품고 일으킨 사화이다.

(ㄴ) 훈구 세력들은 '주초위왕(走肖爲王)'의 모략으로 조광조의 왕위 찬탈 음모를 조작하여 조광조 일파(조광조, 김식, 김안국 등의 사림파)가 피해를 당하였다.

(ㄷ) 이 사화를 통해 사림의 정치적 진출이 좌절되어 성리학의 학문적 발전이 이루어지는 계기가 되었다.

☑ 사림의 계보

정몽주 → 길 재 → 김숙자 → 김종직

김종직 → 정여창 · 김광필 · 김일손

김광필 → 이언적 · 서경덕 · 조광조 · 김안국

조광조 → 조 식 · 이 황 (영남학파) · 이 이 · 성 혼 (기호학파)

⑥ 을사사화(1545, 명종 원년)

(ㄱ) 기묘사화 이후 중종 말년 무렵부터 사림이 중앙 정계에 진출하기 시작하자 인종은 사림을 지지하였다. 명종이 즉위하면서 외척끼리 권력 다툼에 휩쓸려 사림 세력은 다시 타격을 받았다.

(ㄴ) 명종의 외척(소윤파)인 윤원형과 선왕인 인종의 외척(대윤파) 윤임 일파 사이에 권력을 둘러싼 다툼이 일어나게 되었다.

(ㄷ) 소윤이 대윤을 제거하였고 윤임은 사림을 비호하여 사림들도 많은 피해를 당하게 되었다.

(ㄹ) 명종 때에는 왕실 외척인 척신들이 정국을 주도하여 척신정치가 이루어졌고 사림 세력은 쇠퇴하였다.

(3) 사화의 영향

① 수취 체제의 문란으로 농촌이 피폐되고 정치 기강이 문란해졌다.
② 사화로 낙향한 사림들은 서원과 향약을 통해 성리학을 학문적 발전을 이루었다.
③ 은둔파와 관계 진출파로 분열되었다(유학계).

3) 서원과 향약

(1) 서원의 발달

① 기능: 선현에 대한 제사와 사림의 자제 교육, 학문 연구 등 사림들의 학문 토론장의 기능을 가지고 있었다.

② 최초의 서원: 중종(1543) 풍기 군수 주세붕이 안향(安珦)을 봉사하기 위해 세운 백운동 서원이 시초이다.

③ 최초의 사액 서원: 명종(1548) 때 이황의 건의로 백운동 서원이 소수 서원으로 사액(賜額)되고, 국가로부터 토지, 노비, 서적 등을 받고 면세·면책의 특권까지 받아 경제적 기반을 확립하였다.

④ 영향: 붕당의 근거지, 성리학과 지방 문화의 발전

(2) 향 약

① 성 립: 전통적인 향촌 규약을 계승하고, 여기에 유교 질서에 입각한 삼강오륜의 윤리를 가미하여 향촌 교화의 규약으로 발전시킨 것이 향약이다.

② 도 입: 중종 때 조광조가 송의 여씨 향약을 보급하려 했으나 실패하였고, 선조 대에 이황, 이이 등에 의해 우리 실정에 맞는 향약이 마련되어 보급되었다.

③ 덕 목(4대 덕목): 덕업상권, 과실상규, 예속상교, 환난상휼 등이다.

④ 구 성
　㈀ 지방의 유력한 사림이 향약의 간부인 도약정, 부약정, 직월(간사)로 임명되었고, 일반 농민들은 자동적으로 포함되었다.
　㈁ 유향소와 서원을 독회(讀會) 장소로 이용하였다.

⑤ 영 향
　㈀ 사림은 농민에 대하여 지방관보다 더 강한 지배력을 행사하여 사회적 기반을 확립하였다.
　㈁ 지방 사림의 보수화 추세로 인해 점차 폐쇄성이 강화되어, 조선 후기에는 농민 수탈 도구로 전락하였다.

4) 붕당의 출현

(1) 시대적 배경 여러 차례의 사화에도 불구하고 서원 및 향약을 바탕으로 향촌에 깊이 뿌리를 내렸던 사림들은 그 세력을 확장하여 16세기 후반에는 중앙에서 주도권을 장악하게 되었다.

(2) 양반사회의 모순

① 정치에 참여하려는 양반의 수는 더욱 증가하여 붕당이 출현하였다. 즉 정치에 참여하려는 양반의 수는 더욱 많아지는데 반하여 관직과 경제적 특권은 한정되어 있었기 때문에, 그것을 획득하기 위한 양반 상호간의 대립과 반목이 불가피하게 되었다.

② 양반들은 평생을 학업에 정진하여 과거를 통해 관직에 진출하였기 때문에 정치·경제적으로 균형을 이룬 양반사회를 유지하기는 어려웠다.

(3) 붕당정치의 시작

① 16세기 말 (선조) 향촌의 사림 세력이 대거 중앙 정계로 진출하여 정국의 주도권을 장악하면서 붕당 정치가 시작되었다.

② 사림 간의 갈등

ㄱ 사림 세력은 척신 정치의 잔재를 어떻게 청산할 것인가를 둘러싸고 갈등을 겪게 되었다.

ㄴ 명종 때부터 정권에 참여해 온 기성 사림들은 척신 정치의 과감한 개혁에 소극적이었다.

ㄷ 선조 이후 새롭게 정계에 등장한 신진 사림들은 원칙에 더욱 철저하여 사림 정치의 실현을 강력하게 내세웠다(척신 정치 청산에 적극적).

(4) 동인·서인의 분열(붕당의 출현)

① 분열의 배경

ㄱ 왕실의 외척이면서 기성 사림의 신망을 받던 심의겸과 당시 명망이 높고 신진 사림의 지지를 받던 김효원이 이조 전랑직 문제를 놓고 대립하면서 붕당이 이루어졌다.

ㄴ 두 세력 중에서 김효원을 지지하는 세력이 '동인', 심의겸을 지지하는 세력은 '서인'이라 불렸다.

② 동인(신진 사림, 김효원): 이황, 조식, 서경덕 학문 계승자 참여

③ 서인(기성 사림, 심의겸): 이이, 성혼 문인들이 가담

> **이조전랑(吏曹銓郎)과 붕당의 출현**
>
> 조광조의 등장 이후 3사 중심의 정치적 발언권이 확대되면서 3사는 그 독자적 성격으로 인해 의견의 합치가 어려웠다. 그런데 여기서 3사의 의견 통일에 중요한 역할을 한 것이 이조 전랑으로, 이조 전랑을 통해 집약된 의견은 사림 전체의 의견을 대변하는 것이 되었다. 전랑은 비록 5품의 낮은 지위였으나, 관리의 임면을 장악하는 중요한 직책을 가진 자리였다. 더구나 이조 전랑을 거치면 대개는 재상으로까지 올라갈 수 있는 요직이었기 때문에, 이조 전랑의 임면은 이조 판서라도 관여하지 못하였고 전임자가 추천하도록 되어 있었다.
> 처음에는 선조 초에 김효원이 전랑에 천거되었으나 심의겸의 반대가 있었고 뒤에는 심의겸의 동생이 그 후보에 올랐으나 김효원이 이를 반대하였다. 이렇게 심의겸과 김효원의 반목이 표면화됨으로써 심의겸을 중심으로 한 기성 관료를 '서인'이라 칭하고 김효원 등 신진 관료를 '동인'이라 칭하여 붕당 정치가 시작되었다.

(5) 붕당정치의 폐단

① 긍정적인 측면: 사림의 정치 참여의 폭을 넓히는데 기여하였다. 또한 사림 정치의 활성화와 정치 세력 간의 상호 비판과 견제 기능도 가졌다.

② 부정적인 측면: 국민복리보다 당파의 이익을 추구하고, 이념보다는 학벌, 문벌, 지방의식과 연결 되어 국가의 발전에 지장을 초래하였다.

	동 인	서 인
출신 배경	김효원 지지 세력(신진 사림)	심의겸 지지 세력(기성 사림)
정치 개혁	척신 정치 개혁에 적극적	척신 정치 개혁에 소극적
학문 계승	이황, 조식, 서경덕의 문인 중심	이이와 성혼의 문인 중심

5) 붕당 정치의 전개

(1) 남북인의 분열

① 동인과 서인이 나뉜 후 처음에는 동인이 우세한 가운데 정국이 운영되었다.

② 남북인의 분열

(ㄱ) 선조 22년(1589)년에 동인인 정여립의 모반 사건으로 서인 정철이 집권하게 되었다.

(ㄴ) 선조 24년(1591)에 동인은 세자 책봉 문제(건저의 문제)를 둘러싸고 정철을 논죄하였다. 이 때 동인은 급진파인 북인과 온건파 남인으로 나뉘었다.

③ 처음에는 남인이 정국을 주도하였으나 왜란을 계기로 북인은 의병 항쟁과 함께 향촌 사회의 기반을 유지하면서 광해군 때까지 정국을 주도하였다.

(2) 광해군의 정치와 인조반정

① 광해군은 국제 정세의 변화 속에서 명과 후금 사이에 중립 외교를 전개하면서 전후 복구 사업을 추진하였고 지지 세력인 북인은 서인과 남인 등을 배제한 채 정권을 독점하려 하였다.

② 광해군도 불안정한 왕위를 지키기 위하여 영창 대군을 살해하고 인목 대비를 유폐하여 도덕적으로 비난을 받았고 무리한 토목 공사를 벌여 재정의 악화와 민심의 이탈을 가져왔다. 결국 광해군과 북인은 서인이 주도한 인조반정으로 몰락하였다(1623).

북인의 집권 기반

임진왜란 당시 북인은 의병을 일으키고 향촌 사회의 기반을 유지하여 전란이 끝난 뒤 정국을 주도할 수 있었다.

광해군과 영창 대군

영창 대군은 선조의 계비인 인목대비의 아들인 까닭에 후궁의 아들로 적통이 아니었던 광해군에게 위협적인 존재였다.

(3) 인조반정 이후의 정국

① 서인과 남인의 공존 체제

(ㄱ) 반정을 주도한 서인은 남인 일부와 연합하여 정국을 운영해 나갔다. 서인과 남인은 모두 학파적 결속을 확고히 한 정파들이었다. 이들은 기본적으로 서로의 학문적 입장을 인정하는 토대 위에서 상호 비판적인 공존 체제를 이루어 나갔다.

ㄴ) 서인 정권은 정치권력의 기반으로 **병권을** 중요시하여 후금과의 항쟁 과정에서 국방력 강화에 주력하였으며 어영청·총융청·수어청 등의 새로운 군영을 설치하고 그 **통솔권을** 장악하였다.

ㄷ) 정치 세력이 붕당을 중심으로 결집되어 상대방의 존재와 비판을 인정하는 정치가 운영되면서 17세기 중엽 까지는 정국이 비교적 안정되었다.

ㄹ) 정치적 입지를 굳힌 지배층은 중앙 정계에서 양반 관료로서 성리학적 **명분을** 통하여 정치를 주도하였고 향촌의 사림들은 경제적 토대인 지주제를 확대시켜 가면서 향안, 향약, 서원 등을 통해 동요하고 있던 향촌 질서를 재확립하고자 하였다. 당시 심각한 양상을 보이던 농촌 사회의 어려움에도 주목하여 잘못된 조세 체계를 시정해 보고자 하였다.

② 산림의 여론 주재: 정치적 여론은 주로 서원을 중심으로 모아져서 자기 학파의 관리들을 통하여 중앙 정치에 반영되었다. 각 학파에서 학식과 덕망을 겸비한 인물이 산림(山林)이란 이름으로 재야에서 그 여론을 주재하였다.

> **산 림**
>
> 시골에 은거해 있던 학덕이 높은 학자 가운데 국가의 부름을 받아 특별대우를 받던 사람으로 붕당 정치기의 사상적 지주였다.

(4) 예송 논쟁과 남인의 우세

① 서인의 우세: 이후 현종 때까지는 서인이 우세한 가운데 남인과 연합하여 공존하는 구도가 유지된 채 붕당 정치가 전개되었다.

② 예송 논쟁의 전개

ㄱ) 현종 때에 효종의 왕위 계승에 대한 정통성과 관련하여 두 차례의 예송이 발생하면서 서인과 남인 사이의 대립이 격화되었다.

ㄴ) 1차 예송(기해예송, 1649)에서는 당시 정치적 실권을 장악하고 있던 서인의 주장(1년설)이 받아들여졌다.

ㄷ) 2차 예송(갑인예송, 1674)에서는 꾸준히 세력을 키워 온 남인의 주장(1년설)이 받아들여져 1차 예송 전후 집권 세력인 서인이 약화되고 남인 중심의 정국이 운영되었다.

③ 남인의 우세

ㄱ) 갑인예송으로 집권한 남인은 서인에 대한 처

> **서인과 남인의 차이**
>
> 서인과 남인은 학문의 뿌리도 다르지만, 정치사상에 있어서도 다른 점이 있었다. 서인은 상업과 기술 발전에 호의적이며 노비 속량과 서얼 허통에도 비교적 적극적이었고 부국강병에 관심이 있었다. 이에 반하여 남인들은 수취체제의 완화와 자영 농민의 육성에 치중하고 상업과 기술 발전에 소극적이었다. 권력 구조에 있어서도 서인은 대신이 주도하는 정치를 지향한데 비하여 남인은 왕권의 강화와 정책 비판 기능에 큰 비중을 두었다.

> **예송 논쟁**
>
> 예송은 차남으로 왕위에 오른 효종의 정통성과 관련하여, 1659년 효종의 사망 시(기해예송)와 1674년 효종 비의 사망 시(갑인예송)에 두 차례에 걸쳐 일어났다. 이 때 인조의 계비 자의대비의 복제가 쟁점이 되었다. 서인은 효종이 적장자가 아님을 들어 왕과 사대부에게 동일한 예가 적용되어야 한다는 입장에서 1년 설과 9개월 설을 주장하였고 남인은 왕에게는 일반 사대부와 다른 예가 적용되어야 한다는 입장에서 3년 설과 1년 설을 각각 주장하여 대립하였다. 기해예송에는 정통성을 인정하지 않았으나 갑인예송에서는 정통성을 인정하였다.

벌 과정에서 강경파와 온건파로 나뉘었다.

(ㄴ) 온건파가 우세한 가운데 서인에 대한 극단적인 탄압은 행해지지 않았고 따라서 서인의 일부는 정치에 참여할 수 있었다. 상대 세력의 공존을 인정하는 붕당 정치의 원칙이 유지 되었다.

(ㄷ) 경신환국(1680)을 계기로 재집권한 서인은 남인에 대한 입장에 따라 노론과 소론으로 분당되었고 강경 노론이 정권을 잡으면서 붕당의 원칙이 붕괴되었다.

> **경신환국(庚申換局)**
>
> 1680년(숙종 6) 2차 예송 이후 정계에서 밀려났던 서인이 남인을 역모로 몰아 숙청하고 정권을 장악한 사건

☑ **붕당정치의 전개 과정**

동, 서 분당	이조전랑의 문제로 김효원(동인), 심의겸(서인)으로 분당 서인이 정여립 모반 사건으로 주도권을 잡음.
남, 북 분당	서인 정철 건저의 문제로 동인이 강경파(북인: 광해군 정권), 온건파(남인)로 분열
	인조반정 - 서인 집권, 남인 참여(현종 때까지 유지)
예송논쟁	1차(기해예송) - 서인 집권, 2차(갑인예송) - 남인 집권
경신환국	허적 등 남인 축출, 서인집권 - 노론(송시열), 소론(윤증)으로 분열
기사환국	장희빈 소생(후에 경종) 왕세자 책봉문제 - 남인집권
갑술옥사	인현왕후 복위 문제 - 노, 소론의 정쟁 시작, 소론 득세
신임사화	경종의 즉위 - 소론이 노론 탄압

④ 조선 전기의 대외 관계

1) 조선의 외교정책

(1) 조선의 외교정책 방향(사대교린 정책)

① 명과 친선을 도모하여 왕권의 확립과 국가의 안정을 도모하고자 하였다.

② 사대 외교는 예속 관계가 아니라 서로의 독립성을 바탕으로 이루어졌다.

③ 중국 연호를 쓰고 책봉을 받는 것을 전제로 조공무역을 체결하는 외교이다.

④ 실제로는 정치·경제·문화 등에서 실리를 추구하는 외교이다.

⑤ 교린 정책은 평화 유지를 위해 상호 우호 관계를 유지하는 것으로 일본·여진에 대한 외교 정책이다.

⑥ 교린 정책은 회유책과 강경책을 동시에 쓰는 화전 양면 정책을 추진하였다.

(2) 명과의 외교

① 태조

(ㄱ) 정도전의 요동 수복 계획 추진: 정도전은 「진도」를 작성하고 군사력을 강화하였다.

ㄴ) 명은 정도전이 작성한 표전(외교문서)의 내용을 문제 삼아 관계가 원만하지 않았다.

② 태종: 요동 수복 계획을 보류하고 여진을 토벌 하여 명과의 관계가 호전되었다.

③ 명과의 교역

ㄱ) 사절단 파견: 주로 정치적 목적으로 1년에 3차례씩 정기적 사절을 파견하였고, 이를 통해 문화의 수입과 물품의 교역이 이루어졌다.

ㄴ) 무역품: 종이, 인삼, 화문석, 마필 등이 수출되었고, 견직물, 서적, 약재, 도자기 등이 수입되었다.

ㄷ) 무역의 폐단: 공무역과 사무역이 행해졌지만 명의 과다한 요구를 피하기 위하여 조선은 금·은 광을 폐쇄하거나, 사치스러운 견직물의 수입으로 국내 수공업이 영향을 받기도 하였다.

④ 명과의 관계 변화: 16세기 이후 사림들의 존화주의 사상으로 인해 지나친 친명 정책으로 변화되는 경향이 나타났다.

2) 여진과의 관계

(1) 조선 초의 여진족 압록강·두만강 연안에 거주하고, 반농·반목의 상태로 식량, 의류, 농기구를 조달 받고 있었다.

(2) 대여진 정책

① 회유정책: 여진족의 귀순을 장려하여 관직·토지·주택을 지급하고, 여진의 사절을 위한 북평관을 설치하였다. 태종 6년(1406)에 무역소를 설치(경성, 경원)해 국경 무역과 조공 무역을 허락했다. 수출품은 소금, 포목, 미곡, 농기구 등이고, 수입품은 말과 모피류 등이었다.

② 강경책: 국경지방에 많은 진·보를 설치하여 각 고을을 전략촌으로 바꾸어 방비를 강화하고 때로는 대규모의 원정군을 파견하여 본격적인 여진족 토벌에 나섰다.

(3) 국토의 수복(여진족 토벌)

① 압록강 유역의 확보: 세종(1443) 최윤덕의 4군 개척(여연·우예·자성·무창), 세조13년(1467)에 남이, 강순 등의 정해서정, 성종 때는 윤필상이 야인을 완전히 격파하였다.

② 두만강 유역의 확보: 여진족의 침탈 행위로 군사적 정벌 단행, 세종 때 김종서의 6진 개척(경원, 경흥, 종성, 온성, 회령, 부령)

(4) 사민정책(徒民政策) 실시

① 실시 목적: 여진족의 침략에 대한 효과적인 대응, 주민의 자치적 지역 방어 체제 확립, 국토의 균형 있는 발전 등이 실시 목적이다.

② 토관제도 실시(민심 수습책)
　　(ㄱ) 토관직은 함경도, 평안도 지방의 토착민에게 주던 특수한 관직으로 15세기 말 향리로 대체되었다.
　　(ㄴ) 국경 지대의 지배권을 강화하고 여진족과의 연결을 방지하며, 민심을 수습하기 위해 실시한 제도이다.

3) 일본 및 동남아시아와의 관계

(1) 일본과의 관계

① 강경책
　　(ㄱ) 왜군의 침략(고려 말~조선 초)에 대하여 수군 강화, 전함 건조, 화약 무기 개량 등으로 국방력을 강화하였다.
　　(ㄴ) 세종(1419)에 이종무는 왜구의 소굴인 쓰시마를 정벌하여, 국력과 국방력이 강화되었다.

② 회유책
　　(ㄱ) 일본 봉건 영주들이 교역을 간청해 오자 조선은 교린 정책을 써서 제한된 조공 무역을 허용해주고, 사신유숙소인 동평관을 두었다. 이 과정에서 조선은 대마도주를 매개로 다른 봉건 영주까지 통제하려 하였다.
　　(ㄴ) 3포 개항(세종8년, 1426): 부산포(부산), 염포(울산), 제포(진해)를 개항하여 왜관을 설치하고 조공 무역을 허락하였다.
　　(ㄷ) 계해약조(세종 25년, 1443): 대마도주와 맺은 약조로 거류 왜인 60명, 세사미두 200석, 세견선 50척으로 무역량을 제한하는 조치를 취하였다.

③ 무역품
　　(ㄱ) 수출품: 쌀·무명·삼베·서적·도자기. 공예품 등
　　(ㄴ) 수입품: 동(銅)·주석(錫)·유황·약재·향료 등

(2) 동남아시아와의 교류

① 교류국: 조선 초에는 류큐(오키나와), 자바(인도네시아), 사이암(타이) 등 동남아시아의 여러 나라와도 교류하였다.

② 조공 혹은 진상의 형식으로 기호품을 중심으로 한 각종 토산품을 가져와서 조선의 문물을 수입해갔다.

③ 류큐와의 교역: 특히, 류큐와의 교역이 활발하였는데 불경, 유교 경전, 범종, 부채 등을 전해주어 류큐의 문화 발전에 기여하기도 하였다.

기출문제

01 다음 중 조선 초기의 대외 관계에 대한 설명으로 옳지 않은 것은? 2010. 서울시 9급

① 명나라와 태종 이후로 관계가 좋아져 교류가 활발했다.

② 세종 때 4군 6진이 설치되어 오늘과 같은 국경선이 확정되었다.

③ 여진족에 대해 토벌 위주의 정책을 추진하였다.

④ 화약 무기를 개발하여 선박에 장착하는 등 왜구 격퇴에 노력을 기울였다.

⑤ 류큐에 불경, 유교 경전, 범종 등을 전해주어 문화 발전에 기여하였다.

정답 ③

해설 조선은 기본 외교 정책은 사대교린 정책으로 특히 여진은 교린 외교로 회유책과 강경책을 동시에 쓰는 화전 양면 정책을 추진하였다.

5 왜란과 호란

1) 임진왜란

(1) 왜란 전의 시대 상황

① 조선의 혼란: 사화와 붕당 정치로 정치적 분열과 혼란이 심해진 상태에서 토지 제도의 문란으로 인해 농민들이 동요가 일어나기 시작하였다. 관리의 착취로 도적이 유행(임꺽정의 난)하였고, 가장 큰 취약점은 군비의 허술함이었다. 군역을 면제해주는 대신 포를 거두어들이는 군적 수포제가 실시되었지만 주로 군비가 아닌 국가 재정의 부족을 메우기 위한 자금으로 사용되었다.

② 왜란 전 일본의 상황: 일본에서는 도요토미 히데요시에 의해서 전국시대의 혼란이 수습되었다. 도요토미 히데요시는 불만 세력을 무마시키고, 자신의 정복욕을 만족시키고자 조선과 명에 대한 침략 전쟁을 준비하였다.

③ 왜란 전 일본과의 관계: 중종 때 삼포왜란(1510)으로 임신약조가 체결되고, 군국의 사무를 맡은 임시기구로서 비변사가 설치되었다. 조선은 서인의 이이가 10만양병설을 주장하자 동인들이 이를 반대하고 안심론을 주장하는 등 국론이 일치되지 않았으며 국력이 약화되어 적극적인 대책이 강구되지 못하였다.

(2) 왜군의 침략

① 동래성의 함락: 선조 25년(1592)년 약 20만의 왜군은 부산에 상륙하여 정발이 지휘하는 방어진과 송상현이 지휘하는 방어진을 차례로 격파하고 동래성을 점령하였다.

② 왜군의 한양 점령: 왜군을 신립이 충주 탄금대에서 배수진을 치고 방어하였으나, 무기와 전력의 열세로 패하여 한양이 점령당하였다.

③ 왜군의 북상: 한양을 점령한 왜군이 계속 북상하자, 선조는 의주로 피난하였다. 부산에 상륙한지 18일 만에 한양을 함락한 왜군이 6월에는 평양과 함경도 지방까지 침입하여 호남을 제외한 전 지역을 점령하자 명나라에 지원을 요청하였다.

2) 이순신과 수군의 활약

(1) 일본의 수륙병진(水陸竝進) 작전
육군과 수군이 동시에 진격하되, 육군이 북상하는 데 따라 수군은 남해와 서해를 돌아 물자를 조달하면서 육군과 합세하는 작전이다.

(2) 대비책
전라좌수사로 부임한 이순신은 왜군의 침략에 대비하여 태종 때 만들었던 거북선을 개량하고 무기와 전함을 정비하여 수군을 훈련시키고 군량미를 저장하였다.

(3) 1·2차 승리

① 제 1차 승리: 왜군이 부산에 상륙하자 80여 척의 배로 옥포(거제도)에서 승리를 거두었다.

② 제 2차 승리: 전라 우수영 및 경상 우수영의 함선이 합세하여 사천(삼천포), 당포(충무), 당항포(고성) 등에서 승리를 거두었다.

③ 특히, 사천 전투는 거북선을 이용하여 승리한 최초의 전투이고, 일본의 수륙 병진 작전은 어렵게 되었다.

(4) 한산도 대첩

① 해전에서 패배한 왜군은 모든 함선을 모아 총공격을 개시하고, 육지에서도 전라도 지방을 공격하여 조선 수군의 후방을 교란시켰다.

② 조선의 함대가 일본 함선을 한산도 앞바다로 유인하여 크게 승리하였다.

③ 조선 수군 승리의 의의: 조선 수군은 남해의 제해권을 장악하고, 곡창 지대인 전라도 지방을 지키게 되어 왜군의 수륙 병진 작전을 좌절시키는 데 성공하였다.

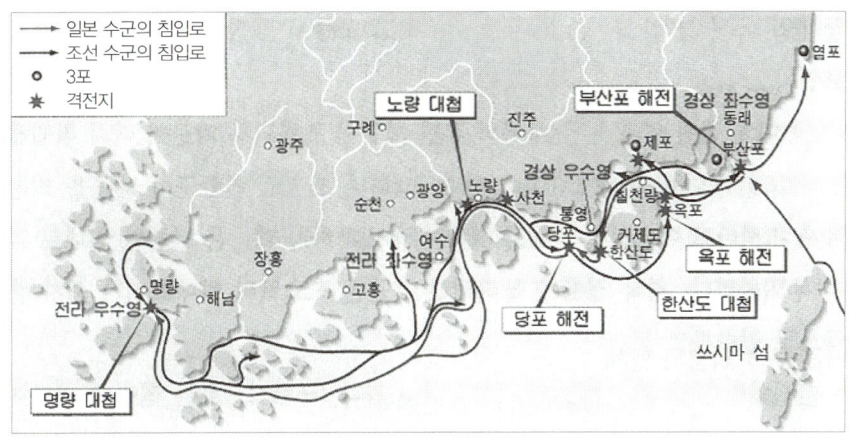

▶ 임진왜란 해전도

3) 의병의 항쟁

(1) 구 성

① 의병을 조직하고 지휘한 사람은 전직관리, 유학자, 승려들이었고 주력을 이룬 것은 농민이 었다.

② 전국 각지에서 자발적으로 향토방위를 위해 부대를 조직하였다.

(2) 활 동
향토 지리에 익숙하고, 향토 조건에 알맞은 전술과 무기를 사용하여 왜군에게 큰 타격을 주었다. 적은 병력이었기 때문에 정면 공격보다 매복, 기습 작전을 펼쳤다.

(3) 관군에 편입
전란이 장기화되면서 의병부대를 정비하여 관군에 편입시킴으로써 전투능력이 더욱 강화되었고, 조직적인 작전을 펼칠 수 있었다.

(4) 주요 의병장

① 경상도 의령: 곽재우(홍의장군)

② 충청 옥천: 조헌

③ 전라도 나주: 김천일

④ 전라도 담양: 김덕령

⑤ 전라도 장흥: 고경명

⑥ 평안도 묘향산: 서산대사(휴정)

⑦ 강원도 금강산: 유정(사명대사)

⑧ 함경도 경성: 정문부

4) 전란의 극복과 영향

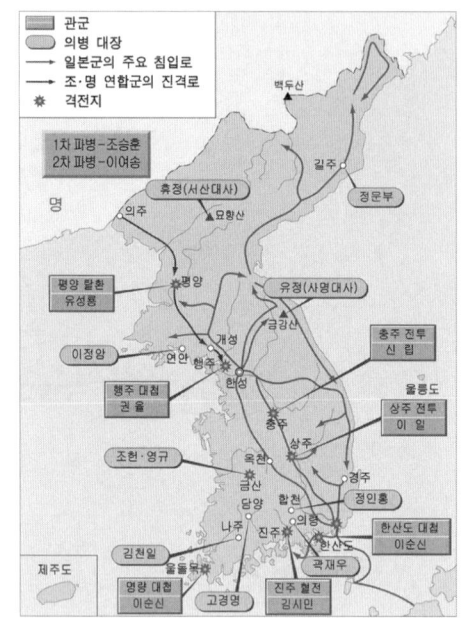

(1) 조·명 연합군 평양성 탈환(1953)

① 초기의 열세를 수군과 의병의 승전으로 전세를 반전시켜 전쟁의 주도권을 장악하였다.

② 명(이여송)의 5만 지원으로 조·명연합군이 활약하여 평양성을 탈환했다.

(2) 관군과 의병의 합세
관군과 의병들이 서울 탈환에 합세하였는데 특히 권율 장군이 이끄는 전라도 부대는 전주, 수원 등지에서 적을 격파하였다.

(3) 벽제관의 패배
왜군은 벽제관(서울 방면30리)에서 이여송이 이끄는 명군에 반격을 가하였고 명군은 평양까지 후퇴하였다.

(4) 행주 대첩(1593)
벽제관에서 승리한 왜군은 북상하는 아군을 격파하기 위하여 행주산성을 공격하였다. 권율 장군이 지휘하는 수비군은 수적으로 열세하였지만 왜군을 크게 물리쳤다.

(5) 휴전 제의:
왜군은 전열을 재정비하기 위하여 휴전을 제의하였으나 도요토미 히데요시의 지나친 요구로 결렬되었다.

5) 정유재란(1597)

(1) 조선의 군비 강화

① 유성룡의 건의로 훈련도감을 설치하고, 속오법을 실시하여 지방군의 편제를 개편하였다.

② 수군의 강화: 이순신을 3도 수군통제사로 임명하여 지휘체제를 강화하였다.

(2) 왜군의 재침
휴전 기간 동안 전열을 정비하여 1597년에 재침입하였다.

(3) 전 개
이순신이 수군통제사에서 파면되고 원균이 임명되자 왜군은 지휘권이 변동된 틈을 이용해 총공격을 개시하였다. 일본군의 전략에 말려 칠천량(거제도)에서 원균이 대패하고, 일본군은 충청도 지방까지 북상하였다.

(4) 조선군의 승리

① **명량 대첩**(1597.9): 3도 수군통제사로 재임명된 이순신이 12척의 함선으로 **명량**에서 300여 척의 왜군 함대를 격퇴하여 크게 승리하였다.

② **노량 대첩**(1598.11): 조선 수군은 참패하여 도망가는 수백 척의 왜선을 노량 앞바다에서 격 퇴시켰다. 이 전투에서 이순신이 전사하였고, 7년간에 걸친 전란이 끝나게 되었다.

☑ 임진왜란 · 정유재란의 주요일지

1592	·4월. 왜군의 조선침략 ·7, 8월. 한산도 대첩, 이순신 제해권 장악 ·10월. 진주 대첩 - 이장손이 비격진천뢰 발명
1593	·명군 도착 ·1월. 평양 수복 -2월. 행주 대첩 ·6월. 진주성 함락(논개 죽음) ·8월. 일본군과 명군 철수 시작
1594	·2월. 훈련도감 설치 ·3월. 당항포 해전(이순신)
1596	·7월. 이몽학, 홍산에서 난을 일으킴 ·8월. 의병장 김덕령 옥사 ·9월. 도요토미, 조선 재침 명령
1597	·1월. 일본군 재침(정유재란) ·2월. 이순신 무고로 하옥됨 ·3월. 명군 2차 출병 ·7월. 수군 칠전량에서 대패, 원균 전사 - 이순신 3도 수군 통제사가 됨 ·9월. 명량해전
1598	·8월. 도요토미가 죽자 일본군 철수 시작 ·11월. 노량해전, 이순신 전사 - 일본군의 완전 철수로 전쟁 끝남

6) 왜란의 영향

(1) 승리 요인

① **잠재적 역량**: 관군 차원에서 국방능력은 일본에 뒤졌지만 국민의 국방능력은 일본을 뛰어 넘었다.

② **문화적 우월감**: 문화적 우월감이 충만하여 자발적인 전투의식을 갖게 되었고, 국민의 정신 력이 국방 능력으로 승화되었다.

③ **전술과 무기의 우세**: 창검, 대포, 활, 돌멩이 등 다양한 무기를 지세와 전술에 맞게 활용할 수 있는 능력을 가지고 있었다. 특히, 함선 제조 기술과 대포는 일본을 능가하였다.

(2) 왜란의 영향

① 국내적 영향

    (ㄱ) 비변사의 기능이 강화되었다.

    (ㄴ) 훈련도감을 설치하고 속오군을 편성하여 국방이 강화되었다.

    (ㄷ) 농토가 황폐해져 인구가 격감하였고, 토지대장과 호적의 소실로 국가 재정이 궁핍해졌으며 식량도 부족하게 되었다.

    (ㄹ) 국가 재정을 보충하기 위하여 곡식을 바치는 자는 관직이나 신분을 승격시켜주는 **납속책과 공명첩**을 대량 발급하였다. 이로 인해 신분 제도의 동요와 사회의 혼란으로 이몽학의 난 같은 민란이 발생하였다.

    (ㅁ) 불국사, 경복궁, 4대사고(전주 사고 제외) 등이 소실되었고, 담배, 고추, 호박, 토마토, 조총 등이 전래되었다. 민족의식 고취로 재야 지식인들 사이에서 실학 운동과 제도 개편에 대한 변화의 움직임 대두되었다. 지배층에서는 명에 대한 존화 사상이 강화되었고, 관우(關羽) 숭배 사상의 유입으로 동묘가 지어졌다.

② 국제적 영향

    (ㄱ) 여진족의 성장: 여진족이 성장하여 후금(청)을 건국하면서 동아시아의 정세에 많은 변화를 가져오게 되었다.

    (ㄴ) 일본의 문화 발전: 일본은 활자, 그림, 도자기, 서적 등의 문화재뿐만 아니라 학자와 기술자까지 납치해 갔다. 이와 함께 조선의 성리학(이황의 주리론)이 전해져서 일본 문화 발전에 많은 영향을 주었다.

> ### 공명첩(空名帖)
>
> 임진왜란 이후 시행되었던 진휼책(賑恤策)으로, 부유층에게 관직의 이름을 팔아 돈을 얻던 증서이다. 임진왜란과 병자호란으로 국가 재정이 탕진되었고, 당쟁의 폐로 국가 기강이 문란하였다. 또 흉년이 자주 들어서 많은 백성들이 굶주리게 되니 조정에서는 이를 구제하기 위하여 명예직(名譽職)을 주고 그 대가로 많은 재정을 확보하였다. 이것은 사회가 극도로 혼란되었을 때에 매관매직을 합리적으로 조장하는 폐단을 야기하였다.

7) 광해군의 중립 외교

(1) 배 경

① 임진왜란 이후 조선과 명의 힘 약화

② 여진족이 후금 건국(1616) 후 명에 전쟁 선포, 명은 조선에 원군 요청

(2) 광해군의 정책

① 중립 외교 정책 추진

    (ㄱ) 명과의 관계를 유지하면서 강성해진 후금과도 친선을 도모하였다.

ㄴ 후금을 막기 위해 조선에 출병을 요구한 명을 지원하러 갔던 조선군 사령관 강홍립이 광해군의 밀명으로 후금에 항복하였다.

ㄷ 계속된 명의 지원 요청이 있었으나 조선은 중립을 지켜 후금과 전쟁을 막고 친선 관계를 추구하였다.

ㄹ 일본 에도막부의 수교간청으로 선조 때(1607) 국교를 재개하고 광해군 때(1609)에 무역을 재개하였다.

② 내정개혁
ㄱ 북인 정권이 성립하여 전후복구사업 수행

ㄴ 양안·호적 작성으로 국가 재정 확보, 산업 부흥

ㄷ 성곽, 무기 수리, 군사 훈련 실시 등 국방력 강화

ㄹ 동의보감 편찬 및 불에 탄 사고 정비

③ 사림의 반발: 명분론에 입각하여 광해군의 중립 외교를 비판했다.

(3) 인조반정(1623)

① 배경: 광해군의 중립 외교 정책은 명분을 중시하는 사림과 정치적 갈등이 심화되었다. 광해군과 북인은 영창 대군을 죽이고 인목대비를 폐위시키는 등 유교 윤리에 어긋나는 행동을 보여 서인이 비판하였다.

② 서인 정권 성립: 서인이 주도한 반정으로 광해군은 왕에서 물러나고 인조가 즉위하여 서인 정권이 성립되었다.

8) 호란의 발발과 영향

(1) 정묘호란(인조 5년, 1627)

① 배경: 인조반정으로 집권한 서인은 친명 배금 정책을 추진하였다.

② 명나라 장군 모문룡(毛文龍)이 후금의 배후를 치려 평안도 철산 앞바다 가도에 주둔하여 후금을 긴장시켰다.

③ 이괄의 난(1624): 인조반정 이후 논공행상에 불만을 품은 이괄이 난을 일으키고 그 잔여 세력이 조선 사정을 후금에 상세히 알려 침략을 유도하게 되었다.

④ 경과: 후금의 침공에 의병을 조직하여 정봉수(철산 용골산성), 이립(의주)이 활약하였고 그 밖의 지역에서도 의병이 일어나 적과 싸웠다.

⑤ 결과: 후금은 중국 대륙을 장악하는 것이 목표였기 때문에 강화 제의로 형제 관계가 체결되었다.
ㄱ 정묘약조를 맺어 형제맹약을 하고 군대를 철수하였다.

(ㄴ) 명과의 국교는 계속 허용하였지만, 후금에 대한 조공과 국경무역을 약속하였다.

(ㄷ) 특히 의주에 중강·회령 개시를 설치하였다.

(2) 병자호란(인조 14년, 1636)

① 과 정

(ㄱ) 청이 종래의 형제 관계에서 군신관계를 요구하면서 명나라 정벌을 위한 군수품을 요구하였다.

(ㄴ) 조정이 주화파와 주전파로 분열되었다. 그 중 척화주전론이 대세가 되었다.

② 경 과

(ㄱ) 청 태종이 10만 대군을 이끌고 서울을 점령하자 인조는 남한산성으로 피난하였다.

(ㄴ) 주화파인 최명길 등을 중심으로 청과 화의를 맺고 삼전도(三田渡, 송파)에서 굴욕적인 항복을 하였다.

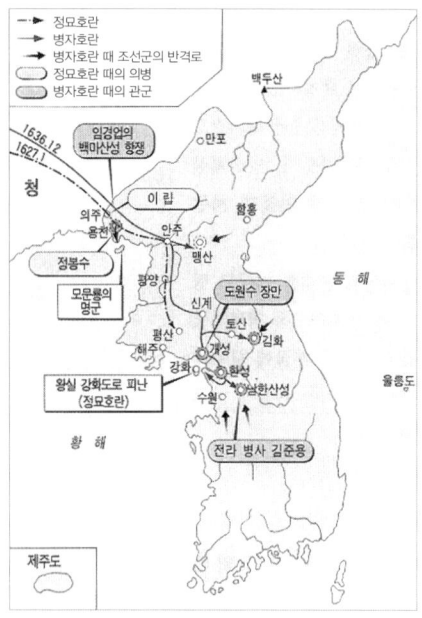

▶ 정묘호란과 병자호란

③ 결 과

(ㄱ) 청과의 군신 관계를 맺고 명과 단절하였다.

(ㄴ) 봉림대군·소현세자·3학사(홍익한, 윤집, 오달제)·김상헌 등이 인질로 압송당하고 배상금과 조공 실시를 약속하였다.

(3) 호란의 영향

① 서북 지방의 황폐화

② 청에 대한 적개심·문화적 우월감으로 북벌론 대두

③ 군신 관계를 인정하고 명과의 국교 단절

☑ 주전파와 주화파의 대립

주전파(척화파)	주전론	대의명분 존중, 화이론, 무력 응징	김상헌과 3학사
주화파	강화론	명분보다는 실리 중시, 내정 개혁 치중, 외교 담판	최명길 등

9) 북벌론과 나선 정벌

(1) 북벌론

① 병자호란의 치욕을 씻고자 반청의 정치적 입장을 포기하지 않아서 청을 정벌하자는 북벌론이 대두되었다.

② 청에 볼모로 갔다 돌아온 **효종**과 송시열, 이완, 송준길 등 서인에 의해서 북벌론이 본격적으로 제기되었다. 표면적으로는 사대 외교를, 실질적으로는 국방을 강화하면서 북벌을 준비하였다.

(2) 효종의 북벌 계획

① 남한산성의 방비를 강화하기 위하여 수어청의 군사력을 정비하고 **어영청**(이완)을 강화하였다.
② 네델란드인 **벨테브레**에게 훈련도감에서 신식 무기를 제작하게 하였다.
③ 김육의 건의로 **대동법을 충청도, 전라도까지 확대**하여 경제 안정에도 노력을 기울였다.

(3) 한 계

① 중국 중심의 화이사상을 반영한 것으로 선진문물의 유입을 차단하였다.
② 서인들은 북벌론을 주장하면서 남인 세력의 진출을 견제하였다.
③ 서인 정권의 군사력 강화에 이용되었다.

(4) 북벌론의 영향

① 북벌론은 **효종 때 가장 활발**하였으나 그 뒤로는 쇠퇴하였다.
② 18세기 후반 청의 문물이 발달함에 따라 북벌론이 청산되고 북학론이 등장하였다.

(5) 나선 정벌

① 시베리아 지방에는 러시아 세력이 밀려오자(효종), 청은 정벌군을 파견하고 조선에 원병을 요청했다.
② 조선 정부가 변급(1654), 신유(1658) 등 조총 부대를 파견하여 큰 성과를 거둔 것을 나선 정벌이라 한다.

기출문제

01 임진왜란과 병자호란 사이의 시기에 있었던 사실들을 모두 고른 것은? 2010. 지방직 9급

ㄱ. 선조가 왜란이 끝나기 전에 사망하자 그의 뒤를 이어 광해군이 왕위에 올랐다.
ㄴ. 광해군을 추종한 북인은 동인 중에서 이황 문인을 제외한 파벌들이 연합한 붕당이었다.
ㄷ. 광해군은 명과 후금 사이의 싸움에 말려들지 않는 실리 정책을 폈다.
ㄹ. 인조반정으로 권력을 잡은 서인 정권은 광해군의 대외 정책을 계승하였다.

① ㄱ, ㄴ 　　　　② ㄴ, ㄷ 　　　　③ ㄱ, ㄷ 　　　　④ ㄱ, ㄹ

정답 ②

해설 ㄱ 왜란이 끝나자 선조는 사명대사를 일본에 파견하여 다시 국교를 수립하였다(1607). ㄹ 1608년 선조가 죽자 왕위에 오른 광해군은 명과 후금 사이에서 실리적인 중립 외교 정책을 실시하였다. 이러한 광해군의 중립 외교 정책은 명분을 중시하는 사림과 정치적 갈등을 빚게 되었다.

02 근세의 경제

❶ 경제 정책

1) 농본주의 경제 정책

(1) 경제정책의 개편

국력 증진과 민생 안정을 위해 유교의 왕도 정치사상에 입각하여 경제구조를 개편하고 농본주의 경제 정책을 실시하였다.

(2) 중농정책

① 농경지의 확대

    (ㄱ) 토지 개간과 양전 사업이 적극적으로 추진되었다.

    (ㄴ) 고려 말 경지 면적이 50만결이던 것이 15세기 중엽 세종 때 160만결로 증가하였다.

② 농업생산 향상을 위한 새로운 농법 개발

    (ㄱ) 시비법, 연작법, 직파법에서 이앙법 보급 등의 농업 기술이 발전하였다.

    (ㄴ) 농기구를 개발, 보급하였다.

③ 농민 생활 안정: 농민의 조세 부담을 경감하였다.

(3) 상공업 정책

① 초기: 국가의 통제로 자유로운 상공업 활동 억제 → 상공업 부진

    (ㄱ) 유교적 경제관에 따른 소비 억제 정책 → 물화의 수량과 종류를 통제하지 않으면 사치, 낭비, 빈부의 격차가 커진다고 생각하였다.

    (ㄴ) 도로·교통수단이 미비하였다.

    (ㄷ) 농업 중심의 자급자족적 경제 구조로 화폐유통이 부진해 대외무역도 부진하였다.

    (ㄹ) 교역수단으로 약간의 저화와 동전이 포목, 미곡과 같이 사용되었다.

② 16세기 이후의 변화

    (ㄱ) 농업생산력의 발전을 바탕으로 사회경제적 변화가 함께 진전되었다.

    (ㄴ) 농민에 대한 통제력이 약화되고 상공업이 발전하였다.

    (ㄷ) 상공업에 대한 국가의 통제 정책이 해이해졌다.

(ㄹ) 상공업과 대외무역이 점차 자유롭게 전개되기 시작하였다.

2) 토지제도

(1) 과전법

① 시행목적
- (ㄱ) 농민 생활이 안정될 수 있도록 병작반수제 금지, 경작권의 자의적 박탈 금지, 수조율 경감 등을 규정하였다.
- (ㄴ) 국가 재정 확보와 신진 사대부의 경제적 기반, 피폐된 농민의 생활 안정에 있다.

② 토지의 종류: 모든 토지는 국가가 수조권을 갖는 공전과 개인에게 수조권이 있는 사전으로 구분된다.
- (ㄱ) 공전: 대부분 일반 농민이 소유하고 있던 민전을 국가가 징세 대상으로 파악한 것이다. 국가는 농민에게 경작권을 보장해 주고, 조(租)를 받았다.
- (ㄴ) 사전: 관리에게 주는 과전, 공신에게 주는 공신전과 별사전, 중앙관부와 지방 관아에 지급된 공해전과 늠전, 그 외에도 사원에 소속된 사원전, 성균관, 사학, 향교에 소속된 학전 등이 있었다.
  - (가) 과전: 전직·현직 관리에게 지급한 토지로 1대에 제한하는 것이 원칙이었다. 과전은 경기에 한정하여 지급하였고, 18과로 나뉘어 최고 150결에서 최하 10결까지 받았다.
  - (나) 휼양전, 수신전: 과전을 지급 받던 관리가 죽었을 때 그의 처가 재가를 하지 않으면 수신전이라는 이름으로, 어린 자녀들만 남아 있을 때는 휼양전이라는 이름으로 각각 1대에 한하여 세습되었다.
  - (다) 공신전: 공신에게 지급되었고 세습이 허용되었다.
  - (라) 공해전: 중앙 관부의 비용을 위해서는 공해전을, 지방관서의 경비를 위해서는 늠전을 지급하였고, 중앙관서의 비용은 조세와 공물로 충당하였다.
  - (마) 별사전: 준공신(반역자 고발, 토벌 협력자)에게 지급한 토지로 3대까지 세습되었다.
  - (바) 내수사전: 왕실에 지급한 토지이다
  - (사) 학전(성균관·4학·향교), 사원전(사원)

③ 실시 의의
- (ㄱ) 권문세족의 경제적 기반을 박탈하고 신진사대부의 경제적 기반을 마련해 준 것이다.
- (ㄴ) 지방 세력의 성장을 막기 위해 사전을 경기도에 한정하였다.
- (ㄷ) 지주의 횡포와 병작반수제가 줄어들었다.

(2) 직전법(세조, 1466)

① 배 경

　(ㄱ) 휼양전, 수신전, 공신전 등 세습되는 토지로 인하여 신진관료들에게 지급할 과전이 부족한 상황이 되었다.

　(ㄴ) 태종 때 하삼도(충청도, 전라도, 경상도)로 확대하여 분급하였다가, 다시 세종 때 경기로 환급하면서 과전의 결수를 감소하였다.

　(ㄷ) 국가 재정확보와 국가의 토지 지배, 농민 지배를 강화하기 위한 방법으로 직전법을 실시하였다.

② 내 용

　(ㄱ) 현직 관리에게만 토지를 지급하고 지급액수도 감소시켰다.

　(ㄴ) 수신전, 휼양전을 폐지하여 수조권의 실질적 세습을 금지하였다.

③ 결 과

　(ㄱ) 국가의 재정이 확충되고 토지 지배력이 강화되었다.

　(ㄴ) 양반 관료들의 토지소유욕을 자극하여 과전 농민에 대한 수조권 남용과 과다한 수취가 심화 되었다.

　(ㄷ) 농장을 확대하고 고리대 행위가 증대되었다.

(3) 관수관급제(성종, 1470)

① 배 경: 직전법 실시 후 현직 관료들이 공법 규정액(연분9등법)을 무시하고 과다하게 조를 받는 폐단이 만연하였다.

② 내 용: 관수 관급제는 수조권자가 직접 받던 직전·공신전의 전조를 국가가 직접 조를 수조하여 관리에게 지급하는 현물 녹봉제도이다.

③ 결 과

　(ㄱ) 관리가 수조권을 빌미로 토지와 농민을 지배하는 방식인 전주 전객제가 사라지고 국가의 토지 지배권이 강화되었다.

　(ㄴ) 현직 관료들의 위기의식을 초래하여 농장 확대 현상이 가속화되었다.

(4) 직전법 폐지(명종, 1556) 지주 전호제의 일반화

① 직전법과 관수 관급제의 실시로 양반 지주들의 대토지 집적현상이 확대 되어 직전법이 폐지되었다.

② 관리들은 오직 녹봉만 지급 받게 되었다: 현물 녹봉제 확립

③ 토지 소유 관계에 있어서 사적 소유권과 병작반수제에 입각한 지주 전호제를 강화시키는 결과를 가져왔다.

④ 지주 전호제의 확산으로 농민 대부분은 토지를 상실하고 소작농으로 전락하였다.

☑ 조선 시대 토지 제도의 성격

	과전법	직전법	관수 관급제	녹봉제
시 기	공양왕(1391)	세조(1466)	성종(1470)	명종(16세기)
배 경	권문세족의 대농장 -재정 궁핍	경기도의 과전 부족 (수신전, 휼양전 세습)	과전 경작 농민에 대한 과도한 수취	과전법 체제 붕괴
목 적	신진사대부의 경제 기반 마련	토지 부족의 보완 → 국가 재정의 확보	국가의 토지 지배권 강화	관리들의 경제생활 수 단 마련
원 칙	전·현직관료에 지급, 경기도에만 지급	현직 관료만 지급	국가에서 수조권 행사	현물 녹봉만 지급
영 향	농민의 경작권 인정	훈구파의 농장 확대	농장 확대 가속화	농장의 보편화

3) 조세제도의 확립

(1) 조(租)와 세(稅)

① 조(租): 수조권자(전주)가 경작자(전객)로부터 받는 소작료로 공전, 사전 모두 1결당 1/10(약 30두)을 받았다.

② 세(稅)

   ㉠ 공전에는 세가 없었고, 전주가 경작자로부터 받는 조에서 1결당 1/15(약 2두)를 바치는 것이 지세이다.

   ㉡ 관수 관급제(성종)가 실시되면서 조와 세의 구별이 없어지고, 공전과 사전을 모두 조세로 통칭하였다.

(2) 전세(田稅)

① 15세기

   ㉠ 과전법: 1결당 수확량의 10/1(논 1결은 쌀 30두, 밭 1결은 잡곡 30두)을 바쳤다.

   ㉡ 답험손실법(踏驗損失法): 태종 때 수조권자가 매년 농사 형편을 살펴 수조율을 조정하는 제도이다. 이 제도는 토지의 비옥도를 고려하지 않아 실무 담당 관리와 전주의 횡포 등 폐단이 많았다.

② 공법(세종, 1443)

   ㉠ 공법 상정소(1436)를 설치: 각 도의 토지를 비옥도에 따라 3등급으로 구분하여 세율을 조정하였다.

   ㉡ 전제상정소(1443) 설치: 연분 9등법과 전분 6등법을 마련하였다.

   ㉢ 20년마다 양안(量案, 토지대장)을 작성하고, 3년마다 호구조사를 실시하였다.

(ㄹ) 연분 9등법: 그해의 풍흉에 따라 9등급으로 구분하여 1결당 최고 20두에서 최저 4두까지 차등을 두고 조세를 거두게 하는 제도이다.

(ㅁ) 전분 6등법: 토지의 비옥도에 따라 6등급으로 구분하였다. 실제 면적은 다르지만 연분(年分)이 같다는 것을 전제로 1등전 1결이나 6등전 1결이나 같은 세액을 부과하였다.

③ 영정법(인조, 1635): 전세를 풍흉에 관계없이 1결당 미곡 4두로 고정시키는 제도이다. 그리고 효종 때는 수등 이척법을 부족한 세원을 보완하기 위해 양척 동일법으로 전환하여 실시하였다.

(3) 공납(貢納, 호세)

① 공납의 의미: 중앙에서 각지의 토산물과 수량을 공안으로 작성하여 하달하면 수령이 각 호별로 농민에게 각 지방의 토산물과 수공업제품(현물)을 거둬들이는 제도로 전세보다 큰 부담이었다.

② 공납의 종류

(ㄱ) 상공(常貢): 매년 지정된 품목의 토산물을 정기적으로 납부하는 제도

(ㄴ) 별공(別貢): 특수한 품목을 국가의 필요에 따라 수시로 공물을 징수하는 제도

(ㄷ) 진상(進上): 각 도의 관찰사, 병사, 수사가 지방특산물을 중앙에 상납하는 제도.

(4) 역(役, 인두세)

① 대 상: 16세 이상 60세의 정남(丁男)에게 부과되었다.

② 군 역

(ㄱ) 16~60세까지의 양인 장정들은 누구나 군역대상이었다.

(ㄴ) 일정 기간 교대로 군사 복무를 하는 정병(현역군인)과 정군의 군사비용을 보조하는 보인(봉족)이 있었다.

(ㄷ) 수공업자·상인, 노비는 권리가 없으므로 군역의무도 없었으나, 특수군(잡색군)에 편제되기도 하였다.

③ 요 역

(ㄱ) 가호(家戶)를 기준으로 정남의 수를 고려하여 뽑아 축성, 궁궐 수축, 능묘 보수, 저수지 등의 공사에 동원되었다.

(ㄴ) 성종 때 계전법이 확립되어 경작하는 토지 8결 마다 1정을 차출하고, 1년 중 동원할 수 있는 날도 6일 이내로 제한하도록 규정을 바꾸었다. 그러나 임의로 징발하는 경우가 많았다.

(5) 조운제도

① 지방에서 현물로 징수된 세곡을 수로와 해로를 이용하여 서울까지 운반하는 조운제도를 이용하였다.

② 수납된 조세는 강가나 바닷가에 조창을 두어 모아 두었다가 서울의 용산과 서강에 있는 **경창**으로 운송하였다.

③ 국경과 가까운 **함경도**, 사신의 내왕이 잦은 **평안도**와 제주도는 **잉류**(仍留)라고 하여 현지에서 조운하지 않고 사신접대비와 군사비로 사용하였다.

(6) 국가 재정

① **수 입**: 농민이 바치는 전세, 공납, 역이 중심이었고, 그 밖에 상인세, 수공업세, 국가가 경영 하는 염전, 광산, 산림, 어장에서 거두어들이는 세로 충당하였다.

② **지 출**: 수입의 일부는 비축하였고, 왕실 경비, 공공 행사비, 관리 녹봉, 군량미, 빈민 구제비, 의료비 등으로 지출하였다.

2 경제 활동

1) 양반 지주의 생활

(1) 양반의 경제 기반

① 양반의 경제적 기반은 과전, 녹봉, 토지, 노비 등이고 주 수입원은 토지와 노비였다.

② 양반의 대부분은 지주였으며 토지가 비옥한 지역인 하삼도(충청도, 전라도, 경상도)에 집중되어 있었고 농장의 형태를 이루고 있었다.

> **녹봉 지급량**
>
> 대략 정1품은 곡식 97석, 삼베21필, 저화 10장을, 종9품은 곡식 12석, 삼베 2필, 저화 1장을 받았다.

(2) 양반의 토지 경영

① **토지 경작**

　(ㄱ) 노비에게 토지를 직접 경작시켰다.

　(ㄴ) 토지의 규모가 커서 노비가 경작할 수 없을 때는 주변 농민들에게 **병작반수**의 형태로 소작을 시켰다.

② **관리**: 토지가 있는 지역에 집과 창고를 건축하고 대부분 친족을 거주시키면서 대신 관리하거나, 직접 노비를 감독하는 경우와 노비만 파견하여 농장을 관리하는 경우도 있었다.

> **조선 전기 양반의 토지 소유 규모**
>
> 대략 200~300 마지기 정도이나 2,000 마지기 이상의 소유자도 있었다. 대체로 논 한 마지기의 넓이는 200평이다.

③ 농장의 확대: 15세기 후반 이후 증가 → 농장주들은 유망민을 모아 자신 소유의 노비처럼 토지를 경작하게 하였다.

(3) 노 비

① 노비는 양반의 재산의 한 형태로 구매하기도 하였지만, 주로 자신이 소유한 노비가 출산한 자녀는 노비가 되는 법에 따라 노비 수를 늘렸다. 또 자신이 소유한 노비를 양인과의 혼인을 통해 그 수를 늘리기도 하였다.

② 종 류

（ㄱ） 솔거 노비: 가사, 농경, 베짜기 등에 종사하였다.

（ㄴ） 외거 노비: 다수의 외거노비는 주인의 토지를 경작하거나 관리하는 일을 하였으며, 매년 신공으로 돈이나 베를 납부하였다.

> **노비 신공**
>
> 노(남자)는 면포 1필, 저화 20장, 비(여자)는 면포 1필, 저화 10장이다.

2) 농민 생활의 변화

(1) 정부의 권농 정책

① 정부의 개간 장려, 수리 시설 확충

（ㄱ） 내륙 지방의 황무지와 변경 및 해안 지방에도 개간이 이루어졌다.

（ㄴ） 15세기 중엽에 160만결로 농지가 증가하였다.

（ㄷ） 한해(旱害)에 대비해 저수지를 확장하여 경상도에만 600개가 넘었다.

② 농업 기술서 간행: 농사직설(農事直說), 금양잡록(衿陽雜錄) 등이 간행되어 농업 기술을 널리 보급시켰다.

③ 농업 생산력 증대: 각종 수리시설을 확충하고 농법을 개량하여 농업 생산력 증대에 주력하였다.

☑ 조선시대 농서(農書) 편찬

서 명	저 자	내 용
농사직설(세종)	정 초	지방농민의 경험, 비결을 채집. 우리풍토에 맞는 농법을 수록한 최고의 농서
사시찬요초(세종)	미 상	당나라 한악의 「사시찬요」를 초록한 것. 실제 우리나라 4계절의 농작과 기술 수록
금양잡록(성종)	강희맹	금양의 모범농장을 예로 들어 농사법을수록. 후에 「농사직설」과 함께 한 책으로 간행. 농부의 경험담을 기록, 81종의 곡식재배법이 자세히 설명됨
농잠서(세조)	양성지	뽕 재배, 누에재배 등을 수록. 후에 김안국이 1518년 「잠서언해」로 정리
구황촬요(명종)	진휼청	흉년에 굶주린 사람의 구급법. 대용식물의 조제법 등을 수록. 흉년, 기근에 대비한 농서

(2) 농업 기술의 발달

① 밭농사: 조, 보리, 콩의 2년 3작이 널리 행해졌다.

② 논농사: 주된 농법은 직파법이었으나 남부 일부 지역에서는 **모내기법(이앙법)**과 벼와 보리의 2모작이 실시되었다. 17세 후반 양란 이후 수리시설이 크게 확장되어 이앙법이 확산되기 시작하였다.

③ 시비법의 발달

   (ㄱ) 고려시대부터 시비법이 발달하여 밑거름과 덧거름을 주게 되었다.(객토, 인분, 축분, 퇴비 등)

   (ㄴ) 휴한(休閑) 농법을 극복하고 연작(連作) 상경(常耕)이 가능해졌다: 휴경지의 소멸

④ 농기구 개량: 쟁기, 낫, 호미, 따비, 쇠스랑 등

⑤ 각종 작물 재배의 보급

   (ㄱ) 목화가 전국적으로 확대 재배(함경도만 제외)되어 의생활이 개선되었으며, 약초, 과수, 재배가 널리 보급되었다.

   (ㄴ) 면방직 기술 발달. 삼, 모시, 누에치기도 전국적으로 확대되었다.

> **농업 발달의 전개 양상**
>
> ❖ 신석기시대: 농경 시작
> ❖ 청동기시대: 벼농사 시작
> ❖ 철기시대: 농업 발달(철제 농기구 사용)
> ❖ 삼한: 벼농사 발달(저수지 축조)
> ❖ 신라: 우경 장려(지증왕)
> ❖ 고려: 깊이갈기(심경법), 윤작법, 시비법 개발, 이앙법 시작
> ❖ 조선 전기: 이앙법(이모작) 보급, 시비법 발달(휴경 방식 극복)
> ❖ 조선 후기: 이앙법(이모작)·견종법의 일반화, 상품 작물 재배 발달, 광작 등장

(3) 농민 생활의 악화

① 소작농·유망민의 증가: 농업 기술의 발달에도 불구하고 농민들은 자연재해, 고리대, 세금 부담 등으로 토지에서 유리되는 경우가 증가하였다.

② 유망민에 대한 대책

   (ㄱ) 토지를 상실한 농민들에 대해 정부는 잡곡, 도토리 등을 가공하여 먹는 **구황** 방법을 제시한 「구황촬요」를 보급하여 농민들의 유리를 방지하고자 하였다.

   (ㄴ) **호패법, 오가작통법** 등을 강화하여 농민통제를 강화하였다.

③ 양반들은 **향약(鄕約), 사창제**를 통해 농촌 사회를 안정을 추구하였다.

(4) 농업 발달의 영향

① 농촌사회를 배경으로 장시가 등장하여 상공업의 발달을 촉진하였다.

② 일반 농민 가운데 토지에서 유리되는 농민이 늘어나고, 지주에게는 유리하게 작용하여 토지 사유화가 진전되어 지주제가 확대되었다.

3) 수공업

(1) 관영수공업 체제 정비

① 초기에는 관영수공업 중심
  - (ㄱ) 전문적인 수공업자인 공장(工匠)은 모두 공장안에 등록되어 서울과 지방의 각급 관청에 소속되었다.
  - (ㄴ) 관장(관청에 등록된 장인)도 1년 중 일정 기간 관역에 동원되었고, **책임량을 초과한 생산품은 공장세를 납부하고 판매하였다.**
  - (ㄷ) 관장들은 의류, 활자, 화약, 무기, 문방구 등을 제조하여 공급하였는데 품질과 규격에 엄격한 규제를 받았다. 관장들은 주로 공노비였고 때로는 양인도 있었다.

② 공장 종류
  - (ㄱ) 경공장: 중앙관청에 소속되어 129종에 2,800명 정도
  - (ㄴ) 외공장: 지방의 수영과 병영, 감영에 소속되어 27종 3,500명 정도
  - (ㄷ) 군기감, 상의원, 조지서, 사옹원에서 무기, 그릇, 의복, 활자, 문방구 제조

(2) 민영수공업

① **독립수공업자(납포장):** 국역이 끝난 장인, 등록되지 않은 장인이 장인세를 내고 생산, 판매하였다.
② 양반의 사치품을 주문받아 생산하거나 주로 일반의 생활필수품을 생산 판매하였다.
③ 농기구를 만들어 농민에게도 공급하는 야장이 존재하였다.

(3) 가내수공업

① 비단, 삼베, 모시, 무명 등 직포업을 주로 하여 자급자족을 위한 수공업이 발달하였다.
② 장시가 발달하면서 판매, 교역에 참여하였다.
③ 사원수공업: 제지, 제면, 양조, 목공 등의 수공업이 발달하였다.

(4) 광업 활동

① 명의 금, 은에 대한 세공문제로 광산을 폐쇄하여 전반적으로 부진하였고, 세종 때 무기, 농기구 생산이 활발하여 54개점의 철광이 성행하였다.
② 16세기에는 초 김검동(노비), 김감불(양인) 등에 의해 납에서 은을 분리하는 제련법(연은분리법)이 성공하였고 대외 무역이 활기를 띠면서 은의 수요가 급증하였다.

4) 상업 활동

(1) 정부의 상업 활동 통제 고려시대보다 상업에 대한 국가의 통제가 강화되었다.

① 초기의 상업

    (ㄱ) 국가의 통제 하에 시전을 중심으로 이루어졌으나, 작은 규모의 상업 활동은 자유로웠다.

    (ㄴ) 큰 규모는 점포 크기, 상품 종류, 수량, 가격, 도량형 등을 국가가 통제하였다.

(2) 시전(市廛)

① 국가가 필요로 하는 물품을 조달, 공급하도록 하였고, 서울과 개성, 평양등과 같은 대도시에 설치하였으며 행랑이라는 관설 상점을 조성하여 상인에게 대여하였다.

② 서울 종로 거리에 위치해 있었으며, 정부는 상인들에게 점포를 대여해 주고 점포세와 상세를 받았다.

③ 서울 도성 안과 도성 밖 10리 지역에 난전(허가를 받지 않은 상행위)을 금지하고, 시전상인들에게 관청에 물품을 공급하는 대신 특정 상품을 독점 판매할 수 있는 권한을 부여하였다.

④ 비단, 모시, 무명, 삼베, 어물, 종이를 파는 점포가 가장 번성하였는데 이를 육의전 이라하였다.

⑤ 경시서: 고려 개경의 시전을 관장하던 관청을 계승한 것으로 시전의 감독, 도량형 검사, 화폐 유통, 물가 조절 등을 관할하며 불법적인 상행위를 통제하였다. 세조 때 평시서로 개칭된 후 갑오개혁 때 혁파되었다.

(3) 장시(場市)의 발달

① 배 경

    (ㄱ) 15세기 후반에 대두한 장시는 서울 근교와 지방에서 농업생산력의 발달과 지주제의 확대, 농민층 분화에 따른 상인증가로 번창하였다.

    (ㄴ) 방납의 성행과 중국과의 사무역으로 더욱 발달하였다.

② 5일장

    (ㄱ) 사상(私商)에 의한 장시가 발달하여 5일장으로 정착해 나갔으며, 16세기 중엽에 전국적으로 확대되었다.

    (ㄴ) 18세기에는 전국적으로 1,000여개의 장시가 성립하였다.

③ 보부상(관허상인)에 의한 물품 유통

    (ㄱ) 보상: 생활주변의 소도구, 세공품을 주로 행상하는 봇짐장수

    (ㄴ) 부상: 농산물이나 수산물 등 각종 기물을 지고 다니는 등짐장수

    (ㄷ) 임방 또는 부상청이라는 전국적, 합법적인 조직을 형성(관허상인)

(4) 화폐의 발행

① 상업의 부진 때문에 화폐 유통이 활발하지 못하였다.

② 저화와 조선통보가 주조되었으나 널리 유통되지 못하고, 일반적으로 쌀과 면포가 화폐의 기능을 담당하였다.

저화(楮貨)	태종(1401), 사섬서에서 발행한 조선최초의 지폐 1장 = 쌀 1되 혹은 마포 1필, 30장 = 면포 1필
조선통보	세종(1423), 섬서에서 주조한 동전, 동(銅)의 부족으로 주전을 금지
팔방통보(전폐, 유엽전)	세조(1464), 유엽전, 전시에 화살촉으로 사용, 동전, 전폐 1개 = 저화 3장
상평통보	① 인조 때 호조, 상평청 등에서 처음 발행 ② 효종 때 김육의 주장으로 2차 발행 ③ 숙종 때 허적의 건의로 다시 발행, 전국적으로 유통 ④ 중앙관청의 각부서, 각도의 감영, 한성부 및 각 지방관아에서도 발행해 총 35종에 이름 → 혼란야기 ⑤ 조선 말기까지 사용
당백전	고종(1866), 대원군이 경복궁 중수비용으로 발행, 동전, 물가 앙등 초래
당오전	1883~1895년 사이에 통용된 동전, 임오군란으로 인한 궁핍한 재정을 보전하기 위해 발행, 물가 앙등 초래

(5) 대외무역

① 조선 정부의 통제 → 공무역 위주, 사무역은 엄격한 감시

장시의 발달

농촌 시장인 장시가 처음 등장한 것은 15세기 말이었다. 고려 시대에도 부정기적으로 주현시(州縣市)가 열렸다는 기록이 있어 장시는 이로부터 발달한 것으로 볼 수 있다. 당시 전라도 무안, 나주 등지의 사람들은 큰 흉년을 맞아 스스로 한 달에 두 번 읍내 거리에 시장을 열고 필요한 물건들을 교역하면서 이를 장문(場門)이라고 불렀다. 이곳에서 사람들은 가지고 있는 것을 필요한 것으로 교환하여 생계를 도모하였다.

15세기 말은 왜구의 침입으로 황폐해진 해안 지역의 농토 개간이 완료되고 농업 생산력이 현저히 발달 하였다. 특히, 넓은 나주 평야를 끼고 있으며 서해안에 인접한 나주와 무안 지역은 다양한 물품이 생산되고 생산자들이 이를 자유롭게 처분할 수 있는 여건이 마련되어 있었다.

장시는 점차 삼남 전 지역과 경기도 등지로 확산되었고, 출현할 당시 15일이나 10일 간격이던 개시일도 점차 5일 간격으로 조정되었다. 이러한 장시 확산 추세는 18세기에 더욱 두드러져 18세기 중반에는 이미 전국의 장시 수효가 1,000여 곳에 달하게 되었다.

장시에서 물건을 매매하는 사람들은 대부분 농민과 수공업자 등 직접 생산자였다. 이들은 먼 거리를 돌아다니는 행상을 통하는 것 보다, 장시에서 싼값에 사고 비싸게 팔 수 있었다. 그러므로 장시는 몇 개 촌락의 주민이 하루에 왕복하여 교역할 수 있는 교통의 요지에 30~40리의 거리를 두고 확산되었으며, 장시의 번성으로 행상들의 활동도 더욱 활발해졌다. 이들 행상들은 공무늬에 짚신 켤레를 매고 이 장 저 장 돌아다니고 장이 파한 후에는 다음 날 다른 장에서 다시 만날 것을 기약하는 생활을 하였다.

② 중 국: 조공무역(1년에 3차례 조공을 함)과 사신에 의한 사무역 허용.

③ 일 본

　(ㄱ) 동래에 설치된 왜관을 통한 무역.

　(ㄴ) 3포 개항(1426): 부산포(동래), 염포(울산), 제포(웅천)

④ 여진: 국경 지역에 설치한 무역소와 조공무역(북평관)

5) 수취제도의 문란

(1) 공납제도의 모순

① 국가의 수요를 기준으로 부과

　(ㄱ) 정부가 품목별로 국가의 연간 수요량을 정하여(공안) 각 고을 단위로 배정하면, 각 고을에서는 주민의 호를 기준으로 부과징수 되었다.

　(ㄴ) 국가의 수요가 기준으로 농민의 생산물량과는 차이가 있었으며, 과중한 과세량, 제 고장에서 나지 않는 물건도 징수되었다.

② 방납의 폐단

　(ㄱ) 인납(引納)은 1~2년의 공납물을 한꺼번에 앞당겨 내는 것이고, **방납(防納)**이라 하여, 서리가 상인과 결탁하여 공납물을 농민 대신 미리 앞당겨 내고 그 값을 비싸게 책정해서 농민에게 받아냈다.

　(ㄴ) 공납을 감당하지 못하고 도망을 하면 일족(一族)에게 대신 받는 족징이나 이웃에 부과하는 인징이 행해졌다.

　(ㄷ) 공물은 흉년이 들어도 감면이 없었고, 이러한 폐단으로 말미암아 16세기 농민의 가장 큰 부담이 되었다.

(2) 제도의 개선안 대동법

① 국가 재정 수입 감소, 농민 부담 증가, 연대책임 회피로 농민의 토지 이탈

② 공물 제도 개혁 논의 전개

　(ㄱ) 조광조: 공안 개정 제의

　(ㄴ) 이이, 유성룡: **수미법** 주장, 공납을 쌀로 통일하여 거두는 제도

> **공납의 폐단**
>
> 지방에서 토산물을 공물로 바칠 때 (중앙 관청의 서리들이) 공납을 일체 막고 본래 값의 백 배가 되지 않으면 받지도 않습니다. 백성들이 견디지 못하여 세금을 내지 못하고 도망하는 자가 줄을 이었습니다.
>
> 『선조실록』

(3) 군역의 문란

① 대립제(代立制)의 대두(15세기 말)

    (ㄱ) 배 경: 세조 때 보법(정병-보인제)의 실시로 군정의 수는 크게 늘어나고 요역 부담자가 감소하였다. 또 요역 동원이 농사에 지장을 초래하게 되자 농민 대신 군인들이 각종 토목 공사에 동원되면서 군역은 요역화 되었다.

    (ㄴ) 내 용: 정군에 등록된 사람은 무명 17~18필, 수군은 20필을 보인으로부터 조역가(助役價) 명목으로 받아내 유민이나 노비를 사서 자신의 군역을 대신시키는 불법이 행해졌다. 실제로 하는 일은 군사 훈련이나 번(番)을 서는 일이 아니라 토목일과 같은 요역에 불과하여 군역의 기피현상이 초래되었다.

② 방군수포제(放軍收布制): 15세기 평화가 장기간 지속되면서 관청이나 군대에서 복무할 사람에게 포를 받고 군역을 면제해 주는 제도로 이로 인해 군대 자질이 떨어져 토목 등의 요역에 그 역할이 국한되었다.

③ 군적수포제(軍籍收布制, (중종 36, 1541)): 불법적인 방군 수포를 합법적으로 제도화하여 양인 장정에게 16개월마다 군포 2필을 징수한 제도이다. 이를 계기로 부병제가 무너지고 모병제로 전환하게 되었다.

④ 군포 2필은 농민들에게 큰 부담으로 작용하였는데, 여기에 수령과 아전들의 횡포가 더해져 군포의 부담은 더욱 가중되는 결과를 초래하였다.

(4) 환곡의 폐단
환곡의 본래 목적은 구휼이었으나 16세기 이후 원곡의 10분의 1 이자를 징수하면서 고리대로 변하였다. 이로 인하여 각처에서 유민이 발생하고, 도적의 무리가 횡행하였는데 명종 때 황해도 일대에서 활약하던 임꺽정이 대표적이다.

기출문제

01 조선 초기 상업과 관련된 설명으로 옳지 않은 것은?   2009. 지방직 9급

    ① 시전 상인은 왕실이나 관청에서 물품을 공급하는 대신에 특정 상품에 대한 독점 판매권을 부여받았다.

    ② 보부상은 일용잡화나 농산물, 수산물, 약재 등을 가지고 다니면서 판매하였다.

    ③ 삼한통보, 해동통보, 활구 등을 만들어 유통하였다.

    ④ 경시서(평시서)에서 시전 상인들의 불법적 상행위를 단속하였다.

정답 ③

해설 삼한통보, 해동통보, 활구(은전) 등은 모두 숙종 때 화폐이다.

03 근세의 사회

① 양반 관료 중심의 사회

1) 양천제도와 반상제도

(1) 양천제도(良賤制度)

① 조선 사회는 양인과 천민으로 구분하는 양천제를 법제화하였고, 갑오개혁(1894) 이전까지 조선 사회를 지탱해 온 기본적인 신분 제도이다.

② 양인(良人)

  (ㄱ) 과거응시 가능하고 관료로의 진출이 허용되는 자유민으로 조세·국역 등의 의무를 지녔다.

  (ㄴ) 양인은 직업, 가문, 거주지 등에 따라 양반, 중인, 상민으로 구분되었다.

  (ㄷ) 신분층 간에는 구분이 엄격하고 상호 교류도 억제되어 있었다.

③ 천인(賤人): 부자유민으로서 개인이나 국가기관에 소속되어 천역을 담당하였다.

(2) 반상제도(현실적 신분제)

① 양천제가 원칙이었으나 제대로 운영되지 않았고, 중기(16세기) 이후 반상제가 사회전반에 부각되었다.

② 양반, 중인, 상민, 천민으로 세분화하여 구분되었다.

③ 지배층인 양반과 피지배층인 상민간의 엄격한 차별을 두는 제도로 일반화되었다.

양반
문·무반

중인
기술관, 향리, 서얼

상민
농민, 상인, 수공업자

천민
노비, 백정, 무당, 광대, 창기

(3) 신분 이동

① 신분의 개방성

  (ㄱ) 조선 시대는 엄격한 신분제 사회였으나 신분 이동이 가능하였다.

  (ㄴ) 법적으로 양인이면 누구나 과거에 응시하여 관직 진출이 가능하였다.

  (ㄷ) 양반도 죄를 지으면 노비가 되거나 경제적으로 몰락하여 중인이나 상민으로 전락하였다.

  (ㅁ) 왜란·호란 후 납속책, 노비의 신분상승 요인 등으로 양인과 노비에 대한 신분상승이 이루어졌다.

  (ㅂ) 향, 소, 부곡은 일반 군현으로 편제되었다.

② 신분의 제약성

   (ㄱ) 고려 사회에 비하여 개방적이었지만 지배층인 양반과 중인, 피지배층인 상민과 천민이 존재한다는 점에서 여전히 신분 사회의 틀을 벗어나지 못하였다.

   (ㄴ) 신분 간의 차별과 양반의 특권 유지를 위한 과거, 음서, 대가(代加)제 등이 존재하였다.

2) 양반

(1) **의미 변화** 원래 문반과 무반을 아울러 부르는 명칭이었는데, 양반 관료 체제가 확립되면서 문·무반직 관료와 그 가족 및 가문까지도 양반이라 부르게 되었다.

(2) **출 신** 토지와 노비를 소유한 지주가 대부분이었다.

(3) **양반의 지위**

① 토지와 노비를 많이 소유하고 과거, 음서, 천거 등을 통하여 국가의 고위 관직을 독점하였다.

② 경제적으로는 지주층이며 정치적으로는 **관료층**이었다.

③ 생산에는 종사하지 않고 자신들의 신분을 자손 대대로 유지하기 위하여 유학자로서의 소양과 자질을 닦고 **관료를 지향하는 삶**을 영위하였다.

④ 기득권 유지를 위해 문무 양반의 관직을 받은 자들만 사족으로 인정하여 사족의 **범위를 제한**하였다. 또한 이서층(서리층)을 중인으로 격하시켰으며, 서얼의 관직 진출도 제한하였다.

(4) **양반의 특권**

① 각종 법률과 제도로써 양반의 신분적 특권을 제도화하였다.

② 원칙적으로 면역, 면세되지 않았지만, 양반불역(兩班不役)의 관행이 호포제(1871) 실시 때까지 계속되는 등 면역·면세의 특권을 보장 받았다.

3) 중인

(1) **의 미**

① 넓은 의미

   (ㄱ) **양반과 상민의 중간 신분 계층:** 지방의 향리, 문관의 하급인 서리, 무관의 하급인 군교, 토관, 역리, 서얼 등을 가리킨다.

   (ㄴ) 15세기부터 형성되어 조선 후기에 이르러 하나의 독립된 신분층을 이루었다.

② **좁은 의미:** 기술직에 종사하는 하급관료만을 의미한다(의관, 역관, 천문관, 산관, 율관, 화원 등).

(2) 구성 및 지위

① 중인(中人)

　(ㄱ) 중앙과 지방 관청의 서리와 향리 및 기술관으로 직역을 세습하고 같은 신분 안에서 혼인
　　하였으며, 관청 근처에 거주하였다.

　(ㄴ) 대부분 전문 기술이나 행정 실무를 담당하면서 나름대로 행세하면서 생활하였다.

　(ㄷ) 이서층(서리층)이 분화하여 형성되었다.

② 서얼(庶孼)

　(ㄱ) 서얼은 양반의 첩의 자손으로 서자는 양첩의 자손, 얼자는 천첩의 자손으로 중인과 비슷
　　한 신분적 처우를 받아 중서(中庶)라고도 불렀다.

　(ㄴ) 서얼 차대법 제정: 서얼은 문과에는 응시하지 못했으나 역관, 의관(醫官)으로 공을 세워
　　등용되거나, 무과를 통해 무반직에 등용되기도 하였다. 하지만 한품서용에 의해 최고 3품
　　까지만 승진할 수 있었다.

4) 상 민

(1) 특 징 평민, 양민이라고도 부르며 생산 활동에 종사하는 농민, 수공업자, 상인이 대부분을
차지하였다.

(2) 지 위

① 과거 응시 자격은 있었으나 과거 준비에는 많은 시간과 비용이 들었으므로 현실적으로는 어
려웠다.

② 전쟁이나 비상시에 군공을 세웠을 경우 신분 상승이 가능하였다.

(3) 생 활

① 농 민

　(ㄱ) 과중한 조세·공납·부역의 의무를 부담하며, 상민의 대부분을 차지하였다.

　(ㄴ) 출세에 법적 제한은 없었지만, 교육기회의 부재로 인하여 관료로의 진출이 거의 불가능
　　하였고, 거주이전의 제한을 받았다.

② 수공업자: 공장으로 불리며 관영 수공업이나 민영 수공업에 종사하였다. 군역의 의무가 있
었지만 군역 대신 직업과 관련된 국역을 부담하였고 장인세가 부과되었다.

③ 상 인: 시전 상인과 보부상으로 국가의 통제 아래 상거래에 종사하였으며 상인세를 납부하
였다. 농본 억상 정책으로 인하여 농민보다 천시되었고 활동도 제한되었다.

5) 천 민

(1) 구 분 천민에는 노비, 광대, 창기, 무당 등이 있었다.

(2) 노 비

① 천민 중 대부분을 차지하고 비자유민으로 교육과 관직 진출이 금지되었다.

③ 재산으로 취급되어 매매, 상속, 증여의 대상이었다.

④ 부모 중 한쪽이 노비일 경우 그 자식도 노비가 되는 일천즉천법이 적용되었다.

⑤ 노비 간 소생은 어머니 노비 소유주에 소속된다.(천자수모법)

⑥ 솔거노비는 주인의 호적에 등재되지만 공노비와 외거노비는 독자적인 호적을 가졌다.

(3) 노비의 구분

① 국가에 속한 공노비와 개인에게 속한 사노비가 있었고, 각각 솔거 노비(입역노비)와 외거 노비(납공노비)로 구분하였다.

② 공노비

ㄱ) 국가에 신공을 바치거나 관청에 노동력을 제공하고 독립된 생활을 하였다.

ㄴ) 노비는 원칙적으로 관직을 받을 수 없으나, 공노비의 경우 유외잡직에 종사하기도 하였다.

ㄷ) 납공노비(외거노비): 관부나 주인으로부터 독립적인 생활을 영위하면서 신공의 의무가 있었다.

ㄹ) 솔거노비(입역노비): 관청의 노역이나 주인집의 잡역에 종사하였다.

ㅁ) 봉족노비: 입역노비가 서울에 올라와 있는 동안 이를 도와주는 노비

ㅂ) 공노비와 외거노비는 전호와 비슷한 지위에 있었다.

③ 사노비

ㄱ) 일종의 재산처럼 취급되어 매매, 증여, 상속되는 노비로서 공노비보다 훨씬 많았다.

ㄴ) 솔거노비: 주인집에서 거주하는 잡역노비로 주인에게 신공 의무는 없었다.

ㄷ) 외거노비: 독립재산과 가정을 소유, 주인이나 타인 토지를 소작하며 주인에게 신공을 바쳤다.

④ 기타 천민: 무당, 광대, 창기, 백정(도살업, 유기제조업), 진척(뱃사공)등

조선시대의 백정

① 고려시대 양수척, 화척

② 세종 때 농민화 시키기 위해 농토를 주어 농경하는 법을 가르쳐 준 데서, 일반농민을 부르던 백정이란 칭호 생김

③ 법제적으로는 양인, 그러나 실제는 특수부락에서 특정작업을 세습하면서 천민의 대우받음.

④ 백정은 도살을 주로 하면서 피혁과 유기의 제조를 겸하였으며, 이 일을 세습하면서 집단적으로 특수부락을 이룸

---

6) 신분 이동

(1) 신분 상승
조선시대 신분제도는 아주 고정된 것은 아니었다. 법적으로 양인이면 누구나 과거에 응시하여 관직에 진출할 수 있었지만 신분간의 이동이 자유롭지는 않았다.

(2) 신분 하강
양반이 죄를 지어 노비가 되거나 경제적으로 몰락하여 중인이나 상민이 되기도 하였다.

7) 인구 변동

(1) 호구조사

① 목 적: 국가 운영에 필요한 인적 자원을 파악하기 위하여 제도를 정비하고 수시로 호구를 조사하였다.

② 기본자료: 원칙적으로 3년마다 작성하는 호적 대장이었다.

③ 활 용: 호적 대장에 기록된 각 군현의 인구수를 근거로 해당지역의 군역과 공물 등을 부과하는데 활용되었다.

④ 한 계: 국가의 인구 통계는 주로 남성만을 기록하여 실제 인구수와는 많은 편차가 있었다.

(2) 인구의 변동

① 인구 분포: 하삼도(충청도, 전라도, 경상도)에 전체 인구의 50% 정도가 거주하였고, 경기도, 강원도에 20%, 함경도, 평안도, 황해도에는 30% 정도가 거주하였다.

② 인구의 변화: 조선을 개창할 무렵에는 550~750만 명, 임진왜란 이전(16세기) 1,000만 명, 19세기 말에는 1,700만 명 정도 되었을 것으로 추산되고 있다.

③ 한성의 인구: 세종 때 100만 명 이상이 거주하였고, 18세기에는 20만 명을 넘었다.

기출문제

01 다음 중 조선시대의 신분 제도에 대한 설명으로 옳은 것을 모두 고르면? 2008. 국가직 7급

ㄱ 법제상 양인과 천민으로 구분되었다.
ㄴ 중인도 신분층으로 점차 정착되어 갔다.
ㄷ 관영이나 민영 수공업에 종사하는 수공업자들도 상민에 포함되었다.
ㄹ 신분 제도가 엄격하게 운영되었기 때문에 신분 이동이 불가능하였다.

① ㄱ, ㄷ   ② ㄴ, ㄷ   ③ ㄱ, ㄴ, ㄷ   ④ ㄱ, ㄴ, ㄷ, ㄹ

정답 ③

해설 신분간의 이동이 자유롭지는 않았으나 고정된 것은 아니었다. 양인이면 누구나 법적으로 과거를 응시할 수 있었다.

❷ 사회 정책과 법률 제도

1) 사회 정책

(1) 농본 정책 실시

① 조선시대의 사회 정책은 유교적 민본주의와 농본정책이 토대가 되었다.

② 농민은 조세와 부역을 통해서 국가 재정을 부담하였기 때문에 농민의 안정이 국가 재정 및 사회의 안정과 직결되어 있어 여러 가지 방안이 강구되었다.

(2) 농민 안정 정책

① 양반지주들의 토지겸병을 억제하였다.

② 농민이 토지로부터 이탈을 방지하기 위해서 농번기에 농민 잡역 동원을 금지하였다.

③ 각종 재해 시 정도에 따라 조세와 부역을 감면해 주었다.

④ 의창과 상평창 등을 설치하여 환곡제를 실시하였다.

2) 사회시설과 의료시설

(1) 환 곡 춘궁기에 양식과 종자를 빌려 준 뒤에 추수기에 원곡만을 회수하여 빈민을 구제하였다. 원래는 **의창**에서 담당하였으나 의창은 빌려 준 **원곡만을 받아** 원곡이 없어지게 되었다. 그리하여 물가 조절을 맡은 **상평창**에서 원곡의 소모분을 감안하여 **원곡의 이자 1/10을** 거두게 되었다.

(2) 사 창 향촌 사회에서 주민이 자치적으로 운영하였다.

① 양반 지주들이 각종 재난에 대비하여 농민 생활을 안정시켜 양반 중심의 향촌 질서를 유지하기 위해 실시하였다.

② 세조 이후부터는 사창제의 원곡이 제대로 회수되지 못하고 여러 가지 폐단이 생겨 **성종 때 폐지되었다.**

③ 19세기 흥선대원군 때 농민항쟁의 대응책으로 다시 실시되었다.

(3) 구황청 흉년에 백성을 구제하는 임시 관청으로 세종 때 처음으로 설치하였다. 태종(1405) 때 상평창과 지방 관청에 설치한 의창의 보유미를 호조에서 관할하여 백성을 구제하였다. 인조 때는 진휼청으로 개칭하고 전국에 구호양곡을 방출하는 등 진휼 사업을 전개하였다.

(4) 의료시설

① **전의감**: 국가 의료 기관의 중추적인 기관으로 궁궐 내에 필요한 약재를 공급하거나 하사를 관장하고, 의료 정책 입안과 시행을 주관하였다.

② 내의원: 왕의 약을 조제하는 의료기관. 궁중, 종친, 고관 치료 담당. 가장 우수한 의료진이 소속되었다.

③ 혜민국: 서민환자 구제와 약재 판매, 의녀교육을 담당하였다.

④ 동서활인서: 도성 내 여행자, 유랑자의 수용과 구휼을 담당하였다.

⑤ 제생원: 일반 백성의 질병 치료와 구호사업, 의학서 편찬을 담당하였다. 태조 때 설치된 의료기관으로 세조 때 혜민국에 통합되었다.

(5) 사회시설의 한계

① 농민에게 최소한의 토지를 주어 생활을 보장함으로써 이농을 방지하고 토지에 묶어 두려고 한 미봉책이었다.

② 농민들을 효과적으로 통제하기 위하여 5가 작통법과 호패법을 실시하여 농토로부터 농민의 이탈을 통제하였다.

3) 법률 제도

(1) 기본법

① 경국대전과 대명률로 대표되는 법전에 의해 형벌과 민사에 관한 사항을 규율하였다.

② 형법에 관한 사항은 가장 중요하게 취급되었고, 주로 대명률을 적용하여 처리하였다.

(2) 형법의 범죄 유형

① 반역죄, 강상죄(삼강오륜을 어긴 죄)는 가장 큰 죄로 특히 엄중히 다스렸다. 범인과 함께 부모, 형제, 처자까지도 함께 처벌받았다(연좌법).

② 범죄가 발생한 고을은 호칭이 강등되었으며, 수령은 파면당하기도 하였다.

③ 형벌 적용은 「경국대전」 형전으로 하고 「대명률」을 참작하였다.

④ 형벌의 종류: 태형, 장형, 도형, 유형, 사형의 5종과 부가형이 있었다.

(3) 민사에 관한 사항(민법)

① 운영: 재판권을 가지고 있는 관찰사와 수령 등 지방관이 관습법에 따라 처리하였다.

② 상속에 관해서는 종법에 따라 조상의 제사와 노비 상속이 이루어지고 있었다.

③ 재산 소유권 분쟁은 문건에 의한 증거에 의존하였으며, 가족 제도와 관련된 것은 「주자가례」에 의거하여 처리하였다.

(4) 신문고 제도

① 신문고 제도는 사헌부에서 해결하지 못한 억울한 사정을 대궐 밖에 있는 북을 쳐서 직접 호소하게 하는 제도이다.

② 태종 때 처음 실시하여 의금부에서 관리하였으나, 연산군 때 폐지되었다가 다시 영조 때 부활하여 병조에서 관리하였다.

③ 상관을 고발하면 도리어 처벌을 받았으며 오직 자신에 관한 것과 부자, 양천, 적첩(嫡妾)등에 관한 것에만 한정되었다.

(5) 격쟁(擊錚)·상언(上言)

① 왕이 행차할 때 그 앞에 나아가 글을 올려 호소하거나 백성이 징을 치고 나가 호소하는 제도이다.

② 양반 관료들의 제재로 조선 후기에 이르러 이루어지기 시작하였고, 영조, 정조 때 활성화되었다.

(6) 사법 기관

① 조선의 사법 기관은 행정 기관과 명확히 구분되지 않았고, 사법권이 독립된 것은 19세기 말 갑오개혁 이후의 일이다.

② 중앙의 사법 기관: 의금부, 사헌부, 형조, 한성부, 장례원

   (ㄱ) 의금부: 왕의 특명에 의한 죄인 심문과 재판으로 왕족, 양반의 국사범, 국가 반역죄, 강상죄 등을 처벌하였다.

   (ㄴ) 사헌부: 관리 규찰, 풍속을 교정하였고, 감찰 기관으로 정치를 논하였다.

   (ㄷ) 형조: 사법 행정의 감독 기관이며 사형죄의 재심을 담당하였다.

   (ㄹ) 한성부: 수도의 일반 행정과 토지, 가옥에 관한 소송을 처리하였다.

   (ㅁ) 장례원: 노비의 장부와 소송을 담당하였다.

   (ㅂ) 포도청: 일반 평민의 범죄를 담당하였다.

③ 지방의 사법 기관: 관찰사와 수령이 각각 자기 관할 지역 내의 사법권을 행사하였다.

④ 목적: 법률은 국민의 자유와 권리의 보장이 목적이 아니라 주로 국민을 통제하고 관리하기 위함이었다.

기출문제

01 전근대 사회의 모습에 대한 설명으로 옳지 않은 것은? 2012. 사회복지직 9급

① 고려 시대에는 귀족이 죄를 지으면 형벌로 귀향을 시키기도 하였다.

② 조선 시대 강상죄는 범죄 중에서 가장 무겁게 취급되었지만, 범인에 한정하여 처벌하였다.

③ 신라의 골품제도는 가옥의 규모와 장식물은 물론, 복색이나 수레 등 신라인의 일상생활까지 규제하였다.

④ 백제의 관리는 뇌물을 받거나 국가의 재물을 횡령했을 때 3배를 배상하고, 죽을 때까지 금고형에 처하였다.

[정답] ②

해설 강상죄는 가장 큰 죄로 엄중히 다스렸는데 범인과 함께 부모, 형제, 처자까지도 함께 처벌받는 연좌법이 적용되었다. 그리고 범죄가 발생한 고을은 호칭이 강등되었으며, 수령은 파면당하기도 하였다.

3 향촌사회의 조직과 가족 제도

1) 향촌사회의 기본 조직: 면·리제

(1) 읍 내: 관청이 있고 소도시적 규모를 갖추었으며, 향리, 관속, 수공업자와 상인 등이 거주하였다.

(2) 주변 지역: 읍내를 중심으로 동, 서, 남, 북 4면으로 편성되었고, 면 밑에는 여러 개의 리·동이 편성 되었다.

(3) 촌락의 구성: 각 리·동은 수십 호의 자연촌으로 형성되었고, 대부분 양반, 평민, 천민이 섞여 거주하는 마을로서 대개 두서너 씨족이 인척 관계를 맺고 있었다. 양반들은 외가, 처가가 있는 곳으로 이주가 자유로웠으나, 평민은 이주가 매우 어려웠다.

① 반촌(班村): 동성의 특정 성씨만이 아니라 친족, 처족, 외족의 동족으로 구성되어 다양한 성씨(이성잡거)가 거주하다가 18세기 이후에는 동성 촌락으로 변화되었다.

② 민촌(民村): 대부분 평민과 천민으로 구성되었고, 다른 촌락에 거주하는 지주의 소작농으로 생활하였다. 18세기 이후에는 구성원 가운데 다수가 신분 상승을 하였다.

(4) 특수 마을: 주민의 신분과 직역에 따라 형성되었다.

① 교통기관(역, 진, 원): 역촌, 진촌, 원촌

② 어장과 포구: 어촌

③ 수공업품, 광산품 생산지: 점촌

2) 촌락 공동체 조직

(1) 사족(士族)

① 동계, 동약: 양반들이 촌락민에 대한 지배력을 사회, 경제적으로 강화할 목적으로 조직하였다.

② 동계, 동약의 변화

㈀ 사족들만이 참여하다가 임진왜란 이후 양반과 상민이 함께 참여하는 형태로 전환하였다.

㈁ 조선 후기 향촌의 사회 경제적 변화와 함께 양반 중심의 지배 체제가 동요함으로써 변화가 가능해졌다.

㈂ 인보단결(隣保團結)을 목적으로 한 동계로는 조선 후기 공동으로 군포를 납부하기 위한 군포계가 있으며 선조 때 정여립의 대동계는 비밀결사를 목적으로 조직되었다.

(2) 농 민

① 두 레

㈀ 촌락 단위의 노동 공동체 조직으로서 삼한 사회부터 내려왔고, 농촌사회의 상호협력, 감

찰을 목적으로 하여 촌락단위로 조직되었다. 우두머리를 좌상, 영좌라고 하며, 유흥으로 농악을 연주하기도 하였다.

  (ㄴ) 조선시대에 이앙법이 확산되면서 공동작업의 필요성이 커져 두레조직이 확산되었다.

② 향도(香徒)

  (ㄱ) 민간 신앙과 불교, 도교가 혼합된 불교 신앙에서 출발하여 점차 **향촌 자치의 공동체 기능**이 강화 되었다.

  (ㄴ) 고려 말 부락공동의 안녕을 기원하는 공동체 조직으로 변모하였고, 민간신앙과 불교의 미륵신앙이 혼합된 촌락 공동체 조직으로 마을 축제의 성격에서 점차 상장(喪葬)을 도와주는 기능으로 전환하였다.

③ 계(향도계, 동린계)

  (ㄱ) 농민들이 중심이 되어 만든 자생적인 생활 문화 조직이다.

  (ㄴ) 상호 부조를 목적으로 지역, 혈연, 상호 협동으로 조직되었다.

(3) 촌락 공동체의 변화

① 사림 세력 성장에 따라 촌락 공동체나 관습은 유교적인 향약 의식의 영향을 받았다.

② 유교적 의식과 명분에 맞지 않는 민간신앙과 풍습은 모두 음사로 단정하여 금지 당하였다.

③ 종법적 가족제도의 확립에 따라 유교주의 가족제도인 가부장제를 바탕으로 친족 체계가 이루어졌다.

④ 예학의 발달로 16세기 후반 이후 향촌규약과 조직체가 **향약**으로 대체되고 친족 중심의 동족부락이 형성되었다.

3) 가족 제도

(1) 가족 제도의 기본 단위

① 조선 사회의 기본 단위는 **가부장적 사회**로, 이를 중심으로 사회가 형성되었다.

② 조선 전기는 부계와 모계가 함께 영향을 미쳤으나 점차 부계 중심의 사회로 정착되었다.

(2) 결혼제도

① 전 기: 고려와 마찬가지로 조선 전기는 남자가 여자 집에 장가들어 사는 **남귀여가혼**이 허용되었다.

② 후 기: 성리학적 가족 윤리가 보급되어 결혼 후에 여자가 곧바로 남자 집에 가서 생활하는 친영(親迎)제도가 정착되었다.

(3) **혼인 연령** 남자 15세, 여자 14세 이상이면 법적으로 혼인이 가능하였다. 하지만 실제로는 남녀 20세 전후에 혼인하는 것이 일반적이었다.

(4) 재산 상속

① 전 기: 자녀 균분 상속제도가 조선 중기까지 이어졌고, 집안을 잇는 자식에게 1/5의 상속분이 더 분배 되었다. 제사도 형제가 돌아가면서 지내는 윤행(輪行)이 이루어졌다.

② 후 기: 조선 후기에는 「주자가례」가 생활화되면서 장자 상속으로 변화되었고, 장자가 없는 경우에는 양자를 들이기도 하였다. 따라서 제사는 큰아들이나 양자 중심으로 지내게 되었다.

(5) 여성의 지위 성리학적 윤리의 보급으로 조선 후기에는 여성의 지위가 하락하였다.

① 여성의 재가 금지: 여성에게 여필종부, 일부종사의 윤리가 강요되어 여성의 재가가 금지되었다. 만약 재가한 경우라면 자손은 과거에 응시할 수 없었다. 하지만 무과와 잡과는 가능하였고, 취재로서 한직에 등용되었으나 승진에는 한계가 있었다.

② 여성의 법률적 행위는 반드시 남편의 허가가 있어야 가능했고, 외출도 엄격하게 제한하였다.

③ 적서(嫡庶) 차별: 처와 첩의 소생에 대한 적서의 차별이 있었고, 같은 첩의 자식이라도 어머니의 신분에 따라 신분, 재산상속 등에 차별이 존재했다.

(6) 상장제례

① 전 기: 사람이 죽으면 불교식으로 화장하던 풍습에서 분묘를 쓰게 되었고, 제사는 계급에 따라 봉사(奉祀)의 범위를 달리하여 6품 이상의 관리는 3대까지, 7~9품의 관리는 2대까지, 일반 평민은 부모만 제사를 지냈다.

② 후 기: 「주자가례」에 따라 4대까지 제사하는 것이 관행이 되었고, 집에는 가묘(家廟)를 두어 조상의 신주를 모시고 주기적으로 제사를 지내는 관습도 널리 관행되었다.

기출문제

01 조선 시대 가족 제도와 혼인 제도의 변화에 대한 설명으로 적절하지 않은 것은? 2013. 경찰간부

① 조선 전기에는 사위들이 처가에 사는 경우가 많았으나, 후기에는 혼인한 여성은 출가외인이라는 인식이 널리 퍼졌다.

② 조선 전기에는 아들과 딸에게 고루 재산을 상속하였는데, 후기에는 장남에게 더 많은 재산을 상속하는 관행이 나타났다.

③ 조선 전기에는 족보에 남녀 관계없이 출생 순으로 기록하였으나, 후기에는 아들들을 출생순으로 기록한 다음 딸들을 기록하였다.

④ 조선 전기에는 아들이 없이 죽을 경우 같은 성씨에게 양자를 들여 제사를 지내게 하였으나, 후기에는 그 경우 외손자가 제사를 지내는 일이 많아졌다.

정답 ④

해설 재산 상속은 장자 상속으로 변화되었고, 장자가 없는 경우에는 양자를 들이기도 하였다. 따라서 제사는 큰아들이나 양자 중심으로 지내게 되었다.

04 근세의 문화

1 민족 문화의 발달

1) 발달 배경

(1) 15세기 문화의 발달 배경

① 조선 초기에는 민족, 실용적 성격의 학문이 발달하여 다른 시기보다 민족 문화가 크게 발달하였다.

② 민생 안정과 부국강병을 위하여 과학 기술과 실용적 학문을 중시하고 민족 문화의 발달에 노력하였다.

③ 한글을 창제하여 민족 문화 기반을 넓힘과 동시에 더 발전할 수 있는 터전을 마련하였다.

(2) 민족적 자주적 문화 발전

① 15세기 문화를 주도한 관학파 계열은 성리학을 지도 이념으로 내세웠으나 성리학 이외의 학문과 사상이라도 중앙 집권 체제의 강화나 민생 안정과 부국강병에 도움이 되면 어느 정도 수용하였다.

② 세종 때부터 성종 때까지는 유교 이념에 토대를 두고 과학 기술과 실용적 학문을 발달시켰다. 이로써 민족적·자주적 성격의 민족 문화가 크게 발전할 수 있었다.

2) 한글의 창제

(1) 배 경 우리나라는 한자를 써오면서 말과 글자가 다른 데서 오는 불편을 감소시키기 위해 이두문자를 사용해왔지만, 고유 문자의 부재로 우리말을 자유롭게 표현하는데 한계가 있었다.

(2) 창제 목적

① 피지배층의 도덕적 교화를 통한 양반 중심 사회를 원활하게 유지시키는데 우리 문자 창제가 요청되었다.

② 농민의 사회적 지위의 상승과 사회의식의 성장에 따른 의사소통의 필요성이 커지자 국민 모두가 사용할 수 있는 문자가 요구되었다.

(3) 창제 과정

① 세종 25년(1443) 창제하고 세종 28년(1446)에 반포하였다.

② 정음청(1443) 설치: 집현전 학자들을 중심으로 음운을 연구하였다.

③ 보급

    ㈀ 세종: '용비어천가'(왕실 조상의 덕 찬양)를 지어 글을 널리 사용할 수 있도록 하였고, '월인천강지곡', '석보상절' 등의 불경과 윤리서, 농서, 병서 등을 한글로 편찬하였다.

    ㈁ 중종: 조광조의 혁신 정책에 의해 언문청을 두어 한글을 보호하였고, 역관이었던 최세진은 「훈몽자회」에서 한자의 음과 뜻을 처음으로 우리말로 기록하였다.

    ㈂ 서리 채용 시험인 이과(吏科)에서 훈민정음으로 시험을 치르게 하였고, 행정 실무에도 이용하였다.

(4) 한글 창제의 의의 일반 백성들의 문자 생활이 가능해졌다. 민족 문화의 기반을 확고히 다지고 더욱 발전할 수 있는 전기를 마련하였다.

3) 교육 기관

(1) 특징

① 유교는 조선의 정치 이념이자 그 자체가 생활 규범으로서 기능하였기 때문에 도덕적 윤리관을 심어주었고 교육 사상 및 정신문화에 큰 영향을 미쳤다.

② 관리 양성과 과거를 위한 유교의 학문적 교양이 필수 요건이 되었고 이를 위해 여러 교육 기관이 정비되었다.

③ 교육제도가 과거제도와 연결되어 있었기 때문에 학제는 양반 중심에 초점이 맞춰졌다.

④ 고려 시대에 비해 교육기관이 증설되었다.

⑤ 학생은 군역이 면제되었는데 농번기에는 일을 돕고 농한기에는 기숙사에 거처하며 공부하였다.

⑥ 기술 교육은 해당 관청에서 가르쳤고 교육 내용과 학생 수 등을 자체적으로 조정했다.

(2) 교육 기관

① 성균관

    ㈀ 고려의 교육제도를 계승한 최고 교육 기관

    ㈁ 입학 자격은 생원, 진사를 원칙으로 하였다. 수업 연한은 9년, 수학 후 대과에 응시

    ㈂ 원생은 권당(단식 투쟁), 공재(동맹휴학)와 알성시(비정규시험)의 은전이 있었다.

    ㈃ 과목은 주로 경학, 역사, 문학 등을 배웠다.

② 4학, 향교

  ㉠ 4학(4부 학당): 중학, 동학, 서학, 남학이 존재했고 정원은 각 100명이었다.

  ㉡ 향교: 각 부, 목, 군, 현에 하나씩 설치되었고 정원은 인구 비례로 이루어졌다.

③ 서당: 초등교육기관, 향교에 입학지 못한 선비와 평민 자제들이 교육받았다.

④ 기술교육기관

  ㉠ 전의감(의학), 관상감(천문 지리), 호조(산학), 형조(율학), 화학(畵學, 도화서), 소격서(道學), 사역원(외국어, 역학).

  ㉡ 중인 대상이었고 잡과를 거쳐 기술관으로 등용되었다.

⑤ 서 원

  ㉠ 주세붕이 세운 **백운동서원**이 이황의 건의로 **최초의 사액서원**으로 지정되었다(소수서원)

  ㉡ 봄, 가을로 향음주례를 열었고 향촌 사회 교화에 공헌한 바 크다.

> **향음주례(鄕飮酒禮)**
>
> 향촌의 선비나 유생들이 학덕과 연륜이 높은 이를 주가 되는 손님으로 모시고 술을 마시며 잔치를 하는 의례(儀禮)의 하나이다. 어진 이를 존중하고 노인을 봉양하는 의미를 지닌다.

4) 역사서의 편찬

(1) 서술내용

① 건국 초기

  ㉠ 왕조 개창의 정당화 목적을 가졌다.

  ㉡ 고려국사(정도전), 동국사략(권근)

② 15세기 중엽 이후

  ㉠ 민족적 자각과 고려시대의 역사를 자주적으로 정리하는 노력이 대두되었다.

  ㉡ **고려사**(기전체, 군주 중심의 사서), **고려사절요**(편년체, 재상 중심의 사서), **동국통감**(최초의 통사, 단군 조선에서 고려 말까지의 역사 정리), 치평요람(세종 때 정인지 등이 편찬, 중국사 한국사 역대의 사적 중 권장할 만한 사실을 발췌)

③ 16세기 사서

  ㉠ 존화 사상을 바탕으로 우리나라 역사를 소중화(小中華)의 역사로 파악하여 단군보다 기자를 더 높이 평가했다.

  ㉡ 유교 문화에 대립되는 고유 문화는 이단시되었다. 이에 동국통감의 역사서술을 비판하고 동사찬요 등을 저술하였다.

  ㉢ 중국의 이해에 더 관심을 가졌는데 이는 곧 소중화(小中華)로서 조선의 역사를 인식한 것이다.

  ㉣ 기자지(윤두수), 기자실기(이이), 동국사략(박상), 동사찬요(오운), 표제음주동국사략(유희령)

(ㅁ) 사림의 역사 서술은 우리 민족이 문화 민족이라는 자부심을 가지고 중국을 제외한 주변 민족의 침략에 저항하는 애국심을 높여 주는 역할을 하였다.

(2) 조선왕조실록

① 태조~철종년간(25대)의 역사적 사실을 연대순으로 서술한 편년체 책이다.

② 태종 13년에 하륜 등에게 명하여 태조실록을 처음으로 편찬한 이래 역대왕의 실록을 차례로 편찬

③ 실록 편찬 과정

  (ㄱ) 왕의 사후 춘추관에 실록청을 두고 편찬하였다.

  (ㄴ) 사관이 사초와 시정기를 기준으로 승정원일기, 의정부등록, 비변사등록, 일성록, 상소문 등을 보조자료로 하여 편찬하였다.

  (ㄷ) 왕실, 궁정 중심의 내용중 국왕의 선정·치적으로 후대 모범이 될만한 것을 국조보감으로 편찬

④ 실록의 보관

  (ㄱ) 사대사고(서울 춘추관, 충주, 성주, 전주 등)에 보관하였다.

  (ㄴ) 임진왜란 때 소실되고 전주 사고만 존속하여 광해군 때 5대 사고로 재편하였다.

  (ㄷ) 현재 전하는 것은 태백산 사고본, 정족산 사고본, 오대산 사고본, 적상산 사고본 뿐이다.

☑ 조선 전기 역사서의 종류

시기		역사서(지은이)	성격		사관
전기 (15세기)	건국초	고려국사(정도전) 동국사략(권근)	새 왕조 개창의 정당화 성리학적 통치 규범의 정착		성리학적 사관
	세종	고려사	기전체	고려사 정리	자주적 사관
	문종	고려사 절요	편년체		
	성종	동국통감	최초의 통사(단군조선~고려)		
중기(16세기)		동국사략(박상)	동국 통감 비판	화이관	존화적 사관

☑ 역사 서술의 방법

구분	기술방법	기원	사서	비고
기전체	본기·세가·지·열전등으로 구분하는 정사체	사마천의 사기	삼국사기 고려사	
편년체	연대기 사실 서술	사마광의 자치통감	삼국사절요 고려사 절요 동국통감 조선왕조실록	
기사본말체	사건마다 인과중심으로 서술	통감기사본말	연려실기술 삼국유사	
강목체	강·목으로 나누어 서술	주자의 자치통감강목	본조편년강목 동사강목	고려말 성리학 전래와 함께 유행

5) 지리서, 윤리서의 편찬

(1) 편찬 목적

① 중앙 집권과 국방력 강화를 위하여 인문지리와 국토의 자연환경에 관한 정보를 정리하기 위함이다.

② 각종 지리서와 지도가 제작, 편찬되었다.

(2) 지도의 제작

① 조선 초기 지도는 만주, 요하, 흑룡강이 강조되어 제작되었다.

② 혼일강리역대국도지도: 15세기 초 태종 때 제작된 지도로 현존하는 동양 최고의 세계 지도이다(아메리카 대륙 제외).

③ 팔도도: 세종 때 제작된 전국 지도이다.

④ 동국지도(양성지, 세조): 최초의 실측 지도로 인지의, 규형을 이용하여 만든 지도이다.

⑤ 조선방역지도(명종): 16세기 중엽에 팔도도를 참고하여 제작한 지도로 만주와 쓰시마 섬을 우리나라의 영토로 표기했으며 현존한다.

⑥ 천하도: 원형의 세계지도로 중국 중심의 세계관을 반영하여 제작된 지도이다.

(3) 지리서의 편찬

① 신찬팔도지리지(세종): 전국 8도의 지리, 정치, 사회, 역사, 산업, 경제, 군사, 교통 등을 수록하여 편찬하였다. 현재는 경상도 지리지만 전해지고 있다.

② 세종실록지리지(단종): 정인지 등이 편찬에 참여하였고 독도와 단군신화가 기록되어 있다.

③ 동국여지승람(성종): 강희맹·노사신·양성지 등이 참여하여 군현의 연혁, 지세, 풍속, 인물, 고적, 산물, 성씨, 교통 등을 수록하여 간행하였다. 당시 국토에 관한 인문 지리적 지식수준의 향상에 기여하였다.

④ 신증동국여지승람(중종): 동국여지승람을 보완하여 이행 등이 편찬하였고, 독도를 기록하였다.

⑤ 읍지: 일부 군현에서 편찬하여 향토의 문화적 유산에 대한 사림의 정치의식이 반영되었다.

(4) 윤리서의 편찬 유교질서의 확립

① 삼강행실도(세종): 설순이 왕명으로 편찬한 윤리서로 모범이 되는 충신·효자·열녀를 골라 그들의 행적을 전면에는 그림, 후면에는 사실을 기록하였다. 또한 훈민정음으로 언해를 달아 놓아 국문학 연구에도 귀중한 자료이다.

② 국조오례의(성종): 신숙주 등이 완성하였고 길례(제사)·가례(관혼)·빈례(빈객)·군례·흉례(장례)의 5례를 정리하여 국가적 의식의 기준을 정하였다.

③ 효행록(세종): 고려 말에 편찬된 것을 세종 때 설순이 보완하고 개정하였다.

④ 이륜행실도: 연장자와 연소자, 친구 사이에 지켜야할 윤리를 기록하였다.

⑤ 동몽수지: 어린이가 지켜야 할 예절을 기록하였고, 이륜행실도와 함께 16세기 사림이 주자가례와 소학의 보급을 위해 간행한 윤리서이다.

⑥ 가례집람: 주자가례에 대한 여러 학자의 설을 엮어 편찬하였다.

6) 경국대전의 완성

(1) 배 경 현실사회를 조직적으로 체계화하고, 통치 규범을 성문화하기 위하여 법제 정비 작업을 시작하였다.

(2) 법전 편찬

① 조선경국전: 정도전(태조)이 편찬한 최초의 법전이다.

② 경제문감: 정도전(태조)이 편찬한 태조 때의 정치 조직 초안이다.

③ 경제육전: 조준, 하륜(태조)이 여말에서 선초까지의 조례를 정리한 최초의 성문 통일 법전이다.

④ 속육전: 하륜(태종)이 경제육전을 수정하여 편찬하였다.

⑤ 경국대전: 명의 대명회전을 참고하여 편찬한 조선의 기본 법전으로 세조 때부터 편찬되어 성종 때 반포하였다. 경국대전은 이전, 호전, 예전, 병전, 형전, 공전의 6전으로 구성되었다.

⑥ 속대전(영조), 대전통편(정조), 대전회통(고종), 육전조례(고종) 등이 편찬되었다.

(3) 경국대전 의의 조선왕조의 기본법전으로 조선 왕조의 법제적 통치 질서를 존중하는 유교 문화를 상징 하는데 의의가 있다.

기출문제

01 혼일강리역대국도지도가 제작된 왕대의 문화계 동향에 대한 설명으로 옳은 것은? 2010. 국가직 9급

① 주자소를 설치하고 구리로 '계미자'를 주조하였다.

② 유교적 질서를 확립하기 위하여 윤리서인 「삼강행실도」를 편찬하였다.

③ 「경국대전」을 간행하여 유교적 통치 질서와 문물 제도를 일단락하였다.

④ 서거정 들이 중심이 되어 편년체 통사인 「동국통감」을 편찬하였다.

정답 ①

해설 혼일강리역대국도지도는 15세기 초 태종 때 제작된 지도로 ①은 태종의 업적이다. ②는 세종,③과④는 성종의 업적이다.

② 성리학의 발달

1) 성리학의 정착

(1) 고려 말 성리학 수용의 배경

성리학은 고려 말의 개혁과 조선을 건국하는 데에 사상적 기반을 제공하였으나 이를 수용하고 이해하는 과정에서 신진 사대부들 사이에 입장의 차이가 나타났다. 개혁의 논리를 내세우면서 적극적인 정치 혁명에 참여한 세력과 개혁에는 소극적이면서 고려 왕조에 의리와 명분을 주장하는 세력의 대립이 있었다.

(2) 성리학의 역할

① 고려 말 신진사대부들이 당시 역사에 대한 성찰과 현실 극복의 학문적 기반은 성리학이었다.
② 조선의 건국 과정에서 사회개혁의 명분을 제공하는 역할을 하였다.

2) 훈구파와 사림파

(1) 훈구파

① 정도전을 중심으로 하는 혁명파 세력으로 조선 건국 이후 유교국가 운영에 학문적 이론을 제시하였으며, 주례를 국가의 통치 이념으로 중시하였다.
② 성리학을 정치 이념으로 정착시키고, 사회개혁과 국가 운영의 기초로서 왕권 강화와 중앙 집권 체제 정비에 노력을 기울였다.
③ 15세기 중엽의 관학파들은 사장을 중시하고, 불교, 도교, 민간 신앙, 풍수지리 사상 등을 수용하면서 조선의 사회 안정을 추구하였다.
④ 유교 이념에 토대를 둔 정책은 특히 세종, 세조에 의하여 주도되어 집현전과 성균관 등을 통해서 수준 높은 근세 문화를 창조하였다.

(2) 사림파

① 정몽주를 중심으로 하는 정치 세력으로, 조선 왕조의 건국을 반대하는 유학자들로 구성되었다.
② 일부 사대부들은 조선 왕조의 개창을 유교적 윤리와 어긋난다고 비판하면서 향촌에 내려가 교육과 향촌 건설에 주력하였다.
③ 정몽주, 길재 등에서 김종직, 김굉필로 그 학통이 이어지는 사림세력으로 경학을 중시하였다.
④ 사학을 통해 양성된 사람은 성종 때 을 전후로 하여 중앙 정계에 진출하게 되었다.

3) 성리학의 발달

(1) 성리학 발달의 배경

15세기 말부터 훈구파와 사림파 간의 정치적 갈등이 발생하고, 국제적 긴장완화로 인하여 평화관계가 지속되었다. 16세기에 이르러 심오한 철학적 이론과 학문적 논쟁이 유발되어, 성리학은 관념적인 이기론 중심으로 발달하였다.

(2) 주리파(主理派)

① 이언적 → 이황 → 유성룡·김성일·정구 → 조선 후기(기정진, 이진상, 이항로)에 계승→ 한말 위정척사운동과 의병활동의 기반이 되었다.

② 원리적, 도덕적, 관념적 세계를 중시하였고, 조선 후기 이일원론에 영향을 주었다.

③ 이(理)란 눈에 보이지 않는 형이상의 원리로, 경험적 세계의 사회현실보다는 도덕적 원리에 대한 인식과 실천을 중시하였다.

④ 화엄 불교의 영향을 받았고, 삼강오륜의 윤리도덕을 강조하여 신분 질서를 옹호하는 입장으로 영남학파를 형성하였다.

⑤ 이언적(1491~1553, 회재): 기(氣)보다는 이(理)를 중심으로 이기이원론을 전개하여 후대에 큰 영향을 미쳤다. 성학군주론(聖學 君主論)은 이황의 「성학십도」와 「성학집요」에 이르러 두 경향의 성학군주론이 나오게 되었다.

⑥ 이황(1501~1570, 퇴계)

㉠ 주자의 이기이원론을 발전시켜 주리론을 집대성하여 '동방의 주자'라 불렸다.

㉡ 이기호발설(理氣互發說): 기대승과의 사단칠정(四端七情) 논쟁에서 주장한 내용으로 이(본질)와 기(현상)는 서로 다른 것이지만 상호의존적인 관계에 있다. 이(理)가 기(氣)를 움직이는 근본 법칙이고 기는 이의 법칙에 따라 구체화된다고 주장하였다.

㉢ 이(理)는 존귀하고 기(氣)는 비천하다는 이존기비론(理尊氣卑論)'으로 발전시켜 불완전한 氣보다 理를 중시하였다.

㉣ 도덕적 행위의 근거로서 인간의 심성을 중시하고 성학십도를 통해 군주 스스로 성학을 따를 것을 제시하였다.

㉤ 저서: 「성학십도」, 「주자서절요」, 「전습록변」, 「이학통록」

㉥ 영남학파를 형성하였고, 일본의 성리학 발달에 기여하였다.

(3) 주기파(主氣派)

① 서경덕 → 조식 → 이이 → 조헌·성혼·김장생 → 조선후기(한원진, 임성주, 최한기)에 계승되었다. → 개화사상과 독립협회로 연결되었다.

② 경험적, 현실적, 물질적 세계를 중시하였고 기호학파를 이루었으며, 조선 후기 실학사상에 영향을 주었다.

③ 물질적인 형(形)을 더 중시하고, 정치, 경제, 국방의 개혁 등 현실 문제 개혁에 참여를 주장하였다.

④ 원리 세계의 규범보다도 현실의 경험적 세계를 중시하며 개인적 성향이 강하였다.

⑤ 서경덕(1489~1546, 화담): 이(理) 보다는 기(氣)를 중심으로 세계를 이해하고 불교와 노장 사상에 대해서 개방적인 태도를 가지고 있었다.

⑥ 조식(1501~1572, 남명): 노장 사상에 포용적이었던 조식은 학문의 실천성을 특히 강조하였다. 절의와 기개를 중요시한 실천적 유학은 임진왜란 때 의병활동의 배경이 되었으며, 광해군 때 북인 정권의 핵심적인 역할을 하였다.

⑦ 이이(1536~1584, 율곡)

(ㄱ) 기(氣)의 역할을 강조하고 현실적, 개혁적인 성격을 가지고 있었으며, 기호학파를 형성하고 해주향약, 서원향약을 실시하였다.

(ㄴ) 우주만물의 근원을 물질적인 氣에 두고 모든 현상은 기(氣)가 움직이는 데 따라 다르게 나타나며, 이(理)는 氣의 보편적 원리에 지나지 않는다고 주장하였다.

(ㄷ) 이이는 '이존기비론(理尊氣卑論)'을 비판하고, 이(理)는 통하고 기(氣)는 국한된다는 주장을 하였다.

(ㄹ) 이(理)와 기(氣)는 둘이지만 분리 될 수 없어 현상적 기(氣)가 작용하면 원리인 이(理)는 항상 내재되고, 관념적 도덕 세계와 경험적 현실 세계를 중시하는 일원론적 이기이원론(理氣二元論)을 주장하였다.

(ㅁ) 저서: 「성학집요」, 「격몽요결」, 「사서언해」, 「경연일기」, 「동호문답」

(ㅂ) 10만 양병설과 대공수미법 등 다양한 개혁 방안을 제시하였다.

4) 학파의 형성

(1) 학파의 형성

16세기 중반부터 성리학에 대한 이해가 심화되면서 학설과 지역에 따라 학파가 형성되기 시작하였다.

(2) 선 조

① 배경: 선조 때 사림들이 중앙 정계의 주도 세력으로 등장함에 따라 각 학파를 기반으로 정파가 형성되었다.

② 동·서인의 분화: 서경덕 학파와 이황 학파, 조식 학파가 동인을 형성하였고, 이이 학파와 성혼 학파가 서인을 형성하였다.

③ 남·북인의 분화: 동인은 정여립 모반 사건 이후 정권을 잡은 서인을 세자 책봉 문제를 빌미로 축출하는 과정에서 온건한 입장이었던 이황 학파의 남인과 강경한 입장이었던 서경덕 학파와 조식 학파의 북인으로 분화되었다.

정여립 모반 사건

1589년 전주 사람 정여립이 역모를 일으켰다는 사건이다. 이 사건으로 서경덕·조식 학파가 피해를 많이 입었으며, 호남 지역은 반역의 향으로 낙인찍혀 중앙 정계로 진출하는 일이 급격히 줄어들었다.

(3) 북인의 집권과 인조 반정

① 북인은 성리학적 명분론에 크게 구애받지 않아 후금과의 중립외교, 대동법, 은광개발 등 적극적인 사회 경제 정책 등을 추진하였으며 이는 서인과 남인의 반발을 불러일으켰다.

② 이는 결국 인조반정(1623)으로 이어졌고 서인이 집권하자, 학문적으로는 서경덕과 조식의 사상, 양명학, 노장 사상 등은 배척당하고 이황과 이이의 학문, 즉 주자 중심의 성리학만이 조선 사상계에서 확고한 우위를 차지하게 되었다.

(4) 척화론과 의리 명분론의 강화

① 서인, 남인은 **명에 대한 의리 명분론**을 강화하고 반청 정책을 추진하여 병자호란을 초래하였다.

② 주화, 척화 논의 후 인조 말엽부터 송시열 등 서인이 주도하면서 **척화론과 의리 명분론**이 대세를 이루었다.

③ 사회 경제 정책상 대립: 이 시기 각 학파들은 **대동법과 호포법** 등 사회 경제 정책을 둘러싸고 격렬한 논쟁과 대립을 하였다.

5) 예학과 보학의 발달

(1) 발달 배경 왕실 위주의 국가 질서론과 「주자가례」에 대한 학문적 연구로 인하여 예학(禮學)이 발달 하게 되었다.

(2) 예학(禮學) 종족 내부의 의례를 규정하는 것을 예학이라 하며, 도덕윤리를 기준으로 하는 형식 논리를 중시하였고, 명분중심의 가치를 강조하였다.

① 「주자가례」 중심의 생활 규범서가 출현하고 동시에 「주자가례」에 대한 학문적 연구가 이루어지기 시작하였다(16세기 중반).

② 사림들은 신분 질서의 안정에 필요한 의례형식을 중시하여 상장 제례에 대한 예학이 발달하

였다. 가정의례는 「주자가례」가 모범이 되었고, **김장생**(가례집람), 정구에 이르러 이론적인 학문으로 성립, 발전시키면서 많은 저술 활동이 이루어졌다.

③ **예송 논쟁:** 각 학파 간의 예학의 차이가 전례논쟁으로 표출되었는데 **현종** 때 예송 논쟁은 그 대립의 정점이라고 할 수 있다.

④ **예학 발달의 영향:** 가족과 종족 상호간의 상장 제례의식의 정립과 유교주의적 가족 제도 확립에 기여한 바 있지만 지나친 형식 논리로 **사림 간의 정쟁의 구실로 이용**되는 폐단도 있었다.

(3) 보학(譜學)의 발달

① **발달 배경:** 사림 양반들은 가족과 친족 공동체의 유대를 통하여 문벌을 형성하고, 신분적 우위를 유지하려하였다. 이러한 필요에 의해 족보를 만들어 종족의 내력을 기록하고, 암기하는 것을 필수 교양으로 하는 보학이 발달하게 되었다.

② **역할:** 보학은 종족의 내력과 횡적인 종족 관계를 확인시켜주는 기능을 통해서 안으로는 종족 내부의 결속을 강화하고, 밖으로는 다른 종족이나 하급 신분에 대해서 문벌의 권위를 과시하는데 이용되었다.

③ 족보는 결혼 상대자를 구하거나 붕당을 구별하는데 중요한 자료가 되었다.

③ 종교와 민간 신앙

1) 불교의 정비

(1) 불교의 쇠퇴

① 조선 시대에는 유교적 정치 이념이 구현되어 불교에 대하여는 여러 정비책을 시행하여 사회적 위상이 고려 시대에 비하여 크게 약화되었다.

② 불교에 대한 **정비책**

  ㉠ **도첩제 실시:** 도첩제는 승려 수를 제한하기 위한 수단으로 납포자에게 도첩을 발급하여 승려가 되는 것을 허락한 제도이다.

  ㉡ **종파 통합:** 모든 종파를 선, 교 양종으로 통합시키고 36개의 사원만 인정하였다.

(2) 불교 정비의 필요성

① 불교적 윤리사상을 유교적 윤리사상으로 전환 → 유교주의적 국가 기초 확립

② 사원의 방대한 토지와 노비를 국가로 환수 → 국가 재정 확보

(3) 조선 전기의 불교 정책

① 태조: 도첩제 실시로 승려 수 제한

② 태종: 도첩제 강화, 전국에 242개의 사원을 제외하고 폐지, 토지, 노비 몰수

③ 세종: 모든 종파를 선·교 양종으로 통합, 내불당 건립(궁중), 석보상절 간행

④ 세조: 불교 장려, 간경도감(불서 간행, 한글 번역), 원각사10층 석탑 건립

⑤ 성종: 도첩제 폐지, 출가 일체 금지

⑥ 명종: 명승 보우 중용, 숭불정책, 승과와 도첩제 부활, 문정 왕후의 지원

(4) 민간 신앙으로 신봉

① 국가 지도 이념의 지위는 잃었지만 궁중과 민간에서 여전히 신봉되었다.

② 세조 때 원각사 10층 석탑을 건립하고, 간경도감을 두어 불경을 번역, 간행하였다.

③ 임진왜란 시 승병의 활약과 16세기 중엽 서산대사와 같은 고승을 배출하였다.

(5) 불교의 명맥 유지 원인

① 불교 교리 자체가 사물을 포용하고 융합 관계로 인식하여 사회와 사상의 통합을 가져왔기 때문이다.

② 왕실과 개인의 안녕을 기원하여 민간 신앙으로서 신봉되어 유지되었다.

2) 도교와 민간 신앙

(1) 도 교

① 도교: 무예를 존중하고 하늘에 대한 제사를 중시 하였으며 은둔과 신선사상을 전파하였다.

② 행사

　㉠ 소격서 설치: 조선 초기에는 고려 시대에 잦았던 도교 행사를 줄여 재정의 낭비를 막으면서도 소격서를 설치하여 제천 행사를 주관하게 하였다.

　㉡ 마니산 초제는 도교 신앙이 민간 신앙과 연결되어 민족의식을 높이는 기능을 하였으나, 중종 때 조광조의 건의로 소격서가 폐지되었다.

　㉢ 원구단 설치: 세조 때까지 원구단(하늘에 제사를 지내는 제단)에서 하늘에 제사를 지냈다. 세조 이후 성리학적 명분론에 의거하여 중국의 천자(天子)만이 하늘에 제사 지낼 수 있다는 인식 때문에 금지되었다.

(2) 풍수지리설과 도참 사상, 기타 민간 신앙

① 풍수지리설·도참 사상

　㉠ 풍수지리설과 도참사상이 조선 초기 이래로 중요시되어 한양 천도(남경 길지설)에 반영되었다.

    (ㄴ) 양반사대부의 묘지 선정에도 작용하여 16세기 이후에는 산송(山訟)의 발생하였는데, 이는 묘지 쟁탈전으로 사회적인 문제로도 대두되었다.

② 민간 신앙

    (ㄱ) 무격신앙, 촌락제, 산신 신앙, 삼신(환인, 환웅, 단군) 숭배 등은 서민 사회에서 신봉하였다.

    (ㄴ) 세시 풍속은 유교 이념과 융합되면서 조상 숭배의식과 촌락의 안녕을 기원하는 의식이 되었다.

    (ㄷ) 국가는 민간신앙의 지나친 미신행위를 막으면서 유교적으로 개편하여 국가 신앙으로 흡수하였다.

4 과학 기술의 발달

1) 천문 기상과 과학기구 발명

(1) 과학기술의 발전

① 15세기는 조선 왕조의 국가적 지원으로 과학 기술이 발달하였고, 당시의 철학사조도 격물치지를 존중하는 학풍이 지배적이었다.

② 당시의 집권층이 부국강병과 민생 안정을 위한 과학 기술의 중요성을 인식하고 있었기 때문이었다.

③ 유학자들도 기술학을 중시하여 전통적 기술문화를 계승하고, 서역 및 중국의 과학 기술을 수용하여 천문학, 농업과 관련된 각종 기구를 발명, 제작하였다.

2) 천문 역법의 발달

(1) **농업을 기반으로 하는 산업 구조**는 천체, 기상, 토지, 시간의 정확한 측정을 위한 각종 기구가 발명, 제작 되었다. 특히 세종 때 가장 많이 발명되었다.

(2) 과학기구의 발명

① 세 종

    (ㄱ) 측우기(1442): 세계 최초의 강우량 측정기구로 장영실, 이천 등에 의하여 제작되어 서울은 서운관에 지방은 각 도와 군현에 설치하였다.

    (ㄴ) 혼천의(천체 운행 관측기구), 자격루(물시계), 앙부일구(해시계) 등

② 세 조: 토지 측량 기구인 인지의와 규형이 제작되어 토지 측량과 지도 제작에 활용되었다.

③ 천문도의 제작: 태조 때 고구려의 천문도를 바탕으로 '천상열차분야지도'를 돌에 새겨 제작하였다.

(3) **역법의 발달** 칠정산은 세종 때 중국의 수시력과 아라비아의 회회력을 참고로 만든 역법서이다. 우리나라 최초로 서울을 기준으로 천체 운동을 정확히 계산하였고, 천체의 위치를 계산하는 방법을 서술하였다.

▶ 천상열차분야지도 각석
(국립중앙박물관 소장)

3) 의학의 발달(의학서의 간행)

(1) **향약채집월령** 세종 때 한글로 쓰여진 약용 식물을 최초로 정리한 의서이다.

(2) **향약집성방** 세종 때 실제 경험을 토대로 우리 풍토에 알맞은 약재 개발과 내과·외과·안과 등 여러 부문의 병명과 처방을 수록하여 의학의 학문적 체계를 이루었다.

(3) **의방유취** 세종 때 김순의 등이 편찬한 동양 최대의 의학 백과사전이다.

(4) **동의보감** 17세기 초 허준이 전통 한의학을 체계적으로 정리하여 편찬한 의서이다. 중국, 일본에서도 간행되었으며 2009년 유네스코 세계 기록 문화유산에 등재되었다.

(5) **침구경험방** 허임이 저술한 의서로 침구술을 집대성한 것이다.

4) 활자 인쇄술과 제지술

(1) 활자 인쇄술

① 국가적인 편찬 사업으로 각종 서적의 편찬 사업이 활발해지고 활자 인쇄술과 제지술이 발달하였다.

② 태 종: 주자소를 설치(1403년)하고 수십만 자의 동활자인 계미자를 주조하였다.

③ 세 종: 갑인자 주조(1434), 글자가 선명하고 아름다워 우리나라 활자본의 백미이다. 세종 때 인쇄술이 더욱 발전하여 밀랍으로 활자를 고정시키던 종래의 방법 대신 식자판을 조립하는 방법을 창안하여 두 배 정도 빠르게 인쇄할 수 있게 되었다.

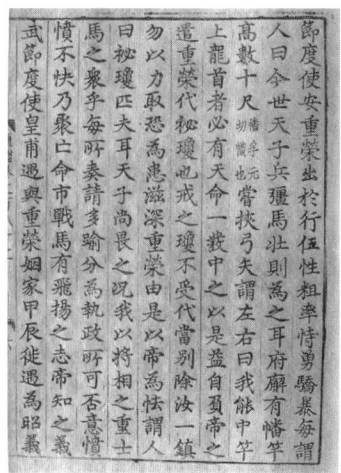
▶ 갑인자로 찍은 책(자치통감강목)

(2) 제지술

① 조선 초기 활발한 편찬 사업의 영향으로 제지술도 향상되었다.

② 조지서 설치(세종): 종이를 전문적으로 생산하는 관청으로 다양한 종이를 대량 생산하였다.

③ 출판문화의 발달은 문화 수준의 향상과 교육 진흥의 촉진에 많은 기여를 하였다.

5) 농서와 병서의 편찬

(1) 농서의 편찬 우리나라 토질에 알맞은 농법의 보급

① **농사직설(세종)**: 세종 때 정초가 농민의 실제 경험을 토대로 우리의 독자적인 농법을 최초로 정리한 조선의 대표적인 농서이다. 중국의 화북 농법을 받아들이면서 우리나라의 풍토에 맞는 농사 기술과 씨앗의 저장법, 토질의 개량법, 모내기법 등이 서술되어 권농사무의 지침서가 되었다.

② **사시찬요(세조)**: 강희맹이 조선의 농업실정에 알맞은 계절에 따른 농작과 기술을 저술하였다. 벼농사를 비롯하여 특용작물과 장 담그기, 술 빚기, 새우젓 등 한국식으로 설명되어 있다.

③ **금양잡록(성종)**: 강희맹이 경기도 금양(시흥, 과천) 지방에서 자신이 직접 체험하고 들은 농경 방법을 기술하여 농사직설과 함께 대표적인 농서로 손꼽힌다.

④ **구황촬요(명종)**: 흉년이 들었을 때 대처하는 방법을 적은 책이다.

(2) 병서의 편찬

① **간행 목적**: 외적의 침입에 대비한 국방력 강화, 우리나라 지형, 지세에 맞는 전술 개발, 역대의 전쟁사 정리에 있다.

② **진도(태조)**: 요동수복 계획의 일환으로 편찬되었으며, 독특한 전술과 부대 편성 방법을 기술하였다.

③ **총통등록(세종)**: 화포의 제작과 사용법이 그림과 함께 한글로 자세하게 기록되었다.

④ **역대병요(세종)**: 고대에서 조선 초기까지 주요 전쟁의 일화를 수록하였다.

⑤ **동국병감(문종)**: 고조선에서 고려 말까지의 전쟁사가 수록되어있다.

6) 군사 기술의 발달

(1) 병선 제조 태종 때 거북선이 설계되었고, 작고 날쌘 비거도선이라는 전투선이 제조되었다.

(2) 무기 제조

① **화포 제작**: 화약 무기 제조 기술이 발달하여 사정거리 1,300보나 되는 화포를 제작하였다.

② **바퀴달린 화차**: 신기전은 수레위에 틀을 만들어 심지에 불을 붙여 발사하는 문종 때 만든 화차이다.

⑤ 문학과 예술

1) 조선 초기의 문학

(1) 한문학

① 한문학은 사장(시와 문장능력)을 좋아하는 훈구
파에 의해 발달하였고, 당시 양반들의 필수 교양이
었다.

② 「동문선」: 성종 때 서거정이 우리나라 역대 시문 중
뛰어난 것을 뽑아 모은 것으로, 우리의 문화유산을
정리하려는 노력의 일환으로 편찬되었다.

> **동문선**
>
> 조선 성종(1478)때 서거정 등이 신라에
> 서 조선 초까지의 시문을 모아서 편찬
> 한 책. 그 이후 숙종 때까지의 시문을
> 정리한 속편이 송상기 등에 의해 간행되
> 어 우리나라 한문학을 집대성하였는데,
> 특히 서문에는 중국과 다른 우리의 글
> 을 강조한 자주 정신이 나타나고 있다.

(2) 16세기의 문학

① 문학의 침체: 사림들이 경학(유학의 깊이)에 치중하고 사장을 경시하여 문학은 저조하였다.

② 불우한 처지의 일부 지식층, 중인층, 부녀자들이 뛰어난 문학 작품을 창작하였다.

③ 문학 형식은 시조, 소설, 가사, 패설 등 다양하였고, 작품의 주제도 산천의 아름다움이나 자
연 속에 파묻힌 은둔 생활의 즐거움, 사림의 위선을 풍자한 것 등 다양하였다.

(3) 시조문학(우리나라 특유의 시가로 정형화)

① 조선 초기의 경향

 ㉠ 중앙 관료들의 시조: 새 왕조의 건설을 찬양하고 외적을 물리치면서 국토를 개척하는 진
 취적인 기상을 표현(김종서, 남이)하거나, 농경 생활의 즐거움과 괴로움을 묘사한 것이 많
 았다.

 ㉡ 재야 지식인의 시조: 유교적 충절을 노래한 시조로 길재, 원천석 등의 작품이 유명하다.

② 16세기의 시조

 ㉠ 16세기에는 황진이와 송순 등에 의하여 문학성이 심화되었다.

 ㉡ 황진이: 인간 본연의 순수한 감정을 노래한 시조로 유명하다.

 ㉢ 윤선도: 자연을 벗 삼아 사는 은둔 생활의 즐거움을 표현하였다.

(4) 설화 문학

① 서민 사회에서 구전되는 역사와 풍습, 신앙, 전설 등이 담겨 있어 민족 문학으로서 높은 가치
를 지닌다.

② 고려 후기 신진 사대부 사이에서 유행하여 계승되었고, 특히 '금오신화'(김시습)는 민간 설화를 소설 형식으로 쓴 작품으로 설화 문학을 발전시켰다.

③ 대표적 작품

    (ㄱ) 금오신화(김시습, 세조): 우리나라 고유의 신앙과 연결된 생활 감정과 역사의식을 묘사한 작품이다.

    (ㄴ) 용재총화(성현, 성종): 관리들의 행적과 서민들의 풍속을 표현한 수필체의 설화문학이다.

    (ㄷ) 동인시화(서거정, 성종): 신라 시대부터 조선 시대 초기까지의 시화 모음집이다.

    (ㄹ) 필원잡기(서거정, 성종): 고대로부터 전해져오는 일화를 수록한 설화집이다.

    (ㅁ) 패관잡기(어숙권, 명종): 문벌제도와 적서 차별의 폐단을 지적하였다.

(5) 악장 문학

① 조선 초기부터 유행하여 16세기에 이르러서는 가사 문학으로 이어졌다.

② 시조의 한계를 극복하고 감정을 구체적으로 표현하였고, 대표작은 용비어천가, 월인천강지곡이다.

③ 송순의 면앙정가, 정철의 성산별곡과 관동별곡, 박인로의 노계집

(6) 여류 문인 시, 서, 화에 능한 신사임당, 시조로 유명한 황진이, 한시에 뛰어난 허난설헌

2) 건축

(1) 15세기의 건축

① 고려시대는 사원 건축이 중심이었다면 15세기에는 궁궐, 관아, 성문, 학교 건축이 중심을 이루었다.

② 건물에 거주하는 사람이나 사용하는 사람의 신분에 따라 차등을 두고, 건물의 규모를 법적으로 규제하였다. 관리의 집은 40칸, 평민은 10칸으로 제한하여 불필요한 사치를 방지하고 신분 질서를 유지하는데 목적이 있었다.

③ 건물의 규모는 대부분 규모가 작고 검소하면서도 위엄을 갖추었다. 그리고 건물자체 뿐만 아니라 주위의 환경과도 조화를 이루는 아름다움을 지니고 있었다.

④ 대표적 건축물: 서울의 숭례문, 창덕궁의 돈화문, 창경궁의 홍화문, 평양의 보통문, 개성의 남대문 등이 있다.

⑤ 불교 건축물: 무위사 극락전, 해인사 장경판전, 원각사지 10층 석탑

⑥ 정 원: 건물에 부속된 정원은 자연 그대로를 살려 만들었는데 창덕궁, 창경궁 후원이 대표적이다.

(2) 16세기의 건축

① 사림의 진출로 서원 건축을 중심으로 이루어졌다.

② 교육 기관인 강당을 중심으로 사당과 기숙 시설인 동재와 서재를 갖추고 **자연과의 조화**를 이룰 수 있도록 건축되었다.

③ 사원 건축은 정자, 사원, 주택의 건축양식이 **배합**되어 독특한 아름다움을 지닌 건축물이다.

④ 대표적인 서원으로는 안동의 도산서원, 경주의 옥산서원 등이 있다.

3) 공예의 발달

(1) 조선 전기의 자기 공예의 특징

① 공예는 사치품이 아니라 생활필수품이나 사대부의 문방구와 관련하여 발달하였다.

② 공예품의 재료 역시 금, 은, 구슬과 같은 보석류는 쓰이지 않고 나무, 대, 흙, 왕골 등과 같은 **값싸고 흔한 재료**가 이용되었다.

(2) 도자기 생활필수품으로 만들어진 도자기는 견고하고, 색깔이나 형태가 기품이 있고 소박하였다.

① 분청사기: 15세기는 고려자기의 비법을 계승하여 발전한 **회청색의 분청사기**를 만들었다. 분청사기와 옹기그릇은 자기소와 도기소에서 만들어져 관수용·민수용으로 제작, 보급되었다. 특히 관요가 있던 광주 분원에서 생산하는 자기의 품질이 우수하여 유명하였다.

② 백자: 16세기에는 깨끗하고 담백하며, 순백의 고상함과 사대부의 취향에 걸맞은 멋을 풍겨 백자가 널리 유행하였다.

(3) 기타

① 화각 공예: 화장품 그릇, 실패 등에 그림을 그리고 그 위에 얇게 쪼갠 쇠뿔을 붙이는 공예로 대그릇과 자개 그릇 공예도 발달하였다.

② 목 공예: 장롱, 문갑, 궤 같은 목공예 분야도 실용성과 예술성을 잘 조화시켜 자연미를 그대로 살린 기품 있는 공예품이 제작되었다.

③ 석 공예: 궁궐의 장식이나 능묘의 조각이 많이 만들어졌고, 불교 공예는 쇠퇴하였다.

④ 자수와 매듭: 관복의 흉배를 자수로 만들었고, 양반 부녀자들이 자수와 매듭에서 뛰어난 작품들을 만들었다.

4) 그림과 글씨

(1) **15세기 그림** 중국의 여러 화풍을 선택적으로 수용하면서 우리의 독자적인 화풍을 형성하였다. 또한 인물과 산수를 낭만적이고 씩씩하게 묘사하는 것이 특징이다.

① 도화서(조선시대 그림 그리는 일을 담당한 관청) 화원들의 그림: 안견의 '몽유도원도'는 구도가 웅장하고 필치가 섬세하여 높이 평가되고 있는 작품이다.

② 문인 화가의 그림: 강희안의 '고사관수도'는 사색에 빠진 인간의 내면세계를 간결하고 호방한 필치로 표현하였다.

③ 신숙주: 「화기(畵記)」를 저술, 안평대군의 소장품을 소개하였다.

(2) **16세기 그림**

① 다양한 화풍이 발달하였으며, 사군자에 뛰어난 화가가 배출되었다.

② 자연 속에서 서정적 아름다움을 찾고, 개성 있는 화풍의 경향도 있었다.

③ 대표적인 화가

　(ㄱ) **이상좌**: 인물화, 산수화에 능한 노비 출신의 전문 화원으로 대표작 '송하보월도'는 늙은 소나무를 통하여 인간의 강인한 정신과 기백을 표현한 작품이다.

　(ㄴ) **이암**: 중종 때 왕족 출신 화가로 '모견도'와 같은 동물들을 잘 그렸고, 한국적인 정취가 물씬 풍기는 독자적인 화풍을 이루었다.

　(ㄷ) **신사임당**: 꽃과 나비, 오리 등을 섬세하고 정교한 여성적인 필치로 잘 그렸다.

　(ㄹ) **3절**: 황집중의 포도 그림, 이정의 대나무, 어몽룡의 매화

(3) **서 예** 양반의 필수 교양으로 유명한 학자들은 모두 글씨로 일가를 이루었고, 중국 명필가의 영향을 받았다.

① **안평대군**: 중국 조맹부체인 송설체의 대가이다.

② **양사언**: 시조와 그림에 능하였으며 초서를 잘 썼다.

③ **한호(한석봉)**: 단아하면서도 강한 필치로 진체(晋體)의 대가이며 해서에 다 능하여 명필로 이름을 떨쳤다.

④ **김구**: 성종~중종 때의 서예가로 독특한 인수체로 유명하다.

5) 음악과 무용

(1) **궁중 음악**

① 아악: 국가의 각종 의례와 밀접한 관련이 있었다. 박연(세종)을 비롯한 음악가들은 관습도

감에서 악기를 제작하거나 개량하고, 각종 악곡과 악보를 정리하였다. 특히 동양에서 가장 오래된 궁중음악인 아악을 체계화하여 **궁중 음악의 기초를 확립**하였다.

② 정간보: 세종이 직접 '여민락'이라는 악곡을 짓고 소리와 장단의 높이를 표현할 수 있는 악보인 정간보(井間譜)를 창안하였다.

③ 「**악학궤범**」: 성종 때 성현, 유자광 등이 편찬한 **음악 이론서**로 가사가 한글로 실려 있다. 음악의 원리와 역사, 악기, 무용, 의상 및 소도구까지 정리하여 국악을 비롯한 동양 음악을 발전시키는데 기여하였다.

④ 합자보: 성현은 기존의 악보에 구체적인 **연주 방법**까지 기록한 합자보(合字譜)를 창안하고, 현금합자보(玄琴合字譜)를 간행하여 지도 받지 않아도 국악을 연주할 수 있게 하였다.

(2) 서민 음악

① 16세기 **중엽** 이후로 음악의 주체가 서민 사회로 옮겨져 향악, 당악 등의 속악이 발달하였다.

② 속악은 시조, 가사, 가곡 외에 각 지방의 판소리와 민요 등이 널리 애송되었다.

(3) 무용과 연극

① 민속 무용: 궁중에서는 나례춤, 처용무 등을, 서민들은 농악무, 승무, 무당춤 등의 민속 무용이 있었다. 그리고 탈춤인 산대놀이와 인형극인 꼭두각시놀음도 민간사회에 유행하기 시작하였다.

② 굿: 민간에서는 굿이 유행하였고 촌락제, 별신굿, 가정굿 등으로 분화되어 다양하게 발전하였다. 굿과 함께 추는 춤은 민속무, 탈춤에 많은 영향을 주었다.

기출문제

01 조선 시대의 예술에 대한 설명으로 옳은 것은?   2010 지방직 9급

① 공예는 생활용품이나 문방구 등에서 특색 있는 발달을 보였다.

② 분청사기와 백자가 많이 만들어졌는데 후기로 갈수록 분청사기가 주류를 이루었다.

③ 궁궐, 관아, 성문, 학교 건축이 발달했던 고려 시대와 대조적으로 사원 건축이 발달하였다.

④ 양반들은 장인들이 하는 일이라 하여 서예를 기피하였으나 그림은 필수적 교양으로 여겼다.

정답 ①

해설 ②에서 후기에는 청화 백자가 주류를 이루었다. ③은 고려 시대는 주로 사원 건축이 발달하였고, 조선 시대는 궁궐, 관아, 성문, 학교 건축이 발달하였다. ④는 양반들은 시·서·화를 모두 중요시하였다.

제 **6** 장

근대 사회의 태동

01 근대 태동기의 정치

1 통치 체제의 개편

1) 정치구조의 변화

(1) 비변사 설치

① 임시기구: 중종(1510) 때 지변사 재상 중심의 군무 협의 기구로 삼포왜란을 계기로 설치되었다.

② 상설기구: 명종(1555) 때 을묘왜변을 계기로 상설기구로 정비되었다.

(2) 비변사 기능 강화

① 임진왜란을 계기로 설치된 문무 고위관리들의 합의 기관으로서, 국방은 물론 외교, 사회, 인사, 재정 문제까지 처결하는 기관으로 기능이 확대되었다.

② 전·현직 정승, 5조 판서(공조 제외)와 참판, 각 군영 대장, 대제학, 강화유수 등 국가의 중요 관원들로 구성원이 확대되었다.

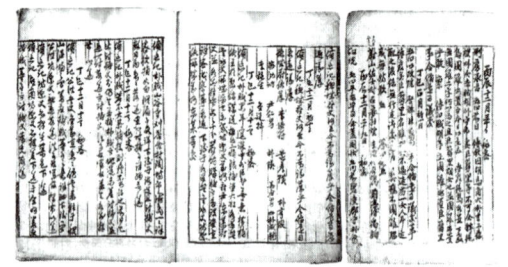

▶ 비변사등록

비변사에서 논의, 결정한 사항을 기록한 책으로, 1617(광해군 9)부터 1892년(고종 29)까지의 등록이 남아 있다.

(3) 비변사 확대의 영향

① 왕권이 약화되고 의정부와 6조 중심의 행정 체계도 유명무실해졌으며, 19세기 세도 정치의 중심 기구 역할을 하였다.

☑ 비변사의 변천 과정

시 기	배 경	특 징
중종	삼포왜란	왜구와 여진의 침략을 대비하기 위하여 설치한 임시 회의기구
명종	을묘왜변	을묘왜변을 계기로 상설 기구화(군무협의)
선조	임진왜란	임진왜란을 계기로 최고 의결 및 집행 기구
고종	왕권 강화	비변사 기능을 삼군부와 의정부로 분산
〈합의제도 발달사〉 제가회의(고구려), 정사암(백제), 화백회의(신라), 정당성(발해), 도병마사 → 도평의사사 (고려), 의정부 → 비변사(조선)		

② 비변사의 구성원의 확대와 기능 강화는 조선의 통치체제에 많은 영향을 주었다.

(4) 비변사 폐지 고종 2년 대원군은 비변사의 기능을 크게 약화(후에 폐지)시켜 행정은 의정부가, 군사는 삼군부가 담당하였다.

(5) 삼사의 언론 기능 강화와 폐단

① 3사의 언론 기능

   (ㄱ) 3사의 언론 기능이 강화되어 각 붕당의 이해관계를 대변하였다.

   (ㄴ) 공론의 반영보다는 자기 세력의 유지와 상대 세력 견제에 치중하였다.

② 이조·병조의 전랑 권한

   (ㄱ) 중·하급 관원들에 대한 인사권, 자기 후임자 추천권을 행사하였다.

   (ㄴ) 상대 세력을 비판하여 자기 세력 확대와 상대 세력 축출에 앞장섰다.

③ 3사의 언론 기능과 전랑권의 혁파

   (ㄱ) 붕당 간의 대립을 격렬하게 만드는 장치로 인식되어 영조·정조의 탕평 정치로 혁파되었다.

   (ㄴ) 3사의 고유기능인 언론 기능은 19세기 세도 정치기에 폐지되었다.

2) 군사 제도의 변화

(1) 중앙 군사 제도의 개편

① 배 경

   (ㄱ) 15세기에 정비되었던 5위제가 왜란 이전부터 제 기능을 못하였기 때문에 왜란 중에 개편이 이루어졌다.

   (ㄴ) 농병일치제가 방군수포, 군적수포 등에 의해 무너지면서 군사력 약화를 초래하였다.

② 5군영의 설치

   (ㄱ) 훈련도감(1594, 선조)설치: 용병제를 토대로 삼수병(포수, 살수, 사수) 양성(직업군인) → 중앙군의 핵심이 되었다. 유성룡의 건의로 설치하였으며 임무는 수도 방어이다.

> **훈련도감**
>
> 임진왜란 때 왜군의 조총에 대항하기 위하여 기존의 활과 창으로 무장한 부대 외에 조총으로 무장한 부대를 만들었다. 이에 훈련도감은 포수, 사수, 살수의 삼수병으로 편제되었다.

   (ㄴ) 어영청(1624, 인조): 이괄의 난을 계기로 개성에 설치되어 북벌을 주도하였다. 지방에서 교대로 번상(지방 군사를 뽑아 서울 군영으로 보내는 일)하였다.

   (ㄷ) 총융청(1627, 인조): 경기 일대를 방어하였으며, 경기 속오군으로 편성되었다.

(ㄹ) **수어청(1627, 인조):** 남한산성 설치하여 그 주변까지 방어하게 하였고, 경기 속오군으로 편성되었다.

(ㅁ) **금위영(1682, 숙종):** 기·보병 중심의 선발된 군사들로 지방에서 교대로 번상하게 하였다. 왕궁 수비를 위해 금위영이 설치됨으로써 5군영 체제가 갖추어졌다. 1881년 별기군이 설치될 때까지 존속하였다.

③ **5군영의 성격**

(ㄱ) 대외 관계 및 국내 정세 변화에 따라 임기응변으로 설치되었다. 그리하여 소속 군사의 성격 또한 농민들이 번상하는 경우도 있었고 용병으로 구성되는 경우도 있었다.

(ㄴ) 어영청, 총융청, 수어청은 후금과의 항쟁 과정에서 **국방력의 강화**에 의해 설치되어 소속 군사의 성격도 일정하지 않았다. 농민들이 번상하거나 용병으로 구성되기도 하였다.

(ㄷ) 16세기 중엽 신분제의 동요, 부역제의 해이 등은 결국 용병제(직업 군인제)도입을 초래하였다.

(ㄹ) 인조반정 이후 정권을 장악한 서인들은 남인들과 유대관계를 맺으면서 **정권을 유지하기 위한 군사적 기반**으로서 새로운 군영을 설치하고 장악하였다.

☑ **5군영 체제**

	훈련도감	어영청	총융청	수어청	금위영
설 치	임진왜란 중 (1594, 선조)	이괄의 난 (1624, 인조)	이괄의 난 (1624, 인조)	정묘호란 (1626, 인조)	정초청 개편 (1682, 숙종)
목 적	삼수병 양성	수도 방어	경기 방어	경기 방어	궁중 수비
특 징	중앙군의 핵심군영	북벌의 본영	북한산성 설 치	남한산성 설 치	왕권 강화
편제 경제기반	장번급료병(직업군인) 삼수미세, 보(군포)	지방군 번상 보(군포)	경기속오군 (경비자담)	경기속오군 (경비자담)	지방군 번상 보(군포)

(2) 지방 군사 제도의 개편

① **속오군(束伍軍)**

(ㄱ) **편 제:** 양반에서 노비에 이르기 까지 모두 속오군으로 편제하고 속오법에 따라 훈련하여 외적 침입 시 신축성 있게 대처하도록 하였다.

(ㄴ) **운 영:** 평상시에는 생업에 종사하면서 향촌을 지키고, 유사시에는 전투에 동원될 수 있도록 운영되었으며 농한기에 훈련을 받았다.

(ㄷ) **영 향:** 양반들이 노비와 함께 속오군에 편성되는 것을 회피하면서 상민과 노비만 남아 신분제 동요의 원인이 되었다.

② 방위체제의 변천과정

(ㄱ) 조선 초기의 진관 체제가 무너지면서 16세기 후반 명종 때 제승방략(制勝方略) 체제로 바뀌었는데 왜란을 맞아 별로 실효를 거두지 못하였다.

(ㄴ) 왜란 중 난국을 타개하기 위해 진관체제를 복구하고, 속 오법(명나라 장수 척계광의 기효신서)에 의해 방위체제 를 마련하였다.

> **제승방략(制勝方略) 체제**
>
> 유사시에 필요한 방어처에 각 지역의 병력을 동원하여 중앙 에서 파견되는 장수가 지휘하 게 하는 방어 체제

기출문제

01 다음 내용과 관련된 군사 조직에 대한 설명으로 옳은 것은?   2012. 국가직 7급

> 외방 곳곳에 도적들이 일어났다.……나는 청하기를 "당속미 1천석을 군량으로 하되, 한 사람당 하루 에 2승씩 급료를 준다면 사방에서 군인으로 응하는 자가 모여들 것입니다." 라고 하였다. ……얼마 안 되어 수천 명을 얻어 조총을 쏘는 법과 창·칼 쓰는 기술을 가르치고 초관과 파총을 세워 그들을 거느 리게 하였다. 또 당번을 정하여 궁중을 숙직하게 하고, 국왕의 행차가 있을 때에 이들로써 호위하게 하 니 민심이 점차 안정되었다.   「서애집」

① 양반에서부터 노비에 이르기까지 편재 대상이 되었다.

② 진도와 제주도 등을 중심으로 몽골군에 항쟁을 하였던 부대이다.

③ 서리, 잡학인, 신량역천인 등이 소속되어 유사시에 동원되었다.

④ 이 군인들은 면포와 수공업 제품의 판매를 통해 난전에 가담하였다.

정답 ④

해설 이 지문은 서애 유성룡의 건의로 이루어진 훈련도감에 대한 내용이다. ①은 속오군에 관한 설명이고, ②는 고려의 삼별초, ③은 잡색군에 대한 설명이다.

---

② 붕당 정치와 탕평책

1) 붕당 정치

(1) 목 적

① 위정자들은 체제를 유지하기 위하여 통치 질서를 재편하고, 수취 체제를 조정하여 위기를 벗 어나려함과 동시에 붕당정치를 통해 자신들의 지위를 강화하고자 하였다.

② 비변사의 기능이 강화되면서 왕권이 약화되자 사림들은 붕당을 조성하여 정치 질서를 재편 함으로써 자신들의 특권을 유지하려 하였다. 즉 성리학에 의거하여 왕도 정치를 추구하고

서원과 향약의 보급으로 향촌 사회의 세력 기반을 구축하여 붕당 정치의 토대를 확고히 하였다.

(2) 성 격

① 처음에는 상대 붕당을 소인당, 자신의 붕당을 군자당이라고 주장하였으나, 나중에는 **붕당**을 모두 군자당으로 보고 붕당간의 견제와 **협력**을 바탕으로 붕당 정치가 전개되었다.

② 붕당은 학파적 성격과 정파적 성격을 가지고 있었다. 정책을 논의할 경우, 각 붕당은 이론적으로 검토하고, 여론을 수렴하면서 토론을 하였다. 이렇게 수렴된 여론을 공론이라 하는데, 공론의 중시로 비변사와 3사의 기능이 중시되었다. 재야에서 공론을 주도하는 산림이 **출현**하였고, 서원이나 향교가 지방 사족의 의견을 수렴하는 역할을 하였다.

③ 붕당이 내세운 공론은 백성들의 의견 반영이 아닌 지배층의 의견의 수렴에 그치는 한계를 가지고 있었다.

2) 붕당 정치의 전개

(1) 선조(1567~1608)

① 증가한 양반의 수에 비하여 관직의 수가 부족하고 제한되어 있었다.

② 붕당정치의 시작: 이조 전랑직을 두고 동인(김효원 중심)과 서인(신의겸 중심)의 대립으로 붕당정치가 시작되었다.

③ 동인의 분열: 선조 22년(1589) 정여립의 모반사건(기축옥사)으로 동인이 많은 피해를 입었다. 동인은 서인 정철이 세자 책봉을 왕에게 건의한 것을 문제 삼아 정철 일파를 축출하였다(건저의 사건). 이후 서인의 처벌 문제로 동인은 북인(조식, 서경덕파, 강경파)와 남인(이황, 온건파)으로 분열되었다.

④ 북인의 분열: 광해군을 추종하는 세력(대북파)과 인목대비의 소생인 영창대군을 추종하는 세력(소북파)로 다시 분열하였다.

　(ㄱ) 대북파(조식 남명계): 광해군이 후궁 소생이라는 혈통상 약점보다 능력과 공적을 존중하여 부국강병을 추구하는 현실주의자들이다.

　(ㄴ) 소북파(서경덕 화담계): 정비 소생인 영창대군의 혈통을 존중하면서 훈척의 정치 참여에 비판적 입장을 지닌 명분주의자들이다.

(2) 광해군(1608~1623)

① 북인 집권: 광해군 때에는 북인이 집권하여 남인을 기용하고 상호 비판과 견제의 원리로 붕당 정치를 추구하였다.

② **조식**: 학문적 기반이 약한 대북 세력은 조식을 추앙하고 이황과 이언적을 폄하하여 남인과 서인의 반목을 심화시켰다.

③ **계축옥사(1613)**: 영창 대군과 임해군을 제거하고 계모인 인목 대비를 서궁에 유폐하여 반정(反正)의 명분을 제공하는 계기가 되었다.

(3) 인조

① **서인과 남인의 공존**: 인조는 서인의 반정으로 왕위에 올랐으나 공신 세력을 견제하기 위하여 남인을 등용하여 붕당간의 견제를 유도하였다. 전제와 독주를 경계하는 비판세력이 공존하는 붕당 정치의 실현으로 서인과 남인의 상호 비판적인 공존 체제가 유지되면서 17세기 중엽까지 정국이 안정되었다.

② **서인과 남인의 정치 방향**

    ㉠ **서 인**: 재상중심의 권력 구조를 지향하고 재무 구조의 개선과 국방력 강화를 위해 서얼 허통과 노비속량에 적극적이었다.

    ㉡ **남 인**: 농촌 경제의 안정에 치중하여 수취체제의 완화와 자영농의 안정을 중시하고 신분제 완화에는 소극적이었으며, 왕권강화와 3사의 정책 비판에 큰 비중을 두었다.

③ **향촌 질서의 확립**: 지배층은 양반 관료로서 성리학적 명분을 통하여 정치를 주도하였다. 그리고 향촌 사림들은 경제적 토대인 지주제를 확대시켜나갔고, 향약과 서원을 통하여 향촌 질서를 확립하고자 하였다.

④ **사림의 권력 기반**: 인조반정으로 집권한 서인은 어영청, 수어청, 총융청 등의 군영을 설치하여 권력 기반을 확보하였다.

(4) 효종(1649~1659)

① **북벌론의 대두**

    ㉠ **어영청 확대**: 효종은 적극적인 북벌정책을 추진하기 위하여 어영청을 2만 명으로 확대하였다.

    ㉡ **산림 대거 등용**: 효종은 송시열, 송준길, 김집 등 서인으로 재야에서 학문을 닦고 있던 충청도 지역의 젊은 산림을 대거 등용하였다. 또한 윤선도, 허적, 허목 같은 저명한 남인도 등용하여 붕당 정치의 공존 체제를 이루었다.

② **북벌론의 의미**: 병자호란 이후 대의명분과 국민적 자부심을 회복하는 구심점 역할을 함으로써 서인 정권의 권력 유지 수단으로 이용되었다.

(5) 현종(1659~1674): 예송 논쟁

① **서인과 남인의 대립**: 윤선도, 허적, 허목 등 남인들은 송시열, 송준길 등 서인들이 추진한 북

벌 정책의 무모함을 비판하면서 예송 논쟁(禮訟論爭)을 일으켜 서인들과 정치적으로 대립하였다.

② **남인의 집권**: 기해 예송에서는 서인의 1년설이 채택되었고, 갑인 예송에서는 남인의 1년설이 채택되었다. 우세해진 남인이 집권하고 서인의 처벌 과정에서 온건파가 서인의 일부를 정치에 참여하게 함으로써 붕당 정치의 원칙이 잘 이루어졌다.

> **예송 논쟁**
>
> 효종과 효종비가 죽은 후 새 어머니였던 인조의 계비가 적장자에 준하는 상복을 입을 것인지를 둘러싸고 벌어졌던 예법에 관한 논쟁

3) 붕당 정치의 변질

(1) 붕당 정치의 배경

① **사회·경제적 변화**: 전란으로 황폐해진 농경지가 거의 복구되었고 농법의 개량으로 생산력도 증대되었다. 특히, 장시의 발달과 화폐의 전국적인 유통으로 상품 화폐 경제가 발달하였다.

② **지주제, 신분제의 동요**: 사회·경제적 변화는 지주제와 신분제의 동요를 가져왔다. 양반들은 향촌의 지배가 쉽지 않아 결국 붕당 정치의 기반을 흔드는 결과를 초래하였다. 이에 향촌의 농민들은 촌계(村鷄)나 두레를 중심으로 결속을 강화하면서 새로운 질서를 추구하였다.

(2) 숙종(1674~1720)

① **남인의 집권**: 숙종 초에 집권한 남인은 허적 등 온건파인 탁남(濁南)이 주동이 되어 북벌론을 다시 제기하였다. 이를 위해 새로운 군정 기관인 도체찰사를 두고 개성 부근에 대흥산성을 축조하는 등 군비를 확장하였다.

② **서인의 재집권**

　㉠ **경신환국(庚申換局)**: 서인이 남인 영수 허적이 역모를 했다고 고발하면서 허적, 윤휴 등을 사형시키고 남인을 축출한 사건으로 서인 정권이 다시 수립되고 붕당 사이의 대립 양상은 크게 변화하였다.

　㉡ 서인 정권이 다시 수립되면서 일당 전제화 추세로 변화되었고, 남인을 철저하게 탄압하여 붕당 간의 공존이 붕괴되었다.

　㉢ 숙종 때 이르러 붕당 사이의 견제와 균형을 유지하던 붕당 정치 형태가 무너지고 정국 주도 붕당과 견제하는 붕당이 서로 교체됨으로써 정국이 급격히 전환하는 환국이 나타났다.

③ **노론·소론의 분열**

　㉠ 인조반정으로 정권을 잡은 서인은 정책 수립과 상대 붕당의 탄압 과정에서 노장 세력과 신진 세력 간에 갈등이 깊어지면서 노론·소론으로 나뉘었다.

    (ㄴ) 노론: 송시열을 중심으로 하는 정통 성리학의 명분을 바탕으로 숭명 반청 정책을 지지하고, 민생 안정을 강조하였다.

    (ㄷ) 소론: 윤증을 중심으로 남인과 마찬가지로 성리학과 대외 정책에 탄력적이었고, 내정 개혁과 적극적인 북방 개척을 주장하였다.

    (ㄹ) 노론의 득세: 기사환국(1694, 숙종)에서 서인이 축출되고 다시 남인이 득세하였으나, 갑술환국(1694, 숙종)에 다시 남인이 축출되고 서인이 재집권하였다. 이후 1701년 숙종은 장희빈 사사 시 관대했던 소론을 축출하고 노론을 중용하였다.

④ 노론과 소론의 분쟁

    (ㄱ) 소론의 집권: 분쟁은 왕위 계승 문제와 연결되었는데 소론이 지지한 경종이 즉위하게 되면서 소론이 집권하여 노론을 탄압하게 되었다(신임사화, 1721~1722).

    (ㄴ) 노론의 집권: 경종이 병사하고 노론이 지지하던 영조가 즉위하여 노론이 집권하게 되었다.

> **노론과 소론**
>
> 노론은 송시열을 중심으로 결집하여 대의명분을 존중하고, 민생 안정을 강조하는 경향을 보였다. 반면에 소론은 윤증을 중심으로 결집하여 실리를 중시하고, 적극적인 북방 개척을 주장하는 경향을 보였다.

☑ 조선의 붕당과 사화 비교

구분	상대	기간	주요무대	재기 여부
사 화 (士禍)	훈구파대 사림파	16세기 전반	중앙이 무대	중앙에 근거를 둔 훈구파는 한번 몰락하면 재기불능(단기적)
붕당 (朋黨)	사림간의 대립	16세기 후반 ~18세기까지	지방을 바탕으로 중앙과 연결	몰락한 붕당은 향촌을 바탕으로 다시 재기가 가능(장기적)

⑤ 서인의 일당 전제 정치의 한계: 상대 붕당에 대한 보복으로 사사가 빈번하게 행해졌고, 정쟁의 초점이 왕위 계승 문제에 있었으며, 외척의 정치적 비중이 높아지는 등 정상적인 붕당정치가 이루어지지 못하였다.

☑ 환 국

환 국	집권 세력	내 용
경신환국 (1680)	남인 → 서인	경신대출척. 남인이 역모를 시도했다고 고발하여 서인 집권 → 서인의 노론, 소론의 분열
기사환국 (1689)	서인 → 남인	장희빈의 아들(경종) 세자 책봉 문제에 노론 소론 모두 반대 → 축출
갑술환국 (1694)	남인 → 서인	남인이 숙종 폐비 민씨 복위 운동을 빌미로 소론을 제거하려다 실패

(3) 경종(1720~1724)

① 세자 윤이 경종으로 즉위하자 남인과 경종을 추대한 소론이 정권을 잡았으나 노론의 견제도 심하였다.

② 노론은 경종의 병약함을 구실로 숙빈 최씨의 소생이었던 연잉군(영조)을 세제(世弟)로 책봉하였다. 또한 왕세제가 왕을 대신하여 정무를 처리하는 대리청정도 관철시켰다.

③ 신임사옥(1721~1722): 소론은 세제의 대리청정을 주장한 노론을 탄압하고 신축년(1721)과 임인년(1722)에 걸쳐 많은 노론을 제거하였다.

(4) 붕당 정치 변질의 결과

① 벌열 가문의 정권 독점
- (ㄱ) 정권은 노론 중심의 일당 전제 추세 속에서 일부 벌열(閥閱) 가문에 의해 독점되었다.
- (ㄴ) 지배층 사이에서는 종래 공론에 의한 붕당보다도 개인이나 가문의 이익을 우선하는 경향이 많아졌다.

② 양반층의 분화: 정치적 갈등이 심해지고 양반층이 분화되면서 권력을 장악한 양반도 있었으나 다수의 양반은 몰락하여 갔다.

③ 서원의 변질
- (ㄱ) 중앙의 정쟁에서 패배한 사람들은 정계에서 배제되자 그들의 연고지로 낙향하여 그곳에 서원을 건립하여 세력의 근거지로 삼았다.
- (ㄴ) 이 시기의 서원은 여론을 조성하여 붕당 정치의 중요한 본거지로서 역할을 하던 본래의 모습에서 벗어나 특정 가문의 선조를 받는 사우(祠宇)와 뒤섞여 도처에 세워졌다.
- (ㄷ) 갑술환국 이후 남인의 본거지인 경상도 지방에서 심하게 나타났다.

(5) 붕당 정치의 문제점

① 붕당 정치의 성격: 지연과 학연을 매개로 정치 이념을 같이하는 사람끼리 붕당을 형성하여 언론활동을 통하여 국왕의 신임을 얻어 국정을 주관하는 정치 형태이다.

② 긍정적인 측면: 특정 붕당의 독주를 견제하여 사림의 의견을 반영할 수 있는 건전한 정치 풍토를 조성하고 여론을 앞세운 비판 세력이 공존한다는 점이다.

③ 부정적인 측면: 정쟁에 따른 사회 분열과 일당 전제화의 추세로 왕권 자체의 불균형이 이루어졌다.

4) 탕평책의 실시

(1) 탕평론 대두의 배경

① 붕당정치의 변질로 붕당간의 세력균형이 붕괴되고 극단적인 정쟁과 일당 전제화로 왕권이 약화되었다.

② 정치적 균형 관계의 재정립을 통한 강력한 왕권의 필요성이 대두되어 '탕평론'이 제기 되었다.

③ 각 붕당간의 자율적인 힘의 균형이 이루어지지 않아 왕권에 의해 타율적으로 중재되어야 했기 때문에 탕평론은 국왕에 의해 주도되었다.

(2) 숙종의 탕평론

① 탕평(蕩平)이란 국왕의 정치가 한쪽을 편들지 않고 사심이 없으며, 당을 이루지도 않는 상태에 이르는 것을 의미한다.

② 탕평책은 숙종에 의해 처음으로 시행되었다. 숙종은 능력 중심의 인사 관리를 통하여 세력 균형을 유지하려는 탕평책을 제시하였다.

② 숙종의 편당적인 조처로 명목상의 것에 지나지 않아 균형의 원리가 지켜지지 않았다.

③ 오히려 상황에 따라 한 당파를 일거에 내몰고 상대 당파에 정권을 모두 위임하는 편당적인 인사 관리로 일관하여 빈번하게 환국(경신환국, 기사환국, 갑술환국)이 발생하는 등 숙종이 주도한 탕평론의 한계를 보여 주었다.

④ 숙종 말기부터는 외척에 의존하는 경향이 강했고, 노론 중심의 일당 전제화가 이루어지면서 탕평론은 거론되지 않았다.

5) 영조의 탕평정치

(1) 영조 즉위 초기

① 탕평 교서를 발표하고, 노론과 소론을 번갈아 등용하는 편당적인 조처로 정국의 불안을 조성하였다.

② 이인좌의 난: 소론과 남인의 강경파가 영조의 정통성을 부정하고 노론 정권에 반기를 들고 일으킨 난이다. 영조는 이를 계기로 그를 지지하는 탕평파를 형성하였으나, 붕당 세력이 강력해져 있었기 때문에 약화된 왕권으로 정국을 수습하는데 한계가 있었다.

(2) 영조 후기의 탕평책

① 탕평파 육성: 영조는 어느 당파든 온건하고 타협적인 인물을 등용하여 왕권에 순종시키는 탕평책을 시도하였다. 이러한 완론 탕평에 의하여 새로운 세력 집단인 탕평파를 육성하여 정국을 주도하게 하였다.

② 붕당의 뿌리를 제거하기 위하여 공론의 주재자로서 인식되던 산림의 존재를 부정하였고 서원을 대폭 정리했다.

③ 이조전랑의 권한을 약화시키기 위해 후임자 천거를 금하고 3사의 관리를 선발하던 관행을 없앴으나 정조 대에 가서야 완전히 폐지되었다. 또한 홍문관 관원의 한림자천권(翰林自薦權)도 폐지하였다.

③ 영조는 임금은 신민(臣民)의 부모와 같다는 군부일체론을 내세워 임금에 대한 효를 강조하였을 뿐만 아니라, 왕이 스승의 입장에서 신하를 양성하고 재교육시키는 군사일체론을 제시하였다.

④ 백성의 여론을 직접 정치에 반영하기 위하여 신문고 제도를 부활하고, 왕의 행차 시 백성들이 직접 억울한 일을 호소하는 **격쟁(擊錚)·상언(上言)**을 활성화하였다.

(3) 영조의 개혁 추진

① 정치적 개혁

ㄱ. **병권의 병조 귀속**

ㄴ. **수도 방어 체제의 구축**: 수성윤음(1751)을 내려 백성이면 누구나 훈련도감, 금위영, 어영청에 소속되어 수도 방어를 하게 하고, 서울의 부유한 계층이 국방비를 부담하게 하였다.

ㄷ. **청계천 준설(1760)**

② 사회·경제적 개혁

ㄱ. **균역법 실시(1750)**: 군역의 폐단 완화

ㄴ. **사형수의 삼심제 실시, 신문고 제도 부활**

ㄷ. **노비종모법 실시**: 군역 담당지인 양인의 수 증가

ㄹ. **기로과 실시**: 60세 이상을 대상으로 문·무과 실시

③ 문물의 정비

ㄱ. 진보적 사상을 수용하여 「주례」, 「정관정요」 같은 저서를 경연에서 사용하였다.

ㄴ. **지도·서적 편찬**: 여지도서, 동국여지도와 같은 지도와 「동국문헌비고」, 「속대전」, 「속오례의」 「무원록」 등 다양한 저서를 편찬하여 문물을 정비하였다.

(4) 영조의 탕평책의 한계

① 강력한 왕권으로 붕당 사이의 치열한 다툼을 일시적으로 억제한 것에 불과했다.

② 소론 강경파가 자주 변란을 일으켜 소론의 정치적 입장은 약화되었고, 노론이 권력을 독점하여 정국을 주도하였다.

6) 정조의 탕평정치

(1) 정조의 강력한 탕평책 추진

① **실시 배경**: 사도세자 사건을 계기로 **벽파(僻派)**와 **시파(時派)**로 분열되었다. 벽파(사도세자 비판)의 압력 속에서 세손 때부터 지위가 불안했던 정조는 즉위 후 벽파를 물리치고 시파(사

도세자 동정)를 고루 등용하였다.

② 정조는 각 당파의 시시비비(是是非非)가리는 적극적인 준론 탕평책을 추진하였고, '만천명월주인옹'(萬川明月主人翁)이라 하여 초월적인 군주를 자처하였다.

③ 군사일체론(軍師一體論)에 입각하여 신하들을 양성하고 교육시키는 정책을 추진하고 정조의 개인 문집인 「홍재전서」를 저술하였다.

④ 백성들의 억울함을 들어 주기 위해 상언·격쟁을 허용하고 암행어사 제도도 활성화하였다.

(2) 정조의 정치 세력 개편 영조 때 세력이 강했던 환관과 척신을 제거하고 그동안 권력에서 배제되었던 소론과 남인 계열이 중용되었다.

(3) 정조의 왕권 강화 정책

① 초계문신제도 실시: 신진인물이나 중·하급 관리 중에서 능력 있는 인사를 재교육시켜 시험을 통해 승진할 수 있도록 한 제도이다.

② 장용영 설치: 왕의 친위 부대인 장용영을 설치하고 군권을 장악하였다.

③ 규장각 설치: 국왕 직속 학술 및 정책 연구 기관으로 왕권 강화를 위한 정치적 목적으로 활용하였다.

④ 수원 화성 건립: 정치적·군사적 기능을 부여함과 동시에 상공인을 유치하여 자신의 정치적 이상을 실현하는 상징적인 도시로 육성하고자 하였다. 1997년 유네스코 세계 문화유산에 등재되었다.

⑤ 수령의 권한 강화: 향약을 수령이 직접 주관하여 지방 사림의 영향력을 축소하고 백성에 대한 국가 통치력을 강화하였다.

(4) 정조의 내정 개혁

① 신해통공 실시(1791): 육의전을 제외한 시전 상인들의 독점 판매권을 철폐함으로써 자유로운 상행위를 허용해 주고 노론의 정치자금을 차단하는 효과를 가져왔다.

② 공장안 폐지: 장인 등록제를 폐지하여 수공업을 활성화시켰다.

③ 제언 절목 실시: 제언의 신축과 수리를 강화하고 수리 시설의 개인 독점을 금지하였다.

④ 서얼과 노비에 대한 차별을 완화하였다.

⑤ 중국 문화 이해를 위해 청의 강희제 때 편찬한 「고금도서집성」을 수입하고 「대전통편」, 「동문휘고」, 「탁지지」 등을 편찬하여 절대왕정을 과시하였으며, 중국과 서양의 과학 기술을 수용하였다.

☑ 붕당정치의 전개 과정

시 기	내 용	한 계
숙 종	탕평론 제시	명목상의 탕평, 편당적 인사관리 → 환국 빌미 제공
경 종	왕세자(영조)의 대리 청정 문제로 노론과 소론 대립 격화	
영 조	탕평 교서 발표 탕평파 중심의 정국 운영: 이인좌의 난 이후 서원 대폭 정리 이조전랑의 권한 약화: 후임자 천거권, 3사 관리 선발권 박탈 민생안정과 산업진흥책: 균역법, 군역 정비, 형벌폐지, 사형수 삼심제, 속대전	붕당정치의 폐단을 근본적으로 해결하지 못함 강력한 왕권으로 붕당 사이의 치열한 다툼을 억누른 것에 불과
정 조	강력한 탕평책: 영조 때 탕평파 대신들을 엄격하게 비판한 노론과 소론의 일부, 남인 계열 중용 규장각 육성: 붕당 비대화 방지, 자신의 권력과 정책을 뒷받침 초계문신제 시행: 신진 인물, 중하급 관리 중 인재 발굴 장용영 설치, 수원 육성: 화성 축조, 상공업 유치, 백성들의 의견을 정치에 반영 수령 권한 강화: 지방 사족의 향촌 지배력 억제, 백성에 대한 통치력 강화	

7) 탕평론의 한계

(1) 탕평책의 근본 목적이 전제 왕권에 있었기 때문에 자체의 근본적인 모순을 시정하기는 어려웠다.

(2) 집권당이 정치적 책임을 지기 위한 옳고 바른 정치 지향과 언론의 활성화는 긍정적으로 평가해야 하는 측면이다.

기출문제

01 다음의 정책을 시행한 왕대에 편찬된 서적은? 2012. 국가직 7급

대유둔전이라는 국영 농장을 설치하고 만석거, 만년제 등의 수리 시설을 정비하였다.

① 동국여지도　　　　　　　　② 속대전
③ 동문휘고　　　　　　　　　④ 고금도서집성

정답 ③

해설 제시문은 정조의 정책을 설명한 것이다. 동문휘고는 정조 때 편찬된 조선의 외교 문서이다. ①과 ②는 영조 때, ④는 정조 때 청에서 수입한 백과사전이다.

❸ 세도 정치와 사회 동요

1) 세도정치의 출현

(1) 세도정치의 배경

① 18세기에는 사회·경제적 변동이 더욱 심화되어 **계층 간의 대립과 마찰**이 발생하여 대규모의 항조, 거세(세금거부), 민란 등이 일어났다. 이와 같은 사회적 모순에 대한 불만은 **정치권에 대한 도전**으로 나타났다.

② 탕평책은 정치의 안정에 기여를 하였지만, 서민 생활의 안정을 가져오기에는 한계가 있었다.

③ 19세기 들어 양반사회의 **지배체제가 붕괴**되었고, 외척 가문에 의해 국정이 독점되는 세도정치가 전개되었다.

> **항조**
>
> 항조는 농사를 지으려고 빌린 땅의 대가가 너무 비싸서 내지 않으려고 하는 것이다.

(2) 세도정치의 의미

세도 정치란 종래의 일당 전제마저 거부하고 **특정 가문이 권력을 독점**하는 정치 형태로 정권의 사회적 기반이 결여되었을 뿐 아니라 한 가문의 사익을 위해 정국이 운영되었기 때문에 정치 질서의 파탄을 의미하는 것이었다.

2) 세도정치의 전개과정

(1) 순조(1800~1834)

① 정순 왕후의 수렴청정

  ㉠ 순조가 11세의 나이로 즉위하자 **영조의 계비 정순왕후가 수렴청정**을 시작했다.

  ㉡ 정조 때 정권에서 소외되었던 **노론 벽파** 세력이 정국이 주도하기 시작하였다.

  ㉢ 신유박해(1801) 때 규장각을 통해서 정조가 양성한 인물들을 대거 축출하였다.

  ㉣ 장용영을 **혁파**하고 훈련도감을 정상화시켜 이를 장악하였다.

② 안동 김씨 일파의 집권

  ㉠ 벽파의 세력이 약화되면서 순조의 장인 김조순을 중심으로 하는 안동 김씨 일파의 세도 정치가 시작되었다.

  ㉡ 김조순은 반남 박씨와 풍양 조씨 등 일부 유력 가문의 협력을 얻어 정국을 주도하였다.

(2) 헌종(1834~1849)

① 순조의 손자이자 효명세자의 아들인 헌종이 8세의 나이로 즉위하자 순조의 비인 순원 왕후 김씨가 수렴청정 하였다.

② 헌종이 즉위하게 되면서 헌종의 외척인 풍양 조씨 가문이 득세하였다.

③ 1846년 조만영이 죽자 다시 안동 김씨가 정국을 주도하였다.

(3) 철종(1849~1863)

① 철종 때에 이르러 안동 김씨 세력이 재집권하였다.

② 안동 김씨 중심의 세도정치는 흥선대원군이 정국을 주도하기 전까지 지속되었다.

3) 세도정치기의 권력구조

(1) 권력 구조에서 정 2품 이상의 고위직만이 정치적 기능을 발휘하고 그 이하의 관리들은 언론 활동과 같은 정치적 기능을 상실하고, 행정 실무만 맡게 되었다.

(2) 의정부와 6조, 3사는 고유의 기능을 상실하게 되었고, 실질적인 힘은 비변사가 독점하였다.

(3) 비변사에서도 실질적 역할을 담당하는 자리는 대개 세도 가문 출신 인물들이 차지하였고, 훈련도감 등의 군권을 장악하면서 정권 유지의 토대를 확고히 하였다.

4) 세도 정치의 폐단

(1) 폐단 양상

① 정치기강의 문란: 세도 정치로 정치기강이 해이해지면서 과거 시험장에서의 부정, 합격자 남발 등의 비리와 관직 매매도 성행하였다.

② 관료의 부정행위: 수령직의 매매가 성행하여 관직을 산 수령들은 관직 매수에 들인 돈을 보충하려고 백성들을 착취하였다. 탐관오리들은 각종 세금을 거두고 백성들의 재물을 약탈하자 아전들의 농간도 심하였다.

③ 세도 정권의 횡포: 세도가들은 왕권을 정치에서 배제시킨 세도정치는 부도덕성을 드러내 부정과 부패가 심해졌다.

④ 개혁의지 상실: 규장각에서 학문을 닦은 인물들이 많았으나 고증학에 치우쳐 개혁의지를 상실하였다.

(2) 영 향

① 백성들은 잉여 생산물을 착취당하여 순조로웠던 상품 화폐 경제의 성장이 둔화되었다.

② 경제적 수탈, 사상적 경색, 사회적 압제 등의 상황이 정치적 문란과 어우러져 세도 정치는 역사적 발전을 저해하는 요인으로 작용하였다.

(3) 결 과

19세기 세도 정치는 농민 생활의 파탄을 가져왔고, 그 결과 홍경래의 난(1811)을 시작으로 임술 민란(1862)과 같은 대규모 민란을 일으키는 원인을 제공하였다.

기출문제

---

4 대외 관계의 변화

1) 청과의 관계

(1) 대청인식과 북벌 정책

① 병자호란 이후 청과 군신 관계를 맺은 조선은 표면적으로는 청에 사대하는 외교를 추진하였으나, 안으로는 복수설치(復讐雪恥)가 대두되어 북벌 정책을 추진하였다.

② 임경업(인조 때)이 계획하였고, 17세기 효종 때 가장 왕성하였으나 숙종 이후 점차 쇠퇴하였다.

③ 효종은 송시열, 송준길, 이완 등 서인을 중용하여 북벌을 추진하였고, 숙종 때 남인인 윤휴를 중심으로 북벌론이 제기되었다.

(2) 북학론의 대두

① 청의 17세기 말~18세기 무렵에 국력이 신장되어 문물이 발달하였다. 사신들은 역시 기행문이나 보고서를 통해 변화하는 청을 사정을 알렸고 천리경, 자명종, 화포, 만국지도, 천주실의 등 여러 가지 새로운 문물과 서적을 소개하였다.
② 조선의 진보적인 지식인들은 청을 무조건 배척하지만 말고 이로운 것은 적극적으로 배우자는 북학론을 제기하는 학자도 나왔다.

(3) 백두산 정계비와 간도 귀속 문제

① 청과의 국경 분쟁과 정계비 건립
  - (ㄱ) 청은 중국 대륙을 차지 한 후에도 그들의 본거지였던 만주 지방에 관심을 기울이더니, 조선에 백두산 일대의 경계를 명백히 하자는 교섭을 보내왔다.
  - (ㄴ) 동은 토문강, 서는 압록강으로 경계를 정하였고, 두 나라 대표가 백수산 일대를 답사하고 정계비를 세웠다(1712).
② 간도 귀속 문제 발발: 19세기 말에 이르러 토문강의 위치에 대한 해석상의 차이 때문에 조선과 청 사이에 간도 귀속 문제가 발생하였다.
③ 간도협약의 체결: 간도는 우리가 불법적으로 외교권을 상실한 상태에서 청과 일본 사이에 체결된 간도 협약(1909)에 따라 청의 영토로 귀속되고 말았다.

> **백두산 정계비**
>
> 숙종 38년(1712) 청의 목극동과 조선의 박권이 만나 백두산에 세운 경계비로 백두산 산정 동남방 약 4km, 해발 2200m에 세워졌는데 '西爲鴨綠 東爲土門 故於分水嶺上'이라 하여 서는 압록강 동은 토문강의 두 강을 경계로 한다는 내용이 있다. 그러나 1880년 청은 돌연히 토문을 두만강이라고 주장하여 토문강의 위치를 둘러싼 간도 문제가 제기되었다.

> **간도귀속문제**
>
> 한민족이 간도에 이주하여 그곳을 개척하자, 간도 개척을 빌미로 청이 간도에 거주하는 조선인에 대하여 철수를 요구하였다. 조선 정부에서는 백두산 정계비의 토문강이 송화강 상류이므로 간도가 우리 영토임을 주장하고 이중하를 토문감계사로, 어윤중을 서북경략사로 파견하여 대처하도록 하였으며, 1900년 러시아가 간도를 점령하자 대한제국 정부에서는 1902년 이범윤을 간도관리사로 파견하여 간도를 함경도에 편입시키고 포대를 수축하고 조세를 징수하였다.

2) 일본과의 관계

(1) 일본과의 국교 재개

① 임진왜란을 계기로 조선은 일본과 국교를 단절하였다.
② 일본의 에도(도쿠가와) 막부는 경제적 어려움을 해결하고 선진 문물을 받아들이기 위하여 쓰시마 도주를 통하여 조선에 국교 재개를 간청하였다.
③ 조선은 막부의 사정을 알아보고 전쟁 포로 송환을 위해 유정(사명대사)을 파견하여 일본과 강화를 맺고 포로 7,000여명을 데리고 왔다(1607).

④ 이어 일본과 기유약조(1609)를 맺어 부산포에 다시 왜관을 설치하고 제한된 범위 내의 교섭을 허용하였다.

⑤ 부산포 외의 지역에 머무르는 것을 금지하고, 쓰시마에 도서를 만들어 주어 이를 사용한 서계(외교문서)를 지참하게 하였다.

⑥ 일본은 조선의 예조 참판이나 참의에게 일본 국왕의 친서를 보내와 사신 파견을 요청하는 것이 관례였다.

(2) 통신사의 파견

① 일본은 막부의 장군이 교체될 때 그 권위를 국제적으로 보장 받기를 원하는 일본의 요청으로 축하 사절을 파견하였다.

② 조선은 1607년~1811년까지 12회에 걸쳐 통신사라는 이름으로 사절을 파견하였는데, 대략 400여 명으로 편성되었다.

③ 통신사는 외교사절뿐만 아니라 조선의 선진 문화를 일본에 전파하는 역할을 담당하였다.

▶ 통신사의 행로
일본에 간 조선의 통신사가 지나갔던 길이다. 일본에는 이 길을 중심으로 통신사와 관련된 유물과 유적이 많이 남아 있다.

(3) 국교 단절

① 18세기 후반에 일본 지식인의 조선 붐에 대한 견제 심리가 작용한 「일본서기」를 새로이 연구하는 국학 운동이 일어났다.

② 일본의 반한(反韓)적인 국학운동이 더욱 커지자 순조11년(1811)의 통신사를 마지막으로 국교가 단절되었다.

③ 흥선대원군의 집권아래 쇄국 정책과 척왜 정책을 강화하자 일본은 조선을 무력으로 침략하자는 정한론(征韓論)이 대두되었다.

(4) 울릉도와 독도

① 삼국시대 이래 우리 영토였으나 일본 어민들이 자주 침범해 잦은 충돌이 일어났다.

② 신라 6세기 지증왕 때 우산국을 복속(512년)하였고 고려 때 최충헌은 그곳 백성을 본토에 이주시켰다.

② 숙종 때 안용복은 울릉도에 출몰하는 일본 어민들을 축출하고 일본에 건너가 울릉도와 독도가 조선의 영토임을 확인받고 돌아왔다(1696).

③ 대한 제국에서는 두 섬의 중요성을 인식하여 이주를 장려하고 울릉도를 군으로 승격시켜 독도까지 관할하게 하였다(1900).

④ 러·일 전쟁 중에 불법적으로 독도를 강탈하여 다케시마 라하고 일본에 편입시켰다.

기출문제

01 조선시대 각 시기별 대외 관계에 대한 설명으로 옳지 않은 것은? 2012. 지방직 9급

① 15세기: 류큐에 불경이나 불종을 전해 주어 그곳 불교 문화 발전에 기여하였다.

② 16세기: 을묘왜변이 일어나자 비변사로 하여금 군사 문제를 처리하도록 하였다.

③ 17세기: 정묘호란과 병자호란의 패배로 인해 청에 대한 문화적 열등감이 팽배하였다.

④ 18세기: 청과 국경 분쟁이 일어나 양국 대표가 백두산 일대를 답사하고 정계비를 세웠다.

정답 ③

해설 병자호란 이후 청과 군신 관계를 맺은 조선은 표면적으로는 청에 사대하는 외교를 추진하였으나, 조선 지배층 안에서는 청에 대한 반발감이 고조되어 북벌 정책을 추진하였다. 이 북벌론은 중국 중심의 화이사상을 반영한 것이다.

02 조선 후기의 경제 구조

❶ 수취 체제의 개편

1) 농촌사회의 동요

(1) 농민의 몰락

① 임진왜란과 호란 → 농촌 인구 감소와 경작지 황폐화, 기근과 질병 → 농촌 생활 곤란

② 지주 전호제의 강화 → 토지를 상실하고 전호로 전락

(2) 양반 지배층은 정치적 다툼에만 몰두하고 민생 문제에 대한 대처는 미흡하였다.

(3) **농민의 반발** 농민의 불만 표출, 농민의 도적화(장길산)

(4) **정부의 대응** 수취 체제 개편을 통해 농촌 사회 안정과 재정 기반 확대를 목적으로 수취 체제를 개편하였다.

2) 전세 제도의 개편

(1) 15~16세기

① 양난 이후 농경지 황폐화·토지 제도 문란

② 조선 전기 토지의 비옥도와 그 해의 풍흉에 따라 납부하였으나, 징수 방법이 복잡해서 제대로 운영되지 못하였다.

③ 16세기에 이르러서는 거의 무시된 채 최저 세율(4두~6두)을 적용하였다.

(2) 전란 이후

① 영정법(永定法) 실시: 왜란을 겪으면서 양안(토지대장)의 소실과 토지의 황폐화로 전국의 토지 결수는 1/3로, 인구는 1/10로 감소되었다. 이로 인해 농민들의 생활이 궁핍해지자 인조 때 풍흉에 관계없이 1결마다 4두를 징수하는 영정법을 실시하였다. 효종 때에는 수등 이척법을 폐지하고 양전하는 자를 통일한 양척 동일법을 실시하였다.

② 정부의 개간 장려와 양전 사업의 결과 토지 결수가 증가하였으나 국가 수입은 증대하지 않았다.

③ 전세 수입 감소 이유

    ㈀ 비옥한 토지의 일부가 토지 대장에 기록되지 않은 은결(隱結)의 증가(면세지로 가장하여 누락)

    ㈁ 진황지(陳荒地) 증가: 토지 대장에 기록되어 있어도 농사를 짓지 않는 버려진 땅 증가

    ㈂ 면세지의 증가: 궁방전, 관둔전 등 새로운 면세지 증가

    ㈃ 전세율 감소: 영정법의 실시로 인하여 전세율이 1결당 4두로 감소하였다.

(3) 실시 결과

① 전세율이 다소 낮아졌지만 대다수 소작농인 농민에게는 혜택이 없었다.

② 각종 부가세의 증가: 시간이 지나면서 각종 부과세와 삼수미세(삼수군 경비를 충당하기 위해 설치한 세미. 1결당 2.2두) 등의 신설로 농민 부담은 더욱 격증하였다.

③ 지주들은 전세를 소작 농민에게 전가하여 농민의 부담은 더욱 증가하였다.

3) 공납 제도의 개편

(1) 배경

① 국가의 수요를 기준으로 공물 부과

    ㈀ 각 지방의 특산물을 현물로 징수하는 공납은 전세, 군포와 함께 조선 왕조 3대 재정수입의 하나였다.

    ㈁ 전세는 토지세, 군포가 인두세, 공납은 호세(戶稅)로 징수되었다.

    ㈂ 공납의 폐단: 고을에 부과될 때 생산되지 않은 물품이나, 절산(絶産)된 물품이 부과되는 문제가 있었다.

② 방납(防納)의 폐단 발생

    ㈀ 16세기 이래로 공물을 대납하는 방납이라는 관행이 심해져 농민의 부담을 가중시켰다.

    ㈁ 과중한 부담을 견디지 못한 농민들의 토지 이탈은 농촌 경제의 파탄으로 인한 결과이며, 조세저항이기도 하였다.

    ㈂ 위정자들은 농민들의 토지이탈을 막고 농촌사회 안정을 위한 타개책으로 공납제도 개혁을 추구하였다.

③ 임진왜란 후 농민들의 유망이 심해졌고 국가의 재정 상태는 더욱 악화되었다. 농민은 5가 작통법(인징, 족징)에 의해서 자신은 물론 유망민의 몫까지 부담했기 때문에 농민의 부담을 더욱 가중시키는 결과를 가져왔다.

(2) 대동법의 시행

① 부족한 국가 재정을 확보하고, 농민의 부담을 경감시키기 위해서 실시하였다.

② 토산물을 현물로 부과, 징수하던 공납을 토지 결수에 따라 쌀, 삼베, 무명, 동전으로 거두었으며, 선혜청에서 담당하였다.

(3) 시행 과정

① 단계적 실시

  ㉠ 1608년 광해군 때 경기도, 1623년 인조 때 강원도, 17세기 중엽에는 충청도, 전라도, 경상도, 1708년 숙종 때 황해도에서 실시(잉류지역 제외)하였다.

  ㉡ 전국적으로 시행되는데 100년이라는 기간이 걸린 이유는 토지가 많은 양반 지주들의 반대가 심하여 이들을 배려하면서 확대·시행하였기 때문이다.

(4) 시행 결과

① 농민의 부담의 경감: 부과대상이 민호에서 토지결수로 바뀌면서 1결당 미곡 12두만 납부하여 과중한 부담이 다소 경감되었다.

② 조세의 금납화(金納化): 현물 징수 대신 미곡·포목·전화(錢貨) 등으로 대체되어 조세의 금납화가 이루어졌다.

③ 공인(貢人)의 출현

  ㉠ 공인은 공물 납품 대금을 먼저 지급하고 필요한 관청 수요품을 조달하는 어용 특허 상인으로 대동법의 실시로 등장하였다.

  ㉡ 공인들의 활동이 활발해지면서 각 지방에 장시가 발달하였고, 자급자족의 경제 질서가 유통경제로 전환되었다.

  ㉢ 상인자본이 커지게 되고 특권적 매점 상업으로서 도고 상업이 발달하게 되었다.

  ㉣ 대동법의 실시로 상품 화폐 경제가 발달하면서 농민층의 계층 분화를 촉진시켰고, 향촌 사회에서는 기존의 신분 질서와 경제 질서에 변화를 주는 요인으로 작용하였다.

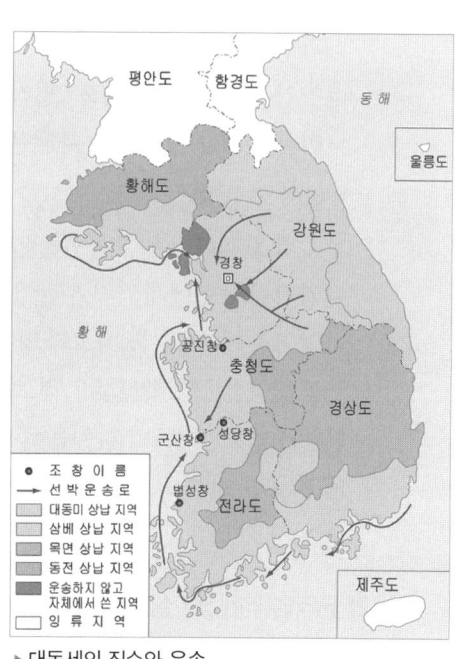

▶ 대동세의 징수와 운송

(5) 시행의 한계점

① 대동법을 통해 공물 수납은 없어졌으나 왕실에 상납하는 진상과 별공 등은 여전히 존재하였다.

② 지방 관청에서도 필요에 따라 수시로 특산물을 징수하여 다시 농민들은 어려움을 겪게 되었다.

③ 토지를 소유한 지주에게 부과되던 대동세가 소작농에게 부담이 전가되는 경우도 많아 결국, 농민들의 부담이 완전히 사라지지 않았다.

4) 균역법의 시행

(1) 배 경

① 군역제의 변화: 중앙군인 5군영은 국가에서 급료를 지불하는 모병이었고 경비는 양인의 군포로 충당되었으며, 지방군인 속오군은 스스로 경비를 부담하였다.

② 군포의 부담: 5군영, 중앙 정부기관, 지방 병영까지 독자적으로 징수하여 한사람의 장정이 이중, 삼중의 과중한 부담을 지게 되었다.

③ 군포의 폐단: 국가는 군포의 총액을 미리 정해 놓고 마을 단위로 할당하여 부과하는 방법을 선택하였다.

    (ㄱ) 각 마을은 실제 장정 수 보다 많은 군포를 연대 책임으로 징수하였다.

    (ㄴ) 인징(이웃사람), 족징(친척), 백골징포(이미 죽은 사람), 황구첨정(어린아이)에 군포를 부과하였다.

    (ㄷ) 양인 장정 한 명이 군포 2필씩을 내면 되는데 실제로는 그 몇 배를 물어야하는 경우가 많아서 전세나 공납보다 부담은 더 무거웠다.

④ 농민의 저항

    (ㄱ) 수탈을 피하기 위해 농민들 일부는 납속, 공명첩 등으로 양역을 회피하였다.

    (ㄴ) 가난한 농민에게 양역 부담이 가중되자 유망이나 피역으로 저항하였다.

    (ㄷ) 양역의 폐단을 시정하고자 양역 변통론이 대두되었고 그 결과로 균역법이 시행되었다.

⑤ 양역 변통론(良役變通論): 진보적 지식인들에 의해 양역 폐단의 해결책으로 제시되었다. 유형원은 병농일치로의 환원을 주장하며 그 전제로서 우선 농민에게 제도적으로 일정한 토지를 지급할 것을 요구하였다. 일부에서는 양인에게만 개인 단위로 부과하던 군포를 전국의 모든 가호에 부과하자는 호포론을 주장하였으나 양반들이 반대하였다.

(2) 균역법(均役法) 실시

① 양역 변통론의 절충: 농병 일치론과 호포론 등이 제시되었으나 크게 효과를 볼 수 없었고, 영조 26년(1750)에 양역 변통론을 절충하여 균역법을 제정하고 균역청에서 담당하였다.

② 균역법의 내용

    (ㄱ) 감포론을 바탕으로 정부는 매년 2필씩 바치던 군포를 1필로 줄였다.

    (ㄴ) 줄어든 군포의 보충(보충액 징수)은 토지 1결 마다 미곡 2두를 징수하여 지주의 부담을 증가시킨 결작, 일부 특권층에 군포 1필을 징수한 선무군관포, 각 아문이나 궁방에서 징수하던 어세, 염세, 선박세를 균역청에서 징수하였다.

(3) 균역법의 시행 결과

① 지주에게 부과되는 결작의 부담이 소작농에게로 전가되고, 정부가 책정하는 장정의 수가 늘어나 다시 농민의 부담은 가중되었다. 이에 인징, 족징이 부활하였고, 경제력이 없는 농민은 유랑민이나 노비가 되었다.

② 농민부담은 일시적으로 경감되었고 농민의 피역 저항도 소강상태를 이루었다.

③ 군역총제(軍役摠制)의 실시

    (ㄱ) 군포의 1년 수입을 확보하기 위해 군포를 지역단위로 할당하였다.

    (ㄴ) 군포 총량제는 약자에게는 불리한 제도이나 국가 재정수입의 계획적 운영의 의미가 있다.

(4) 의 의
균역법은 대동법과 더불어 세제(조·용·조)를 본질적으로 개혁하여 전세 집중의 세제로 전환하는 계기를 마련하였다는 점에서 큰 의의를 지닌다.

📍 기출문제

01 조선 후기의 수취 제도인 ⑦ ∼⒟에 대하여 바르게 설명한 것은? 2010. 법원직

    ⑦ 1년에 2필의 군포를 납부하던 농민 장정들에게 1년에 군포 1필만 부담하게 하였다.

    ⒟ 농민 집집마다 부과하여 토산물을 징수하였던 공물 납부 방식을 토지의 면적에 따라 쌀, 삼베나 무명, 동전 등으로 납부하게 하였다.

    ⒠ 농토의 비옥도와 그 해의 풍흉에 따라서 전세를 납부하던 연분 9등법을 따르지 않고 풍년이건 흉년이건 관계없이 인조 때 전세를 토지 1결 단위로 고정시켰다.

① ⑦에 의해서 양반과 농민의 군역 부담이 균등해지게 되었다.

② ⑦의 실시로 인한 재정 부족분은 결작(토지1결당 4두)을 통해 채웠다.

③ ⒟는 방납의 폐단을 시정하기 위해 광해군 때 처음 시행하였다.

④ ⒟는 영정법으로 토지 1결당 미곡 2두로 전세율을 인하했다.

정답 ③

해설 ⑦는 균역법에 대한 설명이고, ⒟는 대동법, ⒠는 영정법에 대한 설명이다. ① 균역법에서 양반들은 보충액을 냈고 양인에게만 군포를 징수하였다. ② 격작은 토지 1결 마다 미곡 2두를 징수하였고, ④의 영정법에서는 토지 1결당 4두로 전세율을 인하하였다.

2 서민 경제의 발전

1) 경제의 활성화

(1) 체제 개편

① 18세기에 이르러 동요하던 지배 체제가 통치 기구의 정비와 수취 체제의 조정으로 진정되었고, 붕당 정치의 폐단을 시정하려는 노력으로 정치질서가 확립되었다.

② 지배층을 결속하고 국가 재정의 기반을 확고히 하여 양반 중심의 지배체제를 유지하려는 한계성을 가지고 있었다.

(2) 조선 후기 사회 변동

① 향촌 사회의 자활의지가 높아졌고, 성리학적 규범에 대한 비판의 목소리가 커져 갔다. 지배층의 노력에도 불구하고 사회를 유지하고 있던 토대가 흔들리면서 새로운 방향으로 전환되어 갔다.

② 생산력 발달과 생산 양식의 변화는 사회 구조의 변동을 촉진시켰고, 성리학적 질서를 무의미하게 만들었다.

③ 피지배층의 활동

   (ㄱ) 생활 개선: 농민들은 황폐한 농토를 다시 개간하고 수리시설을 복구하였다. 또한 생산력을 향상시키기 위하여 **영농** 방법을 개선하고 소득을 올리기 위하여 새로운 작물을 재배하였다.

   (ㄴ) 농민의 이동: 농민들은 광산, 포구를 찾아 **임노동자**가 되기도 했지만, 일부는 **상업**에 종사함으로써 도시의 상공업 활동이 활발해졌다.

> **16세기 말 17세기 초 이후 사회변동의 추세**
>
> ① 농업을 중심으로 기존의 경제질서를 고집하는 양반 지배세력과 농업생산력, 상업의 발전 등 새로운 경제질서를 농민 동향과의 대립과 모순이 나타났다.
> ② 민중세계는 전쟁피해를 복구하면서 농업생산력을 어느정도 향상시켜 나아갔다.
> ③ 양반계층의 권위가 떨어지는 계기가 되었다. 몰락양반의 속출(잔반)과 당쟁을 통해 양반사회 자체가 분화되었다.
> ④ 양반의 일부만이 권력의 핵을 이루면서(벌열화) 권력을 통한 대토지소유자로 변해갔다.
> ⑤ 다른 일부는 향반·토호 등에서 보는 것과 같이 권력의 주변으로서 위치를 유지하면서 경제적으로도 일정한 지위를 확보하였다.

2) 조선 후기 양반 지주의 경영 변화

(1) 지주전호제의 일반화

① 양반들은 양난 이후 토지개간에 주력하였고 국가의 과중한 부담으로 몰락한 농민의 토지를 사들여 농토를 늘려 나갔다.

② 토지를 소작 농민에게 빌려주고 소작료를 받는 지주전호제로 경영하였다. 이러한 현상은 18세기말에 이르러 일반화 되었다.

③ 지주 전호제는 지주와 전호 사이의 신분적 관계 보다는 경제적인 관계로 바뀌었다.

(2) 양반층의 분화

① 토지 매입으로 인해 부농층으로 성장하는 지주가 등장하였고(천석꾼, 만석꾼) 물주로서 상인에게 자금을 대거나, 고리대로 부를 축적하기도 하였다.

② 잔반(殘班): 조선 후기 경제변동에 적응하지 못하고 몰락하는 양반을 말한다.

3) 농민의 경제생활

(1) 농업 생산력의 증대

① 농경지 확대

ㄱ) 임진왜란 후 국토의 황폐화로 농경지가 54만결로 감소되었다.

ㄴ) 농경지 확충을 위해 개간 사업을 널리 장려하였으나 재력 있는 양반이나 토호에게 유리하여 토지 겸병과 지주제를 확대시키는 결과를 초래하였다.

ㄷ) 농민들은 **농법**을 개량하여 수확을 증대시킴으로써 농업 생산력을 향상시켜 나갔다.

② 이앙법의 실시

ㄱ) 15세기의 직파법에 비해 이앙법(모내기법)은 김매기 횟수가 줄어들어 **노동력을 절감**해주고 수확량을 증대시켰다. 단위 농가당 경작면적이 넓어졌고 광작 농업이 가능하였다.

ㄴ) 벼, 보리의 이모작은 단위 면적당 생산량의 증가로 소득증대에 큰 도움을 주었다.

ㄷ) 17세기 초에는 이앙법이 **전국적으로 보급**: 이모작은 기후가 가능한 충청도 지역까지 확대 실시되었다.

③ **밭농사**: 농종법(두둑에 시를 뿌림)에서 **견종법**(밭고랑에 심는 법)을 실시하여 **노동력**이 절감되고 수확량을 증대시켰다.

④ 시비법의 개선

ㄱ) 토지 생산력을 높이기 위한 지력 유지의 필요성으로 시비법이 발달하였다.

ㄴ) 조선 후기 들어 퇴비, 분뇨, 석회 등 거름의 종류를 다양하게 개발하였고, 시비방법도 개선되었다.

⑤ 농기구의 개량

ㄱ) 18세기 이후 철제 수공업이 발달하여 쟁기, 써레, 쇠스랑, 호미 등 철제 농기구가 사용되었다.

ㄴ) 논농사에 소를 이용한 쟁기 사용이 보편화되어 생산력이 보다 증가하였다.

(2) 수리시설의 정비

① 이앙법의 확대는 수리시설이 발달되어야 가능했다. 당시에 정부는 저수지를 만들고 보수했으나 가뭄 피해를 우려하여 이앙법을 억제하였다.

② 농민들이 스스로 수리시설을 개발하면서 이앙법을 확산시켜 나가 18세기 말에는 크고 작은 저수지가 수천 개소에 이르렀다.

③ 정부의 노력
  (ㄱ) 현종 3년(1662) 제언사(수리시설 관리 관청) 설치
  (ㄴ) 정조 2년(1778) 「제언절목」(수리시설의 개인 독점을 금하는 법률)을 반포

(3) 상품 작물의 재배

① 18세기에 상품 유통이 활발해지면서 목화, 채소, 담배, 곡물, 약초 등을 재배하여 소득을 증대시켰다.

② 17세기 초 일본에서 전래된 담배는 전라도 지방을 중심으로 전국에서 재배되었다.

③ 인삼은 18세기부터 개성을 중심으로 삼남지방 각지에서 재배되었고, 목화, 약재, 고추 등도 인기 있는 상품작물로 재배되었다.

④ 쌀의 상품화가 활발하였고 수요도 증가하여 장시에서 많이 거래되었다. 또한 쌀의 수요가 늘면서 밭을 논으로 바꾸는 현상이 증가하였다.

상품 작물의 재배

농민들이 밭에 심는 것은 곡물만이 아니다. 모시, 오이, 배추, 도라지 등의 농사도 잘 지으면 그 이익이 헤아릴 수 없이 크다. 도회지 주변에는 파밭, 마늘밭, 배추밭, 오이밭 등이 많다. 특히 서도 지방의 담배밭, 북도 지방의 삼밭, 한산의 모시밭, 전주의 생강밭, 강진의 고구마밭, 황주의 지황밭에서의 수확은 모두 상상등전의 논에서 나는 수확보다 그 이익이 10배에 이른다.
『경세유표』

(4) 구황작물의 재배
18세기에 조엄이 일본에서 고구마를 들여와 삼남 지방에서 재배되었고, 19세기에는 청나라에서 감자가 수입되어 재배되었다.

광작(廣作) 현상

정조 22년 5월 이병모가 말하였다. "직파법으로 불과 10두락 농사짓던 자가 이앙법으로 하면 족히 1, 2석락(20~40두락)을 지을 수 있으니 광작하는 자가 이미 많다. 가난하고 힘없는 무리가 매양 토지를 얻기가 어려워 근심합니다.
『일성록』

(5) 광작의 유행

① 광작의 대두
  (ㄱ) 영농기술의 발달 특히, 이앙법의 보급으로 노동력을 절감되고 1인당 경작지 규모가 확대되어 광작 농업이 성행하게 되었다.
  (ㄴ) 자작농이나 일부 소작농도 더 많은 농토를 경작하여 부를 축적하여 부농이 되기도 하였다.

② 광작의 영향
  (ㄱ) 광작이 확대되면서 대부분의 농토를 소작제로 운영하던 지주들도 소작지를 회수하여 노비를 늘리거나 머슴을 고용하여 직접 경영하였다. 이로 인하여 농민들은 소작지를 잃거나, 소작지를 얻기가 어려워졌다.

ⓛ 일부 농민들은 부농층으로 성장하고, 대다수의 농민들은 농촌을 떠나 상공업에 종사하거나 임노동자가 되었고, 심지어 노비로 전락하는 경우도 발생하였다.

ⓒ 광작은 부농층을 발생시킨 반면, 농민의 토지 이탈을 가져와 농민층의 계층 분화를 촉진시켰다.

③ 광작과 토지 소유 집중의 영향

ⓐ 상품 화폐 경제가 발달하면서 양반 관료들의 토지 집적은 더욱 가속화되어 농민들의 토지를 헐값에 매입하고 이를 축적해 나갔다.

ⓛ 농민층은 자신의 노동력만이 생계수단이 되었으므로 농촌에 그대로 머물러 있으면서 품팔이로써 생계를 유지해야 했다.

ⓒ 농민층의 몰락은 결국 농촌 사회를 파탄시키는 원인으로 작용하였다.

☑ **농업의 변화 양상**

고려	·개간 장려, 수리 시설 확충 ·소를 이용한 깊이갈이 일반화 ·2년 3작의 윤작법 보급	·농기구와 종자 개량 ·시비법 발달로 휴경지 감소 ·이앙법(모내기법) 남부 일대에 보급
조선 전기	·개간과 양전 사업 실시 ·시비법 발달로 휴경지 소멸 ·목화 재배의 확대	·남부 지방에 모내기법 보급 ·밭농사에서 2년 3작 일반화
조선 후기	·농토의 개간과 수리 시설 복구 ·농기구와 시비법 개량	·모내기법 전국적으로 확대(이모작 성행) ·상품 작물 재배 ·광작 농업 성행(농민 계층 분화)

(6) 지대의 변화

① 배 경

ⓐ 생산력 증대와 농업 경영의 변화는 토지 소유의 관계 변화를 가져왔고, 조선 후기에는 지주 전호제가 지배적 형태를 이루었다.

ⓛ 지주 전호제가 일반화되면서 전호는 자신들의 생활조건 개선에 더욱 노력하게 되었고 그들이 부담하는 소작료의 부담을 줄이고자 시도하였다.

ⓒ 조선 후기 부유한 평민층이 지주가 되는 경우가 발생하면서 인신적 지배를 강요할 수 없게 되었다. 그래서 지주와 전호의 관계는 비교적 자유로운 경제적 관계로 변화되었다.

ⓔ 병작반수제가 널리 행해지고 있었으나 일부 지방 농민들은 소작료의 인하를 요구하는 항조(抗租)운동을 벌이기도 하였다.

② 지대의 변동

ⓐ 변화: 병작반수인 타조법 → 정액제인 도조법 → 화폐지대인 금납제로 발전하였다.

ㄴ 타조법(생산량의 반을 분배)에서 도조법(지대액을 미리 정함)으로 변화하였다.

ㄷ 금속화폐의 전국적 유통으로 지대에서도 부분적으로 화폐지대로 변화하였다.

③ 타조법(打租法)

ㄱ 소작인이 지주에게 수확량의 반을 바치는 형태로서 정률(定率)지대이다.

ㄴ 조선 후기 일반적인 소작료(지대)의 납부 형태로 종자, 농기구는 소작농민이 부담하여 지주에게 유리한 조건이었다.

ㄷ 작황에 따라 지주의 이익이 좌우되므로 지주의 간섭이 심하여 농민의 자유로운 영농에 많은 제약이 있었다.

ㄹ 소작인(전호)은 소작료 외에 지주가 요구하는 사적인 부담과 노역을 감수하기도 하였고, 소작료는 임의로 책정되었다.

④ 도조법(賭租法)

ㄱ 타조법에 대하여 항조 운동을 전개하여 18세기에 일부지방에서 도조법이 시행되었다.

ㄴ 농작의 풍흉에 관계없이 매년 일정한 소작료를 납부하는 형태로 대부분 수확량의 1/3를 지주에게 납부하여 타조법 보다 소작인에게 유리하였다.

ㄷ 생산에 필요한 경비를 지주가 부담하여 소작인에게 유리하였고, 지주의 신분적 속박에서 벗어날 수 있었다.

ㄹ 도조법은 일부 도지권을 가진 소작인에게만 적용되었으며, 도지권은 토지 개간, 제방 축조, 도지권을 매수하였을 때 성립되어 일반적인 현상은 아니었다.

ㅁ 도지권을 가진 농민은 지주와 자유로운 관계를 가지면서 광작도 가능하여 부를 축적할 수 있었다.

⑤ 지대의 금납화

ㄱ 18세기 말 이후 상품 화폐 경제가 급속도로 발전하면서 소작인의 소작료가 지대에서 금납제로 변화하였다.

ㄴ 소작인에게는 농업경영을 보다 자유롭게 해 주는 기반을 마련해주었다.

4) 민영수공업의 발달

(1) 수공업 분야의 변화

① 관영 수공업의 쇠퇴

ㄱ 부역제의 변동과 상품 경제의 진전에서 관영 수공업의 쇠퇴가 비롯되었다.

ㄴ 부역제를 토대로 한 관영수공업은 16세기 이후 공장들의 등록 기피, 정부의 재정 악화로 유지가 어려워졌다.

ⓒ 조선 후기 상품 화폐 경제가 발달하면서 수공업 제품의 생산이 활발해져 민영 수공업은 발달하고 관영 수공업은 쇠퇴하게 되었다.

② 민영 수공업자의 대두

  ㄱ 17세기에는 각 관청의 작업장에 공장이 없어 민간에서 기술자를 고용하여 물품을 제조하는 현상이 일반적이었다.

  ㄴ 대동법의 실시로 관수품의 수요와 도시 인구의 급증으로 인한 제품의 수요량이 증가하였는데 민영 수공업자들이 이를 충족시켰다.

  ㄷ 관영 수공업자들의 제품보다 민영 수공업자들의 제품이 가격과 품질 면에서 우수하였다.

(2) 민영수공업의 발달

① 장인 등록제 폐지: 18세기말 정조 때 장인의 등록제인 공장안을 폐지하였다. 민영 수공업자들은 장인세를 부담하는 납포장이 되어 자유롭게 생산활동에 종사하였다.

② 선대 제도: 화폐·자기·종이·야철 등과 같이 막대한 원료와 소비 규모가 큰 물품은 대상인이 원료와 대금을 수공업자에게 선대(先貸)해 주고 생산된 물품을 매수하였다. 이들을 물주(物主)라 하였는데, 물주의 등장은 17·18세기 수공업의 특징적인 현상이었다.

③ 독립 수공업자의 성장

  ㄱ 18세기후반에 시장권이 확대되면서 점촌(店村)을 만들어 독자적으로 물품을 생산·판매하는 수공업자가 출현하였다.

  ㄴ 주로 놋그릇, 모자, 농기구 등의 제조 분야에서 독립 현상이 두드러졌고, 경기도 안성과 평안도 정주의 납청은 놋그릇 생산지로 유명하였다.

(3) 농촌 수공업의 발달

① 농촌의 수공업은 부업의 형태로 자급자족을 위한 제조 형태였으나 점차 소득 증대를 위한 상품 생산 형태로 변화하였다.

② 옷감, 그릇을 중심으로 전문적인 생산 농가가 출현하게 되었다.

5) 민영 광산의 증가

(1) 초 기

① 명에 대한 세공, 관아나 궁실의 수요를 위해 금, 은, 철광 등을 개발하였다

② 국가가 직접 경영하였으므로 사적인 광산 경영이 통제되었다.

③ 정부가 수요 액수를 일률적으로 부과하면 산지의 수령들이 농민을 부역에 동원하여 채취, 상납하였다.

③ 부역은 농민들에게 큰 부담이 되어 16세기 이래로 농민들은 광산 부역에 동원되는 것을 거부하였다.

(2) 후 기

① 사채 허용: 농민들이 부역을 거부하자 17세기 중엽부터는 사채(민간인이 사적으로 광산을 경영하는 것)를 허용하고 대신 세금을 받아내는 정책으로 전환하였는데 이를 설점수세제(設店收稅制)라 한다.

② 설점수세제 실시(효종, 1651)
   (ㄱ) 설점수세제는 국가가 비용을 대주어 광산지역에 제련장과 부대시설을 포함한 점(店)을 설치하고 경영은 민간에게 맡기는 대신 채취한 광물의 일부를 세금으로 납부하도록 하는 제도이다.
   (ㄴ) 광산 개발을 하여 국가 재정을 보충하고 중국과의 무역을 활성화하고자 실시하였다.

③ 변화 과정
   (ㄱ) 채은관제: 정부가 채은관을 산은지(産銀地)에 파견하여 은맥을 탐사하고 은품(銀品)을 시험한 뒤에 부상대고의 설점을 허가하고 채은관이 수세하는 규정이었다. 하지만 광산을 경영할 만큼 민간 자본이 성장하지 못하여 제대로 이루어지지 않았다.
   (ㄴ) 별장제: 1687년(숙종)부터 호조가 군·영문(營門)의 연점(鉛店)들을 흡수, 관리하고 새로운 은점들을 관리하기 위해 마련한 제도이다. 별장(수세 청부업자)은 호조가 선정해 파견한 부상대고들로서 은점의 수세 임무만 담당하였다.
   (ㄷ) 결과: 17세기말 70여 개소에 이르는 은광이 개발되었는데 이는 대청 무역에서 은의 수요가 늘어나 은광이 개발되었기 때문이다. 그러나 18세기 후반에는 호조가 수세를 독점함으로써 수입원을 잃게 된 감영과 군영이 광산에 대해 각종 잡세를 부과하면서 쇠퇴하여 14개소로 격감하였다. 그리고 지방 수령들이 지방의 토호 대상인과 결탁하여 잠채를 비호하면서 호조의 은점 설치를 방해한 까닭이다.

④ 18세기 중엽 수령수세제(守令收稅制) 실시
   (ㄱ) 영조 51년(1775)에 별장제하의 설범수세제를 폐지하고 수령이 직접 세를 거두는 방법으로 전환되었다.
   (ㄴ) 광산 경영은 자본주인 물주(物主)가 시설과 자금을 투자하고 덕대(德大)나 혈주(穴主)가 전문적으로 경영하는 형태로 종전과는 다른 자본주의적 성격을 가지고 있었다.
   (ㄷ) 덕대(경영전문가)가 채굴노동자, 제련노동자를 고용하여 광물을 채굴하고 제련하는 광산 전문 경영인 제도로 광산 작업 과정은 분업에 토대를 둔 협업으로 진행되었다.

⑤ 잠채(潛採)의 성행

   (ㄱ) 광산에 너무 많은 농민들이 모여들어 농업에 지장을 주자 공개적인 채취를 금지하고 높은 세금을 부과하였다.

   (ㄴ) 관청의 감시가 미치지 않는 곳을 중심으로 지방의 토호나 부상대고들이 수령과 결탁하여 잠채를 하는 경우도 발생하게 되었고 잠채는 더욱 성행하게 되었다.

3 상품 화폐 경제의 발달

1) 공인의 출현

(1) 상품 화폐 경제의 진전 배경

① 농업 생산력의 증대와 이에 따른 활발한 수공업 생산 활동으로 상품의 유통 활성화

② 부세 및 소작료의 금납화 현상

(2) 수요 증가 현상

인구의 자연 증가와 농촌에서 유리된 인구의 도시 유입 → 상업 활동 활성화 촉진

(3) 공인(貢人)의 등장

① 대동법 이후 관청의 수요품을 조달하는 어용상인으로 대부분 시전상인, 경주인, 공장 출신이었다.

② 공인들은 관청별, 물품의 종목별 공동 출자로 계를 조직하고 상권을 독점하였으며, 납부할 물품을 수공업자에게 위탁하여 수공업 성장의 발판이 되기도 하였다.

③ 서울의 시전과 지방의 장시를 중심으로 활동하였고, 특정 물품을 대량으로 취급하여 도고(독점적 도매상인)로 성장하였다.

2) 사상의 대두

(1) 사상(私商)의 성장

① 사상의 등장: 17세기 초에 서울과 각 지방의 도시에 사상(私商)이 등장하여 직접 생산한 채소, 과일, 수공업 제품 등을 행상으로 판매하기 시작하였다.

② 시전과의 대립: 17세기 후반 이후에 사상들은 종루(종로), 칠패(남대문), 이현(동대문) 등에 근거지를 마련하고 시전과 대립하였다. 이에 시전 상인들은 금난전권(禁難廛權)을 취득하여 사상들의 활동을 억압하려하였다.

(2) 금난전권의 철폐

① 금난전권이 적용되는 도성을 벗어나, 지방에서 도성으로 들어오는 길목으로 상권을 확대하여 상행위를 하였다.

② 18세기 말에는 육의전을 제외한 나머지 시전의 금난전권을 폐지하였다(신해통공, 정조, 1791).

③ 신해통공으로 사상들은 서울과 지방 각지에서 활발한 활동을 하여 도고로 성장하였다.

(3) 도고(독점적 도매업자)

① 조선 후기 가장 일반적인 상업 형태로 상업 자본의 축적과 유통 경제의 활성화를 가져왔다.

② 상업 자본의 일부는 정치 자금으로 이용되었고, 도고의 활동으로 많은 영세 상인이 몰락하게 되었다.

③ 상품의 독점 판매로 인하여 물가 상승과 탈세 행위 등 사회적으로 논란이 되었다.

(4) 사상의 활동

① 사상의 활동은 주로 도성주변(칠패, 송파)에서 이루어졌고, 개성, 평양, 의주, 동래 등 지방 도시에서도 활발하게 이루어졌다.

② 청·일본과의 무역에도 참여하여 부를 축적하였고, 개성 송상, 평양 유상, 의주 만상, 동래 내상 등이 유명하였다.

③ 송 상

  ㉠ 개성을 중심으로 전국에 송방(松房)이라는 지점을 설치하고 활동하였는데, 주로 인삼을 직접 재배하여 이를 전국에 판매하였다.

  ㉡ 내상, 만상과 연계하여 대외 무역에도 깊이 관여하여 부를 축적하였다.

  ㉢ 송도부기를 개발하여 복잡한 거래상황을 기록하였다.

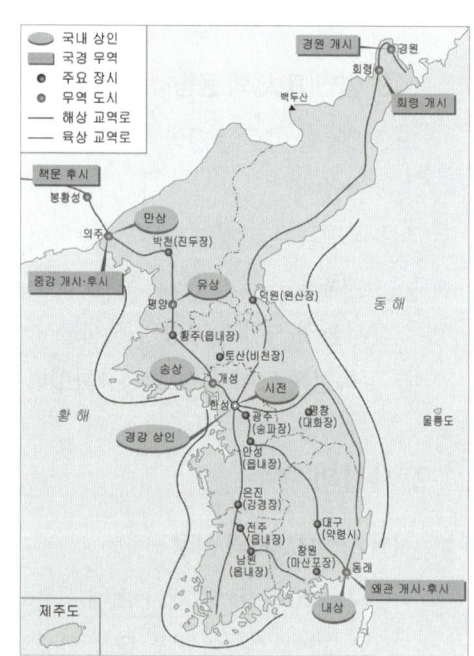

▶ 조선 후기의 상업과 무역 활동

④ 경강상인

　　(ㄱ) 운송업에 종사하면서 거상으로 성장하였다.

　　(ㄴ) 한강을 근거지로 주로 서남 연해안을 오가며 미곡, 어물, 소금 등을 거래하여 부를 축적하였다.

　　(ㄷ) 선박의 건조 등 생산 분야에까지 활동 분야를 넓혔다.

⑤ 만 상

　　(ㄱ) 대청무역을 주도하였고 영조는 만상에게만 책문후시를 허용하였다.

　　(ㄴ) 사행(使行)에 수행하거나 사행원과 결탁하여 대청무역으로 막대한 부력을 축적하였다.

⑥ 내 상

　　(ㄱ) 동래상인으로 개성상인과 밀착되어 왜관개시를 통해 대일 무역에 종사하였다.

　　(ㄴ) 인삼, 쌀, 무명을 수출하고 은, 구리, 유황, 후추 등을 수입하였는데, 은은 다시 청에 수출하는 중계무역으로 중간이득을 취하였다.

⑦ 유 상 : 평양 상인으로 만상과 연결하여 대청 무역에도 종사하였다.

3) 장시의 발달

(1) 조선 후기 사상의 성장 배경 전국적으로 발달한 장시에 토대를 두어 사상이 성장하게 되었다.

(2) 장 시

① 인근의 장시와 연계하여 하나의 지역적 상권을 형성하였고, 지방민들의 교역장소로 이용되었다.

② 보통 5일마다 열렸으며, 시간이 흐름에 따라 일부 장시는 상설시장으로 발전되었다.

③ 발달 배경: 농민들은 행상을 이용하는 것보다 장시를 이용하는 것이 싸게 구입하고 비싸게 팔 수 있어서 장시를 이용하는 경우가 점차 증가하였다.

(3) 장시의 발달

① 15세기 말에 전라도 지방에서 처음으로 개설되어 16세기에는 전국에 확대되었고, 18세기 중엽에는 전국에 1,000여 개소가 개설되었다.

② 장시가 발달함에 따라 일부는 상업 도시로 성장하였고, 특히 강경, 전주, 대구, 안동, 안성 등이 유명하였다.

③ 18세기 말 대표적 장시는 광주의 송파장, 은진의 강경장, 덕원의 원산장, 창원의 마산장 등이 전국적인 유통망을 연결하는 상업 도시로 성장하였다.

(4) 보부상(褓負商)

① 보부상(봇짐장수와 등짐장수)

　　㉠ 농촌의 장시를 하나의 유통망으로 연계시킨 상인들로 생산자와 소비자를 이어주는 데 큰 역할을 한 행상이다.

　　㉡ 장날의 차이를 이용하여 일정 지역 안이나 전국적인 장시를 무대로 활동하였다.

　　㉢ 보상: 비교적 값비싼 필묵, 금·은·동제품 등을 보자기에 싸서 들고 다니며 판매하는 봇짐장수를 말한다.

　　㉣ 부상: 나무그릇, 토기 등 일용품을 지게에 지고 다니면서 판매하는 등짐장수를 가리킨다.

② 보부상단 결성: 자신들의 이익을 지키고 단결을 굳게 하려는 목적에서 조합을 결성하였다.

4) 포구에서의 상거래

(1) 포구의 성장 배경

① 포구에서의 상거래가 장시 보다 규모면에서 훨씬 컸다.

② 도로와 수레가 발달하지 못했기 때문에 육로보다 수로를 통해 대부분의 물류가 유통되었다.

(2) 포구의 발달 과정

① 종래 포구는 세곡이나 소작료를 운송하는 기지로서의 역할을 하였으나, 18세기에 이르러 상거래가 활발해지면서 상업의 중심지로 성장하였다.

② 연해안이나 큰 강 유역에 포구가 형성되었으며, 인근의 장시와 연계하면서 상거래가 이루어졌다.

③ 선상(船商)의 활동이 활발해지면서 전국 각지의 포구가 하나의 유통권을 형성하였다. 특히 칠성포, 강경포, 원산포, 마산포 등의 포구에서는 장시가 열리기도 하였다.

(3) 포구를 거점으로 한 상인

① 선상(船商)

　　㉠ 선박을 이용하여 각 지방의 물품을 구입해 와 포구에서 처분하는 상인이다.

　　㉡ 대표적인 상인으로는 운송업을 하다가 거상이 된 경강상인이 있다.

② 객주와 여각

　　㉠ 각 지방의 선상들이 물화를 싣고 포구에 들어오면 그 상품의 매매를 중개하였다.

　　㉡ 부수적으로 운송·보관·숙박·금융 등의 영업을 전개하였으며 지방의 큰 장시에도 있었다.

5) 대외 무역의 발달

(1) 대청무역

① 송상, 만상의 활약으로 17세기 중엽부터 개시(공무역)와 후시(사무역)가 활발해지면서 국경 지대를 중심으로 무역이 이루어졌다.

② 공무역으로는 중강 개시·경원·회령 개시가 유명하였고, 사무역으로는 중강·책문 후시가 유명하였다.

③ 교역품

　㉠ 수출품: 은, 인삼, 가죽, 종이, 무명 등으로 19세기에는 인삼이 주류가 되었다.

　㉡ 수입품: 비단, 약재, 서적, 문방구, 말 등이다.

(2) 대일무역

① 17세기 이후 일본과의 관계가 정상화되면서 왜관 개시를 통해 활발한 무역이 전개되었다.

② 교역품

　㉠ 수출품: 인삼, 쌀, 무명 등을 수출하고 청에서 수입한 물품을 넘겨주는 중계 무역도 성행하였다.

　㉡ 수입품: 은, 황, 후추 등을 수입하였고, 은은 다시 청에 수출해 중간이득을 취하였다.

(3) 국제 무역 상인의 활동

① 국제 무역에서 정부가 사적인 무역을 허용하자 상인들이 무역 활동에 적극 참여하였다.

② 만상은 중강·책문 후시, 송상은 만상·내상을 통해 청·일본과 사무역을 행하는 중요한 역할을 하였다.

③ 영향과 문제점: 상인들은 막대한 부를 축적하였으나 수입품 중에는 사치품이 많아 국가 재정과 민생 안정에 여러 가지 문제점을 야기하였다.

6) 화폐의 유통

(1) 동전의 유통

　상공업의 발달로 금속화폐(동전)가 자연스럽게 전국적으로 유통되었다. 18세기 후반부터 세금과 소작료도 동전으로 대납할 수 있게 되었고, 상평통보를 가지고 물건을 살 수 있었다.

(2) 영 향

① 전황(錢荒)발생: 양반·지주·상인들은 화폐를 유통 수단으로 이용한 것이 아니라 화폐를 감추어 두고 고리대의 방식으로 이용하였다. 그리하여 동전의 발행량이 늘어나도 제대로 유

통되지 않아 시중에서는 동전 부족 현상이 발생하였는데 이런 현상을 전황이라고 한다.

② 신용 화폐의 보급: 상품 화폐 경제가 발달하면서 환·어음 등의 신용 화폐가 보급되었다. 이는 상업 자본의 형성과 상품 화폐 경제의 진전을 증명하는 것이며, 조세의 금납화 촉진으로 현물징세에서 오는 중간횡령을 제거하여 정부의 재정안정에 기여하였다.

(3) 용 도 교환 수단이자 재산 축적의 수단이었다.

(4) 실학자의 화폐 인식

전황의 발생과 고리대의 수단으로 사용되자 실학자들은 화폐 유통에 대하여 부정적인 시각을 나타내기도 하였다. 이에 이익이 **폐전론**을 박지원은 **용전론**을 주장하였다.

조선후기 전황과 이익의 폐전론

❖ 동전이 유통되면서 상인이나 지주들은 늘어난 재산을 화폐로 바꾸어 저장해 두었다가 고리대업을 함으로써, 가난한 농민들은 더욱 어려워졌으며, 관리들의 착취는 더욱 용이하게 되었다. 그리하여 동전이 많아질수록 고리대업은 더욱 성행하였고, 화폐의 퇴장 현상은 더욱 가속화되었다. 즉, 국가에서 동전을 아무리 많이 주조해도 이를 유통시키지 않아 계속 동전이 부족해지는 현상을 전황이라 한다.

❖ 17세기 후반 이후 화폐 유통이 본격화되면서 화폐가 관청의 경비 마련과 지주·상인들의 재산 축적을 위한 고리대업 수단으로 이용됨으로써 백성들에 대한 수탈강화와 토지매입으로 농민들의 몰락을 가져왔다. 이익은 일반 백성들을 몰락시키는 가장 직접적인 원인을 화폐의 유통에 있다고 보고 폐전론을 주장하였다.

조선후기 경제 변화의 역사적 의의

① 조선 후기의 경제 발전상은 조선왕조의 농본주의·억상주의·쇄국주의 경제원칙과는 크게 어긋난 것이다.

② 전쟁피해를 복구하는 과정에서 민중세계가 중세적 경제체제를 무너뜨리고 상품 화폐 경제를 활성화시켜 새로운 경제 체제로의 전환을 지향한 활동으로 이어졌다. 이와 같은 점에서 그 역사적 의의를 찾을 수 있다.

기출문제

01 밑줄 친 '이 시기'에 있었던 사실로 가장 적절한 것은?

2012. 국가직 7급

> 숙종 4년 1월 을미, 대신과 비변사의 여러 신하들을 접견하고 비로소 돈을 사용하는 일을 정하였다. 돈은 천하에 통행하는 재화인데, 오직 우리나라에서는 예부터 누차 행하려 하였으나 행할 수 없었다. …… 시중에 유통하게 되었다.
>
> 「숙종실록」

① 위의 화폐 이전에는 팔분체 조선통보가 주조 유통되었다.

② 화폐의 유통이 원활하지 않아 전황 현상이 일어났다.

③ 평안도와 전라도의 감영과 병영에서도 이 화폐의 주조가 허락되었다.

④ 이익은 화폐 사용이 백성들의 삶에 크게 유익하다는 주장을 제기하였다.

정답 ④

해설 제시문은 숙종 때 상공업의 발달로 전국적으로 유통된 상평통보에 대한 내용이다. ④ 화폐를 감추어 두고 고리대의 방식으로 이용하여 동전의 발행량이 늘어도 제대로 유통되지 않아 시중에서는 동전 부족 현상, 즉 전황이 발생하였다. 전황의 발생으로 농민들의 삶이 피폐해지자 이익은 폐전론을 주장하였다.

03 조선 후기의 사회

1 사회 구조의 변동

1) 신분제의 동요

(1) 신분제의 변화

① **조선사회의 신분제**: 법제적으로 양천제를 표방하지만 실제로는 **양반·중인·상민·천민**의 **4계층**으로 분화되어 있었다. 조선시대의 사회 생활에서 기본적인 가치관이었던 성리학은 신분제를 합리화시켜 주었다.

② **새로운 계층 출현**: 경제 구조의 변동으로 부농층이 생겨나고 임노동자와 상업 자본가, 독립 수공업자 등 새로운 계층이 출현했다. 이러한 현상은 종전의 사회 계층 구조를 변질시켜 신분제의 동요를 가져오게 되었다.

> **조선 후기 양반 현실의 풍자**
>
> 동네에 한 부자가 가족끼리 의논하기를 양반은 아무리 가난하여도 그 위치는 늘 높고 영광스럽다. 그런데 우리는 부자이면서도 늘 비천하여 감히 말을 탈 수도 없고 양반만 보면 어쩔 줄 몰라 엉금엉금 기어서 뜰 밑에서 절하고 코가 땅에 닿도록 무릎으로 기다시피 한다. 지금 마을의 한 양반이 환곡을 갚지 못해 앞으로 양반을 보전하지 못할 지경에 빠졌다. 그런데 나는 양반을 살 능력이 있지 않은가. 마침내 그는 양반을 찾아가 환곡을 대신 갚아 주겠다고 청하였다. 양반은 크게 기뻐하며 받아들였다.
>
> 박지원, 『연암집』 81권

③ **신분제 변화의 현상**: 신분제의 변화에서 나타난 특징적 현상은 **양반층 인구의 급격한 증가** 현상이다. 양반층의 자기도태 현상이 심화되면서도 양반의 인구는 계속 증가하고, 상민과 노비의 인구는 감소하는 현상이 나타났다.

④ **양반 증가 원인**: 양반층 자체의 **양적 팽창**에도 원인이 있었지만, 그보다는 **하층민의 신분 상승**으로 인한 결과라 할 수 있다.

　(ㄱ) **신분 상승의 합법화**: 전투에서 공을 세우거나 **납속**을 통해 정부는 벼슬을 주고 양반 신분을 합법적으로 인정하였다.

　(ㄴ) **양반의 혜택과 증가**: 부를 축적한 농민들은 재력을 바탕으로 양반의 **족보를 사거나 위조하는 방법**을 통해서 양반의 신분을 얻었다. 양반의 신분을 얻게 되면 자신과 자손이 군역의 부담과 양반의 수탈을 피하고 부를 축적하는 과정에서 편의를 얻을 수 있었으며, 향촌 사회에서 영향력을 행사할 수 있었다. 따라서 모칭유학(冒稱幼學), 환부역조(換父易祖, 조상의 신분 위조)등 신분을 속여 양반 행세를 하는 가짜 양반이 증가하였다.

(2) 노비의 감소

① **도망과 신분 상승**: 가혹한 삶을 견디지 못한 노비들이 도망하는 경우가 많아서 노비가 급격히 감소하였다. 그리고 전쟁에 참여하여 공을 세우거나, 국가에 곡식을 바쳐 상민으로 신분 상승이 되는 경우도 있었다.

② **공노비의 해방**: 정부에서도 상민이 감소하면 국가 재정상 불리하고, 국방상으로도 지장이 있기 때문에 상민의 증대를 위해 노비를 풀어주었다. 특히, 19세기초 순조 때(1801)에는 국가가 소유하고 있던 6만 여명의 공노비(납공노비)를 해방시켜 주었다.

(3) 신분제 변화의 영향

신분제의 변화는 신분간의 상하 이동을 가능하게 하였으며, 시간이 갈수록 더욱 심화되었다. 따라서 종전의 신분적 지배 예속 관계는 더 이상 유지될 수 없게 되었다.

2) 양반층의 분화

(1) 양반층의 자기도태

① 붕당정치의 변질로 양반 상호간의 극심한 갈등을 가져와 양반층의 자기 도태를 초래하였다.

② 노론을 중심으로 일당 전제화가 전개되면서 권력을 장악한 일부 양반을 제외한 다수의 양반들이 정계에서 배제되었다.

(2) 몰락양반

① 실학자나 농촌 지식인들은 대부분 몰락 양반으로 양반지주와 이해관계를 달리하고 기본적으로 농민적 입장에 섰다.

② **향반과 잔반**: 향반은 관직에 등용되지 못한 양반들로 향촌에서 겨우 명맥을 유지하는 정도이고, 잔반은 몰락하여 생업에 종사해야 하는 명목상 양반이다.

3) 중인층의 신분 상승 운동

(1) 서얼과 중인의 사회적 제약

① 서는 양인 첩의 자손, 얼은 천민 첩의 자손을 말한다.

② 서얼은 양반은 소생이지만 성리학적 명분론에 의해 사회적 활동에 많은 제약이 있어 이들은 이러한 사회체제에 불만이 많았다.

(2) 서얼의 신분 상승 운동

① 서얼에 대한 차별은 임진왜란을 계기로 완화되기 시작
하였다.

② 정부가 **납속책**과 **공명첩**을 발급하자 서얼들은 이를 이
용하여 관직에 진출할 기회를 얻었다.

② 영, 정조 때 홍문관과 같은 **청요직**으로 진출을 허용해
줄 것을 요구하는 신분 상승 운동을 전개하였다.

③ 정조 때 규장각 검서관에 서얼 출신의 박제가, 이덕무,
유득공, 서이수 등이 등용되었다.

④ 철종(1851) 때 신해허통으로 서얼들의 청요직 진출이
완전히 허용되었다.

(3) 중인의 신분 상승 운동

① 중인들은 역량이 뛰어날 경우에는 법제적으로 문무 요직에 오르도록 개방되어 있었으나 실
제로는 법전의 규정이 거의 지켜지지 않았다.

② 중인의 역할은 컸지만 고급 관료로 진출할 수 있는 길에 제한이 있어 현실에 대한 불만이 많
았다.

③ 경제력을 바탕으로 전문적 지식을 쌓아 역량을 축적하고 문예, 저술 활동을 통해 자신들의
지위를 높여 나갔다.

④ 서얼의 신분 상승 운동에 자극이 되어 19세기 중엽 철종 때 1,800여 명이나 되는 중인들은 대
규모 소청운동을 전개하였다.

⑤ 소청운동은 실패하였으나, 전문직으로서 역할의 중요성을 부각시켰다.

⑥ 역관들은 대청외교에 참여하면서 외래문화 수용에 주도적 역할을 담당하였다.

4) 향촌 사회 질서의 변화

(1) 배 경

① 농촌 사회의 분화와 신분제의 붕괴로 사족 중심의 향촌 질서의 변화가 발생하였다.

② 지배체제의 모순이 드러나면서 지배층의 분열은 중앙뿐만 아니라 사족(士族) 중심의 향촌
질서도 변화시켰다.

납속책

군량미나 진휼미가 부족할 때 행해진
재정확보책으로 부유한 농민, 거상
들로부터 곡식을 헌납받거나, 전토에
참가하여 전공이 있을 때 이에 상응
하는 영직(이름뿐인 직책), 허직(虛職)
등의 직책을 줌

공명첩

성명을 적지 않은 서임서로 관직 이
름은 써주되 이에 서임된 자는 실무
는 보지 아니하고 명색만 행세함.

(2) 사족의 지위 유지 노력

① 족보 작성: 가족 집단 전체가 양반 가문으로 행세하고 상민과는 통혼하지 않았다.

② 청금록·향안 작성: 서원 및 향교에 출입하는 양반들의 명단인 청금록과 지방 사족 명단인 **향안**을 작성하여 양반 가문으로 행세하였다. 이는 신분을 확인시켜 주는 증거 서류이며, 향약 등 향촌 자치 기구의 주도권을 장악을 위해 중요시되었다.

③ 동약 실시: 군현 단위의 농민 지배가 어려워지자 사족들은 거주지를 중심으로 한 촌락 단위의 동약을 실시하거나, 족적 결합을 강화하기 위하여 동족 마을을 형성하였다.

④ 서원·사우 설립: 중앙 정계에서 배제된 사람들이 연고지로 낙향하여 서원을 건립하고 세력의 근거지로 삼았다. 특히 서원은 문중을 중심으로 특정 가문의 선조를 받드는 사우(祠宇)와 결합되어 난립하였다.

> **이향(吏鄕)층**
>
> 좁은 의미에서는 서리, 향임, 군교 등을 가리키지만 여기에는 이족과 향족 새로 향임이 된 요호부민으로 불린 부민층 등이 포함되었다.

(3) 부농층의 대두

① 경제 구조의 변화 속에서 경제력을 확보한 부농층이 사족들의 향촌 지배권에 도전하였다.

② 부농층은 **관권과 결탁**하여 향안에 등재하고 향촌를 이끌었던 **향회를 장악**하여 향촌 사회에 영향력을 확대해 나갔다. 그리고 정부의 부세 제도 운영에 적극적으로 참여하였으며, 향임직에 진출하지 못한 경우에는 수령이나 기존의 향촌 세력과 타협하여 성장 기반과 지위를 확보하였다.

(4) 결 과

① 관권의 강화: 부농층의 관권과의 결합은 관권의 강화를 가져왔고, 이는 실질적으로 관권을 장악하고 있던 아전·서리 등 향리 세력의 역할 증대와 권한 강화를 의미한다.

② 향회 기능 변화: 종전의 양반의 이익을 대변하던 향회는 주로 수령이 세금을 부과할 때 의견을 물어보는 자문기구의 역할로 변질되었다.

(5) 신향과 향전

① 신향의 출현: 신향은 납속 등의 방법으로 새롭게 양반이 된 부농층을 말하고, 향전은 신향과 기존의 향권을 장악하고 있던 사족인 구향과의 기득권 싸움을 말한다. 이러한 신향과 향전은 조선 후기 향촌 사회의 권력 구조의 변화를 집약적으로 나타내는 현상으로 18세기 영조·정조 연간에 집중적으로 나타났다.

(6) 농민의 수탈 강화 18세기 후반 향리 세력의 권한 강화는 농민에 대한 수탈을 강화시켰다. 향촌 정책이 토지를 중심으로 집중되고, 군현별로 일정액을 할당하는 **총액제**를 실시하면서 세금의 공동납제가 강화되었다. 이에 따라 농민의 부담은 가중되었고 향촌 사회의 동요를 초래하였다.

🎯 기출문제

01 다음 글은 다산 정약용이 당시 농민들의 실태를 지적한 것이다. 이 시기의 각 지역 호적 대장에서 급증하는 호구는? 2012. 국가직 9급

> 지금 호남의 백성들을 볼 대 대략 100호가 있다고 한다면, 그중 다른 사람에게 토지를 빌려주고 지대를 받는 자는 불과 5호에 지나지 않고, 자기 토지로 농사짓는 자는 25호이며, 타인의 토지를 빌려 지으면서 지대를 바치는 자가 70호나 된다.

① 양반호   ② 상민호
③ 노비호   ④ 양반호, 상민호

정답 ①

해설 양반의 증가 원인은 양반층 자체의 양적 팽창에도 원인이 있었지만, 그보다는 하층민의 신분 상승으로 증가하였다. 노비와 상민은 그 수가 감소하였다.

2 사회 변혁의 움직임

1) 사회 불안 심화

(1) 사회적 불안

① **탐관오리의 횡포**: 세도 정치가 시작되면서 모든 부문에서 극심한 부패가 만연하였다. 수령과 향리들의 수탈로 일반 농민들의 피해뿐만 아니라 부농, 상인, 수공업자도 수탈의 대상이 되었다.

② **재난과 질병**: 19세기에는 전국적인 수해와 콜레라 같은 재난과 질병이 빈번히 발생하여 농민들의 고통을 더욱 가중시켰고, 전국에서 기민과 유민이 속출하였다.

③ **도적의 속출**: 사회 불안이 고조됨에 따라 각지에 도적이 출몰하였다. 화적들이 수십 명씩 집단화하여 부상들이나 지방 토호들을 공격하였다.

④ 서양의 상선이나 군함인 이양선의 출몰과 19세기에 이르러 **지배체제의 모순**이 극도로 심화되었고, 지배층과 농민층의 갈등도 더 깊어졌다.

2) 예언 사상의 대두

(1) 예언 사상 유행

① 비기와 도참설: 왕조의 교체, 말세의 도래, 변란의 예고 등 민심이 불안해져 비기, 도참이 유행하였는데 이때 「정감록」도 유행하였다.

② 벽서 사건: 예언사상은 19세기 초부터 현저하게 나타나 탐관오리를 비판하는 벽서 사건이 빈발하였다.

③ 무격·미륵 신앙 확산: 현세의 불만을 미륵 신앙으로 해결하려는 움직임도 있었는데 살아 있는 미륵불을 자처하며 고통과 불안에 허덕이는 민중을 현혹하는 무리도 출현하였다.

④ 민간 신앙의 영향: 피지배층의 정신적 피난처의 하나였다.

> **정감록**
>
> 조선 왕조의 선조인 이담(李湛)이란 사람이 정감(鄭鑑)이란 사람으로부터 들은 이야기를 기록했다는 예언서. 조선의 한양 다음에는 정씨가 나타나 계룡산에 새로운 도읍을 열고, 그 다음에는 조씨가 가야산에 도읍을 연다는 등 국가 재난과 민심이 어떠하리라는 것을 차례로 예언하고 있다. 이 책은 중기 이후 선 사회 속에서 거의 모든 혁명 운동에 영향을 끼쳤으며, 미래국토(未來國土)의 희망적 표상이 되었다.

3) 천주교의 전파

(1) 천주교의 전래

17세기 초 광해군 때 허균, 이수광 등 북인 출신의 사신들에 의해 학문(서학)으로 소개되었다.

(2) 천주교의 수용과 신앙 활동

① 학문적 호기심으로 연구되다가 18세기 후반부터 종교 신앙으로 수용되기 시작하였고 일부 남인 계열의 학자들이 천주교 서적을 읽고 신앙 운동을 전개하였다.

② 선교사의 포교가 아니라 자율적으로 수용하였고, 여성들 사이에서 널리 신봉되기 시작하였다.

③ 천주교 포교: 이벽, 권철신, 정약전 등이 서울, 내포(예산), 전주 등지에서 신앙 공동체를 조직하였고, 이승훈이 베이징에서 서양인 신부에게 세례를 받고 온 후 신앙열이 고조되었다.

(3) 천주교 탄압 원인

① 처음에는 방관 자세를 취하다가 박해 계기는 전례 문제, 특히 제사 의식을 무시하였으므로 국가에서는 천주교의 전파를 방관할 수가 없었다.

② 모든 인간은 천주 앞에서 평등하며 내세에서의 영생을 약속하는 등 양반 중심의 신분 질서를 부정하고 왕의 권위에 대한 도전으로 간주하여 사교로 규정하고 탄압을 가했다.

(4) 천주교 탄압

① **신해박해(정조15년, 1791)**: 천주교를 사교로 규정하여 금령을 반포(1786)하고 서적 수입을 금지하는 한편, 어머니 제사에 신주를 없앤 윤지충을 처형하였다. 그러나 정조 때 천주교에 관대한 정책을 쓴 시파로 인해 큰 탄압은 없었다.

② **신유박해(순조1년, 1801)**: 순조가 즉위하고 벽파가 집권하면서 천주교를 크게 탄압하였다.

> ┌──────────────────────────┐
> **천주교 박해**
>
> (ㄱ) 신해박해(1791): 천주교의 전례(장례) 문제로 발생. 최초의 순교
> (ㄴ) 신유박해(1801, 순조원년): 노론이 집권하자 남인에 많이 있던 천주교인 대탄압.
> (ㄷ) 정해박해(1827): 전라도 일대 신도 수난
> (ㄹ) 기해박해(1839): 헌종 때 풍양 조씨 일파의 천주교 탄압. 오가작통법과 척사윤음(사교금지문, 카톨릭 배척) 발표
> (ㅁ) 병오박해(1846): 최초의 신부 김대건 순교
> (ㅂ) 병인박해(1866): 러시아의 침투를 막기 위해 프랑스 신부들의 도움을 얻고자 했으나 그들이 거절하자 대원군이 유교적 전통을 파괴한다 하여 탄압하였다. 병인양요의 계기
> └──────────────────────────┘

> (ㄱ) **시파 세력의 위축**: 이승훈, 정약종, 이가환 등 남인 학자와 청나라 신부 주진모가 사형을 당하고 정약용, 정약전 등이 유형을 당하였다. 신유박해로 시파의 세력이 크게 위축되었고 실학도 급속히 퇴조하게 되었다.

> (ㄴ) **황사영 백서 사건(1801)**: 황사영은 베이징에 있는 주교에게 신유박해의 전말을 보고하고 열강의 해군 세력이 무력으로 위협하여 신앙과 포교의 자유를 보장 받아 줄 것을 요구한 서한이 발각되어 처형되었다.

③ **기해박해(헌종5년, 1839)**

> (ㄱ) **조선 교구 설립(1831)**: 신유박해 이후 시파인 안동 김씨의 세도 정치 하에서 천주교의 탄압이 완화되어 조선교구가 설치되고, 서양인 신부가 입국해 교세가 확장되었다.

> (ㄴ) **기해박해**: 헌종 때 풍양 조씨가 집권하면서 벽파와 결속해 천주교를 탄압하였다. 그 결과 프랑스 신부 3명과 정하상 등과 교도들이 처형당하였다. 5가작통법과 척사윤음을 발표하였다.

(5) 천주교의 교세 확장 병오박해(1846)와 병인박해(1866)가 있었으나 천주교의 교세는 더욱 확대되었다. 모든 인간은 천주 앞에 평등하다는 평등사상과 현실에서의 고통에서 벗어나 영생할 수 있다는 내세적 교리가 사람들에게 공감을 일으켰기 때문이다.

4) 동학의 발생

(1) 동학의 창시

① 1860년 경주 출신의 몰락 양반인 최제우가 창시하였다.

② 사회에 대한 지도 능력을 상실한 **불교를 배척**하고 동시에 서양 세력과 연계된 서학도 배격하였다. 동학이라는 명칭 자체도 천주교(서학)에 반대한다는 뜻에서 '동학'이라 하였다.

(2) 동학의 교리 및 사상

① 교리: 전통적인 민간 신앙을 바탕으로 유교, 불교, 도교, 천주교의 교리까지 흡수한 종합적 성격을 지니고 있다. 또한 동학의 기본 사상에는 인간의 존엄성과 누구나 평등하다는 사회 의식이 내제되어 있었다.

② 철학으로서의 동학: 주기론에 가깝고 현실적이었으며 **관념론을 배격**하였다.

③ 종교로서의 동학: 샤머니즘과 도교적 성격으로 부적과 주술을 중요시하였다.

④ 사회 사상으로서의 동학

　㉠ 시천주(侍天主)와 인내천(人乃天) 사상: 동학의 기본 사상, 사람이 곧 하늘이다.

　㉡ 사인여천(事人如天): 사람 섬기기를 하늘처럼 해야 한다는 것이다.

　㉢ 후천개벽(後天開闢): 운수가 끝난 조선 왕조를 부정하는 혁명 사상을 내포하였다.

　㉣ 보국안민(輔國安民): 서양과 일본의 침투를 배척하였다.

　㉤ 광제창생(廣濟蒼生): 양반과 상민을 차별하지 않고, 노비제도의 혁파와 여성과 어린이의 인격을 존중하는 평등 사회를 추구하였다.

(3) 동학의 확산과 탄압

① 확산: 반봉건적, 민중적, 민족적 성격으로 삼남 지방에 확산되었다.

② 탄압: 세상을 어지럽히고 백성을 현혹한다는 이유로 교조 최제우를 처형하였다.

③ 교세의 확장: 2대 교주 최시형에 의해 교리 정리(동경대전, 용담유사) 및 교단을 정비(포접제)하여 전국으로 세력을 확장시켰다.

5) 농민의 항거

(1) 농민 항쟁의 배경

① **농촌 사회의 피폐**: 탐관오리의 권력 남용과 횡포, 삼정의 문란으로 인한 사회 불안의 고조와 농촌사회가 극도로 피폐해져 농민들은 매우 궁핍해졌다.

② **삼정의 문란**: 국가는 백성의 사정에 아랑곳 하지 않고 여전히 총액제에 의하여 각종 세금을 징수하였다. 전세에 있어서는 비총제(比摠制), 군포에 있어서는 군총제(軍摠制), 환곡에 있어서는 환총제(還摠制)를 실시하였다. 각 면·리 단위로 세금이 총액을 미리 정해 놓았기 때문에 수령과 향리, 그리고 향임들은 각종 방법을 동원해서 채워야 했다.

(ㄱ) 전정의 문란

진결(陳結)	경작하지 않는 땅이나 황폐한 땅에 징세
은결(隱結)	토지 대장에 기록되지 않은 땅이나 신개간지 등에 징세
도결(都結)	사적으로 소비한 공금을 보충하기 위해서 정액 이상의 세를 거두는 것
백지(白地)	공지(空地)에 징세

(ㄴ) 군정의 문란

인징(隣徵)	도망자, 사망자의 체납분을 이웃에게 강제로 징수
족징(族徵)	도망자, 사망자의 체납분을 친족에게 강제로 징수
황구첨정(黃口簽正)	어린이를 장정의 나이로 고쳐 군포를 징수
백골징포(白骨徵布)	죽은 사람을 산 사람으로 만들어 군포를 징수
마감채(磨勘債)	병역 의무자에게 일시불로 받는 면역 군포
강년채(降年債)	60세 이상의 면역자의 나이를 줄여서 군포를 징수

(ㄷ) 환곡의 문란

늑대(勒貸)	필요 이상의 미곡을 강제로 대여하여 이자를 징수
반작(反作)	허위 장부를 만들어 대여량을 늘리고 회수량은 줄임
허류(虛留)	창고에 재고가 없는데 장부에는 있는 것처럼 허위로 문서 작성
반백(半白)	반은 겨를 섞어서 대여하여 이자를 사취하는 것
분석(分石)	국고를 착복한 뒤 부족분을 겨를 섞어 숫자를 맞추는 것

③ **농민의 생활:** 농민들은 파산하여 고향을 떠나 유리걸식하거나, 세금을 피해 산간벽지로 들어가 화전민이 되기도 하였다. 또 도시, 포구, 광산촌, 수공업촌 같은 곳에서 품팔이로 생계를 이어 나갔다.

(2) 농민들의 움직임

① **대응 방안 모색:** 농민들은 지주나 탐관오리에게 압박과 수탈을 당해야 했으나 이러한 현실의 어려움에 대처하기 위하여 공동으로 대응 방안을 모색하기도 하였다. 그리하여 농촌에서는 두레와 계가 성행하였고 18세기 중엽부터는 조직화된 무장 집단 형태인 **단(團)**도 생겨났다. 재인이나 화척으로 구성된 채단, 평양중심의 폐사군단, 떠돌이 거지로 구성된 유단과 숙종 때 장길산 일당도 같은 부류이다.

> **벽서 운동**
>
> 농민들의 소극적 저항의 한 형태로 탐관오리의 가렴주구를 벽보를 통하여 폭로하는 것이 대부분인데, 농민들이 지방관을 고소하게 되면 오히려 무고죄로 처벌당하기 때문에 익명으로 하였다. 방서 운동, 괘서 운동이라고도 한다.

② **농민의 자각:** 19세기에는 농민들의 사회의식이 강해져 소청이나 벽서 같은 소극적인 방법이 아닌 사회모순에 보다 적극적으로 대응하였다.

(3) **민란 발생** 농민들은 거세, 항조 등의 방법을 통해 지배체제에 항거하였는데, 집단적으로 일으킨 항거가 민란으로 발전하였다.

6) 홍경래의 난(1811)

(1) **봉 기** 몰락양반 홍경래의 지휘로 영세농민, 중소상인, 광산노동자 등이 합세해 평안도 가산에서 봉기하였다.

(2) **봉기 원인**

① 서북인의 차별 대우: 국초 이래 관서인의 중용을 기피하는 등 차별 대우를 받게 되자 불만이 커졌다.

② 삼정의 문란(세도 정치의 부패): 삼정의 문란은 농촌 사회를 파탄시켰고, 점차 정부에 대한 불만으로 확대되었다.

③ 평안도 지방의 경제적 수탈: 대외무역을 통한 대상인이 성장하였고 광산이 많아 경제적으로 다른 지역보다 풍족했으나 중앙 정부의 수탈 대상이 되었다.

④ 평안도의 연속적인 가뭄: 연이은 가뭄으로 민심이 동요하였다.

(3) **경 과** 홍경래의 지휘 아래 김사용, 우군칙 등의 몰락 양반과 몰락한 농민, 중소상인, 광산노동자들이 합세하였다. 한때는 청천강 이북 지역을 장악했으나 5개월 만에 정부군에 의해서 평정되었다.

(4) **결 과** 홍경래의 난 실패 이후 사회불안은 더욱 심해졌고 근본적인 사회문제는 전혀 시정되지 않았다.

(5) **의 의** 19세기 민란의 선구적 역할을 하였으며, 서북 지방은 훗날 한말의 구국 계몽운동에 다시 발휘되어 많은 애국지사들을 배출하였다.

7) 전국적인 농민 봉기

(1) **임술 농민 봉기(1862)**

① 배 경: 경상도 우병사 백낙신의 탐학(환곡의 부당한 운영 및 농민 착취)과 진주 목사 홍병원 등 탐관오리와 토호의 탐학에 대한 저항으로 일어났다.

② 경 과: 단성에서 시작하여 진주로 파급되었고, 한때 진주성을 점령하였으며, 진주 민란을 계기로 함흥에서 제주까지 전국적으로 확산되었다.

③ 결 과: 결국 진압되어 민란이 실패로 돌아갔지만 근본적인 대책이 없어 민란은 계속 봉기하였다.

④ 정부 개혁의 한계

　㉠ 삼정이정청을 설치하여 농민 봉기의 원인인 삼정 문란 과정의 폐단을 없애고자 하였고, 암행어사를 파견했지만 개혁의지가 미약해서 제대로 실현되지 못하였다.

　㉡ 민란의 공정한 조사를 위하여 안핵사를 파견하고, 국왕의 선덕을 표방하기 위해 선무사를 파견하였다.

　㉢ 탐관오리의 진상 파악보다 주모자 처벌에 주력하여 오히려 민심을 악화시켰다.

(2) 농민 봉기의 의의 농민들이 사회모순을 적극적으로 보다 자율적으로 변화시키려 했다는 점이 의의라 할 수 있다. 민란은 농민 의식의 성장을 반영하는 것으로 양반 지배 체제를 와해시키는데 기여하였다.

🔹 기출문제

01 다음 민중 봉기에 대한 내용을 시기 순으로 바르게 나열한 것은? 2012. 지방직 7급

　㉠ 경주와 그 주변 지역을 중심으로 신라 부흥을 외친 농민 봉기가 자주 일어났다.
　㉡ 군현에 사자를 보내어 조세를 독촉하자 원종과 애노가 상주에 웅거하여 반란을 일으켰다.
　㉢ 서북지방의 대상인, 향임층, 무사, 농민 등이 연합하여 지방 차별 타파를 외치며 봉기하였다.
　㉣ 백정 출신이 몰락한 사림, 아전, 평민 등을 규합하여 구월산을 본거지로 의협 활동을 전개하였다.

① ㉠ - ㉡ - ㉢ - ㉣　　　　　　　② ㉠ - ㉡ - ㉣ - ㉢
③ ㉡ - ㉠ - ㉢ - ㉣　　　　　　　④ ㉡ - ㉠ - ㉣ - ㉢

정답 ④
해설 ㉠은 고려 무신 집권기의 김사미·효심의 난이다. ㉡은 신라 말 원종·애노의 난. ㉢은 1811년에 일어나 홍경래의 난. ㉣은 6세기 명종 때 발생한 임꺽정의 난이다.

3 가족 제도의 변화

1) 가족 제도의 변화와 혼인

(1) 가족 제도의 변화 가부장적 가족 제도의 확립

① 조선 전기

　㉠ 아들과 딸의 균등 상속이었으나 가문을 잇는 자식에게만 1/5 상속분을 더 지급하였다.

　㉡ 혼인 후 남자가 여자 집에서 생활하기도 하였다.

　㉢ 재산상속을 같이 나누어 받는 만큼 제사도 형제가 돌아가면서 지내거나 책임을 분담하기도 하였다.

② 조선 후기

    (ㄱ) **부계 중심의 가족제도**(성리학적 가족제도)가 더욱 강화되었고, 친영 제도도 정착되었다.

    (ㄴ) 장자 중심의 재산 상속 및 제사가 봉행되었고, 친자가 없을 때 양자 입양이 일반화되었으며, 부계 위주의 족보가 편찬되었다.

    (ㄷ) 동성마을 형성으로 개개인보다 친족집단의 일원으로 인식하는 경향 강하였다.

③ **정부 정책**: 가부장적 가족 제도의 유지(효와 정절 강조) → 과부 재가 금지, 효자·열녀 표창

(2) 혼인 형태

① **일부일처제 원칙**(축첩가능)

    (ㄱ) 부인과 첩 사이에 엄격한 차이가 존재했고, 서얼은 문과 응시가 불가능하고 제사나 재산 상속도 **차별대우**를 받았다.

    (ㄴ) 혼인은 대개 집안 가장이 결정하였고, 혼인가능 연령은 남자 15세, 여자 14세이다.

② **효와 정절 강조**

    (ㄱ) 가족제도 기본적으로 사회질서를 지탱하였다.

    (ㄴ) 윤리 덕목으로 효와 정절을 강조하여 과부의 재가를 금지하였다.

2) 인구의 변동

(1) 호구조사

① 국가 재정의 근원인 인적 자원을 파악하기 위해 호구조사를 실시하였다.

② **호적대장**: 각 군현의 인구수를 근거로 해당 지역에 공물과 군역 등을 부과하였기 때문에 인구에 대한 기본 자료는 원칙적으로 3년마다 수정하여 작성하였다.

③ 공물과 군역의 담당자들이 기본적으로 성인 남자이므로 주로 인구 통계는 남자만 기록하여 실제 인구수와 차이 많았다.

(2) 인구의 변동

① 인구 분포

    (ㄱ) 하삼도(경상도, 전라도, 충청도)에 전 인구의 50%정도가 거주하였다.

    (ㄴ) 경기, 강원에 20% 거주하고 평안도, 황해도, 함경도에 30% 거주하였다.

② 인구 변화

    (ㄱ) 건국 무렵에는 550만~750만에서 임진란 이전에 1,000만 명을 돌파하였다

    (ㄴ) 19세기 말엽에는 1,700만 명 추산

③ **한성 인구**: 세종 때 이미 10만 명 이상 거주하였고, 18세기에 들어서 20만 명 정도였다.

04 문화의 새 기운

1 성리학의 발달

1) 성리학적 질서 강화

(1) 지배층의 지배 강화 노력

① 양 난 이후 지배층은 사회 변화의 움직임을 외면하고 자신들의 지위를 보다 공고히 하고자 했다.

② 군적 수포제를 통해 양반과 상민의 구분을 확고히 하고 서원, 향약을 통해 지배 신분으로서 특권을 강화하는 등 성리학적 질서를 사회의 가치 규범으로 확립해 나갔다.

(2) 성리학의 성격과 질서

① 성리학의 성격, 명분론: 우주 만물의 존재와 생성을 밝히는 학문으로 이를 인간의 도덕규범과 관련시키는 성격을 갖는다. 성리학에서 모든 인간관계에서 **충효를 핵심**으로 하는 수직적 질서가 바탕이 되었다. 각 신분 계층은 직분·신분에 맞는 합당한 명분이 있고 마땅히 지켜야할 분수가 있다는 논리로서 지배계층의 정통성과 봉건적 신분 질서를 합리화하였다.

② 성리학적 질서: 군주, 부자, 부부, 주종 사이의 종속적인 계급 관계가 절대시되었다. 또한 삼강오륜이 사회 규범화되어 조선후기에 이르러 더욱 강조되었다.

(3) 성리학의 기능 상실

① 기능 상실: 조선 후기에 지배층은 성리학적 질서를 강화하여 사회 변화의 움직임을 억압하였고, 위정자들은 사회모순에 근본적인 대책을 마련하지 못하고 있었다. 이로써 이론적 바탕이었던 성리학은 현실의 문제를 해결할 수 있는 기능을 상실하였다.

② 사상적 경직성: 사문난적(斯文亂賊)이라 하여 다른 견해나 주장을 배척하는 사상적 경직성이 있었다.

2) 성리학의 발달과 학통

(1) 영남학파와 기호학파의 형성

① 영남학파(동인계열): 동인이 집권하면서 영남학파가 정계에 많이 진출하였고 그들은 남인

과 북인으로 분열되었다. 처음에는 유성룡 등 남인이 중용되다가 광해군이 즉위하면서 북인이 정권을 장악하였다.

   (ㄱ) 남인 계열: 이황(퇴계학파)의 학통을 계승하였으며, 정계에서보다 향촌사회에서 많은 영향력을 발휘하였다.

   (ㄴ) 북인 계열: 서경덕(화담계, 소북)·조식(남명계, 대북)의 학통을 이어 받아 특히 절의를 중요시하였고, 정인홍, 곽재우 같은 의병장들이 많이 나왔다.

② 기호학파(서인계열): 인조반정으로 집권한 서인은 숙종 때 이르러 분화되었다. 정책 수립과 상대 붕당의 탄압과정에서 강경과 온건, 노장과 신진세력 간의 갈등으로 **노론과 소론으로 분열**하였다.

   (ㄱ) 노론: 송시열을 중심으로 하는 노론은 이이의 학통을 계승하였다.

   (ㄴ) 소론: 윤증을 중심으로 하는 소론은 성혼의 사상을 바탕으로 이황의 학설에도 호의적으로 성리학의 이해에 탄력성을 가지고 있었다. 그리하여 소론은 사문난적으로 지적된 윤후의 학설을 변호하고 두둔하기도 하였으며, **양명학과 노장사상**에도 깊은 관심을 보였다.

(2) 이황의 주리론(主理論)

① 주리론은 향촌에서 서원과 향약으로 기반을 확립한 남인 계열의 **영남학파**에 계승되었다.

② 향촌에서 서원과 향약을 통해 그 기반을 굳혀간 남인계열의 영남학파는 이황의 학설을 정통으로 잇고자 하는 경상도 지방의 남인과 이익, 정약용 등과 같이 주자의 해석에 구애받지 않고 독자적인 철학세계를 구축하고자 한 경기도 지방의 남인으로 나누어졌다.

③ 영남학파에 계승된 이황의 주리론은 김성일, 유성룡을 거쳐 19세기에는 김흥락, 이진상으로 계승되었고 기정진은 이일원론(理一元論)으로 발전시켜 이후 위정척사 운동(이항로)의 철학적 기반이 되었다.

(3) 이이의 주기론(主氣論)

① 노론이 학계와 정계를 주도하면서 주기설이 우세하였다. 18세기에 이르러서는 주기론을 고집하는 충청도 지방의 노론과 주리론도 포괄적으로 이해하고자 하는 서울 지방의 노론 사이에 논쟁이 벌어지기도 하였다.

② 물질생활과 기술 혁신을 주장한 주기론은 서경덕과 이이 등에 의해 주장된 이후 특히 북학파 실학자들에게 영향을 주었고, 19세기 중엽에는 최한기에 이어졌다.

③ 18세기 중엽에는 노론 내부에서 주기설과 주리설의 분파가 생기면서 호락논쟁을 벌였다.

> **최한기(崔漢綺, 1803~1879)**
>
> 주기설과 관련된 경험주의 철학을 높은 수준으로 발전시켜 개화철학의 선구가 되었다. 그의 사상은 국내에는 큰 영향을 주지 못하였고, 다만 1,000여권에 달하는 그의 저서 가운데 일부만이 〈명남루총서〉로 전해지고 있다.

(4) 호락논쟁 조선후기 성리학의 심성론의 심화과정에서 등장하였고, 인간과 사물의 본성을 어떻게 볼 것인가에 따라 송시열의 직계 제자들 사이에 벌어진 사상 논쟁이다.

① 호론(충청도 노론): 송시열의 학통을 계승한 한원진, 권상하 등이 중심이 되어 인간과 사물의 본성이 다르다는 주장(인물성 이론)을 하였다. 이이의 이통기국론(理通氣局論)에서 기(氣)의 차별성을 강조하였고 북벌론으로 연결되었으며, 개항을 전후하여 청과 서양에 배타적이었기 때문에 위정척사사상으로 발전하였다.

② 낙론(서울·경기 노론): 이간, 김창협, 이재 등이 중심이 되어 인간과 사물의 본성은 같다는 주장(인물성동론)을 주장하였다. 이이의 이통기국론(理通氣局論)에서 이(理)의 보편성을 강조하였고, 북학사상으로 연결되어 중화와 오랑캐를 구별하는 중국 중심의 화이론을 비판하였으며 19세기에는 개화사상으로 발전하였다.

③ 서경덕의 유기론

　(ㄱ) 18세기 한원진, 임성주 등에 의해 계승되었다.

　(ㄴ) 19세기 중엽의 최한기는 경험주의 철학을 높은 수준으로 발전시켜 중인과 상공인에게 큰 영향을 끼쳐 개화사상으로 이어졌다.

3) 성리학의 변화

(1) 성리학의 경향

① 인조반정 이후 서인 중심의 의리 명분론 → 주자 중심의 성리학 절대화(송시열)

② 주자 중심의 성리학 상대화 경향(17세기 후반)

　(ㄱ) 6경과 제자백가에서 사회 모순의 해결점을 찾으려 하였다.

　(ㄴ) 윤휴(남인): 윤휴는 유교 경전에 대해서 주자와 다른 독자적 해석을 시도하여 성리학자들로부터 유학의 반역자(사문난적)라고 규탄을 받았다.

> **6경**
> 원시 유학에서 중시한 여섯 가지 경전으로, 시경, 서경, 역경, 예기, 춘추, 악경을 가리킨다.

　(ㄷ) 박세당(소론): 양명학과 노장 사상(도덕경 수용)의 영향을 받아 주자의 학설을 비판하고, 조선 후기의 폐쇄적·배타적인 성리학적 흐름에 대하여 포용성과 개방성을 강조하였다. 「사변록」과 노자·장자에 대한 주해서를 저술하여 성리학을 비판하다 배척되었다.

(2) 양명학의 수용

① 양명학의 전래와 확산

　(ㄱ) 전래: 성리학 교조화, 형식화를 비판하며 지행합일의 실천성을 강조한 양명학은 중종 16년(1521)에 명에서 전래되었다.

(ㄴ) 확산: 이황의 「전습록변」에서 양명학을 이단으로 규정하였고, 몇몇 학자들이 관심을 기울였으나 17세기 후반 경기도 지방의 소론 계열과 왕의 불우한 종친들에 의하여 본격적으로 확산되었다.

주자학	양명학
성즉리(性卽理)	심즉리(心卽理)
이론적 지식(교육, 경험)을 통한 지식	양지(타고난 지능)
선지후행(先志後行)	지행합일(知行合一)

② 사상 체계

(ㄱ) 심즉리(心卽理): 인간의 마음이 곧 이(理)라는 이론

(ㄴ) 치양지(致良知): 인간이 상하존비(上下尊卑)의 차별이 없이 본래 타고난 천리로서 양지를 실현하여 사물을 바로 잡을 수 있다는 이론

(ㄷ) 지행합일(知行合一): 앎과 행함은 분리되거나 선후가 있는 것이 아니라 앎은 행함을 통해서 성립한다는 이론

③ 강화 학파의 형성

(ㄱ) 17세기 말에서 18세기 초의 소론 출신 정제두에 의해 학문적 체계를 수립하고 하나의 학파를 이루어 맹자의 이론을 바탕으로 양명학적 심학관을 체계화하였다.

(ㄴ) 강화학파 형성: 정제두는 강화로 이주 후 「존언」, 「만물일체설」 등을 저술하여 학문적 체계를 세웠다. 그리고 제자를 양성하여 강화학파라고 불리게 되었다.

(ㄷ) 양명학은 가학(家學)으로 이어져 확산되었고, 강화도를 중심으로 개성, 서울, 충청도 등 서해안 지방에서 호응을 얻었다. 이 지역들은 상업의 중심지로 상업과 양명학의 연계도 무시할 수 없었다.

④ 한계: 한말 이후의 이건창, 박은식, 정인보 등에게 전수되고 이들은 양명학을 계승해 민족운동을 전개하였다. 양명학에 조예가 깊었던 박은식의 「유교구신론」은 양명학의 영향을 받아서 저술한 책이다.

📀 기출문제

01 다음 (가), (나)의 인물에 대한 설명으로 옳은 것은? 2013. 지방직 9급

> (가) 이를 강조하였으며 「주자서절요」, 「성학십도」 등을 저술하였다.
> (나) 기를 강조하였으며 「동호문답」, 「성학집요」 등을 저술하였다.

① (가)의 문인과 성혼의 문인들이 결합해 기호학파를 형성하였다.
② (나)는 근본적이고 이상주의적 성격이 강하였다.
③ (가)의 사상이 일본의 성리학 발전에 큰 영향을 주었다.
④ (나)는 군주 스스로 성학을 따를 것을 주장하였다.
⑤ (가), (나) 모두 노장사상에 대해 포용적인 자세를 취하였다.

2 실학의 발달

1) 실학의 등장

(1) 배 경

① 정치적 한계: 양난 이후 사회 체제의 모순에 근본적인 해결책을 제시하지 못하자, 진보적인
일부 지식인들이 국가체제를 개편하고 민생을 안정시킬 수 있는 개혁의 방안을 제시하게 되
었다.

② 사회·경제적 모순: 수취체제의 모순에 의한 농민층의 동요, 광작과 농민의 몰락, 유민의 발
생, 도고의 출현과 영세상인 몰락, 물가 변동 등 이러한 조선후기 경제적 변화는 사회적으로
피지배계층 내부의 계층분화와 신분 변화를 초래하였다.

③ 사상적 변화

　(ㄱ) 성리학의 한계: 사회변화에 대한 합리적인 대응책을 제시하지 못하자, 일부 학자들은 이
론과 형식에만 치우치는 성리학을 비판하였다 .

　(ㄴ) 고증학의 전래: 실사구시(實事求是)를 내세워 실증적, 실용적 방법을 강조하는 청의 고
증학에 영향을 받았다.

　(ㄷ) 서학의 전래: 17세기 이후 중국에서 간행된 서학 서적들이 유입되어 과학적이고 합리적인
사상을 전해 주었다.

(2) 실학의 특징과 의의

① 실학은 과학적, 합리적 비판을 통해 독창적으로 학문을 연구하는 실사구시의 학문으로 부
국강병과 민생안정에 역점을 둔 사회 개혁론이다.

② 피지배층의 처지를 대변하고 옹호하였으며, 현실적, 민족적, 근대지향적 성격을 지녔다.

③ 실학의 한계: 실학연구가 대개 몰락한 지식층에 의해 이루어졌기 때문에 당시 정책에 반영
되지 못하는 한계를 가지고 있었다. 또한 성리학의 근본적 한계에서 벗어나지 못한 성리학
의 자기반성이라는 면을 지니고 있었다.

④ **역사적 의의**: 근대지향적 성격이 개화사상·국학연구·광무개혁·애국계몽운동에 큰 영향을 끼쳤다.

(3) 실학의 선구자

① **이수광**: 실학을 최초로 이론화 시켰으며, 「지봉유설」을 저술하여 우리나라가 중국과 동등한 문화 선진국임을 자랑하였다. 천문, 지리, 관제, 곤충 및 천주실의를 소개하였다.

② **한백겸**: 실증적인 「동국지리지」에서 삼한의 위치를 고증하였고, 민생 안정과 국가 재정 확충을 위해 대동법의 확대 실시를 주장하였다.

③ **김 육**: 대동법의 확대 실시를 주장하였고, 주전(鑄錢)의 필요성 역설, 수레 수차의 이용과 아담 샬의 시헌력(時憲曆)을 채용하였다.

④ **윤 증**: 민본 사상을 강조하고 민생문제 해결을 주장하였다.

2) 농업 중심의 개혁론(경세치용학파)

(1) 경세치용(經世致用)학파(중농학파)

① 실학자들은 농촌 경제의 안정을 추구하여 농민층의 입장에서 토지, 조세. 군사. 교육제도 등의 폐단을 시정하려하였다.

② 토지소유의 편중으로 농민의 생활이 안정되지 못한다고 생각하여 **토지 제도의 개혁을 가장 중요시하였다.**

(2) 대표적인 실학자

① **유형원(반계, 1622~1673)**

   ㈀ 「반계수록(磻溪隨錄)」에서 정치, 경제, 문화, 군사 등 국가 체제 전반에 걸친 사회 개혁 방안 제시하여 실학의 학문적 체계를 이루었다.

   ㈁ **토지개혁**: 균전론을 주장하여 관리·선비·농민들에게 차등 있게 토지를 재분배하여 자영농을 육성해야 한다고 주장하였다.

   ㈂ **사회개혁**: 노비세습제를 비판하였고, 문벌숭상·적서차별·과거제도 폐지를 주장하였다.

   ㈃ **조세개혁**: 종전의 결부법(수확량 기준) 대신 **경무법(면적 기준)**을 사용하고, 호구에 부과하던 역역(力役)을 토지에 일괄 부과할 것을 주장하였다.

   ㈄ **교육과 군사개혁**: 사농일치의 교육제도 확립과 자영농을 바탕으로 한 **농병일치의 군사** 조직으로 개편해야 한다고 주장하였다.

   ㈅ **한계**: 가정 내에서의 적서차별·군대 편성 상 양민과 천민의 **구별**과 문음 제도를 긍정적으로 평가하였고, 노비제도 자체를 인정한다는 한계가 있다. 또 사·농·공·상의 직업적

우열과 양인과 노비의 차별을 인정하면서 개인의 능력을 존중하는 점에서 유교적 한계를 탈피하지 못했다.

② 이익(성호, 1681~1763)

(ㄱ) 「성호사설(星湖僿說)」: 일종의 백과사전

(ㄴ) 토지개혁: 「곽우록(藿憂錄)」에는 개혁사상이 요령 있게 제시되어 있고 농민 생활의 안정을 위하여 **한전론**을 주장하였다. 영업전(생활유지에 필요한 토지)은 매매를 금지시키고 **나머지 토지는 매매할 수 있게 하여 토지소유의 평등을 주장하였다.**

(ㄷ) 사회개혁: 나라의 빈곤과 농촌 피폐의 원인인 **6좀**은 노비제도, 과거제도, 양반 문벌제도, 기교(사치, 미신숭배), 승려, 게으름이라고 규정하였다. 고리대와 **화폐의 폐단**을 비판하고 **폐전론**을 주장하였으며, 환곡 대신 사창 제도의 실시를 주장하였다.

(ㄹ) 붕당론: 양반층의 권력 다툼에서 붕당이 발생한다고 지적하여 양반수와 특권의 제한을 주장하였다.

(ㅁ) 중국 중심의 역사관을 비판하고 실증적·비판적인 역사 서술을 제시하였으며, 중국 중심의 세계관을 탈피하였다.

(ㅂ) **성호학파(近畿學派)** 형성: 안정복, 이긍익, 이가환, 이중환, 한치윤, 정상기, 신경준, 유희, 정약용 등

③ **정약용(다산, 여유당, 1762~1836)**

(ㄱ) **신유박해(1801)**에 연루되어 강진에 유배되어 18년간 저술에만 매진하여 500여권에 달하는 「여유당 전서」를 저술하였다. 이익의 중농적 개혁 사상과 북학 사상도 수용하였다.

(ㄴ) 토지개혁: **여전제(閭田制)**는 한 마을을 단위로 토지를 집단화하여 공동 경작하고 그 수확량을 노동량에 따라 공동 분배하는 일종의 공동 농장 제도이다. 「경세유표」에서 토지 공유제를 바탕으로 한 정전제를 주장하였다. 즉, 국가가 장기적으로 토지를 사들여 빈곤한 농민에게 분배함으로써 자영농민을 육성하고 매입하지 못한 지주의 토지는 병작 농민에게 골고루 소작하게 하자는 내용이다.

> **정약용의 저술**
> □ 경세유표: 중앙정치제도의 폐해를 지적하고 개혁 의견을 기술, 정전제 제시
> □ 목민심서: 지방관(수령)의 도리
> □ 흠흠신서: 형정(刑政)의 개선책
> □ 탕 론: 역성혁명론, 시민 혁명 사상
> □ 원 목: 목민관의 이상, 통치론
> □ 기예론: 북학파 이론을 받아들여 기술혁신, 기술 교육 등을 논술
> □ 전 론: 토지제도개혁론. 주의 정전법, 유형원의 균전론. 이익의 한전론을 비판하고 독특한 부락 단위의 여전제를 주장하였으며 농업 협동 방법과 집단 방위 체제를 제시하였다.

(ㄷ) 국방·정치 제도: 향촌 단위의 방위체제를 강화하고 백성의 의사가 적극적으로 반영될 수 있는 정치 제도의 개선 방안을 제시하였다.

(ㄹ) 수원 화성 건축에 기중기 사용과 채소, 약재, 담배 등 상품 작물 재배를 주장하였다.

④ 기타: 박세당은 「색경」이라는 농사 전반에 걸친 해설서를 저술하였고, 홍만선은 농업 기술을 중심으로 섭생(攝生)·구급 치료법 등에 관한 「산림경제」를, 서유구는 농업 등 산업 전반에 걸친 지식을 모은 「임원경제지」를 저술하였다.

3) 상공업 중심의 개혁론(이용후생 학파)

(1) 이용후생 학파(북학파)

① 18세기 후반부터 국내 상공업의 발달과 청나라 문화의 영향으로 농업뿐만 아니라 상공업의 진흥과 기술 혁신 등 물질문화에 대한 관심으로 성장하게 되었다.

② 상공업의 발전을 통해 번영을 이룩하자는 실학의 일파로 서울의 도시적 분위기에서 성장한 노론 집권층이 중심이 되었다.

③ 물질문화와 부국강병에 관심이 많았기 때문에 중상 학파 또는 이용후생 학파라 하고, 청나라 문물의 수용을 주장해서 북학파라 일컫는다.

④ 북학파의 사상은 박규수, 김옥균 등 개화 사상가들에게 영향을 주어 우리나라 근대 사상의 형성에 기여하였다. 또한 농업에만 치우친 유교적인 이상 국가론에서 탈피하여 부국강병을 위한 보다 적극적인 개혁방안을 제시하였다.

(2) 대표적인 실학자

① 유수원(농암, 1694~1755)

　(ㄱ) 「우서(迂書)」를 저술하여 중국과 우리나라의 문물을 비교하면서 정치·경제·사회·문화 전반에 걸친 개혁안을 제시하였다.

　(ㄴ) 농업전문화, 상업화, 기술혁신을 통해 생산력을 증강하고, 국가의 조정 아래 상공업을 진흥시켜 국부의 원천으로 삼아야 한다고 주장하였다. 그 전제로 사·농·공·상의 직업적 평등화와 전문화가 이루어져야 한다고 역설하였다.

　(ㄷ) 상인과의 합자를 통한 경영 규모 확대, 상인이 생산자를 고용하여 생산과 판매를 주관하고, 대상인이 지역사회의 개발에 참여할 것을 주장하였다.

② 홍대용(담헌, 1731~1783)

　(ㄱ) 부국강병의 근본은 기술혁신과 양반제도의 철폐, 성리학의 극복이라 주장하였고, 18세기 후반에 청을 왕래하면서 「의산문답」, 「임하경륜」, 「주해수용」, 「담헌서」 등 많은 책을 저술하였다.

　(ㄴ) 「의산문답(醫山問答)」에서 지구의 1일 1회 회전설(지전설)과 우주 무한론을 주장하여 성리학적 세계관을 비판하였다.

　(ㄷ) 「임하경륜(林下經論)」에서 놀고먹는 선비들이 생산활동에 종사할 것을 역설하였다.

　(ㄹ) 성인 남자들에게 2결의 토지를 나누어 주자는 균전론과 병농 일치의 군대 조직을 제안하였다.

③ 박지원(연암, 1737~1805)

（ㄱ) 북경의 견문기인 「열하일기」를 통해 경제·천문·풍습·문학 등을 소개하였고, 상공업 진흥에 많은 관심을 기울였다. 수레와 선박의 이용이나 화폐 유통의 필요성을 강조하였다.

（ㄴ) 「양반전」·「허생전」·「호질」 등의 작품을 통해 양반 문벌제도의 비생산성을 비판하고, 중상적 실학사상을 간접적으로 나타내었다.

（ㄷ) 「과농소초(課農小抄)」, 「한민명전의」 등의 농서를 통해 영농 방법의 혁신, 상업적 농업 장려, 수리시설의 확충으로 농업생산량 향상을 추구하였다.

（ㄹ) 한전법: 토지 소유 상한선을 설정하고 그 이상의 토지 소유를 허락하지 않으면 수십 년후 매매와 상속을 통해 토지가 균등해 질 것이라고 예상하였다.

④ 박제가(초정, 1750~1805)

（ㄱ) 규장각 검서관으로 청과의 통상 강화를 주장하였고 「북학의(北學議)」를 저술하였다.

（ㄴ) 수레나 선박의 이용과 절약보다 소비를 권장하였다. 소비와 생산의 관계를 우물물에 비유하여 소비는 생산의 촉진제라 주장하였다.

（ㄷ) 양반의 상업 종사 허용을 주장하였다.

중상적 실학사상

❖ 〈유수원의 상공업 진흥론〉 지금 양반이 명분상으로 상공업에 종사하는 것을 부끄러워하지만 그들의 비루한 행동은 상공업자보다 심한 자가 많다. 학문이 없어도 세력만 있으면 부정하게 과거에 합격하고, 그렇지 않으면 음직을 바라거나 공물 방납과 고리대를 하거나 노비를 빼앗기 위한 소송을 벌여 생활한다.(줄임) 상공업을 두고 천한 직업이라 하지만 본래 부정하거나 비루한 일은 아니다. 그것은 스스로 재간 없고 덕망 없음을 안 사람이 관직에 나가지 않고 스스로의 노력으로 물품 교역에 종사하면서 남에게서 얻지 않고 자기 힘으로 먹고 사는 것이다. 어찌 천하거나 더러운 일이겠는가. 〈우서〉

❖ 〈박지원의 한전론〉 조상으로부터 땅을 물려받아 지키어 남에게 팔지 않는 자가 열에 다섯 정도이고, 매년 토지를 떼어 파는 자는 열 명 중 칠 팔 명이었으니, 그 중 저축하여 더욱 토지를 점유하는 자의 수를 알 수 있는 것입니다. 정말로 한전법을 만들어 모년 모일 이후 이 법보다 많은 자는 더 이상 사들이지 못하게 하고 법령 공포 이전에 사들인 것은 비록 산천을 경계로 할 정도로 넓어도 불문에 붙입니다. 그들의 자손이 있으면 분배해 주는 것을 허락합니다. 그 중에 혹은 숨기고 실제로는 법을 지키지 않는다든지 법령 공포 후에 법의 제한을 넘어서 땅을 더 점유하는 자는 백성들이 적발하면 백성에게 주고, 관에서 적발하면 몰수합니다. 이렇게 하면 수십 년이 못 되어 나라의 토지는 균등하게 될 것입니다. 〈한민명전의〉

❖ 〈박지원의 수레 장려〉 중국이 재산이 풍족할뿐더러 한 곳에 지체되지 않고 골고루 유통함은 모두 수레를 사용한 까닭일 것이다. 이제 간단한 예를 들어보자. 우리 사산들이 모든 번거로움을 없애버리고 우리가 만든 수레에 올라타고 바로 연경에 닿을 텐데 무엇을 꺼려서 하지 않는단 말인가. 그리하여 영남 어린이들은 백하젓을 모르고, 관동 백성들은 아가위를 절여서 장대신 쓰고, 서북 사람들은 감과 감자의 맛을 분간하지 못하며, 바닷가 사람들은 새우나 정어리를 거름으로 밭에 내건만 서울에서는 한 움큼에 한 푼을 하니 이렇게 귀함은 무슨 까닭일까. (줄임) 이제 이곳에서 천한 물건이 저 곳에서는 귀할뿐더러 그 이름은 들어도 실지로 보지 못함은 어찌된 까닭일까. 이는 오로지 멀리 나를 힘이 없기 때문이다. 사방이 겨우 몇 천 리 밖에 안 되는 나라에 인민의 살림살이가 이다지 가난함은. 한 말로 표현한다면 수레가 국내에 다니지 못한 까닭이라 하겠다. 〈열하일기〉

❖ 〈박제가의 소비관〉 대체로 재물은 비유하건대 우물과 같은 것이다. 퍼내면 차고, 버려두면 말라 버린다. 그러므로 비단옷을 입지 않아서 나라에 비단 짜는 사람이 없게 되면 여공이 쇠퇴하고, 찌그러진 그릇을 싫어하지 않고 기교를 숭상하지 않아서 나라에 공장의 도야하는 일이 없게 되면 기예가 망하게 되며, 농사가 황폐하여져서 그 법을 잃게 되므로 사. 농. 공. 상이 모두 곤궁하여 서로 구제할 수 없게 된다. 〈북학의〉

(3) 실학의 역사적 의의

① 북학파의 사상은 박규수, 김옥균 등 개화 사상가들에게 영향을 주어 우리나라 근대 사상의 형성에 기여하였다.

② 농업에만 치우친 유교적인 이상 국가론에서 탈피하여 부국강병을 위한 보다 적극적인 개혁 방안을 제시하였다.

③ 실학의 한계성: 정치적 실권과 거리가 먼 몰락 지식인층의 개혁론이자 유교적 한계를 지니고 있다는 점이다.

4) 국학 연구의 확대

(1) 역사학 연구

① 17세기 중반 이후의 역사서

명분론을 강조하는 정통론이 강화되면서 강목체 역사 서술이 강조되었고, 각 붕당의 입장이 반영되어 북벌론과 이를 비판하는 사서가 동시에 저술되었다.

㉠ 이수광(광해군, 1614): 「지봉유설」 - 우리나라를 중국과 대등하게 보았고 일본, 중국, 유럽에 대한 내용이 수록되어 있는 백과사전이다.

㉡ 홍여하: 「휘찬여사」 - 인조(1639)에 기자→마한→신라를 정통국가로 보는 **편년체**로 쓴 사서이다. 「동국통감제강」 - 현종(1672)에 왕권 강화를 강조하고 붕당 정치의 폐지를 역설하여 송시열과 대립하였으나 남인들이 추앙하는 사서이다.

㉢ 유계(현종, 1667): 「여사제강」 - 서인 유계의 정치적 입장을 반영하여 북벌론을 합리화하였고 후에 노론들이 가장 추앙한 사서이다.

㉣ 허목(현종, 1667): 「동사」 - 남인 허목이 북벌론과 붕당정치를 비판하면서 쓴 사서로 단군에서 삼국까지 서술하였다.

② 18·19세기 역사서

우리 민족의 전통에 대한 관심이 깊어지면서 우리 역사를 깊이 연구하게 된 시기로 실증주의 중시와 민족주의 사관이 반영된 근대 지향적인 사서들이 저술되었다.

㉠ 이익: 중국 중심의 역사관을 비판하여 민족에 대한 주체성과 자각을 높이는데 이바지하였고, 정약용, 안정복 등에게 영향을 주었다. 그는 역사가의 임무는 시세를 정확히 파악하는데 있으며, 단편적인 사실의 시비를 가리는데 있지 않음을 강조하였다.

㉡ 안정복: 「동사강목」 - 고조선에서 고려 말까지의 역사를 편년체로 서술하고 치밀하게 고증을 하여 저술하였다. 이익의 역사관에 영향을 받았으며, 삼한(마한)을 정통으로 보아 단군 → 기자 → 삼한 → 신라의 정통성을 주장하였다.

(ㄷ) **이긍익**: 「연려실기술」 - 400여종의 야사를 참고하여 조선 왕조의 문화와 정치사를 실증적, 객관적 입장에서 기사본말체로 저술한 사서이다.

(ㄹ) **이종휘**: 「동사」 - 역사상 처음으로 단군 조선을 본기로 서술하고, 열전과 지는 고구려 중심으로 서술한 기전체 형식을 완전히 갖춘 사서이다. 특히 고구려와 발해사를 강조하였고 그의 역사 인식은 근대 **대종교**에 영향을 끼쳤다.

(ㅁ) **유득공**: 「발해고」 - 발해사를 자주적인 입장에서 체계화시켜 한반도 중심의 협소한 사관을 극복하고 요동과 만주를 우리 민족사의 무대로 확대하였다. 또한 신라와 발해가 병존하는 시대를 남북국 시대라고 하였다.

(ㅂ) **한치윤**: 「해동역사」 - 고조선에서 고려까지의 역사를 기전체 형식으로 서술한 사서이다. 중국과 일본 등 외국 사서를 인용하여 민족사 인식의 폭을 확대하는데 기여하였다.

☑ 통일신라, 고려, 조선의 역사서

시 기		주요 사서	사관(史觀)	특 징	비 고
통일 신라		한산기, 화랑세기, 고승전		주체적 문화 인식	김대문
고려	중 기	삼국사기	유교 사관	신라 계승 의식	기전체
	무신집권기	동명왕편	자주적 사관	고구려 계승 의식	민족적 자주 의식
	원 간섭기	삼국유사, 제왕운기	자주적 사관	단군 신화 기록	설화 수록
	말 기	사략	성리학적 사관	전통과 명분 중시	신진 사대부 성장
조선	건국 초	고려국사, 동국사략(권근)	성리학적 사관	성리학적 규범 정착	왕조 개창 합리화
	15세기 중엽	고려사, 동국통감	자주적 사관	고려 역사 정리	자주적 입장
	16세기	기자실기, 동국사략(박상)	존화주의 사관	소중화 사상 기반	고유문화 이단시
	18세기 실학자	동사강목(안정복)	고증사학의 토대 마련, 우리역사의 독자적 정통론 체계화		
		해동역사(한치윤) 연려실기술(이긍익)	외국 자료 인용-역사 인식 확대, 조선의 정치 문화 정리		
		동사(이종휘) 발해고(유득공)	고구려사와 발해사연구 고대사 연구 시야를 만주지방까지 확대		

(2) 지도, 지리학에 대한 연구

17세기 중국으로부터 마테오리치가 제작한 「곤여만국전도」가 도입되면서 우수한 지리서가 편찬되고 새로운 지도가 제작되기 시작하였다. 종래 중국 중심의 세계 인식이 세계적 차원으로 확대되었고 그에 따라 화이사상을 극복하는 세계관의 변화가 진보적 지식인들 사이에서 나타났다.

① **지도 제작**

(ㄱ) 전기의 지도는 군사적·행정적 목적으로, 후기에는 산업·문화에 대한 관심이 반영되어 산맥과 하천, 항만, 도로망의 표시가 정밀해졌고 상인들이 널리 이용하였다.

(ㄴ) 서양식 지도의 전래로 과학적인 지도가 많이 제작되었고 영조 때 **정상기**의 '**동국지도**'는 최초로 **백리척**이라는 축척을 사용하여 **과학적 지도 제작**에 공헌하였다.

(ㄷ) 김정호의 '**대동여지도**'는 산맥, 하천, 포구 도로망의 표시가 정밀해졌으며 거리를 알 수 있도록 10리마다 눈금이 표시되었고 목판으로 대량 인쇄하여 지도의 대중화에 공헌하였다. 대동여지도는 분첩절첩식으로 구성되었고 약 7m의 대형지도로서 산업·군사 지도적 성격이 강하며 실제로 답사하여 제작하였다.

(ㄹ) 요계방관도는 숙종 때 비변사에서 우리나라 북방 지역과 만주, 만리장성을 포함하여 중국 동북 지방의 군사와 요새를 표시하여 제작한 지도이다.

② 지리서의 편찬

(ㄱ) 역사지리서

동국지리지 (광해군, 한백겸)	고조선~고려까지의 역사지리서로 고대 지명을 새롭게 고증, 삼한의 위치와 고구려의 발상지가 만주 지방이라는 것을 처음으로 고증
강계고 (영조, 신경준)	고조선~조선까지의 각국의 국도와 강계 정리, 한백겸의 역사 지리 연구 계승
해동역사지리고 (순조, 한진서)	한치윤 「해동역사」의 속편으로 서술한 역사지리서
아방강역고 (순조, 정약용)	우리나라의 역대 강역에 관한 역사 지리서, 백제의 첫 도읍지가 서울, 발해의 중심지가 백두산 동쪽이라는 견해

(ㄴ) 인문지리서

택리지 (영조, 이중환)	이중환이 30년간 현지답사를 기초로 하여 저술한 지리서로 각 지방의 자연환경·인물·풍습·인심 등을 세밀하게 서술하였다.
지승 (현종, 허목)	허목의 「동사」에 수록, 우리나라를 몇 개의 풍토권과 문화권으로 분류하고 중국의 인문 지리적 특성과 다름을 설명, 풍토가 인성에 영향을 준다고 주장
여지도서 (영조지시)	전국 각 군현에서 편찬한 읍지(邑誌)·영지·진지를 모은 전국 읍지로 우리나라 최초의 채색 읍지 첨부
지구전요 (철종, 최한기)	세계 각국의 지리, 역사, 학문 등을 비롯한 많은 서양 과학 내용 소개, 중국 위원의 「해국도지」, 서계여의 「영환지략」을 바탕으로 서술한 세계 지리서
대동지지 (철종, 김정호)	각 고을의 전결 수, 호구, 도로 등의 철저한 현재적 파악 시도

(3) 국어학 연구와 금석학

① 국어 연구: 한글에 대한 학문적 연구도 활발해 음운학과 어휘의 수집 등에서 큰 성과를 거두었다. 이들 연구는 한국어의 우수성에 대한 인식, 즉 문화적 자아의식의 발현이었다.

(ㄱ) 음운에 대한 연구 성과: 신경준의 「훈민정음운해」, 유희의 「언문지」, 최석정의 「경세정운」

ⓛ 어휘 수집에 대한 성과: 이성지의 「재물보」, 권문해의 「대동운부군옥」, 우리 방언과 해외 언어를 정리한 이의봉의 「고금석림」, 정약용의 「아언각비」 등이 있다.

② 금석학 연구

ⓖ 금석학: 역사의 연구를 비문 등에 새겨진 금석문에 의한 고증적 방법으로 문헌을 실증하고 사실을 입증하는 것을 말한다.

ⓛ 금석과안록: 청에 가서 금석학을 수학한 김정희의 저술로 북한산비가 진흥왕순수비임을 고증하였고, 금석학의 기초를 이루었다.

(4) 백과사전의 편찬

대동운부군옥 (선조, 권문해)	역사적 사실을 운자순으로 배열한 백과사전
지봉유설 (광해군, 이수광)	천문 · 지리 · 유교 · 식물 등과 함께 한국의 사회 · 정치 등에 대한 역사의식을 필역한 백과전서, 천주실의 소개
유원총보 (인조, 김육)	중국 서적을 참고하여 편찬한 백과전서
성호사설 (영조, 이익)	천지,만물,인사,경사,시문 등 5개 부문으로 정리한 백과사전, 삼한정통론
동국문헌비고 (영조, 홍봉한)	한국의 지리 · 정치 · 경제 · 문화 등을 국가적 사업으로 편찬한 한국학 백과사전
청장관전서 (정조, 이덕무)	시문전집으로 예기억(예기를 논술), 편서잡고(송의 역사를 논술) 등 14개 항으로 나누어 중국의 역사 · 풍속 · 제도 등을 소개
오주연문장전산고 (헌종, 이규경)	우리나라 · 중국 · 기타 외국의 고금의 사물에 대해 고증한 백과사전,천문 · 지리 · 풍속 · 관직 · 음식 등 10여 항목으로 나누어 서술
임원경제지 (순조, 서유구)	홍만선의 「산림경제」를 토대로 한국과 중국의 저서 900여 종을 참고하여 엮어낸 농업 위주의 백과전서

기출문제

01 다음 주장을 펼친 인물의 사상에 대한 설명으로 가장 적절한 것은? 2013, 경기도 9급

비유하건데, 재물은 대체로 샘과 같다. 퍼내면 차고 버려두면 말라 버린다. 그러므로 비단 옷을 입지 않아서 나라에 비단 짜는 사람이 없게 되면 여공이 쇠퇴하게 되고, 쭈그러진 그릇을 싫어하지 않고 기교를 숭상하지 않아서 수공업자가 기술을 익히는 일이 없게 되면 기예가 망하게 되며, 농사가 황폐해져서 그 법을 잃게 되므로 사농공상의 사민이 모두 곤궁하여 서로 구제할 수 없게 된다.

① 존언, 만물일체설로 지행합일 이론을 체계화하였다.

② 화이론적 명분론을 강화하고 성리학을 절대화하였다.

③ 인간과 사물의 본성이 같다는 인물성동론의 입장을 보였다.

④ 농촌 사회의 모순을 중점적으로 해결하려는 경세치용론이었다.

정답 ③

해설 지문은 북학파 박제가의 주장이다. 노론 내부의 대립이었던 호락논쟁에서 인물성동론을 주장한 낙론은 일부가 북학파로 계승되었다. ①은 정제두, ②는 송시열, ③은 중농 실학자에 대한 설명이다.

3 과학 기술의 발달

1) 서양 문물의 수용

(1) 중국을 통한 수용

① 17세기 중국을 왕래하던 사신들이 서양 선교사들과 접촉하여 서양의 문물이 수입되었다.

② 이광정(선조): 세계지도(곤여만국전도), 정두원(인조) - 화포, 천리경, 자명종

③ 이익과 제자들, 북학파 실학자들이 서양 문물에 관심을 보였는데 이들 중 일부는 천주교까지 수용하였으나 대부분은 과학기술만 받아들이고 천주교는 배척하였다.

(2) 표류 외국인

① 벨테브레(박연): 훈련도감에 소속, 서양식 대포의 제조법과 조종법을 가르쳐 주었다.

② 하멜: 15년 동안 억류되었다가 네덜란드로 돌아가 「하멜 표류기」를 지어 조선을 서양에 알리는 역할을 하였다.

(3) 서양문화의 영향

① 조선인의 세계관 확대, 과학사상과 물질문명에 대한 관심을 갖게 하였고, 학문적 반성과 실학발달을 초래하였으며 천주교가 수용되었다.

② 18세기까지는 서양 과학 기술의 수용이 어느 정도 이루어졌으나, 19세기에는 더 이상 진전되지 못하고 정체되었다.

2) 과학의 연구

(1) 과학에 대한 관심

① 조선 전기: 주로 통치의 한 방편으로 연구되었고, 과학 기술의 연구는 대부분 중인층에 의해서 주도되었다.

② 조선 후기: 국민 생활의 개선을 중요시하여 과학과 기술 분야에도 깊은 관심을 보인 실학자들이 출현하였다.

(2) 천문학의 발달

① 이수광은 「지봉유설」에서 일식, 월식, 벼락, 조수간만 등에 대하여 언급하였고 이익 등 실학자들이 서양 천문학에 큰 관심을 가졌다.

② 지전설 주장: 김석문, 이익, 홍대용, 정약용 등이 지전설을 주장하며 성리학적 세계관을 비판하는 근거를 마련하였다.

③ 홍대용은 지전설, 무한우주론을 주장하며 전통적 우주관을 바꾸는 이론적 토대를 제공하였다.

④ 김석문은 숙종 때 「역학도서」에서 처음으로 천동설을 부정하고 지구가 자전하다고 주장하였다.

(3) 역법과 수학, 지리학의 발달

① 역법의 발달: 김육이 청나라에서 사용하던 시헌력을 도입하여 효종 때 채용하였다.

② 수학의 발달: 중국에서 유클리드 기하학을 설명한 「기하원본」이 도입되었고, 홍대용은 「주해수용」을 저술하였으며 최석정과 황윤석이 전통 수학을 집대성하였다.

> **시헌력**
>
> 서양 선교사 아담 샬이 만든 것으로 태음력에 태양력의 원리를 부합시켜 24절기의 시각과 하루의 시각을 정밀하게 계산하여 만든 역법

③ 지리학의 발달: 곤여만국전도(마테오리치) 수입은 조선 사람들의 세계관을 확대시켜 주었고, 이를 통해 보다 과학적이고 정밀한 지도를 제작하였다.

(4) 의학의 발달

① 조선 후기의 학계 동향: 종래 한의학의 관념적 단점을 극복하고 실증적 치료를 시도하여 의학 이론과 임상의 일치에 주력하였다.

② 17세기 의학: 허준의 「동의보감」은 전통 한의학을 체계적으로 정립하여 중국과 일본에서도 간행될 만큼 뛰어난 의학서로 인정받았다. 그리고 허임의 「침구경험방」은 침구술의 집대성이라 할 수 있는 의약서이다.

③ 18세기 의학: 서양 의학의 전래로 18세기에는 인체의 해부학적 구조와 생리적 기능에 대한 지식을 얻었다. 정약용은 「마과회통」을 통해 박제가와 함께 연구하고 실험한 종두법을 소개하였고 이 분야에 대한 의서를 종합하여 편찬하였다.

④ 19세기의 의학: 이제마는 「동의수세보원」에서 사상의학(四象醫學)을 확립(태양인, 태음인, 소양인, 소음인)하였다.

3) 농서의 편찬과 농업 기술의 발달

(1) 농업 기술 연구
17세기에 이르러 생산력의 증대가 사회적 과제로 제기되어 농업 기술 개발이 요구되었다. 이에 진보적인 지식인들이 농업 기술 연구에 심혈을 기울였다. 농학에 대한 연구와 노력은 조선 후기 농업 생산력을 증대시키는데 기여하였다.

(2) 농서의 편찬
① 「농가집성」: 신속이 편찬한 농서로 벼농사 중심의 농법을 소개하였고, 이앙법 보급에 공헌하였다.
② 「색 경」: 박세당은 곡물 재배법외에 채소, 과수, 화초의 재배법과 목축, 양잠 기술도 소개하는 등 새로운 농법을 제시하였다.
③ 「산림경제」(홍만선), 서유구는 「임원경제지」를 통하여 농업 기술의 개발과 보급에 주력하였다.

(3) 어업 기술의 발달
① 어법·어구의 개량: 어업에 있어서는 어살을 설치하는 어법이 실시되고 어망의 재료도 갈피나 볏짚에서 면사로 바뀌는 등 어구가 개량되었다. 17세기 김 양식 기술이 개발되어 전라도 지방을 중심으로 보급되었다.
② 18세기 후반에는 냉장선이 등장하여 어물의 유통이 활발해졌다.
③ 어업 관련 서적: 정약전의 「자산어보」 - 신유박해에 연루되어 흑산도 유배 중 근해의 155종 어류를 직접 채집, 조사하여 해산물에 대한 명칭, 형태, 분포, 습성, 이용 등을 기록하여 어류학의 신기원을 이루었다.

4) 정약용의 기술개발

(1) 정약용의 '기예론'
인간이 다른 동물보다 뛰어난 것은 기술 때문으로 보았고, 기술의 발달이 인간 생활을 풍요롭게 한다고 주장하였다.

(2) 거중기(수원 화성 건축에 이용)의 제작과 배다리(주교) 설계
서양 선교사가 중국에서 펴낸 「기기도설」을 참고하여 거중기를 만들고 정조가 수원에 행차할 때 한강을 안전하게 건너도록 배다리(舟橋)를 설계하였다.

기출문제

01 다음 중 조선 후기 과학 기술의 발달에 대한 설명으로 옳은 것을 모두 고르면? 2008. 지방직 7급

　⊙ 허임은 「침구경험방」을 저술하여 침구술을 집대성하였다.
　ⓛ 김육이 도입한 시헌력은 태양력에 태음력의 원리를 부각시켜 만든 역법이다.
　ⓒ 신속은 「농가집성」을 펴내 벼농사 중심의 농법을 소개하고 이앙법의 보급에 공헌하였다.
　ⓔ 하멜은 훈련도감에서 서양식 대포의 제조법과 조종법을 가르쳤다.
　ⓜ 정약용은 「기기도설」을 참고하여 거중기를 만들었다.

① ⊙, ⓛ, ⓒ　　　　　　　　　　　② ⊙, ⓒ, ⓜ
③ ⓛ, ⓒ, ⓔ　　　　　　　　　　　④ ⓛ, ⓔ, ⓜ

[정답] ②

[해설] ⓛ 김육이 청나라에서 도입한 시헌력은 태음력에 태양력의 원리를 부합하여 24절기의 시각과 하루의 시각을 정밀하게 계산하여 만든 역법이다. ⓔ 하멜은 15년 동안 억류되었다가 네덜란드로 돌아가 「하멜 표류기」를 지어 조선을 서양에 알리는 역할을 하였고, 서양식 대포의 제조법과 조종법을 가르친 사람은 벨테브레이다.

4 문학과 예술의 새 경향

1) 서민 문화의 발달

(1) 배 경

① 경제적 배경: 상공업의 발달, 농업생산력의 증대로 농민들의 경제력이 향상되었다.
② 사회 문화적 배경: 서당 교육의 보급으로 의식 확대와 서민의 신분적 지위가 향상되었다.
③ 종래의 양반 중심적인 문예를 비판하고 일반 민중들이 창작하고 향유하는 문학과 예술이 대두되었다.

(2) 특 징

① 내 용: 조선 전기는 성리학적 윤리관을 강조하였고 생활의 교양이나 심신 수양의 정도였으나 조선 후기는 문학이나 예술 작품에 인간의 감정이 적나라하게 나타나 있고, 사회의 부정과 비리를 풍자하고 고발하는 내용이다.
② 주인공들은 영웅적인 인물에서 이름 없는 서민적 인물로 바뀌어 갔고, 문학적 배경도 비현실적에서 현실적 인간 세계로 옮겨가고 있었다.
③ 역관이나 서리 등 흔히 위항인으로 불리는 중인층의 문예활동이 왕성하였다.
④ 상민이나 광대들에 의해 우리의 독특한 문학장르인 판소리가 보급되었다.

2) 판소리와 탈놀이

(1) 판소리(유네스코 세계 무형 문화유산)

① 판소리는 창(소리)과 아니리(이야기)로 엮어가면서 부르는 것으로 서민들의 솔직한 감정표현과 관중도 함께 어울리고 즐길 수 있어 넓은 계층에서 호응을 얻었다.

② 춤과 노래, 사설로 서민의 감정을 그대로 드러내어 표현한 판소리는 서민문화의 중심이 되어 유행하였다.

③ 판소리는 열두 마당이 있었으나 춘향가, 심청가, 흥부가, 적벽가, 수궁가 등 다섯 마당만 전해지고 있으며, **신재효**는 19세기 후반에 판소리 사설을 창작하고 정리하는데 큰 기여를 하였다.

(2) 탈춤(가면극)

① 양반 지배층이나 승려의 부패와 위선, 허구 등을 풍자하여 인기가 많았다.

② 판소리와 탈춤은 사회경제적 변화와 함께 성장해 사회적 모순을 드러내고 서민들의 존재 자각에 기여한 바가 컸다.

3) 한글 소설과 사설시조

(1) 조선 후기 문학의 특징
한글로 쓰인 예술 작품이 많이 나타나고, 형식도 대부분 소설이나 사설시조로 전환되었다는 점과 현실에 대한 날카로운 비판의식이 특징이다.

(2) 한글 소설

① **홍길동전(허균)**: 서얼 차별의 철폐와 탐관오리의 응징을 통한 이상사회의 건설을 묘사하는 등 현실을 날카롭게 비판한 소설이다.

② **춘향전(작자미상)**: 조선 후기 최대 걸작으로 손꼽히고, 원래는 판소리의 형태였다. 신분차별의 비합리성과 당시 인간 **평등문제**를 깨우칠 수 있었고, 미래에 대한 **희망**도 가질 수 있는 작품이었다.

③ **사씨남정기(김만중)**: 숙종이 인현왕후를 폐하고 장희빈을 국모로 세운 것을 풍자하였다.

④ **구운몽(김만중)**: 조선시대 대표적인 소설로 인생의 부귀영화가 구름처럼 덧없음을 표현하였다.

(3) 시조 문학

① 조선 전기: 사대부들의 기상과 절의를 표현한 것이 대부분이다.

② 조선 후기

ㄱ) 서민들이 중심이 되어 그들의 생활상이나 남녀 사이의 사랑을 통해 현실을 비판하였다.

(ㄴ) 격식에 구애되지 않고 서민들의 감정을 사실적으로 묘사한 사설시조로 바뀌었다.

③ 대표적으로 18세기 서리 출신의 시조 작가인 김천택의 「청구영언」, 김수장의 「해동가요」를 들 수 있다. 「청구영언」은 곡조별로 분류되어 있으며, 「해동가요」는 작가에 따라 분류한 시조집이다.

(4) 한문학

① 실학의 유행과 함께 사회의 부조리를 비판하였다.
② 정약용: 삼정문란을 폭로하는 한시 '애절양'
③ 박지원: 「양반전」, 「허생전」, 「호질」, 「민옹전」 등의 작품을 통해 양반사회의 허구성 지적, 실용적 태도를 강조하고 자신의 실학 정신을 간접적으로 표현하였다. 옛 틀에서 벗어나 자유로운 문체를 개발하여 문체 혁신을 시도하기도 하였다.

(5) 중인 문학(위항 문학)

① 조선 후기 경제·사회의 변화 속에서 새로운 계층으로 부각된 중인층에 의해 사대부와 서민 문학의 중간 형태인 위항 문학(여항인)이 형성되었다.
② 시사(詩社)의 조직: 중인들의 활발한 문학 창작 활동이 이루어지면서 동인들이 모여 시사를 조직하였다.
③ 신분적, 경제적인 문제에 대한 불만과 좌절을 표현한 작품들이 시사를 통해 많이 나왔고, 「소대풍요」, 「풍요속선」 등의 위항 시집들이 간행되었다.

4) 그림, 서예에서의 새 경향

(1) 특 징 진경산수화와 풍속화의 유행, 서예에서 우리 정서를 담은 글씨가 등장하였다.

(2) 진경산수화(眞景山水畵) 18세기 전반

① 우리 자연을 사실적으로 그려 회화의 토착화를 이루었다.
② 뚜렷한 자아의식을 바탕으로 남종 문인화를 우리의 고유산수에 맞추어 토착화하려는 진경산수화가 등장하였다.

▶ 인왕제색도(정선)

③ 정선(겸재): 진경산수화의 개척자로 우리나라의 자연을 그려내는데 알맞은 구도와 화법을 창안하였다. '인왕제색도', '금강전도' 바위산은 선으로, 흙산은 묵으로 묘사하는 기법을 사용하여 산수화의 새로운 경지를 이루었다.

(3) 풍속화 18세기 후반

① 풍속화는 당시 사람들의 **생활 정경과 일상적인 모습**을 생동감 있게 표현하였다.

② **김홍도**: 밭갈이, 추수, 씨름, 서당 등 주로 농촌 생활상을 소박하고 익살스러운 필치로 묘사하였고, 전문 화원으로 **정조의 화성 행차**에 관련된 수많은 **기록화**를 그렸다. 또한 서민을 주인공으로 하는 풍속화를 간결하고 소박한 기법으로 익살맞게 묘사하였다.

③ **신윤복**: 양반의 풍류생활, 남녀의 애정, 부녀자의 풍습 등을 감각적이고 해학적으로 묘사하였다. 대표작으로 '여인도', '주막도', '단오풍정', '선유도' 등이 있다.

④ 18세기 말에 서양화법인 **원근법과 명암법**이 그림에 반영되었고 강세황, 김수철 등이 영향을 받았다.

(4) 19세기의 화풍 문인화의 부활로 진경산수화와 풍속화 모두 침체되었고, 이시기에는 대체로 실학적 화풍은 퇴조하고 복고적 화풍이 유행하였다.

① **국가차원**에서 궁궐이나 도시를 절첩식이나 대형 병풍으로 그리는 것이 유행하였다.

② **김정희**의 '세한도'는 산수화의 진경을 그리면서 선비의 정신이 넘치는 높은 이념세계를 표현하였다.

③ **신위**는 대나무 그림의 일인자로 명성을 떨쳤다.

④ **장승업(오원)**은 중국 화풍을 부활시켜 사실적이고 생동하는 필력으로 새, 꽃, 인물, 산수 등 각 부문에서 많은 걸작품을 남겼는데 '군마도', '수상서금도' 등이 유명하였다.

(5) 민 화 민화는 민중의 미적 감각 표현과 소원을 기원하고 생활공간을 장식하는 용도로 그려졌다. 떠돌이 화가들에 의해서 **해·달·나무·꽃·동물·물고기** 등이 주요 대상으로 그렸으며, 농경이나 무속의 풍속도 소재가 되었다. 정통 회화보다는 묘사나 세련미, 격조는 뒤떨어지지만 내용이나 발상에는 소박한 우리 정서가 짙게 담겨 있고, 서민층의 성장과 함께 출현했다는 점에 의의가 있다.

▶ **운룡도**(민화)
용 그림은 대개 기우제에 지낼 때 쓰였다. 구름 속에 꿈틀거리는 용의 모습과 색채가 정감이 간다.

(6) 서 예

① **이광사**는 단아한 글씨의 **동국진체**를 완성하였다.

② **김정희**는 독창적인 **추사체**로 새로운 경지를 개척하였다.

5) 건축과 공예, 음악

(1) 건축의 변화

① 양반, 부농, 상공업 계층의 지원으로 많은 사원이 건축되었고 정치적 필요에 의해 대규모 건축물이 건립되었다.

② 17세기: 금산사 미륵전, 화엄사 각황전, 법주사 팔상전(현존 최고의 목조탑) → 규모가 큰 다층건물로 내부가 하나로 통하는 구조를 가지고 있는데 이는 불교의 사회적 지위 향상과 양반 지주층의 경제적 성장을 반영하는 것이었다.

③ 18세기: 논산 쌍계사, 부안 개암사, 안성 석남사 → 부농과 상인의 지원으로 건축된 장식성이 강한 사원들이었다. 수원 화성은 거중기를 이용한 기술적 진보뿐만 아니라 종합적 도시 계획 아래 세워진 것이었다. 이 밖에도 평양의 대동문, 불국사의 대웅전 등이 유명하다.

④ 19세기: 화려하고 웅장한 건물로 유명한 **경복궁 근정전, 경회루**(흥선대원군의 왕권 강화책) 등이 있다.

(2) 자기(백자 유행)

① **청화백자**: 흰 바탕에 푸른 색깔로 그림을 그려 넣어 청아한 한국적 정취를 담고 있다.

② 백자 달항아리: 주로 높이가 40cm 이상 되는 대형으로 일명 '달항아리'라고 불리는데 순백의 미와 균형감각은 세계 어디에서도 찾아 볼 수 없는 독특한 형식이다.

③ 서민들은 옹기를 주로 사용하였다.

(3) 음악

① 양반층은 가곡, 시조를 애창하였고, 서민들은 **민요**를 즐겨 부르는 등 다양한 음악이 나타났다.

② 직업적인 광대나 기생이 판소리, 잡가, 산조 등을 창작하여 발전시켰고, 자신의 감정을 솔직하게 표현하는 경향이 강하였다.

제 **7** 장

근대 사회의 전개

9급 공무원 한국사
한 번에 끝장내기

근대 사회로의 진전

1 제국주의 시대의 세계

1) 서양의 근대화 과정

(1) 절대 왕정(16~18세기)

① 관료 제도와 상비군 제도를 바탕으로 한 강력한 전제 정치와 중상주의 경제정책을 시행했다.

② 중세와 근대를 연결하는 의의가 있으나 봉건적 잔재가 여전히 잔존해 있었다.

(2) 시민 혁명 시민 혁명으로 절대 왕정 붕괴

① 영국의 명예혁명 (1688): 권리 장전 → 절대 왕정 붕괴 → 입헌 정치의 토대 확립

② 미국의 독립 혁명 (1776): 근대 민주주의의 기본 원리를 천명했다.

③ 프랑스 혁명과 나폴레옹 시대

　(ㄱ) 프랑스 혁명(1789): 인권 선언 채택, 자유와 평등, 국민 주권, 언론·출판·신앙의 자유

　(ㄴ) 나폴레옹 시대(1799~1815): 프랑스 혁명 이념의 유럽 전파 → 자유주의와 민족주의 고취

(3) 산업 혁명(18세기 후반)

① 기계의 발명과 기술 혁신으로 산업 사회가 성립되고 공장 제도가 확립되었다.

② 인구의 도시 집중과 노동 문제의 발생등 사회 문제가 발생하고 사회주의 사상이 출현하였다.

2) 제국주의 시대(19세기 말~20세기 초)

(1) 개 념 선진 자본주의 국가들이 무력으로 후진 지역, 약소국을 침략하여 식민지로 지배하려는 팽창주의를 말한다.

(2) 성립 배경

① 산업 혁명으로 19세기 후반 독점(금융) 자본주의가 발달하여 잉여 자본 투자를 위한 새로운 식민지가 필요하게 되었다.

② 민족주의의 고조: 이탈리아와 독일의 통일 이후 점차 배타적·침략적 성격의 민족주의로 변질되었다.

3) 제국주의 열강의 침략

(1) 침략 대상 아프리카, 아시아, 태평양 지역

(2) 아프리카 지역

① 영국의 종단 정책과 프랑스의 횡단 정책의 충돌로 파쇼다 사건(1898)이 발생하였다.
③ 독일, 이탈리아, 벨기에 등도 아프리카에서 식민지 확보 경쟁에 참가하게 되었다.

(3) 아시아 지역

① 영국은 인도, 프랑스는 인도차이나 반도, 네덜란드는 인도네시아, 미국은 필리핀을 지배하게 되었다.
② 중국: 19세기 말에 서양 열강과 일본의 침략으로 반 식민지 상태로 전락하게 되었다.
③ 서아시아: 오스만 제국의 쇠약으로 제국주의 열강의 세력이 침투하게 되었다.

4) 중국의 문호개방과 근대화

(1) 1차 아편 전쟁(1840)

① 아편전쟁의 배경: 영국은 산업혁명 이후 원료공급지와 상품시장으로서 개척하기 위해 전쟁을 도발하였다.
② 아편전쟁의 결과: 영국에 굴복하여 1842년 '난징조약'을 체결(중국이 유럽세력에 굴복한 첫 조약이며, 중화사상이 붕괴)하였으며 상품시장과 원료공급지가 되었다.

(2) 태평 천국 운동(홍수전, 1850~1864)

① 홍수취안의 상제회를 중심으로 1850년 멸만흥한을 내걸고 1853년 난징을 함락 후 태평천국 수립
② 한인 의용군과 외국 군대의 원조(영국인 Gorden의 常勝軍)를 얻어 이를 진압하는데 성공하였다.

(3) 2차 아편전쟁(1858)

① 배경: 청의 난징조약 무시와 애로우호 사건(1856)으로 발발했다.
② 베이징 조약(1860) 체결로 중국은 열강에 의해 반식민지화가 되었다.

(4) 양무 운동 (1862~1894)

① 1, 2차 아편전쟁과 태평천국운동으로 대내적 위기가 중첩되었다.

② 서양의 군비를 도입하여 군사공업과 관련 산업기술을 수용하기 위한 양무운동이 적극 추진되었다.

③ 태평천국운동 진압으로 성장한 한족관료(증국번)들이 군사위주의 중체서용 개혁정책을 실시했다(중체서용: 중국의 정치제도나 사상은 그대로 두고 기술만을 배우려는 정책).

5) 일본의 문호 개방

(1) 메이지 유신(1868)

① 미국의 개방 강요

    (ㄱ) 미국의 페리제독에 의해 일미화친조약(1854)과 일미수호통상조약을 체결(1858)하였다(영사재판권 인정, 관세권을 부정하는 불평등한 조약).

② 존왕양이(尊王攘夷, 손노죠이)운동의 전개와 막부타도 운동의 전개

    (ㄱ) 존왕양이 세력은 서구 열강의 군사력의 위력을 깨닫고 막부타도 운동으로 전환했다.

    (ㄴ) 1867년 12월 메이지천황을 중심으로 한 신정부가 발족되었다.

② 흥선 대원군의 개혁

1) 시대적 배경

(1) 조선후기의 국내 상황

① 정치적으로 순조, 헌종, 철종 대에 왕의 외척들이 60여 년간의 세도 정치로 정치기강이 문란해지고 부정부패가 만연해져 왕권이 크게 약화되었다.

② 삼정의 문란과 국가재정부족으로 농민들의 생활이 궁핍해지고 사회가 혼란스러워져 농민의 봉기가 발생하였다.

(2) 제국주의 열강의 접근

① 서양의 여러 나라들은 자기 나라에서 생산된 물건을 팔고 원료를 구하기 위해 우리나라에 접근하였다. 이들의 배를 이양선(異樣船)이라 불렀다.

② 청은 영국이 일본은 미국이 강제적으로 문호를 개방시켰다.

2) 흥선 대원군의 정치

(1) 대원군의 왕권 강화 정책

① 인재 등용: 안동 김씨 일족을 정계에서 축출하고 능력에 따른 인재를 등용하였다. 이것은 붕당 정치와 세도 정치의 폐단을 제거하면서 자신의 정치적 기반 확보와 전제 왕권 강화를 목적으로 실시한 인사정책이다.

② 정치 기구의 재정비

  ㈀ 비변사의 기능 약화와 폐지: 국정 의결권을 의정부에 이관하고 3군부제도를 부활시켜 군무를 처리하게 함으로써 폐지되었다(정치·군사 업무 분리).

  ㈁ 법전 정비: 「대전회통」, 「육전조례」를 편찬했다.

  ㈂ 경복궁 중건: 왕실의 위엄을 세우기 위해 경복궁을 중건하여 원납전을 강제로 징수하고, 당백전을 남발하여 경제적 혼란을 초래하였다. 심도포량미(沁都砲糧米)라 하여 1결마다 1두씩 특별세를 거두기도 하였으며, 양반의 묘지림 벌목등 백성들을 노역에 동원 시켜 양반과 백성들의 원성이 높았다.

③ 삼정의 개혁

  ㈀ 전정의 개혁: 민생 안정을 위해 토지 대장에서 누락된 땅을 찾아내고, 토호와 지방관의 토지 겸병을 금지시켰다. 호포법(양반에게도 군포 징수), 사창제를 실시하였다.

  ㈁ 환곡: 삼정 중 가장 폐단이 심했던 환곡제를 사창제(社倉制)로 개혁해 농민의 부담을 줄였다.

  ㈂ 군정의 개혁: 상민에게만 징수하던 군포를 양반에게도 징수하는 호포법을 실시하였다.

④ 서원 정리: 600여 개의 서원을 철폐하고 47개소만 남겨 국가 재정을 확충하고 백성에 대한 양반유생의 수탈을 차단시키기 위한 조치였다.

⑤ 명의 신종과 의종에게 제사지내던 만동묘를 철폐시켰다.

> **서원 정리**
>
> 백성을 해치는 자는 공자가 다시 살아난다 하여도 내가 용서하지 않는다"는 완강한 태도로 국가 재정을 좀먹고 백성을 수탈하며 붕당의 근거지였던 서원을 대폭 정리. → 이는 서원에 딸린 전지와 노비를 몰수하여 국가 재정을 확충하고, 백성에 대한 양반과 유생들의 횡포를 막기위한 획기적인 조치였으나, 유생들의 강력한 반발로 결국 대원군 하야의 한 원인이 됨

(2) 대원군 정책의 의의

① 의 의: 전통적인 통치 체제를 재정비하여 국가 기강을 확립하고, 백성에 대한 억압과 수탈을 금지시켜 민생 안정에 기여하였다.

② 한 계: 전통 체제 내에서의 개혁 정책이었다.

3) 병인양요와 신미양요

(1) 병인양요(1866)

① 배경 및 원인

  (ㄱ) 천주교를 금하면서 9명의 프랑스 신부를 포함하여 수천 명의 천주교도들을 처형한 **병인박해**(1866)가 배경이 되었다.

  (ㄴ) 프랑스 신부가 중국의 톈진에 있는 프랑스 극동 함대 사령관 로즈 제독에게 천주교도 박해 사실을 알리고, 살아 있는 두 신부를 구출해 줄 것을 요청하였다.

  (ㄷ) 프랑스는 병인박해 때의 선교사 살해의 책임을 묻는다는 구실로 무력을 앞세워 조선의 문호를 개방시키고자 강화도를 침입하여 **강화읍을 점령**하고 서울로 진격하려 하였다.

  (ㄹ) **문수산성에서 한성근 부대가, 정족산성에서 양헌수 부대가** 격퇴하였다. 프랑스군은 철수하면서 강화읍에 불을 지르고 강화 행궁에 보관된 **외규장각 도서** 등 귀중한 문화유산을 약탈하였다.

> **대원군의 천주교 박해 배경**
>
> 프랑스 세력을 이용하여 러시아 세력의 남하 견제 → 교섭 실패 → 청에서의 천주교 탄압, 유생들의 탄압 요구 → 흥선 대원군의 대대적인 천주교 탄압(병인박해)
> ※ 斥和碑 – 洋夷侵犯 非戰則和 主和賣國

(2) 오페르트 도굴 사건(1868)

① 독일 상인 오페르트가 충남 예산군 덕산에 있는 흥선 대원군의 아버지 남연군의 묘를 도굴하려고 계획하였으나 실패 하였다.

② 대원군의 쇄국의지를 더욱 강화시키는 계기가 되었고, 서양세력에 대한 조선인의 반감이 고조되었다.

(2) 신미양요(1871)

① 제너럴셔먼호 사건(1866): 병인양요가 일어나기 전 미국 상선 제너럴셔먼호가 대동강 하구 평양 부근까지 접근한 후 통상을 요구하였으나 평안감사였던 박규수가 거절하였다.

② 제너럴셔먼호 선원들이 육지에 상륙하여 민간인들을 해치거나, 약탈 행위를 자행하여 이에 분개한 평양 주민들이 선박을 불사르는 사건이 발생했다.

③ 미국은 제너럴셔먼호 사건을 구실로 광성보와 초지진을 공격하였으나 **어재연이 이끄는 조선의 수비대가 광성보, 갑곶** 등지에서 미군을 물리쳤다.

(3) 병인양요, 신미양요 결과

홍선 대원군은 "서양 오랑캐가 침범하여 싸우지 않음은 곧 화의하는 것이요, 화의를 주장함은 나라를 파는 것이다"라는 내용의 척화비를 전국 각지에 건립하고, 서양과의 통상수교 거부 의지를 널리 알리며 쇄국 정책을 더욱 강화하였다.

🔵 기출문제

01 다음 '민요'가 나타난 시기의 역사적 사건으로 옳은 것은? 2012, 지방직 7급

> 남문을 열고 파루를 치니 계명산천이 밝아온다.
> 석수장이 거동보소. 방 망치를 갈라 잡고 눈만 껌벅거린다.
> 도편수란 놈 거동보소 먹통 들고 갈팡질팡한다.
> 우리나라 좋은 나무, 이 궁궐 짓는데 다 들어간다.

① 정족산성에서 프랑스군을 격퇴하였다.
② 상평통보를 발행하여 전국적으로 유통시켰다.
③ 나라 이름을 조선으로 하고 수도를 한양으로 옮겼다.
④ 일본군이 경복궁을 점령하고 청·일 전쟁을 일으켰다.

정답 ①

해설 이 민요는 경복궁 타령으로 홍선대원군 시기이다. ② 상평통보는 숙종. ③은 태조. ④ 1894년 고종 때 발생하였다.

---

③ 개항과 불평등 조약 체결

1) 개항의 배경

   (1) 호포의 부과와 서원의 철폐로 양반층의 반발을 샀고, 경복궁 중건으로 농민층의 불만이 높았다.

   (2) 홍선대원군의 실각으로 민비를 중심으로 한 외척세력과의 권력다툼과 고종의 친정체제가 수립되었다(1873).

   (3) 통상 개화론의 대두: 박규수, 오경석, 유홍기 등 통상 개화파들이 개항이 불가피하다고 주장하였고, 19세기 중엽부터 「해국도지」, 「영환지략」과 같은 책을 구입하여 세계정세를 국내에 소개하였다.

2) 강화도 조약(1876, 조·일 수호조규, 병자 수호 조약)

(1) 강화도 조약의 체결

① 운요호 사건(1875)

운요호가 강화도 초지진에 접근시켜 조선 수병의 포격을 유도하고 초지진 영종도를 공격한 사건이다. 조선을 무력 위협에 의해 개항시키겠다는 의도가 내포되어 있었다.

② 강화도 조약의 체결(1876. 2.)

(ㄱ) 조선 대표와 일본의 전권 대사 구로다 사이에 전문 12조의 조약문이 강화도에서 조인되었다.

(ㄴ) 우리나라가 외국과 맺은 **최초의 근대식 조약**이자 **불평등 조약**이다.

> **강화도 조약 내용**
>
> 제1조 조선국은 자주국으로 일본국과 평등한 권리를 보유한다.
> 제2조 양국은 15개월 뒤에 수시로 사신을 파견하여 교제 사무를 협의한다.
> 제5조 조선은 부산 이외에 경기·충청·전라·경상·함경 5도의 연해 중 통상에 편리한 항구 2개소를 선정한 뒤 20개월 이내에 개항하여 통상을 허용한다.
> 제7조 조선은 연안 항해의 안전을 위해 일본 항해자로 하여금 해안 측량을 허용한다.
> 제10조 개항장에서 일어난 양국인 사이의 범죄 사건은 속인주의에 입각하여 자국의 법에 의하여 처리한다.
> 제11조 양국 상인의 편의를 꾀하기 위해 추후 통상 장정을 체결한다.

(2) 후속 조치

① 조·일 수호 조규 부록(1876. 8.)

(ㄱ) 일본 거류민의 거주 지역 설정, 일본상인의 활동 범위는 거류지로부터 사방 10리 이내로 설정한다.

(ㄴ) 일본 화폐의 조선 내에서의 유통을 허용한다.

② 조·일 통상 장정(1876. 8.)

(ㄱ) 일본의 수출입 상품에 대한 무관세를 허용한다.

(ㄴ) 양곡의 무제한 유출을 허용한다.

조약명	내 용	결과 및 의의
조일 수호조규 (1876.4)	*조선을 자주국으로 규정 → 청의 종주권 배제	최초의 근대적 조약 불평등조약
	*부산, 원산, 인천등의 개항 → 정치, 군사적 거점확보	
	*연해 자유 측량권, 치외법권 허용	
통상장정 (1876.6)	*양곡의 무제한 유출 허용	일본의 경제적 침략 발판 구축
	*일본 수출입 상품에 대한 무관세	
수호조규부록 (1876.8)	*일본 외교관의 여행의 자유 인정	
	*개항장에서의 일본인 거주지 설정	
	*개항장에서 일본화폐의 유통 허용	

③ 결 과

    (ㄱ) 조선에 대한 일본의 경제적 침략의 발판이 용이하게 구축되었고, 국내 산업에 대한 보호 조치를 취하기 어렵게 되었다.

    (ㄴ) 양곡의 무제한 유출 허용으로 국내 쌀 부족현상이 초래되어 쌀값이 폭등하게 되었다.

    (ㄷ) **일본 화폐의 유통**으로 일본 경제 침투가 허용되었고 경제적 혼란을 가져오게 되었다.

    (ㄹ) 수출입 상품에 대한 무관세는 국내 산업을 보호할 장벽을 상실하게 된 것을 의미한다.

3) 각국과의 조약 체결

(1) 조·미 수호 통상 조약(1882. 4.)

① 배 경: 정부는 일본과의 조약 체결 후 자주국의 입장에서 청, 일본, 서양세력에 대해 세력 균형 정책을 펼쳤다. 1880년대 국내 지식층에 유포된 황쭌셴의 「조선책략」으로 미국과 외교관계를 가져야 한다는 주장이 일어났다. 청은 조선에 대한 종주권을 국제적으로 승인 받을 수 있는 기회를 노리던 이해와 일치하면서 청의 알선으로 조약이 체결되었다.

② 내 용

    (ㄱ) 양국 중 한 나라가 제3국의 압력을 받을 경우에 서로 도와줄 것(거중 조정)과 수출입 상품에 대한 **협정 관세** 제도를 규정하였다.

    (ㄴ) 영사 재판에 의한 **치외 법권** 인정과 최혜국 대우를 규정한 불평등 조약이었다.

③ 결 과: 조선에서 민영익을 전권대신으로 하는 보빙사를 파견하였고, 1887년 박정양이 미국 공사로 파견되었다.

④ 의 의: 서양과 맺은 최초의 조약이며 불평등조약이었다. 조약 체결과정에서 청이 의도한 종주권은 거부되었다.

(2) 조·청 상민 수륙 무역 장정(1882)

    임오군란을 계기로 청은 조선에서의 종전의 기득권을 더욱 강화하기 위하여 조·청 상민 수륙 무역장정을 체결하였다. 이 조약에서 조선은 **청의 속방(屬方)**이라는 것을 명시하고 치외 법권 인정과 청 상인의 내지 통상권, 연안 어업권을 규정하였다. 그 뒤 조선이 맺은 조약에 많은 영향을 미쳐 **불평등 조약 체계 확립**에 결정적인 역할을 하게 된 조약이다.

01 다음은 1876년 개항 이후 우리나라가 외국과 맺은 조약의 내용이다. 시기 순으로 바르게 나열한 것은?

2010. 국가직 9급

> ㉠ 조선과 미국 두 나라 중 한 나라가 다른 나라의 핍박을 받을 경우 분쟁을 해결하도록 주선한다.
> ㉡ 일본국 국민은 본국에서 사용되는 화폐로 조선국 국민의 물자와 마음대로 교환할 수 있다.
> ㉢ 영국 군함은 개항장 이외에 조선 국내 어디서나 정박할 수 있고 선원을 상륙할 수 있게 한다.
> ㉣ 일본 공사관에 군인 약간을 두어 경비하게 하고 그 비용은 조선국이 부담한다.

① ㉡ - ㉣ - ㉢ - ㉠　　　　　　② ㉡ - ㉠ - ㉢ - ㉣

③ ㉡ - ㉣ - ㉠ - ㉢　　　　　　④ ㉡ - ㉠ - ㉣ - ㉢

정답 ④

해설　㉠은 1882년 4월 조·미 수호 통상 조약 ㉡은 1876년 조·일 수호 조규 부록㉢은1883년 조·영 통상 조약 수정 조인 내용이고, ㉣은 1882년 8월 제물포 조약의 내용이다.

02 근대 의식의 성장과 민족 운동

1 개화 정책의 추진과 반발

1) 개화파의 형성

(1) 개화파의 형성

① 통상 개화론은 문호 개방을 전후하여 사회 전반에 걸친 개화사상으로 발전하였다.

② 박규수를 통하여 북학파 실학사상과 정약용의 목민 사상을 계승하였고, 오경석과 유대치를 통하여 새로운 사상을 수용하여 개화사상의 기초를 마련하였다.

③ 김옥균을 중심으로 한 신진 세력들이 개화사상을 정립하여 실천하였다.

   ㉠ 대내적: 북학파 사상 계승

   ㉡ 대외적: 양무 운동(청)·문명 개화론(일본)의 영향

(2) 개화사상의 선구자

① 박규수: 연암 박지원의 손자

② 유홍기(대치): 중인으로서 의학에 종사

③ 오경석: 청국어 역관으로서 새로운 문물과 사상의 서적을 구입하였다. 이때 들여온 서적으로 "해국도지", "영환지략" 등이 있다.

> **이언(易言)**
>
> 청나라 정관응의 저서. 청나라의 부흥을 위해 필요한 서양의 문물을 소개한 책인 《이언》은 1871년 저술된 뒤 여러 차례 증보 수정을 거친 책으로, 수신사 김홍집(金弘集)이 황준헌(黃遵憲)의 《조선책략(朝鮮策略)》과 함께 들여왔다. 초기 개화사상에 큰 영향을 미쳤던 책이다.

> **지리서**
>
> ❖ 해국도지(海國圖志): 청의 위원(魏源: 1794~1856)이 지은 세계지리서
> ❖ 영환지략(瀛環志略): 서계여가 지은 지리역사서

2) 개화 정책의 추진

(1) 수신사의 파견

① 1차 수신사 파견(1876)

   ㉠ 김기수를 정사로 하여 75명이 약 2개월간 일본의 정치·교육·군사·문화시설을 시찰하였다.

   ㉡ 김기수는 기행문인 「일동기유」(日東記游)에서 서양과 일본의 기술과 문화를 수용하자고 주장하였다.

ⓒ 근대화와 국제정세에 관심을 갖게 된 계기가 되었다.

② 2차 수신사 파견(1880)

　　　ⓐ 김홍집은 주일 청국 공사관의 황쭌셴과 세계대세와 개혁정책, 조선외교의 진로 등에 대해 논의하였다.

　　　ⓑ '조선 책략'은 정부 관리들이 조선을 둘러싼 국제 정세의 동향을 이해하고 개화가 필요함을 깨닫는데 큰 영향을 주었다.

　　　ⓒ 정부는 개화파 인물들을 등용하고, 부국 강병과 개화 정책을 본격적으로 추진하기 위해 통리기무아문을 설치하였다.

(2) 제도의 개편

① 통리기무아문의 설치

　　　ⓐ 개화 정책을 추진하기 위하여 청의 총리아문을 모방한 총리기무아문을 설치하고, 그 밑에 12사를 두어 외교·산업·군사 등의 업무를 담당하게 하였다.

　　　ⓑ 개화정책을 담당하는 기구로서 신문물의 수용과 부국강병을 추구하였다.

② **규장각 기능 부활**: 개화 정치를 위한 학술 기관으로 많은 서양서적을 비치하였다.

③ 군사제도 면에서 5군영을 무위영·장어영의 2영으로 개편하였고 신식 군대 양성을 위하여 **별기군**을 창설하였다.

(3) 근대 문물의 시찰단 파견

① 조사시찰단(신사유람단, 1881)

　　　ⓐ 일본의 정세 파악, 통리기무아문의 운영과 개화 정책에 대한 정보를 얻기 위해 파견하였다.

　　　ⓑ 어윤중, 박정양, 홍영식 등 12명의 조사를 비롯하여 모두 62명으로 구성되어 일본의 각 정부 기관에서 맡고 있는 사무 조사, 산업 시설과 군사 시설을 두루 살펴보았다.

　　　ⓒ 미국과의 수교에 관련된 정보를 수집하며, 인천 개항에 대비해 세관 사무를 조사하였다.

　　　ⓓ 이들이 제출한 보고서는 개화 정책을 추진하는 데 뒷받침이 되었고, 정치가들이 국제 정세를 파악, 개화의 필요성을 자각하는 계기를 마련해 주었다.

　　　ⓔ 일행 가운데 대부분은 귀국 후 통리기무아문에서 중요한 직책을 맡고, **유길준, 윤치호** 등은 최초의 일본 유학생이 되어 근대적 학문과 기술을 익힘으로써 개화 정책을 펼치는 데 주도적인 역할을 했다.

② 영선사(청, 1881)
- (ㄱ) 신식 무기의 제조 및 사용법을 배우기 위한 유학생 69명을 선발하여, 영선사 김윤식(金允植)의 인솔 하에 학도와 장인이 청의 톈진에 파견하여 근대적 군사 훈련법과 무기 제조법을 배우게 하였다.
- (ㄴ) 1882년 임오군란으로 귀국하여 한국 최초의 신식 무기 제조 공장인 기기창을 설립하는 데 참여 하였다.

③ 보빙사(1883)
- (ㄱ) 우리나라 미국에 파견한 최초의 구미 사절단으로 민영익, 유길준, 홍영식, 서광범 등으로 구성되었다.
- (ㄴ) 농업 기술과 신식 우편제도 등의 신문물을 수용하였고, 유길준은 미국에 남아 한국인 최초의 미국 유학생이 되었다.

3) 위정척사(衛正斥邪) 운동의 전개

(1) 의미
① 정학(正學)과 정도를 지키고 사학(邪學)과 이단을 배격하여 성리학 이외의 모든 종교와 사상을 배격하였다.
② 개화 정책과 외세의 침략에 대해 유생층이 반발하여 위정척사 운동을 전개하였고, 이항로·기정진 등이 주도하였고, 유인석·최익현 등에 의해 계승되었다.

(2) 위정척사 운동의 전개
① 1860년대 척화주전론(통상 반대운동)
- (ㄱ) 1866년 병인양요와 제너럴셔먼호 사건을 계기로 전개되었다.
- (ㄴ) 이항로 등의 상소로 서양의 무력 침략에 대응하여 척화주전론을 전개하였고, 대원군의 쇄국 정책을 이념적으로 뒷받침하였다.

② 1870년대 왜양일체론(개항 불가론)
- (ㄱ) 문호 개방 시기를 전후로 해서 최익현 등이 왜양일체론에 의한 개항불가론을 들어 개항 반대 운동을 전개하였다.
- (ㄴ) 최익현은 일본을 포함한 왜래 자본주의의 침략적 본질과 해독을 정확히 지적하였다.

> **1860년대: 이항로의 척화주전론**
>
> "양이의 화가 금일에 이르러 비록 홍수나 맹수의 해로움일지라도 이보다 심할 수 없습니다. 전하께서는 부지런히 힘쓰시고 경계하시어 안으로 관리들로 하여금 사학(邪學)의 무리를 잡아 베시고, 밖으로 장병으로 하여금 바다를 건너오는 적을 정벌하게 하소서."
>
> 이 글은 이항로의 상소이다. 이항로와 기정진 등은 서양의 통상 요구를 반대하는 운동을 전개한 데 이어 서양의 무력 침략에 맞서 싸우자는 척화 주전론(斥和主戰論)을 펼쳤다. 이들의 주장은 사회의 각계 각층에서 폭넓은 호응을 얻었으며, 흥선 대원군의 통상 수교 거부 정책을 뒷받침하였다.

③ 1880년대 영남 만인소(개화 반대론)

　(ㄱ) 「조선책략」의 유포를 비판하고 나아가 민씨 정권과 고종까지 비판하는 반정부 운동의 성격을 띠었다.

　(ㄴ) 이만손은 영남만인소(1881)을 일으켜 개화 반대 운동을 전개하였고, 홍재학은 정부의 개화 정책을 전면 부정하는 만언척사소(萬言斥邪蔬)를 올려 사형에 처해졌다.

　(ㄷ) 이런 과정에서 대원군의 서자인 이재선을 국왕으로 추대하려는 사건과 임오군란이 발생하였다.

④ 1890년대 이후: 일본의 침략에 저항하는 항일 의병 운동으로 계승되었다.

(3) 위정척사 운동의 한계와 의의

① 한계: 봉건적 지배 체제 고수, 정부의 개화 정책 반대로 역사 발전을 지체하는 한계점이 노출되었다.

② 의의: 정치·경제적인 면에서 반침략·반외세의 자주 국권 수호 운동이다.

4) 임오군란(壬午軍亂)의 발발(1882. 6.)

(1) 원 인

① 일본세력 침투와 정부의 개화정책에 대한 도시 빈민층과 농민층의 불만 → 일본이 쌀을 대량 매입하여 국내의 쌀값이 폭등하여 하층민의 경제적 압박이 가중되었는데, 특히 도시 빈민층이 타격을 많이 받았다.

② 신식군대(별기군)을 우대하고 구식군대를 차별 대우한 데에 대한 불만으로 발생하였다.

(2) 임오군란의 전개 과정

① 구식군대의 차별대우로 폭동을 일으켜 민씨 정부의 고관 집, 일본 공사관을 습격(민비는 충주로 피신)하였고, 흥선 대원군이 재집권하는 계기가 되었다.

② 흥선 대원군의 재집권하여 군란을 수습하고, 개화 정책을 중단하였으며, 통리기무아문과 별기군을 폐지하고 5군영과 삼군부를 부활하였다.

③ 민씨 일파가 청군 파병을 요청하자 **청**은 신속히 군대를 파견하여 군란을 진압하고 **대원군**을 군란의 책임자로 청에 압송해 갔다. 다시 집권한 민씨 일파가 추진한 친청(親淸)정책으로 이후 개화당이 갑신정변을 일으키는 한 원인이 되었다.

(3) 결 과

① **제물포 조약의 체결(1882):** 일본 공사관의 경비병의 주둔을 인정하고 배상금을 지불하는 조약이다. 이에 따라 일본에 **3차 수신사 박영효**가 파견되었고 **태극기**가 국제 사회에 처음으로 등장하였다. 또한 일본 공사관 보호라는 명목으로 일본군의 한국 주둔을 허용하게 되었다.

② **청의 내정간섭 시작**

  ㉠ 청병이 수도 치안을 장악했으며, 군대를 상주시켜 조선 군대를 훈련시켰다.

  ㉡ 정치고문으로 마젠창, 외교고문으로 묄렌도르프를 임명하고 내정과 외교에 대한 간섭을 강화하였다.

  ㉢ 조·청 상민 수륙 무역 장정(1882)을 체결하였는데, 이 장정은 치외법권, 서울·양화진에 청국인의 점포 개설 권리, 개항장 밖의 내륙 통상권과 연안 무역권까지 인정하였다.

  ㉣ 상민수륙무역장정의 전문에 조선이 청의 속방임을 명시하여 일본 진출을 차단하려 했다.

  ㉤ 청국 상인에 대한 특권을 보장함으로서 조선에서의 청 상인의 경제활동의 우위가 확보되었다.

③ 민씨 정권의 친청 정치를 촉진하는 계기가 되었다.

기출문제

01 위정척사 운동의 전개에 대한 설명으로 옳지 않은 것은? 2012. 국가직 9급

  ① 대원군의 쇄국 정책을 뒷받침 하였다.

  ② 동도서기론과 문명개화론을 주장하였다.

  ③ 영남 유생들의 만인소 운동이 일어났다.

  ④ 일본과 관련하여 왜양일체론을 내세웠다.

  정답 ②

  해설 ② 개화 사상에 대한 내용으로 김옥균을 중심으로 한 신진 세력들이 개화사상을 정립하여 실천하였다.

❷ 갑신정변(개화당의 근대화 운동)

1) 개화파

(1) 형 성 개화사상의 선구자인 박규수의 영향을 받아 김옥균, 유길준, 박영효 등이 하나의 정치 세력으로 성장하여 개화파를 이루었다.

(2) 온건개화파와 급진개화파

구 분	급진개화파	온건개화파
주요인물	김옥균, 박영효, 홍영식, 서광범	김홍집, 어윤중, 김윤식
개화 성향	친일파(반청)	친청파(민씨 정권)
개혁방법	일본 메이지 유신이 모델 변법 개화사상으로 발전 급진적인 개혁→ 문명개화론	청의 양무운동을 모방 (중체서용) 동양의 유교 정신, 서양의 기술문명 수용 점진적인 개혁→ 동도 서기론
영 향	갑신정변	갑오개혁

2) 갑신정변(1884)

(1) 배 경

① 급진 개화파의 개화 정책 추진

   ㉠ 신문 발간을 위하여 박문국을 설치(1883)하였고, 신식 경찰 제도를 실시하려고 한성부에 순경부를 설치하였다.

   ㉡ 홍영식이 근대적 우편 제도의 실시를 주장하여 우정국이 설치되었다.

   ㉢ 개화당 요인들은 유학생을 일본에 파견하여 근대 학문과 기술을 배우게 하였다.

② 임오군란이후 민씨 정권의 요직을 차지한 친청 세력이 개화당을 탄압하게 되자 개화정책을 추진하기 위한 방법을 도모하게 되었다.

③ 청국군의 철수

   ㉠ 베트남 문제로 청·프의 관계가 악화되어 임오군란 후 주둔해 있던 청국군 3천 명 중 1500 명이 철수했다.

   ㉡ 청불(淸佛)전쟁에서 청나라가 불리해짐으로써 개화파에게 유리한 조건이 이루어졌다.

④ 일본의 지원 약속

   ㉠ 급진 개화파는 정변을 통해 민씨정권을 무너뜨리고 청나라와의 종속관계를 청산할 것을 계획하고, 우선 서울 주재 미국공사관에 도움을 요청했다.

   ㉡ 개화당은 충의계 조직만으로는 거사가 성공하기 힘들게 되자 일본 공사의 지원을 약속 받았다.

> **충의계**
>
> 김옥균이 조직한 비밀 결사로, 서광범, 서재필, 홍영식 등 명문가의 자제들이 참여하였다. 이후 군인, 내시, 궁녀, 상인(보부상) 등도 가담하였다.

(2) 전개과정

① 우정국 개국 축하연을 이용하여 거사하여 민씨 척족을 처단하고, 개화당 정부를 수립하였다.

② 14개조의 정강을 마련하여 근대 국가 건설을 지향하는 개혁을 단행하였다. 정강의 내용은 청에 사대관계 폐지, 지조법(地租法) 개혁, 인민 평등권 확립, 혜상공국 폐지, 경찰제도의 실시, 모든 재정의 호조 관할 등이었고, 정변은 **청군 개입**으로 3일 만에 끝이 났다(3일 천하).

③ 개화당의 세력 기반이 약하였고, 후원을 약속한 일본의 배신과 청군의 개입으로 실패하였다.

(3) 결과, 의의

① **한성 조약**(1885.1.): 조선은 일본의 강요로 배상금 지불, 공사관 신축비 부담 등을 내용으로 하는 한성 조약을 체결하였다.

② **톈진 조약**(1885.4.)

　(ㄱ) 일본의 외교적 승리로 조선에서의 청·일 양국의 동등한 지위를 인정하였다.

　(ㄴ) 청·일 양국군의 동시 철수와 일본은 청국과 동등한 조선 파병권을 획득하였다.

③ 의의

　(ㄱ) 근대국가 건설을 위한 최초의 정치 개혁 운동이며 민족 운동의 방향을 제시한 근대화 운동의 선구자 역할을 했다.

　(ㄴ) 정치: 중국에 대한 사대 관계 청산을 시도하였고 전제 군주제를 입헌 군주제로 전환하려 하였다.

　(ㄷ) 사회: 문벌제도 폐지하여 봉건적인 신분 제도를 타파하고자 하였다.

　(ㄹ) 민중을 개혁의 주체로 인식하지 못하였기 때문에 민중의 지지를 얻지 못하였고, 외세(일본)에 의존한 한계가 있었다.

(4) 개화당 정부의 개혁 정강 14조

	개혁정강 내용	의 미
정 치	1. 청에 대한 조공 허례를 폐지한다.	중국에 대한 사대관계 폐지
	2. 문벌을 폐지하고 이민 평등의 권리를 세워 능력에 따라 관리를 임명한다.	양반중심의 정치 체제 및 신분제도의 폐지
	4. 내사부를 없애고 그중에서 우수한 자만을 등용한다.	왕권축소를 위해 국왕 보좌기관 폐지
	7. 규장각을 폐지한다.	
	13. 대관과 참찬은 의정부에 모여 정령을 논의·결정하여 반포한다.	내각의 중심정치
경 제	3. 지조법을 개혁하여 관리의 부정을 막고 백성을 보호하며 국가 재정을 넉넉히 한다.	삼정의 문란을 개선하고 국가 재정 확보
	12. 모든 재정은 호조에서 관할한다.	국가 재정을 일원화

3) 갑신정변 이후의 정세변화

(1) 국내외 상황 갑신정변 후 군사적 침략 전쟁은 더욱 가속화되어 청국과 일본의 대립이 격화되었고, 영국과 러시아까지 충돌하는 사태가 발생하였다.

① 러시아의 남하정책

    (ㄱ) 베이징 조약(1860): 연해주를 차지하고 난 뒤 블라디보스토크에 군항을 개설하고 남하 정책의 기지로 삼아 조선 진출을 준비하였다.

    (ㄴ) 조·러 통상조약(1884): 러시아와 조선은 청의 중재 없이 직접 수교하였다.

    (ㄷ) 조·러 육로 통상장정(1888): 두만강 운항권과 무역지로 경흥을 개방하게 하였다.

② 거문도사건(1885~1887)

    (ㄱ) 러시아 남하를 저지하기 위하여 영국은 거문도를 무단으로 점령하였다.

    (ㄴ) 청의 이홍장의 중재로 1887년 러시아가 조선 영토를 점령하지 않는다는 조건으로 철수하였다.

    (ㄷ) 청은 대원군을 조선으로 돌려보내 조선에 대한 간섭을 강화하려는 한편 독일인 묄렌도르프 외교고문이 친러 경향을 나타내자 미국인 데니로 교체하였다.

③ 조선의 중립화론의 대두

    갑신정변은 국제 사회에서 한반도의 위치를 새롭게 조명함으로써 강화도 조약, 임오군란과 함께 청과 일본의 대립을 격화시키는 계기가 되었다.

    (ㄱ) 부들러의 중립화론: 조선 주재 독일 부영사 부들러는 청·일본·러시아 3국이 조선의 중립을 승인·보호해야 한다는 '스위스식' 영세 중립화안을 조선정부에 건의하였으나 실패하였다.

    (ㄴ) 김옥균의 중립화론: 갑신정변의 실패로 일본에 망명 중이던 김옥균도 조선의 중립화론을 주장하였다.

    (ㄷ) 유길준의 중립화론: 중국의 주재 하에 영·프·러·일 등 강대국이 보장하는 한반도의 중립론을 주장하였다.

(2) 일본의 경제적 침투

① 일본과의 무역

    (ㄱ) 중계무역: 영국의 면제품을 싸게 사서 비싸게 파는 중계무역을 하였으나, 자국 제품으로 대처하여 많은 이득을 취하였다.

    (ㄴ) 곡물 유출: 조선의 수출품은 미곡이 30% 이상을 차지하였는데, 일본상인들이 입도선매(立稻先賣)나 고리대의 방법으로 곡물을 사들였다.

(ㄷ) 일본은 조선과의 무역에서 수출액의 90% 이상, 수입액의 50% 이상을 차지하였다.

② 방곡령 사건(1889): 함경도와 황해도 지방에서는 곡물 수출을 금하는 방곡령을 내렸으나, 일본은 1개월 전에 상대국에 예고해야 한다는 조·일 통상 장정의 규정을 위반했다는 절차상의 문제를 트집 잡아 배상금을 받고 방곡령을 해제시켰다.

(3) 조선 정부의 자주적 움직임

① 배 경

　고종과 집권층은 개화의 필요성을 인정하고 나라의 자주 독립과 왕권 신장을 위해서 청의 간섭에서 벗어날 필요성을 절감했다.

② 왕권 강화와 부국강병의 추진

(ㄱ) 한성주보의 발간(1886): 국민들에게 국내외 정세와 지식을 널리 알리기 위해 간행

(ㄴ) 근대 학문과 외국어를 교육하는 육영공원 설립

(ㄷ) 서양식으로 군사를 훈련시키고 사관을 양성하는 연무공원 설립

(ㄹ) 광산을 개발하는 광무국 설치와 근대적 전신을 가설하기 위한 전보국 설치

(ㅁ) 이 과정에서 정부는 외국인 고문과 기술자 초빙

③ 자주 외교의 전개

(ㄱ) 러시아와 밀약 체결이 실패(1885)하자 일본과 미국에 공사관을 개설하였다.

(ㄴ) 주미 공사관은 서양에 설치된 최초의 상주 공사관으로, 조선이 자주 독립국임을 과시하고, 미국의 제도와 문물을 적극적으로 수용하는 계기가 되었다.

갑신정변 때의 14개조 정강(1884)

1조　대원군을 조속히 귀국시키고 청에 대한 조공 허례를 폐지할 것
2조　문벌을 폐지하고 백성의 평등권을 제정하여 재능에 따라 인재를 등용할 것
3조　전국의 지조법(地租法)을 개혁하고 간리(奸吏)를 근절하며 빈민을 구제하고 국가재정을 충실히 할 것
4조　내시부를 폐지하고 재능 있는 자만을 등용할 것
5조　전후 간리와 탐관오리 가운데 현저한 자를 처벌할 것
6조　각도의 환상미(還上米)는 영구히 면제할 것
7조　규장각을 폐지할 것
8조　시급히 순사를 설치하여 도적을 방지할 것
9조　혜상공국(惠商公局)을 폐지할 것
10조　전후의 시기에 유배 또는 금고된 죄인을 다시 조사하여 석방시킬 것
11조　4영을 합하여 1영으로 하고 영 가운데서 장정을 뽑아 근위대를 급히 설치할 것
12조　일체의 국가재정은 호조에서 관할하고 그 밖의 재정 관청은 금지할 것
13조　대신과 참찬은 날을 정하여 의정부에서 회의하고 정령을 의정·집행할 것
14조　정부 6조 외에 불필요한 관청을 폐지하고 대신과 참찬으로 하여금 이것을 심의 처리하도록 할 것

③ 동학 농민 운동

1) 동학의 발생 배경

(1) 외척의 세도 정치가 계속되면서 양반과 관리들의 백성들에 대한 횡포와 착취가 심화되어 백성들이 각지에서 농민 봉기를 일으키는 등 사회적 불안이 지속되었다.

(2) 유교와 불교가 쇠퇴 하였고, 천주교 유포와 서양 세력의 접근에 따른 위기의식이 고조되었다.

2) 동학의 발전

(1) 1860년 사회의 위기와 서양 세력 침투 속에서 새로운 이상 세계의 건설을 목표로 몰락 양반 출신의 최제우에 의하여 창시 되었다.

(2) 서양 세력의 접근에 대응하여 오랫동안 포악한 정치와 가난함으로 고생하고 있던 수많은 백성들에게 빠르게 전파되었다.

(3) 동학의 세력이 확대되면서 나라에서는 혹세무민의 죄를 들어 교주인 최제우와 제자들을 처형하였다.

(4) 2대 교주인 최시형의 노력으로 교리와 교단이 정비되었으며 전라도와 충청도에까지 널리 전파되었다.

(5) 동학의 포접제 조직으로 대규모 농민 세력의 규합이 가능해졌다.

3) 농민층의 동요

(1) 배상금 지불과 근대 문물 수용비용으로 재정이 궁핍해지고 지배층의 농민 수탈이 심화 되었다.

(2) 일본의 경제적 침탈 심화: 일본은 입도선매 방식과 고리대 방식으로 일본으로 쌀 유출이 심각하고, 미면교환체제로 우리나라 농촌 수공업의 몰락을 가져왔다.

(3) 농촌 지식인들과 농민들의 정치·사회의식이 급성장하여 사회 변혁의 요구가 고조되었다.

4) 동학 농민군의 봉기

(1) 교조 신원 운동

① 1차(1892): 공주 집회와 삼례 집회는 교조 신원 복위와 동학교도의 탄압중지, 탐관오리의 제거 등을 주장하며 호소하였으나 실패하였다.

② 2차(1893. 3.): 손병희, 박광호, 손천민 등이 서울 궁궐에 모여 복합(伏閤) 상소를 하였으나 실패하였다.

③ 3차(1893. 4.): 보은 집회
  (ㄱ) 동학교도와 농민이 참여한 대규모 집회로 발전하여 **일본과 서양세력의 축출, 탐관오리의 숙청**을 요구하는 교조 신원 운동을 벗어나 농민의 정치 운동으로 전환하였다.
  (ㄴ) **척왜양창의(斥倭洋倡義)**: 일본과 서양을 물리치고 대의를 세운다는 정치적 구호를 내세워 농민 운동으로 전환시켜 나갔다.
  (ㄷ) 어윤중을 선무사로 파견하였고, 홍계훈으로 하여금 600명의 관군을 출동시켜 진압에 나섰다.

(2) 동학 농민 운동(1894)

① 제1기(1894. 1. **고부 민란기**): 고부 군수 조병갑의 만석보 축조 수세 강제 징수와 자기 부친 공덕비 건립 명목으로 약 1천 냥의 돈을 사취하는 등 온갖 횡포와 착취에 저항하여 전봉준이 농민군 1천여 명을 이끌고 관아를 습격하였다. 정부에 대해서 조병갑의 횡포를 시정하고 외국 상인의 침투를 금지하라는 등의 요구사항을 제시하였다.

② 제2기(1894. 3. **반봉건 투쟁기, 동학농민운동의 절정기**)
  (ㄱ) 고부민란을 조사하러 온 안핵사 이용태가 민란 관련자를 역모죄로 몰자 **전봉준, 김개남, 손화중** 등의 지도하에 **보국안민과 제폭구민**의 구호를 내걸고 봉기하였다(**제1차 농민봉기**).
  (ㄴ) 농민군은 고부를 재점령하고 **백산**에 모여 호남 창의소를 조직하였으며 4대강령과 농민 봉기를 알리는 **격문**을 발표하였다.
  (ㄷ) 농민에 대한 수탈이 심했던 균전사 폐지를 요구하였다
  (ㄹ) **황토현, 장성 황룡촌**에서 관군을 격파하고 **전주 감영을 점령**하여 전라도 전체가 농민군의 영향권에 들어가게 되었다.

③ 제3기(1894. 5. **폐정 개혁안 실천기**)
  (ㄱ) 농민군이 전주 감영을 점령하자 정부는 **청에 파병을 요청**하였다. **일본**은 거류민 보호를 구실로 조선에 군대를 파견하여 청·일간의 대립이 격화되었다.
  (ㄴ) 정부와 농민군은 타협하여 전주 화약을 체결하고, 전라도 일대에 **집강소**를 설치하였다.
  (ㄷ) 전주에는 집강소 총본부인 대도소를 설치하고 전봉준은 전라우도(북도), 김개남은 전라좌도(남도)를 각각 지휘하였다.

> **집강소**
>
> 동학 농민군이 전주 화약을 맺은 뒤 전라도 53개 읍에 설치한 일종의 민정 기관으로, 치안 및 행정을 담당하였다. 동학 농민군은 폐정 개혁안 12개조를 내걸고 개혁을 추진하였다.

④ 제4기(1894. 9. 2차 농민봉기, 항일 운동기)

  (ㄱ) 정부는 온건 개화파를 중심으로 개혁을 단행하기 위하여 교정청을 설치하고 청·일 군대의 철병을 요구하였다.

  (ㄴ) 일본은 경복궁을 점령(1894. 6)하고 친일 정부 수립 후 청·일 전쟁을 도발하였고, 전쟁 승리 후 1차 갑오개혁을 추진하였다.

  (ㄷ) 일본의 내정간섭에 반발하여 항일 구국 운동으로 척양멸왜(斥洋滅倭)를 내걸고 9월 삼례에서 재봉기 하였다(2차 농민봉기).

  (ㄹ) 농민군은 공주 우금치에서 관군과 일본군을 상대로 격전을 벌였으나, 전봉준이 체포됨으로써 실패하였다.

폐정 개혁 12조	분 석
1. 동학교도는 정부와의 원한을 씻고 서정에 협력한다.	왕조자체를 타파하려지는 않았다
2. 탐관오리는 그 죄상을 조사하여 엄징한다.	봉건적 지배층 타파
4. 불량한 유림과 양반의 무리를 징벌한다.	
5. 노비 문서를 소각한다.	봉건적 신분제 폐지
6. 7종의 천인 차별을 개선하고 백정이 쓰는 평량갓은 없앤다.	
7. 청상과부의 개가를 허용한다.	
9. 관리 채용에는 지벌을 타파하고 인재를 등용한다.	관리 등용 개선
10. 왜와 통하는 자는 엄징한다.	반외세적
11. 공사채는 물론하고 기왕의 것을 무효로 한다.	부채탕감으로 농민 생활 안정
12. 토지는 분작한다.	지주제 혁파

5) 동학 농민 운동의 성격과 영향

(1) **성 격** 초기에는 민란의 양상을 띠었으나 점차 대대적인 농민 전쟁의 성격으로 바뀌었다.

① **반봉건적 성격**: 봉건적 지배체제에 항거하여 노비 문서의 소각, 천인 대우 개선, 토지의 분작 등 개혁 정치을 요구하였다.

② **반외세적 성격**: 외세의 침략을 물리치려는 반침략적 민족 운동이었다.

③ **영 향**

  (ㄱ) 갑오개혁에 영향을 주어 성리학적 전통 질서의 붕괴를 촉진하였다.

  (ㄴ) 청·일 전쟁을 유발하였고, 동학 농민군의 잔여 세력이 의병 운동에 참여하여 의병 투쟁이 활성화되었다.

(2) **한 계** 근대사회 건설을 위한 구체적인 방안을 제시하지 못했다.

기출문제

01 동학 농민 운동에 관한 설명 중 가장 적절하지 않은 것은?

2012. 강원 2차

① 전주성을 점령한 농민군은 토지 개혁 등 자신들의 요구를 담은 폐정 개혁안을 제출하여 관군과 전주 화약을 맺었다.

② 농민군은 삼남(三南) 지역에 자치적 개혁 기구인 집강소를 설치하여 해당 지역의 치안을 유지하고 잘못된 행정을 개혁해 나갔다.

③ 양반, 부호들로 조직된 민보군은 관군과 일본군 등으로 구성된 진압군과 연계하여 동학 농민군을 공격하기도 하였다.

④ 동학 농민군의 잔여 세력 가운데 일부는 이후 활빈당 등과 같은 반(半)봉건적, 반(反)침략적 운동을 지속하기도 하였다.

정답 ②

해설 삼남 지역이 아닌, 전라도 일대에 민정 기관인 집강소를 설치하고 지방의 행정과 치안을 담당하였고, 전주에는 집강소 총본부인 대도소를 설치하였다.

4 갑오개혁(근대적 개혁의 추진)

1) 갑오개혁

(1) 배 경

① 조선 정부의 개혁 시도: 개항 이후 누적된 사회 모순과 농민의 요구를 해결하기 위해 교정청을 설치하고 농민의 요구 사항을 바탕으로 자주적 개혁을 시도하였다.

② 조세제도, 인사제도, 지방제도 개혁이 개혁안의 중심내용이었다.

③ 조선에 대한 내정 간섭을 통해 경제적 이권 탈취와 침략 기반 구축을 목적으로 일본이 내정 개혁을 요구하였다.

(2) 제1차 갑오개혁(1894.7.~1894.12.)

① 제1차 김홍집 친일 내각 수립: 청·일 전쟁의 발발과 일본군이 경복궁을 점령(1894. 7)하여 국왕을 감금하고, 대원군을 내세워 제1차 김홍집 내각을 수립하고 내정 개혁을 단행하였다.

② 군국기무처의 설치(1894.7.)

  ㉠ 초정부적인 회의 기관인 군국기무처를 설치하고 온건 개화파의 주도하에 개혁을 추진하였다.

  ㉡ 이 개혁은 일본의 강요에 의해 시작되었으나, 당시 일본은 청과 전쟁 중인데다가 러시아 등 열강을 자극하지 않기 위해 간섭하지 않았다. 그리하여 군국기무처 의원의 주도 하에 개혁이 추진되었다.

제1차 개혁 때의 개혁 법령(일부)

1. 이후 국내외의 공사(公私) 문서에 개국 연호를 사용한다.
2. 문벌과 양반·상민 등의 계급을 타파하여 귀천에 구애됨이 없이 인재를 뽑아 쓴다.
4. 죄인 자신 이외의 일체의 연좌율(緣坐律)을 폐지한다.
6. 남자 20세, 여자 16세 이하의 조혼을 금지한다.
7. 과부의 재혼은 귀천을 막론하고 자유에 맡긴다.
8. 공사 노비법을 혁파하고 인신매매를 금지한다.
18. 퇴직 관리의 상업 활동은 자유의사에 맡긴다.
20. 각 도의 각종 세금은 화폐로 내게 한다.

③ 1차 개혁의 내용

(ㄱ) 정 치: 종래의 중국 연호 대신 개국(開國) 연호 사용, 왕실 사무(궁내부)와 정부 사무(의정부) 분리, 6조를 8아문으로 개편, 과거제 폐지, 내아문 밑에 경무청 설치 등이다.

(ㄴ) 경 제: 재정에 관한 사무를 탁지아문(2차 탁지부)에서 관장, 왕실과 정부의 재정 분리, 신식 화폐 발행 장정(1894)에 의한 은화 본위 화폐, 조세의 금납제, 도량형 개정과 통일 등의 내용이다.

(ㄷ) 사 회: 신분제 철폐, 조혼 금지, 과부의 재가 허용, 고문과 연좌제 폐지, 의복제도의 간소화 등이다.

(3) 제2차 갑오개혁(1894.12.~1895.7.)

① 제2차 김홍집 내각의 수립(김홍집·박영효 연립내각)

(ㄱ) 청·일전쟁의 승세를 계기로 일본은 조선에 대한 적극적인 간섭정책으로 전환했다.

(ㄴ) 대원군의 실각과 김홍집·박영효의 연립 내각을 구성하고 군국기무처를 폐지하여 청의 간섭과 왕실의 정치 개입을 철저히 배제하였다.

(ㄷ) 고종의 독립 서고문(일종의 독립 선언)과 자주권·행정·교육·재정·관리임용·민권보장의 내용을 규정한 국정 개혁의 기본 강령인 홍범 14조 발표로 본격적인 개혁을 추진하였다. 이는 자주독립을 국내외에 선포한 최초의 선언으로 경국대전체제의 붕괴를 의미한다.

② 삼국 간섭(1895.4.)과 친러 세력의 대두

(ㄱ) 일본의 중국에의 진출에 대해 러·독·프 삼국간섭으로 일본 세력이 약화되었다.

(ㄴ) 일본은 시모노세키조약으로 요동반도를 할양 받는데 삼국이 간섭하여 요동반도를 청에 반환하였다.

(ㄷ) 사실상 내무대신 박영효의 주도 아래 개혁이 단행되었는데, 민씨 세력이 러시아를 끌어들여 박영효를 실각시킴으로써 개혁이 중단되었다.

(ㄹ) 온건 개화파와 친러파의 연립내각으로 제3차 김홍집 내각이 성립되었다.

③ 2차 개혁의 내용

　(ㄱ) 정　치: 의정부를 내각으로 바꾸고 밑에 8아문은 7부로 개편, 규장각을 규장원으로 격하, 군현제를 폐지하고 전국을 23부(관찰사), 337군(군수)으로 개편, 사법권을 행정권에서 분리, 지방관 권한 축소(사법권·군사권 배제), 훈련대와 시위대 창설, 사관 양성소 설치 등의 내용이다.

　(ㄴ) 사　회: '교육입국 조서'를 반포, 한성 사범학교, 외국어학교, 소학교 설립, 200여명의 국비 유학생 해외 파견 등이다.

　(ㄷ) 경　제: 궁내부 밑에 회계원(왕실 경비 담당)과 내장원(왕실 사유 재산 운영)을 신설하였다.

2) 청·일 전쟁(1894~1895)

(1) 발 단

① 동학 농민 운동의 진압을 계기로 청·일간의 대립이 발생하였다.

② 청이 일본에 군대를 동시에 철수할 것을 제안하였으나 일본이 거절하였고, 일본은 청·일 양국이 공동으로 내정 개혁을 하자고 제안하자 청이 반대하였다.

③ 일본군이 경복궁을 점령하고 대원군을 등장시켜 정권을 수립하자 청국 군함이 충청도 앞바다에서 포격을 가하면서 청·일 전쟁이 발발하였다.

(2) 결 과　전쟁에서 승리한 일본은 시모노세키 조약을 체결하여 청으로부터 요동반도와 타이완(대만)을 할양 받고 배상금도 지불받았다.

(3) 제3차 갑오개혁(1895.7.~1896.2. 을미개혁)

① 을미사변(명성왕후 시해 사건)의 발발

　(ㄱ) 삼국간섭으로 열세에 처한 일본이 세력만회를 위해 반일적 성향의 명성왕후를 시해하는 을미사변을 일으켰다.

　(ㄴ) 일본군과 낭인들을 동원해서 경복궁을 야습하여 민비를 시해하고 친러파를 축출하였으며 김홍집, 유길준 등을 중심으로 한 제4차 김홍집 내각을 수립하였다.

② 제4차 김홍집 내각의 수립: 이완용, 박정양, 윤치호, 이범진 등 친미·친러 경향이 강하고, 왕권을 강화시키기 위하여 구성된 내각이다.

③ 을미개혁의 내용

　(ㄱ) 단발령, 양복착용, 종두법실시, 우편제도 실시, 태양력 사용, 소학교 설립, 건양 연호 사용 등이다.

(ㄴ) 서울에 친위대와 지방에 진위대를 설치하고 무관학교를 설치했다.

④ 개혁 중단: 유생들의 반발(최익현)과 을미의병, 아관 파천 등으로 을미개혁이 중단되었다.

3) 개혁의 의의와 한계

(1) 의 의 조선의 봉건적 전통질서를 타파하는 근대적 개혁이다.

(2) 한 계

① 위로부터의 개혁의 성격이나 자주성을 상실한 개혁으로 민중의 지지를 받지 못하여 실패하였다.

② 일본의 정치적, 경제적 침략을 용이하게 하는 측면이 있었다.

③ 개혁의 기본방향은 농민보다는 지주의 입장을 옹호하는 성격으로 토지제도에 대한 개혁이 결여되었다.

구 분	봉건체제	갑오을미개혁
정 치	전제군주제	군주권 제한, 내각의 권한강화 - 궁내부설치
경 제	봉건경제	재정일원화, 조세의 금납화
사 회	봉건적 신분제	신분제 철폐, 봉건적 악습 타파
외 교	조공 책봉제	청에 대한 사대관계 청산 - '건양' 연호사용

홍범 14조(갑오 개혁, 1894)

1조: 청국에 의존하는 생각을 끊고 자주독립의 기초를 세운다.

2조: 왕실전범(王室典範)을 작성하여 대통(大統)의 계승과 종실(宗室)·척신(戚臣)의 구별을 밝힌다.

3조: 국왕이 정전에 나아가 정사를 친히 각 대신에게 물어 처리하되, 왕후·비빈·종실 및 척신이 간여함을 용납치 아니한다.

4조: 왕실사무와 국정사무를 분리하여 서로 혼동하지 않는다.

5조: 의정부와 각 아문(衙門)의 직무권한의 한계를 명백히 규정한다.

6조: 부세(賦稅)는 모두 법령으로 정하고 명목을 더하여 거두지 못한다.

7조: 조세부과와 징수 및 경비지출은 모두 탁지아문(度支衙門)에서 관장한다.

8조: 왕실은 솔선하여 경비를 절약해서 각 아문과 지방관의 모범이 되게 한다.

9조: 왕실과 각 관부(官府)에서 사용하는 경비는 1년간의 예산을 세워 재정의 기초를 확립한다.

10조: 지방관제도를 속히 개정하여 지방 관리의 직권을 한정한다.

11조: 널리 자질이 있는 젊은이를 외국에 파견하여 학술과 기예(技藝)를 익히도록 한다.

12조: 장교를 교육하고 징병제도를 정하여 군제(軍制)의 기초를 확립한다.

13조: 민법 및 형법을 엄정히 정하여 함부로 가두거나 벌하지 말며, 백성의 생명과 재산을 보호한다.

14조: 사람을 쓰는 데 문벌(門閥)을 가리지 않고 널리 인재를 등용한다.

🔅 기출문제

01 다음 칙령에 의해 성립된 내각에서 추진했던 개혁으로 옳은 것은?

2012. 법원직

> **제1호** 내가 재가한 공문 식제(式制)를 반포하게 하고 종전의 공문 반포 규례는 오늘부터 폐지하며 승선원, 공사청도 아울러 없애도록 한다.
>
> **제3호** 내가 동짓날에 백관들을 거느리고 태묘(太廟)에 나아가 우리나라가 독립하고 모든 제도를 이정한 사유를 고하고, 다음 날에는 태사(太社)에 나아가겠다.
>
> **제4호** 박영효를 내무대신으로, 서광범을 법무대신으로 ····· 삼도록 하라고 명하였다.
>
> 이상은 총리대신 김홍집, 외무대신 김윤식, 탁지대신 어윤중, 학무대신 박정양이 칙령을 받았다.

① 과거 제도를 폐지하였다.

② 전국을 23부로 재편하였다.

③ 재정을 탁지아문으로 일원화시켰다.

④ 서울에 친위대, 지방에 진위대를 설치하였다.

정답 ②

해설 제시문은 2차 갑오개혁을 추진한 제2차 김홍집·박영효 내각에 대한 설명이다. 국정 개혁의 기본 강령인 홍범 14조 발표로 본격적인 개혁을 추진하였다. ①과 ③은 1차 갑오개혁, ④는 을미 개혁의 내용이다.

5 독립 협회와 대한 제국

1) 아관파천

(1) 아관파천(1896)

① 친위대 병력이 의병을 진압하기 위해 지방으로 내려가자 이완용, 이범진 등의 친러파 세력은 러시아 공사 베베르와 모의하여 국왕과 왕세자를 러시아 공관으로 옮겼는데 이를 아관파천이라 한다.

② 이범진을 중심으로 박정양, 이완용, 이윤용 등의 친러 내각이 성립되었다.

③ 러시아가 인천 월미도 저탄소(貯炭所) 설치권, 경원·종성의 채광권 등의 경제적 이권을 차지하자 구미 열강도 동등한 권리를 요구하여 경인·경의 철도 부설권 등 각종 주요 이권을 침탈해갔다.

2) 독립협회

(1) 독립 협회의 창립(1896.7.)

① 창 립: 갑신정변으로 미국 망명 중이던 서재필이 귀국하여 자유 민주주의 개혁 사상의 보급

과 자주 독립 국가를 수립하고자 독립신문(1896.4.)을 창간하고 독립 협회를 창립하였다.

② 중심인물: 근대 사상과 개혁 사상을 지닌 진보적 지식인(서구 시민 사상) 서재필, 윤치호, 이상재와 혁신적인 유교 지식인(개신 유학 사상) 남궁억, 정교 등이 중심이 되었다.

③ 참여 세력: 도시 시민층이 주요 구성원이었으며, 학생, 노동자, 여성, 천민(백정) 등 광범한 사회 계층의 지지를 받았다.

(2) 독립 협회의 주요 활동

① 민중 계몽 운동: 강연회·토론회를 개최하고 독립신문·잡지를 발간하여 근대적 지식과 국권·민권 사상을 고취시켜 민중을 계도하였다.

② 자주 독립 의식 고취: 국민의 성금을 모아 영은문 자리에 자주독립의 상징인 독립문을 건립하고, 모화관을 독립관으로 개수하였다.

(3) 독립 협회 운동 전개과정

① 1단계(1896. 7.~1897. 7. 고급 관료 주도기): 독립문 건립과 독립공원을 조성하였고, 정부 관료와 진보적 지식인들이 독립국가 건설을 위해 모였다.

② 2단계(1897. 8.~1898. 1. 민중계몽기)

  ㉠ 진보적 지식인들과 개혁파 관료들이 강연회와 토론회를 개최하고 일반 민중을 적극 계몽하였다.

  ㉡ 입헌 군주정을 지향하는 진보적 지식인들과의 대립으로 친러파 관료들이 이탈하면서 친미·친일파 중심으로 재편되었다.

③ 3단계(1898. 2.~1898. 9. 민중 운동기)

  ㉠ 구국 운동을 전개하고 만민공동회(萬民共同會)를 개최(1898.3.10)하여 독립 협회가 정치 활동을 통해 민의를 국가 정책에 반영하였다.

  ㉡ 러시아의 내정간섭 강화에 맞서 반러시아 운동을 전개하고 정부의 정책과 외세의 이권침탈을 비판하였으며 민권의 신장과 의회 설립을 추구하였던 시기이다.

④ 4단계(1898. 10.~1898. 12. 민중 투쟁기)

  ㉠ 보수 내각을 붕괴시켜 박정양의 진보내각을 수립하고 관민공동회를 개최하여 인민 헌의안(헌의 6조)을 결의하였다.

  ㉡ 헌의 6조: 민권 보장, 국권 수호, 정치 개혁을 내용으로 하며, 국왕의 재가를 받았다.

  ㉢ 서구의 상원제를 모방한 것으로 절반은 관선(官選), 절반은 민선으로 하는 의회식 중추원 관제를 반포하여 우리나라 최초로 국회가 설립되는 단계에 이르렀다.

(4) 독립 협회의 해산

① 배경: 독립 협회의 적극적인 활동에 대한 보수 세력의 위기의식이 고조되어 고종에게 독립 협회가 왕정을 폐지하고 공화정을 실시한다고 모함하였다.

② 경과: 황제의 독립 협회 해산 명령과 간부가 체포되자 이에 반발한 시민들이 만민공동회를 열어 독립 협회의 부활, 개혁과 내각의 수립, 의회식 중추원제 설치 등을 요구하면서 시위와 농성을 하였다.

중추원 관제

중추원은 갑오개혁이 처음 실시될 때 의정부의 산하 기구로 구성되었다. 2차 개혁 때 이전의 군국기무처와 통합하여 새로이 중추원 관제를 공포하였다. 중추원은 법률·칙령안을 심사·의결하는 입법 기관으로 출발하였으며 의장, 부의장, 50인의 의관으로 구성되었다.

③ 정부는 황국 협회를 이용하여 만민공동회를 탄압하였고, 병력을 동원하여 강제 해산시켰으며 모든 집회와 단체를 해산시켰다.

(5) 독립협회의 사상

① 자주 국권 사상: 자주독립 국가를 수립하는 근대적 민족주의 사상으로 민중을 배경으로 정부에 압력을 행사하여 열강의 내정간섭과 이권 요구를 저지하는 등 자주 국권 운동을 전개하였다.

② 자유 민권 사상: 국민의 자유와 평등, 국민 주권의 확립을 통한 근대 국민 국가를 건설하려는 민주주의 사상이라 할 수 있다.

③ 자강 개혁 사상: 자주적인 근대 개혁을 통해 국력을 배양하려는 근대화 사상이었다.

(6) 독립 협회의 의의와 한계

① 의의: 열강의 침략으로부터 국권 수호와 자유 민권 신장에 기여하였고, 민중 계몽을 통한 근대화 운동으로 애국 계몽 운동에 영향을 주었다.

② 한계

(ㄱ) 항일 의병을 무모한 운동으로 인식하였고, 군주권을 부정하는 단계에 이르지는 못하였다.

(ㄴ) 독립 협회는 친일·친미·친영적 성향으로 러시아와 프랑스의 이권 침탈은 반대하였으나 다른 열강의 이권 침탈에는 별로 반대하지 않았다.

(ㄷ) 독립 협회는 사회 진화론의 영향 아래 이권 침탈에 대해서 부정적인 입장을 가지고 있지 않았고 오히려 자원 개발이라는 측면으로 이해하여 교류와 문물 수용에만 역점을 두었다.

① 외국인에게 아부하지 말것
② 외국과의 이권 계약과 조약은 대신이 단독으로 처단하지 말 것
③ 국가 재정의 수지를 공정히 하고 예산을 국민에게 공표할 것
④ 중대 범죄의 공판, 언론, 집회의 자유를 보장할 것
⑤ 칙임관을 임명할 때에는 정부에 그 뜻을 물어서 중의에 따를 것
⑥ 별항의 규칙을 실시할 것(외국의 하원을 모방한 민회 설치등)

3) 대한 제국(1897)

(1) 성립 배경

① 국 내: 독립 협회를 중심으로 한 고종의 환궁 요구와 외세의 간섭을 막고 자주독립 국가 수립의 필요성을 자각하였다.

② 국 외: 러시아의 조선에 대한 독점을 견제하려는 국제 여론이 조성되었다.

(2) 대한 제국 선포
1897년 고종이 경운궁(덕수궁)으로 환궁하여 국호를 '대한제국', 연호를 '광무'로 하였다. 환구단에서 황제즉위식을 거행하고, 자주 국가를 선포하였다.

(3) 광무개혁

① 개혁방향: 구본신참(舊本新參)의 원칙에 따른 점진적인 개혁 표방 → 옛 제도를 근본으로 하고 새로운 제도를 참작한다는 구본신참은 복고주의적 성격이었다.

② 개혁기구: 갑오·을미 개혁의 급진성을 비판하고 김병시, 정범조 등 동도서기파들을 등용하고 교전소와 사례소를 설치하여 점진적인 개혁을 추구하였다.

> **교전소와 사례소**
>
> 교전소는 1897년 신구법식을 절충, 제반 법규를 한 가지로 모아 만들기 위해 중추원 안에 설치한 기관이다. 김병시, 조병세, 이완용 등 보수파 각료와 서재필, 이상재 등 독립협회 인사를 포함하여 구성되었다. 그러나 보수파와 개화파 간의 갈등이 격화되었고 독립 협회 해산 후 황제 직속 입법 기구인 교정소로 전환되었다.
> 사례소는 1897년 조선 왕조 역대 임금의 치적을 정리하기 위해 설치한 역사 편찬 기관이다.

③ 정치면

(ㄱ) 황제권 강화, 교정소 설치(황제 직속 특별 입법 기구), 중추원 설치(황제권 자문 기구), 지방 23부를 13도로 개편하였다.

(ㄴ) 군제 개혁: 기존 수군체제를 대신하여 기연해방영 설치와 해군 학교(1883) 설치령 반포, 최초의 근대적 군함 양무호와 광제호를 구입하였다. 원수부 창설(황제가 직접 군대 관할), 친위대·시위대(서울), 진위대(지방) 증강, 지휘관 양성을 위한 무관학교를 설립하고 공병·포병·치중병·군악대 등이 설치되었다(1900).

ㄷ 대한국 국제(1899): 광무 정권이 제정한 일종의 헌법으로 황제의 무한한 군권을 강조하고 전제황권을 강화하였다.

④ 경제면

  ㄱ 양전 사업 추진: 양지아문과 지계아문 설치, 지계(전토지계) 발급 → 근대적 토지 소유권 제도 확립과 정부의 조세 수입 증가, 외국 자본주의의 한국 농촌 침투에 대한 대응책으로 **외국인의 토지소유에 대한 제한**이었다.

  ㄴ 식산흥업 정책: 근대적 회사·공장과 시설 마련 지원(섬유, 철도, 운수, 광업, 금융), 실업교육 강조, 해외 유학생 파견, 각종 실업학교와 기술 교육 기관이 설립되었다.

  ㄷ 상무사 조직(보부상 지원), 양잠 사업, 황제 직속 **궁내부 내장원 확대**(항일 의병 운동과 헤이그 특사 파견 비용)

  ㄹ 화폐 조례 공포(1901): 신식 화폐 발행 장정을 폐지하고, 금본위제를 시도하였으나 실패하고 백동화만 발행하였다.

  ㅁ 근대적 교통·통신 시설 확충(전화가설, 전차·철도 부설 등)

(4) 개혁의 의의와 한계

① 의 의: 왕권을 강화하고 자주독립을 위하여 개혁하였으며, 외세의 간섭을 배제한 자주적인 입장에서 추진된 근대적 개혁이었다.

② 한 계: 집권층의 보수적 성향과 진보적 정치 개혁 운동인 독립 협회를 탄압하여 국민의 지지를 받지 못하였다. 또한 러·일 전쟁 발발과 한·일 의정서 체결(1904)로 인한 열강의 간섭으로 성과가 미흡하였고 중단되었다.

4) 간도와 독도

(1) 간도 귀속 문제(1880)

① 내 용: 백두산 정계비의 토문강의 해석 차이로 간도 귀속문제가 발생했다(청-두만강, 조선-송화강 상류).

② 조선의 대응

  ㄱ 어윤중을 서북 경략사로 임명하여 파견하였다(1883).

  ㄴ 이중하를 토문 감계사로 파견하여 토문강이 송화강 상류이기 때문에 우리 영토임을 주장하였다.

  ㄷ 정부에서 이범윤을 간도 관리사로 파견하여 포병을 양성하고 조세를 수취하였으며, 간도를 함경도의 행정구역으로 편입하여 관리하게 하였다.

③ 간도 협약(1909): 일본이 만주 안봉선 철도 부설권과 푸순 광산 채굴권을 얻는 대가로 간도를 청의 영토로 인정하였다.

(2) 독도

① 대한 제국: 울릉도에 육지 주민을 이주시키고 관리를 파견하였으며 1900년 울릉도를 군으로 승격시키고 독도를 편입시켜 관리하였다.

② 일본: 러·일 전쟁 중 일본이 시마네 현 고시 후 불법적으로 자국 영토에 편입하였다(1905).

대한국 국제(1899, 요약)

1조: 대한국은 세계 만국이 공인한 자주 독립 제국이다.
2조: 대한국의 정치는 만세 불변의 전제 정치이다.
3조: 대한국 대황제는 무한한 군권을 누린다.
5조: 대한국 대황제는 육·해군을 통솔한다.
6조: 대한국 대황제는 법률을 제정하여 그 반포와 집행을 명하고, 대사, 특사, 감형, 복권 등을 명한다.
7조: 대한국 대황제는 행정 각부의 관제를 정하고, 행정상 필요한 칙령을 발한다.
9조: 대한국 대황제는 각 조약 체결 국가에 사신을 파견하고, 선전, 강화 및 제반 조약을 체결한다.

기출문제

01 다음 중 독립 협회의 활동 및 광무개혁 내용에 관한 설명으로 가장 적절한 것은?   2012. 경찰 1차

① 독립 협회는 1898년에 대구, 평양 등지에 지회를 설립하고, 서울에서는 만민공동회를 열어 개혁 운동을 대중적으로 확산시켰다.

② 독립 협회는 양전 지계 사업을 시행하여 농민의 토지 소유권을 근대법적으로 인정하고 지주제를 점차 개혁하고자 하였다.

③ 광무 정권은 대한국 국제를 공포하여 통치권을 국왕에게 집중시키되 중추원을 개편하여 의회적 기능을 갖도록 하였다.

④ 독립 협회는 궁극적으로 군주제를 폐지하고 대외적으로 자주성을 갖는 공화제를 실시하고자 하였다.

정답 ①

해설 ②는 광무개혁의 내용이고, ③ 광무 정권은 중추원을 개편하여 황제 자문 기능을 갖도록 하였다.
④ 독립 협회는 민중 계몽을 통한 근대화 운동으로 애국 계몽 운동에 영향을 주었고, 입헌 군주제를 주장하였다.

6 항일 의병 전쟁

1) 항일 의병 운동의 전개

(1) 을미의병(1895, 최초의 항일 의병)

① 배경: 을미사변 발생과 단발령(친일내각)

② 사상적 배경: 위정척사 사상
③ 주도 계층: 유생층이 주도하고 일반 농민군 및 동학 농민군의 잔여세력이 가담하였다.
④ 해산: 아관 파천 이후 친일 정권이 붕괴되고 단발령 철회와 고종의 의병 해산 권고 조칙 발표로 해산되었으나 일부 잔여세력이 반봉건·반침략 운동을 벌이던 활빈당으로 활동하였다. 활빈당은1900년 황성신문에 '황도유회소 선언'과 '대한 사민 논설13조'를 발표하였다.

(2) 을사의병(1905, 의병 항전의 확대)

① 배경: 을사조약(늑약) 체결 → 을사오적이 체결하였으나 고종은 서명하지 않았다.

② 을사조약 폐기 운동
　(ㄱ) 상소 운동, 자결 순국(민영환), 5적 암살단 조직(나철, 오기호), 언론 투쟁(장지연의 시일야방성대곡)
　(ㄴ) 고종은 을사조약의 무효를 선언하고 대한매일신보에 친서를 발표하여 국제적으로 알렸다.
　(ㄷ) 워싱턴 특사 파견(헐버트), 헤이그 특사 파견(1907, 이상설, 이준, 이위종)

③ 을사의병의 주도인물
　(ㄱ) 민종식, 최익현, 신돌석 등이 주도하였다.
　(ㄴ) 신돌석은 일월산을 중심으로 한 대표적인 평민출신 의병장으로 '태백산 호랑이'로 불렸었고, 의병의 수가 한때 3천여명을 넘었다.

④ 종래의 의병장은 주로 유생들이었는데 이때부터는 평민출신 의병장의 활약이 두드러져 새로운 양상을 보여 주었다.

(3) 정미의병(1907, 의병 전쟁의 전개)

① 배경
　(ㄱ) 헤이그 밀사 사건으로 일제에 의한 고종 황제의 강제 퇴위와 군대 해산이 계기가 되었다.

(ㄴ) 의병 구국 운동은 규모와 성격 면에서 **의병전쟁**으로 발전하였다.

② **특 징**

    (ㄱ) 시위대 대대장 박승환의 자결로 **해산 군인들이 의병에 합류**함으로써 **의병의 조직과 전투력이 강화**되었다.

    (ㄴ) 민긍호가 중심인 원주 진위대가 강원·충북·경기 지방을 중심으로 활약하였고, 유명규가 지휘한 강화 지위대는 황해도에서 의병활동을 전개하였다.

    (ㄷ) 의병 조직과 활동은 전국 각지로 확산되었고, **간도와 연해주**까지 확대되었다.

③ **서울 진공 작전(1908)**

    (ㄱ) 전국 의병 부대의 서울 진공을 위한 연합 전선 형성으로 이인영과 허위가 지휘하는 의병연합부대가 양주로 집결하였다 (1907.12. 13도 창의군 편성).

    (ㄴ) 군사장 허위의 부대가 서울 근교 까지 진격하였으나 일본군의 반격으로 퇴각하였다.

    (ㄷ) 서울 주재 각국 영사관에 의병을 **국제법상의 교전단체로 인정**할 것을 요구하고 독립군임을 자처하였다.

④ **국내 진공 작전(1908)**: **홍범도, 이범윤**이 이끄는 간도와 연해주 일대의 의병이 전개한 작전이다.

⑤ **안중근 의사의 의거(1909)**: 만주 하얼빈 역에서 침략의 원흉인 이토 히로부미를 사살하였다.

⑥ **일본군의 남한 대토벌 작전(1909)**: 의병 전쟁 위축되어 간도, 연해주로 이동하였다(항일 독립군).

(4) 항일 의병 전쟁의 의의와 한계

① **의 의**

    (ㄱ) 구국운동의 대표적인 형태로 민족의 강인한 저항 정신을 표출시켰다.

    (ㄴ) 국권회복을 위한 무장 투쟁을 주도하였고, 항일 무장 독립 투쟁의 기반을 형성하였다.

    (ㄷ) 20세기 초 제국주의 열강들의 약소국 침략이 극심하던 시기에 무장투쟁을 전개한 점은 세계 약소민족의 독립운동사에 큰 의미를 가지는 것이다.

서울 진공 작전

의병 전쟁이 전국적으로 확산되면서 유생 출신 의병장을 중심으로 전국 13도 연합 의병 부대(13도 창의군)가 결성되었다. 경기도 양주에 집결한 1만여 명의 의병은 이인영을 총대장으로 추대하고 서울 탈환을 위해 진격하였다.

"군대를 움직이는 데 가장 중요한 점은 고립을 피하고 일치 단결함에 있다. 따라서 각 도의 의병을 통일하여 둑을 무너뜨리는 기세로 서울에 진공하면, 전 국토가 우리의 손 안에 들어오고 한국 문제의 해결에 있어서도 유리하게 될 것이다(이인영의 격문)."

그러나 이 작전은 우세한 화력을 지닌 일본군의 방어를 뚫지 못하여 실패하였다. 한편, 13도 창의군의 편성 과정에서 신돌석, 홍범도 등 평민 출신 의병장들은 신분이 낮다고 하여 제외되었다. 이는 유생 출신 의병장들이 봉건적인 사고에서 벗어나지 못하였음을 보여 준 것으로, 13도 창의군이 폭넓은 대중적 기반을 확보하지 못하고 있음을 드러낸 것이었다.

박은식의 의병운동에 대한 평가

"전술을 알지 못하는 유생이나 무기도 없는 농민이 순국을 각오하고 맨손과 맨주먹으로 적과 싸워 뼈를 들판에 파묻을지언정 조금도 후회하지 않았으니, 이것이야말로 오랜 역사적 전통 가운데 배양된 민족정신의 발로였다."

② 한 계

   (ㄱ) 무기의 열세

   (ㄴ) 유생층의 봉건적 지배 질서 고집으로 결속력이 약화되었다.

   (ㄷ) 외교권 상실로 국제적 고립되어 국제적 지원을 기대할 수 없었다.

🏵 기출문제

01 다음은 항일 의병 운동이 일어난 배경을 정리한 것이다. 각 의병 운동에 관한 설명 중 옳은 것을 〈보기〉에서 모두 고르면?
2009, 법원직

> (가) 명성 황후 시해와 단발령 실시에 항거하여 일어났다.
> (나) 고종의 강제 퇴위와 군대 해산을 계기로 일어났다.
> (다) 외교권을 빼앗고 통감부를 설치한 것을 계기로 확산되었다.

〈보 기〉

   ㉠ (가) → (나) → (다) 순으로 의병 운동이 전개되었다.
   ㉡ (나)의 의병은 13도 창의군을 결성하고 서울 진공 작전을 시도하였다.
   ㉢ (다)의 의병 때 평민 출신 신돌석의 활약이 두드러졌다.
   ㉣ (다)의 의병은 (나)에 비해 전투력이 한층 강화되었다.

① ㉠, ㉡   ② ㉡, ㉢

③ ㉠, ㉡, ㉢   ④ ㉡, ㉢, ㉣

정답 ②

해설 (가) 1895년에 발생한 을미의병 (나) 1907년에 일어난 정미의병 (다) 1905년의 을사의병에 관련된 내용이다.

7 애국 계몽 운동

1) 애국 계몽 단체의 활동

(1) 보안회(1904)

① 신기선, 송수만이 중심이 되어 조직된 항일 단체로 을사조약 이후 이상설을 회장으로 하는 대한협동회로 명칭을 바꾸었으나 일제의 탄압으로 해산 당하였다.

② 보안회가 일본의 황무지 개간권 요구에 대한 반대운동을 전개하여, 황무지 개간권을 철회하였다.

(2) 헌정 연구회(1905)

① 국민의 정치의식 고취와 의회 설립을 통한 입헌 정체의 수립을 목적으로 이준, 윤효정이 설립하였다.

② 일제의 통감부에 의해 정치활동이 금지됨에 따라 강제 해산되었다.

(3) 대한 자강회(1906)

① 헌정연구회의 후신으로 장지연, 윤치호, 윤효정이 사회단체와 언론기관을 주축으로 창립하였다.

② 국권회복 전개: 교육과 산업을 진흥시키고 「대한 자강회 월보」의 간행과 연설회 등을 통하여 국권 회복을 위한 실력 양성 운동을 전개하였다.

③ 대중적 기반 마련

　(ㄱ) 윤치호를 회장으로 20명의 평의원이 운영하는 민주적 단체로 25개 지회가 조직되었고 회원은 1,500명이었다.

　(ㄴ) 서울의 본회를 중심으로 일반대중에 대한 정기적인 연설회 개최와 정부에 건의안을 제출하였다.

④ 고종의 강제 퇴위와 한·일 신협약 반대 투쟁을 하였고, 일진회와 일진회 기관지인 국민신보사를 파괴하는 등의 반일 활동을 하다가 해산당하였다.

대한 자강회의 취지문

"무릇 우리 나라의 독립은 오직 자강(自強)의 여하에 있을 따름이다. 우리 나라가 과거에 자강의 방법을 강구하지 않아, …… 마침내 오늘날 외국인의 보호를 받게 되었으니 …… 자강의 방법은 다른 데 있는 것이 아니라 교육을 진작하고 산업을 일으키는 데 있다. 무릇 교육이 일어나지 못하면 국민의 지식이 열리지 않고, 산업이 일어나지 않으면 나라의 부가 늘어나지 못하는 것이다. 그러므로 국민의 지식을 열고 국력을 기르는 길은 무엇보다도 교육과 산업의 발달에 있지 않겠는가? 교육과 산업의 발달이 곧 하나뿐인 자강의 방도임을 알 수 있을 것이다. ……"

'대한 자강회 월보' 제1호, 1906년 7월

(4) 신민회(1907)

① 각계각층의 애국지사로 조직된 비밀 결사 단체

② 안창호가 미국 L.A.에서 대한 신민회를 결성하고 귀국하여 1907년 양기탁과 함께 신민회를 창립하였다.

③ 국권 회복과 공화정체의 국민국가 건설을 목적으로 하였다.

④ 활 동

　(ㄱ) 겉으로는 문화적·경제적 실력 양성 운동을 전개하면서 안으로는 독립군 기지의 건설에 의한 군사적 실력 양성을 기도하였다.

신민회 취지문

"…… 무릇 우리 대한인은 내외를 막론하고 통일 연합으로써 그 진로를 정하고 독립 자유로써 그 목적을 세움이니, 이것이 신민회가 원하는 바이며 신민회가 품어 생각하는 것이다. 간단히 말하면 오직 신정신을 불러 깨우쳐서 신단체를 조직한 후에 신국가를 건설할 뿐이다. ……"

위의 취지문에서 "독립 자유로써 목적을 세운다."라는 말과 "신국가를 건설"한다는 말에서 신민회가 국권 회복과 공화 정체의 근대 국민국가 건설을 목표로 하였음을 알 수 있다.

(ㄴ) 평양의 대성학교와 정주의 오산학교, 안악의 양산 학교 등 교육기관 설립과 '대한매일신보'를 기관지로 활용하였다. 잡지 '소년'(최남선)을 기관지로 창간, **청년 학우회**를 창립, 회사설립(태극서관, 자기 회사 등), 조선 **광문회**를 조직하여 고전의 보존과 간행을 담당하게 하였다.

(ㄷ) 이시영·이회영이 중심이 되어 서간도(남만주) 삼원보 신한민촌 건설, 경학사 조직, 신흥무관학교를 설립하였다. 북간도(북만주)에는 이상설·이승희 등이 한흥동을 설립하였다.

⑤ **분 열**: 실력 양성파와 무력 투쟁파로 양분되었다.

(ㄱ) **실력 양성파**: 안창호를 중심으로 국권 상실 이후 미국으로 건너가 흥사단을 조직하여 흥사단보를 발행하고 광복 후 서울에 본부를 두었다.

(ㄴ) **무력 투쟁파**: 이동휘를 중심으로 중국 동북지방과 연해주로 이주하여 독립군 기지를 건설하고 무장투쟁을 전개하였다.

⑥ **해 체**: 일제가 날조한 105인 사건으로 인해 와해되었다.

신민회의 활동 목표

1. 국민에게 민족 의식과 독립 사상을 고취할 것
2. 동지를 찾아 단합하여 민족 운동의 역량을 축적할 것
3. 교육 기관을 각지에 설치하여 청소년 교육을 진흥할 것
4. 각종 상공업 기관을 만들어 단체의 재정과 국민의 부력(富力)을 증진할 것

독립운동기지 건설

"…… 남만주로 집단 이주하려고 기도하고, 조선 본토에서 상당한 재력이 있는 사람들을 그 곳에 이주시켜 토지를 사들이고 촌락을 세워 새 영토로 삼고, 다수의 청년 동지들을 모집, 파견하여 한인 단체를 일으키고, 학교를 세워 민족 교육을 실시하고, 나아가 무관 학교를 설립하여 문무를 겸하는 교육을 실시하면서, 기회를 엿보아 독립 전쟁을 일으켜 구한국의 국권을 회복하려고 하였다. ……"

2) 애국계몽운동의 방법

(1) 교육 운동

① 목적: 교육 진흥, 향토 발전을 통한 민족의 실력 양성에 있다.
② 성격: 국권 회복을 목적으로 한 정치와 교육의 결합 단체이다.
③ 주요 단체: 기호 흥학회, 서우학회, 호남학회 등으로 기관지를 발행하였다.

(2) 항일 언론의 활동

① 국민 계몽과 애국심 고취, 항일 여론을 조성하였다.
② 황성신문(장지연의 시일야방성대곡), 대한매일신보(항일논조기사게재, 국채 보상운동 지원) 등이다.

(3) **국학 연구** 을지문덕전·이순신전 등 위인전을 간행하여 민족의식을 고취시키는데 기여하였다.

3) 애국 계몽 운동의 의의와 한계

(1) 의 의

① 민족 독립 운동의 이념 제시: 국권 회복과 근대 국민 국가 건설을 내세워 근대사의 발전 방향에 합치되는 민족 독립운동의 이념을 제시하였다.

② 민족 독립 운동의 전략 제시: 독립 전쟁론에 의거하여 신민회는 실력 양성 운동과 국외에서의 독립군 기지 건설에 의한 군사력 양성을 내세웠다.

③ 민족 독립 운동의 기반 조성: 근대적 민족 교육을 발흥시켜 독립 운동의 인적 자원을 확보하고, 근대적 민족 산업을 진흥시켜 독립 운동의 경제적 토대를 마련하였다. 간도와 연해주에 독립군 기지를 건설하여 항일 무장 투쟁의 기초를 닦았다.

> **애국계몽운동의 한계**
>
> 의병 제군에게 경고한다.
> …… 실로 충의의 마음이 격렬하게 일어나 의병으로 나선 사람도 있는 동시에, 저 교활한 도적들과 지난날의 부랑이나 파락호의 못된 무리가 때가 왔다고 하면서 의병이라 일컫는 경우 또한 적지 않을 것이다. …… 군들의 오늘 이러한 행동이 …… 실은 도리어 동포를 해치고 조국을 상하게 할 뿐이요, 털끝만치도 실효가 없을지니, …… 국권을 되찾으려고 한다면 눈앞의 치욕을 참고 국가의 원대한 계획을 도모하여 모두 병기를 버리고 각자 고향으로 돌아가 농부는 농업을 열심히 하고, 공장(工匠)은 공업을 열심히 해야 한다. 각기 산업에 종사하여 자산을 저축하고 자제를 교육하여 지성을 계발하며 실력을 양성하면, 다른 날에 독립을 회복할 기회를 자연히 기대할 수 있을 것이니……
>
> 황성 신문, 1907년 9월 25일

(2) 한 계

① 사회 진화론 수용에 따라 일본에 의한 한국의 지배를 합법적인 것으로 받아들여 경제·문화적 실력 양성에만 주목하였다.

② 초기 민중의 반일 무장 투쟁이었던 **의병투쟁을 비판**하였으나 신민회의 활동으로 어느 정도 극복하였다.

③ 애국 계몽 운동의 지도 계층이 봉건적인 계층이 주를 이루어 지주로서 봉건제 타도에 제약성을 지니고 있었다.

🌀 기출문제

01 대한 제국 시기의 국권 회복 운동에 대한 설명으로 옳지 않은 것은? 2008. 지방직 7급

① 황무지 개간 요구 반대 투쟁을 벌인 보안회는 협동회로 발전하였다.

② 미주의 한국 교민은 장인환, 전명운 의거를 계기로 국민회를 결성하였다.

③ 안창호, 이승훈, 이동녕 등이 조직한 신민회는 공화정체를 주장하였다.

④ 대한 협회는 일제가 헤이그 특사 파견을 구실로 고종의 양위를 강요하자 반대 운동을 주도하였다.

[정답] ④

[해설] ④ 헌정연구회의 후신으로 장지연, 윤치호, 윤효정이 사회단체와 언론기관을 주축으로 창립한 대한 자강회에 대한 설명이다.

03 근대의 경제

① 개항 이후 열강의 경제 침탈

1) 일본 상인의 무역 독점

(1) 무역 독점 과정

① 개항 초기: 외국 상인들의 활동 범위가 개항장에서 10리 이내로 제한되어 조선 상인을 매개로한 거류지 무역 형태였다.

   (ㄱ) 약탈 무역: 모험 상인들이 불평등 조약에 바탕을 둔 일본 정부의 정책적 지원을 받으면서 약탈적인 무역 활동을 하였다.

   (ㄴ) 중계 무역: 조선의 곡물·금·쇠가죽 등 원자재를 반출하였고, 영국산 면직물을 매입하여 조선에 판매하여 막대한 이득을 취하는 중계무역을 하였다.

② 임오군란 이후: 청국 상인들의 침투로 일본 상인과 치열한 경쟁을 하였고, 1885년부터 외국인에게 내륙 여행이 허가되면서 일본 상인은 직접 돌아다니면서 상업 활동을 하였다.

③ 1880년대 전후의 활동: 일본 상인들이 내륙으로 들어와 곡물 수매에 주력하여 조선 내의 곡물 가격 폭등 현상을 일으켰다. 도시와 농촌 빈민은 생계에 위협을 받았고 이로 인해 함경도와 황해도에서 방곡령(1889)을 선포하였다.

④ 청·일 전쟁 이후: 청·일 전쟁의 승리로 일본 상인이 조선 시장을 독점적으로 지배하였고, 서울 상인들은 철시(撤市)로써 외국 상인들의 침투에 항거하였다.

2) 열강의 경제 침탈

(1) 경제 침탈 내용

① 이권 탈취

   (ㄱ) 아관 파천(1896)을 계기로 열강은 최혜국 대우 규정을 이용하여 각종 이권을 침탈하였다.

   (ㄴ) 철도 부설권, 광산 채굴권, 삼림 채벌권, 교통·통신 시설 부설권 등

자원	▶ 광산 채굴권: 운산 금광채굴권(미), 경원·종성 광산채굴권(러), 당현 금광채굴권(독), 은산 금광채굴권(영), 직산 금광채굴권(일) ▶ 삼림 채벌권: 압록강·두만강·울릉도 삼림 채벌권(러)
교통·통신	▶ 철도 부설권: 경인선(미 → 일), 경의선(프 → 일), 경부선(일본), 경원선(일) ▶ 전화·전등·전차 가설권(미)
영향	수탈과 침략의 부정적 측면 내포, 국내 산업 위협

② **금융 지배**: 외국의 금융 기관의 침투는 개항 직후부터 시작되었다.

    (ㄱ) **화폐 정리 사업(1905)**: 우리나라 화폐제도를 일본과 같은 금본위제로 하고 일본 제일 은행권의 화폐로 교환하여 사용하게 하였다. 질이 나쁜 백동화나 적은 금액은 교환해 주지 않아서 상공업자와 농민들이 큰 피해를 입었다.

    (ㄴ) **일본 제일 은행의 금융지배**: 러·일 전쟁 이후 한국 정부의 화폐 발행권을 박탈하고 은행 업무는 물론 조선 정부의 세관 업무를 위탁 받아 관리하였다. 또한 화폐 정리 사업에 필요한 자금을 일본 차관으로 조달하여 대한 제국은 국채를 떠안게 되었으며, 한국인이 설립한 은행은 몰락하였다.

③ **차관 제공**: 청·일 전쟁 이후 일본은 조세 징수권과 해관세 수입을 담보로 차관을 제공하였다. 이것은 대한 제국을 재정적으로 일본에 예속시키려는데 목적이 있었다.

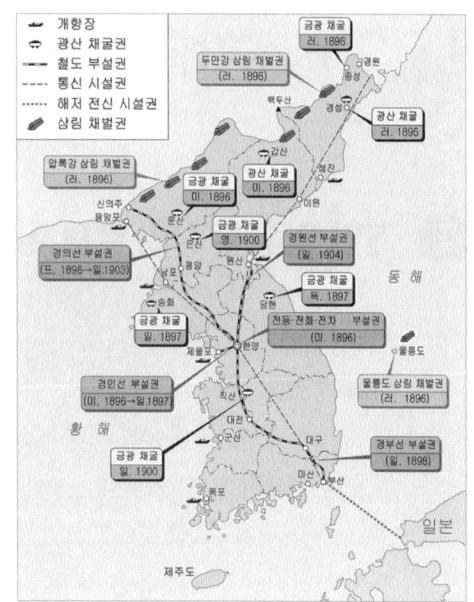

▶ **열강의 이권 침탈**
청·일 전쟁, 삼국 간섭 등으로 열강의 조선에 대한 이해 대립이 심화되던 중. 아관 파천(1896)이 일어나면서 우리 나라의 각종 이권이 러시아에게 넘어갔다. 그러자 미국, 영국, 프랑스, 독일 등도 기회 균등을 요구하면서 이권 침탈에 나서게 되었다. 그 결과 여러 가지 이권이 제국주의 열강에게 넘어갔다.

3) 일본의 토지 약탈

(1) 개항 직후의 토지 약탈

① **개항 직후**: 고리대금업 등으로 일본인은 토지 소유를 확대하였다.

② **청·일 전쟁 이후**: 일본인 대자본가들이 침투하여 대농장을 경영하였다(나주, 전주, 군산 등 곡창지대).

③ **러·일 전쟁 이후**: 토지 약탈 본격화

    (ㄱ) 러·일 전쟁 중 대한 제국 정부에 황무지 개간권 요구, 철도 부지와 군용지 확보 구실로 대규모 토지를 차지하였다.

    (ㄴ) 동양 척식 주식회사 설립(1908)으로 토지 약탈을 지속하였고, 이주한 일본인들에게 매매·양도하였다.

(2) **토지 약탈의 목적** 일본이 막대한 토지를 약탈한 것은 조선을 식민지화 하려는 기초 작업이었다.

기출문제

01 다음 조약과 관련된 설명으로 옳지 않은 것은? 2008. 법원직

> (가) 조선국은 부산 외에 두 곳의 항구를 개항하고 일본인이 와서 통상을 하도록 허가한다.
>
> (나) 조선국이 어느 때든지 어느 국가나 어느 나라 상인에게 본 조약에 의하여 부여되지 않는 어떤 특혜를 허가할 때는 이와 같은 특혜는 미합중국의 관민과 상인 및 공민에게도 무조건 균점된다.
>
> (다) 북경과 한성, 양화진에서 청과 조선 양국 상인의 무역을 허용한다. 지방관이 발행한 여행 허가증이 있으면 내지 행상도 할 수 있다.

① (가) - 부산에 이어 목포, 인천이 차례로 개항되었다.

② (나) - 강화도 조약과 달리 관세 조항이 들어 있었다.

③ (다) - 조선에서 청 상인과 일본 상인의 경쟁이 격화되었다.

④ (가), (나), (다) - 조선에 불리한 불평등 조약이었다.

정답 ①

해설 (가)는 1876년에 체결한 강화도 조약 (나)는 1882년 체결한 조·미 수호 통상 조약, (다)는 조·청 상민 수륙 무역 장정(1882)에 관한 내용이다.
① 강화도 조약의 체결로 부산, 원산, 인천항이 개항되었다.

❷ 경제적 구국 운동

1) 경제적 구국 운동

(1) 경제적 저항 운동

① 이권 수호 운동: 독립협회의 활동(만민공동회 개최)으로 러시아 절영도 조차 요구 저지, 러시아 군사교관·재정 고문 철수, 한·러 은행 폐쇄, 프랑스·독일 광산 채굴권 요구 등을 저지하였다.

② 상권 수호 운동

　㉠ 1880년대에는 외국 상인의 활동 범위가 개항장 100리까지 확대되어 청·일 상인의 상권 침탈 경쟁이 치열하였다.

　㉡ 상권 수호 시위: 청·일 상인의 상권 잠식에 반발하여 수천 명의 서울 상인들이 철시(撤市)하고 외국 상점의 퇴거를 요구하였다.

　㉢ 황국 중앙 총상회 조직하여 외국인의 불법적인 내륙 상업 활동을 엄단할 것을 요구하며 상권 수호 운동을 전개하였다.

③ 황무지 개간권 반대 운동(1904)

   (ㄱ) 보안회(1904)는 거족적인 반대 운동을 전개하여 일제의 황무지 개간권 요구를 철회시 켰다.

   (ㄴ) 농광회사 설립: 일부 민간 실업인과 관리들이 설립하였고 황무지 직접 개간을 추진하였다.

④ 국채 보상 운동(1907)

   (ㄱ) 목적: 일본의 차관 제공에 따른 예속화 정책에 저항하여 국채를 갚고 국권을 지키려는 국채보상운동이 일어났다.

   (ㄴ) 서상돈을 중심으로 대구에서 시작된 국채 보상 운동은 전국으로 확산되어 국채 보상 기 성회 조직 → 언론기관 · 애국 계몽 운동 단체들이 모금 운동에 참여하였다. 금주 · 비녀 · 가락지 수합 등 모금운동을 전개하였으나, 일제 통감부의 탄압으로 실패하였다.

2) 근대적 상업 자본의 성장

(1) 상업 자본의 변모

① 시전 상인: 상권 수호 운동 전개(황국 중앙 총상회 조직)하였고, 근대적 생산 공장 경영에 투 자하였다.

② 경강상인: 세곡 운송업 타격 → 증기선 구입으로 일본 상인에 대항하였으나 성공하지 못하 였다.

③ 개성상인(송상): 인삼 재배는 일본인의 약탈로 침해당하였다.

④ 객주, 여각, 보부상

   (ㄱ) 개항 초기: 외국 상품을 개항장과 내륙 시장에 연결 · 유통시켜 이익을 누리며 활동이 활 발하였다.

   (ㄴ) 상민수륙무역장정 체결 이후: 외국 상인의 침투로 타격 → 자본축적에 성공한 일부 상인 들은 상회사를 설립하였다.

(2) 근대적 상업 자본

① 회사 설립: 상업 자본의 성장, 외국 회사 제도의 소개

   (ㄱ) 1810년대 초기 대동상회 · 장통 회사 등의 상회사가 출현하였고 대부분 동업자 조합의 성 격이었으나, 점차 근대적 형태의 주식회사도 설립되었다.

   (ㄴ) 1890년대 후반기에는 정부의 상공업 진흥 정책으로 내국인의 기업 활동이 더욱 활발해졌다.

   (ㄷ) 국내 기업가들은 일본의 운수업에 대항하여 해운 · 철도 · 광업 회사 등을 설립하여 민족 자 본의 토대를 확고히 하고자 노력하였다.

3) 산업 자본과 금융 자본

(1) 근대적 산업 자본의 성장

① 근대적 산업 자본 성장

　　㉠ 유기 공업: 개항 이전에 발달했던 유기 공업과 야철 공업을 계승하여 서울에 조선 유기 상
　　　회라는 합자 회사가 설립되었다.

　　㉡ 면직물 공업: 민족 자본에 의해 대한 직조 공장·종로 직조사 등 직조 공장이 설립되어 발
　　　동기를 이용한 생산활동을 전개하였다.

　　㉢ 연초 공장, 사기 공장 등도 설립되었다.

(2) 금융 자본의 성장

① 관료 자본 중심의 민간 은행 설립: 1896년 **최초로 설립된** 조선은행은 관료 자본이 중심이 되
　어 설립된 민간 은행으로서, 국고 출납 업무를 대행하고 지방에 지점도 설치하였다.

② **민간 은행의 설립:** 한성은행, 천일은행 등이 설립되었다.

③ **결 과:** 일제가 실시한 화폐 정리 사업으로 몰락하거나 자주성을 잃고 변질되기도 하였으며,
　금융은 일제에게 장악되었다.

🎯 기출문제

01 **다음과 같은 민족 운동을 촉발한 일제의 침략 정책으로 가장 적절한 것은?** 2012. 지방직 7급

> 국채 1,300만 원은 나라의 존망과 관계한다. 갚으면 나라가 살고 갚지 못하면 망하는 것은 시대의 대세이다.
> 현재 국고로는 이 국채를 갚기 어려운 즉, 삼천리 강토가 자칫 우리나라와 백성의 것이 아니 될 위험에 처하
> 게 되었다.

① 화폐 정리 사업과 시정 개선 사업을 강요하였다.

② 청국과 간도 협약을 맺어 대륙 철도를 부설하였다.

③ 제1차 한·일 협약을 강요하여 경찰 고문을 파견하였다.

④ 회사령을 공포하고, 일본 물품의 수입 관세를 유지하였다.

정답 ①

해설 지문은 1907년에 일어난 국채 보상 운동에 대한 내용이다. 서상돈을 중심으로 대구에서 시작된 국채 보상 운동은 전국으로 확
산되어 국채 보상 기성회를 조직하였다. ① 일제는 통감부 설치 이후 그들의 식민지 시설을 갖추기 위하여 시설 개선 등의 명
목과 화폐 정리 사업을 내세워 한국 정부로부터 거액의 차관을 들여오게 하였다.

04 근대의 사회

1 개항 이후의 사회적 변화

1) 평등 사회로의 이행

(1) 근대적 개혁

① 갑신정변(1884)
- (ㄱ) 일부 진보적인 양반, 중인출신의 인사들이 개화사상을 수용하고 개화당을 조직하여 위로부터의 사회 개혁을 추진하였다.
- (ㄴ) 우리 역사상 처음으로 국민 평등의 근대 사회를 추구한 개혁이다.
- (ㄷ) 14개조의 개혁 정강에서 문벌 폐지, 인민 평등권 확립, 지조법 개정, 행정 기구의 개편 등 → 보수 세력의 방해, 청의 무력 개입, 민중들이 개화당의 개혁의지를 이해하지 못하였다.

② 동학 농민 운동(1894)
- (ㄱ) 12개조의 폐정 개혁안 제시: 차별적 신분제 타파와 토지 개혁을 주장하였다.
- (ㄴ) 의 의: 양반 중심의 전통적 신분제 사회 붕괴에 기여하였고, 갑오개혁에 영향을 주었으며, 잔여 세력이 의병운동에 참여하였다.

③ 갑오개혁과 을미개혁: 국정의 모든 분야에 걸친 개혁
- (ㄱ) 신분제 폐지: 양반·평민의 계급 타파, 천민 신분 폐지, 공사 노비 제도 혁파, 인신매매를 금지하였다.
- (ㄴ) 봉건적 폐습 타파: 조혼 금지, 과부 개가 허용, 고문과 연좌법의 폐지 등을 실시하였다.
- (ㄷ) 의 의: 차별적인 신분제도 타파로 근대적 평등 사회의 기틀을 마련하였다.

2) 사회의식의 변화

(1) 평등사회 건설을 위한 움직임

① 사회 변혁 운동의 의의와 한계
- (ㄱ) 동학 농민 운동: 신분 제도 타파 등 봉건제도를 부정하였으나, 근대적인 사회의식 표명에는 한계가 있었다.

    (ㄴ) **갑신정변, 갑오·을미개혁:** 근대적 사회의식은 표명하였으나, 민권 확립에 의한 민주주의 사회 추구는 아니었고, 민중의 지지 기반 부족(위로부터 개혁)의 한계성도 가지고 있었다.

② **독립 협회의 활동**

    (ㄱ) **근대적 민중 계몽 운동:** 독립 협회는 근대적 지식과 국권·민권 사상으로 민중을 계몽하였다. 국권 수호운동과 민권 보장 운동을 전개하였으며, 의회 설립을 통해 국민 참정 운동도 전개하였다.

    (ㄴ) **자주적 근대 개혁 사상:** 자유·민권에 입각한 민주주의 사상·민족주의 사상이 보급되었고, 자주적 근대 개혁 사상이 정착되었다.

    (ㄷ) **평등 사회 출현:** 만민 공동회에서 시전 상인이 회장에 선출되고, 관민 공동회에서 천인 출신인 백정이 연사로 나섰으며, 상인이 순검의 말에 불응한 것은 새로운 사회의 출현을 알려 주는 현상이었다.

③ **애국 계몽 운동:** 사회·교육·경제·언론 등 각 분야에서 추진되어 국민의 근대 의식과 민족 의식을 고취시켰다.

② 의식주 생활의 변화

1) 의생활의 변화

(1) 남성의 복장

① 일부 상류층과 개화 인사는 단발을 하였고, 한복 대신 양복에 양말과 구두를 신었다.

② 일반 남성들은 예전처럼 한복 차림이었는데 저고리 위에 마고자와 조끼를 입는 풍습이 새로 유행하였다.

(2) 여성의 복장

① 개화기의 여성은 전통적인 저고리와 치마를 입었고, 서양 여선교사의 양장을 본떠 만든 개량 한복도 등장하였다.

② 여성의 사회 활동이 활발해지면서 여성의 얼굴을 가리던 장옷과 쓰개치마가 사라지고 양산이 등장하였다.

2) 식생활의 변화

(1) 식사법의 변화

① 서양 선교사들의 영향으로 한자리에 둘러 앉아 밥을 나누어 먹는 식사법이 생겼다.

② 궁중과 일부 상류층에는 커피와 홍차, 양과자와 빵 같은 서양식 요리법과 식사 예절이 보급되었다.

(2) 서양 음식점의 등장

① 임오군란 이후 청나라 상인의 중국 음식점이 생겼고, 청·일 전쟁 이후에는 일본 음식이 소개되었다.

② 외래 음식과의 접촉으로 생긴 식생활 변화는 일반 서민의 음식까지 영향을 주지는 않았다.

3) 주생활의 변화

(1) 주택의 변화

① 개항 이후에 신분에 의해 규제 받았던 주택 문화에도 변화가 시작되었다.

② 건축 양식에 제한을 받지 않았고, 가옥의 규모도 자유롭게 건축할 수 있게 되었다.

(2) 외국 주택의 등장

① 개항장(서울, 부산, 인천)에 각국 공사관이나 영사관이 건립되었고, 서양식 건물(명동성당, 정동교회, 덕수궁 석조전)이나 일본식 주택도 등장하였다.

② 1890년대에 들어와 서양식 건축물의 이점을 살려 한옥과 양옥을 절충한 건물이 세워지기 시작하였다.

3 동포들의 국외 이주

1) 만 주

(1) **이주 동포의 활동** 만주 지역으로 이주한 동포들은 황무지를 개간하고 농사를 짓고 살았는데 1910년 무렵에는 간도를 비롯한 만주지역에 20만 명이 넘었다.

(2) **독립운동의 기반 마련** 일제의 탄압을 피해 의병과 애국 계몽 운동가들이 학교를 세워 민족 의식을 고취하고, 독립군을 양성하여 독립운동의 기반을 마련하였다.

2) 연해주

(1) 이주 동포의 활동

① 러시아는 연해주를 개척할 목적으로 한인의 이주를 허가하였다.

② 블라디보스토크, 하바롭스크 등 연해주 곳곳에 한인이 이주하여 20세기 초에는 8만 명이 넘는 한인이 모여 살았다.

(2) 독립운동의 기반 마련

① 연해주의 한인은 100여 개에 이르는 신한촌을 세우고 학교와 자치 기구를 만들어 집단으로 거주하였다.

② 을사조약 이후에 연해주 지역은 국권 회복을 위한 무장 투쟁의 중심지가 되었다.

3) 미주 지역

(1) 이주 동포의 활동

① 미국 하와이 농장주들이 노동력을 구하기 어렵게 되자 대한제국 정부에 한국 농민의 이민을 요청해 온 것이 하와이 이민의 시작이었다.

② 농민은 정부의 해외 취업 알선을 받아 1903년에 이주가 시작되었고, 3년 만에 하와이에 7,000여 명의 동포가 거주하게 되었다.

05 근대 문화의 형성

❶ 근대 문명의 수용

1) 과학 기술의 수용

(1) 서양 과학 기술의 수용

① 서양 과학 기술에 대한 관심

   (ㄱ) 17세기 이후 실학자들에 의해서 서양 과학 기술에 대한 관심이 생기기 시작하였다.

   (ㄴ) 개항 이후: 우리의 정신문화는 지키고, 서양의 과학 기술은 받아들이자는 동도서기론(東道西器論)을 바탕으로 서양의 과학기술을 수용했다.

   (ㄷ) 개화 사상가들은 외세의 침략을 막고 사회 발전을 이루기 위해서 서양 과학 기술의 수용을 적극적으로 주장하였다.

(2) 서양 과학 기술 수용 과정

   (ㄱ) 흥선 대원군: 서양의 침략에 대응하기 위하여 서양의 무기 제조술에 관심

   (ㄴ) 1880년대: 서양 산업 기술 수용에 관심이 커져서 기계 도입(양잠, 방직, 제지, 광산), 외국 기술자 초빙, 조사 시찰단(신사유람단), 영선사 파견 등 서양 기술 도입

   (ㄷ) 1890년대: 근대적 과학 기술 수용을 위해 교육 제도 개혁 → 갑오개혁 이후 유학생 해외 파견, 근대적 교육 기관 설립(경성의학교, 철도 학교, 광업 학교)

2) 근대시설의 수용

(1) 근대시설의 도입

① 인쇄 시설

   (ㄱ) 박문국: 근대적 인쇄술을 도입하여 발간한 한성순보(1883~1884)는 새로운 지식의 확대에 기여하였다.

   (ㄴ) 출판사 설립: 광인사(1884)와 같은 민간 출판사가 설립되어 근대 기술에 관한 서적이 출판되었다.

② 통신 시설

    ㉠ 전 신: 1885년에 서울과 인천사이에 전선이 가설되었고, 그 후에는 일본과 중국을 연결하는 국제 통신망을 구축하였다.

    ㉡ 전 화: 1896년 한성~인천 간 전화가 가설되었고, 1898년 경운궁에서 최초로 개통되어 점차 서울 시내의 민가에도 가설되었다.

    ㉢ 우 편: 우정국(1884)이 설치되었으나 갑신정변으로 폐쇄되었고, 을미개혁 이후 다시 부활되었다. 1900년에는 만국 우편 연합에 가입하여 외국과도 우편물을 본격적으로 교환하였다.

③ 교통 시설

    ㉠ 철 도: 최초의 철도인 경인선(1896)은 미국에 의해 착공되었으나 자금난으로 일본 회사에 이권이 전매되어 1899년에 완성되었다. 러·일 전쟁 중에 일본이 군사적 목적으로 경부선(1905), 경의선(1906) 등이 개통되었다.

    ㉡ 전 차: 한성 전기 회사가 발전소를 건설하고, 1898년 서대문과 청량리 사이에 최초로 전차를 운행하였다.

④ 의료 시설

    ㉠ 광혜원(1885): 최초의 근대식 병원으로 제중원으로 개칭되었으며 백성들의 치료를 담당하였다.

    ㉡ 광제원(1900): 신식 의료 기술을 보급하고 국민들의 질병 치료를 목적으로 설립한 국립 병원으로 지석영은 종두법을 보급하여 국민 보건에 기여하였다.

    ㉢ 자혜의원(1909): 전국 10여 곳에 도립 병원을 설립하여 의료시설을 확장하였다.

    ㉣ 세브란스 병원(1904): 미국인 에비슨이 세운 개인병원으로 치료와 의료, 교육활동을 담당하였다.

    ㉤ 대한 의원(1907): 의료 요원을 양성하는 곳으로 정부에서 설치하였다.

⑤ 대표적인 서구 양식의 건물: 독립문(1898, 프랑스 개선문 모방), 명동성당(1898, 고딕 양식), 덕수궁 석조전(1909, 르네상스 양식)

(2) 근대 시설 수용의 문제점

    각 분야에 걸쳐 마련된 근대적 시설은 민중들의 사회·경제적 생활 개선에 공헌하였지만 이러한 시설들은 외세의 이권 또는 침략 목적과 연관되어 있다는 사실이 문제점으로 지적되고 있다.

광혜원(제중원)

우리나라에 온 최초의 서양인 의료 선교사는 미국인 알렌이었다. 그는 중국 상하이에 의료 선교사로 파견되었다가 1884년 9월에 미국 공사관 부속 의사로 우리나라에 왔다. 그 해 12월에 갑신정변이 일어났을 때 부상당한 민영익을 치료하여 고종과 명성 황후의 신임을 얻어 시의로 임명되었다. 정부는 알렌의 건의로 우리나라 최초의 왕립 서양식 병원인 광혜원(명칭은 곧 제중원으로 바뀜)을 1885년 4월에 설립하였으며, 알렌이 광혜원을 운영하였다. 개원한 첫 해에 입원 환자 265명, 외과 수술 환자 150명, 간단한 외과 치료 환자 394명, 부녀자 800여 명을 진료하였다. 알렌의 후임으로 1887년에 미국인 의료 선교사인 헤론이 제중원을 맡아 운영하였다. 제중원은 설립 초기부터 소수의 한국인에게 의학을 교육할 목적으로 병원 안에 의과 교실을 개설하였으며, 이것이 1886년 3월에 정부의 협조를 얻어 제중원 의학교로 발전하였다.

② 근대 교육과 국학 연구

1) 근대 교육의 발전

(1) 근대 교육의 실시

① 원산학사(1883)

   ㈀ 최초의 근대적 사립학교로 원산 지방민의 요청으로 덕원 부사 정현석이 설립하였다.

   ㈁ 산수, 물리, 국제법, 외국어, 법률, 지리, 양잠 등 근대학문과 무술을 교육하였다.

② 동문학(同文學)

   ㈀ 1883년에 정부가 세운 영어 강습 기관으로 영어를 가르쳤다.

   ㈁ 통역관 양성을 위한 영어를 교육하였다.

③ 육영 공원(育英公院)

   ㈀ 1886년 본격적인 서양식 교육과정을 실행하기 위해 설립된 공립 교육기관이었다.

   ㈁ 현직 관료와 고관의 자제를 선발하고 헐버트 등 외국인 교사를 초빙하여 영어, 수학, 지리학 등 근대 학문을 교육하였다.

④ 연무 공원(1883): 신식 군대와 장교 양성을 위해 설립된 근대식 사관 양성학교로 미국인 교관을 초빙하여 교육하였다.

(2) 근대적 교육 제도의 마련

① 교육 제도의 정비: 갑오개혁에 의해 근대적 교육 제도가 마련되었고, 교육입국조서가 반포되었다.

② 학교의 설립

(ㄱ) **관립 학교:** 교육입국 정신에 따라 소학교, 중학교, 사범 학교, 외국어 학교 등 각종 관립 학교를 설립하였다. 중등 교육 기관인 한성중학교(1899), 의학교, 상공 학교, 광무 학교 등이 세워졌다. 「국민 소학 독본」, 「초등 본국 역사」 등의 교과서도 출판되었다.

(ㄴ) **사립학교:** 개신교 선교사의 입국을 계기로 여러 사립학교가 설립되었다. 주로 포교와 계몽을 목적으로 설립되었고, 대표적인 사립 학교로는 배재학당(1885), 이화학당(1886), 경신 학교(1886), 숭실 학교(1897) 등이 있다.

> **교육이 나라를 부강하게 하는 근본이다.**
>
> …… 세계의 형세를 보면, 부강하고 독립하여 잘사는 모든 나라는 다 국민의 지식이 밝기 때문이다. 이 지식을 밝히는 것은 교육으로 된 것이니 교육은 실로 국가를 보존하는 근본이 된다. …… 이제 짐은 정부에 명하여 널리 학교를 세우고 인재를 길러 새로운 국민의 학식으로써 국가 중흥의 큰 공을 세우고자 하니, 국민들은 나라를 위하는 마음으로 덕(德)과 체(體)와 지(智)를 기를지어다. 왕실의 안전이 국민들의 교육에 있고, 국가의 부강도 국민들의 교육에 있도다.
>
> '교육 입국 조서(1895)' 중에서

③ **근대 학교의 역할:** 근대 학문을 교육함과 동시에 일본의 침략에 대응하는 민족의식 고취에 기여하였다.

(3) 민족주의 계통의 학교

① **설립 목적:** 1905년 을사조약 이후 국권회복을 목표로 애국계몽 운동가들은 "배우는 것이 힘이다"라는 구호를 내걸고 근대 교육이 민족 운동의 기반이며 본질이라고 주장하였다.

② **학교의 설립:** 대성학교(안창호), 오산학교(이승훈), 진명 여학교, 숙명 여학교, 보성학교 등 많은 학교들이 설립되었다.

③ **학회의 활동:** 많은 구국 운동의 밑거름이 된 서북 학회, 기호 흥학회 등 각지에서 학회가 설립되었다.

④ **일제의 탄압**

(ㄱ) 사립 학교령을 발표(1908)하여 사립학교 설립과 운영을 통제하였다.

(ㄴ) 교과용 도서 검정 규정(1908.8.)을 공포하여 애국적 내용이 담긴 교과서를 허용하지 않았다.

2) 언론 활동

(1) 언론 기관의 활동
본격화된 일본의 국권 침탈에 항거하였고, 국민계몽과 애국심 고취에 기여하였다. 특히 황성신문은 장지연이 을사조약에 분개하여 쓴 논설 '시일야방성대곡'으로 유명하다.

(2) 내 용

구분		발간연도	활동
국내	한성순보	1883~1884	최초의 신문, 박문국에서 간행, 순 한문 신문, 관보 성격, 개화정책 취지와 국내외 정세소개, 한성주보로 부활(1886)
	한성주보	1886~1888	최초로 상업 광고 게재, 최초 국한문 혼용, 주간지
	독립신문	1896~1899	서재필 발행, 최초의 민간 한문 신문, 근대적 일간지, 영문판도 발행, 국민 계몽을 통해 자주독립 정신과 근대적 민권 의식 고취에 노력, 보수적 양반 계층은 반발
	제국신문	1898~1910	이종일 발행, 순 한글 신문, 민중계몽, 자주독립 의식 고취 노력, 서민층과 부녀자들을 대상으로 계몽
	황성신문	1898~1910	남궁억 발행, 국한문 혼용체, 개신 유학자 등 지식인 대상, 장지연의 '시일야방성대곡' 게재
	대한매일신보	1904~1910	양기탁·베델(영) 등이 운영, 순 한글·국한문·영문판 발행, 을사조약 이후 항일 운동의 선봉, 일제의 국권 침탈 비판, 국채 보상 운동 적극 지원, 의병 투쟁 호의적 보도, 을사조약의 부당성을 폭로한 고종의 친서 발표
	국민신보	1906	친일 단체 일진회의 기관지
	경향신문	1906	천주교 계통의 기관지, 한글판
	만세보	1906~1907	천도교에서 발행, 국한문
국외			해조신문(1908, 연해주), 신한민보(1909년, 미국) 등
일제 탄압			신문지법(1907), 출판법(1909)으로 언론 활동 제약, 반일 단체 해산

(3) 잡 지

잡지명	발행인	활동
조양보(1906)	심의성, 신덕준 등	국내외 정세보도
소년(1908)	최남선	우리나라 최초의 종합 잡지
Korea Repository	헐버트(미)	한국을 외국에 소개, 일본 침략 규탄

▶ 대한 매일 신보(1904)
이 신문은 을사조약 이후 우리나라에서 가장 영향력이 강한 신문이었다. 양기탁 등 애국지사들에 의해 운영되었으나, 영국인 베델이 발행인으로 되어 있어 일본의 검열을 받지 않고 활발한 민족 운동을 전개할 수 있었다. 1907년부터는 신문을 순 한글, 국·한문, 영문 등 세 종류로 발행하였다. 이 신문은 발행 부수가 1만 부를 넘어 당시 가장 발행 부수가 많은 신문이었으며, 황성신문, 제국 신문 등과 더불어 국채 보상 운동에도 가장 앞장섰다.

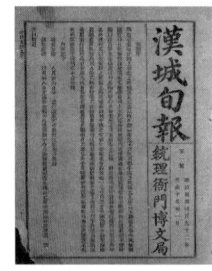

▶ 최초의 신문 한성순보(1883)
박문국에서 간행한 순 한문으로 된 신문으로 조선 정부의 관보라 할 수 있다. 개화파들은 이 신문을 통해 개화 정책의 취지를 설명하고, 국내외 정세를 소개하면서 부국강병을 위한 방도를 제시하였다. 갑신정변 이후 발행이 중단되었다가 뒤에 한성주보로 부활되었다.

3) 국학 연구의 진전

(1) 근대 계몽 사학의 성립 박은식, 신채호, 장지연 등이 근대 계몽 사학을 성립시켰다.

① 전기의 보급

    (ㄱ)「을지문덕전」,「강감찬전」,「이순신전」 등의 외세의 침략에 대응하여 승리한 영웅들의 전기를 널리 보급시켜 애국심을 불러 일으켰다.

    (ㄴ)「월남 망국사」,「미국 독립사」 등 **외국의 흥망사**에 대한 책들을 소개하여 국민들의 독립 의지와 역사의식을 고취시켰다.

② 신채호: 1908년에「독사 신론」을 저술하여 왜곡된 일부 국사 교과서를 비판하였고, 만주와 부여족 중심의 고대사를 서술하여 민족주의 사학의 연구 방향을 제시하였다.

(2) 고전의 간행

① 조선 광문회(1910): **최남선·박은식**이 조직하여 민족 고전에 대한 체계적 정리와 함께 출판으로 고전문학과 역사 연구에 기여하였다.

②「삼국사기」,「삼국유사」,「동국통감」,「발해고」,「동사강목」 등의 역사서를 편찬하였다.

(3) 국어 연구

① 국한문체 보급

    (ㄱ) 갑오개혁 이후 국한문 혼용 교과서가 간행되면서 국한문체와 국문체의 문장이 보급되었다.

    (ㄴ) 유길준의「서유견문」은 1895년에 국한문체로 저술한 단행본이다. 구미 각국의 역사, 정치, 산업, 지리, 풍속 등을 기록한 책(24편)으로 개화사상의 발전과 새로운 국한문체의 보급에 기여하였다.

    (ㄷ) 신문의 간행: 독립신문과 제국신문은 한글을 사용하였고, 다른 여러 신문에서 국한문을 혼용함으로써 획기적인 문체의 변혁을 초래하였다.

② 국문 연구소 설립(1907): 지석영·주시경 등이 국문의 정리와 국어의 새로운 이해 체계를 확립하였다.

③ 국어 문법 체계 연구: 유길준의「대한문전」, 주시경의「국어문법」

3 문예와 종교의 새 경향

1) 문학의 새 경향

(1) 문학계의 새로운 경향

① 신소설

    (ㄱ) 언문일치의 문장으로 봉건적인 윤리 도덕 배격, 미신 타파, 남녀평등을 주장하였고, 민족

의 자주독립 의식을 고취하여 계몽 문학의 역할을 하였다.

ㄴ) 1905년 **최초의 신소설**로 이인직의 '혈의 누'가 발표 되었고, 이해조의 '자유종' 안국선의 '금수회의록' 등이 있다.

② 신체시(新體詩)

ㄱ) **최초의 신체시**: 잡지 '소년'에 발표된 최남선의 「**해(海)에게서 소년에게**」는 근대시의 형식을 개척하였다.

ㄴ) **천희당시화(天喜堂詩畵)**: 대한매일신보에 신채호가 게재하여 민족시의 터전을 마련한 작품이다.

③ 외국 문학 번역물

ㄱ) 우리나라 근대 문학 형성에 많은 영향력을 행사했다.

ㄴ) 「성경」, 「천로역정」, 「이솝 이야기」, 「걸리버 여행기」, 「로빈슨 크루소」 등의 문학 작품이 번역되었다.

2) 예술계의 변화

(1) 음 악

① 서양의 악곡에 맞추어 부르는 창가 유행(애국가, 독립가, 권학가, 학도가)

② 판소리 정리: 신재효

(2) 연 극

① 원각사(1908) 설립: 우리나라 최초의 서양식 극장으로 '은세계', '치악산' 등이 공연되었다.

② 민속 가면극: 일반 서민들 사이에서 유행하였다.

(3) 미 술 서양의 화풍이 소개되어 서양식 유화 작품이 등장하였다.

3) 종교의 새 경향

(1) 불 교

① 한용운은 「조선불교유신론」을 저술하여 불교의 자주성 회복과 근대화를 위한 운동을 추진하였다.

② 통감부의 간섭으로 일본 불교에 예속 당하게 되었다.

(2) 유 교

① 위정척사 운동의 중심체로 반침략적 성격이 강하였고, 유교의 개혁을 주장하였으며 박은식

의 「유교구신론」이 대표적이다.

② **양명학의 지행합일과 사회 진화론의 진보 원리**를 조화시킨 대동사상을 주창하였다.

③ **박은식**은 **보편적이고 평등한 인(仁)**을 기반으로 세계 평화주의와 애국의 지행합일을 강조하는 민족 종교인 **대종교**를 창설하였다.

(3) 천주교 교육과 언론을 통해 애국 계몽 운동에 참여하였고, 고아원을 설치하여 운영하였다.

(4) 개신교 서양 의술 보급, 학교 설립, 한글 보급, 미신 타파, 평등사상 전파, 근대 문명 소개 등의 활동으로 사회·문화·교육의 발전에 공헌하였다.

(5) 천도교

① 1890년대 동학 농민군을 조직하여 반봉건·반침략 운동을 전개하였으나, 동학 농민 운동의 실패로 큰 타격을 받았다.

② 동학교인 이용구가 시천교를 창설하고 동학의 전통을 왜곡하자, 동학의 3대 교주 손병희는 동학을 **천도교로 개칭**(1905)하고 동학의 정통성을 계승하여 민족 종교로 발전시켰다.

③ 일간지 '만세보'를 창간하여 민족의식 고취에 기여하였다.

(6) 대종교

① **나철, 오기호** 등이 단군 신앙을 발전시켜 1909년에 창시하였다.

② 보수적 성격의 대종교는 민족적 입장을 강조하는 종교 활동을 전개하였고, 간도·연해주 등지에서 **국외 무장 독립 투쟁**에 크게 공헌하였다.

🏵️ 기출문제

01 20세기 초 종교계의 민족 운동에 대한 설명을 옳지 않은 것은? [2011. 국가직 9급]

① 한용운은 일본 불교계의 침투에 대항하면서 민족 불교의 자주성을 지키기 위해 노력하였다.

② 손병희는 일진회가 동학 조직을 흡수하려 하자, 천도교를 창설하고 정통성을 지키려 하였다.

③ 박은식은 『유교구신론』을 지어 유교가 민주적이고 평등한 종교로 거듭나야 한다고 주장했다.

④ 김택영은 전국의 유림들과 더불어 대동 학회를 결성한 후 유교를 통한 애국 계몽 운동을 펼쳐 나갔다.

정답 ④

해설 ④ 대동 학회는 한말 대표적인 친일 유교 단체로 일제는 대동학회를 내세워 유림계 전체를 친일화 시키려 하였다.

제 **8** 장

민족의 독립운동 전개

01 민족 운동의 동향

❶ 세계 민족 운동

1) 세계의 민족 운동

(1) 베르사유 체제의 성립과 붕괴

① 제1차 세계대전의 발발

   (ㄱ) 세계는 각국의 이해관계에 따라 연합국이나 동맹국 편에 가담(일본은 연합국에 가담) 했다.

   (ㄴ) 중립을 지키던 미국까지 연합국에 가담하였으며, 전쟁은 연합국의 승리로 끝이 났다 (1918).

② 파리 강화 회의(1919): 제1차 세계 대전의 전후 처리 문제를 협의하였다.

   (ㄱ) 윌슨의 14개조 평화 원칙(군비 축소, 민족 자결, 국제 연맹 창설)을 토대로 전후 문제를 논의하였다.

   (ㄴ) 민족 자결주의: 약소민족의 해방과 독립 의식을 고조시켰다.

   (ㄷ) 한계: 패전국 식민지에만 적용(필리핀, 인도, 우리나라 등은 제외)되었다.

③ 베르사유 체제

   (ㄱ) 파리 강화 회의에 따라 패전국에 예속되어 있던 많은 약소민족이 독립하였고, 공산 혁명으로 독일과의 전쟁을 중단한 러시아에 속해 있던 일부 민족도 독립하였다.

   (ㄴ) 전승국들의 식민지에는 민족 자결주의가 적용되지 않았다.

   (ㄷ) 세계 평화를 지키기 위해 창설된 국제 연맹은 미국이 참가하지 않은데다가 침략 행위를 막을 군사적 제재 수단도 없어 평화를 유지할 힘이 없었다.

④ 공산주의 국가의 출현

   (ㄱ) 1917년에 러시아 혁명으로 제정이 붕괴되고, 뒤이어 레닌이 이끄는 볼셰비키가 정권을 장악했다.

   (ㄴ) 1919년에 레닌은 세계의 공산화를 목적으로 국제 공산주의자들의 조직인 코민테른을 결성하여 제국주의에 반대하는 민족 운동과 약소민족의 독립 운동을 지원하였다.

⑤ 세계 경제 공황과 전체주의의 등장

    (ㄱ) 1929년 발생한 경제 공황을 미국은 뉴딜 정책으로, 영국과 프랑스는 식민지를 포함하는 경제 블록을 형성하여 극복하였다.

    (ㄴ) 베르사유 조약에 따라 막대한 배상금을 내야 했던 독일과, 전승국이지만 식민지가 적은 이탈리아와 일본 등은 전체주의 체제가 수립되어 침략 전쟁을 통해 위기를 해결하려 하였다.

(2) 중국의 민족 운동

① 신해혁명(1911)

    (ㄱ) 무술변법(1898)으로 입헌 군주제 등의 근대화를 이루려는 개혁파들을 보수파가 탄압하였다.

    (ㄴ) 쑨원이 결성한 중국 혁명 동맹회를 중심으로 청조를 타도하고 공화정을 수립하는 신해혁명(1911)이 우창에서 시작되었다.

    (ㄷ) 혁명 세력은 쑨원을 임시 대총통으로 난징을 수도로 하는 중화민국을 수립(1912)하였으나 힘이 모자라서 위안스카이를 임시 대총통에 추대함으로써 청조를 무너뜨릴 수 있었다.

② 군벌의 항쟁

    (ㄱ) 임시 대총통 위안스카이는 제정 복귀를 시도하였으나 국민들의 저항과 열강의 반대로 실패했다.

    (ㄴ) 중앙 정부의 지방 통제력이 약화하면서, 군 사령관, 지방 세력이 군사력을 바탕으로 각지에 할거하여 이들 군벌들이 세력 확장을 위해 서로 싸우는 혼란기로 접어들었다.

③ 민중운동으로 확대된 5·4운동

    (ㄱ) 제1차 세계대전 후 일본은 위안스카이 정부에게 독일의 이권 등을 자신들이 차지하겠다는 21개조를 요구하였다.

    (ㄴ) 파리 강화 회의에서 일본의 21개조 요구를 인정하자, 베이징의 학생들은 반대 시위를 전개하였다.

    (ㄷ) 베이징의 군벌 정부가 이를 탄압하자, 분노한 민중들이 들고일어나 파업, 상점 폐쇄 등으로 저항하며 반제국주의, 반군벌, 국권 회복을 위한 전국적 민족 운동을 벌였는데 이것이 5·4 운동이다.

    (ㄹ) 일본이 차지했던 산둥 성은 워싱턴 회의에서 되찾게 되었고, 친일파 인사를 처벌하였다.

④ 국민당의 북벌과 국·공 합작

    (ㄱ) 5·4 운동으로 혁명파는 쑨원을 중심으로 중국 국민당을 결성하고 새로운 정치 세력으로 성장하고 있는 공산당과 힘을 합하여 군벌을 타도하려고 하였다(제1차 국·공 합작).

(ㄴ) 쑨원이 죽은 뒤에 국민당 정부는 드디어 북벌을 시작하였으나 국민당을 이끌게 된 장제스는 공산당과 손을 끊고 전국을 다시 통일하여 난징에 새로운 국민당 정부를 세웠다 (1928).

(ㄷ) 군벌 타도 후 장제스는 공산당을 공격하여 큰 타격을 주었고, 마오쩌둥이 이끄는 공산당은 거의 1만 km를 행군하여 황하 유역의 산시 성 옌안에 근거지를 마련하였다.

(ㄹ) 장제스의 공산당 토벌에 전념하는 것에 반발하여 항일 투쟁을 호소하는 만주 군벌 장쉐량에게 장제스가 연금되는 시안 사건을 계기로 제2차 국·공 합작이 이루어졌다(1937).

⑤ 인 도

(ㄱ) 간디의 민족 운동: 완전 자치 주장, 비폭력·불복종운동을 전개하였다.

(ㄴ) 네루의 민족 운동: 무력 투쟁을 통한 완전한 독립을 요구하였다.

기출문제

01 1919년 3·1 운동 전후의 국내외 정세에 대한 설명으로 옳지 않은 것은? 2009. 국가직 9급

① 일본은 시베리아에 출병하여 러시아 영토의 일부를 점령하고 있었다.

② 러시아에서는 볼셰비키가 권력을 장악하여 사회주의 정권을 수립하였다.

③ 미국의 윌슨 대통령이 민족 자결주의를 내세워 전후 질서를 세우려 하였다.

④ 산둥 성의 구독일 이권에 대한 일본의 계승 요구는 5·4 운동으로 인해 파리 강화 회의에서 승인받지 못하였다.

정답 ④

해설 제1차 세계대전 후 일본은 위안스카이 정부에게 독일의 이권 등을 자신들이 차지하겠다는 21개조를 요구하였다. 이에 파리 강화 회의에서 일본의 21개조 요구를 인정하자, 베이징의 학생들은 반대 시위를 전개하였다. 베이징의 군벌 정부가 이를 탄압하자, 베이징 대학생들이 중심이 되어 일본의 21개조 요구 철폐, 파리 강화 회의 거부, 친일 관리의 파면을 요구하는 전국적 민족 운동으로 확대되었다.

2 민족의 시련

1) 국권의 피탈과 민족의 수난

(1) 러·일의 대립

① 러시아의 남하정책: 러시아는 마산·목포·용암포의 조차를 기도하였으나 영국과 일본의 반대로 좌절되었다. 이후 의화단 사건을 구실 삼아 만주를 점령하였다(1900).

② 영·일 동맹(1902)으로 러시아의 남하정책에 대항하였고, 일본·영국·미국은 러시아의 만주 철수를 강력히 요구하였다.

③ 러시아는 프랑스와 동맹을 맺고 **용암포를 점령**(1903)하고 군사기지를 설치하였으나, 결국 조차 요구 시도가 좌절 되었다.

④ 러·일 전쟁(1904~1905): 만주와 한반도에 대한 러·일 간의 분할 협상이 결렬되자 1904년 일본은 뤼순에 정박한 러시아 함대를 공격하여 러·일 전쟁을 일으켰다. 전쟁이 일본에게 유리하게 전개되자 1905년 5월에는 러시아가 전세를 뒤집기 위해 파견한 발틱 함대마저 패배하였다.

⑤ 러·일 전쟁의 종식

　(ㄱ) 일본은 미국의 필리핀 지배, 한국은 일본의 지배를 승인하는 가쓰라·태프트 밀약을 체결했다.

　(ㄴ) 제2차 영·일 동맹으로 한국에 대한 일본의 독점적 지배권을 승인했다.

　(ㄷ) 1905년 9월에 미국의 중재로 러시아와 일본 간에 포츠머스 강화 조약이 체결되었다.

(2) 일제의 국권 피탈 과정

① 한·일 의정서(1904.2.)

　(ㄱ) 1904년 대한제국은 국외 중립을 선언하였으나, 러·일 전쟁 발발로 전략적 교두보를 점령하고자하는 일제의 강요에 의해 한·일 의정서가 체결되었다.

　(ㄴ) 대한 제국은 일본의 동의 없이 제3국과 조약을 체결할 수 없고, 일본은 전략상 필요한 지역을 마음대로 사용할 수 있다는 내용이다.

　(ㄷ) 결 과: 일본은 한반도에서 군사 기지를 확보하였고, 대한 제국은 국외 중립이 무너지고 러시아와 체결한 모든 조약이 파기되었다.

② 제 1차 한·일 협약(1904.8.)

　(ㄱ) 러·일 전쟁에서 전세가 유리해진 일본의 강요로 체결하였다.

　(ㄴ) 대한 제국의 외교(스티븐슨)와 재정(메가타) 분야에 고문을 두고 중요한 외교 안건은 일제와 협의를 해야 한다는 내용의 협약을 강제로 체결하였다.

　(ㄷ) 각 부에 고문을 두어 내정을 간섭하고 재외 한국 공관을 강제로 철수시키자 영국 주재 대리공사 이한응이 자결하였다.

③ 제 2차 한·일 협약(을사조약, 을사늑약, 1905.11.)

　(ㄱ) 일본은 통감부로 하여금 실권을 장악하게 하는 간접 식민지 국가를 만들고자 송병준, 이용구 등으로 하여금 일진회(친일단체)를 조직하여 보호 조약의 필요성을 선전하였다.

　(ㄴ) 이토 히로부미는 군대를 거느리고 경운궁(덕수궁) 중명전에 들어가 무력으로 위협하여 강제로 체결하였다.

(ㄷ) **결 과**: 대한 제국의 **외교권**을 **박탈**하고 **통감부**를 설치하여 내정을 간섭하였다.

　　(ㄹ) **저 항**: 고종은 대한매일신보에 친서를 발표하여 조약 무효를 선언하였고, 헤이그에 특사를 파견하여 조약의 무효를 주장하였다(1907).

④ **한·일 신협약(정미 7조약, 1907.7.)**

　　(ㄱ) 고종은 네덜란드 헤이그에서 열린 만국 평화 회의에 이상설, 이준을 특사로 파견하였으나 성공을 거두지 못하였다.

　　(ㄴ) 일본은 헤이그 특사 파견을 구실로 고종을 퇴위시킨 뒤, 한국 정부의 각부 차관을 일본인으로 하는 **차관정치**를 실시하였다.

　　(ㄷ) 국가의 법령 제정, 중요 행정 처분, 고등 관리의 임명과 해임은 통감의 사전 승인을 받도록 함으로써 통감이 **행정권·인사권**을 담당하였다.

⑤ **군대해산(1907.8.)**: 일본이 군대를 **강제로 해산**시키자 항일 의병에 가담하였다.

⑥ **신문지법(1907.7.)**을 만들어 언론을 탄압하였고, **보안법(1907.7.)**을 만들어 언론·집회·결사의 자유를 탄압하였다.

⑦ **기유각서(1909.7.)**: 사법권, 감옥 사무권을 박탈하였다.

⑧ **한·일 병합 조약(경술국치, 1910.8.29.)**

　　(ㄱ) **한·일 합방 건의**: 일진회는 안중근의 이토 히로부미 암살을 계기로 일본의 사주를 받아 합방을 건의하는 성명서를 발표했다.

　　(ㄴ) **경찰권 박탈**: 1910년 새 통감으로 데라우치를 임명하고 헌병을 데리고 들어와 경찰업무를 담당하게 하여 경찰권을 박탈하였다.

　　(ㄷ) **조약 체결**: 데라우치는 순종 황제가 양위조서를 내리도록 강요하였다. 총리대신 이완용과 조약을 체결하여 국권을 강탈하고 총독부를 설치하였다.

2) 조선 총독부

(1) **역 할** 정치적 탄압과 경제적 착취를 자행한 식민 통치의 **최고기관**이다. 조선 총독은 천왕에게만 책임를 지는 친임관(親任官)으로, 우리나라에 있어서 전권을 위임 받은 전제 군주와 같은 통치자였다.

(2) **조선 총독의 권한** 행정·입법·사법·군대의 통수권을 부여하였다. 그리고 이왕직(李王職)과 조선 귀족에 대한 특별 권한을 장악하였다.

> **이왕직**
>
> 1910년 망국과 함께 대한 제국 황실이 이왕가로 격하됨에 따라 기존의 황실 업무를 담당하던 궁내부를 계승하여 설치되었다. 이왕직은 바로 일제가 자신들의 왕실 봉직제를 이용해 대한 제국 황실을 일본 천황가의 하부 단위로 편입하여 이들을 예우하는 한편 회유·통제하기 위해 설치한 기구이다. 원래는 궁내성에 소속된 기구였으나 실질적으로는 조선 총독부 관할 아래에 있었다.

(3) 자문 기관

① **중추원**: 한국 통치 합리화를 위한 기관으로 친일파를 우대하고 한국인을 정치에 참여 시키는 형식을 취했다. 그러나 3·1 운동 때까지 거의 10년간 단 한 차례의 정식 회합도 소집하지 않았고, 중추원은 의장의 허락 없이는 발언이 금지되었다.

② **취조국**: 법제 자료의 조사 기관이다.

③ **참여관 회의**: 한국인의 통치 참여를 가장하였다.

3) 헌병 경찰 통치(무단 통치, 1910~1919)

(1) 헌병 경찰 통치의 실시

① **무단 통치**: 일본군 2개 사단의 일본 군대와 수많은 헌병 경찰 및 헌병 보조원이 전국 요소에 배치되어 식민통치 정책을 실시하였다.

② 헌병 사령관이 중앙의 경무 총장이 되고, 각 도의 헌병 대장이 해당 도의 경무 부장이 되었다.

③ **주요 임무**: 경찰의 업무 및 독립운동가 색출, 처단에 있었다.

④ **권 한**: 한국인에게 태형·벌금·구류 등을 행사할 수 있는 즉결 처분권을 경찰 서장 또는 헌병 분대장에게 부여하였다.

⑤ **조선 태형령 제정(1912)**: 일제의 식민 통치에 불만을 나타내거나 세금을 체납하는 사람들을 태형으로 다스렸는데 1920년에 폐지하였다.

⑥ **위협적인 통치**: 일반 관리와 교원들까지도 제복과 칼을 착용하였다.

(2) 기본권 박탈

① 언론 ·출판·집회·결사의 자유를 박탈하였다.

② 신문지법을 이용하여 황성신문·제국 신문 등을 폐간하고 각종 계몽 단체를 해산시켰다.

③ 학교의 설치와 교육 통제: 조선교육령(1911), 서당규칙(1918)

(3) 민족운동 탄압

① **안악사건(1910)**: 안명근이 서간도에 무관 학교 설립을 위해 모금한 것을 데라우치 총독을 암살하기 위한 군자금 모금이라는 구실로 수많은 민족 지도자들을 검거한 사건이다.

② **105인 사건(1911)**: 테라우치 총독 암살 미수 사건을 구실로 양기탁, 윤치호, 이승훈 등 민족 지도자 600여명을 체포하였다. 이중에서 중심인물 105인을 기소한 사건으로 이후 신민회 활동이 중단되었다.

조선 태형령(朝鮮 笞刑令) (1912)

제 1조: 3월 이하의 징역 또는 구류에 처하여야 할 자는 그 정상에 따라 태형에 처할 수 있다.

제 4조: 본령에 의해 태형에 처하거나 또는 벌금이나 과료를 태형으로 바꾸는 경우에는 1일 또는 1원을 태 하나로 친다. 1원 이하는 태 하나로 계산한다. 단, 태는 다섯 이하여서는 안된다.

제 7조: 태형은 태 30 이상일 경우에는 이를 한 번에 집행하지 않고 30을 넘길 때마다 1회수를 증가시킨다.

제 11조: 태형은 감옥 또는 즉결 관서에서 비밀리에 행한다.

제 13조: 본령은 조선인에 한하여 적용한다.

4) 문화 통치(1919~1931)

(1) 식민지 정책 변화 배경 3·1 운동 이후 무단 통치의 한계 인식과 국제 여론 악화

(2) 목 적 한국인의 저항을 무마시키고 친일세력의 양성을 통한 민족의 분열을 획책하는데 있었다.

(3) 문화 통치의 내용과 본질

구 분	문화통치의 내용	문화통치의 본질
총 독	총독의 임명제한을 철폐하여 문관도 가능	실제로 한명도 문관 출신을 임명하지 않음
경찰제도	헌병경찰제도 폐지→보통 경찰제도 시행 관리, 교원의 제복 착검 폐지	경찰력 강화, 경찰 수와 장비증가 치안유지법(1925) 제정
기본권	언론·출판·집회·결사의 자유 부분 보장 조선일보·동아일보(1920)발행 허가	신문기사에 대한 검열강화, 식민지 지배를 인정하는 범위 내에서 집회·결사 허용
참정권	중추원의 확대, 도 평의회, 부·면 협의회 설치	일본인·친일 인사만 참여, 의결권 없는 자문 기구에 불과
교육정책	▶ 제2차 조선 교육령 제정(1922) → 일본인과 동등한 교육 선언, 교육시설확대, 대학설립 허가 ▶ 한국어 필수과목으로 지정	▶ 보통학교의 한국인 취학률은 일본인의 1/6수준에 불과 ▶ 민립대학 설립운동 봉쇄 → 경성 제국 대학 설립(1924) ▶ 초급의 학문과 기술만 강화

(4) 민족 분열 정책

① 친일 단체 조직: 친일파를 양성하여 우리 민족을 이간·분열시켰다.

  (ㄱ) 친일 유교 단체: 대동사문화·유교진흥회

  (ㄴ) 친일 불교 단체: 조선 불교 교무원

  (ㄷ) 친일 경제 단체: 조선 경제회

5) 민족 말살 통치(1931~1945)

(1) 배 경 일본 군부는 세계 경제 공항의 타개책으로 대륙 침략을 감행하여 만주 사변(1931),

중·일 전쟁을 일으켰다. 이후에는 파시즘 국가인 독일·이탈리아와 동맹을 맺고 태평양 전쟁을 일으켰다(1941). 우리 민족을 전쟁 수행에 필요한 인적·물적 공급지로 삼으려고 국가 총동원령(1938)이 내려졌고, 우리민족의 문화와 전통을 말살 시키려 하였다.

(2) 내 용

① 황국 신민화 정책
  (ㄱ) 일선 동조론: 일본인과 조선인은 조상이 같다는 이론이다.
  (ㄴ) 내선 일체: '내'는 일본을, '선'은 조선을 가리키며 일본과 조선은 한 몸이라는 뜻이다.
  (ㄷ) 황국 신민 서사: "우리들은 대일본 제국의 신민이다. 우리들은 마음을 합하여 천왕폐하에게 충의를 다한다"는 황국 신민 서사를 일본어로 외우도록 하였고, 천왕의 궁성을 향해 매일 절하는 궁성 요배를 강요하였다.
  (ㄹ) 신사 참배(1936): 신사는 일본 왕실의 조상이나 국가 공로자를 모신 사당으로 참배를 강요당하였다.
② 제3차 조선 교육령 발표(1938): 우리말과 우리 역사 교육 금지, 야학 금지, 1면 1교주의 원칙
③ 언론·결사 탄압: 조선중앙일보(1937), 동아일보와 조선일보(1940)를 폐간시키고, 모든 집회와 결사를 허가제로 바꾸어 민족 해방 운동을 봉쇄하였다(진단 학회 사건, 조선어 학회 사건).
④ 창씨 개명(1940): 성과 이름을 일본식으로 바꾸도록 강요하였다.
⑤ 조선사상범보호관찰법 시행(1936): 다시 죄를 범할 위험을 방지하기 위하여 그 사상과 행동을 관찰하여 보호한다는 제정취지를 내세워 기소유예, 집행유예 가출옥자, 만기 출옥자를 대상으로 적용하였다.
⑥ 국민 총력 운동 전개(1940): 국민총력조선연맹 조직

🏵 기출문제

01 다음 중 일제의 식민 통치에 대한 서술을 시대순으로 바르게 나열한 것은?   2007. 국가직 9급

  ㉠ 재판 없이 태형을 가할 수 있는 즉결 처분권을 헌병 경찰에게 부여하였다.
  ㉡ 한반도를 대륙 침략을 위한 병참 기지로 삼았다.
  ㉢ 국가 총동원령을 발표하여 인적·물적 자원의 수탈을 강화하였다.
  ㉣ 사상 통제와 탄압을 위하여 고등 경찰 제도를 실시하였다.

① ㉠ - ㉡ - ㉢ - ㉣   ② ㉠ - ㉣ - ㉡ - ㉢
③ ㉣ - ㉠ - ㉡ - ㉢   ④ ㉣ - ㉠ - ㉢ - ㉡

정답 ②
해설 ㉠ 무단 정치(헌병 경찰 통치) → ㉣ 문화 정치(보통 경찰 통치) → ㉡ 민족 말살 정치, 병참 기지화 정책(1931 ~ 1945) → ㉢ 국가 총동원령(1938)

③ 식민지 경제 수탈

1) 토지의 약탈

(1) 토지 조사 사업(1912~1918)

① 목 적: 근대적 토지 소유권의 확립을 주장하였지만 실제로는 한국인의 토지를 약탈하고 지주층을 회유하여 식민 통치에 필요한 지세 확보에 있었다.

② 실시 과정: 토지 조사국을 설치하여 전국의 토지 조사와 토지 조사령(1912)을 발표하였다. 토지 조사령은 토지 소유권, 토지 가격, 지형·지도의 조사를 내용으로 한 기한부 신고제로 농민은 복잡한 서류와 수속으로 인해 수속을 기피하였다.

③ 실시 결과

㉠ 토지의 피탈: 전 국토의 40%를 조선총독부가 탈취하여 동양 척식 주식회사와 불이흥업 (일본 토지 개간회사)에 넘겨 일본인에게 싼 값으로 불하하였다. 특히 소유주가 불분명한 토지, 역둔토와 궁방전은 총독부 소유의 국유지로 편입되었다.

㉡ 농민의 몰락: 농민은 토지 소유권, 경작권, 도지권, 입회권 등의 권리를 상실하고 기한부 계약 소작농으로 전락하였다.

㉢ 지주의 소유권이 강화되면서 지주들은 친일적 성향을 띠게 되었다.

2) 산업의 침탈

(1) 일제의 식민지 경제 착취 정책

① 산업 통제: 산업 경제권은 일제가 설립한 금융 조합, 농공 은행 등을 통해 철저하게 통제되었다. 또한 어업·임업·광업 등의 산업 전반에 철저한 착취정책을 실시하였다.

② 회사령 공포(1910): 기업 설립을 총독 허가제로 바꾸어 허가 조건을 위배했을 경우에는 총독이 사업 금지, 해산을 명할 수 있게 규정하였다. 회사령은 한국의 기업 설립과 발전을 억제하기 위하여 실시하였으며 민족 산업이 저해되었다. 또한 전기·철도·금융 관련 사업은 일본 기업이 장악하였고, 담배·인삼·소금·아편 등을 총독부가 전매하여 막대한 이득을 취하였다.

③ 한국인의 조세로 철도, 항만, 도로 등을 건설하고 정비하여 일본 식민 통치의 수단으로 이용하였다.

④ 우리나라의 미곡과 각종 원료를 싼 값으로 사다가 일본 제품을 들여와 비싼 값으로 팔아 이중으로 착취하였다.

(2) 일본의 자본 침투

① 회사령 철폐(1920): 일본인의 진출을 용이하게 하기 위해 허가제에서 신고제로 전환하였다.

② 1920년대 중반: 함경도 부전강 수력 발전소(1926), 흥남 조선 질소 비료 공장을 설립(1927)하는 등 일본인의 자본 투자가 경공업에서 중공업 분야로 이동하였다.

③ 관세령 철폐(1923): 관세를 폐지하여 일본 상품의 한국 수출이 증가하자 이에 대응하여 물산 장려운동이 본격적으로 전개되었다.

④ 신은행령 발표(1927): 한국인 소유의 은행은 강제로 합병하였다.

⑤ 1930년대: 군수 물자 공급을 위한 **병참 기지화** 정책으로 중공업에 투자가 확대되었다.

(3) 자원의 침탈

① 임업: 산림령(1911) → 임야 조사 사업으로 임야 약탈(전 삼림의 50% 이상)

② 어업: 어업령(1911) → 일본 어민의 한국 어장 독점

③ 광업: 광업령(1915) → 광산 경영 독점

3) 식량의 수탈

(1) 산미 증식 계획(1920∼1935)

① 배 경: 일본의 공업화 추진에 따른 식량 부족을 한국에서 착취하기 위해 실시하였다.

② 내 용: 토지 개간, 간척, 수리 시설 확충, 품종 개량 등을 통한 증산을 추진하였다. 처음에는 성과가 좋지 않아서 중단하였고 1930년대 일본 내부의 농업 공항을 타개하기 위해 중단하였다.

③ 결 과: 쌀 증식은 실패했지만 수탈량은 목표대로 수행하였고, 쌀 중심의 단작형 농업 구조로 변화하였다. 그리고 증산 비용의 소작농 전가로 몰락 농민이 증가하였다.

4) 1930년대 이후의 경제 침탈

(1) 만주 사변 이후 병참 기지화 정책

① 배 경: 세계 경제 공황(1929)을 타개하기 위하여 만주 사변(1931), 중·일 전쟁을 일으켜 대륙을 침략하였다.

② 병참 기지화 정책: 한반도를 대륙 침략의 병참 기지로 삼았다. 전쟁에 필요한 군수품 조달을 위해 군수 공업을 위주로 하는 공업화 정책이 추진되었다. 그 결과 한반도 북부 지방을 중심으로 금속·기계·화학 등 중화학 공업이 발달하였다.

③ 병참기지화의 목적: 일제의 전쟁 수행이 목적이며, 한반도의 경제를 식민지 경제 체제로 철저히 예속시키기 위한 것이다.

④ 남면북양 정책

　　㉠ 공업 원료 증산 정책으로 안정적이고 값싼 공업원료를 공급받기 위해 실시하였다.

　　㉡ 남쪽에서는 면화 재배를 늘려 면직물 공업을 육성하고, 북쪽에서는 양을 키워 모직물 공업을 육성하는 정책이다.

⑤ 농촌 진흥 운동(1932~1940)

　　㉠ 산미 증식 계획에 따른 농민의 불만을 없애고 중소 농민층과 빈농층을 식민지 지배체제 안에 끌어들이기 위한 회유책이다.

　　㉡ 차금(借金)예방, 춘궁 퇴치, 빈민 구제 토목 공사 사업 등을 내세운 농촌 진흥 운동을 전개하였으나 결과적으로는 농가 부채만 더욱 증가하였다.

　　㉢ 소작농을 보호한다는 명목으로 소작 조정령, 농지령을 발표하였으나, 소작쟁의의 조정이 지주, 자본가, 금융인에게 맡겨져 지주에게 유리하였다.

(2) 중·일 전쟁(1937) 이후 국가 총동원법

① 국가 총동원법(1938)의 시행: 인적·물적 자원 수탈 강화

　　㉠ 물적 자원의 수탈

　　　　㈎ 산미 증식 계획의 재개: 목표량을 설정하여 각도에 할당 → 부·군·읍·면을 거쳐 각 마을, 개인에게 할당하였다.

　　　　㈏ 중요 산업 통제법(1937): 1931년 기업의 신설과 생산 설비를 확장할 때 당국의 허가를 받도록 한 법으로 한국에는 1937년에 실시하였다.

　　　　㈐ 가축 증식 계획 수립: 가축 수탈 강화

　　　　㈑ 공출제 실시: 모든 금속제 그릇(전쟁 무기의 제작에 이용), 미곡(시장 유통 금지)

　　㉡ 인적 자원의 수탈: 지원병 제도, 징병, 징용, 정신대(위안부) 등

　　　　㈎ 육군 특별 지원령 공포(1938.2): 한국인들에게 황국 의식을 주입시키기 위해 실시한 지원병 제도로 지원병의 자격을 엄격히 제한하였다.

　　　　㈏ 국민징용령(1939), 국민근로보국령(1941, 근로보국대 조직), 학도 특별 지원병(1943, 학도병), 징병제(1943, 병력부족현상해소), 여자 정신대 근무령(1944, 한국 여성들 강제 징집) 등으로 인적 자원을 수탈하였다.

기출문제

01 일제의 경제 수탈 정책에 대한 설명을 옳지 않은 것은? 2012. 국가직 7급

① 1910년에 시작된 토지 조사 사업에서 신고된 토지에 대한 지주의 권리만을 인정하고, 농민이 오랫동안 누려왔던 관습적인 경작권은 부정되었다.

② 1920년대 일본 자본의 조선 진출 요구가 커지자, 조선 총독부는 회사의 설립과 해산을 신고제에서 허가제로 강화하였다.

③ 1920년대 일제는 자국의 식량 문제를 해결하기 위하여 산미 증식 계획을 시행하였는데, 한국인 지주도 이에 편승하여 토지를 크게 늘렸다.

④ 1930년대 이후 일제는 대륙 침략을 위하여 공업화 정책을 추진하였는데, 이 과정에서 일본의 대자본이 활발하게 투입되었다.

정답 ②

해설 ② 회사령(1910)은 한국의 기업 설립과 발전을 억제하기 위하여 실시하였으며 민족 산업이 저해되었다. 1920년에 일본인의 진출을 용이하게 하기 위해 허가제에서 신고제로 완화하였다.

독립운동의 전개

1 3·1 운동

1) 3·1 운동 이전의 민족 운동(1910년대)

(1) 의병활동 항일 무장 세력은 대부분 **만주와 연해주**로 이동하여 독립운동 기지 건설과 독립 전쟁을 준비하였고, 국내에 남아 있던 의병들은 소규모였지만 일제와 항전한 서북지방의 채응언부대가 대표적이었다.

(2) 국내의 항일 비밀 결사 운동

① 일제의 탄압으로 **비밀 결사** 운동으로 변모되어 조직적으로 전개되었다. 각종 선언문, 격문을 통해 독립 사상을 고취시키고, 광복에 대한 희망을 주는데 일조하였다.

② 주요 단체: 독립 의군부, 대한 광복회, 조선 국권 회복단, 자립단, 선명단 등이 있다.

③ **대표적 항일 결사**

조직명칭	지역	주요인물	주요 활동 및 성격
독립의군부 (1912~1914)	전라도	임병찬(의병장)	위정척사적 복벽주의, 전국에 태극기 게양 총독부, 각국 공사에 국권 반환 요구서 제출 일본군 철군에 대한 국민의 투서 운동 실시, 고종의 비밀지시로 의병장과 유생을 모아 조직
조선 국권 회복단 (1915~1918)	대구 중심 경북 일대	이시영, 윤상태, 서상일 등	공화주의 표방 3·1 운동에 앞장, 군자금 모집, 파리 강화회의에 보낼 탄원서 작성, 대종교적 민족주의 인사들의 독립군 지원 단체
조선 산직 장려계 (1914~1917)	경성	이우용, 남형유	계몽주의 입장에서 민족 산업 육성 일본에게 빼앗긴 각종 산업을 부흥 → 국권 회복을 위한 준비 작업, 경제 사상 실현 노력
대한광복회 (1915~1918)	대구 → 전국적, 만주지부	박상진(총사령), 김좌진	근대 공화주의를 목표로 한 혁신 유림들이 주도, 가장 활발한 활동 전개, 만주 독립군 기지건설, 사관학교 설립, 독립군 양성, 의병 운동 계열과 애국 계몽 운동 계열의 통합 단체
송죽회 (1913 ~)	평양 → 전국적, 미국, 일본	평양 숭의여학교 교사와 학생이 중심	항일 구국 비밀 여성 단체 망명 지사의 가족 돕기, 항일 독립군 자금 지원

2) 3 · 1 운동의 배경

(1) 배 경

① 러시아 혁명의 발발(1917)과 레닌의 식민지·반식민지 민족의 민족 해방 지원 선언

② 파리 강화 회의(1918)에서 천명한 윌슨의 민족 자결주의 제창

③ 신한청년단(1918, 김규식)의 파리 강화 회의에 대표단 파견, 연해주의 대한 국민 의회에서도 파리에 대표 파견

④ 일본 동경 조선 청년 독립단의 2·8 독립선언서와 결의문 발표로 국내 민족주의자를 자극하여 3·1 운동의 촉진제 역할을 하였다.

⑤ 대한 독립 선언서(1918, 무오 독립 선언서): 만주 길림성에서 국외 망명 독립운동가 39인의 명의로 발표된 선언서로 무장 독립 투쟁을 선언한 최초의 독립 선언서이다.

⑥ 고종의 서거(1919, 독살설)

3) 만세 운동의 전개 과정

(1) 준비 과정

① 33인의 민족 대표단 구성: 3·1 운동은 천도교(손병희) 15명, 기독교(이승훈) 16명, 불교(한용운) 2명 등 종교계 인사 33인을 중심으로 구성되었다.

② 독립 선언서 작성: 최남선이 독립선언서를, 한용운은 공약 3장을 작성하였다.

③ 무저항주의 채택: 비타협·비폭력·비협조의 원칙을 채택하였다.

(2) 3 · 1 운동 전개 과정

① 1단계(독립 선언 단계)

　㉠ 민족 대표들이 태화관에서 독립 선언서를 낭독하고 자진 체포되었다.

　㉡ 학생과 시민들이 탑골 공원에서 민족 대표가 불참한 가운데 독립 선언식을 거행하고 만세 시위를 전개하였다.

② 2단계(도시 확산 단계)

　㉠ 시민, 학생, 교사, 도시 상인, 노동자들

▶ 소요 사건 일별 조표(1919.3.1.~4.30.)

이 주도하여 전국 주요 도시로 확산되었다.

   ㉡ 일제 지배 하에서 낮은 임금과 장시간 노동, 민족적 차별로 많은 노동자가 만세 운동에 참여하였다.

 ③ 3단계(농촌 확산 단계)

   ㉠ 전국 농촌각지로 운동이 확산된 시기이고 일제에 대한 저항의식이 강한 농민들이 적극적으로 참여하였다.

   ㉡ 일제의 탄압에 대해 조직적으로 전개되었고 시위의 양상이 **무력 투쟁으로 발전**하였다.

 ④ **국외 확산**: 만주, 연해주, 미국(필라델피아 한인 자유 대회), 일본 등지로 만세 시위가 확산되었다.

 (3) 일제의 탄압 헌병, 경찰, 군대, 소방대 등을 총동원하여 무력으로 진압하였고, **화성 제암리 학살 사건**같은 만행이 전국에서 자행되었다.

> **화성 제암리 학살 사건**
>
> 1919년 4월 15일 일본군은 경기도 화성 제암리에서 15세 이상의 남자들을 교회에 모이게 한 후 밖에서 문을 잠그고 무차별 사격을 가한 후 교회에 불을 질러 23명을 학살하고 이웃 마을에 가서 6명을 살해한 사건이다.

4) 3·1 운동의 의의

(1) 독립의지 천명 3·1 운동은 독립 운동의 분수령으로 민족의 역량을 하나로 뭉쳐 우리 민족에게 독립할 수 있다는 희망과 한국인의 독립의지를 세계에 알리는 계기가 되었다.

(2) 대한민국 임시 정부의 탄생의 계기 우리 민족 스스로 민주 공화제 정부를 수립하여 독립운동의 지도체제를 마련하였다.

(3) 1차 세계 대전 이후 전승국 식민지에서 일어난 **최초의 반제 민족 운동**으로서 중국의 5·4운동, 인도의 비폭력·무저항 운동과 필리핀·베트남의 민족 해방운동에 영향을 주었다.

(4) 조직적·체계적 독립 운동으로 발전하였고, 무장 투쟁의 필요성이 제기되어 본격적인 무장 투쟁이 이루어지는 계기가 되었다.

(5) 일제의 식민 통치 방식이 무단 통치에서 문화 통치로 전환되었다.

🌀 기출문제

01 다음 중 3·1 운동의 대내외적 배경에 대한 설명으로 가장 적절하지 않은 것은?   2012. 경찰 1차

 ① 1910년대 일제의 경제적 약탈과 사회적·정치적 억압으로 인해 일제에 대한 분노와 저항은 전 민족적으로 고조되었다.

 ② 1917년 러시아 혁명 직후 레닌은 자국 내 100여 개 이상의 소수민족에 대해 민족 자결의 원칙을 선언하였다.

③ 1918년 미국 대통령 윌슨은 제1차 세계 대전 이후 지구상의 모든 식민지 처리에 민족 자결주의를 적용하자고 주장하였다.

④ 1919년 신한 청년당에서는 독립 청원서를 작성하여 김규식을 파리 강화 회의에 대표로 파견하였다.

정답 ③

해설 ③ 윌슨의 민족 자결주의는 약소민족의 독립 의식을 고조시켰으나 제1차 세계 대전 이후 패전국의 식민지에게만 적용되었다는 한계점을 가지고 있다.

2 대한민국 임시 정부

1) 임시 정부의 수립

(1) 통합 이전의 임시 정부

① **한성 정부(1919. 4.):** 서울에서 13도 국민 대표 명의로 집정관 총재 이승만, 국무총리 이동휘로 하는 한성 정부가 수립되었다.

② **상하이의 대한민국 임시 정부(1919. 4.):** 민주 공화제의 임시 정부 수립, 의장은 이동녕, 국무총리는 이승만이 추대되었다.

③ **연해주의 대한 국민 의회(1919. 3.):** 연해주의 블라디보스토크에서 손병희를 대통령으로 하고 이승만을 국무총리로 하는 대한 국민 의회가 수립되었다.

④ **만주 군정부(軍政府):** 간도에 북로 군정서(북간도), 서로 군정서(서간도) 두 개의 군정부가 수립되어 독립군 양성, 교민 자치와 교육, 납세의 업무를 관장하였다.

⑤ **기 타:** 조선민국 임시 정부, 신한민국 정부 등이 있었다.

2) 임시 정부의 통합

(1) 대한민국 임시 정부의 수립

① **정부 통합:** 한성 정부의 법통을 계승하고 대한 국민 의회를 흡수하여 상해에 통합 정부인 대한민국 임시 정부가 수립되었다.

② **정부 출범:** 대통령에 이승만, 국무총리에 이동휘가 추대되었다.

③ **헌정 체제의 구성**

　㉠ **삼권 분립:** 입법 기관(임시 의정원), 사법 기관(법원), 행정 기관(국무원)으로 구성하여 우리나라 최초의 삼권 분립에 입각한 민주 공화제의 정부가 출범되었다.

　㉡ **대통령 체제:** 헌정 지도 체제는 정부 수립 이후 5차에 걸친 개헌 과정을 통해서 이루어졌다.

④ 임시 정부의 노선 갈등: 대통령 이승만의 외교론과 국무총리 이동휘의 무장 투쟁론의 갈등으로 혼란에 빠졌다.

(2) 지도 체제의 개편

개 헌	정부형태	정부수반
1차개헌(1919)	대통령 지도제(3권분립)	이승만
2차개헌(1925)	국무령 중심의 내각 책임 지도 체제	김구
3차개헌(1927)	국무위원 중심의 집단 지도 체제	국무위원
4차개헌(1940)	주석 지도 체제	김구
5차개헌(1944)	주석·부주석 중심 지도 체제	김구, 김규식

3) 임시 정부의 활동

(1) 역 할
국내외 민족 운동의 조직적·효과적 추진과 조국 독립 희망 고취, 국가 건설 방향을 제시하였다.

(2) 비밀 행정 조직망
① 연통제: 비밀 지방 행정 제도로 1921년 와해될 때까지 정부 문서와 명령 전달, 군자금 송부, 정보 보고의 역할을 수행하였다.
② 교통국 조직: 임시 정부의 교통부 소속의 통신기관으로 정보의 수집·분석·교환·연락의 업무를 담당하였다. 중국 안동의 이륭양행을 임시 교통국 안동 지부로 이용하였다.

(3) 군자금 조달
애국 공채 발행과 국민 의연금을 모금하여 연통제나 교통국 지부인 이륭양행 (만주), 백산상회(부산)을 통해 전달하였다.

(4) 외교 활동
① 파리 강화 회의에 대표 파견: 신한청년단의 김규식을 대표로 임명하여 독립청원서를 제출하였다.
② 미국워싱턴에 구미 위원부가 설치되어 외교 행정 업무를 주관하였다.

(5) 문 화
① 독립신문 간행: 대한민국 임시 정부의 기관지로 1919년 8월 21일부터 1925년 말 경까지 발행하였다.
② 사료 편찬소 설치: 「한·일 관계 사료집」을 간행하여 국제 연맹에 제출하였다.

(6) 군 사
① 직할 군대 편성: 광복군 사령부, 광복군 총영, 육군 주만 참의부 등이 결성되었다.

② 한국 광복군 창설(1940)이후 정부가 직접 무장 부대를 편성하여 항전을 주도적으로 전개하였다.

③ 육군 무관학교를 설립하여 독립 전쟁을 수행할 지휘관 양성에 주력하였다.

4) 임시정부의 시련과 재정비

① 1921년 이후 연통제와 교통국 조직이 붕괴(국내와 단절), 독립 자금 부족, 인력난이 가중되었다.

② 국민 대표회의 개최(1923): 이승만의 국제 연맹에 위임 통치 청원으로 인한 갈등을 조정하기 위하여 소집 → 창조파(신채호)와 개조파(안창호)가 대립하였다.

③ 회의 결렬로 독립 운동가들은 대한민국 임시 정부를 이탈하였고 현상 유지파(김구, 이동녕)는 박은식을 제 2대 대통령으로 추대하고 헌법을 개정하였다(2차개정). 현상 유지파들은 조소앙의 삼균주의(三均主義)를 수용하여 좌우 노선을 절충하는 새로운 건국 방향을 제시하였다.

3 학생 항일 운동

1) 6·10 만세 운동(1926)

(1) 배 경 일제의 수탈 정책과 식민지 교육에 대한 반발로 순종의 인산일(장례)에 6·10만세 운동이 일어났다.

(2) 주도 세력 학생 중심의 조직과 사회주의 계열에 의해 각각 추진되었고, 일부 민족주의자들의 지원을 받아 준비했으나 사전에 발각되었다.

(3) 전 개 순종의 인산 당일에 학생 중심의 만세시위를 전개하였으나 전국적인 시위로 확산되지는 못하였다.

(4) 의 의
① 학생운동 세력이 항일 민족운동의 구심체로 등장하였다.
② 민족주의 계열과 사회주의 계열의 연대로 대립·갈등을 극복하는 계기가 되었다.

2) 광주 학생 항일 운동(1929)

(1) 배 경

① 각급 학교에 결사 조직을 통한 일제의 민족 차별과 식민지교육에 항거하는 동맹 휴학의 형식으로 전개되었다.

② 민족 유일당 운동으로 조직된 신간회의 활동이 국민의 자각을 높여 주었다.

(2) 전 개

① 일본 남학생의 한국 여학생 희롱 사건을 계기로 한·일 학생간의 충돌에서 일어난 사건이다. 일본 경찰과 교육 당국의 편파적 조치로 광주 지역 학생들의 대규모 시위로 시작되었다.

② 일본에 유학생들도 궐기하였고, 일반 국민도 가담하면서 전국적 규모의 항일 투쟁으로 발전하였다.

③ 신간회가 광주 학생 운동을 적극적으로 후원하였고 민중대회를 계획하였으나 일제의 탄압으로 무산되었다.

(3) 의 의
194개의 각급 학생 54,000여 명이 참여하였고, 시민들이 합세한 3·1 운동 이후 최대의 민족 운동이다.

④ 항일 독립 전쟁

1) 1910년대 국외 민족 운동

(1) 독립운동 기지 건설

서간도 (남만주)	삼원보 개척, 경학사(1911), 부민단 → 한족회로 발전, 신흥강습소(신흥무관학교) 서로 군정서 조직
북간도	용정촌·명동촌 형성, 간민회와 중광단 결성, 서전서숙, 명동학교 → 북로 군정서로 발전
연해주	신한촌 건설, 건업회 → 최초의 임시 정부인 대한 광복군 정부(1914)수립, 한민회 설치와 해조 신문 발행, 전로 한족회 중앙 총회 → 대한 국민 의회(1919)로 발전 한인 사회당 결성, 13도 의군(유인석, 홍범도)조직, 성명회(국권침탈 항의 격문)
중국 본토	동제사(신규식), 대동 보국단 조직, 대동 단결 선언을 제창한 신한 혁명당(1915), 신한 청년당 (파리 강화 회의에 김규식 파견)
일본	2·8 독립선언 주도한 조선 청년 독립단(1919)
미국	대한인 국민회(1910), 흥사단(1913, 동광 잡지 발행), 대조선 국민군단(0914)

2) 1920년대 무장 항일 투쟁

(1) 국내 독립군 부대의 결성
만주와 연해주가 중심이었으나 국내의 독립군 부대도 일본군경과 전투를 하였다.

(2) 국내의 독립군 부대
평북 동암산을 근거로 한 보합단, 평북 천마산의 천마산대, 황해도 구월산의 구월산대, 의용단 등이다.

3) 애국지사의 활동

(1) 의열단(1919. 11.)

① 조 직: 김원봉이 만주 길림성에서 신흥 무관 학교 출신들을 중심으로 결성하였다.

② 활 동: '공약 10조'와 '5파괴', '7가살(可殺)' 이라는 행동 목표를 독립운동의 지침으로 채택하고, 식민 통치 기관의 파괴와 일제 요인 암살 등의 활동을 하였다.

③ 조선 혁명 선언(1923): 신채호가 작성한 의열단 선언서로 일부 독립 운동가들의 문화주의·준비론·외교론 등을 비판하고 '민중에 의한 직접 혁명론'을 내세웠다.

④ 주요 활동

　(ㄱ) 조선총독부 청사 폭탄 투척 의거(김익상, 1921)

　(ㄴ) 종로경찰서 폭탄 투척 (김상옥, 1923)

　(ㄷ) 일본 황제 궁성 앞 폭탄 투척 의거(김지섭, 1924)

　(ㄹ) 동양척식회사와 식산은행 폭탄 투척 의거(나석주, 1926)

⑤ 1920년대 후반 활동 방향의 전환

　(ㄱ) 개인 투쟁의 한계를 인식하여 무장 투쟁 노선으로 전환하고 단원들은 중국의 군관 학교(황포 군관 학교)에 입학하여 체계적인 군사 교육을 받았다.

　(ㄴ) 1930년대에는 난징으로 옮겨와 중국 국민당의 원조를 받아 조선 혁명 간부 학교를 창립하였고, 중국 관내 대부분의 항일 단체와 정당을 통합하여 1935년 민족 혁명당을 결성하였다.

(2) 한인 애국단(1931)

① 조 직: 김구가 대한민국 임시 정부의 침체 극복을 목적으로 상하이에서 조직하였다.

② 활 동

　(ㄱ) 이봉창(1932): 일본 도쿄의 궁성에서 히로히토 국왕을 저격하였으나 실패하였다.

　(ㄴ) 윤봉길(1932): 상하이 홍커우 공원에서 일본의 상하이 사변 전승 축하 식장에 폭탄을 투척하였다. 이 의거로 중국 국민당 정부가 대한민국 임시 정부를 지원하는 계기를 마련하였다.

(3) 다물단(1923) 김창숙 등이 베이징에서 조직한 단체로 1925년 일제의 밀정 김달하를 처단하여 중국 전역에 충격을 안겨 주었다.

4) 독립군의 항일 전쟁

(1) 무장 독립군 부대의 편성

① 군사 훈련 강화: 간도를 비롯한 연해주나 만주 일대에 100여 만 명의 동포 사회를 기반으로 많은 항일 단체를 조직하였다. 독립운동 기지화를 추진하였으며 무장 독립군을 편성하여 군사 훈련을 강화하였다.

② 독립군의 활동: 일본 군경과 전투를 전개하면서 군자금 모금, 밀정자 처단, 친일파 숙청 등의 활동을 하였다. 홍범도가 이끄는 대한 독립군의 봉오동 전투와 김좌진이 이끄는 북로 군정서의 청산리 대첩이 가장 눈부신 전과를 올린 전투로 유명하다.

(2) 주요 독립군 부대

① 북로군정서(北路軍政署): 대종교의 서일·김좌진이 국내에서 넘어온 의병들을 규합하여 중광단을 조직하였다. 무관학교를 설립하고 독립군 간부를 양성하였다.

② 대한독립군: 의병장 홍범도가 지휘하던 부대로 1919년 최초의 국내 진입 작전을 전개하였다.

③ 서로군정서(西路軍政署): 신민회(新民會) 중심의 한말 애국계몽 운동계열 인사들이 임시 정부의 동의를 얻어 조직하였다. 서간도 삼원보에 경학사(耕學社)를 조직하였으며 신흥학교를 신흥 무관 학교로 개편하고 민족 교육 및 독립군 간부를 양성하였다.

5) 독립군의 승리와 시련

(1) 봉오동전투(1920. 6.)

① 참여부대: 홍범도의 대한 독립군, 최진동의 군무 도독부군, 안무의 국민회 독립군

② 독립군 본영을 기습해 온 일본군 1개 대대 병력을 봉오동으로 유인, 공격하여 대승

(2) 청산리 전투(1920.10)

① 봉오동전투에서 참패를 당한 일본군은 훈춘 사건을 날조하고 국경을 넘어 1만 5천명의 대군으로 청산리 일대를 공격하였다.

② 독립군 연합 부대: 김좌진의 북로 군정서군, 홍범도의 대한 독립군, 안무의 국민회 독립군 등 독립군 연합 부대는 6일간의 전투에서 일본군 1,200여 명을 사살하고 2천여 명을 부상시키는 큰 전과를 거두었다.

> **훈춘 사건**
>
> 1920년 일본군이 훈춘의 한인교포와 독립운동가를 대량 학살한 사건이다. 3·1 운동 이후 만주의 한인촌을 습격할 구실을 찾던 일본은 중국인 마적단을 매수하여 간도의 훈춘 현의 일본 영사관을 습격하고 일본 경찰을 살해하게 하였다. 일본은 마적들의 정체를 중국과 한국인 무력 단체로 발표하고, 일본 영사관 및 거류민 보호를 구실로 대규모 병력을 불법으로 출동시켜 한국의 독립운동가와 그 가족을 학살하였다. 이 사건으로 한민회와 독립단이 붕괴되고 한인 교포 3,100여 명이 죽었다.

(3) 독립 전쟁의 시련

① **간도 참변(경신참변, 1920)**: 일본은 봉오동·청산리 전투에 대한 보복으로 독립군과 만주에 사는 한국인을 무차별 학살하고 마을을 초토화한 사건인 간도 참변을 일으켰다.

② **대한독립군단 결성(1920)**

　(ㄱ) 일본군의 공격으로 독립군의 주력 부대는 소·만(蘇滿) 국경지대의 밀산(密山)에 집결하였다.

　(ㄴ) 1921년 서일을 총재로 하는 대한 독립군단이라는 통합 군단을 결성하였다.

③ **자유시 참변(1920)**

　(ㄱ) 대한 독립군단은 약소민족 운동을 지원한다는 적색군에 속아 자유시로 이동하여 내전에 참전하였다.

　(ㄴ) 적색군은 전쟁에서 승리한 후 독립군을 무장 해제시키려 했으며 이에 반발하는 독립군을 공격하여 무수한 사상자를 낸 사건이 자유시 참변이다.

　(ㄷ) 부대의 재편성 과정에서 독립 운동의 주도권을 놓고 격렬하게 대립하여 피해가 더욱 커졌고, 일부 독립군은 적색군에 흡수되었으며, 일부는 만주로 귀환하였다.

6) 독립군의 재정비와 통합

(1) 독립군의 재정비와 3부의 성립

① 흩어진 독립단체들은 효과적인 항일투쟁을 위해 각 단체의 통합 운동을 추진하였다.

② 서로군정서와 대한독립단 등이 통합하여 대한통의부가 성립하였고 7개 중대의 독립군을 구성하였다.

③ **육군 주만 참의부(1923)**: 1923년 압록강 건너 만주 지역에 임시 정부 직할하의 무장 독립운동 단체인 육군 주만 참의부가 결성되었다.

④ **정의부(正義府)(1925)**: 길림과 봉천을 중심으로 남만주 일대에서 결성되었고 3권이 분립된 정치 기구를 갖추고 있었다.

⑤ **신민부(新民府)(1925)**: 북만주 지역에서 자유시사변 이후 만주로 다시 돌아온 독립군을 중심으로 결성되었다.

(2) 미쓰야 협정(1925)
일본은 독립군 탄압을 위해 일제 총독부 미쓰야(경무 국장)와 장쭤린(만주 군벌) 사이에 체결된 협정으로 독립군에게 큰 타격을 주었다.

미쓰야 협약 내용

(1) 한국인의 무기 휴대와 한국 내 침입을 엄금하며, 위반자는 검거하여 일본 경찰에 인도한다.

(2) 만주에 있는 한인 단체를 해산시키고 무장을 해제하며 무기와 탄약을 몰수한다.

(3) 일제가 지명하는 독립 운동 지도자를 체포하여 일본 경찰에 인도한다.

- 총독부 경무 국장 미쓰야와 만주 군벌이었던 장쭤린(張作林) 사이에 맺어진 협정 -

---

(3) 3부의 통합 운동 전개(민족 유일당 운동)

① 1927년부터 3부의 간부들이 체포되자, 전민족 유일당 조직 촉성대회((1928)를 개최하여 민족 유일당 운동을 전개하였다.

② 완전한 통일을 이루지는 못했고, 단일체로 구성하자는 전민족 유일당 조직 촉성회(촉성회파)와 기존 단체 중심의 전민족 유일당 조직 협의회(협의회파)의 두 단체로 분열되었다.

③ 조선혁명당(1929): 남만주 지역의 정의부가 중심이 되어 조직한 협의회는 국민부(1929)로 발전하였다가 조선 혁명당(양세봉)을 조직하고 조선혁명군을 편성하였다.

④ 한국독립당(1930): 북만주 지역의 신민부가 중심이 되어 조직한 촉성회는 김좌진이 주도하는 혁신 의회(1928)로 발전하였다가, 지청천을 중심으로 한국 독립당을 조직하고 산하 부대로 한국 독립군을 편성하였다.

7) 1930년대 무장 독립 전쟁

(1) 1930년대 전반 한·중연합 작전의 전개

① 한국 독립군: 북만주에서 지청천을 중심으로 한국 독립군(혁신 의회소속)이 중국 호로군과 한·중 연합군을 편성하여 쌍성보 전투, 동경성 전투, 사도하자 전투에서 승리하였고, 특히 대전자령 전투에서는 막대한 전리품까지 획득하게 되었다.

② 조선 혁명군: 남만주에서는 양세봉이 지휘하는 조선 혁명군(국민부 소속)이 중국 의용군과 연합하여 영릉가 전투, 흥경성 전투 등에서 일본군에게 대승을 거두었다.

③ 한·중연합 작전의 결렬: 일본군의 대토벌 작전과 한·중 양군의 의견대립 등으로 작전은 중지되었다.

④ 중·일 전쟁이후 독립군은 임시 정부가 직할군단의 편성을 요구해오자 대부분 중국 본토로 이동하여 한국 광복군 창설(1940)에 참여하였다.

⑤ 민족주의 계열에 의한 무장 투쟁은 한국 독립군과 조선 혁명군의 활동을 끝으로 종료되었고, 중국 공산당과 연결된 사회주의 계열에 의해 무장 투쟁이 이루어졌다.

(2) 1930년대 중반 만주에서의 무장 독립 전쟁

① 민생단 사건: 1932년 간도에 친일 스파이 조직인 민생단을 결성하여 우리 민족의 역량을 분산시키려 했으나 해산되었다. 그러나 중국 공산당에

민생단 사건

만주에서 《동북인민혁명군》의 항일무장투쟁이 치열하게 전개되자, 일제는 이에 대응하기 위한 전술로 "민생단"을 수립했다. 친일파 박석윤(朴錫胤)을 단장으로 '간도지방 조선인들의 자치'라는 구호아래 세워졌으나 성과없이 해체되고 말았다. 그러나 민생단 해체 이후 중국사회주의 운동 내부의 '민족배타주의적 성향'과 '극좌 모험주의자'들의 잘못된 판단으로 "동북인민혁명군"내의 많은 조선인이 살해되었다. 1936년 2월 코민테른의 긴급지시에 의해 중단되기까지, 4년 간 계속된 이른바 반(反)민생단 투쟁의 광기 아래 약 560명이 처형되었는데, 그 중 간부급 지도자 40명을 포함한 약 430명이 조선인이었다. 이로 말미암아 당시 '조선인 민족해방운동'의 중추부가 붕괴되었다.

서는 조선인 당원들이 이 조직과 연결되었다고 판단하여 민생단 숙청이 대대적으로 이루어진 사건이다.

② 동북 항일 연군(1936)

(ㄱ) **추수투쟁·춘황 투쟁**: 1931년 가을과 이듬해 봄에 농민들은 중국 지주와 군벌을 상대로 소작료 인하, 생존권과 자치권 확보를 요구하며 반일적인 중국인들과 함께 추수 투쟁과 춘황 투쟁을 전개하였다. 공산주의자들은 동북 만주 일대에서 항일 유격대를 결성하였는데 1933년 중국 공산당 유격대와 함께 동북 인민 혁명군으로 편성되었다.

(ㄴ) **동북 항일 연군**: 중국 공산당은 동북 인민 혁명군을 동북 항일 연군으로 개칭하였다. 동북 항일 연군의 독립 운동가들은 조국 광복회(1936)를 결성하고, 국경의 일본군이나 경찰, 행정 관청을 공격하였다.

(ㄷ) **보천보 전투(1937)**: 함경남도 갑산면 보천보로 동북 항일 연군에 속한 조선인 유격대의 일부가 들어가 경찰 주재소와 면사무소 등을 불태운 조선인 부대의 대표적인 **국내 진입 작전**이다.

(ㄹ) 일제의 탄압으로 조선 유격대는 소련으로 퇴각하였고, 일부는 일본 항복을 전후하여 소련군을 따라 북한으로 들어갔다.

(3) 1930년대 후반 중국 본토의 민족 연합 전선 형성

① 사회주의 계열

(ㄱ) **민족 혁명당(1935)**: 김원봉·조소앙 등이 5개의 단체(조선혁명당·의열단·신한 독립당·한국 독립당·대한 독립당)를 연합하여 1932년 한국 대일전선 통일 동맹을 결성하였고 1935년 **민족 혁명당**, 1937년 좌파 중심의 조선 민족 혁명당으로 재정비되었다.

(ㄴ) **조선 민족 전선 연맹 결성(1937)**: 통합에 찬성하는 단체들과 연합한 조선 민족 혁명당은 조선 민족 전선 연맹을 결성하고, 1938년 우한(한커우)에서 군사 조직인 조선 의용대를 조직하였다.

ⓒ 조선 의용대(1938): 중국군의 지원을 받아 주로 정보수집, 포로 심문, 일본군의 후방교란 등의 임무를 수행하였다. 이와 같이 소극적인 활동에 불만을 품게 된 조선의용 대원들은 화북지방에서 조선의용대 화북지대를 만들고 조선 의용군으로 편입하였다.

② 민족주의 계열

ⓐ 한국 국민당(1935): 한국 독립당은 김구·이동녕이 중심인 한국 독립당은 1935년 민족 혁명당이 구성되고 임시정부의 해체를 요구하자 이에 불참하고 한국 국민당(1935)을 결성하였다. 공산주의를 배격하고 민족주의에 입각한 조소앙 삼균주의를 채택하였다.

ⓑ 한국 광복 운동 단체 연합회(1937): 여러 민족주의 단체들이 연합하여 결성하였다.

③ 전국 연합 진선 협회 조직(1939)

ⓐ 배 경: 한국 광복 운동 단체 연합회와 조선 민족 전선 연맹은 중·일 전쟁 중 독립운동 전선의 통일 요구와 중국 국민당의 권유로 7개 단체가 전국 연합 진선 협회를 구성하였다.

ⓑ 결 과: 7개 단체 중 조선 청년 전위 동맹과 조선 민족 해방자 동맹이 이탈하고, 1940년대 말부터는 조선의용대의 상당수가 중국 공산군 지역인 화북 지방으로 옮겨가 사실상 해체되었다.

(4) 1940년대 무장 독립운동

① 사회주의 계열

ⓐ 조선 독립 연맹(1942): 1941년 화북 조선 청년 연합회 결성 → 조선 의용 대원 흡수 → 화북 조선 독립 연맹 결성(군사조직은 조선 의용군)

ⓑ 조선 의용군(연안파, 1942): 중국 공산당 팔로군과 함께 호가장 전투(1941), 반소탕전(1942)등에서 전과를 올렸고, 해방 후 북한의 인민군으로 편입되었다.

ⓒ 좌우 합작 구상: 국내의 조선 건국 연맹(1944)과 연결하여 민주 공화국을 표방한 민족주의 좌파와 사회주의자가 중심이 된 통일 전선 조직을 구상하였다.

② 민족주의 계열: 대한민국 임시 정부(충칭)

ⓐ 한국 독립당(1940): 전국 연합 전선 협의회 해체 후 임시 정부의 기초 정당으로 충칭에서 한국 독립당을 창당하였다.

ⓑ 건국 강령 반포(1941): 조소앙의 삼균주의를 바탕으로 건국 강령을 반포하였다.

ⓒ 좌우 합작 시도: 김구·김규식을 중심으로 정부 체제를 본토 수복을 위한 임전태세로 재정비하고, 각지의 무장 세력을 임시 정부 산하 한국 광복군(1940)으로 통합하였다. 1942년 좌익 계열인 김원봉의 조선 의용대를 통합하여 좌·우 통일을 시도하였다.

ⓓ 중국 국민당과의 협력: 광복군은 중국 국민당과 협력하여 연합군의 일원으로 대일전쟁

에 참전하려고 노력하였다. 또한 일본군 학병에 강제로 끌려갔다 탈출한 한국 청년들이 광복군에 편입되어 전력이 강화되었다.

ㅁ 한국 광복군의 활약

㉮ 대일·대독 선전 포고: 태평양 전쟁(1941)이 발발하자 임시 정부는 대일·대독 선전포고문을 발표하였다.

㉯ 연합군 참전(1943): 영국군의 요청으로 미얀마·인도 전선에 한국 광복군 공작대를 파견하여 암호문 번역과 선전 전단 작성, 포로 심문, 회유 방송 등의 심리전 활동을 하였다.

㉰ 광복군의 국내 진입 작전: 1945년 9월 예정으로 미국 전략 정보처와 협력하여 광복군을 중심으로 특수 훈련을 실시하고 비행대까지 편성하였으나 일본이 무조건 항복하여 계획이 무산되었다.

🎯 기출문제

01 다음 선언을 채택한 단체와 관련된 설명으로 옳지 않은 것은? 2013. 서울시 9급

> ······ 이상의 이유에 의하여 우리는 우리의 생존의 적인 강도 일본과 타협하려는 자나 강도 정치 하에서 기생하려는 주의를 가진 자나 다 우리의 적임을 선언하노라. ······ 민중은 우리 혁명의 중심부이다. 폭력은 우리 혁명의 유일한 무기이다. 우리는 민중 속에 가서 민중과 손을 잡아 ······(중략)······ 이상적 조선을 건설할지니라.

① 만주 길림에서 김원봉이 중심이 되어 조직하였다.

② 일제 요인 암살, 식민 통치 기구 파괴를 활동 목표로 삼았다.

③ 이 단체의 소속원인 이봉창은 일왕 폭살을 시도하였다.

④ 후에 이 단체의 계통 인사들은 조선 의용대를 조직하였다.

⑤ 이 단체의 소속원으로 나석주, 김상옥, 김익상 등이 있다.

정답 ③

해설 제시된 사료는 의열단 창립선언문인 신채호의 조선혁명선언(1923)이다.
③ 이봉창은 1931년 김구가 대한민국 임시정부의 침체 극복을 목적으로 상하이에서 조직한 한인 애국단 일원으로 일본 도쿄에서 일왕에게 수류탄을 투척하였다.

사회적 민족 운동

❶ 3·1 운동 이후 독립운동의 변화

1) 사회주의 사상의 유입

(1) 배경

① 사회주의 운동의 대두: 러시아 혁명에 성공한 레닌의 약소민족 독립 운동 지원 약속
② 3·1 운동 이후 1920년대 전반에는 중국 지역 독립 운동가들과 국내의 민족 운동가들이 수용하였다.

(2) 국외의 사회주의 운동

① 한인 사회당 결성(1918): 연해주에서 이동휘 등이 조직한 것을 시초로 많은 공산주의 단체들이 조직되었다.
② 이르쿠츠크파 고려 공산당(1919): 재소련 동포를 중심으로 노농소비에트 건설을 목표로 조직되었다.
③ 상하이파 고려 공산당(1921): 한인 사회당의 당 본부를 상하이로 옮기고 고려 공산당으로 개칭하였으며, 민족 해방을 우선과제로 내세워 조직하였다.

(3) 사회주의의 국내 유입

① 고려 공산 청년회와 조선 공산당: 1920년대 초 소련 및 일본 유학생을 중심으로 신사상 연구회(1923), 북풍회(1924), 화요회(1924), 서울 청년회(1921) 등 많은 공산주의 단체가 결성되었다. 이 단체들은 1925년 고려 공산 청년회와 화요회 중심의 조선 공산당으로 통합되었다.
② 코민테른의 승인: 고려 공산 청년회와 조선 공산당은 코민테른의 승인을 받고 6·10 만세 운동을 주도하였으며 민족주의 좌파와 연합하여 신간회를 결성하였다.
③ 해체: 일본의 치안 유지법(1925)으로 여러 차례 해체와 재건의 과정을 거쳐 코민테른 6차 대회의 결의(12월 테제, 1928)에 의해 해체되었다. 코민테른은 조선 공산당이 지식인 공산당이라는 한계를 지적하고, 당의 해체와 함께 노동자·농민 중심의 당 재조직을 지령하였지만 재건되지는 못하였다.

(4) 사회주의 사사의 영향

① 순기능: 청년, 지식인층을 중심으로 파급되어 사회·경제 운동을 활성화 시켜 각 방면에 걸쳐 한민족의 권익과 지위향상을 위하여 활발한 활동을 전개하였다.

② 역기능

　㉠ 각 노선에 따라 이해를 달리하는 계열이 있어 내부에 갈등과 마찰이 발생하였다.

　㉡ 민족주의 운동과는 사상적인 이념과 노선의 차이로 대립이 격화되어 민족 운동에 많은 차질을 초래하였다.

　㉢ 대립 상황을 극복하기 위한 방법으로 민족주의 운동과 통합하려는 민족 유일당 운동이 일어나게 되었다.

2) 청년 운동

(1) 목 적 1920년대 초 전국의 청년 운동 단체는 100여 개가 넘었는데 이들 단체들의 목적은 민족의 역량을 향상시켜 자주 독립의 기초를 이루는데 있었다.

(2) 활 동 청년 운동 단체들은 토론회, 강연회를 개최하고 강습소, 야학 설치로 지식의 향상과 운동회, 조기회 등으로 심신의 단련을 꾀하였다. 또 사회교화와 생활 개선을 위하여 금주회, 단연회, 저축 조합 등을 결성하였다.

(3) 조선 청년 총동맹 결성(1924) 민족주의 계열과 사회주의 계열로 분열된 청년 단체를 수습하기 위하여 조선 청소년 총동맹이 조직되었다.

3) 여성 운동

(1) 배 경 3·1 운동과 국내외 항일 독립 운동에서 여성들의 적극적인 참여와 희생으로 여성 운동이 활성화되었으나 일제의 가부장적 관습의 법제화로 인하여 여성의 지위는 더욱 열악하였다.

(2) 전 개 문맹 퇴치, 구습타파, 생활 개선의 실현을 위한 여성 교육 계몽 운동과 실력 양성 운동이 전개되었다.

(3) 여성 단체의 조직

① 1920년대 초

　㉠ 여성 계몽 운동: 조선 여자 청년회, 조선 여자 교육회

　㉡ 종교 계통: 조선 여자 기독교 청년회(YWCA)

　㉢ 지 방: 강연회·야학을 통한 문맹 퇴치, 풍습 개량, 지식 개발 등을 목적으로 조직되었다.

② 1920년대 말

    ㉠ 여성의 지위향상을 취지로 여성 직업 단체들이 조직 되어 기술교육, 부업 알선, 저축 장려 등을 실시하였다.

    ㉡ 근우회의 결성(1927): 민족주의 계열과 사회주의 계열의 통합 단체로 여성의 단결과 지위 향상, 노동 여성의 조직화와 여성 계몽에 노력하였다.

4) 소년 운동

(1) 전 개 방정환의 천도교 소년회가 어린이날을 제정하고 '어린이'라는 잡지를 간행하는 등 소년 운동을 적극적으로 전개하였다. 조철호도 보이스카우트의 전신인 소년회를 창설하여 소년 운동을 확산하였다.

(2) 발 전 전국적인 조직체로 조선 소년 연합회(1927)가 조직되어 체계적인 소년 운동이 전개되었다.

(3) 중 단 1930년대 일제의 탄압으로 약화되었고 중·일 전쟁 이후에 완전히 금지되었다.

5) 형평 운동

(1) 배 경 갑오개혁으로 신분 차별이 폐지되었으나 백정에 대한 사회적 차별은 여전하여 진정한 평등 사회건설을 위해서 사회의식의 변화가 필요하였다.

(2) 형평사 조직(1923) 일제도 백정에 대한 차별 인식을 그대로 호적에 적용하여 붉은 점을 찍거나 도한(屠漢)이라고 써 넣어 차별하였다. 형평 운동은 사회주의 영향으로 백정들이 신분 해방과 민족 해방을 내세워 일으킨 운동이다.

기출문제

01 다음 밑줄 친 부분에 해당하는 사례로 적절하지 않은 것은? 수능 출제

> 3·1 운동 이후에 유입된 이 사상은 청년, 지식인층을 중심으로 파급되었다. 그리하여 마르크스를 비롯한 여러 사상가의 저작이 널리 읽혔다. 이 사상은 사회·경제적 민족 운동과 문예 활동에 많은 영향을 끼쳤다.

① 조선 공산당이 비밀리에 결성되었다.
② 언론사를 통한 문자 보급 운동이 활발하게 전개되었다.
③ 지주제 폐지를 내건 혁명적 농민 조합이 나타났다.
④ 전국 규모의 청년 조직으로 조선 청년 총동맹이 결성되었다.
⑤ 카프(KAPF)는 계급 의식을 고취하는 문학 작품을 발표하였다.

정답 ②

해설 제시문은 사회주의 사상에 대한 설명이다. ② 문자 보급 운동은 민족주의 계열에서 전개한 운동이다.

② 민족 유일당 운동

1) 배경

(1) 민족주의의 분열

① 타협적 민족주의의자 등장: 한말의 실력 양성 운동을 계승하여 일제와 **타협적인 노선의 타협적 민족주의자**로 민족 개조론과 자치론을 주장하였다. 대표적인 인물은 최남선·이광수·김성수·최린 등이다.

② 비타협적 민족주의자의 등장: 일제에 대한 타협을 거부하면서 적극적인 항일 투쟁을 전개하려는 노선의 **비타협적 민족주의자**들이 등장하였다.

(2) 민족 유일당 운동의 전개

① 분열된 독립운동 단체를 통합하고 우익과 좌익으로 분열된 독립운동 노선을 하나로 통일하려는 민족 유일당 운동이 일어났다.

② 1920년대 후반에는 **안창호의 대공주의(大公主義)**와 **조소앙의 삼균주의(三均主義)**가 좌우세력이 공유할 수 있는 정치이념으로 마련되었다.

③ 민족주의 진영: **조선 민흥회(1926)**를 조직하여 타협적 민족주의를 배격하고 사회주의 세력과 연대하였다.

④ 사회주의 진영: **조선 공산당(1925)**을 결성하였으나 일제가 치안 유지법을 제정하여 탄압하자 와해되었다. 사회주의 사상 단체인 정우회가 비타협적 민족주의 세력과의 협동 전선 구축을 선언하여 신간회가 조직되었다.

> **안창호의 대공주의**
>
> 1928년 연희 전문학교 축구단이 상하이로 원정 경기를 왔을 때 대공주의라는 용어를 처음 사용하였다고 전한다. 즉 "개인은 민족에 봉사함으로써 자신에 대한 의무와 인류에 대한 의무를 완수한다"라는 요지로 대공주의를 주장하였다.

> **조소앙의 삼균주의**
>
> 조소앙은 독립운동 내부의 좌·우익 사상의 대립을 지양·종합하고 이를 독립운동의 기본 방략 및 미래 조국 건설의 지침으로 삼기 위해 삼균주의를 체계화하였다. 그는 개인과 개인, 민족과 민족, 국가와 국가 간의 균등 생활이라는 완전 균등을 대전제로 하면서, 이의 실현을 위해 정치·경제·교육의 균등을 주장하였다.

2) 신간회(1927~1931)

(1) 배경

민족주의 계열과 사회주의 계열이 이념을 초월하여 단일화된 민족운동을 추진하기 위하여 신간회를 조직하였다.

(2) 신간회 결성

① 좌·우익 대표들의 발기에 의해 회장에 이상재(우익) 조선일보 사장을, 부회장에는 **홍명희**(좌익)를 선출하고 서울에서 발족하였다.

② 규 모: 결성 초기에는 단체 본위 조직이 아닌 개인 본위 조직이었으나 조선 청년 총동맹, 조선 노동 동맹 등이 참가하여 1929년에는 144개의 지회를 설립한 전국적인 규모로 발전하였다. 일본에까지 조직이 확대되어 **최대 규모의 합법적 항일 단체**로 성장하였다. 그리고 중앙 본부는 민족주의자들이 우세하여 합법성에 연연한 나머지 별다른 활동이 없었지만 지방 지회는 사회주의 사상이 우세하여 활발하게 활동하였다.

③ 기본 강령: 민족의 단결, 정치적·경제적 각성 촉구, 기회주의자 배격

(3) 활 동

① 농민·노동 운동 지원: 원산 노동자 총파업(1929)의 지원, 갑산 화전민 학살 사건(1929)의 진상 규명 운동을 전개하였다.

② 광주 학생 운동(1929) 지원: 조사단을 파견하고 대규모 민중 대회를 개최하여 대대적인 반일 시위운동을 전개하려 하였으나 일제의 탄압으로 좌절되었다.

③ 사회 운동 지원: 한국인 본위의 교육 실시와 착취 기관의 철폐를 주장하면서 재만 동포 옹호 운동, 수재민 구호 운동 등 사회 운동을 적극적으로 전개하였다. 그리고 전국 순회강연을 통하여 민족의식을 고취시키는데 일조하였다.

④ **여성계의 근우회와 연계**하여 여성 노동자의 권익 옹호와 생활 개선 등의 활동을 전개하였다.

3) 근우회

(1) 결 성 김활란을 중심으로 여성 계몽을 강조하는 민족주의 계열과 여성 해방·계급투쟁을 강조하는 사회주의 계열의 단체를 통합하여 여성계의 민족 유일당으로 결성되었다.

(2) 강 령 '조선 여자의 공고한 난결을 도모함', '조선 여자의 지위 향상을 도모함'

(3) 활 동 유력한 여성 인사들이 대거 참여하였고 국내와 일본, 간도 등에 많은 지회를 두고 강연회, 야학, 부인 강좌 등을 통해 여성계몽에 앞장섰다.

(4) 일제의 여성 차별 정책 한국 여성에게는 재산 소유권·처분권이 인정되지 않았고, 친권행사나 재산상속에도 차별을 받았다. 결혼한 여자는 남편의 동의가 있어야 취업할 수 있었으며 노동임금도 남성의 절반이었다.

4) 신간회와 근우회의 해소

① 내부이념의 대립: 신간회의 본부와 지방 지회 사이에 투쟁 노선의 차이가 발생하였다.

② 사회주의사상이 우세한 군 단위 지회들이 새 집행부 온건 노선에 반발하였고, 코민테른의 노선 변화로 신간회 해소를 주장하였다.

③ 1931년 신간회 전체대회에서 계급 운동 강화를 위한 새로운 조직으로 해소할 것을 결의하여 해체되었다.

🌀 기출문제

01 다음과 같은 주장을 한 단체가 결성된 해에 전개된 사건은?   2012. 국가직 7급

> 민족주의 세력에 대하여는 그 부르주아 민주주의적 성질을 분명히 인식함과 동시에 과정상의 동맹자적 성질도 충분하게 승인하여, 그것이 타락되지 않는 한 적극적으로 제휴하여 대중의 개량적 이익을 위해서도 종래의 소극적인 태도를 버리고 싸워야 할 것이다.

① 근우회 발족   ② 6·10 만세 운동
③ 광주 학생 항일 운동   ④ 홍커우 폭탄 투척

정답 ②

해설   지문은 1926년 정우회 선언이다. 1926년에 벌어진 사건은 6·10 만세 운동이다. ① 근우회 발족은 신간회의 출범과 같은 1927년, ③ 광주 학생 항일 운동은 1929년, ④ 홍커우 폭탄 투척은 1932년

---

③ 의식주 생활의 변화

(1) 서울의 변화 총독부는 서울에 도시 개수 계획안을 도입하였고, 경복궁·창덕궁·경희궁 같은 전통 건물을 부수고, 총독부·경성 역사·경성부 청사 같은 관공서와 학교·공원·공공시설을 건립하여 서울의 모습이 크게 변모하였다.

(2) 일본인의 증가 1930년 무렵에 10만 여명의 일본인이 서울에 거주하였는데 청계천을 경계로 남쪽의 일본인 거리를 남촌, 북쪽의 한국인 거리를 북촌이라고 불렀다.

(3) 의생활의 변화

① 한식과 양식의 혼합: 직장인들은 양복을 입는 사람이 증가하였지만 대부분은 한복을 입고 모자를 쓰는 방식으로 한식과 양식을 혼합하였다.

② 여성복의 변화: 도시에서 블라우스와 스커트 차림, 단발머리와 파마머리, 스타킹과 하이힐 등으로 변화하기 시작하였다.

③ 전시체제 복장: 남자들은 국방색의 국민복을 입고 전투모에 각반을 찼으며, 여자들은 일본 농촌 여성의 작업복인 몸뻬(왜바지)라는 바지를 입어야 했다.

(4) 식생활의 변화

① 도시 상류층: 과자, 빵, 케이크 등 서양 음식이 대중에게 소개 되었지만 소비층은 주로 도시의 상류층에 한정되었다.

② 일반 서민층: 한국인의 1인당 쌀 소비량은 갈수록 줄어들었고 중·일 전쟁 후에 쌀 공출제를 실시하여 식량 부족 현상이 더욱 심각해졌다.

(5) 주거 생활의 변화

① 주택의 종류

　(ㄱ) 개량 한옥: 1920년대에 지어졌으며 문간방과 사랑방이 없어지고, 대청마루에 유리문을 달고 페인트와 니스를 칠한 혼합형 가옥이었다.

　(ㄴ) 문화 주택: 1930대 나타난 문화주택은 2층 양옥으로 복도와 응접실, 침실, 아이방 등 개인의 독립된 공간이 생겼다.

　(ㄷ) 영단 주택: 1940년대 서민의 주택난을 해결하기 위하여 지은 일종의 국민 연립 주택이다.

　(ㄹ) 토막집: 서울 변두리에는 맨 땅에 거적을 깔고 짚이나 거적떼기로 지붕과 출입구를 만든 원시적인 움막집 형태의 토막집을 짓고 살았다.

② 주택 공간의 변화: 남녀의 주거 공간을 구분하던 전통 방식과는 달리 남녀가 같은 공간에서 생활하게 되었다.

04 경제적 민족 운동

1 경제적 저항 운동

1) 민족 기업의 육성

(1) 민족 기업의 유형

① 지주 출신 기업: 지주와 대상인 자본을 모아 경성 방직 주식회사 설립(김성수)

② 서민 출신 기업: 중소 상인의 자본을 모아 평양 메리야스 공장 및 양말 공장, 고무신 공장 설립

(2) 민족 기업의 성격 소규모 공장 건설에 주력하였고, 경공업 위주로 한국인의 기호에 맞는 제품을 제조하였다.

(3) 민족 금융업 삼남 은행, 경남 합동 은행, 호남 은행, 경일 은행 등이 설립되었다.

(4) 민족 기업의 위축 1930년대에는 크게 위축되었고, 일제의 탄압으로 일본인 기업에 흡수·통합되거나 해체되었다.

2) 물산 장려 운동

(1) 배 경 민족 실력 양성 운동의 일환으로 조선 물산 장려 운동이 전국적으로 전개되었다.

(2) 성 격 '내 살림 내 것으로', '조선 사람 조선 것으로'라는 구호를 제시하였고, 민족 사업을 육성함으로써 민족 경제의 자립을 도모하였다.

(3) 전 개

① 조선 물산 장려회 조직(1922): 조만식 등이 중심이 되어 서북지방의 사회계·교육계·종교계 인사들을 규합하여 평양에서 설립하였다. 1923년 서울에서 조선 물산 장려회가 창립되면서 전국적인 운동으로 발전하였다.

② 실천 요강: 국산품 애용과 소비 절약을 통한 민족 자본 육성 운동이 전개되어 근검저축, 금주·금연의 실천을 주장하였다.

③ 자작회 운동: 학생들 사이에서는 자작회 운동이 전개되었다.

④ **한 계**

　㉠ 늘어난 수요를 뒷받침해 줄 수 있는 생산력과 회사나 공장 설립도 이루어지지 않아 **토산물의 가격만 상승시키는 결과를 초래하였다.**

　㉡ 박영호, 유성준 같은 친일 세력이 참여하여 일제와 타협하려 하였고, 일본 상품 불매 운동으로 발전하지는 못하였다.

　㉢ 초기 민족주의자들이 이탈하고, 청년단체 등 민중이 외면하면서 성과를 거두지 못하였다.

　㉣ 자본가와 일부 상인의 이기적인 이윤추구로 **사회주의 계열의 비판**을 받았다.

2 사회주의 계열의 경제 운동

1) 농민 운동

(1) 농민운동의 배경

① 토지 조사 사업과 산미 증식 계획으로 자영농의 몰락과 빈농이 더욱 증가되었다.

② 일본인 지주에게 수확량의 50% 이상을 소작료로 바쳐야 했으며, 각종 세금과 비료 대금까지 부담하였다.

(2) 소작쟁의

① **농민운동의 전개:** 1920년대 초기 농민 소작인 조합이 중심이 된 소작 쟁의로 50% 이상이었던 소작료 인하와 소작권 이동 반대가 목적이었다. 1920년대 후반기에는 **자작농까지 포함**하는 농민 조합이 소작 쟁의를 주도하였다.

② **성 격:** 1919년에 처음 발생한 소작 쟁의는 농민들의 개인적인 **생존권 투쟁**에서 시작되었지만 점차 항일 민족 운동의 성격을 띠었고 형태도 대중적 봉기 형태로 변화하였다.

③ **조선노농총동맹(朝鮮勞農總同盟) 결성(1927):** 전국에 농민 조합이 결성되어 더욱 조직적으로 전개되면서 일제의 산미 증식 계획에 큰 타격을 주었다. 1930년대에는 사회주의와 연계하여 비합법적 조직인 혁명적 농민 조합을 중심으로 전개되었다.

④ **대표적 소작 쟁의:** 전남 신안 암태도 소작 쟁의(1923), 불이흥업 농장의 소작 쟁의(1923~1924), 황해도 재령의 동양 척식 주식회사 농장의 소작 쟁의(1924) 등이 있다.

⑤ **농민 회유책:** 조선 총독부는 소작 쟁의를 막기 위해 농촌 진흥 운동(1923)을 전개하였고, 소작 조정령(1933), 조선 농지령(1934)을 발표하였다. 그러나 농가 경제는 더욱 악화되었고 부채만 증가하는 결과를 초래하였다.

2) 노동 운동

(1) 배 경

① 노동 운동 조직의 결성: 1924년에 농민·노동 단체의 중앙 조직인 조선 노동 총동맹이 결성되었으나 1927년 조선 농민 총동맹과 조선 노동 총동맹으로 분리되었다.

② 원 인: 노동 운동은 주로 가혹한 노동 조건 때문에 발생하였고, 노동 쟁의는 주로 낮은 임금과 열악한 노동환경의 개선이 쟁점이었다.

(2) 노동 쟁의

① 부산 노동자 연대 파업(1921): 부산 노동자들이 일으킨 연대 파업으로 서울·인천·목포 등의 대도시에서 노동 쟁의가 발생하였다.

② 1920년대 후반기: 조선 노동 총동맹을 중심으로 조직적인 노동 운동이 전개되면서 전국 각지로 확산되었는데 영흥 노동자 총파업(1927)과 원산 노동자 총파업(1929)이 대표적이다. 특히 원산 노동자 총파업은 일제 강점기 노동 운동에서 가장 큰 규모로 실패로 끝났지만 항일적인 성격을 띤 노동 운동이었다.

③ 1930년대: 1930년대 일제는 노동자의 임금을 더 인하하고 각종 부담금을 강제 징수하여 노동자들이 파업을 하게 되었다. 노동자들은 노동조합을 결성하여 노동 쟁의를 전개하였으나 일제의 탄압으로 사실상 불가능하게 되었다.

④ 쟁 점: 초기에는 임금 인상을 주장하였지만 점차 단체 계약권의 확대, 악질 일본인 감독의 추방, 8시간 노동제 실시, 노동 조건의 개선 등으로 확대되었다.

⑤ 성 격: 처음에는 개인 차원의 생존권 문제에서 시작되어 점차 일제의 경제 수탈에 대항하는 반제·반일 투쟁의 정치적 성격을 띠었다.

🍵 기출문제

01 일제 강점기 농민 운동에 대한 서술로 옳은 것을 모두 고른 것은?　　　　2010. 지방직 9급

　㉠ 초기 소작 쟁의의 요구 사항은 주로 소작권 이동 반대, 소작료 인하 등이었다.
　㉡ 일본인 농장·지주 회사를 상대로 한 소작 쟁의는 규모도 크고 격렬해지는 경우가 많았다.
　㉢ 1920년대 농민들은 자위책으로 소작인 조합 등의 농민 단체를 결성하였다.
　㉣ 소작인 조합은 1940년대 이후 자작농까지 포괄하는 농민 조합으로 바뀌어 갔다.

① ㉠　　　　② ㉠, ㉡　　　　③ ㉠, ㉡, ㉢　　　　④ ㉠, ㉡, ㉢, ㉣

정답 ③
해설 ㉣ 1920년대 전반기에는 주로 소작인 조합이 중심이 된 소작쟁의였으나, 1920년대 후반기에는 자작농까지 포함하는 농민 조합이 소작 쟁의를 주도하였다.

05 민족문화 수호 운동

1 일제의 식민지 문화 정책

1) 교육 정책

(1) 교육 목표 우민화 교육을 통한 한국인의 황국 신민화 교육에 있다.

(2) 1차 조선 교육령(1911)

① 전문30조로 '충량(忠良)한' 제국신민을 양성하기 위한 보통교육과 실업교육·전문교육에만 한정

② 일본어 학습 강요와 사립 학교 억제

(3) 2차 조선 교육령(1922)

① 교육 시설 3면 1교로 확대, 조선어 필수 과목 규정

② 조선인과 일본인의 공학 원칙, 보통학교의 수업연한을 6년, 고등보통학교는 5년으로 여자고등보통학교는 4년으로 연장

③ 사범학교의 설치, 대학 교육 허용

(4) 3차 조선 교육령(1938)

① 초등학교 시설 확장(1면 1교), 조선어 수의(선택) 과목 규정

② '황국신민서사'의 암송 제창 강요, 학교 명칭을 일본과 동일하게 수정

(5) 4차 조선 교육령(1943)

① 민족 교육 기관 탄압, 군부에 의한 교육 통제

② 수업 연한의 단축, 조선어 과목 폐지, 군사 훈련 실시

③ 황국 신민 양성을 목적으로 한 사범학교 교육 확장

> **조선교육령**
>
> **제2조** 교육은 교육에 관한 칙어에 입각하여 충량한 국민을 육성하는 것을 본의로 한다.
>
> **제5조** 보통 교육은 보통의 지식, 기능을 부여하고 특히 국민된 성격을 함양하며, 국어(일본어)를 보급함을 목적으로 한다.
>
> **제28조** 공립 또는 사립의 보통 학교, 고등 보통 학교, 여자 고등 보통 학교, 실업 학교 및 전문 학교의 설치 또는 폐지는 조선 총독의 허가를 받아야 한다.
>
> 1911년 8월 23일

(6) 식민지 교육 내용

① 중·일 전쟁 이전: 초급 실업 기술 교육을 통하여 식민지 통치에 유용한 하급 기술 인력 양성이 목적이었다.

② 황국 신민화를 위한 우민화 정책으로 우리말 교육과 역사 교육은 전면 금지되었으며, 항거하는 학교는 폐쇄되었다.

2) 한국사의 왜곡과 종교 탄압

(1) **식민 사관** 한국 민족사의 근원인 고대사 부문 왜곡(단군 조선 부정), 한국사의 타율성·정체성 강조, 민족의 자율성·독창성 무시 → 식민 통치 합리화

(2) 일제의 한국사 연구

① **조선 고적 조사 위원회(1910):** 한국의 미술품을 착취하기 위하여 건축, 분묘, 자기 등을 연구하여 「조선고적도보」를 간행하였다.

② **조선사 편수회(1925):** 총독부 산하 기관으로 한국사를 왜곡, 서술하고 「조선사」, 「조선사료총간」, 「조선사료집」을 간행하였다.

③ **청구학회(1930):** 한국과 만주를 중심으로 한 극동 문화 연구를 위해 설치하였으며 「청구학총」을 발간하였다.

④ **중추원:** 총독부 자문기관으로 중추원의 법제와 법속을 연구하였다.

⑤ **최남선의 민족사 왜곡:** 「불함문화론」을 저술하고 한국과 일본을 동질적인 종교 문화로 설정하여 일본의 신사 참배 운동을 찬동하였다. 「역사를 통하여 본 조선인」에서 우리의 국민성에는 사대주의, 형식병, 타율성 등 나쁜 점이 있다고 지적하였으며, 우리 국민은 불구미성자(不具未成者)라고 역설하였다.

(3) 종교 탄압

① **기독교:** 안악 사건, 105인 사건 조작, 많은 교회 지도자들이 체포·투옥되었다.

② **불교:** 사찰령, 승려법 제정으로 탄압되었다.

③ **민족 종교:** 천도교와 대종교 등은 일제의 감시가 특히 심하여 활동이 크게 제한되었다.

(4) 언론 탄압 정책

① **국권 피탈 직후:** 언론·집회·결사의 자유 박탈, 항일 민족지가 폐간되었다.

② **3·1 운동 이후:** 조선·동아 일보 발행 허용 → 검열, 기사 삭제나 정간, 폐간과 언론인들의 구속 등 감시와 탄압을 지속하였다.

01 일제가 다음과 같은 취지의 조선 교육령을 공포한 데 대한 설명으로 옳은 것은?

2010. 지방직 9급

> · 보통학교의 수업 연한을 4년에서 6년으로, 고등보통학교는 4년에서 5년으로 연장한다.
> · 조선인과 일본인의 공학을 원칙으로 한다.

① 헌병 경찰 중심의 통치 체제하에서 낮은 수준의 실용 교육만 실시하고자 하였다.
② 태평양 전쟁을 일으키고 황국 신민화 교육을 더욱 강화하고자 하였다.
③ 만주 침략을 감행하고 한국인을 동화시켜 침략 전쟁의 협조자로 만들고자 하였다.
④ 3·1 운동 이후 격화된 한국인의 반일 감정을 무마하고자 하였다.

정답 ④

해설 제시문은 1922년 2차 조선 교육령의 내용이다. 3·1 운동 이후 우리 민족의 민족 감정을 무마시키기 위해 일제는 2차 조선 교육령을 발표하였다. 교육 시설을 3면 1교로 확대하였고 조선어를 필수 과목으로 규정 하였다.

2 민족 문화 수호 활동

1) 한글 보급 운동

(1) 조선어 연구회(1921)

① 한글 연구, 강습회·강연회를 통한 한글 보급
② '한글' 잡지를 간행하여 연구 성과를 정리·발표, '가갸날'(한글날) 제정, 우리말 쓰기 권장(한글의 대중화)

(2) 조선어 학회(1931~1942)

① 조선어 연구회가 조선어학회로 개편
② 한글 맞춤법 통일안과 표준어의 제정, 「우리말 큰사전」 편찬 시도
③ 함흥 학생 사건을 조작하여 강제 해산(조선어 학회 사건, 1942)

> **함흥 학생 사건**
>
> 함흥 영생 고등학교 학생 박영옥이 기차 안에서 친구들과 한국말로 대화를 하다가 조선인 경찰관에게 발각되어 취조를 받게 된 사건이다.

2) 한국사의 연구

(1) 민족주의 사학
일본 식민 사관에 대항하여 한민족의 기원을 밝히고 우리 문화의 우수성과 한국사의 주체적 발전을 강조하는 활동을 전개하였다. 민족주의 사학자들은 우리 민족의 전통과 정신을 강조하였고, 독립운동의 일환으로 역사를 연구하였다.

(2) 민족주의 사학자들의 활동

① 박은식

　(ㄱ) 일본의 침략과정을 서술한 **최초의 한국 근대사**인 「한국통사」와 「한국독립운동지혈사」
　　를 저술하였다.

　(ㄴ) 민족 정신을 혼(魂)으로 파악하여 조선혼을 강조하였다.

　(ㄷ) 「유교구신론」에서 유학을 개화 운동과 구국 운동의 지주로 삼았고, 「대동고대사론」에서
　　는 조선족과 만주족이 모두 단군의 자손임을 강조하였다.

② 신채호

　(ㄱ) 일제의 역사 왜곡에 반대하여 주로 고대사 연구에 주력하여 한민족의 기원을 밝혔다.

　(ㄴ) 「독사신론」(1908)을 발표하여 일제의 임나일본부설과 일선 동조론의 허구성을 비판하였
　　고 민족주의 역사학의 기반을 마련하였다.

　(ㄷ) 「조선사연구초」에서 '낭가 사상'을 강조하고 묘청의 서경 천도 운동을 '조선 역사 일천년
　　래의 제일대 사건'이라고 평가하였다.

　(ㄹ) 「조선 상고사」(1931)에서 역사는 '아(我)와 비아(非我)의 투쟁'으로 보았으며, 1930년대
　　정인보, 안재홍이 영향을 받아 '조선학 운동'을 전개하였다.

③ 최남선

　(ㄱ) 박은식과 조선 광문회를 조직하여 고전의 정리와 간행에 노력하였다.

　(ㄴ) 「개벽」 창간호에 「단군연구」 외에 고대사에 관한 글을 발표하였다.

　(ㄷ) **불함문화론**(不咸文化論): 백두산을 동양 문화의 중심지로 설정하여 민족의 주체성을 강
　　조하였다.

④ 정인보

　(ㄱ) 신채호의 민족 사관을 계승·발전시켜 고대사 연구에 주력하였고, 광개토대왕릉비문을
　　연구하여 일본의 역사 왜곡을 바로 잡는데 공헌하였다.

　(ㄴ) 얼 사상을 강조하였고 「조선사연구」를 저술하였다.

　(ㄷ) 「담원국학산고」에서 실학자의 역사 이론을 정리하였다.

(3) 사회 경제 사학

① 유물사관을 도입하여 세계사적인 역사 발전 법칙과 동일한 범주에서 파악하여 식민사관의
　정체성 이론을 비판하였다.

② 백남운은 「조선사회경제사」, 「조선봉건사회경제사」에서 한국사도 고대 노예사회와 중세 봉
　건 사회를 거쳐 발전해 왔다는 것을 주장하였다.

③ 이청원의 「조선사회사독본」, 「조선역사독본」 등이 있다.

(4) 실증주의 사학

① 문헌 고증을 통해 있었던 사실 그대로를 밝혀내는 것에 목적을 두고 있다.

② 진단학회(1934)를 중심으로 한 일본 어용학자들의 왜곡된 한국학 연구에 반발하여 이병도, 손진태, 이윤재, 신석호 등이 조직하였다. 「진단학보」를 발간하였으나 진단학회 사건(1942)으로 해산되었다.

3 교육 운동과 종교 활동

1) 교육 운동

(1) 조선 교육회(1920)

① 한국인 본위의 교육을 위해 이상재, 한규설 등의 민족 지도자들이 조선 교육회를 조직하였다.

② 활 동: 총독부의 대학설립(인재 양성 목적) 묵살로 민립 대학 설립 운동을 전개하였다. 이 운동은 조선청년 연합회와 언론 기관이 적극 협조하여 본격화되었다.

(2) 민립대학 설립운동

① 조선 민립대학 기성 준비회 결성(1922): 이상재를 대표로 민립대학 기성 준비회가 결성되었다.

② 발기인 총회 개최: 각지에 취지서를 보내어 동참을 호소하였고, 대표를 파견하여 유지를 설득하였다. 이에 적극적인 호응을 얻어 다음해 서울에서 1,000여 명의 대표들 참가하여 발기인 총회를 개최하였다.

③ 조선 민립대학 기성회 조직: 대학 설립이 한국인의 재력과 노력으로만 이루어져야 한다는 원칙을 세웠다.

④ 모금 운동: '한민족 1,000만이 한 사람 1원씩'이라는 구호 아래 전개되었고 100여개의 지방 조직 뿐만 아니라 만주, 미국, 하와이 등에서도 모금 운동이 전개되었다.

⑤ 일제의 탄압: 민립대학 설립운동은 많은 사회단체의 후원을 받았으나 일제의 탄압으로 중도에 좌절되었다. 일제는 이를 대신하여 경성 제국 대학을 설립하여 한국인의 불만을 해소시키려 하였다.

(3) 문맹 퇴치 운동

① 배 경: 일제의 차별 교육 정책으로 인하여 교육의 기회를 상실한 우리 민족은 문맹자가 증가하였다. 이는 일제가 목표하였던 한국인의 우민화를 의미한다.

② 야학의 설립

ㄱ) 설 립: 3·1 운동을 계기로 문맹 퇴치를 위해 노력하여 1920년대에는 전국 각지에 야학이 설립되었다.

ㄴ) 성 격: 민족주의 색채가 강하였고 주요 과목도 조선어 중심이었다. 야학은 미취학 아동부터 성인 남녀까지 받아들여 민족 교육 기관으로서 중요한 역할을 하였다.

ㄷ) 일제의 탄압: 야학을 탄압하여 폐교시키고 '1면 1교주의' 시책을 강행하여 공립 보통학교를 증설하였으나 한국의 아동은 학령 아동의 1/5에 지나지 않았다.

> **민중들의 교육에 기여한 야학**
>
> 3·1 운동 이후 독립을 위해서는 교육을 통해 민중을 깨우쳐야 한다는 의식이 확산되면서 신간회, 종교 단체, 청년 단체, 농민·노동자 단체가 중심이 되어 진국 곳곳에 2000여 개의 야학을 설립하였다. 이들 야학은 비싼 학비 때문에 학교를 다니지 못한 노동자, 농민, 도시 빈민의 자녀들을 대상으로 하였으며, 우리말로 수업을 하는 등 민족주의 색채가 강하였다. 야학에서는 성인들까지 교육함으로써 농민·노동자들의 민족의식을 고취하였고, 이는 1920년대 이후 노동 쟁의와 소작 쟁의가 활발하게 일어나는 데 기여하였다. 그러나 일제의 탄압이 차츰 심해지면서 나중에는 대부분의 야학이 문을 닫게 되었다.

③ 민족 언론 활동

ㄱ) 문자 보급 운동: 1930년대 각 언론기관과 조선어 학회 등에서 농촌 계몽 운동의 일환으로 한글 보급을 통한 문맹 퇴치 운동을 전개하였다. 특히 조선일보는 "아는 것이 힘, 배워야 산다."라는 표어를 내걸고 전국 각지에서 문맹 퇴치에 노력하였다.

ㄴ) 브나로드 운동(1931~1934): 동아일보는 계몽운동으로 '브나로드 운동'을 전개하였다. 당시 문맹자가 80%에 가까웠는데 글을 가르치는 것 외에도 근검절약, 미신 타파 등의 생활 개선을 위해 노력하였다.

ㄷ) 조선어 학회 참여: 문자 보급 운동에 사용될 교재를 제작하고, 사립학교 교원으로 있던 회원들은 전국을 순회하면서 한글 강습회를 열었다.

> **브나로드 운동**
>
> 브나로드는 '민중 속으로'라는 뜻의 러시아말로 러시아 말기에 지식인들이 이상사회를 건설하려면 민중을 깨우쳐야 한다는 취지로 만든 구호이다. 이 구호를 앞세우고 1874년에 수많은 러시아 학생들이 농촌으로 가서 계몽운동을 벌였는데, 그 뒤부터 이 말이 계몽운동의 별칭으로 사용되었다.

ㄹ) 일제의 탄압: 전국적인 운동으로 확대되자 조선 총독부의 탄압으로 대규모의 순회 강습이나 문맹 퇴치운동은 결국 금지되었다.

2) 종교 활동

개신교	의료와 교육 분야에서 많은 활동, 신사 참배 거부 운동 전개
천주교	사회사업 확대(고아원, 양로원), 만주에서 의민단 조직(무장 항일 투쟁 전개), 잡지 '경향'을 통해 민중 계몽에 이바지
천도교	동학 계승, 제 2의 3 · 1운동 계획, 잡지 '개벽', '신여성' 발간, 청년회, 소년회 조직, 야학 운영
대종교	단군 숭배, 본부를 만주로 이동하여 무장 독립운동 전개(중광단 결성 → 북로 군정서)
불교	사찰령으로 통제, 한용운은 조선 불교 유신회 조직(일제의 사찰령 반대 투쟁)
원불교	박중빈 창시, 개간사업과 저축운동 전개, 남녀평등, 허례허식 폐지 등 새생활 운동 전개
유교	유생 중심으로 3 · 1운동 직후 파리 강화 회의에 청원서 제출

4 문예 운동

1) 문학 활동

(1) 1910년대

① 대표적 작가
  ㉠ **최남선**: 근대시의 발전에 공헌하였고, 언문일치의 우리말 문장을 확립하는데 기여하였다.
  ㉡ **이광수**: 소설 「무정」이 계몽기의 신문학을 대표하는 작품
② 발 전: 한용운, 김소월, 신채호, 염상섭 등 근대 문학으로 발전시켜 한민족에게 자주독립의 신념을 고취시켜 주었다.

(2) 1920년대

① 「창조」, 「폐허」, 「백조」 등의 동인지와 「개벽」(천도교), 「조선지광」(사회주의계) 등의 잡지가 출간되어 문학 활동이 활발하였다.
② 문학의 사회적 실천이 강조되면서 신경향파 문학이 등장하였고, 조선 프롤레타리아 예술 동맹(카프, 1925)가 결성되어 프로 문학이 등장하였다.
③ 사회주의의 현실 비판정신에 보조를 맞추는 동반작가가 등장하였는데 염상섭의 '삼대', 현진건의 '운수 좋은 날', '빈처' 등이 대표적 작품이다.
④ 민족주의 계열이 국민 문학 운동을 전개하여 문학을 통해 민족주의 이념을 선양하려 하였다.

(3) 1930년대

① 문학의 분야가 희곡, 소설, 평론, 수필 등으로 다양해지고 세련미를 갖추게 되었다.

② 이광수, 최남선, 주요한, 모윤숙, 노천명, 서정주 등과 같은 친일 활동을 한 작가들로 인해 친일 문학이 대두되었다.

③ 전 예술 분야의 모든 활동에서 일제의 침략 전쟁과 식민 통치를 찬양하도록 강요하였다.

(4) 저항 문학 한용운, 이육사, 윤동주 이외에 조소앙의 '카이로의 그 소식', 한상윤의 '실락원' 등과 같은 일제에 저항하는 작품이 등장하였다.

2) 예술 활동

(1) 음 악

① 1920년대 서양음악을 수용하여 창작음악들이 가곡과 동요로 나타났다. 홍난파는 '봉선화', 현제명은 '고향생각' 등을 작곡하였다.

② 국외에서는 안익태가 1936년 '애국가'와 '코리아 환상곡'을 작곡하였다.

(2) 미 술

① 한국화: 안중식, 조석진 등이 한국의 전통회화를 전승·발전시켰다.

② 서양화: 일본에서 유학한 김관호, 고희동, 나혜석 등이 개척하였고, 이중섭 대에 독특한 경지를 이루었다.

(3) 연 극

① 연극은 민족의식을 고취하는 수단으로서 다른 분야보다 파급 효과가 컸기 때문에 일제가 특히 가혹한 검열과 단속을 하였다.

② 극예술 협회(1920): 동경 유학생들이 조직하여 연극 공연을 민중 계몽 수단으로 이용하였다.

③ 토월회(1923), 극예술 연구회(1931): 이들은 오락을 지양하고 본격적으로 민중의 각성을 요구하는 연극을 전국 순회 공연하였다.

④ 일제의 탄압: 일제의 탄압으로 오락 일변도의 가극 무대로 변화하였고, 일제 말기에는 일본어로 쓰지 않은 연극의 공연이 허가되지 않았다.

(4) 영 화 1926년 나운규의 '아리랑'(망국인의 슬픔 묘사), 1930년대 유성 영화 등장, 1940년대 조선 영화령 발표로 가혹한 탄압을 받았다.

(5) 문화 예술 활동의 탄압 일제는 조선 문인 협회, 조선 연극 협회, 조선 음악가 협회 등을 조직하여 식민지 통치를 찬양하는 내용이 아닌 활동은 전부 금지시켰다.

제 **9** 장

현대사회의 발전

9급 공무원 한국사
한 번에 끝장내기

현대 사회의 성립

① 세계의 현대 사회

1) 냉전 체제(冷戰; Cold War)

(1) 냉전 체제의 형성 미국 중심의 자유 민주주의 진영과 소련 중심의 공산주의 진영의 대립으로 냉전 체제가 형성되었다. 1947년 미국 대통령 트루먼은 공산주의의 확대를 저지한다는 봉쇄 정책을 세우고 그리스와 터키에 원조를 선언하였다(트루먼 독트린). 이후 미국이 유럽의 경제 부흥과 자립을 지원한다는 **마셜플랜**을 발표하였다.

① 유럽에서의 냉전: 북대서양 조약 기구(NATO) ⇔ 바르샤바 조약 기구(WTO)
② 아시아의 냉전: 중국 공산화 ⇔ 미국, 동남 아시아 조약 기구
③ 냉전의 지속: 쿠바 사태와 베트남 전쟁으로 동·서 냉전 체제 지속

(2) 냉전의 완화 닉슨 독트린 발표(1969): 공산 국가에 대하여 융통성 있게 대처하려는 닉슨 독트린을 발표하고, 베트남에서 미군의 철수, 중국의 유엔 가입 승인 등 냉전 체제의 완화에 공헌하였다.

(3) 냉전 체제의 붕괴

① 1985년에 집권한 소련의 고르바초프는 개혁과 개방 정책을 실시하여 공산주의 체제의 변혁을 추구하였다.
② 폴란드와 헝가리에서 선거가 실시되어 공산당이 정권에서 물러났다.
③ 독일에서는 베를린 장벽이 무너져 동독이 서독에 흡수되는 독일의 통일이 이루어졌다(1989).
④ 1992년에는 공산주의의 종주국인 소련마저 해체되어 러시아와 여러 공화국으로 분리·독립되었다.

2) 제3세계의 대두

(1) 제3세계의 형성

① 과 정: 반식민주의, 민족주의, 평화 공존 등 평화 10원칙을 채택한 반둥회의를 개최하고, 비동맹 중립 노선의 제3세계(제3세력)를 형성하였다.

② 의 의

ㄱ) 제3세계의 대두는 아시아·아프리카의 민족적각성을 과시하고 자주적 입장을 표명했다는 점에서 의의가 있다.

ㄴ) 국제 연합 내의 세력 분포에 변화를 초래하고 국제 정치 판도에 영향을 주었다.

(2) **유럽의 통합** 1960년대 유럽 공동체(EC) → 영국, 덴마크 등이 가입하여 현재의 유럽연합(EU)으로 발전하여 통합운동이 확산되었다.

> **제1회 아시아·아프리카 회의(반둥 회의)의 개최**
>
> 1955년, 인도네시아의 반둥에서 29개국 대표가 참가한 가운데 제1회 아시아·아프리카 회의가 열렸다. 이 회의의 목적은 두 지역 국가들 간의 관계를 가깝게 하고, 자유 진영이나 공산 진영에 가담하지 않고 중립을 선언하며, 열강의 식민 지배를 끝내려는 것이었다. 이 회의에서는 식민주의 문제에 관한 토론 결과 소련과 미국 등을 비판하는 선언문이 채택되었고, 영토와 주권의 상호 존중, 인종 및 국가 간의 평등, 군사 동맹 불참가, 국제 분쟁의 평화적 해결 등을 내용으로 하는 '평화 10원칙'을 채택하였다. 이 원칙은 강대국 중심의 세계 질서에 따르지 않고, 비동맹과 상호 원조에 의한 발전을 도모했다는 점에서 그 의의가 크다.

② 우리나라의 현대 사회

1) 광복 직전의 건국 준비 활동

(1) 국외에서의 건국 준비 활동

① 대한민국 임시 정부의 활동(충칭)

ㄱ) 한국 독립당 결성: 민족주의 계열의 독립 운동 단체들을 통합하여 결성하였다.

ㄴ) 대한민국 건국 강령 공포(1941)

㉮ 보통 선거를 통한 민주 공화국의 수립

㉯ 조소앙의 삼균주의(정치, 경제, 교육의 균등) 채택

㉰ 건국 과정은 독립선포 ⇒ 정부 수립 ⇒ 국토수복 ⇒ 건국으로 정하였다.

ㄷ) 연합 전선의 강화: 조선 민족 혁명당(김원봉)의 지도자들을 끌어들여 정부 체제를 개편하였고, 조선의용대를 흡수하여 한국 광복군을 보강하였다.

② 조선 독립 동맹(화북)

ㄱ) 사회주의 계열: 사회주의계열의 독립운동가들이 김두봉, 김무정을 중심으로 조선 독립 동맹(1942)을 결성하였다. 전 국민의 보통선거에 의한 민주 공화국 수립을 건국 강령으로 제정하였다.

ㄴ) 조선 의용군: 중국 공산당 팔로군과 함께 무장 투쟁을 하였으며, 해방 후 북한으로 들어가 인민군으로 편입되었다.

(2) 국내에서의 건국 준비 활동

① 조선 건국 동맹 (1944)

ㄱ 결 성: 좌파인 여운형이 중심이 되어 조직하였고 일제의 타도와 민주주의 건설을 주요 내용으로 하는 건국 강령을 제정하였다.

ㄴ 활 동: 안재홍 등 민족주의 인사들이 참여하고 노동자와 농민까지 흡수하였으며, 중국에서 활동하던 화북 조선독립 동맹과도 연계를 시도하였다.

(3) 건국 준비 활동의 공통 강령
국내외에서 독립운동을 추진하던 민족 지도자들은 일제의 패망 후 우리나라가 민주 공화국을 수립하는데 뜻을 같이하였다.

2) 8·15 광복

(1) 배 경
우리 민족의 광복은 연합군이 승리한 결과이기도 하지만 국내외에서 끈질기게 전개해 온 독립 투쟁의 결과였다.

(2) 의 의
광복은 우리 민족이 일제에 맞서서 투쟁한 수많은 사람들의 희생과 헌신으로 이루어진 것이므로 민족 운동사에 위대한 업적으로 남게 되었다.

3) 국토의 분단

(1) 한국 독립의 국제적 논의

① 카이로 회담(1943. 11): 제 2차 세계 대전 중에 미국·영국·중국의 수뇌부들이 이집트의 수도 카이로에서 회담을 갖고 한국의 독립을 처음으로 약속하였다.

② 얄타 회담(1945. 2.): 소련의 남부 얄타에서 미국·영국·소련이 맺은 비밀 조약이다. 소련의 대일전 참가를 결정하고 독일에 대한 분할 점령 등 전후 처리 문제를 논의 하였으며 소련의 참가는 일본 패망 이후 38선이 결정되는 요인이 되었다.

③ 포츠담선언(1945. 7): 미국·영국·중국·소련이 카이로 선언의 각 조항 이행과 카이로 선언에서 결정한 한국의 독립을 재확인하였다.

> **미국과 소련에 의해 38도선이 그어지다.**
>
> 일본의 항복이 갑작스레 닥쳐와서 국무부와 3군은 일본 항복 후의 조치에 대해 긴급히 검토해야만 하였다. …… 군에서는 만약 우리의 작전 능력을 뛰어넘는 제안을 하면 소련이 받아들일 가능성이 그만큼 줄어든다고 주장하였다. 사실 시간이 없었다.…… 우리는 미군 책임 지역 내에 수도를 포함시키는 것이 중요하다고 생각하였기 때문에, 만약 소련이 받아들이지 않아 미군이 경쟁하듯 진주하였을 경우에는 현실적으로 힘에 부칠 것을 알면서도 38도선을 건의하였다. …… 소련이 훨씬 남쪽 선을 고집할 것으로 생각하였으므로, 본인은 소련이 38도선 안을 받아들였다고 들었을 때 약간 놀랐던 것으로 기억한다.
> 38도선 획정에 관여한 미군 장교 러스크의 증언

(2) 국토의 분단과 미·소 군정(軍政)의 실시

① 미국이 소련의 한반도 단독 점령을 막기 위하여 38도선을 제의하였다.

② 광복과 동시에 일본군의 무장 해제를 구실로 남쪽은 미국이, 북쪽은 소련이 분할 점령하였다.

(3) 군정전의 한반도 정세

① 조선 건국 준비 위원회의 조직(1945.8)

　(ㄱ) 광복 직후 조선 건국 동맹(1944)의 중도 좌파 여운형은 민족주의자 안재홍 등과 함께 친일 세력을 배제한 좌·우 합작 연합의 조선 건국 준비 위원회를 조직하였다. 그러나 송진우, 김성수 등의 민족주의 우익 세력은 참여하지 않았다.

　(ㄴ) 치안대를 설치하고 북한을 포함한 전국에 145개의 지부를 조직하였다.

② 조선 인민 공화국(1945. 9)

　(ㄱ) 건국 준비 위원회는 중앙조직을 정부 형태로 개편하여 조선 인민 공화국을 조직·선포하고, 각 지부를 인민 위원회로 전환하였다.

　(ㄴ) 주석에는 이승만을, 부주석에는 여운형을 임명하였으나, 초기 모습과 달리 점차 박헌영을 중심으로한 공산당 계열이 주도하는 좌익 정부의 성격을 띠게 되었다.

　(ㄷ) 미군이 조선 인민 공화국을 인정하지 않아 해체되었다.

(4) 군정 후 한반도 정세

① 미군정 실시

　(ㄱ) 미군은 임시 정부와 조선 인민 공화국을 모두 인정하지 않고 군정을 실시하였다.

　(ㄴ) 총독부의 기구와 관리를 그대로 인수하였다.

　(ㄷ) 우익 정부 수립을 위해 한국 민주당을 중심으로 하는 국내 우익 세력을 지원하였다.

② 군정기의 여러 정당 조직

　(ㄱ) 한국 민주당(1945. 9): 송진우, 김성수 등을 중심으로 한 국내 우익 세력이 주도하였고 대한민국 임시 정부 지지를 표방하면서도 미군정과 긴밀하게 연결되었다.

　(ㄴ) 독립 촉성 중앙 협의회(이승만, 1945. 10), 한국 독립당(김구, 1945. 11)

　(ㄷ) 조선 공산당(1945. 9): 국내의 공산주의 세력인 박헌영이 조직하여 조선 민족의 완전한 독립과 대지주 토지의 무상 몰수 등을 주장하였다.

　(ㄹ) 남조선 신민당(백남운, 1946.7), 조선 국민당(안재홍·김규식, 1945. 9), 조선 인민당(여운형, 1945. 11)

③ 북한은 민족주의 인사들을 제거하고 김일성을 앞세워 공산주의 정권을 수립하기 위한 기반을 마련하였다.

4) 신탁 통치 문제

(1) 모스크바 3국 외상 회의(1945.12.)

① 임시 민주 정부를 수립하기 위한 미·소 공동 위원회의 설치가 결정되었다.

② 미·영·중·소 4개국에 의한 최고 5년 동안 한반도 신탁 통치를 결정하였다.

(2) 신탁 통치 반대 운동 전개

① 신탁 통치 반대 국민 총동원 위원회가 결성되어 전국적으로 반탁 운동이 확산되었다.

② 처음에는 반탁을 주장하다 소련의 영향을 받은 공산주의자들이 찬탁 지지로 방향을 전환하였다.

③ 신탁 통치를 식민 통치의 연장이라 주장하면서 김구의 주도로 전국적인 반탁 운동을 전개하였다.

(3) 제 1차 미·소 공동 위원회 개최(1946. 3)
임시 정부 수립 방안 협의 단체를 소련은 신탁 통치 결정을 지지하는 정치 단체만 참여시키자는 주장이고, 미국은 모든 정치 단체를 참여시켜야 한다는 서로 다른 주장으로 끝내 결렬되었다.

(4) 좌우 합작 운동(1946~1947)

① 제 1차 미·소 공동 위원회의 결렬 이후 이승만은 정읍 발언에서 남한만이라도 정부를 수립하자는 의견을 제시하였다. 이에 김구는 반대하고 한국 민주당이 호응하여 즉시 과도 정부를 수립하자는 자율 정부 운동을 전개하였다.

▶ 좌·우 합작 위원회 위원들
이 위원회는 우익의 김규식과 좌익의 여운형 등을 중심으로 구성되었다. 이들은 좌익과 우익 간에 의견 차이가 심했던 신탁 통치 문제, 토지 문제, 친일파 처리 문제 등을 중도적인 입장에서 조화시킨 좌우 합작 7원칙을 발표하였다.

② 중도 우파 김규식과 중도 좌파 여운형을 중심으로하는 좌우 합작 위원회가 구성되어 좌우 합작 7원칙을 발표하고 좌우 합작 운동을 추진하였다.

③ 미 군정은 중도 세력의 좌우 합작 운동을 지원하였으며, 조선 정판사 위조지폐 사건을 계기로 좌익 세력을 탄압하였고, 미국인 장관 밑에 민정 장관 안재홍, 대법원장에 김용무를 임명하여 남조선 과도 정부(1947.2)를 발족 시켰다.

④ 미국이 트루먼 독트린, 마셜 플랜을 발표하면서 소련과 냉전이 시작되었고, 여운형의 암살과 제 2차 미·소 공동 위원회 결렬로 좌우 합작 운동은 실패하였다.

> **좌·우 합작 위원회에서 내놓은 좌·우 합작 7원칙(1946. 10.)**
>
> 1. 모스크바 3국 외상 회의 결정에 의해 좌우 합작으로 임시 정부를 수립할 것
> 2. 미·소 공동 위원회 속개를 요청하는 공동 성명 발표
> 3. 몰수·유(有)조건 몰수 등으로 농민에게 토지 무상 분배 및 중요 산업 국유화
> 4. 친일파, 민족 반역자 처리 문제는 장차 구성될 입법 기구에서 처리할 것
> 5. 남북 좌우의 테러적 행동을 일체 제지하도록 노력할 것
> 6. 입법 기구의 구성 방법 및 운영 등은 본 합작 위원회에서 작성, 적극 실행할 것
> 7. 전국적으로 언론, 집회, 결사, 출판 등의 자유를 절대 보장할 것

③ 대한민국의 수립

1) 대한 민국 정부의 수립

(1) 유엔 한국 임시 위원단의 활동

① 한국 문제의 유엔 총회에 상정(1947.11): 유엔 감시 하에 인구 비례에 따라 남북한 총선거를 실시하고, 미·소 양군의 철수를 주장하였다.

② 소련은 유엔의 제안에 반대하자, 유엔은 소총회에서 선거가 가능한 지역에서만이라도 총선거를 실시하여 정부를 수립하도록 결정하였다.

(2) 대한민국 정부 수립

① 남북 협상의 추진: 김구, 김규식은 남북 요인 회담을 제안하였고, 북한은 평양에서 **남북 제정당 사회단체 대표자 연석회의** 개최를 제안해왔다. 이에 김구와 김규식이 수용하여 남북 협상이 추진되어 전조선 제정당 사회단체 지도자 협의회 명의로 미·소 양군의 철수와 **단독 정부 수립을 반대하는 공동 성명서**가 채택되었다. 그러나 남·북한에서는 분단 정부 수립이 구체화되었기 때문에 실패하였다(5·10선거 불참).

② 5·10 총선거의 실시(1948. 5. 10)

   (ㄱ) 남한만의 총선거 실시: **남북 협상파는 총선에 대거 불참**하였다.

   (ㄴ) 1948. 5. 31. 198명의 국회의원으로 구성된 제헌국회가 개회되었다.

③ 헌법의 제정(19478. 7. 17.)

   (ㄱ) 제헌국회는 대통령 중심제와 3권 분립, 단원제 국회의 간접선거에 의한 대통령 선출 등을 요지로 헌법을 제정하였다.

   (ㄴ) 대통령제와 단원제, 대통령을 국회에서 선출하는 내각책임제 요소가 가미된 정부형태를 채택하였다.

④ 대한민국 정부 수립(1948. 8. 15)

　(ㄱ) 이승만을 대통령, 이시영을 부통령으로 선출하고 대한민국 수립을 내외에 선포하였다.

　(ㄴ) 유엔의 승인(1948. 12): 유엔 총회는 대한민국을 한반도의 유일한 합법 정부로 승인하였다.

2) 건국 초기의 국내 정세

(1) 공산 집단의 남한 교란

① 제주도 4·3 사건: 남한의 5·10 총선거 교란을 목적으로 공산주의자들과 이에 동조한 주민들이 무장봉기하여 진압 과정에서 무고한 시민이 희생되었다. 그리하여 제주도 일부 지역에서는 총선거가 실시되지 못하였다.

② 여수·순천 10·19 사건: 군대 내 좌익 세력이 공산주의자들과 합세하여 일으킨 반란이다.

(2) 반민족 행위 처벌법 제정(1948. 9)

① 목 적: 민족 정기를 바로 잡고 친일파를 처벌하기 위해서 제정하였다.

② 내 용: 일제 시대에 친일 행위를 한 사람들을 처벌하고 공민권을 제한한다는 내용으로 되어 있다.

③ 실 행: 반민족 행위 특별 조사 위원회(국회의원 10명)와 특별 재판부 설치, 친일 혐의를 받은 주요 인사들의 명단을 작성하고 조사하였다.

④ 해 산

　(ㄱ) 국회, 정부, 언론 등에서의 정치적 갈등, 즉 반민족 행위 특별 조사 위원회의 지지층과 반대층과의 갈등이 지속되었다.

　(ㄴ) 국회 프락치 사건(1949)과 경찰의 반민 특위 습격 사건(1949. 6. 6)이 발생하였고, 반민법의 시효기간을 1949년 8월 31일로 단축한 법안이 통과하여 해산되었다.

⑤ 결 과: 반공정책을 우선시한 이승만 정부의 소극적인 태도로 친일파 처단이 성과를 거두지 못하였다.

반민특위가 본격적인 활동에 들어가자 이승만은 담화를 통하여 견제하기 시작하였는데, 그 요지는 반민특위가 삼권분립의 원칙에 위반되며 안보상황이 위급한 때 경찰을 동요시켜서는 안 된다는 것이었다. 이에 대하여 반민특위특별재판부장 김병로는 반민특위활동이 불법이 아니라는 담화를 발표하고 정부의 협조를 촉구하였다. 그러나 이승만은 계속 비협조로 일관하더니 2월 24일 반민법을 유명무실하게 만드는 반민법 법률개정안을 제2회 39차 본회의에 상정하였다. 결과는 부결되었으며, 특위의 활동은 계속되었다.

반민 특위의 실적		프랑스의 나치 협력자 처벌	
취급 건수	682건	사형 선고	6,763건
영장발부	408건	사형 집행	767건
기소	221건	즉결 처형 포함시	약 12,000건
사형	1건	종신 강제 노동	2,072건
징역	6건	유기 강제 노동	10,637건
집행 유예	5건	유기 징역	22,883건
공민권 정지	18건	공민권 박탈	3,578건
형 면제	2건	부역죄 신고	46,145건

(3) 농지 개혁법 제정(1949) 농지 소유는 3정보를 상한으로 하고 그 이상의 농지를 국가가 유상 매수 하며, 농민에게 3정보 한도 내에서 유상 분배한다는 내용이다.

① 긍정적 평가: 소작농으로 시달리던 농민들이 자기 농토를 가질 수 있게 되었다.

② 부정적 평가

　㉠ 산림·임야 등 비경제지를 제외한 농지만 대상으로 하였고, 반민족 행위자의 막대한 토지 소유권이 인정되었다.

　㉡ 농민에게는 불리하고 지주에게 유리한 지주층 중심의 개혁이었다.

　㉢ 농지 개혁은 지주층에 대한 보상금을 산업 경영에 유도하여 토지 자본을 산업 자본화하려는 목적도 있었다. 그러나 전쟁과 극심한 인플레이션으로 헐값에 팔아 생계비로 충당함으로써 중소 지주층이 근대 산업의 자본가로 전환하는데 실패하였다.

❹ 6·25 전쟁

1) 북한 정권의 수립

(1) 평남 건국 준비 위원회 결성(조만식, 1945.08)

(2) 김일성의 권력 장악

① 소련군과 함께 북한에 들어온 김일성은 북조선 분국의 책임비서가 되어 주도권을 장악하였고, 신탁 통치를 반대하는 조만식을 제거하였다.

② 북조선 5도 행정국을 조직(1945. 11.)하고, 북한에 공산주의 정권을 수립하기 위해서 북조선 임시 인민 위원회(1946. 2.)를 구성하였으며, 위원장에 김일성을 임명하였다.

③ 공산주의 체제의 확립: 토지 개혁 실시(1946.3): 무상 몰수·무상 분배를 단행하였는데 몰수 대상 토지는 친일파 및 일제의 토지, 모든 소작지, 5정보 이상 소유한 지주의 땅 전부를 몰수하였고, 이 토지는 토지가 없는 농민에게 가족의 노동력에 비례하여 무상으로 분배하였다. 분배된 토지는 매매·대차·저당이 금지되어 사실상 모든 토지를 국유화한 것이다.

④ 사회주의 개혁 입법: 남녀 평등법 제정, 주요 산업시설의 국유화법 제정으로 공산주의 체제를 확립하였다.

(3) 인민 공화국 수립 과정 총선거로 최고 인민 회의 구성(1948. 8. 25) → 조선 민주주의 인민 공화국 헌법 채택 → 김일성을 초대 수상으로 하는 조선 민주주의 인민 공화국이 수립되었다(1948. 9. 9).

2) 6·25 전쟁과 공산군의 격퇴

(1) 6·25 전쟁

① 공산군의 불법 남침(1950. 6. 25.): 공산주의자들은 한반도를 미국의 태평양 방위선에서 제외한다는 발표(애치슨 선언)에 고무되어 소련의 지원 하에 38도선 전역에 걸쳐 남침을 하였다.
② 3일 만에 서울이 함락되었고 국군은 두 달 만에 낙동강 전선까지 후퇴하였다.

(2) 공산군의 격퇴

① 유엔군의 참전: 유엔은 북한의 남침을 불법화하였으며, 16개국으로 구성된 유엔군을 파견하여 국제전의 양상을 띠게 되었다.
② 인천 상륙 작전(1950. 9. 15.)을 전개하여 전세를 역전한 국군과 유엔군은 서울을 탈환한 뒤 평양을 점령(1950. 10. 19)하고 압록강까지 진격하였다.
③ 중국군의 개입(1950. 10. 25.): 중국은 1백만의 군대를 파견하여 전세가 다시 역전되어 38도선 부근에서 고착되었다.

3) 휴전과 전후 복구

(1) 휴전의 성립 소련의 휴전 제의 → 휴전 회담 진행(개성, 판문점)과 쟁점 논의(군사 분계선 설정, 중립국 감시기구의 구성, 포로 교환 문제) → 이승만 정부의 휴전 반대 범국민 운동 → 거제도 반공 포로 석방 → 휴전 협정 체결(1953. 7. 27), 군사 분계선(휴전선) 설정

(2) 한·미 상호 방위 조약 체결(1953. 10.) 대한민국의 안보 체제를 강화하였다.

(3) 전후 복구 사업

① 6·25 전쟁의 피해: 국토의 초토화, 각종 산업 시설의 파괴, 사상자로 인한 인명 피해 등이다.
② 전후 복구: 국민과 정부, 우방 국가들의 원조를 제공 받아 비교적 빠르게 복구할 수 있었고, 유엔 한국 재건단(UNKRA)이 파견되어 재건을 도왔다.

(4) 한국전쟁의 영향

① 남한에 끼친 영향
　(ㄱ) 전쟁을 통한 엄청난 인명피해와 물적 피해를 가져왔다.
　(ㄴ) 국내 정치적으로 남한의 반공 보수 세력의 기반을 확보하였다.
② 북한에 끼친 영향
　(ㄱ) 인적·물적 자원과 시설의 막대한 피해를 초래하였다.

(ㄴ) 김일성은 쿠테타의 명분으로 박헌영과 이승엽을 비롯한 남로당 간부를 체포, 사형 또는 중형에 선고하였고, 사실상 1인 독재체제를 구축하였다.

기출문제

01 6·25 전쟁의 휴전 회담에 대한 설명으로 옳은 것은? 2010. 국가직 7급

① 중공군이 참전하자 휴전 회담은 일시 중단되었다.

② 휴전 협정이 체결되고 같은 해 한·미 상호 방위 조약이 체결되었다.

③ 휴전 회담이 난항에 빠지자 참전국들 간의 회담이 제네바에서 개최되었다.

④ 휴전 협정이 체결되자 이승만은 거제도에 수용되어 있던 반공 포로들을 석방하였다.

정답 ②

해설 ① 중공군이 참전하자 소련이 휴전 회담을 제의하면서 1951년 7월 10일부터 판문점으로 이동하여 휴전이 성립되기 전인 1953년 9월 27일까지 총 765회의 회담이 진행되었다.

③ 휴전 회담 체결 이후 1954년 6월에 제네바 정치 회담이 개최되었다.

④ 휴전 협정 체결 전인 1953년에 거제도 반공 포로를 석방하였다.

02 민주주의의 시련과 발전

① 4·19 혁명과 민주주의의 성장

1) 이승만 정부(1948~1960): 제1공화국

(1) 자유당의 장기 집권

① 발췌 개헌 통과(1952.7)

  (ㄱ) 제 2대 총선 참패(1952. 5.): 정부에 비판적인 무소속 출마자들이 대거 당선되었고, 거창 양민 학살 사건(공산군 혐의)과 국민 방위 사건(1951)이 터지는 등 정부의 실정이 거듭되었다.

  (ㄴ) 정당무용론을 주장하던 이승만 정부는 전쟁 중에 임시 수도인 부산에서 독재 체제를 구축하기 위한 비상수단으로 여당인 자유당을 조직하였다(1951. 12.).

  (ㄷ) 이승만의 재선을 위하여 발췌 개헌안을 강제로 통과시키고, 이를 반대하는 정치인들을 국제 공산당의 자금을 받았다는 혐의로 헌병대로 연행하였다. 그 결과 직선제로 고치는 발췌 개헌안을 강압적으로 국회에서 통과시켰다.

② 제2대 대통령 선거(1952. 8.): 새 헌법에 따라 대통령에 자유당 이승만이, 부통령에 무소속 함태영이 당선되었다.

③ 사사오입 개헌(1954. 11.): 이승만은 장기 집권을 위해 초대 대통령의 중임 제한(3선 금지조항) 철폐를 골자로 한 헌법 개정안을 제출하였다. 1표가 부족하여 부결되었으나 뒤에 사사오입(四捨五入, 반올림)을 내세워 개헌안 통과를 선언하였다(1954. 11.).

(2) 자유당의 독재 체제 강화

① 민주당 창당(1955): 이승만과 갈라진 정치인들은 민주당을 창당하여 자유당과 대립하였다.

② 제3대 정·부통령 선거(1956. 5.): 투표 결과 제 3대 대통령 선거에서 대통령에 이승만, 부통령에 민주당의 장면이 선출되었다. 진보당의 조봉암은 선거에서 유효 득표의 30%(2위)를차지하여 변화를 바라는 국민의 열망을 대변하였다.

③ 진보 세력의 탄압

  (ㄱ) 진보당 사건(1958. 1.): 혁신 정당인 조봉암은 '남북 총선거에 의한 평화 통일론'을 주장

하였다. 이승만 정권은 조봉암을 국시를 위반하고 북한의 간첩과 내통했다는 협의로 사형을 집행하였다.

(ㄴ) 2·4 정치파동(보안법 파동, 1958. 12.): 자유당은 경찰을 동원하여 야당의원을 감금한 상태에서 대공 사찰과 언론 통제를 내용으로 하는 국가 보안법 개정안(신국가보안법)과 지방 자치 단체장을 선거제에서 임명제로 바꾸는 **지방 자치법 개정안**을 강제 통과시켰다.

(ㄷ) 경향신문 폐간(1959. 4.): 장면을 지지했던 경향신문을 폐간시키고 야당과 언론을 탄압하였다.

▶ 야당인 민주당은 "못 살겠다 갈아보자"라는 선거 구호를 내세워 이승만 정부의 독재에 시달리던 국민들에게 큰 호응을 받았다(왼쪽). 오른쪽은 수세에 몰린 여당이 내건 선거 구호이다. 새 헌법에 따라 치러진 이 선거에서 대통령에는 이승만이, 부통령에는 민주당 후보인 장면이 당선되었다. 이러한 추세로 가면 다음 선거에서 또 야당 후보가 부통령이 될 가능성이 높았으므로, 자유당 정권은 나이가 많은 이승만 대통령이 사망할 경우 민주당 출신의 부통령이 대통령직을 계승할지도 모른다는 부담감을 갖게 되었다.

2) 4·19 혁명(1960)

(1) 배 경

① 배 경: 1950년대 후반부터 미국의 원조 감소에 따른 경제난과 실업자 증가로 자유당 정권에 불만을 가지게 되었다.

② 2·28 대구 학생 의거: 민주당 유세 날에 학생들을 참가하지 못하도록 일요일에 등교하게 하였다. 이에 반발한 학생들이 정부의 불법적 선거 개입을 비판하는 시위를 일으킨 사건으로 이후 마산의 3·15 부정 선거 항의 시위로 이어지면서 4·19 혁명의 도화선이 되었다.

(2) 경 과

① 3·15 부정 선거: 선거 개표 과정에서 부통령 이기붕의 표가 100%에 가까운 결과가 나오자 이를 79%로 하향 조정하였다.

② 3·15 마산 의거: 투표 당일 분노한 학생과 시민들이 시위를 전개하였고, 경찰의 무력 진압으로 수십 명의 사상자가 발생하였다. 그러나 정부는 공산당이 배후에서 조종한 좌익 폭동이라 발표하여 마산 시민의 반감을 고조시켰다.

③ 김주열의 죽음: 시위 중 실종된 김주열 학생의 시신이 발견되자, 격분한 마산 학생과 시민들이 정부에 항의 하는 시위를 벌였고 전국적으로 확산되었다.

④ **4·19 혁명 발발**: 시위의 목적이 확대되어 부정 선거 무효뿐만 아니라 이승만의 퇴진을 요구하였다. 고려대학교 학생 시위에 이어 서울과 대도시에서 학생들의 대규모 시위가 일어났고 일반 시민들도 가세하였다.

⑤ **경찰의 발포**: 시위 군중이 경무대로 진출하려 하자 경찰이 발포하였고 이에 많은 사상자가 발생하였다. 이승만 정부는 계엄령을 선포했지만 시위는 계속되었다.

▶ 계엄군의 전차를 뒤덮은 시민들(1960. 4. 26.)

⑥ **대학 교수단의 시국 선언문**: 서울 시내 대학 교수들의 시국 선언문이 발표되었고, 미국도 등을 돌리자 이승만은 대통령직에서 사임하고 하와이로 망명하였다.

⑦ **의 의**: 학생과 시민들이 중심이 되어 독재 정권을 타도한 민주주의 혁명이었다.

3) 장면 내각의 수립(1960~1961): 제2공화국

(1) 과도 정부의 구성과 개헌

① **내각 책임제 개헌(1960. 6.)**: 허정을 내각 수반으로 하는 과도 정부가 구성되었다. 과도 정부는 내각 책임제와 지역 대표성에 따라 구성된 참의원(상원)과 인구 비례에 따라 구성된 민의원(하원)의 양원제를 골자로 하는 헌법을 개정하였다.

② **사법부 개혁**: 대법원장, 대법관을 선거로 선출, 헌법 재판소 상설화, 언론의 자유 확대

③ **7·29 총선 실시**: 제 5대 국회의원 선거에서 1955년 창당한 민주당이 참의원과 민의원 선거에서 의석을 3/2 넘게 차지하였다.

(2) 장면 내각의 출범

① 새로 구성된 국회에서 대통령에는 윤보선, 국무총리는 장면이 선출되었다.

② **국정 과제**: 민주주의의 실현, 독재 정권의 유산 청산, 경제 재건과 경제개발, 남북 관계의 개선 등을 내세웠다.

③ **경제 개발 노력**

   ㉠ 경제 제일주의 표방하여 한·미 경제 기술원조 협정(1961)을 체결하고 댐 건설 등을 비롯한 국토 개발 사업(1961)을 추진하였다.

   ㉡ 장기 경제 개발 계획(1960)을 세우고 재원 마련에 나섰다.

④ **통일 정책**: 유엔 감시하의 남·북한 자유선거에 의한 통일 방안을 세우고 반공을 강조하였다.

⑤ 민주주의의 진전: 언론 활성화, 학생·노동 운동 전개, 교원 노조 결성 등 혁신 세력은 진보적인 정치활동을 전개하였다.

(3) 통일 운동의 활성화

① 중립화 통일론의 대두: 학생들이 민족 통일 연맹(민통련)을 결성하였고, 혁신계 정치인들도 민족 자주 통일 중앙 협의회(민자통)를 조직하여 **중립화 통일론** 등의 새로운 통일 운동을 전개하였다.

② 남북 학생 회담 및 통일 촉진 궐기 대회(1961년): 이땅이 뉘 땅인데 오도 가도 못하느냐 가자! 북으로! 오라! 남으로! 라는 구호 아래 남북 학생 회담 환영, 통일 촉진궐기 대회가 열렸다.

(4) 장면 내각의 한계
장면 내각은 학생 및 혁신 계열의 통일 운동에 부정적, 부정 선거 책임자와 부정축재자 처벌에 소극적, 민주당 내의 구파와 신파의 분열로 인한 정치 불안 등을 들 수 있다.

🌀 기출문제

01 (가)와 (나) 사이에 발생했던 사실에 해당하는 것은?　　　　2010. 정부 교행 9급

> (가) 6·25 전쟁이 끝난 이후, 이승만의 자유당 정권은 장기 정권을 추구하면서 독재 정치를 강화하였으며, 이러한 가운데 부정부패가 심화되었다. 결국, 1960년 정·부통령 선거에서의 부정 선거로 학생과 시민들을 중심으로 시위가 확산되었으며, 결국 (나) 이승만은 하야 성명을 발표하기에 이르렀다.

① 경향신문 강제 폐간　　　② 한·일 협정 체결　　　③ 농지 개혁법 공포
④ 제주 4·3 사건　　　⑤ 여수·순천 10·19 사건

정답 ①

해설 (가)는 1953년, (나)는 1960년에 발생한 일이다.
　　　① 1959년 ② 1965년 ③ 1949년 ④ 1948년 ⑤ 1948년

---

② 5·16 군사 정변과 민주주의의 시련

1) 5·16 군사 정변과 박정희 정부

(1) 5·16 군사 정변(1961. 5. 16)

① 박정희 등 일부 군인들이 쿠데타로 정권을 장악하고 헌정을 중단시키고 국가 재건 최고 회의와 중앙정보부를 설치하여 군정을 실시하였다.

② 혁명 공약에서 **반공을 국시**로 천명하고, 경제 재건과 사회 안정을 내세웠다.

③ 정치 활동 정화법 제정(1962), 반공법 등의 실시로 구정치인들의 정치 활동을 금지하였다.

④ 농어촌 고리채 정리법, 부정 축재 처리법 등을 제정하고 화폐 개혁(1962)을 단행하였으며 제 1차 경제 개발 5개년 계획(1962)을 시작하였다.

⑤ 민주 공화당 창당하고 **대통령 중심제와 대통령 직선제, 국회 단원제**의 개헌안을 마련하였다.

⑥ 1962년 우리나라 역사상 최초로 국민 투표를 거친 개헌을 하였다.

(2) 박정희 정부(1963~1972) 제3공화국

① **박정희 정부의 출범:** 1963년 박정희는 공화당 후보로 출마하여 윤보선을 누르고 대통령이 되었다.

② **박정희 정부의 정책**

   (ㄱ) 정 치: 강력한 대통령 중심제와 단원제의 권력 구조를 바탕으로 하는 헌법을 운용하였다.

   (ㄴ) 경 제: 국정 지표를 '조국 근대화, 민족중흥'으로 삼고, 급속한 경제 성장을 우선적인 정책으로 추진하였다. 공업화의 추진으로 공업화에 필요한 자본을 도입하여 경제 개발에 대한 국민적 기대가 커지면서 제6대 대통령으로 당선되었다.

③ **한·일 국교 정상화(1965. 6.)**

   (ㄱ) **추진 배경:** 경제 개발에 필요한 자금을 마련하고 일본과의 수교를 요구하는 미국의 압력으로 일본과 국교 정상화를 추진하였다.

   (ㄴ) **김종필·오히라 비밀 회담(1962):** 무상 원조와 차관 제공으로 식민지 보상에 합의하였다. 하지만 보상금의 정식 명칭을 독립 축하금으로 정한 것은 사죄가 이루어지지 않았음을 의미한다.

   (ㄷ) **6·3시위(1964):** 일본이 확실한 사죄와 보상을 거부하자 학생들과 시민들 사이에서 **대일 굴욕 외교 반대** 시위가 전개되자 정부는 계엄령을 선포하였으며 강경 진압하였다.

④ **한·일 협정 체결(1965)**

   (ㄱ) 무상 3억 달러와 정부 차관 2억 달러, 민간 상업 차관 1억 달러 이상을 받는 조건으로 한·일 협정이 체결되었다.

▶ 6·3 사태 때의 학생 시위(1964)

   (ㄴ) 일본의 식민지 지배 사죄나 배상, 독도의 한국 영유권, 약탈 문화재 반환, 군대 위안부와 강제 징용자, 그리고 원폭 피해자에 대한 배상, 재일 동포의 정당한 법적 지위 및 대우 등의 문제는 소홀히 다룬 한계를 남겼다.

⑤ 베트남 파병(1965~1973)

    ㉠ 미국의 참전 요청으로 박정희 정부는 1965년에서 1973년까지 베트남 전쟁에 군대를 파견하였다.

    ㉡ 정부는 파병은 미국의 경제·군사 지원을 약속 받아 고용 증대와 경제 성장을 가져왔다.

    ㉢ 미국은 베트남 추가 파병의 대가로 한국군의 현대화를 위한 장비를 제공하고, 수출 진흥을 위해 기술과 AID차관을 제공하기로 하였다(브라운 각서).

⑥ 장기 집권을 위한 3선 개헌 강행(1969)

    ㉠ 1967년의 제6대 대통령 선거에서 재선된 박정희 대통령은 장기 집권을 위해 헌법 개정을 추진하였다.

    ㉡ 3선 개헌안 통과(1969): 대통령의 3선을 허용하는 개헌안이 국민 투표에서 투표자의 65% 찬성으로 통과되었다.

⑦ 제7대 대통령 선거(1971): 신민당의 김대중 후보를 누르고 박정희 후보가 당선되었다. 이 선거에서 여촌야도(與村野都) 현상과 영·호남의 지역 차이가 뚜렷하게 나타났다.

2) 유신 체제의 성립(1972~1979): 제4공화국

(1) 배경

① 미국은 닉슨 독트린을 선언하고 주한 미군의 감축, 미국 대통령의 중국 방문 등 국제 상황이 급변하고 있었으며, 국제원유 파동으로 세계 경제가 어려운 처지에 있었다.

② 국민의 생활수준은 향상되었지만 선성장 후분배의 성장 제일주의와 저임금 정책으로 노동자들의 생존권 요구도 커졌다.

③ 1971년 대선과 국회의원 선거에서 야당이 선전하여 집권 세력의 위기감을 초래하였다.

(2) 성립

① 10월 유신 헌법의 선포(1972. 10.): 정부는 국가 안보와 사회 질서를 최우선 과제로 내세우면서 지속적인 성장을 이루기 위해서 강력하고 안정된 정부가 필요하다고 주장하였다.

② 1972년 10월 17일에 전국에 비상계엄령을 선포하고 국회해산, 정치 활동 금지 등을 단행한 후 유신헌법을 제정하였다(국민투표로 확정).

> **영구 집권을 꾀한 유신 헌법**
>
> 1972년 10월, 박정희 정부는 갑자기 전국에 계엄령을 선포하여 국회를 해산시키고 모든 정치 활동을 금지시켰다. 그리고 평화 통일을 위해서는 강력한 정부가 필요하다면서 유신 헌법을 제정하였다. 이 헌법은 대통령의 중임 제한을 없앴으며, 대통령의 직속 기구나 마찬가지인 통일 주체 국민 회의에서 대통령을 뽑도록 하였다. 또, 대통령이 국회 의원 3분의 1 임명권과 법관 인사권을 가져 의회와 사법부를 통제할 수 있도록 하였고, 긴급 조치권과 국회 해산권 등 절대 권력을 가지도록 하였다. 또, 통일이 될 때까지 지방 의회를 구성하지 않도록 하였다.

③ 성격
   (ㄱ) 강력한 통치권을 대통령에게 부여하는 권위주의 통치 체제로, 국민의 기본권과 자유를 제한한 독재 체제였다.
   (ㄴ) 박정희 정부는 유신 체제를 '한국적 민주주의'라고 선전하였고, 대통령의 권한은 국회의원 1/3 직접 임명, 법관의 인사권과 긴급조치권, 국회 해산권 등 절대 권력을 행사할 수 있었다.
   (ㄷ) 통일 주체 국민회의를 설치하고 여기에서 대통령을 선출하였는데 임기는 6년, 중임 제한 조항을 삭제하였다.

(3) 반발
① 국내
   (ㄱ) 김대중 납치 사건(1973. 8.), 대학생 유신 반대운동(1973. 10.), 개헌 청원 1백만 서명 운동(1973. 12.)이 전개되었다.
   (ㄴ) 긴급 조치 발동(1974. 1): 유신체제를 반대하는 학생, 민주 인사들을 탄압하였다.
   (ㄷ) 민청학련 사건(1974. 4.), 인혁당 재건위 사건(1974. 4.), 3·1민주 구국 선언(명동 사건, 1976) 등으로 유신 정권의 탄압을 받았다.
② 국제: 대미·대일 외교 관계가 악화되었고, 1977년 미국 카터 대통령의 인권 외교와 주한 미군 철수 등의 의견과 달라 갈등을 야기하였다.

(4) 유신 체제의 붕괴(1979)
① 야당의 총선 승리(1979), 2차 석유 파동(1979)으로 박정희 정부를 위기로 몰고 갔다.
② YH 무역사건(1979. 8.): 신민당 당사에서 생존권 보장을 요구하며 농성하던 YH 무역 여성 노동자를 진압하는 과정에서 사망하는 사건이 발생하였다.
③ 부·마 항쟁(1979. 10.): 신민당 김영삼 총재가 국회에서 제명당하는 사건이 벌어졌는데, 이를 계기로 부산, 마산, 창원 등지에서 유신 체제에 반대하여 학생과 시민들의 시위가 거세게 일어났다.
④ 박정희 피살(1979. 10. 26.): 중앙정보부장 김재규에게 피살되는 10·26 사태가 일어나면서 유신 체제가 붕괴하였다.

3) 5·18 민주화 운동과 6월 항쟁

(1) 신군부 세력의 권력 장악
① 계엄 선포: 10·26 사태후 계엄령이 선포되었고 군 수뇌부는 정치적 중립을 선포하였고, 통일 주체 국민 회의에서는 최규하를 제10대 대통령으로 선출하였다.

② 신군부 세력(전두환, 노태우)이 병력을 동원하여 계엄 사령관을 체포하고, 군권과 정치적 실권을 장악하였다(12·12 사태).

(2) 5·18 민주화 운동(1980)

① 서울의 봄: 서울 역 앞의 시위에서 10만 명의 시위 군중들은 계엄해제, 전두환 퇴진, 유신 잔당 타도, 언론 자유 보장 등을 요구하였는데 이 민주화 운동을 서울의 봄이라고 한다.

② 신군부는 전국 규모의 비상계엄의 확대 조치가 취해지고, 국회 폐쇄, 대학폐쇄, 정치 활동 금지, 파업 금지, 언론 검열 강화 등을 발표하였다.

③ 5·18 광주 민주화 운동: 광주 학생과 시민들의 시위 → 계엄군 발포 → 학생과 시민들이 시민군 조직 → 계엄군의 광주 봉쇄 → 계엄군이 무력으로 진압하였다.

신군부의 집권

10·26 사태로 계엄령이 선포된 가운데 당시 국군 보안 사령관이었던 전두환을 중심으로 한 이른바 신군부 세력이 대두하게 되었다. 최규하 국무 총리가 통일 주체 국민 회의에서 대통령으로 선출된 지 6일 만인 1979년 12월 12일, 전두환과 노태우 등을 중심으로 하는 신군부 세력은 군의 지휘 계통을 무시한 채 일부 병력을 동원하여 군권을 장악한 뒤 차츰 정치적 영향력을 확대해 나갔다.
한편, 유신 체제가 무너진 후 사회 곳곳에서는 민주화를 요구하는 목소리가 터져 나왔다. 1980년 봄이 되면서 민주화 운동은 더욱 거세어졌고, 이는 5월 15일의 서울역 시위에서 절정에 이르렀다. 이날 서울역 앞에 모인 수만 명의 학생들은 계엄 해제와 신군부 퇴진을 요구하며 시위를 벌였다. 그러나 신군부는 계엄령을 전국으로 확대하고 시위를 무력으로 진압하였다(1980. 5. 17.).

(3) 전두환 정부(1981~1988) 제5공화국

① 국가 보위 비상 대책 위원회(1980. 5. 31.): 대통령의 자문 기구 형식으로 설치하였고 국가의 통치권을 장악하였다.

② 미국 카터 대통령의 지지를 받은 전두환은 통일 주체 국민 회의에서 제11대 대통령으로 선출되었다(1981. 2.)

③ 제8차 개헌을 추진하여 7년 단임제의 대통령을 간접선거로 선출하는 헌법을 마련하고 국민 투표로 확정하였다.

④ 개정된 헌법에 의한 선거인단의 간접 선거로 전두환이 제12대 대통령으로 선출되어 제5공화국이 출범되었다.

⑤ 통치 이념: 정의 사회의 구현, 복지 사회의 건설 등을 통치 이념으로 내세우고, 수출 증대와 경제 안정을 위해 노력하였다.

⑥ 정부 정책: 언론 통제, 정치 활동 규제, 유화 정책 조치로 야간 통행금지 해제, 중·고등학생 교복과 두발 자율화 조치 등이 있다.

(4) 6월 민주 항쟁(1987. 6. 10.)

① 배 경: 1985년 국회의원 선거에서 야당이 대거 당선되었고, 야당과 재야 세력이 중심이 되어 대통령 직선제 개헌 운동을 전개하였다.

② 전 개

  ㉠ 박종철 고문치사 사건과 헌법을 개정할 수 없다는 전두환 대통령의 4·13 호헌(護憲) 조치가 결정적인 계기가 되었다.

  ㉡ 민주화 운동 세력은 전국에서 반대 시위를 전개하였고, 시위 중 이한열 학생이 최루탄에 맞아 사망하면서 '호헌 철폐, 민주 헌법 쟁취, 독재 타도' 등의 구호를 내건 시위가 전국적으로 확산되었다.

③ 결 과: 민주 정의당 대표 노태우가 대통령 직선제 개헌 요구를 수용하는 시국 수습 방안이 발표되었다(6·29민주화 선언). 그리고 여야 합의로 5년 단임의 대통령 직선제를 골자로 헌법을 개정하였다.

기출문제

01 다음은 같은 해에 벌어졌던 사건들이다. 이러한 사건들로 말미암아 나타난 사실로 옳은 것은? 2013. 국가직 9급

- · 박종철 사건
- · 6·10 국민 대회 개최
- · 4·13 호헌 조치
- · 민주헌법쟁취 국민운동본부 결성

① 국가보위 비상대책위원회가 구성되었다.
② 5년 단임의 대통령 직선제 개헌이 이루어졌다.
③ 전국에 계엄령을 선포하고, 모든 정치활동을 정지시켰다.
④ 대통령의 중임 제한을 없애고 간선제를 골자로 하는 헌법을 제정하였다.

정답 ②

해설 제시문에 나열된 사건들은 1987년에 발생한 사건들이다. 이 사건들을 계기로 발생한 6월 민주 항쟁을 통해 임기 5년의 대통령 직선제를 골자로 하는 시국 수습방안인 6·29선언이 발표되었다.

3 민주주의의 발전

1) 노태우 정부(1988~1993): 제6공화국

(1) **제 9차 개헌(1987)** 6·29 선언이 계기가 되어 국회에서는 5년 단임의 대통령 직선제 등을 골자로 헌법을 개정하였다.

(2) **출 범** 민주 정의당의 노태우 후보가 제13대 대통령에 당선되어 노태우 정부가 출범하게 되었다. 그러나 1988년 제13대 국회의원 선거에서는 야당이 승리를 거두어 광복 이후 처음으로 여소야대 정국이 전개되었다.

(3) 활 동

① 국정 지표: 민족자존, 민주 화합, 균형 발전, 통일 번영

② 5공 청문회 개최: 야당의 주도로 5·18 민주화 운동의 진상을 밝히는 청문회 개최

③ 서울 올림픽 개최: 제24회 서울 올림픽을 성공적으로 개최

④ 3당 합당(1990): 여소야대 정국을 극복을 명분으로 3당(민주 정의당, 통일 민주당, 신민주 공화당)을 합당하여 민주 자유당 결성

⑤ 지방 자치제의 부분적 실시(1991): 지방의회 선거

⑥ 북방 외교: 헝가리·폴란드·러시아·중국과 수교

⑦ 남북한 유엔 동시 가입, 남북 사이의 화해와 불가침 및 교류·협력에 관한 협의서

2) 김영삼 정부(1993~1998): 문민정부

(1) 출범(1993) 제14대 대통령으로 김영삼 후보가 당선되어 문민정부가 등장하였다.

(2) 국정 지표 깨끗한 정부, 튼튼한 경제, 건강한 사회, 통일된 조국 건설

① 공직자의 재산 등록(1993), 금융 실명제(1993), 지방 자치제 전면 실시(1995)

② 우루과이 라운드(UR)협정 타결(1993)

③ 역사 바로 세우기(1995): 전두환·노태우 전직 대통령 반란 및 내란 혐의로 사법 처리, 비자금 환수 조치

④ 경제 협력 개발 기구(OECD) 가입(1996)

(3) 국제 통화 기금(IMF)의 긴급 금융 지원(1997. 11.)

3) 김대중 정부(1998~2003): 국민의 정부

(1) 출범(1998) 외환위기 속에서 제15대 대통령 선거를 실시한 결과 김대중 정부가 성립되었다. 헌정사상 처음으로 선거를 통한 여·야간의 정권 교체가 이루어졌다.

(2) 국정 지표 국정 전반의 개혁, 국민 화합의 실현, 경제 난국의 극복, 법과 질서의 수호

(3) 국제 통화 기금(IMF) 관리 체제 극복(2001)

① 금모으기 운동 전개

② 부실기업 정리 및 기업 구조 조정(재벌 체제)

③ 개방 정책으로 외국 자본 유치

④ 노사정 위원회 구성

(4) 햇볕 정책 추진

① 대북 화해 협력 정책 추진 → 최초 남북 정상 회담 개최

② 금강산 관광 사업 시행(1998)

③ 이산가족 상봉 개최, 6·15 남북 공동 선언 발표(2000)

4) 노무현 정부(2003~2008): 참여 정부

(1) 출범(2003) 2002년 12월 제16대 대통령 선거에서 새천년 민주당 노무현 후보가 당선되었다.

(2) 국정 지표 국민과 함께 하는 민주주의, 더불어 사는 균형 발전 사회, 평화와 번영의 동북아 시대

(3) 활 동

① 공공 기관의 지방 이전, 정·경 유착 단절, 권위주의의 청산, 친일·독재 과거사 정리

② 국가 보안법 폐지 좌절

(4) 통일 정책

① 개성 공단 본격 가동

② 제2차 남북 정상 회담 개최(2007): 남북 관계의 발전과 평화 번영을 위한 선언

▣4 북한의 사회주의 체제

1) 1950년대

(1) 농업의 협동화

(2) 경제 건설 계획 3개년 계획(1954~1956), 5개년 계획(본격적인 사회주의 경제 체제 확립), 천리마운동(1957~), 3대 혁명 운동(1958, 사상·기술·문화)

(3) 8월 종파 사건(1956) 집단적인 권력 투쟁 사건, 소련파·연안파 제거

2) 1960년대

(1) 김일성의 독재 체제 강화

(2) **경제 건설 계획**(1차 7개년 계획, 1961~1967), 농업 지도 체계(군 협동 농장 경영 위원회 관리)

(3) **중·소 분쟁** 북한이 중립적 입장을 취하다가 1962년 중국 공산당의 입장을 지지하고 소련 비판

(4) **주체사상(1967)** 김일성에게 모든 사상과 권력을 집중시키는 유일 사상 체계로 김일성 1인 지배 체제를 이루었다.

3) 1970년대

(1) **주체사상화 사업** '온 사회의 주체사상화'를 최종목표로 제시

(2) **경제 건설 계획** 6개년 계획(차관 도입, 1971~1976), 2차 7개년 계획(경제의 종합적 발전 1978~1984)

(3) **1970년대 3대 혁명 운동**(3대 혁명 소조 운동, 3대혁명 붉은기 쟁취운동)

> **조선민주주의 인민공화국 사회주의 헌법(1972년)**
> ·자주적인 사회주의 국가로 천명
> ·주체사상을 지도 사상으로 천명
> ·프롤레타리아 독재의 실시를 천명
> ·생산수단은 국가 및 협동 단체로 국한
> ·권력 구조면에서는 절대 권력을 갖는 국가 주석 제를 만듦

4) 1980년대

(1) **김정일 후계 체제 강화** 부자 세습의 권력 승계

(2) **경제 위기와 개혁 정책** 조선 합작 경영법 제정(합영법, 1984), 3차 7개년 계획(1987~1993)

5) 1990년대 이후의 변화

(1) **대외적 변화** 개혁과 개방을 통한 변화 모색
① 남북한 유엔 동시 가입(1991)
② 일본과 수교추진: 미국과 평화 협정 전환 제안
③ 유럽 연합을 비롯한 서방 선진 국가들과 외교 개선

(2) **김일성 사망과 권력 승계**
① 김정일의 권력 승계: 1994년 김일성의 사망으로 권력 승계
② 우리식 사회주의와 조선 민족 제일주의 강조: 세계정세의 변화와 북한의 제한적 정책에 따라 일어날지모를 사회적 동요를 막고, 북한 내부의 단합 강화

(3) 경제·사회적 변화

① 나진·선봉 자유 무역 지대 설치(1991)

② 외국인 투자법(1992), 합작법(1993), 합영법의 개정(1994)

③ 경제 관리 개선 개조 조치(2002), 금강산 관광 지구 제정(1998)

④ 개성 공업지구·신의주 행정 특구(2002) 제정: 남한 기업이 공업 단지 조성

⑤ 남북 경제 협력법 제정(2005)

(4) 북한의 핵문제

① 핵 확산 금지 조약(NPT) 가입(1985): 1993년 탈퇴 선언

② 비핵화에 관한 공동 선언(1991), 핵안전 조치 협정 서명(1992)

③ 북·미 제네바 기본 합의서 채택(1994): 한국, 미국, 일본, EU 대표로 한반도 에너지 개발 기구 구성(KEDO), 경수로는 북한 신포 지역에 건설 중이었으나 북한 핵문제로 2006년 철수

④ 미국의 대북 강경책: 미국 부시 행정부의 대응

⑤ 제1차 6자회담 개최(2003): 한국·미국·일본·러시아·중국·북한

⑥ 제6차 6자회담(2007): 10·3 합의가 채택

🎯 기출문제

01 1945년 해방 이후 남·북한의 정치 상황에 대한 설명으로 옳은 것은?

① 1948년 김일성은 남로당과 연안파 인사들을 배제하고 북한 정부를 구성하였다.

② 1965년 한국군은 UN군의 일원으로 베트남에 파병되었다.

③ 1969년 3선 개헌에 성공한 박정희는 간접 선거를 통해 1971년 대통령에 당선되었다.

④ 1972년 북한은 사회주의 헌법을 공포하여 수령 유일 지도 체제를 확립하였다.

정답 ④

해설 ① 북한에서 남로당계는 1953~1955년에, 연안파는 1955~1958년에 숙청당하였다.
② 베트남 파병은 미국의 요청으로 이루어졌다.
③ 1971년 대통령 선거는 직선이었고 이후 1972년 10월 유신헌법에서 간접 선거로 바뀌었다.

---

⑤ 통일을 위한 노력

1) 외교의 추진

(1) 외교 정책의 방향

① 1960년대: 북한의 무력 도발을 막기 위한 반공 강조

② 1970년대: 국력 신장을 바탕으로 한 적극적인 외교 추진

(2) 외교 추진 성과

① 1960년대: 한·일 협정(1965), 베트남 파병(브라운 각서, 1965)

② 1970년대: 비동맹 국가와의 교섭을 통해 실리 외교 전개

③ 1980년대: 아시안 게임, 제24회 서울 올림픽 개최를 계기로 북방 정책 추진 → 동유럽 공산권 국가들과 수교

④ 1990년대: 러시아 및 중국과 국교, 남북한 동시 유엔 가입

2) 통일 정책의 추진

(1) 반공 체제

① 이승만 정부: 반공 정책, 북진 멸공의 통일 주장, 평화 통일을 주장한 진보당의 조봉암 사형 (진보당 사건)

② 4·19 혁명 직후: 혁신 세력·학생 중심으로 중립화 통일론 주장

③ 박정희 정권: 강력한 반공 정책 '선건설 후통일론' 주장

(2) 남북 대화

① 8·15 선언(1970): 남북한 선의의 체제 경쟁 제의

② 7·4남북 공동 성명(1972): 자주 통일, 평화 통일, 민족적 대단결의 3대 원칙 발표, 남북 조절 위원회 설치 합의

③ 6·23 평화 통일 선언(1973): 남북한의 유엔 동시 가입, 모든 국가에 대한 문호 개방 제안

④ 상호 불가침 협정 제의(1974): 상호 무력 불사용, 상호 내정 불간섭, 휴전 협정 존속

⑤ 평화 통일 3대 기본 원칙 선언(1974)

(3) 남북 관계의 변화

① 전두환 정부: 민족 화합 민주통일 방안 발표(1982), 남북 이산가족 고향 방문단 및 예술단의 교환 방문(1985)

② 노태우 정부: 7·7선언(민족자존과 통일 번영을 위한 특별 선언), 남북 동시 UN가입(1991), 한민족 공동체 통일 방안(1989), 남북 기본 합의서 채택(1991, 남북 화해와 불가침 및 교류 협력에 관한 협의서), 한반도 비핵화 공동선언(1991)

> **한민족 공동체 통일 방안(1989)**
>
> 자주·평화·민주의 원칙하에 남북 연합 구성 → 남북 평의회를 통해 헌법 제정
> 남북 사이의 화해와 불가침, 교류·협력 및 비핵화 선언

③ 김영삼 정부: **3단계 3기조 통일 정책**(화해·협력, 남북 연합, 통일국가의 3단계 통일 방안), 민족 공동체 통일 방안(1994), 쌀 무상지원(1995), 경수로 건설 사업 추진(1996)

④ 김대중 정부: **햇볕 정책**, 금강산 관광(1998), 베를린 선언(2000), 이산가족 상봉, 남북 정상 회담(6·15 남북 공동 선언 채택), **경의선 복구**, 개성 공단 건설

⑤ 노무현 정부: 대북 포용 정책, 10·4 공동 선언(남북 관계 발전과 평화 번영을 위한 선언, 2007)

> **한민족 공동체 건설을 위한 3단계 통일 방안(1994)**
>
> 자주·평화·민주의 3원칙
> 화해·협력, 남북 연합, 통일국가 완성의 3단계 통일 방안

남북기본합의서(1991)

"남과 북은 분단된 조국의 평화적 통일을 염원하는 온 겨레의 뜻에 따라, 7·4 남북 공동 성명에서 천명된 조국 통일 3대 원칙을 재확인하고, 정치·군사적 대결 상태를 해소하여 민족적 화해를 이룩하고, 무력에 의한 침략과 충돌을 막고 긴장 완화와 평화를 보장하며, 다각적인 교류·협력을 실현하여 민족 공동의 이익과 번영을 도모하며, 쌍방 사이의 관계가 나라와 나라 사이의 관계가 아닌 통일을 지향하는 과정에서 잠정적으로 형성되는 특수 관계라는 것을 인정하고, 평화 통일을 성취하기 위한 공동의 노력을 경주할 것을 다짐하면서, 다음과 같이 합의하였다."
남북 고위급 회담을 통해 채택된 위의 남북 기본 합의서는 제1장 남북 화해, 제2장 남북 불가침, 제3장 남북 교류·협력, 제4장 수정 및 발표 등 4부분으로 이루어졌다.

🔶 기출문제

01 (가), (나) 발표 시기의 사이에 있었던 사실로 옳지 않은 것은?

2012. 지방직 9급

(가) 통일은 외세에 의존하거나 외세의 간섭을 받음이 없이 자주적으로 해결하여야 한다. 통일은 서로 상대방을 반대하는 무력행사에 의거하지 않고 평화적인 방법으로실현하여야 한다. 사상과 이념, 제도의 차이를 초월하여 우선 하나의 민족으로서 민족적 대단결을 도모하여야 한다.

(나) 남과 북은 나라의 통일을 위한 남측의 연합 제안과 북측의 낮은 단계의 연방제 안이 서로 공통성이 있다고 인정하고, 앞으로 이 방향에서 통일을 지향시켜 나가기로 하였다.

① 경의선 철도가 다시 연결되었다.
② 북한에서 국가 주석제가 도입되었다.
③ 남북 이산가족이 서울과 평양을 처음 방문하였다.
④ 한반도 비핵화에 관한 공동 선언이 채택되었다.

정답 ①

해설 (가)는 1972년 7·4 남북 공동 성명, (나)는 2000년 6·15 남북 공동 성명에 대한 설명이다.
① 경의선의 복구와 개성공단의 건설은 2000년 이후의 일이다.

03 경제 발전과 사회 변화

❶ 경제 성장을 위한 노력

1) 광복 직후의 경제

(1) 광복 직후의 경제 상황

① 비정상적 경제 발달: 자본과 기술이 일본인에게 독점되어 정상적으로 성장하지 못하였다.

② 국토의 분단과 경제 혼란: 자원의 불균형(지하자원, 중공업 시설 북한에 편재), 월남 동포의 증가로 실업률이 높았다.

(2) 이승만 정부의 경제 정책

① 기본 방향

(ㄱ) 농·공의 균형 발전과 소작제를 철폐하였다.

(ㄴ) 기업 활동의 자유, 사회 보장 제도의 실시, 인플레이션의 극복을 강조하였다.

② 미국의 경제 원조

(ㄱ) 원조 방식: 무상 원조 형태에서 유상 차관 방식으로 전환하였다.

(ㄴ) 원조 물자: 삼백 산업(밀가루, 면화, 설탕 산업)

③ 농지 개혁

(ㄱ) 농지 보상액과 상한액을 평년작의 1.5배로 하여 5년에 걸쳐 상환하도록 하였는데 이로써 봉건적 토지 소유 제도가 붕괴되고 자작 농을 창출하는 계기가 되었다.

(ㄴ) 민족 반역자의 소유권을 인정하고 지주에게 유리한 개혁이었다.

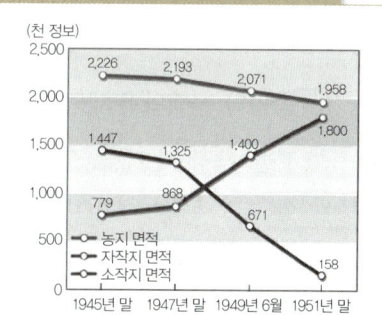

농지 개혁 실시 전후의 소작 면적 변화

(천 정보)

- 농지 면적
- 자작지 면적
- 소작지 면적

1945년 말　1947년 말　1949년 6월　1951년 말
('농지 개혁사 연구,' 한국 농촌 경제 연구원, 1989)

1947년부터 1951년까지 소작지 면적이 줄어들고 자작지 면적이 늘어나 소작지가 자작지로 바뀐 비율이 89.1%에 이르렀다. 그 내용을 살펴보면, 미 군정청의 귀속 농지 유상 분배에 의한 것이 18.9%였고, 지주의 임의 처분에 의한 것이 49.2%였다. 그리고 농지 개혁의 실시로 인한 변화 비율은 21%였다.

농지 개혁법 제정

· 법령 및 조약에 의해 몰수하거나 국유로 된 농지, 직접 땅을 경작하지 않는 사람의 농지, 직접 땅을 경작하더라도 농가 1가구당 3정보(1정보는 약 1만 ㎡)를 초과하는 농지 등은 정부가 사들인다.
· 분배 농지는 1가구당 총 경영 면적이 3정보를 넘지 못한다.
· 분배받은 농지에 대한 상환액은 평년작을 기준으로 하여 주생산물의 1.5배로 하고, 5년 동안 균등 상환하도록 한다.

2) 6 · 25 전쟁 후 경제 복구

(1) 6 · 25 전쟁의 경제적 피해

① 공업의 피해: 공장 건물의 46%, 생산 시설의 42% 정도의 피해를 입었고, 경인 지방의 섬유와 인쇄 공업의 피해가 극심하였다.
② 막대한 재정 지출로 인플레이션 가속화, 통가 증가로 인한 물가 상승이 초래되었다.

(2) 휴전 후의 경제 복구 사업

① 경제재건 자금의 조달: 각종 채권 발행, 외국의 원조 도입을 적극적으로 추진하였다.
② 공업화 지향: 섬유 · 화학 공업 발달, 1950년대 후반에는 제당 · 제분 공업 성장, 충주 · 나주 비료공장이 건설되었다.

(3) 공업화 정책의 문제점

① 제철 · 제강 및 기계공업과 같은 생산재 산업이 부진하였고, 생산재와 원료의 수입의존도가 높은 한국 경제의 허약성이 나타났다.
② 농업 분야도 복구가 제대로 추진되지 못하여 많은 문제점이 발생하였다.

3) 경제 개발 5개년 계획의 추진

(1) 경제 개발 계획의 수립

① 이승만 정권의 계획 수립
  (ㄱ) 최초의 경제 개발 계획
  (ㄴ) 경제 개발 계획 수립: 최초의 경제 개발 계획으로 부흥부 산하에 산업 개발 위원회를 설치하면서 경제 개발 7개년 계획을 작성하였다. 계획 기간을 전반부 3년과 후반부 4년으로 나누었으나 시행되지 못하였다.

② 장면 정권의 계획 수립

 ㉠ 이승만 정권의 경제개발계획을 5개년 계획안으로 수정하였다.

 ㉡ 5·16 군사 정변 후 군사 정부에서 재수정하여 1962년부터 실시하였다.

(2) 제1·2차 경제 개발 계획(1962~1971)

① 제1차 경제 개발 계획(1962~1966): 외자 유치로 노동 집약적 경공업을 육성(의류, 신발, 합판 산업)하였다.

② 제2차 경제 개발 계획(1967~1971): 경공업 및 비료·시멘트·정유 산업 육성을 통한 산업 구조 개편에 주력하였다. 그리고 경부 고속 도로 개통(1970) 등 사회 간접 자본 확충을 위해 노력하였다.

(3) 차관 경제

① 한일 국교 정상화(1965): 총 6억 달러 규모의 유·무상 차관을 들여왔다.

② 베트남 파병(1965~1973): 파병 대가로 미국으로부터 2억 달러의 원조와 AID차관을 얻었다.

③ 차관의 변화: 초기에는 공공 차관을 도입하였으나 점차 상업 차관으로 변화하였다.

④ 문제점: 미국과 일본에 대한 무역 적자가 많아졌고, 한국 경제의 대외 의존도가 높아졌다.

4) 유신 체제 시기의 경제 개발 계획

(1) 제3·4차 경제 개발 계획(1972~1981)

① 외국인 직접 투자 유치 정책: 마산·이리(익산) 수출 자유 무역 지역 조성하였고 새로운 공업 단지를 조성(구미, 여천, 창원, 포항, 울산)하였다.

② 8·3 긴급 조치(1972): 1972년 기업들의 연쇄 도산 위기에 직면하자 기업의 사채 원리금 상환을 동결시키고 3년 거치 5년 분할 상환을 하도록 하였다. 이를 계기로 정·경 유착이 발생하는 계기가 되었다.

③ 중화학 공업의 육성: 포항 제철(1973), 고리 원자력 발전소(1978) 준공되었고, 2차·3차 산업의 비중이 높아졌다.

④ 수출 증가(수출 100억 달러 달성), 새마을 운동 전개(근면·자조·협동)

(2) 경제 개발 계획의 문제점

① 정부 주도형: 국민간의 소득 격차가 심화되었다.

② 높은 해외 의존도: 외국 자본과 기술의 의존도가 높아 외채가 증가하였다.

③ 선성장 후분배 정책: 저임금·저곡가 정책으로 노동 운동이 위축되었다.

④ 미국·일본 무역의 의존도가 높아 국제 경제의 영향을 많이 받았다.

(3) 국토 개발

① 치산 녹화 사업을 실시하였다.

② 4대강 유역 종합 개발(1972): 제1차 국토 종합 개발 계획(1972)의 일환으로 실시하였다.

5) 경제 위기 극복

(1) 국제 석유 파동과 경제 위기

① 제1차 석유 파동(1973): 4차 중동 전쟁으로 인한 유가 폭등의 위기를 건설업의 중동 진출로 극복하였다.

② 제2차 석유 파동(1978): 중화학 공업의 지나친 투자와 석유파동으로 다시 위기를 맞았고, 1980년에는 처음으로 경제 성장률이 마이너스를 기록하였다.

(2) 경제 안정화 정책 1980년대 초에 전두환 정부는 구조 조정에 적극 개입하였고, 1980년대 중반 저금리·저유가·저달러의 3저호황을 맞이하였다. 그리하여 기계·철강·자동차·가전제품 등의 중화학분야를 주력으로 성장을 지속해 나갈 수 있었다.

6) 산업화의 진전과 경제적 갈등

(1) 산업별 인구 구성의 변화 전통적인 농업사회가 해체되어 도시에서 생활하게 되었고, 노동자 비중이 확대되었다.

(2) 1950년대에 농촌은 값싼 외국 농산물의 원조로 큰 타격을 입었고, 1960년대에는 낮은 농산물 가격 정책과 이농으로 어려움을 겪었다.

(3) 노동 조건의 악화 노동자들은 열악한 작업 환경 속에서 저임금과 장시간 노동에 시달렸다.

7) 오늘날의 한국 경제

(1) 오늘날의 한국 경제

① 기업의 해외 진출: 동남 아시아와 중국에서 현지 생산 활동 전개, 전자·자동차 산업의 유럽·미주 지역으로 진출하였다.

② 아시아·태평양 경제 협력체(APEC)에도 적극 참여하였다.

(2) 문제점

① 정부는 미국 등이 개방 압력으로 우루과이 라운드(1993)를 타결하였고, 이로써 자본의 전면적인 개방이 이루어졌다.

② 수입 개방으로 농업을 비롯한 1차 산업이 큰 타격을 받았다.

③ 국제 통화 기금(IMF) 극복 후유증: 많은 기업의 도산과 대량 실업으로 이어졌고 기업이 경제력을 내세워 구조 조정을 추진하여 비정규직 노동자가 급증하였으며 빈부의 격차가 확대되었다.

(3) 21세기 선진 복지 경제를 위한 노력

정부와 기업은 경제 구조와 체질 개선을 위해 노력하고 지식 산업을 발달시킬 인재 양성과 연구 개발에 많은 투자를 하고 있다.

🌀 기출문제

01 1950년대 이후 한국 사회의 상황에 대한 설명으로 옳은 것은? 2009. 국가직 9급

① 1950년대에 시행된 농지개혁을 토지가 없던 농민이 토지를 갖게 되었다.

② 1960년대에 임금은 낮았지만 낮은 물가 덕분으로 노동자들이 고통을 겪지는 않았다.

③ 1970년대에 이르러 정부는 노동 3권을 철저히 보장하는 정책을 채택하였다.

④ 1980년대 초부터는 노동조합을 자유롭게 설립할 수 있게 되었다.

정답 ①

해설 ② 1960년대에 낮은 임금과 높은 물가로 노동자들이 고통을 겪었고, 농지 보상액과 상한액을 평년작의 1.5배로 하여 5년에 걸쳐 상환하도록 하는 농지 개혁이 실시되어 봉건적 토지 소유 제도가 붕괴되고 자작농을 창출하는 계기가 되었다.
③ 1970년대에는 노동 운동을 정부가 탄압하였다.
④ 1987년 6월 민주 항쟁 이후 노동 운동이 활성화되면서 노동조합을 자유롭게 설립할 수 있게 되었다.

---

② 사회의 변화

1) 산업화와 도시화

(1) 산업 구조의 변화

① 경제 성장에 따라 농업 사회에서 산업 사회로 급속히 변화하였다.

② 영남의 신흥 공업 도시의 인구가 팽창하였고, 농어촌 인구가 감소하여 **지역적 불균형**을 초래하였다.

(2) **도시화로 인한 사회 문제** 주택 문제, 환경 문제, 교통 문제, 실업 문제, 교육 문제, 도시 빈민 문제(광주 대단지 사건) 등이 발생하였다. 정부는 장기 임대 아파트 건설, 지하철 건설과 도로망 확충, 의무 교육의 확대, 환경부 신설 등의 정책으로 사회문제를 해결하고 있다.

(3) **의식과 생활의 변화** 가족은 핵가족으로 변화하였고, 개인주의적 성향이 강해졌으며 물질 만능주의가 사회를 지배하게 되었다.

▶ 1971년에 일어난 경기도 광주 대단지 주민들의 시위

2) 농촌 사회의 변화

(1) 농지 개혁 실시(1950)

(2) 새마을 운동 전개

① 1970년, 박정희 정부는 농어촌을 발전시키기 위해 새마을 운동을 추진하였다.

② 다수확 품종의 개발로 1977년 쌀의 자급자족이 가능해졌고, 원예·축산 등 영농의 다각화가 이루어지기 시작하였다.

③ 농가 소득 증대 및 농어촌 근대화에 기여하였고, 점차 도시와 직장으로 확대되어 국민정신 운동으로 전개되었다.

(3) 대외 경제 개방 정책

① 우루과이 라운드 협상이 타결되어 농산물 수입이 개방됨으로써 농촌 경제가 큰 타격을 받았다.

② 각지에서 농민회를 조직하여 농산물 개방 반대와 농가 부채 해결 등을 요구하는 농민 운동이 전개되었다.

(4) 쌀 시장의 개방(1990년대) 정부의 지원 대책에도 농촌 사정을 악화되었고, 인력 또한 고령화가 가속화되었다.

3) 노동 운동과 사회 운동

(1) 산업화 초기의 노동자는 낮은 임금과 열악한 노동 환경 등 노동 조건이 악화되어 사회 문제로 부각되었다.

(2) 전태일 분신 사건(1970년) 서울 청계천 평화시장에서 재단사로 일하던 전태일은 "근로 기준법을 지켜라", "우리는 기계가 아니다" 등의 구호를 외치고 분신한 사건이다. 이후 본격적인 노동 운동이 전개되었고 YH 무역 사건(1979)이 발생하였다.

(3) 6월 민주 항쟁 이후

① 노동 운동의 합법화로 많은 노동조합이 결성되었고 7,8월 노동자 대투쟁(1987) 등 대규모 노동 운동이 전개되었다.

② 전국 교직원 노동조합 조직(1989), 국제 노동 기구 가입(1991), 전국 민주 노동조합 총연맹(1995)결성, 노사정 위원회 구성(1998)

(4) 외환위기 이후 청년 실업과 비정규직 노동자 문제가 대두되었다.

4) 시민 운동과 여성 운동

(1) 시민 운동

① 6월 민주 항쟁 이후 다양한 시민 단체(NGO)활동이 증가하였고 정부와 기업에 대한 강력한 견제 세력으로 등장하였다.

② 시민 단체들은 국제적 연대를 통해서 문제 해결을 적극적으로 모색하고 있다.

(2) 여성 운동 남녀 고용 평등법, 남녀 차별 금지법을 제정하였고, 2005년 호주제 폐지 후 개인 중심의 가족 관계 등록부(2008)를 마련하였다.

5) 사회 보장 정책

(1) 보조금 정책 소외 계층의 문제를 해결하기 위해서 정부 보조금을 지급하고 있다.

(2) 국민 연금, 고용 보험 제도 실업자 문제와 노후 생활의 보장을 위해 국민 연금 및 고용 보험 제도 등을 확충하였다.

(3) 건강 보험 제도 도시와 농촌, 직장 중심의 의료 보험 체계를 수립하여 국민 모두가 의료 혜택을 받을 수 있다.

6) 의식주 생활의 변화

(1) 의생활의 변화

① 광복 직후: 한복 다시 착용, 6·25 전쟁 후에 여성은 나일론으로 만든 블라우스, 남성은 군복

을 물들여서 입었다.

② 5·16 군사 정권기: 신생활 재건 운동(1961)이 전개되면서 남성은 재건복을 여성은 신생활복을 입도록 권장하였다.

③ 여성복의 변천

　(ㄱ) 1950: 플레어 스커트, 타이트스커트, 맘보바지

　(ㄴ) 1960: 미니스커트, 바지통이 넓은 판탈롱 등장

　(ㄷ) 1970: 미니, 맥시, 판탈롱, 핫팬츠, 청바지, 가발 등 다양한 모델 등장

　(ㄹ) 1980: 캐주얼웨어, 스포츠·레저용 의류 유행

(2) 식생활의 변화

① 광복 이후: 인구의 빠른 증가로 식량난이 발생하자 미국에서 밀가루가 들어왔고, 보리 혼식 등을 장려하여 해결하고자 하였다.

② 쌀의 자급자족: 다수확 품종의 개발(1977년)로 쌀의 자급자족이 가능했으나 밀·옥수수·콩 등의 수입은 증가하였다. 1980년대 이후에는 밀가루 음식 소비가 증가함에 따라 쌀 생산이 과잉 상태가 되었다.

③ 서구화된 식생활로 가공 식품과 동물성 식품의 섭취량이 급격히 증가하자, 1990년대에는 안전하고 건강한 식품, 유기 농산물에 대한 관심이 증폭되었다.

(3) 주거 생활의 변화

① 1950년대: 휴전 이후 파괴된 주택을 복구하기 위해 '재건 건축'이 세워졌다.

② 1964년 서울에 아파트가 처음 등장한 이후 1970년대 아파트 단지가 강남과 잠실에 건설되면서 도시의 주거 문화가 변화하였다.

③ 주택난의 해결: 1980년대 달동네나 판자촌도 재개발되었고, 1990년대에 정부는 서울 주변에 대규모 아파트 단지를 중심으로 신도시를 건설하였다.

04 현대 문화의 성장과 발전

1 교육

1) 교육의 확대

(1) 미 군정기의 교육 제도 미국식 민주주의와 인재 양성을 위한 새로운 교육 제도를 마련하였고, 국립대학이 설립되었으며 미국식 6·3·3 학제가 도입되었다.

(2) 교육 과정의 변화

① 이승만 정부: 1950년대에 초등학교 의무 교육제도가 시행되었고, 1인 1기 교육과 학도 호국단이 설치되었다.

② 4·19 혁명 이후: 교육의 정치적 중립성이 강조되었고, 학원 정상화 노력이 추구되었다.

③ 군사 정부 시대: 인간 개조 운동, 재건 운동을 추진하였고, 교육 관계 특례법 제정하여 교육자치제를 폐지시켰다.

④ 박정희 정부 시대: 교육의 중앙 집권화와 관료적 통제 강화, 국민 교육 헌장 선포(1968), 중학교 무시험 진학제도 실시, 대학 예비고사 제도와 학사 자격 고시가 시행되었다.

⑤ 유신 체제하의 교육: 한국 교육 개발원 설립, 국사 교육 강화, 한국 정신 문화원 발족, 국민 윤리 과목이 신설되었다.

⑥ 전두환 정부 시대: 국수주의 역사 강조와 민중 사학 유행, 독립 기념관 건립, 과외 전면 금지, 대학 입학본고사 폐지, 졸업 정원제 실시, 평생 교육 이념을 규정하고 정착시키기 위해 노력하였다.

⑦ 노태우 정부 시대: 대학의 자율권 부여로 총·학장 선출, 교수 재임용제도 폐지, 반체제 집단으로 규정된 전국 교직원 노동조합이 결성되었다.

⑧ 김영삼 정부 시대: 조선 총독부 청사 철거, 중학교 무상 교육 읍·면으로 확대, 대학 입시 제도로 대학 수학 능력 시험이 도입되었다.

⑨ 김대중 정부 시대: 교원 정년 단축, 보충 수업과 과외 폐지 등 혁명적인 내용을 발표하였다. 그리고 전국의 모든 중학교에 무상 의무 교육이 실시되었고, 대학 입시에서 교과 성적 외에 다양한 기준을 가지고 선발할 수 있도록 제도를 개선하였다.

2 학술 연구 활동

1) 한국학 연구의 발전

(1) **1950년대** 국어 국문학회, 한국 철학회, 역사학회가 창립되었고, 한글 학회의 「우리말 큰사전」이 완간되었다.

(2) **1960년대** 식민 문화 극복과 남북 통일이 주요 주제로 부각되어 한국학 연구의 민족주의적 성격이 강화되었다.

2) 서구 문화의 수용과 전통문화의 계승

(1) **서구 문화의 수용** 서구 문화의 수용으로 국제 사회에 대한 이해와 근대적 사고 형성에 기여도 하였지만, 무비판적인 수용으로 물질 위주의 향락 문화의 조장과 전통문화의 소외를 초래하였다.

(2) **전통문화의 대중화** 1970년대 이후에는 탈춤과 사물놀이가 유행하였고 사회 전반적으로 전통문화의 대중화가 확산되었다. 그리고 국사 편찬 위원회 등을 중심으로 한국사의 연구와 편찬 활동이 활발하였다.

3) 과학 기술의 발전

(1) **한국 과학 기술 연구소(KIST) 설립** 1950년대 후반에는 원자력 연구소, 1966년에 한국 과학 기술 연구소가 설립되어 본격적인 과학 기술 개발이 시작되었다. 1960년대 후반에는 과학 기술처가 상설되었고, 통신·컴퓨터·반도체·교통 등의 분야에서 초고속 성장을 하고 있다.

(2) **우주 항공 산업** 다목적 실용 위성 아리랑 호를 비롯하여 무궁화 3호까지 발사에 성공하였고, 군사 항공 분야에서 독자 기술로 초음속 전투 연습기를 만들 정도로 큰 발전을 보이고 있다.

(3) **전자 산업** 반도체를 비롯하여 플래시 메모리 분야에서는 기술을 주도하고 있고 이러한 과학 기술의 발전으로 빠른 경제 성장과 더불어 생활수준도 크게 향상되었다.

③ 체육 활동의 성장

1) 체육의 진흥

(1) **일제 식민지 시대** 손기정 선수를 비롯한 많은 선수들이 세계 대회에서 우수한 성과를 거두었다.

(2) **대한 체육회 설립** 1946년 조선체육회가 일제에게 강제 해산된 지 7년만에 부활, 한국 체육 발전에 주도적 역할을 하였다.

(3) **광복 이후** 학교 체육을 정비·강화하고 전국 소년 체육 대회와 전국 체육 대회를 통해 체력 향상과 스포츠 정신 고취에 힘썼다.

(4) **1960~1970년대** '체력은 국력'이라는 구호 아래 국가적 차원의 지원으로 비약적으로 발전하였으며, 국력 과시의 수단이 되었다.

(5) **1980년대** 1984년 로스앤젤레스 올림픽에서 종합 성적 10위 달성하였고, 서울 올림픽 대회를 유치하였다.

(6) **1980년대 이후** 체육 진흥법에 따라 체육의 생활화, 프로 축구, 프로 야구, 민속 씨름 등이 발전하였다.

2) 올림픽 개최

(1) **제10회 아시아 경기 대회의 개최(1986)** 종합 순위 2위를 차지하였다.

(2) **제24회 올림픽 대회 개최(1988)** 올림픽 사상 최대 규모인 160개국 14,000여 명의 선수 참가하여 우리나라가 종합 4위를 차지하였다. 북방 외교 적극 추진으로 국력도 과시하게 되었다.

(3) **제25회 바르셀로나 올림픽(1992)** 하계 올림픽 대회에서 황영조 선수가 마라톤을 우승하였고, 시드니 올림픽 대회(2000)에서 태권도가 정식 종목으로 채택되었다.

(4) **한·일 월드컵 개최(2002)** 우리나라가 일본과 공동으로 개최하여 한국 축구가 4강에 진출하였고, 거리 응원이라는 응원 문화가 창조되었다.

(5) **남·북한 교량 역할** 남과 북을 오가는 통일 축구(1991) 개최 이후, 일본 지바 세계 탁구 선수권 대회(1991) 단일팀을 구성하여 우승하였으며, 시드니 올림픽에서는 한반도 기를 함께 들고 입장하였다.

④ 언론과 대중문화

1) 언론 활동의 발달

(1) **언론의 팽창** 신문과 잡지뿐만 아니라 라디오와 텔레비전의 보급, 케이블 방송, 인터넷 신문·방송 등 언론의 양적인 팽창은 계속 되고 있다. 이러한 언론의 확대는 여론의 힘을 강화시키고 정보의 독점을 막는 역할을 하고 있다.

(2) **정부의 언론 탄압** 전두환 정부는 보도 지침을 통해 언론의 보도 내용까지 강제로 규정하는 등 언론을 탄압하였으나 6월 민주 항쟁(1987)을 거치면서 언론에 대한 정부의 통제와 간섭이 감소하고 자유가 확대되었다.

(3) **언론의 문제점** 1990년대 이후에 언론의 편향적인 정보의 취사선택과 언론의 상업주의 경향으로 인해 언론의 정화를 요구하는 여론이 증가하고 있다. 인터넷 매체가 기존 언론에 대한 대안으로 제시되고 있으나 여론 형성 과정에서 나타난 익명성에 의한 문제점도 지적되고 있다.

2) 대중문화의 성장

(1) **1960년대** 우리나라의 대중문화는 경제 발전 및 대중 전달 매체의 보급이 확산되는 1960년대부터 본격적으로 성장하기 시작하였다.

(2) **1970년대** 텔레비전으로 방영된 가요, 코미디, 드라마가 대중문화의 중심이 되었고, 청소년이 대중문화 소비의 주역으로 대두되었다.

(3) **1980년대** 사회 경제적 평등의 확대와 정치적 민주화를 지향하는 민중 문화 활동이 대중문화에 영향을 주었다.

(4) **1990년대** 영화 산업은 미국 헐리우드 대자본의 물량 공세에 맞서 한국적 특성이 담긴 영화를 제작하였다.

(5) **2000년대** 최근에는 한류라는 이름으로 중국, 일본, 동남아시아 등지에서 많은 인기를 끌고 있으며, 전통문화도 다른 나라에 전파하는 역할을 하고 있다.

3) 문학과 예술·종교의 발달

(1) **문 학** 6·25 전쟁 이후 서정성을 중시하는 순수 문학, 1960년대에는 민족 문학이 등장하였다. 1970년대에는 독자층도 넓어지고 문학 장르도 다양해졌다.

(2) **예 술** 1980년대에 들어서는 국악 등 전통문화에 대한 이해와 노동자, 농민 및 통일 문제 등 사회 현실에 대한 문제 인식이 심화되면서 민중 예술 활동이 확대되었다.

(3) **종 교** 광복 직후 종교계는 분단과 전쟁으로 불안해진 대중에게 정신적 안식처를 제공하였다. 1970년대 일부 종교 지도자가 박정희 정부에 맞서 민주화 운동에 앞장서거나 노동·농민·통일 운동을 적극적으로 지원하였다. 1990년 이후 시민운동에 참여함은 물론 갈등과 투쟁을 지양하고 사랑과 화해를 위해 노력하고 있다.

5 북한 문화

1) 문 학

(1) 1970년대 계급 혁명을 찬양하는 '피바다', '꽃 파는 처녀'등의 혁명 투쟁 연극을 소설화하였다.
(2) 김일성 부자를 찬양하는 문학 외에 남녀 애정을 주제로 하는 '청춘 송가' 같은 소설이 발표되었다.

2) 음 악

(1) 민족 음악을 표방하였으나 대부분 김일성 부자를 찬양하는 노래였다.
(2) 남북 교류가 활발해지면서 우리 예술인의 평양 공연이 이루어졌고, 남한의 노래도 알려졌다.

3) 영 화

다른 어느 장르보다 중시되었고 대중을 상대로 선전하는데 호소력과 전파력이 가장 강하여 정치선전에 유리하다고 생각하기 때문이다.

4) 집단 문화 발달

사회주의 국가의 특징으로 집단체조, 서커스, 카드 섹션 등의 집단 문화가 발전하였다.

5) 문화어

1966년부터 말 다듬기 운동을 전개하여 「조선말 대사전」을 편찬하였으나, 분단의 장기화로 남·북한 언어의 이질화가 심화되고 있다.

> **조선말 대사전**
>
> 1992년에 간행되었으며 33만 어휘가 수록되어 있고 새로 만들어진 문화어 5만 개 중에서 2만 5천 개가 수록되었다.

기출문제

2013년 안정행정부 국가직 9급 기출문제

2013년 안정행정부 경기도 9급 기출문제

2013년 서울시 지방직 9급 기출문제

2013년 안정행정부 국가직 9급 기출문제

01 다음 자료의 (가), (나) 국가에 대한 설명으로 옳은 것은?

> (가) 산천을 중요시하여 산과 내마다 구분이 있어 함부로 들어가지 않으며, 이를 어기면 우마로 배상하였다.
> (나) 가족이 죽으면 시체를 가매장하였다가 나중에 그 뼈를 추려서 가족 공동 무덤인 커다란 목관에 안치하였다.

① (가): 12월에 영고라는 제천 행사를 지냈다.
② (나): 민며느리제라는 혼인 풍속이 있었다.
③ (가), (나): 왕권이 강화된 중앙 집권 국가로 발전하였다.
④ (가), (나): 대가들이 제가 회의라는 부족장 회의를 운영하였다.

02 조선 영조 때의 역사적 사실로 옳지 않은 것은?

①『속대전』을 편찬하여 법전체계를 정비하였다.
② 군역의 부담을 줄여주기 위해 균역법을 시행하였다.
③ 산림의 존재를 인정하지 않고, 그들의 본거지인 서원을 상당수 정리하였다.
④ 각 붕당의 주장이 옳은지 그른지를 명백히 가리는 적극적인 탕평책을 추진하였다.

03 밑줄 친 '여러 단체와 기관'에 해당하지 않는 것은?

> 1907년 설립된 신민회 회원들은 1909년 말 이후 일본의 한국병합이 목전에 있다고 보고, 국외로 나가 독립운동을 전개할 필요가 있다는 데 의견을 같이 하였다. 이에 따라 신민회 회원들은 1910년 초 이후 국외로 나가기 시작하였다. 신민회의 이회영, 이시영, 이상룡 등은 1911년 압록강 건너 서간도로 옮겨가 삼원보에 자리 잡았다. 이들은 <u>여러 단체와 기관</u>을 설립하여 독립 운동 기지 건설 운동을 전개하였다.

① 경학사
② 권업회
③ 부민단
④ 신흥무관학교

04 (가)와 (나) 사이의 시기에 만주에서 전개된 무장 항일 운동에 대한 설명으로 옳은 것은?

> (가) 경신년에 왜군이 내습하여 31명이 살고 있는 촌락을 방화하고 총격을 가하였다. 나도 가옥 9칸과 교회당, 학교가 잿더미로 변한 것을 보고 그것이 사실임을 알았다. 11월 1일에는 왜군 17명, 왜경 2명, 한인 경찰 1명이 와서 남자들을 모조리 끌어내어 죽인 뒤 …(중략)… 남은 주민들을 모아 일장 연설을 하였다.
>
> (나) 상해의 한국 독립투사 조직에 속해 있는 한국의 한 젊은이는 비밀리에 도쿄로 건너갔다. 그는 마침 군대를 사열하기 위해 마차에 타고 있던 일본 천황에게 수류탄을 던졌다. 그는 영웅적인 행동 후에 무자비하게 살해되었다. 이 사건은 전 일본에 충격을 주었다. 이 사건은 일본 군국주의자들에게 한국인들은 결코 그들에게 지배될 수 없다는 것을 당당히 보여 준 것이다.

① 남만주에 조선 혁명군이 창설되었다.

② 한국광복군이 국내 진공 작전을 준비하였다.

③ 독립군이 봉오동·청산리 전투에서 일본군을 크게 무찔렀다.

④ 동북 항일 연군을 중심으로 치열한 항일 유격전이 전개되었다.

05 조선 전기 사림에 대한 설명으로 옳지 않은 것은?

① 재야에서 공론을 주도하는 지도자로서 산림이 존중되었다.

② 향촌 자치를 내세우며, 도덕과 의리를 바탕으로 한 왕도정치를 강조하였다.

③ 3사의 언관직을 차지하고, 자신들의 의견을 공론으로 표방하였다.

④ 중소지주적인 배경을 가지고, 지방사족이 영남과 기호 지방을 중심으로 성장하였다.

06 삼국의 항쟁을 시기 순으로 바르게 나열한 것은?

> ㄱ. 백제가 신라의 대야성을 비롯한 40여 성을 빼앗았다.
> ㄴ. 백제가 고구려의 평양성을 공격하여 고국원왕이 전사하였다.
> ㄷ. 신라가 대가야를 정복하면서 가야 연맹이 완전히 해체되었다.
> ㄹ. 고구려가 평양으로 도읍을 옮기고 백제의 수도 한성을 함락하였다.

① ㄱ－ㄷ－ㄹ－ㄱ   ② ㄴ－ㄹ－ㄷ－ㄱ

③ ㄹ－ㄱ－ㄴ－ㄷ   ④ ㄹ－ㄴ－ㄱ－ㄷ

07 조선 후기 호락(湖洛) 논쟁에 대한 설명으로 옳지 않은 것은?

① 18세기 중엽 노론 내부에 주기설과 주리설의 분파가 생겨 일어났다.

② 호론은 인성과 물성이 다르다고 보는 인물성이론을 내세웠다.

③ 낙론은 인성과 물성이 같다는 인물성동론을 주장하였다.

④ 호론은 북학파의 과학 기술 존중과 이용후생 사상으로 이어졌다.

08 연표의 (가)~(라) 시기에 있었던 사실로 옳은 것은?

광복	모스크바 3국 외상 회의	5·10 총선거	대한민국 정부수립	6·25 전쟁 발발
↓	↓	↓	↓	↓
	(가)	(나)	(다)	(라)	

① (가): 대한민국 임시 정부에서 건국 강령을 제정하였다.

② (나): 북한 정부가 수립되었다.

③ (다): 김구·김규식이 남북 협상을 위해 북한을 방문하였다.

④ (라): 국회에서 반민족 행위 처벌법을 제정하였다.

09 다음과 같은 역사인식에 따라서 편찬된 역사서에 대한 설명으로 옳은 것은?

> 임금의 직책은 한 사람의 재상을 논정하는 데 있다 하였으니, 바로 총재(冢宰)를 두고 한 말이다. 총재는 위로는 임금을 받들고 밑으로는 백관을 통솔하여 만민을 다스리는 것이니 직책이 매우 크다. 또 임금의 자질에는 어리석음과 현명함이 있고 강함과 유약함의 차이가 있으니, 옳은 일은 아뢰고 옳지 않은 일은 막아서, 임금으로 하여금 대중(大中)의 경지에 들게 해야 한다. 그러므로 상(相)이라 하니, 곧 보상(輔相)한다는 뜻이다.

① 정통 의식과 대의명분을 강조하였다.

② 유교적 합리주의 사관에 기초하여 기전체로 서술하였다.

③ 고구려 계승 의식을 반영하고 고구려의 전통을 노래하였다.

④ 우리의 고유 문화와 전통을 중시하였으며 단군신화를 수록하였다.

10 다음 정치관과 관련이 깊은 정책으로 옳은 것은?

> 대저 옛 성인은 예악으로 나라를 일으키고 인의로 가르쳤으며 괴력난신(怪力亂神)은 말하지 않았다. 그러나 제왕이 장차 일어날 때는 부명(符命)과 도록(圖籙)을 받게 되므로 반드시 남보다 다른 일이 있었다. 그래야만 능히 큰 변화를 타고 대업을 이룰 수 있는 것이다. ···(중략)··· 그러니 삼국의 시조가 모두 신비하고 기이한 일을 연유하여 태어났다는 것을 어찌 괴이하다 할 수 있겠는가. 이것이 신이(神異)로써 이 책의 앞 머리를 삼은 까닭이다.

① 육조 직계제의 시행

② 사간원의 독립

③ 의정부 서사제의 시행

④ 집현전의 설치

11 밑줄 친 '왕'의 업적에 대한 설명으로 옳은 것은?

> · 왕 7년에 율령을 반포하고, 처음으로 백관의 공복을 제정하였다.
> · 왕 19년에 금관국의 왕인 김구해가 왕비와 세 아들을 데리고 와 항복하였다.

① '건원'이란 연호를 사용하였다.

② 이사부를 시켜 우산국을 정복하였다.

③ 유학 교육을 위해 국학을 설립하였다.

④ 화랑도를 국가적인 조직으로 개편하였다.

12 다음은 같은 해에 벌어졌던 사건들이다. 이러한 사건들로 말미암아 나타난 사실로 옳은 것은?

> · 박종철 사건
> · 4·13 호헌 조치
> · 6·10 국민 대회 개최
> · 민주헌법쟁취 국민운동본부 결성

① 국가보위 비상대책위원회가 구성되었다.

② 5년 단임의 대통령 직선제 개헌이 이루어졌다.

③ 전국에 계엄령을 선포하고, 모든 정치활동을 정지시켰다.

④ 대통령의 중임 제한을 없애고 간선제를 골자로 하는 헌법을 제정하였다.

13 ㉠~㉣에 대한 설명으로 옳지 않은 것은?

> 유네스코가 세계 문화유산으로 등재한 우리나라의 문화유산은 ㉠ 종묘, 해인사 장경판전, 불국사와 석굴암, 수원 화성, 창덕궁, 경주 역사유적지구, ㉡ 고창·화순·강화의 고인돌 유적, 안동 하회마을과 경주 양동마을, 조선 시대 왕릉 등이다. 또 훈민정음, ㉢ 조선왕조실록, 승정원일기, ㉣ 직지심체요절, 해인사 고려대장경판 및 제경판, 조성왕조의궤, 동의보감, 일성록, 5·18 민주화 운동 기록물 등이 유네스코의 세계 기록유산으로 등재되어 있다.

① ㉠: 조선시대 왕과 왕비의 신주를 모셨다.

② ㉡: 청동기시대의 돌무덤이다.

③ ㉢: 태조에서 철종 때까지의 역사를 편년체로 기록하였다.

④ ㉣: 병인양요 때 프랑스 군에게 약탈당하였다.

14 다음과 같은 정책이 시행되었던 시대의 경제 상황에 대해 옳은 것은?

> · 해동통보를 비롯한 돈 15,000관을 주조하여 관리들에게 나누어 주었다.
> · 은 한 근으로 우리나라 지형을 본 딴 은병을 만들어 통용시켰는데, 민간에서는 이를 활구(闊口)라 불렀다.

① 공인이 상업 활동을 주도하였다.
② 시전 상인의 금난전권을 제한하였다.
③ 대도시에 주점, 다점 등의 관영 상점을 두었다.
④ 시장을 감독하는 관청을 동시전을 설치하였다.

15 다음 민요에서 보이는 경제활동에 대한 조선 전기의 모습을 설명한 것을 옳지 않은 것은?

> 짚신에 감발차고 패랭이 쓰고
> 꽁무니에 짚신 차고 이고 지고
> 이 장 저 장 뛰어가서
> 장돌뱅이들 동무들 만나 반기며
> 이 소식 저 소식 묻고 듣고
> 목소리 높여 고래고래 지르며
> ···(중략)···
> 손잡고 인사하고 돌아서네
> 다음 날 저 장에서 다시 보세

① 15세기 후반 이후 장시는 점차 확대되었다.
② 보부상은 장시에서 농산물, 수공업제품 등을 판매하였다.
③ 정부가 조선통보를 유통시킴으로써 동전화폐 유통이 활발해졌다.
④ 농업생산력의 발달에 힘입어 지방에서 장시가 증가하였다.

16 다음 기구에서 추진한 개혁 내용으로 옳은 것은?

> 총재 1명, 부총재 1명, 그리고 16명에서 20명 사이의 회의원으로 구성되었다. 이밖에 2명 정도의 서기관이 있어서 활동을 도왔고, 또 회의원 중 3명이 기초 회원으로 선정되어 의안의 작성을 책임졌다. 총재는 영의정 김홍집이 겸임하고, 부총재는 내아문독판으로 회의원인 박정양이 겸임하였다.

① 은본위 화폐 제도를 실시하였다.
② 의정부와 삼군부의 기능을 회복하였다.
③ 양전 사업을 실시하여 지계를 발급하였다.
④ 재판소를 설치하여 사법권과 행정권을 분리시켰다.

17 (가)와 (나) 사이의 시기에 있었던 사실에 대한 설명으로 옳은 것은?

> (가) 관리의 녹읍을 혁파하고 매년 조(租)를 내리되 차등이 있게 하였다.
> (나) 여러 관리의 월봉을 없애고, 다시 녹읍을 나누어 주었다.

① 처음으로 병부를 설치하였다.
② 화백회의에서 국왕을 폐위시킨 일이 있었다.
③ 호족이 집안의 행정권과 군사권을 장악하였다.
④ 6두품이 학문적 식견을 바탕으로 국왕의 조언자로 활동하였다.

18 다음 조직에 대한 설명을 옳지 않은 것은?

> 가입하기를 원하는 자에게는 반드시 먼저 규약문을 보여주고, 몇 달 동안 실행할 수 있는가를 스스로 헤아려 본 뒤에 가입하기를 청하게 한다. 가입을 청하는 자는 반드시 단자에 참가하기를 원하는 뜻을 자세히 적어 모임이 있을 때에 진술하고, 사람을 시켜 약정(約正)에게 바치면 약정은 여러 사람에게 물어서 좋다고 한 다음에야 글로 답하고, 다음 모임에 참여하게 한다.
>
> - 『율곡전서』 중에서 -

① 향촌 사회의 질서를 유지하고 치안을 담당하는 향촌의 자치 기능을 맡았다.
② 전통적 미풍양속을 계승하면서 삼강오륜을 중심으로 한 유교 윤리를 가미하였다.
③ 어려운 일이 생겼을 때에 서로 돕는 역할을 하였고, 상두꾼도 이 조직에서 유래하였다.
④ 지방 유력자가 주민을 위협, 수탈하는 배경을 제공하는 부작용도 있었다.

19 밑줄 친 '평량'과 '평량의 처'에 대한 설명을 옳은 것을 〈보기〉에서 골라 바르게 짝지은 것은?

> <u>평량</u>은 평장사 김영관의 사노비로 경기도 양주에 살면서 농사에 힘써 부유하게 되었다. <u>평량의 처</u>는 소감 왕원지의 사노비인데, 왕원지는 집안이 가난하여 가족을 데리고 와서 의탁하고 있었다. 평량이 후하게 위로하여 서울로 돌아가기를 권하고는 길에서 몰래 처남과 함께 왕원지 부부와 아들을 죽이고, 스스로 그 주인이 없어졌음을 다행으로 여겼다.
>
> - 『고려사』 중에서 -

〈보 기〉

ㄱ. 평량은 자신의 토지를 소유할 수 있었다.
ㄴ. 평량은 주인집에 살면서 잡일을 돌보았다.
ㄷ. 평량의 처는 국가에 일정량의 신공을 바쳤다.
ㄹ. 평량의 처는 매매·증여·상속의 대상이 되었다.

① ㄱ, ㄴ   ② ㄱ, ㄹ   ③ ㄴ, ㄷ   ④ ㄷ, ㄹ

20 다음의 경제 조치에 대한 설명으로 옳지 않은 것은?

> **제1조** 구 백동화 교환에 관한 사무는 금고로 처리케 하여 탁지부 대신이 이를 감독함
> **제3조** 구 백동화의 품위(品位) 양목(量目) 인상(印象) 형체(形體)가 정화(正貨)에 준할 수 있는 것은 매 1개에 대하여 금 2전 5푼의 가격으로 새 화폐로 교환함이 가함

① 한국 상인들이 경제적으로 큰 타격을 받았다.

② 일본제일은행이 중앙은행의 역할을 하게 되었다.

③ 액면가대로 바꾸어 주는 화폐교환 방식을 따랐다.

④ 구 백동화 남발에 따른 물가 상승이 이 조치에 영향을 끼쳤다.

2013년 안정행정부 경기도 9급 기출문제

01 다음 합의문에 대한 설명으로 옳은 것은?

> · 통일은 외세에 의존하거나 외세의 간섭을 받음이 없이 자주적으로 해결하여야 한다.
> · 통일은 서로 상대방을 반대하는 무력행사에 의거하지 않고 평화적 방법으로 실현하여야 한다.
> · 사상과 이념·제도의 차이를 초월하여 우선 하나의 민족으로서 민족적 대단결을 도모하여야 한다.

① 합의문 발표 이후 남북조절위원회가 설치되었다.
② 합의 내용은 6·15 남북공동선언으로 정리되었다.
③ 합의문 중에는 한반도 비핵화 문제가 포함되었다.
④ 합의 결과로 경의선 및 동해선 철도가 연결되었다.

02 다음 조약과 관련한 설명으로 가장 적절한 것은?

> · 양국 관리는 양국 인민의 자유로운 무역활동에 일체 간섭하지 않는다. - ○○수호조규 -
> · 개항장 부산에서 일본인 간행이정은 10리로 한정한다. - ○○조규 부록 -
> · 조선국 여러 항구에 거주하는 일본인은 쌀과 잡곡을 수출입 할 수 있다. - ○○무역 규칙 -

① 쌀 유출이 허용되면서 쌀값이 폭등하고 쌀의 상품화가 촉진 되었다.
② 개항지 지정이 약정되면서 군산항, 목포항, 양화진이 차례로 개항되었다.
③ 은행권의 발행이 용인되면서 제일은행권이 조선의 본위화폐가 되었다.
④ 최혜국 대우와 무관세 조항이 함께 명문화되면서 불평등 무역이 조장되었다.

03 (가)와 (나)의 나라에 대한 설명으로 옳은 것은?

> (가) 고구려 개마대산 동쪽에 있는데 개마대산은 큰 바닷가에 맞닿아 있다. …(중략)… 그 나라 풍속에 여자 나이 10살이 되기 전에 혼인을 약속한다. 신랑 집에서는 여자를 맞이하여 다 클 때까지 길러 아내를 삼는다.
> (나) 남쪽으로는 진한과 북쪽으로는 고구려·옥저와 맞닿아 있고 동쪽으로는 큰 바다에 닿았다. …(중략)… 해마다 10월이면 하늘에 제사를 지내는데 밤낮으로 술 마시며 노래 부르고 춤추니, 이를 무천이라고 한다.

① (가): 서옥제 라는 혼인 풍속이 있었다.

② (가): 중대한 범죄자가 있으면 제가 회의를 통하여 사형에 처하였다.

③ (나): 족장들은 저마다 따로 행정 구획인 사출도를 다스렸다.

④ (나): 다른 부족의 영역을 침범하면 책화라고 하여 노비, 소, 말로 변상하였다.

04 밑줄 친 '왕'이 재위한 시기의 사실로 옳지 않은 것은?

왕은 원나라의 수시력을 참고하여 역법을 만들게 하였다. 그 책의 말미에 동지·하지 후의 일출·일몰 시각과 밤낮의 길이를 나타낸 표가 실려 있는데, 우리나라 역사상 최초로 한양을 기준으로 하여 계산한 것이다.

① 집현전을 설치하여 제도, 문물, 역사에 대한 연구와 편찬 사업을 전개하였다.

② 공법 제정시 조정의 신하와 지방의 촌민에 이르기까지 18만 명의 의견을 물었다.

③ 불교 종파를 선교 양종으로 병합하고 사원이 가지고 있던 토지와 노비를 정비하였다.

④ 육전상정소를 설치하고 조선 왕조의 체계적인 법전인 『경국 대전』을 편찬하기 시작하였다.

05 (가)와 (나) 사이의 시기에 있었던 사실로 옳은 것은?

(가) 동성왕은 신라에 사신을 보내 혼인을 청하였는데, 신라의 왕이 이벌찬 비지의 딸을 시집 보냈다.

(나) 왕은 신라를 습격하기 위하여 친히 보병과 기병 50명을 거느리고 밤에 구천에 이르렀는데, 신라의 복병이 나타나 그들과 싸우다가 살해되었다.

① 도읍을 금강 유역의 웅진으로 옮겼다.

② 장수왕의 공격을 받아 한성이 함락되었다.

③ 국호를 남부여로 고치고 중흥을 꾀하였다.

④ 동진으로부터 불교를 수용하여 공인하였다.

06 (㉠)의 정치기구에 대한 설명으로 옳은 것은?

도병마사는 성종 때 처음 설치되어 국방 문제를 담당하였다. …(중략)… 원 간섭기에 (㉠)(으)로 개칭되면서 국정 전반에 걸친 중요사항을 관장하는 최고기구로 발전하였다.

① 도당으로 불렸으며 조선 건국 초에 폐지되었다.

② 법제의 세칙을 만드는 고려의 독자적인 기구이다.

③ 정책을 집행하는 기능을 담당했으며, 그 밑에 6부를 두었다.

④ 관리의 임명이나 법령의 개폐를 동의하는 서경권을 행사하였다.

07 밑줄 친 '이 시기'에 있었던 사실로 가장 적절한 것은?

> 이 시기에는 도구가 발달하고 농경이 시작되면서 주거 생활도 개선되어 갔다. 집터는 대개 움집 자리로, 바닥은 원형이거나 모서리가 둥근 사각형이었다. 움집의 중앙에는 불씨를 보관하거나 취사의 난방을 하기 위한 화덕이 위치하였다. 집터의 규모는 4~5명 정도의 한 가족이 살기에 알맞은 크기였다.

① 소를 이용한 밭갈이 농사를 하였다.
② 고인돌과 돌널무덤이 많이 만들어졌다.
③ 빗살무늬토기와 가락바퀴가 제작되었다.
④ 한국식 동검이라 일컫는 세형동검을 사용하였다.

08 다음 논쟁이 있었던 무렵의 저술활동으로 가장 적절한 것은?

> 재상 박유가 아뢰기를 "청컨대 여러 신하, 관료로 하여금 여러 처를 두게 하되, 품위에 따라 그 수를 점차 줄이도록 하여 보통사람에 이르러서는 1처 1첩을 둘 수 있도록 하며, 여러 처에서 낳은 아들도 역시 본처가 낳은 아들처럼 벼슬을 할 수 있게 하기를 원합니다."라고 하였다. 연등회 날 저녁 박유가 왕의 행차를 호위하여 따라갔는데, 어떤 노파가 그를 손가락질하면서 "첩을 두고자 요청한 자가 저 늙은이다."라고 하였다. 듣는 사람들이 서로 전하여 서로 가리키니 무서워하는 자들이 있었기 때문에 그 건의를 정지하고, 결국 시행하지는 못하였다.

① 김부식이 진삼국사기표를 지었다.
② 일연선사가 『삼국유사』를 찬술하였다.
③ 정도전이 『조선경국전』을 저술하였다.
④ 정인지가 훈민정음해례 서문을 지었다.

09 밑줄 친 '왕'이 재위한 시기의 사실로 옳은 것은?

> 왕이 신하들을 불러 "흑수말갈이 처음에는 우리에게 길을 빌려서 당나라와 통하였다. …(중략)… 그런데 지금 당나라에 관직을 요청하면서 우리나라에 알리지 않았으니, 이는 분명히 당나라와 공모하여 우리나라를 앞뒤에서 치려는 것이다."라고 하였다. 이리하여 동생 대문예와 외숙 임아상으로 하여금 군사를 동원하여 흑수말갈을 치려고 하였다.

① 5경 15부 62주의 행정 제도가 완비되었다.
② 길림성 돈화 부근 동모산 기슭에서 나라를 세웠다.
③ 북만주 일대를 차지하고 산동의 등주를 공격하였다.
④ 수도를 중경에서 상경, 동경으로 옮겨 중흥을 꾀하였다.

10 조선 후기의 동전 유통 실태에 대한 설명으로 옳지 않은 것은?

① 숙종 대, 동전이 전국적으로 유통되었다.

② 18세기 전반, 동전 공급 부족으로 전황이 발생하였다.

③ 18세기 후반, 동전으로 세금이나 소작료를 납부하는 비중이 증가하였다.

④ 19세기 전반, 군사비 지출을 보완하기 위하여 당백전을 주조하였다.

11 밑줄 친 '개혁'의 내용으로 옳은 것은?

> 독립협회가 해산된 후 대한제국은 황제 중심의 근대국가를 수립하기 위하여 노력하였다. …(중략)… 대한제국의 <u>개혁</u> 이념은 옛 법을 근본으로 하고 새로운 제도를 참작한다는 것이었다. 갑오개혁이 지나치게 급진적으로 진행되었다고 생각하여 점진적인 <u>개혁</u>을 추구한 것이었다.

① 지조법을 개혁하고 혜상공국을 폐지하려 하였다.

② 황제의 군사권을 강화하고자 원수부를 설치하였다.

③ 태양력을 사용하고 건양이라는 연호를 제정하였다.

④ 관민공동회를 종로에서 개최하고 헌의 6조를 채택하였다.

12 밑줄 친 '우리 부대'에 대한 설명으로 옳은 것은?

> 이번 연합군과의 작전에 모든 운명을 거는 듯하였다. 주석과 <u>우리 부대</u>의 총사령관이 계속 의논하는 것을 옆에서 들었기 때문에 더욱 일의 중대성을 절감하였다. 드디어 시기가 온 것이다! 독립 투쟁 수십 년에 조국을 탈환하는 결정적 시기가 온 것이다. 이때의 긴장감은 내가 일본 군대를 탈출할 때와는 다른 긴장감이었다. 목적은 같으나 그때는 막연한 미지의 세계에 뛰어드는 것이었지만 이번에는 분명히 조국으로 가는 것이 아닌가?
>
> — 『장정』 —

① 중국 공산군과 함께 화북에서 항일전을 벌였다.

② 만주에서 중국 의용군과 연합 작전을 수행하였다.

③ 중국 관내에서 조직된 최초 한국인 군사 조직이었다.

④ 인도, 미얀마 전선에서 영국군과 공동 작전을 펼쳤다.

13 다음 자서전의 내용이 전개되던 시기에 일제가 시행한 정책으로 가장 적절한 것은?

> 7월 20일, 학생들과 체조를 하고 있었는데 면사무소 직원이 징병영장을 가져왔다. 흰 종이에는 '징병영장' 그리고 '8월 1일까지 함경북도에 주둔한 일본군 나남 222부대에 입대하라'고 적혀 있었다. 7월 30일, 앞면에는 '무운장구' 뒷면에는 '축 입영'이라고 적힌 붉은 천의 어깨 띠를 두르고 신사를 참배한 후 순사와 함께 나룻배를 타고 고향을 떠났다. 용산역에서 기차를 탈 때까지 순사는 매섭게 나를 감시하였다.

① 일진회를 앞세워 한일 합방을 청원하게 하였다.

② 공출제도를 강화하여 놋그릇, 농기구까지 수탈하였다.

③ 우가키 총독이 농촌개발을 명분으로 농촌진흥운동을 주장하였다.

④ 헌병경찰이 칼을 차고 민간의 치안 및 행정업무를 처리하도록 하였다.

14 (가)와 (나)의 인물에 대한 설명으로 옳은 것은?

> (가) 주자의 이론에 조선의 현실을 반영하여 나름대로의 체계를 세우고자 하였다. 그의 사상은 도덕적 행위의 근거로서 인간 심성을 중시하고, 근본적이며 이상주의적인 성격이 강하였다. 대표적인 저서로 『성학십도』가 있다.
>
> (나) 현실적이며 개혁적인 성격을 가지고 있었다. 그는 『성학집요』 등을 저술하여 16세기 조선 사회의 모순을 극복하는 방안으로 통치 체제의 정비와 수취제도의 개혁 등 다양한 개혁방안을 제시하였다.

① (가)의 사상은 일본 성리학 발전에 영향을 끼쳤다.

② (가)는 도학의 입문서인 『격몽요결』을 저술하였다.

③ (나)는 왕에게 주청하여 소수서원이라는 편액을 하사받았다.

④ (나)는 향촌사회의 도덕적 질서를 안정시키기 위해 예안향약을 만들었다.

15 ㉠과 ㉡의 인물이 수행한 활동으로 옳은 것은?

> · 문무왕이 도성을 새롭게 짓고자 하니, (㉠)이(가) 말하기를 "비록 궁벽한 시골 띳집에 있다고 해도 바른 도를 행하면 복된 일이 오래 갈 것이고, 만일 그렇지 못하면 사람을 수고롭게 하여 성을 쌓을지라도 아무 이익이 없을 것입니다." 하니, 왕이 곧 그 성을 쌓는 것을 그만두었다.
>
> · 임인년 정월에 개경 보제사에서 열린 담선법회가 파한 연후에 (㉡)은(는) 동문 10여 인과 함께 "명예와 이익을 버리고 산림에 은둔하여 같은 모임을 맺자. 항상 선정을 익히고 지혜를 고르는 데 힘쓰고, 예불하고 경전을 읽으며 힘들어 일하는 것에 이르기까지 각자 맡은 바 임무에 따라 경영한다."라고 결의하였다.

① ㉠: 황룡사 9층 목탑의 건립을 왕에게 건의하였다.

② ㉠: 세속 5계를 만들어 젊은이에게 규범을 제시하였다.

③ ㉡: 순천 송광사에서 수선결사운동을 전개하였다.

④ ㉡: 국청사를 중심으로 고려 천태종을 창시하였다.

16 다음 토지 제도에 대한 설명으로 옳은 것은?

> 경기는 사방의 근본이니 마땅히 과전을 설치하여 사대부를 우대한다. 무릇 경성에 거주하여 왕실을 시위하는 자는 직위의 고하에 따라 과전을 받는다. 토지를 받은 자가 죽은 후, 그의 아내가 자식이 있고 수신하는 자는 남편의 과전을 모두 물려받고, 자식이 없이 수신하는 자의 경우는 반을 물려 받는다. 부모가 모두 사망하고 그 자손이 유약한자는 휼양전으로 아버지의 과전을 전부 물려받고, 20세가 되면 본인의 과에 따라 받는다.
> - 『고려사』 -

① 과전을 지급함으로써 조선개국 세력의 경제적 기반이 되었다.

② 관리가 되었으면서도 관직을 받지 못한 사람들에게 한인전을 지급하였다.

③ 관직이나 직역을 담당하는 사람들에게 농지와 땔감을 채취하는 시지를 주었다.

④ 공로가 많은 사람들에게 인품을 기준으로 역분전을 차등 지급하였다.

17 다음 주장을 펼친 인물의 사상에 대한 설명으로 가장 적절한 것은?

> 비유하건대, 재물은 대체로 샘과 같다. 퍼내면 차고 버려두면 말라 버린다. 그러므로 비단 옷을 입지 않아서 나라에 비단 짜는 사람이 없게 되면 여공이 쇠퇴하게 되고, 쭈그러진 그릇을 싫어하지 않고 기교를 숭상하지 않아서 수공업자가 기술을 익히는 일이 없게 되면 기예가 망하게 되며, 농사가 황폐해져서 그 법을 잃게 되므로 사농공상의 사민이 모두 곤궁하여 서로 구제할 수 없게 된다.

① 존언, 만물일체설로 지행합일 이론을 체계화하였다.

② 화이론적 명분론을 강화하고 성리학을 절대화하였다.

③ 인간과 사물의 본성이 같다는 인물성동론의 입장을 보였다.

④ 농촌 사회의 모순을 중점적으로 해결하려는 경세치용론이었다.

18 다음 향촌 사회 변화에 대응한 양반층의 움직임으로 옳은 것은?

> 지금까지 향촌 사회에서 영향력을 행사하였던 양반은 새로 성장한 부농층의 도전을 받았다. 경제력을 갖춘 부농층은 수령을 중심으로 한 관권과 결탁하여 향안에 이름을 올리는가 하면, 향회를 장악하여 향촌 사회에서 영향력을 키우려고 하였다. 부농층은 종래의 재지 사족이 담당하던 정부의 부세제도 운영에 적극 참여하였으며 향임직에 진출하거나 기존 향촌 세력과 타협하면서 상당한 지위를 얻었다.

① 향도를 조직하여 공동으로 신앙활동을 하였다.

② 양반층의 결속을 위한 납속책 화대 시행을 지지하였다.

③ 문중의식을 고양하고 문중서원이나 사우 건립을 확대하였다.

④ 향회를 통한 수령권의 견제와 이서층의 통제를 강화하였다.

19 밑줄 친 '이 제도'의 시행 결과로 옳은 것은?

> 이 제도가 처음 경기도에서 실시되자 토호와 방납인들은 그동안 얻었던 이익을 모두 잃게 되었다. 그래서 온갖 수단을 다 동원하여 왕에게 폐지할 것을 건의했으나, 백성들이 이 제도가 편리하다고 하였기 때문에 계속 실시하기로 하였다.
>
> - 『열조통기』 -

① 전국의 농민이 공납을 현물로 납부하게 되었다.

② 전세가 풍흉에 관계없이 토지 1결당 미곡 4두로 정해졌다.

③ 공인이 활약하여 수공업이 활기를 띠고 상품 수요가 증가하였다.

④ 호를 기준으로 하였기 때문에 농민의 세금 부담이 줄어들었다.

20 일제강점 시기 (가)와 (나)의 주장을 한 단체에 대한 설명으로 옳은 것은?

> (가) 우리가 우리의 손에 산업의 권리 생활의 제일 조건을 장악하지 아니하면 우리는 도저히 우리의 생명·인격·사회의 발전을 기대하지 못할지니 …(중략)… 우리 조선 사람의 물산을 장려하기 위하여 조선 사람은 조선 사람이 지은 것을 사서 쓰자.
>
> (나) 유감스러운 것은 우리에게 아직도 대학이 없는 일이라. 물론 관립대학도 조만간 개교될 터지만 …(중략)… 우리 학문의 장래는 결코 일개 대학으로 만족할 수 없다. 그처럼 중대한 사업을 우리 민중이 직접 영위하는 것은 오히려 우리의 의무이다.

① (가): 사회주의 성향의 운동 세력이 주도하였다.

② (가): 조선과 일본 간의 관세철폐 정책에 대항하였다.

③ (나): 민족 연합 전선 단체인 신간회의 후원을 받았다.

④ (나): 조선학생과학연구회와 연계한 6·10만세운동을 전개하고 격문을 작성하였다.

01 우리나리 청동기 시대의 유적과 유물에 대한 설명으로 옳은 것은?

① 청동기 새대에는 수공업 생산과 관련된 가락바퀴가 처음으로 사용되었다.

② 불에 탄 쌀이 여주 흔암리, 부여 송국리 유적에서 발견되었다.

③ 청동기 시대 유적은 한반도 지역에 국한하여 주로 분포되어 있다.

④ 청동기 시대에는 조개 껍데기 가면 등의 예술품도 많이 제작되었다.

⑤ 청동기 시대 토기로는 몸체에 덧띠를 붙인 덧무늬토기가 대표적이다.

02 고조건의 사회와 문화에 대한 설명으로 옳은 것은?

① 단군는 제정일치의 지배자로 주변 부족을 통합하고 지배하기 위해 자신의 조상을 곰, 호랑이와 연결시켰다.

② 위만 왕조의 고조선은 청기 문화를 본격적으로 수용해 상업과 무역도 발달하게 되었다.

③ 고조선의 사회상은 현재 전하는 8조법금 법조문 전체로 파악이 가능하다.

④ 고조선은 중계 무역을 통해 중국의 한과 우호관계를 유지하려 했다.

⑤ 고조선 시대의 사회는 계급분화가 이루어지지 못했다.

03 다음은 「삼국지」 동이전에 기록된 어떤 나라에 대한 설명이다. (가)와 (나)의 나라에 대한 설명으로 옳은 것은?

> (가) 토질은 오곡에 알맞고, 동이 지역 중에서 가장 넓고 평탄한 곳이다.
> (나) 큰 산과 깊은 골짜기가 많고, 사람들의 성품이 흉악하고 노략질을 좋아하였다.

① (가)는 10월에 추수 감사제인 동맹이라는 제천 행사를 지냈다.

② (나)는 자신의 생활권을 침범하면 노비나 소와 말로 변상하게 하였다.

③ (가)는 남의 물건을 훔쳤을 때 물건 값의 12배를 배상하게 하는 법이 있었다.

④ (나)는 가족이 죽으면 시체를 가매장했다가 뼈만 추려서 커다란 목곽에 안치하였다.

⑤ (가)와 (나)는 모두 연맹왕국 단계에서 멸망하였다.

04 다음에서 설명하는 왕릉의 특징에 관한 설명으로 옳은 것은?

> 이 왕릉은 송산리 고분군의 배수로 공사 중에 우연히 발견되었다. 이 왕릉은 피장자가 누구인지를 알려주는 묘지석이 발견되어 연대를 확실히 알 수 있는 무덤이다.

① 왕릉 내부에 사신도 벽화가 그려져 있다.
② 왕릉 주위 둘레돌에 12지신상을 조각하였다.
③ 왕릉의 천장은 모줄임 구조를 지니고 있다.
④ 무덤의 구조는 중국 남조의 영향을 받았다.
⑤ 말꾸미개 장식에 천마의 그림이 그려진 유물이 발견되었다.

05 다음 밑줄 친 '이 나라'에 대한 설명으로 옳지 않은 것은?

> <u>이 나라</u>에서 만들어진 두 분의 부처가 나란히 앉아 있는 이불병좌상은 고구려 양식을 계승한 것으로 현재 일본에 있으며, 수도인 상경에는 당의 장안의 도로망을 본뜬 주작대로가 있다.

① 말이 주요한 수출품이었다.
② 거란의 침략을 받아 멸망하였다.
③ 당과 교류하면서 빈공과의 합격자를 배출하였다.
④ 동해를 통해 일본과 무역을 활발하게 전개하였다.
⑤ 9세기에 들어서 비로소 신라와 상설교통로를 개설하였다.

06 다음 밑줄 친 왕과 관련된 설명으로 옳은 것은?

> "<u>왕</u>이 쌍기를 등용한 것을 옛 글대로 현인을 발탁함에 제한을 두지 않은 것이라 평가할 수 있을까. 쌍기가 인품이 있었다면 왕이 참소를 믿어 형벌을 남발하는 것을 왜 맞지 못했는가. 과거를 설치하여 선비를 뽑은 일은 왕이 본래 문을 써서 풍속을 변화시킬 뜻이 있는 것을 쌍기가 받들어 이루었으니 도움이 없다고는 할 수 없다."

① 2성 6부제를 중심으로 하는 중앙 관제를 마련하였다.
② 국정을 총괄하는 정치 기구인 교정도감을 설치하였다.
③ 정계, 계백료서 등을 지어 관리가 지켜야할 규범을 제시하였다.
④ 광덕, 준풍 등의 독자적인 연호를 사용하였다.
⑤ 고구려의 옛 땅을 되찾기 위해 북진 정책을 추진하였다.

07 다음 밑줄 친 왕의 시기에 대한 설명으로 옳은 것은?

> 왕이 변발을 하고 호복을 입고 전상에 앉아 있었다. 이연종이 간하려고 문밖에서 기다리고 있었더니, 왕이 사람을 시켜 물었다. 이연종이 말하기를 …… "변발과 호복은 선왕의 제도가 아니오니, 원컨대 전하는 본받지 마소서."

① 성균관을 순수 유교 교육기관으로 개편하였다.
② 최충의 문헌공도를 비롯한 사학 12도가 융성하였다.
③ 독창적 기법인 상감법이 개발되어 상감청자가 유행하였다.
④ 민중의 미적 감각과 소박한 정서를 반영한 그림이 유행하였다.
⑤ 우리나라 최초의 금속활자본인 상정고금예문이 인쇄되었다.

08 다음에서 설명하는 사찰과 관련이 있는 것은?

> 이 절은 의상이 세웠으며, 공포가 주심포 양식인 유명한 건축물이 있고, 조사당에는 고려시대의 사천왕상 벽화가 유명하다.

① 거대한 미륵보살입상이 있다.
② 신라 양식을 계승한 불상이 있다.
③ 지눌이 수선사 결사 운동을 전개하였다.
④ 금속 활자인 직지심체요절이 간행되었다.
⑤ 김부식이 지은 대각국사비가 세워져 있다.

09 다음과 관련이 있는 시험에 대한 설명으로 옳은 것은?

> 이 시험은 식년시, 증광시, 알성시로 나누어 실시하였으며, 소과를 거쳐 대과에서는 초시, 복시, 전시로 합격자를 선발하였다.

① 식년시는 해마다 실시되었다.
② 초시에서 33명을 선발하였다.
③ 백정 농민이 주로 응시하였다.
④ 재가한 여자의 손자는 응시할 수 없었다.
⑤ 생원시 합격만으로는 관리가 될수 없었다.

10 다음 (가), (나)의 인물에 대한 설명으로 옳은 것은?

> (가) 이를 강조하였으며 「주자서절요」, 「성학십도」 등을 저술하였다.
> (나) 기를 강조하였으며 「동호문답」, 「성학집요」 등을 저술하였다.

① (가)의 문인과 성혼의 문인들이 결합해 기호학파를 형성하였다.
② (나)는 근본적이고 이상주의적 성격이 강하였다.
③ (가)의 사상이 일본의 성리학 발전에 큰 영향을 주었다.
④ (나)는 군주 스스로 성학을 따를 것을 주장하였다.
⑤ (가), (나) 모두 노장사상에 대해 포용적인 자세를 취하였다.

11 다음과 같은 조세 제도가 실시된 시기에 있었던 일로 옳지 않은 것은?

> 토지 비옥도와 풍흉의 정도에 따라 전분 6등법, 연분 9등법 으로 바꾸고 조세 액수를 1결당 최고 20
> 두에서 최하 4두를 내도록 하였다.

① 안평대군의 꿈을 바탕으로 안견이 몽유도원도를 그렸다.
② 충신, 효자, 열녀 등의 행적을 그리고 설명한 삼강행실도가 편찬되었다.
③ 이암이 중국의 농서인 농상집요를 소개하였다.
④ 소리의 장단과 높낮이를 표현할 수 있는 정간보를 창안하였다.
⑤ 전국지도로서 팔도도가 처음으로 제작되었다.

12 다음 사건을 수습한 이후에 나타난 정치 변화를 바르게 설명한 것은?

> 적이 청주성을 함락시키니, 절도사 이봉상과 토포사 남연년이 죽었다. 처음에 적 권서봉 등이 양성
> 에서 군사를 모아 청주의 적괴 이인좌와 더불어 군사 합치기를 약속하고는 청주 경내로 몰래 들어
> 와 거짓으로 행상하여 장례를 지낸다고 하면서 상여에다 병기를 실어다 고을성 앞 숲 속에다 몰래
> 숨겨 놓았다. …… 이인좌가 자칭 대원수라 위서하여 적당 권서봉을 목사로, 신천영을 병사로, 박종
> 원을 영장으로 삼고, 열읍에 흉격을 전해 병마를 불러 모았다. 영부의 재물과 곡식을 흩어 호궤하고
> 그의 도당 및 병민으로 협종한 자에게 상을 주었다.　　　　　　　- 조선왕조실록, 영조 4년 3월 -

① 환국의 정치 형태가 출현하였다.
② 소론과 남인이 권력을 장악하였다.
③ 완론 중심의 탕평 정치가 행하여졌다.
④ 왕실의 외척이 군사권을 계속하여 독점 장악하였다.
⑤ 당파의 옳고 그름을 명백히 밝히는 정치가 시작되었다.

13 다음은 향촌 사회의 어떤 조직과 그 운영에 대한 것이다. 이에 관한 설명으로 옳은 것은?

> 가입하기를 원하는 자에게는 반드시 먼저 규약문을 보여 몇 달 동안 실행할 수 있는가를 스스로 헤아려 본 뒤에 가입하기를 청하게 한다. …… 사람을 시켜 약정에게 바치면 약정은 여러 사람에게 물어서 좋다고 한 다음에야 글로 답하고, 다음 모임에 참여하게 한다.

① 군현마다 하나씩 설립되었으며, 중앙에서 교수를 파견하였다.
② 초등교육을 담당하였으며, 선비와 평민 자제를 교육하였다.
③ 불교 신앙 조직이자 종계 조직으로 어려울 때 서로 돕는 역할을 하였다.
④ 풍속 교화, 향촌 사회의 질서유지를 담당하여 사림의 지위강화에 기여하였다.
⑤ 선현에 대해 제사 지내고 인재교육, 향음주례 등의 역할을 담당하였다.

14 (가)가 편찬된 시기의 과학 기술에 대한 설명으로 옳은 것을 〈보기〉에서 고른 것은?

> 정초, 정인지 등이 원의 수시력을 참고하여 한양을 기준으로 태양과 달의 운동, 태양의 입출입 시각 등을 상세히 기록한 새로운 역법인 (가)을(를) 만들었다.

〈보 기〉
㉠ 농촌 생활 백과사전인 임원경제지가 편찬되었다.
㉡ 밀랍 대신 식자판을 조립하는 방법이 창안되었다.
㉢ 한글로 석가모니의 일대기를 풀이한 책이 저술되었다.
㉣ 현존하는 최고의학 서적인 향약구급방이 편찬되었다.

① ㉠, ㉡   ② ㉠, ㉢   ③ ㉡, ㉢
④ ㉡, ㉣   ⑤ ㉢, ㉣

15 다음 개화기의 언론에 대한 설명으로 옳지 않은 것은?
① 황성신문은 국·한문 혼용으로 발간되었고, '시일야방성대곡'을 게재하였다.
② 순 한글로 간행된 제국신문은 창간 이듬해 이인직이 인수하여 친일지로 개편되었다.
③ 독립신문은 한글과 영문을 사용하였으며, 근대적 지식 보급과 국권·민권 사상을 고취하였다.
④ 우리나라 최초의 신문인 한성순보는 관보의 성격을 띠고 10일에 한 번 한문으로 발행되었다.
⑤ 영국인 베델을 발행인으로 내세운 대한매일신보는 양기탁을 중심으로 국채보상운동에 앞장섰다.

16 다음 자료가 등장하는 시기에 나타난 경제적 변화에 대한 설명 중 옳지 않은 것은?

> "이앙을 하는 것은 세 가지 이유다. 김매기 노력을 더는 것이 첫째요, 두 땅의 힘으로 모 하나를 서로 기르는 것이 둘째며, 좋지 않은 것을 솎아내고 싱싱하고 튼튼한 것을 고를 수 있는 것이 셋째다"

① 모내기법이 확산되어 벼와 보리의 이모작이 가능해졌고, 노동력이 크게 절감될 수 있었다.
② 일부 농민은 인삼, 담배, 채소, 면화 등과 같은 상품 작물을 재배해 높은 수익을 올렸다.
③ 지주에 대한 지대 납부 방식이 타조법에서 도조법으로 바뀌어 갔다.
④ 수공업에서 자금과 원자재를 미리 받아 제품을 만드는 선대제가 활발해졌다.
⑤ 교환경제의 발전은 해동통보를 비롯한 여러 화폐의 사용을 확산시켰다.

17 다음 자료와 관련 있는 인물의 활동으로 옳은 것은?

> 무릇 동양의 수천 년 교화계에서 바르고 순수하며 광대 정미하여 많은 성인이 뒤를 이어 전하고 많은 현인이 강명하는 유교가 끝내 인도의 불교와 서양의 기독교와 같이 세계에 대발전을 하지 못함은 어째서이며, 근세에 이르러 침체부진이 극도에 달하여 거의 회복할 가망이 없는 것은 무슨 까닭이뇨. …… 그 원인을 탐구하여 말류를 추측하니 유교계에 3대 문제가 있는지라. 그 3대 문제에 대하여 개량 구신을 하지 않으면 우리 유교는 흥왕할 수가 없을 것이며 …… 여기에 감히 외람됨을 무릅쓰고 3대 문제를 들어서 개량 구신의 의견을 바치노라.
>
> - 서북학회 월보 제1권 -

① 양명학을 토대로 대동사상을 주창하였다.
② 만세보를 발간하여 민족의식을 고취하였다.
③ 위정 척사 운동의 계승과 실천을 강조하였다.
④ 독사신론을 통해 역사학의 방향을 제시하였다.
⑤ 신민족주의를 제창하여 민족주의의 한계를 극복하려 하였다.

18 조선총독부가 실시했던 토지조사사업과 관련된 아래의 사실 중에서 옳게 짝지어진 것은 무엇인가?

> ㉠ 토지조사사업은 근대법에 입각해 지주 중심의 자본주의 체제를 이룩한 것이라고 할 수 있다.
> ㉡ 토지조사사업은 전통적 사유권에 입각하여 이를 정밀하게 조사하여 추진하였다.
> ㉢ 토지조사사업은 경작농민들이 가지고 있던 도지권을 인정하지 않았다.
> ㉣ 토지조사사업은 주로 조선인 대지주들의 토지를 대상으로 하였기에, 사업결과로 이들이 가장 큰 타격을 입었다.

① ㉠, ㉡   ② ㉠, ㉢   ③ ㉡, ㉢
④ ㉡, ㉣   ⑤ ㉢, ㉣

19 다음 선언을 채택한 단체와 관련된 설명으로 옳지 않은 것은?

> ······ 이상의 이유에 의하여 우리는 우리의 생존의 적인 강도 일본과 타협하려는 자나 강도 정치 하에서 기생하려는 주의를 가진 자나 다 우리의 적임을 선언하노라. ······ 민중은 우리 혁명의 중심부이다. 폭력은 우리 혁명의 유일한 무기이다. 우리는 민중 속에 가서 민중과 손을 잡아 ······(중략)······ 이상적 조선을 건설할지니라.

① 만주 길림에서 김원봉이 중심이 되어 조직하였다.
② 일제 요인 암살, 식민 통치 기구 파괴를 활동 목표로 삼았다.
③ 이 단체의 소속원인 이봉창은 일왕 폭살을 시도하였다.
④ 후에 이 단체의 계통 인사들은 조선 의용대를 조직하였다.
⑤ 이 단체의 소속원으로 나석주, 김상옥, 김익상 등이 있다.

20 (가) 정책이 시행된 시기에 있었던 일제의 식민 통치 모습으로 옳은 것은?

> 더 많은 쌀을 일본으로 가져가기 위해 추진된 (가) 정책으로 말미암아 소작농들은 수리 조합비나 비료 대금을 비롯한 각종 비용 부담이 늘어나 자·소작농 가운데 토지를 잃고 소작농이나 화전민으로 전락하는 농민들이 많아졌다.

① 조선어 교육을 폐지하였다.
② 징병과 징용을 실시하였다.
③ 조선어학회를 강제로 해산시켰다.
④ 관습적인 경작권을 부정하는 정책을 공포하였다.
⑤ 회사령이 폐지되어 일본 자본의 침투가 증가했다.

2013년 안정행정부 국가직 9급 기출문제 정답 및 해설

01 **정답** ②

해설 보기의 자료 (가)는 동예에 있었던 풍속인 책화를 가리키고, (나)는 옥저의 풍속인 가족공동묘(골장제)에 관한 내용이다. 옥저에는 골장제 외에 민며느리제라는 혼인 풍속이 존재하였다.

02 **정답** ④

해설 영조의 탕평책은 사색당파 중 온건파를 중심으로 탕평파를 형성하는 완론 탕평을 추진하였다. 왕이 각 붕당의 옳고 그름을 판단하는 탕평책은 준론 탕평으로 정조 때 탕평책에 해당한다.

03 **정답** ②

해설 1907년 설립된 신민회는 애국계몽운동과 무장투쟁을 위해 독립군 기지건설 운동을 전개하였고, 그 일환으로 만주 삼원보에 경학사를 설립하였다. 이후 부민단으로 개편하고 산하에 신흥무관학교를 설립하여 독립군 양성을 위해 노력하였다. 권업회는 1911년 연해주 신한촌에 이상설, 이동휘 등이 설립한 단체이다.

04 **정답** ①

해설 보기의 (가)는 1920년 청산리 전투 이후 일본군에 의해 자행된 간도참변, (나)는 김구가 상하이에서 조직한 한인애국단 소속 이봉창이 도쿄에서 1932년 벌인 사건이다. 조선혁명군은 남만주 일대에서 1928년 설립된 국민부 산하 독립군으로 1929년 조직되었고, 중국의용군과 한중공동작전을 전개하였다. ②는 1944년 이후 ③은 1920년 간도참변 이전의 사건 ④는 동북항일연군은 1937년 창설되었다.

05 **정답** ①

해설 재야의 공론을 주도하는 산림은 조선 후기에 나타났다. 대표적인 경우가 효종 때부터 숙종 때까지 활동한 우암 송시열이다.

06 **정답** ②

해설 ㉠의 사건은 7세기 백제 의자왕 때, ㉡은 4세기 초 백제 근초고왕 때, ㉢은 6세기 신라 진흥왕 때, ㉣은 5세기 고구려 장수왕 때 일이다.

07 **정답** ④

해설 인물성이론(人物性異論)을 주장한 기호 지방 노론의 입장은 위정척사사상으로 계승되었고, 인물성동론(人物性同論)의 입장인 낙론은 북학파에 영향을 끼쳤다.

08 **정답** ④

해설 국회에서 반민족행위 처벌법이 제정된 것은 1948년 7월 17일 수립된 제헌의회에서 만들어진 법안이다. (가)는 1941년 조소앙의 삼균주의에 입각해 충칭 임시정부에서 발표하였고, (나)는 1948년 9월 9일, (다)는 1948년 4월의 일이다.

09 **정답** ④

해설 보기의 내용은 일연이 쓴 〈삼국유사〉 서문의 내용으로 일연은 삼국의 역사와 전통을 강조하였으며, 단군신화를 바탕으로 한 고조선을 중시하였다. ①은 성리학적 사관, ②는 김부식이 지은 〈삼국사기〉, ③은 〈동명왕편〉의 특징이다.

10 **정답** ③

해설 지문은 정도전에 의해 처음 제시된 재상 총재론으로 이후 율곡 이이의 성학군주론에 영향을 주었다. 의정부 서사제는 왕의 능력보다는 재상의 역할을 강조하는 제도이다.

11 **정답** ①

해설 공복을 제정하고 금관가야를 복속한 왕은 신라 법흥왕이다. 법흥왕은 불교를 공인하고 17관등과 골품제, 율령을 정비하였으며 독자적인 연호를 사용하였다. ②은 지증왕, ③은 신문왕, ④은 진흥왕 때 일이다.

12 **정답** ②

해설 나열된 사건들은 1987년에 발생한 사건들이다. 이 사건들을 계기로 발생한 6월 항쟁을 통해 6·29선언이 발표되었고, 임기 5년의 대통령 직선제 개헌이 이루어졌다.

13 **정답** ④

해설 1377년 간행된 세계최초의 금속활자본인 직지심체요절은 구한말 서울의 고서적에서 프랑스 공사인 플랑시가 매입하여 가져 간 것으로 병인양요 때 약탈해간 외규장각 문서와는 관련이 없다.

14 **정답** ③

해설 해동통보와 활구는 고려 숙종 때 설치된 〈주전도감〉에서 제작한 철전과 은병이다. 고려는 경시서를 두어 불법상행위를 감독하였고, 개경과 서경 등 도시에 관영상점을 설치해 운영하였다.

15 **정답** ③

해설 민요는 장시를 매개로 활동하는 보부상에 대한 내용이다. 장시는 15세기 처음 등장하여 16세기에는 전국으로 확산되었다. 조선통보는 세종 때 제작된 화폐로 유통은 거의 되지 않았다.

16 **정답** ①

해설 보기에 해당하는 기관은 갑오 1차 개혁을 주도한 군국기무처이다. 은본위제에 입각한 조세 금납화와 보조 화폐로써 백동화를 발행하는 조치인 신식 화폐 장정은 1차 개혁의 내용이고, ②는 대원군의 개혁, ③은 광무개혁, ④는 갑오 2차 개혁의 내용이다.

17 정답 ④

해설 (가)는 신라 신문왕 때 취해진 조치이며 (나)는 경덕왕 때 일이다. 신문왕은 녹읍을 폐지하여 진골귀족의 경제적 기반을 약화시켰고, 국학을 설립하고 집사부를 강화하여 6두품들을 등용하였다.

18 정답 ③

해설 지문은 16세기 이후 사림들이 향촌사회를 장악한 향약에 관한 내용이다. 조선시대에 향도계는 마을의 장례가 발생하였을 때 장례에 대한 부조 기능으로 상여를 매는 상두꾼과 농촌의 작업공동체인 두레의 기능으로 분화되었다.

19 정답 ②

해설 지문의 "평량"과 그의 처는 외거노비로 이들은 자신의 토지를 소유할 수 있었으며 이를 매매, 상속, 증여할 수 있었다. 노비의 신분이기 때문에 자신의 주인에게 일정한 신공을 제공하여야 했다.

20 정답 ③

해설 지문에 해당하는 조치는 화폐정리사업의 내용이다. 이 사업은 해관세를 일체 일본 제일은행이 담당하였으며 조선의 백동화와 일본 화폐의 교환을 액면가대로 교환하는 등가 교환이 아닌 화폐의 보존가치에 따라 교환하였다. 따라서 조선인 상공업 자본이 타격을 받았으며 조선인 은행이 몰락하는 계기가 되었다.

01 정답 ①

해설 지문은 박정희 정부 때 발표한 7·4 남북 공동 성명(1972)으로 이 성명에서 남과 북은 자주·평화·민족 대단결의 통일원칙에 합의하였다. 남과 북은 이후 공식 대화 기구인 남북조절위원회를 설치하여 실무자 회의를 개최하였다. ②와 ④ 김대중 정부(2000년)에 대한 설명이고, ③ 노태우 정부(1992년)에 대한 설명이다.

02 정답 ①

해설 (가)는 조일수호조규(강화도조약), (나)는 조일수호조규 부록, (다)는 조일무역규칙으로 전부 1876년에 체결되었다. 조일무역규칙은 양곡의 무제한 유출을 허용하여 조선의 쌀값이 폭등하는 사회 문제를 낳았다. 조일무역규칙은 1883년 조일통상장정으로 개정하면서 양곡의 무제한 유출 규정을 변경하였다. ② 강화도조약으로 부산, 원산, 인천이 차례로 개항, ③ 화폐정리사업(1905)에 대한 설명, ④ 최혜국대우는 조미수호통상조약(1882)에서 처음으로 규정되었다.

03 정답 ④

해설 (가)는 옥저, (나)는 동예에 대한 내용으로 ①,②는 고구려, ③은 부여에 대한 설명이다.

04 정답 ④

해설 원의 수시력을 참고로 만들어진 역법은 칠정산으로 세종 때 만들어졌다. 칠정산은 수시력을 참고한 내편과 아라비아의 역법(회회력)을 참고한 외편으로 구성되었다. ④는 세조 때의 일이다.

05 정답 ③

해설 (가)는 493년 동성왕 때의 혼인 동맹, (나)는 554년의 성왕 때의 관산성 전투이다. 성왕은 538년 사비로 천도 후 국호를 남부여로 개칭하였고 웅진 천도는 475년 문주왕 때의 일이다. ②는 개로왕(475년), ④는 침류왕(384년) 때의 일이다.

06 정답 ①

해설 ㉠은 도평의사사이다. 원간섭기에 도병마사가 도평의사사로 개편되어 국정 전반에 걸친 중요 사항을 담당하는 최고 정무 기구로 발전하였다. 도평의사사는 조선 건국 후 정종 때 이방원에 의하여 폐지되었다. ②는 식목도감, ③은 상서성, ④는 대성(어사대와 낭사)에 대한 설명이다.

07 정답 ③

해설 자료는 신석기 시대의 집터에 대한 설명으로 신석기 시대에 대표적인 토기는 빗살무늬 토기였고, 가락바퀴와 뼈바늘을 이용한 원시 수공업 생산도 이루어진 시기이다. ①과 ④는 철기 시대, ②는 청동기 시대에 대한 설명이다.

08 정답 ②

해설 지문은 원 간섭기인 충렬왕 때 박유가 첩을 허용할 것을 주장한 내용으로 당시 고려의 처녀들이 공녀(貢女)로서 원나라에 보내지는 데 반발하여 이와 같은 주장을 하였다. 충렬왕 때 일연이 "삼국유사"를 편찬하였다. ①은 고려 인종, ③은 조선 태조, ④ 조선은 세종 때의 일이다.

09 정답 ③

해설 발해 무왕의 시기에 대한 지문으로 무왕이 북만주 일대를 장악하자 흑수부 말갈이 당과 연결하여 하였다. 이에 무왕은 장문휴로 하여금 수군으로 당의 산둥 반도(덩저우)를 공격하였다. ①은 선왕, ②는 고왕, ④는 문왕 때의 일이다.

10 정답 ④

해설 숙종 때 상평통보를 법화로써 본격적으로 주조하고 전국에 널리 유통시켰다. 18세기 후반부터는 조세와 지대의 금납화가 진행되어 세금과 소작료도 동전으로 납부하였고, 전황이 발생하기도 하였다. ④ 당백전은 고종 때 흥선대원군이 경복궁 중건을 위해 발행한 것이다.

11 정답 ②

해설 대한제국에서 실시한 광무개혁에 대한 설명이다. 대한제국은 원수부를 설치하여 황제가 군대의 통수권을 장악하였다. 시위대를 창설하고, 서울의 친위대와 지방의 진위대를 확충하였다. ①은 갑신정변, ③은 을미개혁, ④는 독립협회에 대한 설명이다.

12 정답 ④

해설 한국광복군의 국내 정진 작전에 대한 내용으로 한국광복군은 영국군의 협조 요청으로 미얀마와 인도 전선에 대원을 파견하여 일본군 포로의 심문, 암호문 번역, 회유 방송 등을 담당하였다. ①은 조선 의용대 화북지대와 조선 의용군, ② 양세봉의 조선 혁명군, ③ 조선 의용대에 관한 내용이다.

13 정답 ②

해설 중일 전쟁(1937), 태평양 전쟁(1941)을 일으킨 일제는 1943년에는 조선인 징병제를 실시하여 1944년부터 약 24만 명의 한국인 청년을 전쟁터로 강제 징집하였다. 일제는 중·일 전쟁 이후 쌀·잡곡에 대한 공출 제도를 실시하였고, 금속제 그릇과 불상, 농기구까지 공출하였다. ① 은 1909년, ③은 1930년대, ④는 1910년대 헌병 경찰 통치시기를 말한다.

14 정답 ①

해설 (가)는 이황, (나)는 이이에 대한 설명이다. 이황의 제자 강항이 임진왜란 때 일본에 잡혀가 이황의 성리학을 전하여 많은 일본인 유학자가 배출되었다. ② 격몽요결을 저술한 사람은 이이, ③과 ④는 이황에 대한 설명이다.

15 정답 ③

해설 ㉠은 의상으로, 문무왕이 경주에 도성을 쌓으려고 할 때 민심의 성(城)을 강조하여 공사를 무산 시켰고, ㉡은 지눌로 정혜결사(수선사결사)를 조직하였다. ①은 자장, ②는 원광, ④는 대각국사 의천에 대한 내용이다.

16 정답 ①

해설 고려 말 공양왕 때 시행된 과전법에 대한 설명이다. 과전법을 시행하면서 권문세족의 물질적 기반을 무너뜨리고, 조선 건국에 참여한 신진 사대부 세력의 경제적 기반을 확보해 주었다. ②와 ③은 고려 전시과제도, ④는 고려 역분전에 대한 설명이다.

17 정답 ③

해설 지문은 북학파 박제가의 주장이다. 노론 내부의 대립이었던 호락논쟁에서 인물성동론을 주장한 낙론은 일부가 북학파로 계승되었다. ①은 정제두, ②는 송시열, ③은 중농 실학자에 대한 설명이다.

18 정답 ③

해설 조선 후기 양반들은 자기들의 지위를 유지하기 위해 촌락 단위로 동약을 조직하였고, 전국에 많은 동족 마을을 세웠으며, 문중을 중심으로 서원, 사우를 건립하였다. ①은 고려 시대, ② 납속책은 하층민의 신분 상승 방법, ④ 조선 후기 향회는 수령의 부세 자문 기구였다.

19 정답 ③

해설 방납의 폐단을 시정하기 위해 실시한 대동법에 관한 내용이다. 대동법은 공납을 현물 대신 쌀, 포, 동전으로 납부하도록 한 것으로, 광해군 즉위년(1608)에 경기도에서 시범적으로 실시되었고, 이후 100년에 걸쳐 전국적으로 확대된 제도이다. ① 대동법은 공납을 현물 대신 쌀, 포, 동전으로 납부하게 하였고, 별공과 진상은 현물로 징수하였다. ②는 인조 때 시행한 영정법, ④ 대동법은 과세 기준을 호 단위에서 토지 단위로 전환하였다.

20 정답 ②

해설 (가)는 물산 장려 운동을 실시한 조선 물산 장려회의 주장, (나)는 민립 대학 설립 운동을 주도한 조선 민립 대학 기성회의 주장이다. ① 사회주의자들은 물산장려운동을 비판하였고, ③ 민립 대학 설립 운동은 1924년 이후 사실상 중단되었고, 1927년에 신간회가 창립되었다. ④ 6·10 만세 운동(1926)은 조선 공산당, 천도교계, 조선 학생 과학 연구회 등이 주도하였다.

2013년 서울시 지방직 9급 정답 및 해설

01 정답 ②

해설 ① 신석기 시대의 가락바퀴와 뼈바늘을 통해서 원시적인 수공업이 이루어졌음을 알 수 있고,③ 청동기 유적은 만주와 한반도에 분포되어 있어 두 지역이 하나의 문화권임을 알려 주고 있다. ④는 신석기 시대에 대한 설명이고, ⑤ 덧무늬토기는 신석기 시대의 토기이다.

02 정답 ②

해설 ① 단군은 제정일치의 지배자로 주변 부족을 통합하고 지배하기 위해서 자신의 조상을 곰과 연결하였고 호랑이는 배제하였다. ③의 8조금법은 현재 3개조항이 전해지고 있고, ④ 위만 조선은 지리적인 이점을 이용하여 예(濊)나 남방의 진(辰)이 한나라와 직접 교역하는 것을 막고 중계무역을 통해 이득을 독점하였다. ⑤ 고조선 사회는 이미 계급 분화가 이루어진 사회였다.

03 정답 ③

해설 지문 (가)는 부여, (나)는 고구려에 대한 설명이다. 부여에서는 도둑질을 하면 12배를 배상하는 1책 12법이 있었다. ①의 동맹은 고구려의 제천행사, ②는 동예의 책화, ④는 옥저의 골장제, ⑤ 부여는 연맹왕국 단계에서 멸망하였고, 고구려는 고대국가로 성장하였다.

04 정답 ④

해설 제시문은 백제의 무령왕릉으로 중국 남조의 영향을 받은 벽돌 무덤이다. 무령왕릉에서 무령왕의 지석이 발견되어 무덤의 주인을 정확히 알 수 있다. 왕과 왕비의 장신구와 금관 장식, 귀고리, 팔찌 등 껴묻거리가 출토되었고 벽화는 없다. ②는 통일신라의 무덤 특징, ③은 고구려 무덤의 특징, ⑤ 신라 천마총의 천마도에 대한 설명이다.

05 정답 ⑤

해설 지문에서 이 나라는 발해이다. 발해의 주요 수출품인 솔빈부의 말이 유명하였고, 일본과 활발한 교역을 하였다. 당이 신라를 이용하여 발해를 견제하자 발해는 돌궐, 일본과 친선관계를 맺어 이를 견제하였다. ⑤ 발해와 신라의 상설교통로인 산라도는 3대 문왕(737~793) 때 개설하였다.

06 정답 ④

해설 제시문은 후주에서 귀화한 쌍기의 건의로 과거제도를 실시한 고려 광종에 대한 설명이다.①은 성종, ②는 고려 무신집권기의 최충헌, ③과 ⑤는 태조에 대한 내용이다.

07 **정답** ①

해설 이 문제의 왕은 공민왕에 대한 설명이다. 국자감을 성균관으로 개칭하여 유학 교육을 강화하였고, 반원 정책을 추진하여 변발, 호복 폐지, 친원파를 숙청하였다. 또 정동행성이문소를 폐지하였고, 쌍성총관부를 정복하여 영토를 확장하였다. ②는 고려 중기(11~12세기), ③은 무신정변 전후, ④ 민화의 유행은 조선 후기, ⑤ 최우 정권기(1232년)에 해당된다.

08 **정답** ②

해설 의상이 건립한 부석사에 대한 설명이다. 고려후기 목조 건물인 무량수전은 주심포 양식과 배흘림기둥, 팔작지붕 양식을 하고 있다. ① 거불은 고려시대에 만들어졌고, ③ 지눌은 당시 불교계의 타락상을 비판하였고, 순천 송광사에 중심을 둔 수선사 결사 운동은 개혁적인 승려들과 지방민의 호응을 얻어 활발하게 전개되었다. ④ 직지심체요절은 청주 흥덕사에서 인쇄되었다.

09 **정답** ④

해설 조선 시대 문관 채용 시험인 문과 시험은 서얼과 재가한 여자의 자손은 응시할 수 없었다.
① 정기 시험인 식년시는 3년마다 실시, ② 복시에서 33명 선발, ③ 백정 농민은 고려의 농민이고 조선에서의 백정은 천민으로 과거 응시 불가능 ⑤ 소과(생원시, 진사시)를 합격하면 하급관료가 될 수 있었다.

10 **정답** ③

해설 (가)는 이황, (나)는 이이에 대한 설명이다. ①은 이이에 대한 설명이다. 이황의 문인들은 서경덕, 조식의 문인들과 결합하여 영남학파를 형성하였다. ②는 이황에 대한 설명이다. 이이는 이황에 비하여 상대적으로 기(氣)의 역할을 강조하여 현실적·개혁적 성격을 지녔다. ④는 이황이 저술한 「성학십도」의 내용, ⑤는 서경덕과 조식에 대한 설명이다. 영남학파들은 노장 사상과 불교에 대해서 엄격하였다.

11 **정답** ③, ⑤ (복수정답 인정)

해설 제시문은 세종 때 실시한 공법에 관한 내용이다. ③「농상집요」는 고려 후기의 이암이 중국 원나라로부터 들여온 농서이다. ⑤ 팔도도는 태종 때 제작된 전국지도이다.

12 **정답** ③

해설 영조 4년(1728)에 발생한 이인좌의 난에 대한 설명이다. 영조는 이인좌의 난을 진압하고 탕교의 교서를 내려 탕평정치를 시행하였다.그리고 자신을 지지하는 탕평파를 구성하고 완론 탕평책을 행하였다.

13 **정답** ④

해설 제시된 사료는 '향약' 으로 이를 계기로 지방에서의 사림의 세력 강화에 큰 역할을 하였다.
①은 향교, ②는 서당, ③은 향도, ⑤는 서원에 대한 설명이다.

14 **정답** ③

해설 (가)는 조선 세종 때의 한양을 기준으로 제작된 칠정산에 대한 설명이다. 원의 수시력과 아라비아의 회회력을 참고하여 제작한 역법서이다. ㉠은 조선 후기, ㉣은 고려 후기에 해당된다.

15 정답 ②

해설 제국신문은 부녀자 및 서민층을 대상으로 하여 순한글로 발간되었다. 민족지로 역할을 하다 1910년 폐간되었다.

16 정답 ⑤

해설 조선 후기 이앙법에 대한 내용이다. ⑤ 해동통보는 고려 숙종때 발행된 동전이고 조선 후기에는 상업과 무역의 발달로 상평통보가 널리 유통되었다.

17 정답 ①

해설 제시문은 박은식의 유교 개혁에 대한 내용으로 박은식은 유교의 문제점을 지적하고 개혁을 주장하였다. 실천 중심의 양명학을 중시하였고, 양명학의 지행합일과 사회진화론의 진보 원리를 조화시킨 대동사상을 주창하였다. ②는 손병희, ④는 신채호, ⑤는 안재홍, 정인보, 손진태 등에 대한 내용이다.

18 정답 ②

해설 ⓒ 토지 조사 사업은 전통적 사유권에 입각한 것이 아니라 처음으로 기한부 신고제에 입각하여, 기한 내 신고한 토지만 소유권으로 인정하였다.
ⓒ 토지조사사업은 도지권·입회권 등 소작농의 권리를 박탈하였다. 소작인의 도지권을 부정하고 지주의 소유권만 인정하였다.

19 정답 ③

해설 제시된 사료는 의열단 창립선언문인 신채호의 조선혁명선언(1923)이다.
③ 이봉창은 1931년 김구가 대한민국 임시정부의 침체 극복을 목적으로 상하이에서 조직한 한인 애국단 일원으로 일본 도쿄에서 일왕에게 수류탄을 투척하였다.

20 정답 ⑤

해설 제시문은 일제 침략 2단계(1919~1931)에 전개된 산미 증식 계획에 대한 설명이다. 일제는 조선에서 쌀을 증산하여 일본에 가져가기 위한 대표적인 경제 수탈 정책이다. 1920년에 회사령이 폐지되었다. ①, ②, ③은 일제침략 3단계, ④는 일제 침략 1단계 토지조사사업에 해당된다.

주요 약력

· 이 소 연

· 원광대학교 국사교육과 졸업
· 남원중학교, 무주중학교 교사 역임
· 광주 서계학원 한국사 전임강사 역임
· 장평중학교, 도봉고등학교 교사 역임
· 도봉 쌍문고시학원 한국사 강사 역임
· 현 한국사 능력검정시험 대비반 강사

9급 공무원 한국사 한 번에 끝장내기

2014년 1월 10일 초판1쇄 인쇄
2014년 1월 15일 초판1쇄 발행

저 자   이 소 연
펴낸이   임 순 재
펴낸곳   에듀한올

|1|2|1|-|8|4|9|
주   소   서울시 마포구 성산동 133-3 한올빌딩 3층
전   화   (02) 306-1508
팩   스   (02) 302-8073
정   가   25,000원